Heribert Meffert | Manfred Bruhn

Dienstleistungsmarketing

Heribert Meffert | Manfred Bruhn

Dienstleistungs-marketing

Grundlagen – Konzepte – Methoden

6., vollständig neubearbeitete Auflage

GABLER

Bibliografische Information der Deutschen Nationalbibliothek
Die Deutsche Nationalbibliothek verzeichnet diese Publikation in der
Deutschen Nationalbibliografie; detaillierte bibliografische Daten sind im Internet über
<http://dnb.d-nb.de> abrufbar.

Univ.-Professor Dr. Dr. h.c. mult. Heribert Meffert ist Professor der Betriebswirtschaftslehre, insbesondere Marketing, und emeritierter Direktor des Instituts für Marketing am Marketing Centrum Münster (MCM) der Westfälischen Wilhelms-Universität Münster.

Am Stadtgraben 13–15, 48143 Münster
Tel.: +49(0)251 83 21 880   E-Mail: meffert@uni-muenster.de
Fax: +49(0)251 83 23 010   Internet: www.marketing-centrum.de

Univ.-Professor Dr. Manfred Bruhn ist Ordinarius für Betriebswirtschaftslehre, insbesondere Marketing und Unternehmensführung, an der Wirtschaftswissenschaftlichen Fakultät der Universität Basel und Honorarprofessor an der Technischen Universität München.

Peter Merian-Weg 6, Postfach, CH-4002 Basel
Tel.: +41(0)61 267 32 22   E-Mail: manfred.bruhn@unibas.ch
Fax: +41(0)61 267 28 38   Internet: www.wwz.unibas.ch/marketing

1. Auflage 1995
2. Auflage 1996
3. Auflage 2000
4. Auflage 2003
5. Auflage 2006
6., vollständig neubearbeitete Auflage 2009

Alle Rechte vorbehalten
© Gabler | GWV Fachverlage GmbH, Wiesbaden 2009

Lektorat: Barbara Roscher | Ute Grünberg

Gabler ist Teil der Fachverlagsgruppe Springer Science+Business Media.
www.gabler.de

Umschlaggestaltung: KünkelLopka Medienentwicklung, Heidelberg
Satz: deckermedia GbR, Vechelde
Druck und buchbinderische Verarbeitung: Těšínská Tiskárna, a. s., Tschechien
Gedruckt auf säurefreiem und chlorfrei gebleichtem Papier
Printed in Czech Republic

ISBN 978-3-8349-1012-7

Vorwort

Der Übergang entwickelter Volkswirtschaften von der Industrie- in die so genannte Dienstleistungsgesellschaft wird flankiert von einem ungebrochenen Interesse in Wissenschaft und Praxis an einer gesonderten Betrachtung von Dienstleistungen im Allgemeinen und an Themen des Dienstleistungsmarketing im Speziellen. Auf Dienstleistungsmarketing spezialisierte Fachzeitschriften haben ihren festen Platz in der wissenschaftlichen Gemeinschaft gefunden. Die Zahl der Publikationen zum Dienstleistungsmarketing nimmt international stetig zu, an zahlreichen Universitäten werden Vorlesungen zum Dienstleistungsmarketing angeboten und neue, dienstleistungsspezifische Lehrstühle eingerichtet. Zudem bemühen sich immer mehr Unternehmen um ein professionelles Dienstleistungsmarketing. Schließlich untermauert das anhaltende Engagement von staatlichen Stellen zur Förderung der Exportfähigkeit und Internationalisierung des Dienstleistungssektors die besondere Relevanz einer eigenständigen institutionellen Betrachtungsweise von Dienstleistungen.

Die hohe nationale und internationale Wettbewerbsintensität zwingt sowohl Anbieter von Dienstleistungen als auch von Sachgütern, die zunehmend neben ihren eigentlichen Produkten über zusätzliche Serviceleistungen konkurrieren, sich durch ein professionelles Dienstleistungsmarketing zu profilieren. Es zeigt sich, dass nach wie vor zum einen die klassischen Fragestellungen des Dienstleistungsmarketing, wie die Implikationen aus den Besonderheiten von Dienstleistungen oder die Messung und Steuerung der Dienstleistungsqualität, von hoher Relevanz sind. Zum anderen ergeben sich aus der Diskussion in Wissenschaft und Praxis stetig neue Fragestellungen und Herausforderungen (z. B. die Internationalisierung von Dienstleistungskonzepten, Electronic Services, Dienstleistungscontrolling u. a. m.) für das Dienstleistungsmarketing.

Die Aktualität des Dienstleistungsmarketing lässt sich auch an der Entwicklung der fünften Auflage dieses Lehrbuches ablesen, die vom Markt wiederum gut aufgenommen worden ist. Sie war nach relativ kurzer Zeit vergriffen, sodass bereits zwei Jahre nach ihrem Erscheinen diese sechste Auflage erforderlich wurde.

Die Evolution der Wissenschaftsdisziplin des Dienstleistungsmarketing während der vergangenen dreizehn Jahre spiegelt sich in den Entwicklungsschritten dieses Buches von der Erstauflage im Jahre 1995 bis zur vorliegenden sechsten Auflage wider. Die konsequente Berücksichtigung neuer Aspekte, die inhaltliche Weiterentwicklung bestehender Sachverhalte sowie die Einbindung von praxisnahen Fallstudien und „Praxis-Inserts" ließ den Buchumfang bis zuletzt auf fast 1.000 Seiten ansteigen. Im Hinblick auf die primäre Zielgruppe des Buches – Studierende der Betriebswirtschaftslehre – ergeben sich jedoch Schwierigkeiten im Einsatz solch eines umfangreichen Werkes in der Lehre.

Aus diesem Grund steht die aktuelle Auflage vor allem im Zeichen der Umfangreduzie-
rung. Auf die Fallstudien und „Praxis-Inserts" wurde verzichtet und die einzelnen Kapitel
auf die zentralen Fragestellungen, Theorien, Konzepte und Instrumente des Dienstleistungsmarketing konzentriert und verdichtet. Dem Anspruch auf Aktualität und Relevanz
der Inhalte wurde im Rahmen der Kürzung stets Rechnung getragen.

Die Änderungen wurden innerhalb der bewährten Struktur des Lehrbuches vorgenommen. Die Überarbeitung erfolgte im Hinblick auf die Aktualisierung der bereits in der
fünften Auflage bestehenden Kapitel, damit sie auch weiterhin den „State of the Art" zu
dem jeweiligen Themenfeld widerspiegeln. Neben den bereits angesprochenen Kürzungs-
maßnahmen sind einige Fragestellungen inhaltlich angepasst oder erweitert worden, so
– um nur einzelne Beispiele zu nennen – z. B. die theoretische Fundierung des Dienstleistungsmarketing (Kapitel 2), die Spezifika des Kaufverhaltens von Dienstleistungskunden
(Kapitel 3), die Neustrukturierung der Kommunikationsinstrumente des Dienstleistungsmarketing oder auch die konsequente Betrachtung der Personalpolitik in einer Perspektive
des Internen Marketing (Kapitel 6).

Das Buch richtet sich an Studierende der Betriebswirtschaftslehre und des Marketing, die
sich während ihres Studiums mit Fragestellungen des Dienstleistungsbereichs auseinander setzen. Gleichermaßen sind Praktiker angesprochen, die sich in ihren Unternehmen
systematisch mit der Planung und Umsetzung des Dienstleistungsmarketing beschäftigen.
Darüber hinaus findet das Buch auch einen Einsatz im Weiterbildungsbereich, in dem
Führungskräfte auf neue Aufgaben zum Management von Dienstleistungen vorbereitet
werden.

Die sechste Auflage wurde wiederum parallel an den Universitäten in Münster und Basel
erarbeitet. Deshalb geht ein Dank an die verschiedenen Mitarbeiter der Lehrstühle, die
in unterschiedlichen Phasen an der Überarbeitung beteiligt waren. Dabei ist es uns ein
besonderes Anliegen, den bei der Neuauflage involvierten Mitarbeitern des Marketing
Centrum Münster der Universität Münster sowie Frau Dipl.-SpOec. Isabel Schmidt und
Herrn Dipl.-Kfm. Matthias Mayer-Vorfelder vom Lehrstuhl für Marketing und Unternehmensführung der Universität Basel ganz herzlich für ihr aktives Engagement bei der
Fertigstellung dieser Auflage zu danken.

Die sechste Auflage unseres Buches orientiert sich durch die Überarbeitungen und Er-
gänzungen nicht nur an der aktuellen Forschung und praktischen Anwendung, sondern
zeigt die Richtung für die weitere Entwicklung des Dienstleistungsmarketing auf. Unser
Ziel bleibt es, mit diesem Buch Kenntnisse zum Dienstleistungsmarketing in der Lehre
zu vermitteln und die Gestaltung eines systematischen Dienstleistungsmarketing sowohl
im klassischen Dienstleistungsbereich als auch im Servicebereich von Sachgüteranbietern
zu unterstützen. Wir wünschen uns eine intensive Diskussion über die zukünftigen
Herausforderungen in der Dienstleistungsgesellschaft und freuen uns über Anregungen
jeder Art.

Münster und Basel,   *Heribert Meffert*
im Herbst 2008   *Manfred Bruhn*

Inhaltsverzeichnis

Kapitel 1: Gegenstand und Besonderheiten des Dienstleistungsmarketing

Kapitel 2: Konzepte und theoretische Grundlagen des Dienstleistungsmarketing

Kapitel 3: Informationsgrundlagen des Dienstleistungsmarketing

Kapitel 4: Strategisches Dienstleistungsmarketing

Kapitel 5: Qualitätsmanagement im Dienstleistungsbereich

Kapitel 6: Operatives Dienstleistungsmarketing

Kapitel 7: Implementierung des Dienstleistungsmarketing

Kapitel 8: Controlling im Dienstleistungsmarketing

Kapitel 9: Internationales Dienstleistungsmarketing

Kapitel 10: Entwicklungstendenzen des Dienstleistungsmarketing

Gegenstand und Besonderheiten des Dienstleistungsmarketing

1. Bedeutung und Entwicklung des Dienstleistungsmarketing

1.1 Bedeutung des Dienstleistungsmarketing in Wissenschaft und Praxis

Die marktorientierte Unternehmensführung steht seit geraumer Zeit vor großen Herausforderungen. Dabei hinterlässt vor allem der viel zitierte **„Marsch in die Dienstleistungsgesellschaft"** (Fourastié 1954) vielfältige Spuren. Diskussionen über „Service-Wüste" und „Service-Oase" zeigen schlagwortartig auf, dass viele Unternehmen einen Nachholbedarf im professionellen Dienstleistungsmarketing haben. Dies gilt nicht nur für jene Unternehmen, die in regulierten Märkten vom Wettbewerbsschutz profitiert haben (z. B. Versicherungen, Telekommunikation, Energieversorgung). Vielmehr haben sich in nahezu allen Branchen infolge der Globalisierung, Technisierung und Polarisierung der Märkte die Bedingungen und Spielregeln des Wettbewerbs verändert. Dienstleistungsunternehmen stehen hierdurch vor einer Vielzahl komplexer Entscheidungsprobleme. Auf der Grundlage der charakteristischen Besonderheiten des jeweiligen Dienstleistungsangebots ist über die Gewinnung der relevanten Marktinformationen, die Marktbearbeitungsstrategien, das Qualitätsmanagement, den Einsatz von Marketinginstrumenten, die Überwindung von Implementierungsbarrieren u. a. zu entscheiden. Dies verlangt ein hohes Maß an konzeptioneller und kreativer Arbeit, um den Markterfolg zu gewährleisten.

Die aktuelle Situation der Dienstleistungsmärkte stellt hohe Anforderungen an das Management von Dienstleistungsunternehmen. Dabei wird für das Dienstleistungsmarketing das Ziel formuliert, eine eng am Markt orientierte Analyse, Planung, Durchführung und Kontrolle sämtlicher Marktaktivitäten vorzunehmen. Die intensive Interaktion zwischen dem Dienstleistungsanbieter und -nachfrager bei der Leistungserstellung erfordert ein hohes Maß an **Kundenorientierung**: Diese beinhaltet den offenen Kontakt zum Kunden, die gezielte Erforschung von Kundenwünschen und die sich daraus ergebenden notwendigen Anpassungen im Dienstleistungserstellungsprozess. Erfahrungen auf vielen Dienstleistungsmärkten haben gezeigt, dass letztlich nur durch eine konsequente Kundenorientierung Chancen zur Erlangung von Wettbewerbsvorteilen bestehen.

Die Entwicklung des Marketinggedankens nahm seinen Ursprung im Konsumgüterbereich. Nach der Anwendung im Verbrauchsgüterbereich (z. B. Lebensmittel) erfolgte eine Übertragung auf den Gebrauchsgüterbereich (z. B. Autos). Eine Auseinandersetzung mit dem Objekt Dienstleistung fand zunächst jedoch nicht statt, sodass in diesem Bereich die zunehmende Praxisbedeutung anfangs keine ausreichende theoretische Würdigung fand.

Seit den 1980er Jahren wird dem Dienstleistungsmarketing vor dem Hintergrund der wachsenden volkswirtschaftlichen Bedeutung (vgl. Abschnitt 1.2) eine größere Relevanz beigemessen. Dies zeigt sich insbesondere in der zunehmenden Anzahl an spezifischen

Publikationen zum Thema Dienstleistungen und Dienstleistungsmarketing (Falk 1980; Berekoven 1983; Kotler/Bloom 1984; Heskett 1986; Grönroos 1990; 2000; Meyer 1994; 1998b; Rust/Oliver 1994; Kleinaltenkamp 1995; Reckenfelderbäumer 1995; Swartz/ Bowen/Brown 1995; Bruhn/Meffert 2001; Scheuch 2002; Zeithaml/Bitner 2003; Haller 2005; Corsten/Gössinger 2007). Dabei ist allerdings festzustellen, dass die grundlegende Diskussion, worin die **Charakteristika von Dienstleistungen** liegen und welche Bereiche zum Dienstleistungssektor zu zählen sind, immer noch nicht abgeschlossen zu sein scheint (Engelhardt/Kleinaltenkamp/Reckenfelderbäumer 1992; Woratschek 2001d; Gössinger 2005; Corsten/Gössinger 2007). Auffallend sind auch die Dominanz der branchenspezifischen Untersuchungen zum Dienstleistungsmarketing und die geringen Bemühungen, allgemein gültige Aussagen über den Dienstleistungsbereich im Sinne einer geschlossenen „Theorie des Dienstleistungsmarketing" zu entwickeln (Woratschek 2001d). Eine Begründung hierfür wird in der herrschenden Dienstleistungsvielfalt gesehen (Meffert 2001).

Durch die Heterogenität des Dienstleistungssektors (z. B. Banken, Touristik, freie Berufe, kulturelle Leistungen, öffentliche Dienste, Ausbildungswesen) ergeben sich in der Praxis wie in der Theorie Zweifel an der **Übertragbarkeit** allgemeiner Aussagen auf die unterschiedlichen Branchen und Anwendungssituationen. Auch stellen Dienstleistungen heute in nahezu allen Bereichen des produzierenden Sektors einen erheblichen Bestandteil der angebotenen Problemlösungen dar, da es keine Sachleistung gibt, die ohne einen bestimmten, wenn auch mitunter geringen, Dienstleistungsanteil abgesetzt wird (z. B. erklärungsbedürftige Gebrauchsgüter) (Hilke 1989b, S. 8). Die Betrachtung von Leistungsbündeln aus Sachgütern und deren Dienstleistungsanteilen trägt daher zusätzlich zur Komplexität und Schwierigkeit einer allgemein gültigen Beschreibung bei.

Damit wird offenkundig, dass in vielen Fällen keine trennscharfe Abgrenzung von Sachgütern und Dienstleistungen möglich ist. Vielmehr lässt sich ein kontinuierliches Spektrum tangibler und intangibler Wertbeiträge für verschiedene Leistungen darstellen. Die im Dienstleistungsbereich überwiegenden intangiblen Wertbeiträge (vgl. Abbildung 1-1-1) sind insbesondere durch eine geringere Beurteilbarkeit ihrer Qualität gegenüber den tangiblen Wertbeiträgen gekennzeichnet, sodass hier z. B. neue Ansätze zur Qualitätsmessung zu betrachten sind (Lovelock/Wirtz 2007, S. 9ff.).

Für Konsumgüter-, Industriegüter- und Dienstleistungsmarketing können zwar in Bezug auf Untersuchungsgegenstand und Anwendungsspektrum erhebliche Schnittmengen aufgezeigt werden.

Trotzdem ist wegen der starken Konsumgutorientierung des traditionellen Marketing und aufgrund der Besonderheiten von Dienstleistungen die Auseinandersetzung mit dem Dienstleistungsmarketing im Speziellen unumgänglich. Diese Argumentation wird durch die **steigende Dienstleistungsnachfrage** der Privathaushalte und gewerblichen Unternehmen unterstützt. Die vielfältigen Ursachen werden in Abbildung 1-1-2 im Überblick dargestellt.

Abbildung 1-1-1:   **Theoriezyklen des sektoralen Marketing**

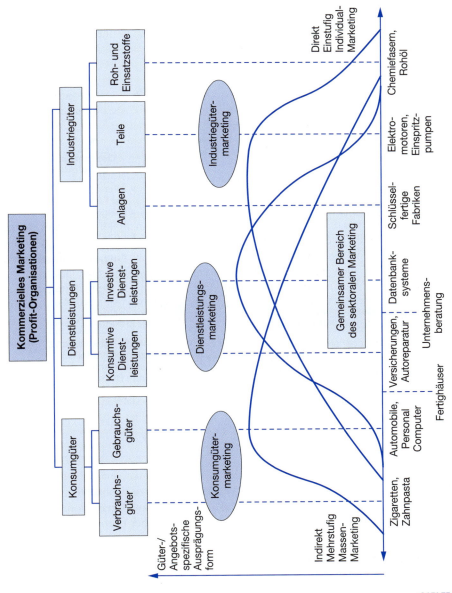

Quelle: Meffert 1986, S. 46

Abbildung 1-1-2:   **Ursachen der zunehmenden Nachfrage nach Dienstleistungen**

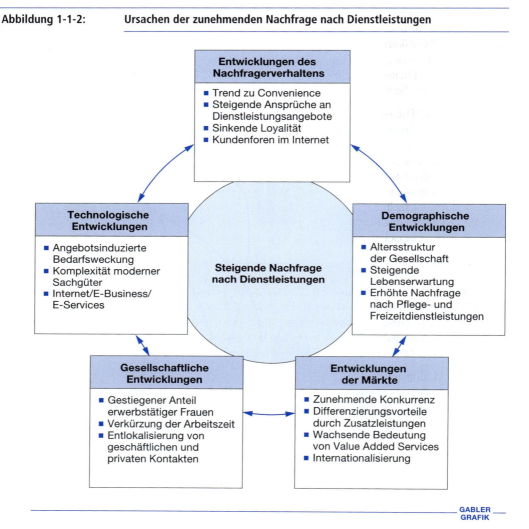

GABLER
GRAFIK

Zunächst sind generelle **gesellschaftliche Veränderungen** zu beobachten. So zieht beispielsweise der erkennbare Trend zur „Entlokalisierung" bzw. Internationalisierung von geschäftlichen und privaten Kontakten das Angebot zahlreicher Dienstleistungen aus dem Reisebereich, aber auch der elektronischen Datenübermittlung nach sich.

Zu den **Änderungen im Nachfragerverhalten** zählt unter anderem die Entwicklung zu mehr Komfort und Bequemlichkeit (Convenience, z. B. Facility Management), die durch das Angebot zahlreicher Dienstleistungen unterstützt wird.

Bei den **demographischen Veränderungen** ist insbesondere die Entwicklung der Altersstruktur in Deutschland mit einem relativ hohen Anteil älterer Menschen bei einer insgesamt steigenden Lebenserwartung zu nennen. Bei einer angenommenen konstanten Geburtenrate und einer konservativen Schätzung der Entwicklung der Lebenswartung wird sich der Anteil der über 65 Jährigen von einem momentanen Anteil von circa 19 Prozent an der Gesamtbevölkerung auf circa 32 Prozent im Jahre 2050 steigern (Statistisches Bundesamt 2006). Dieses „goldene Segment" zeigt aufgrund seiner hohen Kaufkraft Interesse an hochwertigen Dienstleistungen im Bereich Tourismus, Fitness usw. In diesem Zusammenhang ist auch die wachsende Nachfrage nach Pflegeleistungen zu berücksichtigen.

Steigerungen der Dienstleistungsnachfrage werden vielfach allerdings erst durch **technologische Entwicklungen** ermöglicht. Herauszustellen ist die Verbreitung elektronischer Medien – insbesondere des Internet – in den vergangenen Jahren. Im Jahre 2007 hatten 63 Prozent aller deutschen Haushalte Zugang zum Internet (Internetworldstats 2007). Die Nutzung der elektronischen Medien ist für den Anbieter und für den Nachfrager mit ganz spezifischen Vorteilen verbunden, z. B. sind geschäftliche Transaktionen über Internet weder an Öffnungszeiten noch an eine Geschäftsstätte gebunden. Dabei wird eine Vielzahl von Produkten und Dienstleistungen über das Internet vertrieben (z. B. Bücher, CDs) bzw. selbst elektronisch erstellt (z. B. Online Banking, Reisebuchungen).

Darüber hinaus sind die **Entwicklungen der Märkte** anzuführen. Die wachsende Homogenität der von der Industrie angebotenen Produkte ist beispielsweise ein Grund für das steigende Angebot von so genannten „Value Added Services". Hersteller sehen gerade in produktbegleitenden Dienstleistungen die größte Chance für eine langfristig wirksame Wettbewerbsdifferenzierung, sodass davon auszugehen ist, dass der Dienstleistungsanteil an „Problemlösungspaketen" auch zukünftig kontinuierlich ansteigt (Simon 1993, S. 5ff.; Lay/Jung-Erceg 2002; Stille 2003).

Diese Entwicklungstendenzen finden in den volkswirtschaftlichen Kennziffern ihren Niederschlag, die auf der volkswirtschaftlichen Betrachtung des Dienstleistungssektors aufbauen.

1.2 Volkswirtschaftliche Betrachtung des Dienstleistungssektors

In Volkswirtschaften entwickelt sich gemäß der Drei-Sektoren-Theorie im Allgemeinen zunächst der primäre Sektor, zu dem die Land- und Forstwirtschaft sowie Viehzucht und Fischerei gezählt wird. Später wächst die Bedeutung der industriellen Produktion bei der Erwirtschaftung des Bruttosozialproduktes. Schließlich nimmt der **tertiäre Sektor**, der vielfach vereinfachend als **Dienstleistungssektor** bezeichnet wird, eine dominante Stellung ein.

Eine substanzielle **volkswirtschaftliche Analyse** von Dienstleistungen wurde zuerst durch die klassische Nationalökonomie vorgenommen. Während Adam Smith in seinem Werk „Wohlfahrt der Nationen" den Dienstleistungen noch ihren produktiven Wert absprach, wurde ihnen diese Eigenschaft von Malthus bereits zugebilligt (Smith 1789; Malthus 1836). Allerdings ermöglicht erst eine nutzenorientierte Betrachtungsweise von Gütern, wie sie Say vornahm, verbunden mit der Unterteilung in materielle und immaterielle Produktion, eine intensive Auseinandersetzung mit dem Themenkreis Dienstleistungen (Say 1830).

Ebenfalls auf der Ebene des Nutzens für den Konsumenten argumentiert Mischler (1898) im Wörterbuch der Volkswirtschaft: „Unter persönlichen Dienstleistungen versteht man solche Arbeitsleistungen, welche, für sich allein betrachtet, Bedürfnisse zu befriedigen vermögen; sie unterscheiden sich von den übrigen Arbeitsleistungen dadurch, dass die letzteren die Herstellung eines Sachgutes bezwecken, welches erst die Bedürfnisbefriedigung ermöglicht […]. Es kann mitunter ganz dasselbe Bedürfnis durch ein Sachgut oder durch eine Dienstleistung befriedigt werden, wie z. B. durch ein Buch bzw. einen Vortrag" (Mischler 1898, S. 548).

Die auf der Unterteilung der Volkswirtschaft in drei Sektoren aufbauende Beschreibung des Dienstleistungssektors rechnet mittels **Negativabgrenzung** sämtliche Leistungen, die nicht in den Bereich der Urproduktion oder der Weiterverarbeitung fallen, dem Dienstleistungssektor zu (Corsten 1985, S. 230; Berekoven 1997, S. 6f.). Diese Abgrenzung von Dienstleistungen hat sich sowohl national als auch international durchgesetzt, bietet jedoch wenig marketingpolitische Ansatzpunkte.

Nach der **Systematisierung des Statistischen Bundesamtes** werden insgesamt die folgenden 16 Wirtschaftsbereiche unterschieden (Statistisches Bundesamt 2008):

Primärer Sektor
  A Land- und Forstwirtschaft, Fischerei

Sekundärer Sektor
  B Bergbau und Gewinnung von Steinen und Erden
  C Verarbeitendes Gewerbe
  D Energieversorgung
  E Wasserversorgung
  F Baugewerbe

Tertiärer Sektor
  G Handel; Instandhaltung und Reparatur von Kraftfahrzeugen
  H Verkehr und Lagerei
  I   Gastgewerbe
  J   Information und Kommunikation
  K Finanz- und Versicherungsdienstleistungen
  L Grundstücks- und Wohnungswesen
  M Freiberufliche, Wissenschaftliche und Technische Dienstleistungen
  N Sonstige Wirtschaftliche Dienstleistungen
  O Öffentliche Verwaltung, Verteidigung, Sozialversicherung
  P Erziehung und Unterricht
  Q Gesundheits- und Sozialwesen
  R Kunst, Unterhaltung und Erholung
  S Sonstige Dienstleistungen
  T Private Haushalte
  U Exterritoriale Organisationen und Körperschaften

Die Entwicklung bzw. **Veränderung des Dienstleistungsmarktes** seit 1950 lässt sich durch die Verlagerung der Beschäftigtenstruktur sowie die Investitionsentwicklung in den drei Sektoren dokumentieren. Die von Fourastié prognostizierte Situation, dass bis zum Ende des 20. Jahrhunderts in den hoch entwickelten Volkswirtschaften ein Beschäftigungsanteil von 80 Prozent für den tertiären Sektor gegenüber jeweils zehn Prozent für den primären und sekundären Sektor erreicht würde (Fourastié 1954, S. 268ff.), konnte zwar nicht realisiert werden, dennoch lag der Anteil der Erwerbstätigen im tertiären Sektor in Deutschland in der ersten Hälfte des Jahres 2007 immerhin bei 72,7 Prozent (Statistisches Bundesamt 2007b). Diese Entwicklung ging vorrangig zu Lasten der Landwirtschaft, während der sekundäre Sektor hiervon vergleichsweise wenig betroffen war. Andere Prognosen sehen jedoch einen Rückgang des sekundären Sektors vorher und errechnen für das Jahr 2030 lediglich einen Anteil an der Bruttowertschöpfung von 20 Prozent (Storbeck 2006).

Abbildung 1-1-3:   **Veränderung der Bruttowertschöpfung im dienstleistenden und produzierenden Sektor**

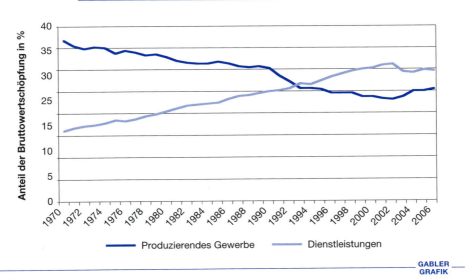

Quelle: Statistisches Bundesamt 2007a

In der Literatur, die sich kritisch mit diesen Statistiken auseinander setzt, ist eine **kontroverse Diskussion** im Hinblick auf den tatsächlichen Bedeutungsanstieg von Dienstleistungen anzutreffen. So wird der „Weg in die Dienstleistungsgesellschaft" vielfach als ein größtenteils statistischer Effekt bezeichnet. Diese These wird mit dem Argument begründet, dass der in den amtlichen Statistiken ausgewiesene Effekt der Zunahme des tertiären Sektors lediglich auf einem Verlagerungseffekt zwischen Unternehmen der drei Sektoren beruht (Albach 1989, S. 397ff.). Dieser Erklärungsansatz wird als **„Theorie der**

industriellen Dienstleistung" bezeichnet. Den Ausgangspunkt der Entwicklung bildet der hohe Wettbewerbsdruck, mit dem sich die meisten Industrieunternehmen konfrontiert sehen. Daraus leitet sich für die Unternehmen unter anderem die Notwendigkeit ab, ihre Sachleistungen zur Förderung des Absatzes mit attraktiven Dienstleistungen anzureichern. Darüber hinaus sind die Unternehmen gezwungen, sich auf ihre Kernkompetenzen zu beschränken und bestimmte Prozesse auszulagern, die von externen Unternehmen kostengünstiger als im eigenen Hause erbracht werden. Zum einen betrifft dieses „Outsourcing" die Erstellung von Sachleistungen, zum anderen auch zahlreiche Dienstleistungen wie Marktforschungs-, Forschungs- & Entwicklungs- sowie Beratungsleistungen. Damit wird deren statistische Erfassung in den tertiären Sektor verlagert.

Als Gegenthese dazu wird formuliert, dass die frühere institutionelle Ausrichtung der amtlichen Statistik insgesamt zu einer **Unterschätzung des Dienstleistungssektors** führt (Corsten 1985, S. 242f.). In diesem Zusammenhang ist zu berücksichtigen, dass bei einer Differenzierung nach den Dienstleistungsträgern funktionelle, d. h. von Sachleistungsbetrieben angebotene Dienste, und institutionelle, also von (reinen) Dienstleistungsunternehmen/-institutionen angebotene Dienste differenziert werden können (Meyer 1994, Abbildung 1-1-4). Somit lassen sich über den amtlich bestimmten tertiären Sektor hinaus Dienstleistungen auch im primären und sekundären Sektor nachweisen (z. B. die Hauslieferung in der Landwirtschaft oder der Kundendienst eines Produktionsbetriebes) (Meyer 1994).

Abbildung 1-1-4: **Funktionelles und institutionelles Dienstleistungsmarketing**

Dienstleistungsmarketing
(im weiteren Sinne)

Funktionelles Dienstleistungsmarketing

= Durchgeführt von Sachleistungsbetrieben als „Neben"-Funktion für die Absatzförderung von (selbst erstellten) Sachleistungen

Industrielles Dienstleistungsmarketing

Institutionelles Dienstleistungsmarketing

= Durchgeführt von Dienstleistungsinstitutionen als „Haupt"-Funktion zum Absatz von

Sach- leistungen · Nominal- gütern · Dienst- leistungen

Dienstleistungsmarketing (im engeren Sinne)

GABLER GRAFIK

In ähnlicher Weise wird die **Existenz einer deutschen „Dienstleistungslücke"** gegenüber den USA diskutiert. So basiert die Analyse des Instituts der deutschen Wirtschaft (IW) auf Arbeitsmarktstatistiken gemäß der Drei-Sektoren-Einteilung, während das Deutsche Institut für Wirtschaftsforschung (DIW) Ergebnisse des Soziooökonomischen Panels (SOEP) einbezieht, bei dem seit 1984 Beschäftigte nach den Tätigkeiten befragt werden, denen sie tatsächlich nachgehen. Auf diese Weise werden Beschäftigte, die in Industriebetrieben Dienstleistungen verrichten, zu den Dienstleistungsbeschäftigten gezählt (o.V. 1998; Stille/Preißl/Schupp 2003).

Die **Strukturverschiebungen** finden jedoch nicht nur zwischen den drei Sektoren statt. Vielmehr sind auch innerhalb des Dienstleistungsbereiches deutliche Verschiebungen erkennbar. Unternehmen, die vormals eindeutig einer Branche zuzuordnen waren, befinden sich mittlerweile im Schnittpunkt zweier oder mehrerer Bereiche. Banken und Versicherungen verändern sich zu umfassenden Finanzdienstleistungskonzernen, aber auch die Tourismusindustrie, das Transportwesen und andere Bereiche sind deutliche Beispiele dafür, dass die Grenzen der Dienstleistungsbranchen weiter verschwimmen.

1.3 Entwicklungsphasen des Dienstleistungsmarketing

Ausgehend von der klassischen Auffassung des Begriffes Marketing wird auch das Dienstleistungsmarketing als **marktorientiertes, duales Führungskonzept** verstanden. Dies bedeutet zum einen eine Interpretation als Leitkonzept des Managements im Sinne einer gelebten Unternehmensphilosophie („Shared Values") und zum anderen als gleichberechtigte Unternehmensfunktion.

Neben den Versuchen der genaueren Begriffsspezifizierung der Dienstleistung lassen sich im Hinblick auf die wissenschaftliche Auseinandersetzung mit dem Dienstleistungsmarketing in der Marketingwissenschaft verschiedene **Entwicklungsphasen des Dienstleistungsmarketing** unterscheiden (vgl. Abbildung 1-1-5).

In den USA haben sich Marketingwissenschaftler bereits seit Beginn der 1960er Jahre mit den Besonderheiten von Dienstleistungen und ihrer Erstellung auseinandergesetzt. Ausgangspunkt dieser ersten Untersuchungen war die Überlegung, über die Herausstellung der **Besonderheiten von Dienstleistungen** Ansätze für ein eigenes Dienstleistungsmarketing abzuleiten (Lovelock/Wirtz 2007).

Im deutschen Sprachraum wurde Dienstleistungsmarketing lange Zeit mit dem Marketing von technischen Kundendienstleistungen gleichgesetzt (Meffert 1987, S. 93). Mit dem Bedeutungszuwachs derartiger produktbegleitender Leistungen, der **Value Added Services**, im Rahmen der Wettbewerbsprofilierung von Unternehmen wurde die Forschung auf diesem Gebiet intensiviert. Ausgehend von der wachsenden Bedeutsamkeit der Value Added Services als Marketingerfolgsfaktoren (Laakmann 1995) ist seit Beginn der 1990er Jahre eine zunehmende Relevanz des industriellen Dienstleistungsmarketing zu beobachten. Die wachsende Anzahl empirischer Studien seit Ende der 1990er Jahre belegt die

Abbildung 1-1-5:   **Entwicklungstendenzen des Dienstleistungsmarketing**

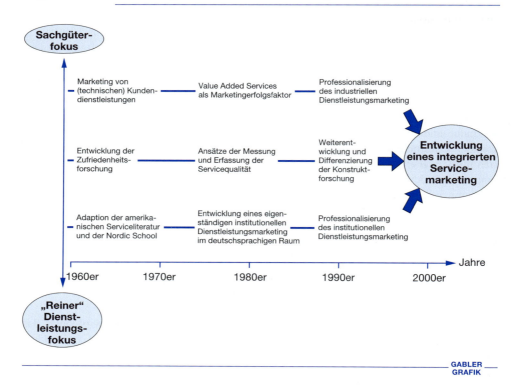

Professionalisierungsbemühungen und trägt diesem Bedeutungswandel Rechnung (vgl. z. B. Lay 1998; Werner 2002; Lorenz-Meyer 2004, S. 56f.; Ivens 2005).

Als die Marketingwissenschaft begann, sich auch mit Fragestellungen des Social Marketing, d. h. mit Fragen nichtkommerzieller Aufgaben und Institutionen zu befassen (Kotler 2002; Bruhn 2005b), forcierten insbesondere Vertreter der Nordic School wie z. B. Grönroos und Gummesson ihre dienstleistungsspezifischen Forschungen, nicht zuletzt wegen der Bedeutung des staatlichen Sektors in den skandinavischen Ländern. Wissenschaftler aus dem deutschsprachigen Raum haben Ansätze der „Nordic School" und der amerikanischen Forschung aufgegriffen (Fassnacht/Homburg 2001, S. 289f.) und seit Mitte der 1970er Jahre zu einem eigenständigen, **institutionellen Dienstleistungsmarketing** weiterentwickelt (Hilke 1989b; Meyer 1994; Scheuch 2002). Zu Beginn dieses Entwicklungsprozesses stand die Diskussion über eine umfassende Charakterisierung, Systematisierung und Typologisierung der Dienstleistungen, bzw. der konstitutiven Dienstleistungsmerkmale im Mittelpunkt. Seit Mitte der 1990er Jahre gilt dieses Forschungsgebiet im deutschsprachigen Raum als abgeschlossen (Fassnacht/Homburg 2001, S. 289). Im weiteren Verlauf erfolgte eine vollumfängliche Betrachtung des Marketing für Dienstleistungen. Dies führte zur Entwicklung eines systematischen Planungsprozesses für die notwendigen strategischen Entscheidungen und die daraus abgeleiteten operativen Maßnahmen bezüglich des Einsatzes der Instrumente des Marketingmix und trug somit zu einer Professionalisierung des institutionellen Dienstleistungsmarketing bei.

Auch im Rahmen der **Zufriedenheitsforschung** wurden seit den 1960er Jahren immer wieder Problemstellungen aufgegriffen, die den Dienstleistungsbereich betrafen. Insbesondere seit Anfang der 1980er Jahre wurden im Rahmen der Zufriedenheitsforschung spezifische Ansätze zur Messung und Erfassung der **Dienstleistungsqualität** abgeleitet (Bruhn 1982; 1998c; Bruhn 2008b; Parasuraman/Zeithaml/Berry 1985; 1988; Büker 1991; Burmann 1991; Hentschel 1992; 2000; Bruhn/Stauss 2000). Im weiteren zeitlichen Verlauf erfolgte eine zunehmende Weiterentwicklung und Differenzierung der Konstruktforschung. So wurden neben der Dienstleistungsqualität für weitere Konstrukte Messansätze entwickelt und empirisch überprüft, z. B für die Beziehungsqualität (vgl. für einen Überblick Georgi 2000, S. 43), das Commitment (vgl. z. B. Allen/Meyer 1990; Morgan/Hunt 1994; Kumar/Scheer/Steinaltenkamp 1995) oder das Image (vgl. z. B. Grönroos 1984; Bitner 1991; Meffert 1993). Auch in Bezug auf den Einfluss moderierender Variablen unter verschiedenen Bedingungen, die Wirkungsweise, mögliche Interdependenzen und Ergebnisgrößen vollzog sich eine Spezifierung der aufgestellten Hypothesenmodelle (vgl. für einen Überblick Rust/Chung 2006).

Das offensichtliche Zusammenwachsen einzelner dienstleistungsbezogener Forschungsgebiete führte zu einem **integrierten Dienstleistungsmarketing**, das sowohl Zusatz-/Sekundärdienstleistungen als auch institutionelle Dienstleistungen umfasst (Hübner 1993). Allerdings ist zu beachten, dass mit einer steigenden Zahl an unterschiedlichen Untersuchungsobjekten, für die die zu ermittelnden Zusammenhänge Gültigkeit beanspruchen, die Aussagekraft der entstehenden Theorie zwangsläufig abnimmt (Meffert 2001).

Bei einer Bestandsaufnahme von **Forschungsfeldern im Dienstleistungsmarketing** ist festzustellen, dass die deutschsprachige und die internationale Dienstleistungsforschung der letzten 20 Jahre durch eine Vielfalt von Fragestellungen geprägt ist, die sich zu sechs zentralen Themengebieten der Dienstleistungsforschung zusammenfassen lassen (Swartz/Bowen/Brown 1995; Fisk/Brown/Bitner 1995; Iacobucci 1998; Fassnacht/Homburg 2001). Beginnend mit der wissenschaftlichen Auseinandersetzung bezüglich der Charakterisierung, Systematisierung und Typologisierung von Dienstleistungen, bzw. Dienstleistungsmerkmalen, wurde in einem nächsten Schritt die Forschung zur Messung der Dienstleistungsqualität vorangetrieben. Daneben rückte das Themengebiet der Personalführung in Dienstleistungsunternehmen und das Relationship Marketing/Kundenbindungsmanagement in den Fokus des wissenschaftlichen Interesses. Schließlich fanden die Themengebiete Service Design und Service Encounters/Service Experience Einzug in die wissenschaftliche Diskussion. Die amerikanische Dienstleistungsforschung hat bei vielen dieser Themen eine Vorreiterrolle eingenommen. Jedoch ergibt sich bei einem Vergleich der deutschsprachigen und amerikanischen Dienstleistungsforschung teilweise eine unterschiedliche Gewichtung der zentralen Themengebiete (Fassnacht/Homburg 2001, S. 282ff.).

Aufgrund der schwerpunktmäßigen Auseinandersetzung der deutschsprachigen Marketingforschung mit begrifflichen Grundlagen wurde dem Thema der **Systematisierung/Typologisierung von Dienstleistungen** ein höherer Stellenwert beigemessen. Die Forschungsfelder Service Design und Service Encounters/Service Experience weisen dem-gegenüber in der amerikanischen Dienstleistungsforschung aufgrund der Relevanz von pragmatischen Fragestellungen eine stärkere Gewichtung auf.

Vor dem Hintergrund dieser vielfältigen Fragestellungen in der Dienstleistungsforschung ist anzunehmen, dass zukünftig neben der umfassenden Betrachtung des Marketing von Dienstleistungsunternehmen weiterhin auch die Vertiefung dienstleistungsspezifischer Besonderheiten aufbauend auf dem Fundament einer generellen Marketingtheorie dis-kutiert wird.

Basierend auf den theoretischen Erkenntnissen lassen sich für das Dienstleistungsmarke-ting verschiedene Dimensionen zur genaueren Differenzierung unterscheiden. Nach dem heutigen Verständnis wird das Dienstleistungsmarketing in eine marktgerichtete und eine unternehmensgerichtete Dimension unterteilt (vgl. Abbildung 1-1-6). Die **marktgerich-tete Dimension** differenziert, ob der Abnehmer der Dienstleistung ein Endverbraucher (konsumtive Dienstleistung) oder ein gewerbliches Unternehmen (investive Dienstleis-tung) ist. Die **unternehmensgerichtete Dimension** gibt Auskunft darüber, ob die be-trachtete Dienstleistung die Kernleistung des Unternehmens oder eine Zusatzleistung bzw. Sekundärdienstleistung darstellt.

Abbildung 1-1-6: Unternehmens- und marktgerichtete Dimensionen des Dienstleistungsmarketing

Art der Dienstleistung \ Abnehmer	Marktgerichtete Dimension	
	Endverbraucher	**Gewerbliche Unternehmen**
Kerndienstleistung des Unternehmens	Konsumtive Kerndienstleistungen	Investive Kerndienstleistungen
Zusatzleistungen des Unternehmens	Konsumtive Sekundärdienstleistungen	Investive Sekundärdienstleistungen

(Unternehmensgerichtete Dimension)

GABLER GRAFIK

Das Marketing für **konsumtive Kerndienstleistungen**, bei denen die Leistungen zwin-gend durch einen institutionellen Dienstleister (z. B. Autovermieter) erbracht werden, stellt das am intensivsten erforschte Feld des Dienstleistungsmarketing dar (Heskett 1986; Normann 1987; Meyer 1998a; Grönroos 2000; Lovelock/Wirtz 2007).

Beim Marketing für **konsumtive Sekundärdienstleistungen** ist der Anbieter entweder ein institutioneller Dienstleister (z. B. Autovermieter, der zusätzlich Versicherungen anbietet) oder ein warenproduzierendes Unternehmen (z. B. Autohersteller, der Versicherungen anbietet). Hier lassen sich deutliche Schnittstellen zum Konsumgütermarketing erkennen. Während sich die Forschung in diesem Feld zunächst auf Kundendienstleistungen beschränkte (Meffert 1987), werden derartige Services gegenwärtig im Rahmen eines breiter angelegten Spektrums unter Value-Added-Gesichtspunkten, häufig mit einem speziellen Branchenfokus, diskutiert (Rosada 1990; Dyckhoff 1993; Rennert 1993).

Das Marketing für **investive Kerndienstleistungen** findet in der Marketingforschung bisher keine ähnlich intensive Behandlung wie der Bereich konsumtiver Dienstleistungen (Kotler/Bloom 1984). Allerdings wurde die Forschung hier in den letzten Jahren intensiviert, wie die steigende Zahl von Publikationen in diesem Bereich erkennen lässt. So finden sich beispielsweise Arbeiten zum Marketing von so genannten „Professional Service Firms", d. h. Business-to-Business-Unternehmen wie z. B. Unternehmensberatungen oder Werbeagenturen (Ringlstetter/Kaiser/Bürger 2004)

Im Bereich des Marketing für **investive Sekundärdienstleistungen** ist zu bedenken, dass es sich beim dienstleistenden Unternehmen entweder um einen Dienstleister oder um einen Hersteller von Sachgütern handelt. Hier sind gegenwärtig diverse Forschungsbemühungen zu verzeichnen (Simon 1993, S. 1ff.; einen Überblick über empirische Untersuchungen zu diesem Gebiet geben Homburg/Garbe 1996; Mann 2000).

Angesichts der Heterogenität der sich aus den verschiedenen Bereichen ableitenden Fragestellungen lassen sich nur für bestimmte Fragen übergreifende Lösungen erarbeiten. Um dennoch alle Fragenkomplexe des Dienstleistungsmarketing erschöpfend behandeln zu können, konzentriert sich dieses Buch primär auf das **Marketing für konsumtive Kerndienstleistungen**. Aufgrund des Zusammenwachsens von Güter- und Dienstleistungsmärkten wird aber darüber hinaus eine Übertragbarkeit der dargestellten Aussagen auf den Sekundärdienstleistungsbereich angestrebt. Investive Gesichtspunkte werden nur insoweit behandelt, als Schnittmengen mit dem konsumtiven Bereich bestehen.

2.   Begriff und Systematisierung von Dienstleistungen

2.1   Begriffliche Definitionsansätze von Dienstleistungen

Die in der Literatur zum Dienstleistungsmarketing vorgenommenen **Definitionsansätze** zum Dienstleistungsbegriff lassen sich in drei Gruppen aufteilen (Corsten/Gössinger 2007, S. 21):

- Erfassung des Dienstleistungsbegriffes durch die Aufzählung von **Beispielen** (enumerative Definitionen),

- Abgrenzung des Dienstleistungsbegriffes über eine **Negativdefinition** zu Sachgütern,

- Explizite Definition des Dienstleistungsbegriffes durch **konstitutive Merkmale**.

Zur Ableitung von Marketingimplikationen ist lediglich die zuletzt genannte Gruppe von Definitionsansätzen sinnvoll heranzuziehen. Hierbei lassen sich vier unterschiedliche Definitionsansätze auf Basis konstitutiver Merkmale unterscheiden:

1. Tätigkeitsorientierte Definition
Eine sehr weite und umfassende Definition legt Schüller (1967, S. 19) vor: „Jede **menschliche Tätigkeit** ist im eigentlichen und ursprünglichen Sinne eine ‚Dienstleistung‘, d. h. eine Leistung im Dienste eigener und/oder anderer Interessen. Man kann auch sagen: Das, was der Mensch tut, um seine physische und psychische Arbeitskraft mit oder ohne Verbindung zur materiellen Güterwelt in den Zweckbereich der menschlichen Bedürfnisbefriedigung zu bringen, ist eine Dienstleistung". Er weist damit darauf hin, dass Dienstleistungen direkt am Menschen oder an materiellen Gütern erbracht werden können. Diese Definition ist allerdings mit erheblichen Schwierigkeiten verbunden, da die abstrakte, nicht unbedingt praxisnahe, anwendungsbezogene Ebene der Abgrenzung wenig Möglichkeiten bietet, dienstleistungsmarketingspezifische Besonderheiten abzuleiten.

2. Prozessorientierte Definition
In den Ausführungen von Berekoven wird dagegen der **Prozesscharakter** der Dienstleistung in den Vordergrund gestellt (Berekoven 1983, S. 23): „Dienstleistungen im weitesten Sinne sind der Bedarfsdeckung Dritter dienende Prozesse mit materiellen und/oder immateriellen Wirkungen, deren Vollzug und deren Inanspruchnahme einen synchronen Kontakt zwischen Leistungsgeber und Leistungsnehmer bzw. deren Objekten von der Bedarfsdeckung her erfordert". Daher wird der synchrone Kontakt der Marktpartner bzw. von deren Objekten als entscheidendes Merkmal von Dienstleistungen herausgestellt. Diese Definition ist eine Weiterentwicklung seiner Dienstleistungsdefinition von 1974, als er unter „synchron" noch einen zeitlich und räumlich synchronen Kontakt verstand (Berekoven 1974, S. 29). Meyer kritisiert diese Notwendigkeit der räumlich synchronen Dienstleistungserstellung und bemängelt weiter, dass Berekoven auch in seiner modi-

fizierten Abgrenzung von 1983 sämtliche Arbeitsleistungen dem Dienstleistungsbegriff subsumiert (Meyer 1994, S. 12).

3. Ergebnisorientierte Definition
Eine **ergebnisorientierte Betrachtung** liegt der Definition von Maleri (1997, S. 4) zu Grunde: „Demnach kann [...] Leistung nicht als ein Prozess, sondern nur als Ergebnis des Prozesses angesehen werden, denn nur dieses ist am Markt vertretbar". Darauf aufbauend definiert er Dienstleistungen „als für den Absatz produzierte immaterielle Wirtschaftsgüter". Der Umkehrschluss gelingt allerdings nicht, wie Maleri selbst zugesteht: „Zwar sind alle Dienstleistungen zu den immateriellen Gütern zu rechnen, nicht jedoch sind umgekehrt alle immateriellen Güter Dienstleistungen" (Maleri 1997, S. 49). Trotz der Kritik von Meyer, dass einige Dienstleistungen wie z. B. die Sprengung einer Fabrik, durchaus materielle Ergebnisse zur Folge haben können (Meyer 1994), haben zahlreiche Autoren die Definition von Maleri aufgegriffen und weiterentwickelt (vgl. dazu etwa Entgelter 1979, S. 116).

4. Potenzialorientierte Definition
Die **potenzialorientierte Dienstleistungsdefinition** beinhaltet die Auffassung, dass Dienstleistungen als die durch Menschen oder Maschinen geschaffenen Potenziale bzw. Fähigkeiten eines Dienstleistungsanbieters angesehen werden können, spezifische Leistungen beim Dienstleistungsnachfrager zu erbringen, wie z. B. das Hotelgebäude (vgl. Meyer/Mattmüller 1987, S. 187; Hentschel 1992, S. 19f.).

Zur kombinierten Betrachtung der konstitutiven Merkmale von Dienstleistungen ist eine **phasenbezogene Integration** der prozess-, ergebnis- und potenzialorientierten Interpretation der Dienstleistung geeignet (Hilke 1984, S. 17ff.; 1989b, S. 10f.). Demnach ist der Charakter einer Dienstleistung nur zu erfassen, wenn alle drei Phasen durch jeweils ein gesondertes Merkmal in die Dienstleistungsdefinition eingehen (vgl. Abbildung 1-2-1). Erst aus den spezifischen Fähigkeiten und der Bereitschaft des Dienstleistungsanbieters zur Erbringung einer Dienstleistung (Potenzialorientierung) und der Einbringung des externen Faktors durch den Dienstleistungsnachfrager als prozessauslösendes und -begleitendes Element (Prozessorientierung) resultiert ein Dienstleistungsergebnis (Ergebnisorientierung).

Im Hinblick auf diesen integrierten Definitionsansatz bestehen in der Literatur Differenzen bezüglich der **relativen Bedeutung der drei Phasen**. Zum einen wird lediglich der Dienstleistungsprozess und die hieraus folgende Integration des externen Faktors als eine konkrete Besonderheit von Dienstleistungen angesehen (vgl. Engelhardt 1990, S. 278ff.; Rosada 1990, S. 20ff.). Zum anderen ist als Ergebnis eine Dienstleistung materieller Art möglich wie z. B. bei Dienstleistungen eines Malers, einer Autoreparaturwerkstatt oder eines Friseurs (vgl. Meyer 1994, S. 12).

Trotz dieser Differenzen hat sich die Drei-Phasen-Auffassung von Dienstleistungen als geeignet erwiesen, zentrale Besonderheiten von Dienstleistungen herauszuarbeiten und im Rahmen des Dienstleistungsmarketing zu berücksichtigen. Somit wird der Begriff Dienstleistung folgendermaßen definiert:

Abbildung 1-2-1:   **Phasenbezogener Zusammenhang zwischen den drei konstitutiven Merkmalen von Dienstleistungen**

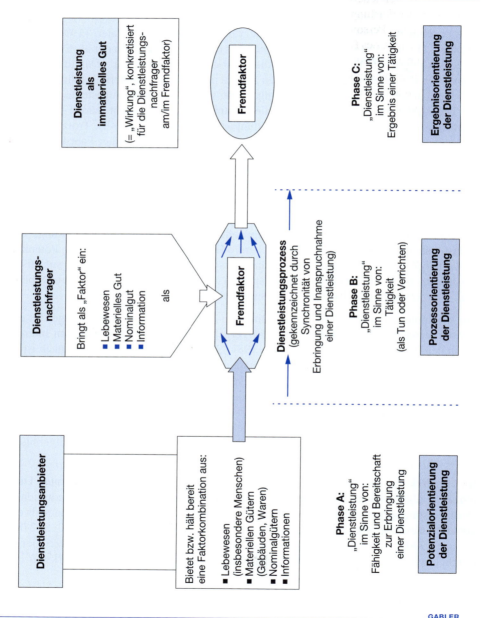

Quelle: Hilke 1989b, S. 15

> **Dienstleistungen** sind selbstständige, marktfähige Leistungen, die mit der Bereitstellung (z. B. Versicherungsleistungen) und/oder dem Einsatz von Leistungsfähigkeiten (z. B. Friseurleistungen) verbunden sind (**Potenzialorientierung**). Interne (z. B. Geschäftsräume, Personal, Ausstattung) und externe Faktoren (also solche, die nicht im Einflussbereich des Dienstleisters liegen) werden im Rahmen des Erstellungsprozesses kombiniert (**Prozessorientierung**). Die Faktorenkombination des Dienstleistungsanbieters wird mit dem Ziel eingesetzt, an den externen Faktoren, an Menschen (z. B. Kunden) und deren Objekten (z. B. Auto des Kunden) nutzenstiftende Wirkungen (z. B. Inspektion beim Auto) zu erzielen (**Ergebnisorientierung**).

Obwohl der **Begriff „Services"** im deutschsprachigen Raum vielfach lediglich für Zusatzdienstleistungen von Konsumgüter- und Industriegüterherstellern Verwendung findet, wird er im Folgenden, um keine Differenzen zum angloamerikanischen Wortgebrauch entstehen zu lassen, synonym zum Dienstleistungsbegriff verwendet.

Die definitorische Abgrenzung des Dienstleistungsbegriffs hat nicht zum Ziel, eine Homogenität des Dienstleistungsbereiches vorzutäuschen. Im Gegenteil wird dessen Heterogenität durch die Systematisierung von Dienstleistungen des folgenden Abschnitts verdeutlicht.

2.2 Leistungstypologische Einordnung von Dienstleistungen

Die Heterogenität von Dienstleistungen wird besonders deutlich, wenn versucht wird, eine leistungstypologische Einordnung von Dienstleistungen vorzunehmen. Generelles Ziel einer **Leistungstypologie** im Bereich des Marketing ist die Identifikation von spezifischen Leistungstypen, die typenübergreifend differenzierte, aber innerhalb eines Typs einheitliche Implikationen für das Marketing aufweisen. Der zentrale Vorteil einer Typologie gegenüber rein definitorischen Ansätzen ist darin zu sehen, dass die als relevant erachteten Merkmale eines Begriffs keiner eindeutigen Bestimmung bedürfen, sondern als Kontinuum zwischen ihren Extremausprägungen dargestellt werden. Typologien vermögen das Problem von Unschärfebereichen zwischen den „Reinformen" bestimmter Absatzobjekte abzubilden, ohne gleichzeitig zu dessen Lösung – im Sinne einer eindeutigen Zuordnungsvorschrift – beizutragen.

So nehmen etwa Knoblich/Oppermann eine **Typologisierung auf Basis der drei konstitutiven Merkmale von Dienstleistungen** (Dienstleistungspotenzial, -prozess und -ergebnis) vor und unterscheiden neben dem Typ Dienstleistung vier weitere Produkttypen (Typ I bis IV), die sich aus den unterschiedlichen und empirisch relevanten Kombinationen der drei Merkmale ergeben (vgl. Abbildung 1-2-2).

Abbildung 1-2-2:   **Dienstleistung als Produkttyp**

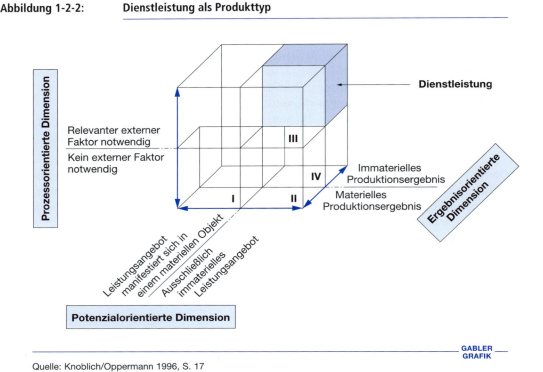

Quelle: Knoblich/Oppermann 1996, S. 17

Produkttyp I ist durch ein körperliches Objekt in der Angebotsphase, keine Einsatzfaktoren der Nachfrager und ein materielles Ergebnis der Faktorkombination gekennzeichnet (z. B. Bier, Fahrräder). Aufgrund des hohen Materialitätsgrades dieses Produkttypen können die darunter zu fassenden Produkte als Sachleistungen bezeichnet werden.

Die Charakteristika von **Produkttyp II** sind kennzeichnend für standardisierte Produkte, die erst nach der Kaufentscheidung des Konsumenten, dann aber ohne eine weitere Integration des Konsumenten produziert werden (z. B. Hochzeitstorte). Diese Produkte lassen sich als Quasi-Sachleistungen bezeichnen, da im Unterschied zu reinen Sachleistungen die Materialität des Leistungsangebotes fehlt.

Zu **Produkttyp III** sind all jene Leistungen zu zählen, die in einer auftragsorientierten Produktion nach den individuellen Anforderungen des jeweiligen Konsumenten produziert werden und deren Ergebnis einen materiellen Charakter aufweisen (z. B. Anlagen, Schiffe). In diesem Sinne wird von Auftragsleistungen gesprochen.

Schließlich sind dem **Produkttyp IV** Leistungen zuzurechnen, die lediglich als (unkörperliche) Leistungsversprechen angeboten werden, ohne dass ein Fremdfaktor bei der Produktion benötigt wird. Das Ergebnis des Leistungserstellungsprozesses ist immaterieller Natur (z. B. Leistungen von Nachrichtenagenturen). Trotz der fehlenden Integration des

Fremdfaktors ist die Nähe dieses Typs zum Typ Dienstleistung unverkennbar, sodass die Bezeichnung Quasi-Dienstleistungen für Leistungen dieses Typs sinnvoll erscheint.

Knoblich/Oppermann stellen zusammenfassend fest, dass eine Gegenüberstellung von Dienstleistungen und Sachleistungen zu kurz greift und Dienstleistungen aufgrund ihrer „Dreidimensionalität" nicht nur gegenüber Sachleistungen (Typ I), sondern auch gegenüber Quasi-Sachleistungen (Typ II), Auftragsleistungen (Typ III) und Quasi-Dienstleistungen (Typ IV) einer Differenzierung bedürfen.

Eine weitere im Bereich des Dienstleistungsmarketing viel diskutierte Leistungstypologie stellt die **Leistungstypologie nach Engelhardt/Kleinaltenkamp/Reckenfelderbäumer** dar (Engelhardt/Kleinaltenkamp/Reckenfelderbäumer 1992, S. 34ff.), die auf zwei Dimensionen beruht: dem Immaterialitätsgrad des Leistungsergebnisses sowie dem Integrationsgrad der betrieblichen Leistungsprozesse (vgl. Abbildung 1-2-3).

Die Kombination der jeweiligen Extremausprägungen führt zu vier **Grundtypen von Leistungen**, für die die Ableitung konkreter Marketingimplikationen möglich ist.

Abbildung 1-2-3:   Leistungstypologie nach Engelhardt/Kleinaltenkamp/Reckenfelderbäumer

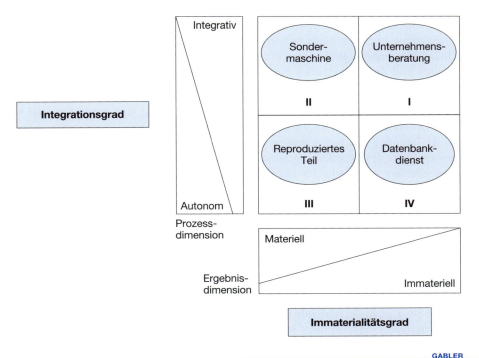

Quelle: Engelhardt/Kleinaltenkamp/Reckenfelderbäumer 1992, S. 35

Der **erste Leistungstyp** ist durch ein immaterielles Leistungsergebnis und eine starke Integration des externen Faktors in den Prozess der Leistungserstellung gekennzeichnet. Typisches Beispiel sind hier die Leistungen klassischer Unternehmensberatungen, die Problemlösungen im engen Kontakt mit ihren Kunden erarbeiten.

Demgegenüber weist der **zweite Leistungstyp** bei ebenfalls hohem Integrationsgrad ein materielles Leistungsergebnis auf, z. B. eine im Kundenauftrag individuell angefertigte Sondermaschine.

Beim **dritten Leistungstyp** handelt es sich um typische, industriell gefertigte Massenprodukte. Sie sind durch ein materielles Leistungsergebnis bei gleichzeitig autonom gestalteten Leistungserstellungsprozessen gekennzeichnet. Hier sind die klassischen Produkte der Konsumgüterherstellung einzuordnen.

Autonome Prozesse bei der Leistungserstellung sind auch für den **vierten Leistungstyp** charakteristisch, wobei das Leistungsergebnis hier jedoch immaterieller Natur ist. Datenbankdienste etwa zeichnen sich durch eine derartige Ausprägung der Leistungs- und Prozessmerkmale aus.

Zur weiteren Spezifizierung dieser Typologie mit dem Ziel der Ableitung von Ansatzpunkten für das Dienstleistungsmarketing wird eine **Zerlegung der Integrationsdimension** in den **Interaktions- und Individualisierungsgrad** vorgenommen (vgl. auch Wohlgemuth 1989, S. 339f.; Corsten/Gössinger 2007; vgl. für andere Erweiterungen der Grundtypologie Maister/Lovelock 1988; Woratschek 1996). Der Interaktionsgrad führt zu einer Differenzierung zwischen quasi-industriellem und interaktionsorientiertem Management. Der Individualisierungsgrad spannt ein Kontinuum zwischen der Standardisierung von Leistungen und der individuellen Kundenorientierung im Sinne einer „Customization" auf.

Die Unterteilung in diese beiden Teildimensionen ermöglicht eine eindeutige und hinsichtlich der Ableitung von Implikationen für die marktorientierte Unternehmensführung wertvolle Trennung in eine Integration des externen Faktors in den Leistungserstellungsprozess im Sinne des Interaktionsgrades und eine Ausrichtung von Wertaktivitäten auf die Kundenbedürfnisse im Sinne des Individualisierungsgrades.

Der **Interaktionsgrad** bezieht sich auf jegliche Form der Einbindung des externen Faktors in den Leistungserstellungsprozess. Dabei kommen dem externen Faktor Unterstützungs-, aber auch Vollzugsfunktionen im Rahmen der Leistungserstellung zu. Demgegenüber kennzeichnet der **Individualisierungsgrad** die kundenbezogene Spezifität der Bereitstellungsleistung und des sich anschließenden Leistungserstellungsprozesses, ohne dass hiermit – mit Ausnahme von kundenbezogenen Informationen – gleichzeitig eine Einbindung des externen Faktors in die betriebliche Wertkette verbunden ist.

An dieser Stelle steht die **fehlende Unabhängigkeit** beider Teildimensionen in der Kritik. Es stellt sich die Frage, ob nicht jede Individualisierung von Leistungen zumindest mit einer informationsbedingten Integration des externen Faktors, also z. B. der Mitteilung individueller Körpermaße zur Herstellung eines Maßanzuges, verbunden ist (vgl. Engelhardt/Kleinaltenkamp/Reckenfelderbäumer 1995, S. 675f.).

Abbildung 1-2-4: Typologie der Absatzobjekte nach Engelhardt/Kleinaltenkamp/ Reckenfelderbäumer und deren Erweiterung

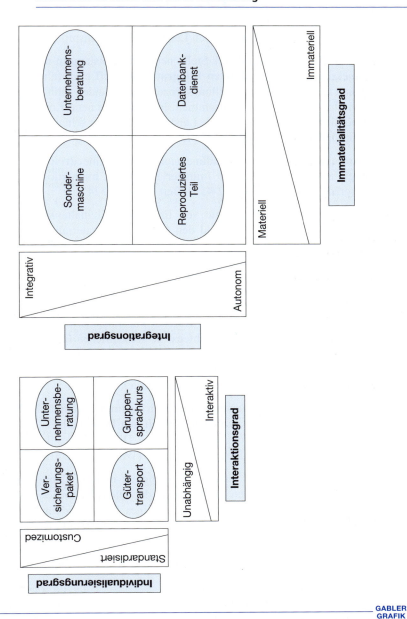

Quelle: Meffert 1993, S. 12

Diesem Einwand ist zu entgegnen, dass es zum einen in **längerfristigen Kundenbe-ziehungen** auch bei einem hohen Individualisierungsgrad der Leistung nicht mit jedem Kaufakt einer erneuten informationsbedingten Integration bedarf. In diesem Fall ist also eine individuelle Leistungserstellung nicht gleichzeitig an eine Integration des externen Faktors im Sinne seiner Einbindung in den Leistungserstellungsprozess geknüpft.

Zum anderen ist es sinnvoll, an dieser Stelle neben dem bislang in der Literatur domi-nierenden objektiven einen **subjektiven Integrationsbegriff** einzuführen. Inwieweit ein Konsument sich in den Leistungserstellungsprozess eingebunden fühlt, hängt nicht direkt mit der Individualität der Leistung zusammen. Insbesondere neue Kommunikationstech-nologien ermöglichen kundenindividuelle Leistungen bei einer seitens der Nachfrager nur als gering empfundenen Integration in den Leistungserstellungsprozess.

Durch die Aufteilung der Integrationsdimension entsteht eine **dreidimensionale Leis-tungstypologie** mit den Dimensionen Immaterialitätsgrad, Interaktionsgrad und Indivi-dualisierungsgrad (vgl. Abbildung 1-2-4; Meffert 1994, S. 524).

Woratschek schlägt vor, die Typologie von Engelhardt/Kleinaltenkamp/Reckenfelder-bäumer geringfügig zu modifizieren und den Grad der Immaterialität durch den **Grad der Verhaltensunsicherheit** zu ersetzen (Woratschek 1996, S. 64ff.; 1998a, S. 23ff.). Er begründet dies damit, dass alle Konsequenzen der Immaterialität mit Bewertungsun-sicherheiten beider Marktseiten zusammenhängen, die letztendlich auf unterschiedliche Informationsstände der einzelnen Marktseiten zurückzuführen sind. Die Immaterialität führt beim Nachfrager zu mangelnder Wahrnehmbarkeit der Qualität einer Absatzleistung und in der Folge davon zu einer höheren Beschaffungsunsicherheit und zu mangelnder Vergleichbarkeit. Damit sind seines Erachtens die wesentlichen ökonomisch relevanten Konsequenzen aus Nachfragersicht genannt. Alle anderen der von Engelhardt/Klein-altenkamp/Reckenfelderbäumer (1993) der Immaterialität zugesprochenen Konsequenzen gehen auf die Integrativität von Absatzleistungen zurück.

Bewertungsunsicherheiten entstehen nicht nur durch die Immaterialität, sondern z. B. auch durch die Komplexität eines Absatzobjektes, durch den Informationsstand der Kunden, durch die Wahrnehmungsfähigkeiten der Kunden usw. Die daraus resultierende Typologie von Dienstleistungen ist in Abbildung 1-2-5 gezeigt (Woratschek 2001d, S. 265).

Auch innerhalb dieser Typologie lassen sich Sachgüter nicht eindeutig von Dienstleis-tungen abgrenzen. Jedoch erfahren die Bereiche der Dienstleistungen eine so weitrei-chende Einschränkung, dass die Besonderheiten eines Marketing für hoch integrative, maßgeschneiderte und mit hoher Verhaltensunsicherheit behaftete Leistungen aufgezeigt werden.

Abbildung 1-2-5:   Informationsökonomische Typologie von Dienstleistungen

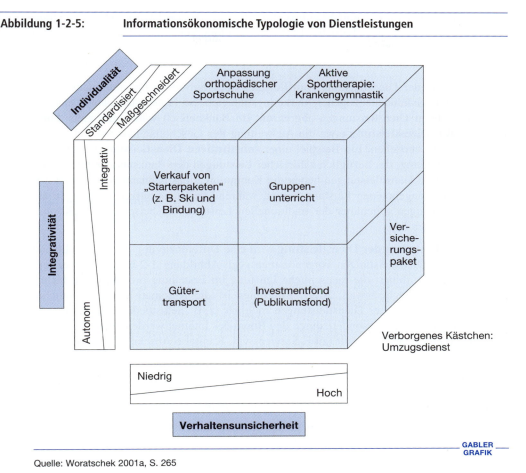

Quelle: Woratschek 2001a, S. 265

2.3 Systematisierung von Dienstleistungen

Durch eine Systematisierung von Dienstleistungen in Form von **Dienstleistungstypologien** ist die Identifizierung verschiedener Dienstleistungstypen möglich, die aus Sicht des Marketing einer differenzierten bzw. innerhalb eines Dienstleistungstyps einer einheitlichen Behandlung bedürfen. Die verwendeten Merkmale weisen deshalb einen Marketingbezug auf.

Im Rahmen von **eindimensionalen Dienstleistungstypologien** werden verschiedene Dienstleistungstypen anhand der Ausprägungen eines Unterscheidungsmerkmals differenziert. Die Vielzahl vorstellbarer Typologien (vgl. z. B. Corsten/Gössinger 2007, S. 32ff.) wird auf einzelne Unterscheidungsmerkmale mit kunden- und damit marketingstrategischen Differenzierungen eingeschränkt. So scheint es beispielsweise wenig Ziel füh-rend, Dienstleistungen nach betriebswirtschaftlichen Funktions- oder Phasenbereichen zu systematisieren, da sich aus diesen Typologien kaum konzeptionelle oder strategische Implikationen ableiten lassen.

Die Beziehung der Dienstleistung zum Leistungsspektrum eines Unternehmens bedarf unterschiedlicher kundenbezogener Marketingstrategien. So lassen sich komplementäre von substitutiven Dienstleistungen abgrenzen. Im Bankbereich wäre unter einer **kom-plementären Dienstleistung** etwa die Ausweitung des Geschäftsfeldes auf Lebensver-sicherungen zu verstehen. Ein Beispiel einer **substitutiven Dienstleistung** ist hingegen das Online Banking, das bezüglich zahlreicher Leistungen den Bankschalter ersetzt. Bei komplementären Dienstleistungen heben die Kommunikationsmaßnahmen eher den Zu-satznutzen der angebotenen Leistung hervor, während bei substitutiven Leistungen ein Fokus auf Vorzügen gegenüber der traditionellen Leistung wie beispielsweise Kosten- oder Zeitvorteilen liegt.

Anhand des **Erstellers der Dienstleistung** wird eine Differenzierung in persönliche und automatisierte Dienstleistungen vorgenommen (vgl. Abbildung 1-2-6). Bei der erstge-nannten Form dominiert die menschliche Leistung im Erstellungsprozess (z. B. Unter-nehmensberater, Rechtsanwalt, Arzt). Allerdings ist die Automatisierung zahlreicher ursprünglich persönlicher Dienstleistungen möglich (z. B. Selbstbedienungsautomaten, Datenbanksysteme). Insbesondere durch den Boom des Internet werden Dienstleistungen zunehmend elektronisch erstellt (zu E-Services vgl. Kapitel 6 Abschnitt 1.23). Daneben wird beispielsweise der Mitschnitt eines klassischen Konzerts auf einem Tonträger ge-speichert und wiederholbar gemacht. In diesem Fall liegt eine „veredelte" Dienstleistung vor (Meyer 1994, S. 119ff.). Im Gegensatz zu ihrer Bezeichnung handelt es sich bei die-sen Dienstleistungen aufgrund ihres Sachgutcharakters um Produkte.

Weiterhin lassen sich Dienstleistungen gemäß des **Gegenstands der Leistungserstellung** dahingehend unterscheiden (vgl. Abbildung 1-2-6), ob sich die Nutzen stiftende Verrich-tung einer Dienstleistung auf die Veränderung an einem Objekt (z. B. Inspektion beim Auto) oder an einem Menschen (z. B. ärztliche Untersuchung) bezieht. Die Unterschei-dung von objekt- und personengerichteten Dienstleistungen beinhaltet wesentliche Impli-kationen für die Organisation des Dienstleistungsprozesses. So liegt bei personengerichte-ten Dienstleistungen im Allgemeinen ein größerer Fokus auf der Interaktion während der Dienstleistungserstellung, wodurch unter anderem Überlegungen hinsichtlich der Gestal-tung des Interaktionsumfeldes (so genannte Service Encounter) notwendig werden.

Ferner ist anhand der **Phasenorientierung der Dienstleistung** eine Differenzierung zwi-schen ergebnis- und prozessorientierten Dienstleistungen möglich (vgl. Abbildung 1-2-6). Dieser Unterscheidung liegt die Fragestellung zu Grunde, ob der Dienstleistungsnach-frager am Ergebnis (z. B. Reparatur eines Autos) oder aber am Erstellungsprozess (z. B. Theateraufführung) einer Dienstleistung interessiert ist.

Zur Bildung **zweidimensionaler Dienstleistungstypologien** werden jeweils zwei Unter-scheidungsmerkmale herangezogen, aus deren Gegenüberstellung eine sinnvolle Diffe-renzierung von Dienstleistungstypen resultiert.

Abbildung 1-2-6: **Systematik von Wirtschaftsgütern (mit Beispielen)**

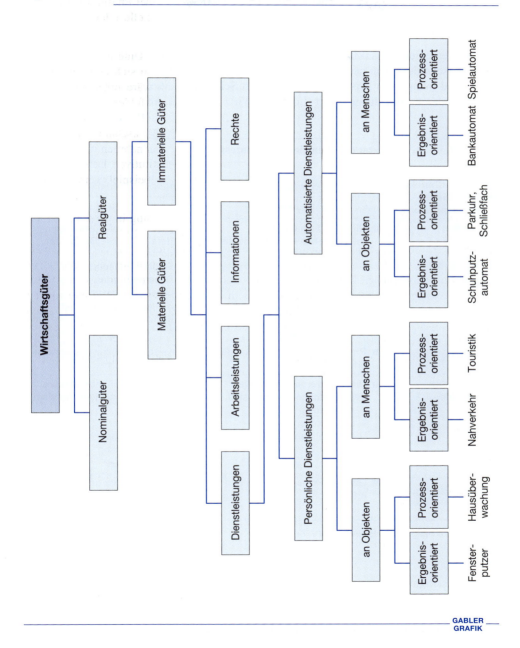

Unter Berücksichtigung der besonderen Bedeutung des Denkens in Kundenbeziehungen im Dienstleistungsbereich erscheinen die Dimensionen **Leistungstransaktionen** und **Kundenbeziehungen** relevant. Auf dieser Basis ergeben sich eine transaktionsbezogene und eine beziehungsbezogene Dienstleistungstypologisierung.

Im Rahmen einer **transaktionsbezogenen Typologisierung** wird unter Bezugnahme auf die Unterscheidung von personen- und objektbezogenen Dienstleistungen zwischen tangiblen und intangiblen Prozessen auf der einen Seite sowie Mensch- bzw. Objektbezug auf der anderen Seite differenziert (Lovelock/Wirtz 2007; vgl. Abbildung 1-2-7).

Abbildung 1-2-7:   **Charakter des Dienstleistungsprozesses**

Welchen Charakter hat der Dienst- leistungsprozess?	Wer oder was ist der direkte Empfänger der Dienstleistung?	
	Mensch	**Objekt**
Berührbar (Tangible)	■ Dienste, die auf den menschlichen Körper gerichtet sind: – Gesundheitswesen – Schönheitssalons – Restaurants – Frisörsalons ⬇ ■ Physische Präsenz des Kunden erforderlich	■ Dienste, die auf Güter oder andere physische Besitztümer gerichtet sind: – Fracht-/Transportwesen – Reparatur- oder Unterhaltungsservice – Reinigungsunternehmen – Müllverbrennungsunternehmen ⬇ ■ Physische Präsenz des Kunden nicht erforderlich
Unberührbar (Intangible)	■ Dienste, die auf den Intellekt des Menschen gerichtet sind: – Ausbildung – Rundfunk und TV – Informationsdienste – Theater ⬇ ■ Geistige Präsenz des Kunden erforderlich	■ Dienste, die auf unberührbare Vermögenswerte gerichtet sind: – Bankwesen – Steuerberater – Versicherungswesen – Rechtsberatung ⬇ ■ Geistige Präsenz des Kunden nur zeitweise erforderlich

GABLER GRAFIK

Quelle: In Anlehnung an Lovelock/Wirtz 2007, S. 34

Diese Klassifikation liefert Antwort auf die Fragen der **physischen** oder **geistigen Präsenz** des Kunden (Lovelock/Wirtz 2007) während der Dienstleistungserstellung (z. B. ärztliche Behandlung) oder zur Initiierung bzw. Beendigung eines Dienstleistungsprozesses (z. B. Auto zur Reparatur bringen und anschließend wieder abholen). Die geistige Präsenz wird beispielsweise mit Hilfe von Kommunikationstechnologien trotz einer räumlichen Distanz aufrechterhalten.

Für eine **beziehungsbezogene Typologisierung** wird die Art der Beziehung zwischen Dienstleister und Kunde sowie die Art der Leistungserstellung herangezogen (vgl. Abbildung 1-2-8). Bezüglich der **Art der Beziehung** wird zwischen einer so genannten mitgliedschaftsähnlichen Beziehung und einer Verbindung ohne formale Beziehung unterschieden. Vorteilhaft an einer Dienstleistungsorganisation mit mitgliedschaftsähnlichen Kundenbeziehungen ist, dass sie über einen ständigen Überblick über das aktuelle Kundenkontingent verfügt und in der Regel feststellbar ist, inwieweit das Dienstleistungsangebot von den Kunden in Anspruch genommen wird. Hieraus ergeben sich Vorteile für eine Marktsegmentierung, für den gezielten Einsatz bestimmter Marketinginstrumente wie Direct Mail, Telefonverkauf usw. sowie für Aktivitäten im Rahmen des Kundenbindungsmanagements. Im Hinblick auf die **Art der Leistungserstellung** findet eine Unterscheidung zwischen kontinuierlicher und diskreter Leistungserstellung statt. Bei diskreter Leistungserstellung wird eine Leistung vom Konsumenten in der Regel nur zu bestimmten Zeitpunkten beansprucht, während bei kontinuierlicher Leistungserstellung die Leistung durchgehend genutzt wird bzw. zumindest die Leistungspotenziale permanent einsatzbereit sind.

Abbildung 1-2-8:   **Beziehungen zwischen Dienstleister und Konsument**

Art der Dienstleistungs-erstellung	Art der Beziehung zwischen Dienstleister und Konsument	
	Mitgliedschaftsähnliche Beziehung	**Keine formale Beziehung**
Kontinuierliche Erstellung	■ Versicherung ■ Telefonanschluss ■ Kontoführung (Bank) ■ Autoclub	■ Polizei ■ Autobahnmeisterei ■ Feuerwehr ■ Öffentlicher Nahverkehr
Diskrete Erstellung	■ Theaterabonnement ■ Finanzamt ■ Lesezirkel ■ Vorlesung	■ Autoverleih ■ Post-Zustellwesen ■ Münzfernsprecher ■ Taxiunternehmen

GABLER GRAFIK

Quelle: In Anlehnung an Lovelock/Wirtz 2007, S. 365

Bei **mehrdimensionalen Dienstleistungstypologien** werden mindestens drei Merkmale zur Typenbildung herangezogen. Hierbei lassen sich induktive und deduktive Typologien differenzieren (Benkenstein/Güthoff 1996).

Eine **induktive Typologie** wird durch das Heranziehen mehrerer der bei den eindimensionalen Typologien erwähnten Kriterien entwickelt. Hieraus resultieren Eigenschaftsprofile, die sich zur Beschreibung und zum Vergleich von Dienstleistungen eignen. Abbildung 1-2-9 zeigt beispielhaft einen Vergleich von Gaststätten und Geld-/Kreditinstituten anhand eines Eigenschaftsprofils.

Abbildung 1-2-9: **Eigenschaftsprofile ausgewählter Dienstleistungen**

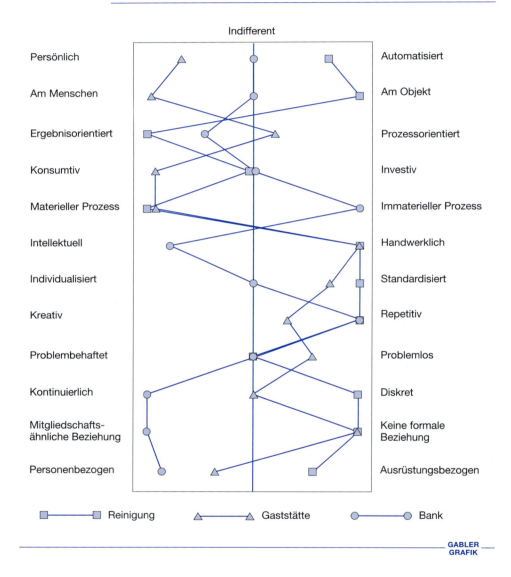

Beispiel: Das Gaststättengewerbe ist ohne Zweifel derzeit noch eine vorwiegend persönliche Dienstleistung. Sie wird am Menschen erbracht und sowohl als ergebnisorientiert (Hunger stillen) als auch als prozessorientiert (Aufenthalt in angenehmer, gemütlicher Atmosphäre) betrachtet. Es handelt sich dabei um einen materiellen und konsumtiven Prozess. Wenngleich intellektuelle Fähigkeiten unter Umständen nützlich sind, handelt es sich doch um eine vorwiegend handwerkliche Tätigkeit, deren Ergebnis allgemein weder individualisiert noch standardisiert ist. Erst bei der Betrachtung von einzelnen Betrieben wäre hier eine genaue Unterschei-

Abbildung 1-2-10: **Dienstleistungstypologie auf der Grundlage von Komplexitätsdimensionen**

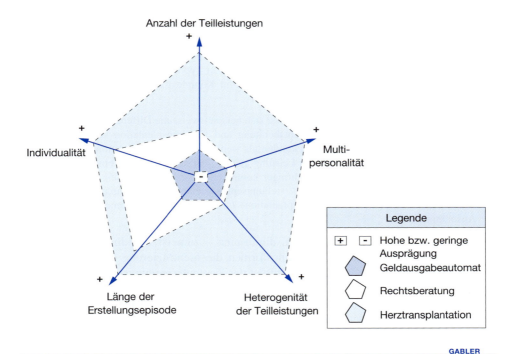

Quelle: Benkenstein/Güthoff 1996, S. 1502

dung möglich (z. B. ein Spitzenrestaurant im Gegensatz zu einer Fast-Food-Kette). Die zu verrichtenden Tätigkeiten dürften eher repetitiv und problemlos sein. Die Öffnungszeiten einer Gaststätte weisen auf ein kontinuierliches Dienstleistungsangebot hin, wohingegen Mahlzeiten nur auf Wunsch erstellt werden, sodass sich bei dem angesprochenen Merkmal keine eindeutige Ausprägung festlegen lässt. Zum Konsumenten bestehen in der Regel keine formalen Beziehungen, und die Qualität der Dienstleistung dürfte sowohl von personalen Faktoren wie Freundlichkeit der Bedienung als auch von ausrüstungsbezogenen Faktoren wie Einrichtung, Aufmachung und Standort abhängen.

Als zweites Beispiel wird eine Kleiderreinigung herangezogen. Während diese Leistung weder als persönlich (z. B. Annahme und Auslösung der Kleider) noch als automatisiert (z. B. Reinigungsprozess) bezeichnet werden kann, ist sie eindeutig objekt- und ergebnisorientiert. Die Reinigung kann sowohl konsumtiven als auch investen Charakter haben. Der materielle Prozess ist als handwerklich, standardisiert und repetitiv zu bezeichnen. Der diskrete Ablauf wirft möglicherweise Probleme auf. In der Regel existiert keine formale Beziehung zwischen Leistungsanbieter und Leistungsnachfrager. In entsprechender Weise lässt sich das Geld- und Kreditgewerbe interpretieren.

Bei **deduktiven Typologien** werden auf Basis theoretisch fundierter Überlegungen Differenzierungsmerkmale von Dienstleistungen bestimmt und zur Unterscheidung verschiedener Dienstleistungstypen herangezogen.

> **Beispiel:** Die Dienstleistungstypologie auf der Grundlage von Komplexitätsdimensionen ist als eine deduktive Typologie einzuordnen (vgl. auch im Folgenden Benkenstein/Güthoff 1996). Bei einer systemtheoretischen Interpretation der Dienstleistungserstellung kommt der Komplexität von Dienstleistungen eine besondere Bedeutung zu. Zur Typologisierung von Dienstleistungen vor dem Hintergrund ihrer Komplexität werden fünf Komplexitätsdimensionen herangezogen (vgl. Abbildung 1-2-10).

> **Beispiel:** Anhand dieser fünf Kriterien lässt sich beispielsweise die Differenzierung der Dienstleistungen Geldausgabeautomat, Rechtsberatung und Herztransplantation vornehmen. Geldausgabeautomaten werden von Bankkunden als wenig komplex wahrgenommen, weil es sich hierbei um eine hoch standardisierte Leistung handelt, bei der es nicht zu einem persönlichen Kontakt zwischen Anbieter und Nachfrager kommt. Bei der Rechtsberatung ist aufgrund der hohen Individualität und der langen Erstellungsepisode eine höhere Komplexität anzutreffen. Schließlich weisen bei einer Herztransplantation sämtliche Komplexitätsdimensionen eine hohe Ausprägung auf.

Ziel der Typologiebildung ist letztlich, durch eine – zumeist zweidimensionale – Beschreibung der heterogenen Erscheinungsformen die Identifizierung einer spezifischen Problemstruktur. In einem weiteren Schritt ist der Kaufentscheidungsprozess der Dienstleistung z. B. hinsichtlich der Bedarfsrelevanz, Kaufunsicherheiten, Kaufentscheidungskriterien und -barrieren zu analysieren, um schließlich – aufbauend auf den Eigenschaften der Dienstleistung und den Spezifika des Kaufentscheidungsprozesses – Schlussfolgerungen für den Einsatz von Marketinginstrumenten für die Dienstleistungen abzuleiten.

3.   Besonderheiten der Produktion von Dienstleistungen

Seit Anfang der 1970er Jahre findet eine theoretisch fundierte Auseinandersetzung mit der Spezifität der Produktion von Dienstleistungen statt (Altenburger 1980; Gerhardt 1987; Maleri 1997; Corsten 2007).

Bei einer Betrachtung der generellen **Begriffsabgrenzung der Produktion** scheint eine Übertragbarkeit auf die Dienstleistungserstellung gegeben. Die Produktionstheorie will den mengenmäßigen Zusammenhang zwischen dem Produktionsergebnis (Output) und den dafür notwendigen Einsatzfaktoren (Input) aufzeigen (Heinen/Dietel 1991). Diesem Ziel der Produktionstheorie lassen sich verschiedene Begriffsinhalte der Produktion zuordnen. Bei der Produktion im technischen Sinne wird die Produktion als Faktorkombinationsprozess interpretiert. Die Produktion als Phase des Betriebsprozesses beschreibt den Ablauf zwischen Beschaffung und Absatz. Schließlich umfasst die Produktion im ökonomischen Sinne jegliche Wert schaffende Erzeugung, d. h. letztlich die Bereitstellung von Wirtschaftsgütern zum Zwecke des Verbrauchs.

Ausgehend von diesen Produktionsbegriffen lässt sich für den Dienstleistungsbereich die Forderung ableiten, dass die Simultaneität von Produktion und Verbrauch bei Dienstleistungen sowohl bei der Analyse der Produktionsfaktoren als auch im Hinblick auf den Produktionsprozess zu berücksichtigen ist.

3.1 Faktoren der Dienstleistungsproduktion

Durch die Simultaneität von Produktion und Konsumtion, die oft die Anwesenheit und die Integration des Nachfragers erfordert, erscheint eine Differenzierung von **internen und externen Produktionsfaktoren** für die Betrachtung der Besonderheiten im Dienstleistungsmarketing sinnvoll. Als interne Produktionsfaktoren sind zunächst die in der volkswirtschaftlichen Standardliteratur behandelten primären Produktionsfaktoren Boden und Arbeit sowie der sekundäre Produktionsfaktor Kapital zu betrachten (Varian 2007, S. 326). Demgegenüber stehen die betriebswirtschaftlichen Produktionsfaktoren Arbeit, Betriebsmittel und Werkstoffe. Beide Ansatzpunkte wurden im Hinblick auf die Produktion von Sachgütern entwickelt (Corsten 2007, S. 4). Für die Erörterung von Produktionsfaktoren bei der Erstellung von Dienstleistungen sind einige Differenzierungen dieser grundlegenden Ansätze erforderlich.

Bezüglich des Faktors **Arbeit** ist insbesondere dessen Bedeutung als Potenzialfaktor herauszustellen. Die Nichtlagerfähigkeit der Arbeit bei der Dienstleistung bedeutet, dass die Verfügbarkeit sämtlicher (interner) Produktionsfaktoren in ausreichender Quantität und Qualität Voraussetzung ist, um eine ständige Leistungsbereitschaft für den Faktorkombinationsprozess zu gewährleisten. Diese ist aufgrund der Simultaneität von Leistungserstellung und -absatz unbedingt erforderlich.

Die Bedeutung von **Werkstoffen** im System der Dienstleistungsproduktionsfaktoren ist insgesamt als gering einzustufen (Corsten/Gössinger 2007, S. 114).

Zusätzlich ist anzumerken, dass die traditionelle volkswirtschaftliche Aufteilung der Produktionsfaktoren nicht auf zentrale Eigenschaften von Dienstleistungen eingeht. Während bei den originären Produktionsfaktoren dem Faktor Boden im Gegensatz zum Faktor Arbeit kaum Bedeutung zugesprochen wird, erscheint es gerade im Zusammenhang mit neueren Dienstleistungen sinnvoll, derivative Produktionsfaktoren wie in der neueren volkswirtschaftlichen Literatur in Kapital und technisches Wissen aufzuspalten (vgl. z. B. Siebert 2007, S. 42). Unter dem Faktor Wissen spielen im Dienstleistungsbereich insbesondere **Technologien** als interne Produktionsfaktoren eine wachsende Rolle.

> **Beispiel:** Bei virtuellen Banken – wie etwa der DAB-Bank – zeigt sich, dass für die Erstellung vieler Dienstleistungen neue Technologien notwendig sind. Diese umfassen nicht allein das Internet als Plattform des Zusammentreffens von Dienstleistungsanbieter und -nachfrager, sondern ebenso Technologien zur automatisierten Durchführung von Abfragen und Transaktionen und nicht zuletzt zur Gewährleistung der Datensicherheit sowie zum Aufbau und zur Pflege komplexer Datenbanken. Die Motivation für den Einsatz entsprechender Technologien

liegt zwar primär in den Kostenvorteilen für die Bank, die sich hauptsächlich aus den geringen Fixkosten für Personal und Anlagen ergeben. Diese lassen sich jedoch simultan mit größerer Flexibilität und Convenience für den Kunden realisieren. Zudem können Kostenvorteile an den Kunden weitergegeben und somit auch aus Kundensicht ein strategischer Wettbewerbsvorteil erlangt werden.

Neue Technologien haben sich inzwischen zu Leistungsträgern in zahlreichen Dienstleistungsbranchen entwickelt. Die Bereiche Elektronik, Biotechnologie, Informationstechnologie und Software, aber auch interdisziplinäre Felder wie Ergonomie und Automatisierungstechnik stellen Innovationstreiber von Dienstleistungen dar. Der interne Produktionsfaktor der menschlichen Arbeitsleistung bei der Dienstleistungserstellung wird durch diese Technologien teils optimiert, teils substituiert. Zum einen erfordern Technologien durch ihre Komplexität ohnehin neue Beratungs- und Betreuungsdienstleistungen. Zum anderen erschließen sie auch neue Wege für die Erstellung von Dienstleistungen und ebenso neue Märkte, wie die vergangenen Jahre beispielsweise im Internet, Mobilfunk, den digitalen Medien und in medizinischen Behandlungsmethoden gezeigt haben. Als interner Produktionsfaktor hat die Technologie bzw. Technik (im Sinne technischer Ausstattung) meist lediglich eine zentrale Position im Erstellungsprozess (z. B. SIM-Karte im Mobiltelefon). Bisweilen repräsentiert sie aber auch einen Bestandteil des Leistungsergebnisses (z. B. medizintechnische Implantate).

Eine große Bedeutung bei der Produktion von Dienstleistungen kommt den **externen Faktoren** zu. Möglich ist eine Integration materieller oder immaterieller Güter des Dienstleistungsabnehmers in den Produktionsprozess. Der Abnehmer selbst ist **passiv** oder **aktiv** an der Leistungserstellung beteiligt (Maleri 1997).

Die **Erscheinungsformen des externen Faktors** reichen dabei von menschlichen Arbeitsleistungen über materielle Objekte (z. B. Auto) bis hin zu immateriellen Objekten (Nominalgüter, Rechte, Informationen). Da erst durch die Einbeziehung des externen (Produktions-) Faktors der Dienstleistungserstellungsprozess umsetzbar ist, stellt sich die Frage nach seinem Leistungsverzehr.

Für die Dauer des Produktionsprozesses wird dem Nachfrager im Fall der Einbringung von Objekten in den meisten Fällen die **Verfügungsgewalt über den externen Faktor** entzogen. Dies geht einher mit einem zeitlichen Nutzungsausfall, der als Leistungsverzehr zu interpretieren ist. Der Leistungsverzehr wird folglich als ein Verbrauch von Nutzungsmöglichkeiten während des Einsatzes im Produktionsprozess aufgefasst (Maleri 1997).

Liegt eine **passive Beteiligung des Dienstleistungsnachfragers** vor (z. B. Friseurbesuch, Krankenhausaufenthalt), ergibt sich der Leistungsverzehr aus der durch den Nachfrager aufzuwendenden Zeit. Fraglich ist allerdings, ob jeder Abnehmer einer Dienstleistung in der aufgewendeten Zeit einen Opportunitätsverlust sieht (z. B. wahrgenommener Zeitverlust bei Krankenhausaufenthalt vs. Kinobesuch). Die individuelle Bewertung ist abhängig von den entgangenen Nutzenvorstellungen während dieses Zeitraums. Wichtig für die Bewertung des Leistungsverzehrs ist also nicht die absolut verbrauchte Zeit, sondern die für die Dauer des Produktionsprozesses verlorengegangenen Handlungsalternativen.

Die **aktive Beteiligung des Nachfragers** ist zumeist dadurch gekennzeichnet, dass dieser im Rahmen der Dienstleistungsproduktion objektbezogene, menschliche Arbeitsleistungen erbringt, die ihm durch den Leistungsgeber im Zuge einer Externalisierung übertragen werden (z. B. Sprachkurs). In diesen Fällen gilt die aktive Beteiligung des Nachfragers ebenso wie die unternehmensintern erbrachten objektbezogenen, menschlichen Arbeitsleistungen als Produktionsfaktoren. Es ist jedoch auch in diesem Fall fraglich, inwiefern der Abnehmer seine Arbeitsleistung als ein knappes Gut ansieht und dementsprechend seine Handlungsalternativen bewertet (z. B. Verhör vs. Unternehmensberatung).

Der externe Faktor ist damit für die Dienstleistungsproduktion eine unabdingbare Voraussetzung. Handelt es sich beim externen Faktor um Personen und ihre Objekte, ergeben sich für den Anbieter Möglichkeiten für eine Externalisierung von Aktivitäten auf den Nachfrager bei gleichzeitiger Reduzierung seiner eigenen Aktivitäten. Vor diesem Hintergrund lässt sich ein **Aktivitätsgrad des Nachfragers** (AG_N) ermitteln, der sich wie folgt ergibt (Maleri 1997; Corsten 2000, S. 149ff.):

$$AG_N = \frac{\text{Vom Nachfrager zu erbringende Aktivitäten}}{\text{Gesamtheit der zu erbringenden Aktivitäten}}$$

$$AG_A = 1 - AG_N = \text{Aktivitätsgrad des Anbieters}$$

Die Aktivitätsgrade von Nachfrager und Anbieter stehen zumindest in Teilbereichen in einer substitutionalen Beziehung zueinander (vgl. Abbildung 1-3-1).

Der Anbieter bringt immer eine gewisse Mindestaktivität ein, da eine vollständige Verlagerung auf den Nachfrager bedeuten würde, dass dieser die Dienstleistung in Eigenarbeit erstellt (Corsten 2000).

> **Beispiel:** Abbildung 1-3-1 zeigt mögliche Bewegungen auf der Isoleistungslinie durch Externalisierung bzw. Internalisierung beispielhaft anhand von verschiedenen Restaurantanbietern (Selbstbedienungsrestaurant, Fast-Food-Restaurant, klassisches Restaurant, Lieferservice). Während im Selbstbedienungsrestaurant die Leistungen Anfahrt, Platzsuche, Bedienung und Speisezusammenstellung vom Kunden übernommen werden (Externalisierung), werden diese Prozesse und die Speisezubereitung beim Lieferservice durch den Anbieter ausgeführt (Internalisierung).

Die hier aufgezeigten Besonderheiten der Produktionsfaktoren im Dienstleistungserstellungsprozess haben zur Entwicklung von **Produktionsfaktorensystemen** für verschiedene Dienstleistungsbranchen geführt (vgl. für Banken z. B. Haak 1982; für Versicherungen z. B. Farny 1969; Albrecht/Zemke 1987). Zur relativ allgemeinen Betrachtung von Dienstleistungsproduktionsfaktoren wird ein branchenunabhängiges Produktionsfaktorensystem für Dienstleistungen angewandt. Zu den internen Produktionsfaktoren zählen reale immaterielle (z. B. Dienstleistungen, Informationen), reale materielle (z. B. Betriebsmittel, Werkstoffe) und nominale Produktionsfaktoren (z. B. Darlehenswerte, Geld). Die externen Produktionsfaktoren lassen sich in materielle Güter (z. B. immobile und mobile Sachgüter), immaterielle Güter (z. B. abnehmerseitige Arbeitsleistungen, Informationen) und in die aktive Mitwirkung und/oder passive Beteiligung des Abnehmers (z. B. physische Energie, Zeit) unterscheiden.

Abbildung 1-3-1:	Beispielhafte Einordnung von Restaurantanbietern auf der Isoleistungslinie

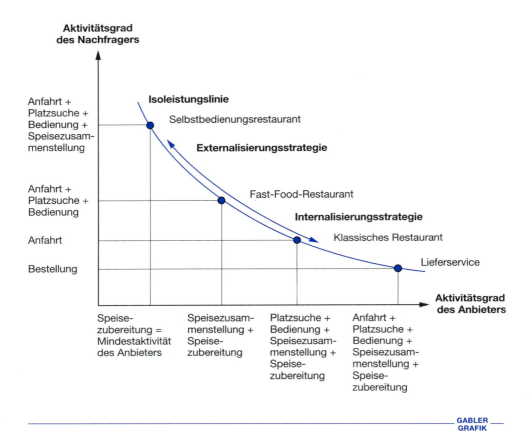

Der Prozess der Dienstleistungsproduktion selbst beinhaltet ebenfalls einige Besonderheiten, die einer differenzierten Betrachtung bedürfen.

$3._2$ Prozess der Dienstleistungsproduktion

Die Faktorkombination stellt die Verbindung zwischen Input und angestrebtem Output her und ist somit Grundlage für den **Dienstleistungserstellungsprozess** (vgl. Abbildung 1-3-2).

Abbildung 1-3-2: **Grundmodell zur Erfassung der Dienstleistungsproduktion**

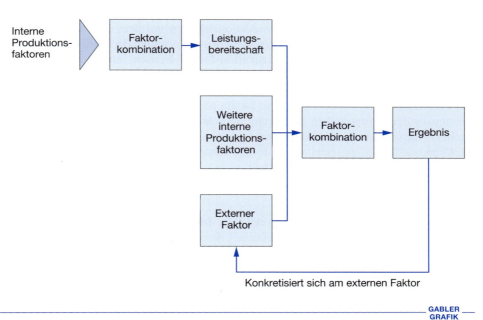

Quelle: In Anlehnung an Corsten/Gössinger 2007, S. 130

Die **Produktion von Dienstleistungen** verläuft üblicherweise in zwei Phasen: Vorkombination und Endkombination (Corsten/Gössinger 2007).

Im Rahmen der **Vorkombination** werden die notwendigen Leistungspotenziale aufgebaut. Dabei wird das generelle Leistungspotenzial als Kapazität bezeichnet; das sofort verfügbare Leistungspotenzial als Leistungsbereitschaft. Die **Leistungsbereitschaft** stellt somit das Ergebnis der Vorkombination dar. Als Beispiel lässt sich hier das Hotelwesen mit den jeweiligen Bettenkapazitäten, Personal, Kücheneinrichtungen, Empfangshalle usw. nennen. Die besondere Bedeutung der Leistungsbereitschaft liegt zum einen in den entstehenden fixen Kosten, die in Zeiten geringer Nachfrage zu Leerkosten führen. Zum anderen hat sie Einfluss auf die Bildung von Präferenzen (Gerhardt 1987).

Die Nutzenstiftung der Leistungsbereitschaft lässt sich in die Komponenten Beanspruchungsnutzen und Bereitstellungsnutzen aufteilen. Während der **Beanspruchungsnutzen** durch die Nutzung der abgegebenen Leistung entsteht und damit für den Abnehmer „greifbar" ist, stellt der **Bereitstellungsnutzen** ein Konstrukt der latenten Wahrnehmung dar. Der Bereitstellungsnutzen wird dem Abnehmer häufig erst dann bewusst, wenn durch negative Erfahrung die Inanspruchnahme einer Leistung nicht im entsprechenden Umfang möglich ist.

Im Rahmen der **Endkombination** werden schließlich durch das Zusammenspiel von Leistungsbereitschaft, von weiteren internen Produktionsfaktoren sowie durch die Integration des externen Faktors Absatzleistungen erstellt.

Das Zusammentreffen der internen Produktionsfaktoren mit dem externen Faktor lässt sich anhand der **Integrationswirkung** (positiv, neutral, negativ), der **Integrationsintensität** (stark, mittel, schwach) und der **Integrationsform** (physisch, intellektuell, emotional) charakterisieren (Meyer 1994). Mit Hilfe dieser drei Größen ist die Beschreibung der Integration des externen Faktors exemplarisch möglich. Betrachtet man beispielsweise die Skigymnastik als Dienstleistung, so ist die physische Integrationswirkung aufgrund der notwendigen körperlichen Betätigung als sehr positiv einzustufen, wohingegen die intellektuelle und emotionale Integrationswirkung eher als neutral bis positiv zu bewerten ist. Grundsätzlich ist festzuhalten, dass die Ausprägung der Variablen maßgeblich von der Gestaltung und Steuerung des Produktionsprozesses durch den Dienstleistungsanbieter und von den Erwartungen und Verhaltensweisen des Nachfragers selbst abhängig ist (Meyer 1994, S. 85ff.).

Auf ähnliche Weise lässt sich die Wirkung der **Interaktivität der Nachfrager** auf die Dienstleistungserstellung beschreiben. Diese Unterscheidung stellt auf die **Interaktionen zwischen den Nachfragern** und nicht auf die Interaktionen zwischen Nachfrager und Anbieter ab. So geht von rivalisierenden Fußballfans während eines Fußballspiels möglicherweise eine äußerst negative physische und emotionale Interaktivitätswirkung aus, während eine intellektuelle Interaktivität nicht gegeben ist.

Die Notwendigkeit der Einbeziehung des externen Faktors bedeutet für die Endkombination eine **Unsicherheitskomponente**, weil die sachliche Eignung dieser Faktoren und die räumlich-zeitliche Zuordnung nicht ausschließlich dem Dispositionsspielraum der Unternehmung überlassen ist. Damit verfügt die Produktion von Dienstleistungen über eine geringe produktionswirtschaftliche Elastizität. Demgegenüber ist das Absatzrisiko aufgrund der Zeitgleichheit von Produktion und Absatz gering (hohe Absatzelastizität). Das Problem der geringen produktionswirtschaftlichen Elastizität von Dienstleistungen wird noch verstärkt durch die Ausrichtung der Leistungsbereitschaft an dem zu erwartenden Spitzenbedarf.

Zur Steuerung der Leistungsbereitschaft werden die folgenden **Dimensionen der Leistungsbereitschaft** herangezogen (Corsten/Gössinger 2007).

Da der Bestand an Potenzialfaktoren in der Regel eine gewisse Teilbarkeit aufweist, erscheint eine **quantitative Anpassung** grundsätzlich möglich. Dies trifft im Besonderen auf den Faktor menschliche Arbeitskraft zu. Hier ist an eine Umschichtung des Personals innerhalb der Unternehmung zu denken oder an eine Neueinstellung.

Eine **intensitätsmäßige Anpassung** hätte eine Variation der Arbeitsgeschwindigkeit zur Folge (z. B. Reduzierung der Durchlaufzeiten im Krankenhaus). Zur kurzfristigen Behebung von Spitzenbelastungen ist diese Maßnahme in ausgewählten Fällen vielleicht sinnvoll. Die Grenzen liegen aber zum einen in der intensitätsmäßigen Anpassung der Potenzialfaktoren (Krankenbett), zum anderen in den negativen Ausstrahlungseffekten auf den Kunden, insbesondere für verrichtungsorientierte Dienstleistungen unter Einbeziehung externer Faktoren (Rechtsanwalt, Unternehmensberatung oder gar eine Theateraufführung).

Die **zeitliche Anpassung** wird in Form von Kurzarbeit und Überstunden umgesetzt. Dabei sind zum einen rechtliche Restriktionen (z. B. Öffnungszeiten) zu beachten, zum anderen auch die Intensitätsschwankungen der Mitarbeiterleistung. Diese Anpassungsform bietet sich besonders für Dienstleistungen an, bei denen der Kundenkontakt eine untergeordnete Rolle spielt.

Eine Vielzahl sehr unterschiedlicher Maßnahmen eröffnet die **qualitative Dimension**. Bezogen auf die menschliche Arbeitskraft ist es möglich, das Qualifikationsniveau an die Anforderungen der jeweiligen Aufgaben anzupassen. Die Anzahl hoch spezialisierter Fachleute ist dabei gering zu halten, um im Sinne einer Rollenflexibilität Bündelungen von Tätigkeiten zu ermöglichen (Multispezialist).

Außerdem ist zu überprüfen, inwiefern die Aufgabenerfüllung durch **Externalisierung** zu einer Verbesserung führt. Hier wäre sowohl an eine Übertragung auf den externen Faktor, aber auch an die Einschaltung von Dritten (z. B. Subunternehmen) zu denken.

Eine weitere Maßnahme der qualitativen Anpassung stellt die **Automation** und **Mechanisierung** dar (z. B. Schuhputzautomat, Expertensystem, Fahrkartenautomat).

Im Rahmen der **räumlichen Dimension** ist zwischen dem Standort und dem Produktionsort zu differenzieren. Eine zwar nicht allgemeingültige, jedoch häufig zu beobachtende Eigenart von Dienstleistungen ist, dass diese zwingend am Ort ihrer Verwertung produziert werden. Im Falle immobiler Leistungspotenziale des Anbieters und einer Mobilität des externen Faktors sind Standort und Produktionsort in jedem Fall identisch (z. B. Hotels, Krankenhäuser usw.). Die (bedingte) Standortgebundenheit der Dienstleistungsproduktion bedeutet aber nicht, dass auch der Absatz von Dienstleistungen standortgebunden ist (Maleri 1997, S. 113ff.).

Unter Berücksichtigung der Besonderheiten der Dienstleistungsproduktion wurden verschiedene branchenbezogene **Produktionsfunktionen für Dienstleistungen** abgeleitet, beispielsweise für Banken (Haak 1982), Versicherungen (Farny 1969), Informationen (Müller-Merbach 1985), Hochschulen (Stieger 1980) und allgemein für soziale und öffentliche Einrichtungen (Schellberg 2007).

4.   Besonderheiten beim Absatz von Dienstleistungen

Ausgehend von den konstitutiven Merkmalen von Dienstleistungen lassen sich generelle **Besonderheiten des Dienstleistungsmarketing** ableiten, die auf die Notwendigkeit der Leistungsfähigkeit zur Erstellung von Dienstleistungen, die Integration des externen Faktors sowie die Immaterialität von Dienstleistungen zurückzuführen sind (Uhl/Upah 1979; Levitt 1981; Lovelock/Wirtz 2007 und speziell zur Markierungsproblematik vgl. Stauss 1994b; Stauss 2004) (vgl. Abbildung 1-4-1).

Abbildung 1-4-1:   **Besonderheiten von Dienstleistungen und Implikationen für das Dienstleistungsmarketing**

Besonderheiten von Dienstleistungen	Implikationen für das Dienstleistungsmarketing
Leistungsfähigkeit des Dienstleistungsanbieters	■ Dokumentation von Kompetenz ■ Abstimmung der Leistungspotenziale ■ Materialisierung der Fähigkeitspotenziale
Integration des externen Faktors	■ Transport und Unterbringung des externen Faktors ■ Standardisierungsprobleme bei bestimmten Dienstleistungen ■ Marketingorientierung im Erstellungsprozess ■ Reduzierung asymmetrischer Informationsverteilung ■ Ausschluss unerwünschter Kunden
Immaterialität des Leistungsergebnisses ■ Nichtlagerfähigkeit ■ Nichttransportfähigkeit	■ Materialisierung von Dienstleistungen ■ Koordination von Kapazität und Nachfrage ■ Flexible Anpassung der Kapazität ■ Kurzfristige Nachfragesteuerung ■ Breite Distribution bei Dienstleistungen des periodischen Bedarfs ■ Selektive Distribution bei Dienstleistungen des aperiodischen Bedarfs

GABLER
GRAFIK

4.1 Notwendigkeit der Leistungsfähigkeit des Dienstleistungsanbieters

Die Notwendigkeit der **Leistungsfähigkeit des Dienstleistungsanbieters** ergibt sich insbesondere aus der Potenzialorientierung von Dienstleistungen. Die Erstellung einer Dienstleistung ist nur mit spezifischen Leistungsfähigkeiten (z. B. Know-how, körperliche Fähigkeiten, Technologie) möglich. Die notwendigen unternehmerischen Maßnahmen, sowohl für die tatsächliche Verfügbarkeit der Leistungsfähigkeit, als auch für die Kommunikation der Leistungsfähigkeit gegenüber dem Kunden, sind von der Art des jeweils für die Dienstleistungserstellung entscheidenden Potenzials abhängig.

Aus der Notwendigkeit der Leistungsfähigkeit des Dienstleistungserstellers resultieren folgende Implikationen für das Dienstleistungsmarketing (vgl. Abbildung 1-4-1).

Bei fähigkeits- oder ausstattungsintensiven Dienstleistungsunternehmen ist die **Dokumentation von Kompetenzen** besonders bei herausragenden Vorteilen zu betonen (z. B. Softwareanbieter, Unternehmensberatung, Werbeagentur). Das gute Zusammenwirken von Personal und Ausstattung ist hervorzuheben, wenn die Ausstattung nicht mehr einzigartig, aber noch nicht allgemein verfügbar ist (z. B. Fluggesellschaften, Computer-Hardwarehäuser). Ist die Ausstattung allgemein üblich, sind das Personal, das Unternehmen an sich oder bestimmte profilierende Leistungselemente in den Vordergrund zu stellen (z. B. Banken, Restaurants, Reinigungsunternehmen).

Dienstleistungsunternehmen stehen verschiedene Herstellungskomponenten zur Verfügung, um Problemlösungspakete für den Endabnehmer zusammenzustellen. Dazu zählen Fähigkeiten und Ausstattung, Personal, das Methodeninstrumentarium und eine allgemeine Organisationskapazität. Dabei ist die **Abstimmung dieser Leistungspotenziale** zu einem branchen-, anbieter- und kundensegmentspezifischen Gesamtpotenzial notwendig. Dienste wie etwa Datenverarbeitung, Fluglinien oder Autoverleih werden zu einem großen Teil von der physischen Ausstattung bestimmt. Andere Dienste wie eine ärztliche Behandlung werden in der Regel von Personen dominiert.

Speziell bei potenzialintensiven Dienstleistungen ist über die **Materialisierung der Fähigkeitspotenziale**, insbesondere bei Humankapital, eine Wettbewerbsprofilierung anzustreben. Gerade der Bereich der Kommunikationspolitik ist gefordert, derartige Leistungsbeweise nach außen zu tragen. In diesem Zusammenhang spielt auch das Erscheinungsbild von Personal, Räumlichkeiten und Ausstattung des Dienstleisters eine wichtige Rolle.

4.2 Integration des externen Faktors in den Dienstleistungserstellungsprozess

In dem auf Veränderungen an bestehenden Objekten oder Menschen abzielenden Prozess der Dienstleistungserstellung ist die **Integration (Einbringung) eines externen Faktors**, d. h. die Einbeziehung des Dienstleistungskunden oder eines ihm gehörenden Objektes, zwingend notwendig. Jeder Erstellungsprozess einer Dienstleistung und dessen Ergebnis wird damit durch die Einwirkung eines Fremdfaktors mitbestimmt.

Der externe Faktor grenzt sich von den anderen Faktoren im Erstellungsprozess dadurch ab, dass er für den Dienstleistungsersteller nicht frei am Markt disponierbar ist. Weiterhin bleibt er vor, während und nach dem Erstellungsprozess zum Teil in der Verfügungsgewalt des Abnehmers der Dienstleistung. Schließlich gilt, dass auf diesen externen Faktor während der Leistungserstellung eingewirkt wird. Da aber in umgekehrter Richtung auch der Abnehmer von Dienstleistungen während der Leistungserstellung (oder bei objektgerichteten Dienstleistungen zumindest bei der Abgabe seiner Objekte zur Leistungserstellung) auf den Prozess der Erstellung der Dienstleistung einwirkt, wird von einer zweiseitigen (gegenseitigen) Einwirkung von Dienstleister und Abnehmer gesprochen.

Aus der Integration des externen Faktors lassen sich folgende Implikationen für das Dienstleistungsmarketing anführen (vgl. Abbildung 1-4-1).

Ein Problem, das aus der Einbeziehung des externen Faktors erwächst, ist dessen **Transport und eventuelle Unterbringung** (Ausprägung „Objekt": beispielsweise Lagerung von noch zu reparierenden Fernsehgeräten; Ausprägung „Mensch": Unterbringung von Kranken vor der Operation oder Warten von Patienten im Wartezimmer). Diese Problematik ist kennzeichnend für zahlreiche Dienstleistungen (z. B. Abholdienst für Reparatur- oder Dienstleistungsobjekte wie Auto oder Fernseher; ansprechende Gestaltung von Warteräumen oder die Einführung von Reservierungssystemen).

Aus der Integration des externen Faktors in die Dienstleistungserstellung resultiert der individualistische, personalintensive und **schwer standardisierbare Charakter vieler Dienstleistungen**. Für Dienstleistungen des täglichen Bedarfs besteht die Möglichkeit der Vermarktung als Massenprodukt, indem Potenziale, Prozesse und/oder Ergebnisse zumindest teilweise standardisiert werden (vgl. Kapitel 4, Abschnitt 4.21). Besonders Dienstleistungen, die im Zusammenhang mit neuen Informationstechnologien stehen, bieten große Standardisierungspotenziale bei gleichzeitiger Individualisierung bzw. Integration des externen Faktors.

Die Präsenz des Dienstleistungsnachfragers während des Erstellungsprozesses, sofern er selbst als externer Faktor auftritt, impliziert eine **kundenorientierte Ausrichtung des Dienstleistungsprozesses**. Zum einen sind die Bedürfnisse des Dienstleistungsnachfragers während der Erbringung der Dienstleistung zu berücksichtigen (z. B. angenehme Raumgestaltung, Gespräche mit dem Kunden beim Friseur, Hintergrundmusik). Zum anderen erlangt die sorgfältige Ausführung der Dienstleistungserstellung bei direktem Kontakt mit dem Nachfrager besondere Bedeutung. Diese ist im Rahmen des Qualitätsmanagements für Dienstleistungen sicherzustellen (vgl. hierzu Kapitel 5).

Bei der Dienstleistungsinteraktion bestehen sowohl für den Kunden als auch für den Dienstleistungsanbieter Handlungsspielräume, die zum eigenen Vorteil genutzt werden können. Aufgrund der Tatsache, dass dem Kunden (Dienstleistungsnachfrager) bedeutende Eigenschaften des Dienstleistungsanbieters unbekannt, nicht beobachtbar oder nicht beurteilbar sind, liegt der Dienstleistungsinteraktion in der Regel eine **asymmetrische Informationsverteilung** zwischen den am Interaktionsprozess Beteiligten zu Grunde (Lehmann 1998, S. 63ff.). Im Rahmen des Dienstleistungsmarketing ist die hieraus resultierende Unsicherheit und das damit einhergehende wahrgenommene Kaufrisiko durch Maßnahmen im Rahmen der Vertragsgestaltung sowie durch Nutzung weiterer Instrumente des Marketingmix zu reduzieren.

Die Integration des externen Faktors bewirkt, dass der Dienstleistungserstellungsprozess oft unter Anwesenheit weiterer Dienstleistungsnachfrager erfolgt (z. B. Kneipenbesuch, Urlaub, Sprachkurs). Die wahrgenommene Prozessdimension der Dienstleistung durch den Kunden wird in diesem Fall entscheidend durch die Eigenschaften und das Verhalten der anderen Dienstleistungsnachfrager beeinflusst. Unerwünschte Kunden sind somit neben den Personen, die nicht den Kriterien der Zielgruppe entsprechen, besonders solche Nachfrager, die Kunden der Zielgruppe z. B. durch negative Kommunikation oder bestimmte Verhaltensweisen in ihrem Konsum einschränken. Entsprechend hat der Dienstleistungsanbieter dafür Sorge zu tragen, dass der **Ausschluss unerwünschter Nachfrager** von der Inanspruchnahme der Dienstleistung garantiert wird (Demarketing). Hierfür bietet sich für den Dienstleister die Möglichkeit, auf verschiedene Instrumente des Marketingmix zurückzugreifen. Dies ist z. B. im Rahmen der Kontrahierungspolitik die Forderung eines Nachweises über bestimmte Kundeneigenschaften (z. B. „Platzreife" bei Golfclubs) (Rößl 1991).

4.3 Immaterialität des Leistungsergebnisses

Dienstleistungen sind durch das Merkmal der **Immaterialität** gekennzeichnet. In der wissenschaftlichen Literatur wird vor allem die Frage der Immaterialität des Dienstleistungsergebnisses stark diskutiert. So stellt Maleri (1997, S. 83f.) fest, dass bei der Dienstleistungsproduktion keine Rohstoffe in Form körperlicher Substanzen eingesetzt werden, und somit das Ergebnis des Faktorkombinationsprozesses auch nicht in einem materiellen Objekt besteht. Knoblich/Oppermann (1996, S. 16) argumentieren in ähnlicher Weise und konstatieren, dass ein Dienstleistungsproduzent nicht auf die Herstellung eines physischen Objektes abzielt, sondern lediglich an einem gegebenenfalls materiellen, externen Faktor eine dienstleistende Verrichtung ausführt. Dabei ist es durchaus möglich, dass eine physische Veränderung des Fremdfaktors stattfindet; es wird aber kein körperlicher, greifbarer Gegenstand generiert. Beispielsweise zielt der Betreiber einer Autowaschanlage nicht darauf ab, saubere Kraftfahrzeuge als Solche zu produzieren. Vielmehr besteht seine Zielsetzung darin, die bereits existierenden Fahrzeuge seiner Kunden durch eine dienstleistende Handlung (waschen) in einen anderen (sauberen) Zustand zu versetzen. Das charakteristische Kennzeichen des Dienstleistungsergebnisses ist somit dessen Immaterialität.

Aus der Immaterialität der Dienstleistung resultieren zwei weitere Abgrenzungskriterien, so genannte **akzessorische Merkmale**, die Nichtlagerfähigkeit und die Nichttransportfähigkeit.

Die **Nichtlagerfähigkeit** impliziert, dass der Konsument einer Dienstleistung diese nur in dem Moment in Anspruch nehmen kann, in dem sie produziert wird. Das bedeutet, dass eine Vorproduktion des Leistungsergebnisses nicht möglich ist. Ein Friseur erstellt einen Haarschnitt (Leistungsergebnis) erst, wenn der Kunde in den Dienstleistungsprozess „Haareschneiden" integriert wird. Ebenso ist ein Hotelier zwar im Besitz von Übernachtungspotenzialen. Die Übernachtung eines Gastes als Ergebnis der Hotelleistung ist aber erst möglich, wenn der Gast sein Hotelzimmer bezieht. Die dafür notwendigen Potenziale stehen zu einem bestimmten Zeitpunkt zur Verfügung und verfallen, wenn sie nicht genutzt werden.

Ferner impliziert die Immaterialität von Dienstleistungen ihre **Nichttransportfähigkeit**. Die internen und externen Produktionsfaktoren treffen zwingend im Rahmen der Dienstleistungsproduktion aufeinander (**Uno-Actu-Prinzip**). Die Notwendigkeit der Präsenz und der Simultaneität beschränkt sich jedoch auf die Dienstleistungsproduktion. Die Produktion und der Absatz bzw. Konsum brauchen dagegen weder zeit- noch raumgleich zu erfolgen (z. B. Hotelbuchung im Reisebüro) (vgl. Frietzsche 2001, S. 131ff.).

Die genannte Einschränkung deutet bereits an, dass es Ausnahmen gibt, und dass die Allgemeingültigkeit der Nichttransportfähigkeit einer Einschränkung bedarf. Technologische Innovationen erlauben z. B. die Übertragung einer Theateraufführung durch das Fernsehen.

Aus der **Immaterialität** als Besonderheit von Dienstleistungen lässt sich eine zentrale Schlussfolgerung für das Dienstleistungsmarketing ziehen (vgl. Abbildung 1-4-1).

Die **Materialisierung von Dienstleistungen** hilft, um die Aufmerksamkeit des Kunden zu wecken und auf die Art und Qualität der Dienstleistung hinzuweisen (z. B. in Cellophan eingeschweißtes Besteck im Flugzeug zur Demonstration von Hygiene).

Aus der **fehlenden Lagerfähigkeit** resultieren die folgenden Implikationen (vgl. Abbildung 1-4-1).

Ein professionelles Dienstleistungsmarketing gewährleistet eine enge **Koordination von Produktionskapazität und Nachfrage**, um die Probleme der fehlenden Lagerfähigkeit des Dienstleistungsergebnisses zu bewältigen. In vielen Branchen stellt daher das Kapazitätsmanagement (z. B. durch Maßnahmen des Yield Managements) einen zentralen Bereich des Dienstleistungsmarketing dar.

Die **flexible Anpassung der Kapazität** für Dienstleistungen verwendet hauptsächlich die Funktion der Durchflussrate (beispielsweise „fließen" zu vermittelnde Dienstleistungen schneller durch das Unternehmen als solche, die im Unternehmen erbracht werden), die Möglichkeit, Dienstleistungen zurückzustellen (z. B. Änderungsschneiderei, ärztliche Hilfe), den Potenzialausbau (z. B. zusätzliche Teilzeitkräfte) und die Aufteilung der Kapazitäten (z. B. Reservierung).

Das **Management der kurzfristigen Nachfrage** nach Dienstleistungen geschieht hauptsächlich über preispolitische Maßnahmen, kommunikative Aktivitäten sowie das Angebot alternativer Dienstleistungsoptionen im Hause (z. B. besteht bei einem Kino mit mehreren Vorführräumen eine Ausweichmöglichkeit auf andere Filme).

Die **mangelnde Transportfähigkeit** führt zu folgenden Implikationen (vgl. Abbildung 1-4-1).

Dienstleistungen des **täglichen Bedarfs** bedürfen zur Aufrechterhaltung der Konkurrenzfähigkeit eine hohe Distributionsdichte, da die Erreichbarkeit des Dienstleistungsanbieters ein zentrales Auswahlkriterium der Nachfrager darstellt (z. B. Fast-Food-Ketten, Schlüsseldienste).

Bei Dienstleistungen des **aperiodischen Bedarfs** (z. B. Angebote einer Unternehmensberatung) ist eine selektive Distribution ausreichend, da der Verkauf durch Agenturen, per Telefon oder per Korrespondenz abwickelbar ist. Außerdem ist der Kunde bereit, Vorinformationen zu suchen und Wege in Kauf zu nehmen. Des Weiteren besteht auch die Möglichkeit, die Dienstleistung zum Kunden zu bringen.

Für das Dienstleistungsmarketing ergeben sich aus der Notwendigkeit der Leistungsfähigkeit, der Integration des externen Faktors sowie der Immaterialität von Dienstleistungen zahlreiche Implikationen. Diese werden in den Kapiteln 3 bis 8 näher spezifiziert, nachdem im Folgenden Ansatzpunkte einer theoretischen Fundierung des Dienstleistungsmarketing aufgezeigt werden.

Fragen zum 1. Kapitel:
Gegenstand und Besonderheiten des Dienstleistungsmarketing

Abschnitt 1:

■ Weshalb wird für Dienstleistungen ein „eigener" Marketingansatz benötigt? Welche zusätzlichen Besonderheiten existieren im Dienstleistungsbereich?

■ Warum wächst die Bedeutung von bzw. der Bedarf nach Dienstleistungen in Wirtschaft und Gesellschaft?

■ Bei der Definition von Dienstleistungen und der Messung der Größe des Dienstleistungssektors treten verschiedene Probleme auf. Was sind mögliche Gründe dafür und welche Ansätze erscheinen zur Abgrenzung geeignet?

■ Welche Entwicklungsphasen hat das Dienstleistungsmarketing bisher durchlaufen? Auf welche Ursachen lässt sich diese Entwicklung zurückführen?

Abschnitt 2:

■ Welche Dimensionen lassen sich in Bezug auf Dienstleistungen phasenspezifisch unterscheiden und was sind deren jeweilige Merkmale?

■ Inwiefern spielt die Immaterialität bei der Differenzierung von Dienstleistungen (und hinsichtlich der Dienstleistungsdimensionen) eine Rolle?

■ Welche Typologien existieren für die Differenzierung von Dienstleistungen und nach welchen Kriterien finden die Klassifizierungen statt?

■ Wie unterscheiden sich investive und konsumtive Dienstleistungen?

■ Um welchen Dienstleistungstyp handelt es sich bei einer virtuellen Bank im Internet und wie kann Online-Banking im Rahmen der Ihnen bekannten Typologisierungsansätze eingeordnet werden?

Abschnitt 3:

■ Wie gestalten sich die Aktivitätsgrade von Anbieter und Nachfrager bei Dienstleistungen?

■ Wie läuft der Prozess der Dienstleistungsproduktion ab und welche Besonderheiten sind dabei zu berücksichtigen?

■ Anhand welcher Dimensionen kann die Kombination der Produktionsfaktoren und des externen Faktors bei der Dienstleistungserstellung beschrieben werden?

■ Warum spielt die Zufriedenheitsforschung im Dienstleistungsbereich möglicherweise eine größere Rolle als im Sachgüterbereich?

Abschnitt 4:

■ Warum ist die Potenzialdimension beim Dienstleistungsmarketing von besonderer Bedeutung?

■ Welche Aspekte sind bei der Integration des externen Faktors im Erstellungsprozess von Dienstleistungen zu berücksichtigen?

■ Welche Implikationen ergeben sich aus der Immaterialität von Dienstleistungen?

Konzepte und theoretische Grundlagen des Dienstleistungsmarketing

1. Relationship Marketing als Grundkonzept des Dienstleistungsmarketing

Die Theorien, die in den nachfolgenden Abschnitten näher erläutert werden, betrachten das Dienstleistungsmarketing aus unterschiedlichen Perspektiven. Aufgabe der Theorien ist es, einen Erklärungsbeitrag für die Problemstellungen des Dienstleistungsmarketing zu liefern. Diese Problemstellungen lassen sich in zwei grundsätzliche Bereiche untergliedern. Zum einen wird eine eher **statisch** orientierte Darstellung der Problembereiche vorgenommen, die den Zustand einer einmaligen oder erstmaligen Dienstleistungstransaktion kennzeichnet. Folgen auf eine einzelne Transaktion weitere Transaktionen zwischen denselben Marktteilnehmern, führt dies letztlich zu einer Beziehung zwischen den Transaktionspartnern, die durch den meist prozessualen Charakter der Dienstleistungserstellung und die Einbindung des Kunden in den Erstellungsprozess zusätzlich intensiviert wird. Die Entwicklung einer solchen Beziehung beinhaltet eine Vielzahl von Implikationen für das weitere Verhalten dieser Marktteilnehmer, zu dessen Erklärung die zu behandelnden Theorien zum großen Teil beitragen. Diese **dynamisch** orientierte Darstellung der Problembereiche ist Gegenstand des **Relationship Marketing**, das mit seinem Fokus auf die Steuerung von Kundenbeziehungen zu neuen Konzepten in der Marketingwissenschaft und der Unternehmenspraxis geführt hat. Vor diesem Hintergrund und auch unter der Zielsetzung, einen Rahmen für die dienstleistungsspezifische Marketinggestaltung zu schaffen, wird im Folgenden das Relationship Marketing den theoretischen Konzepten vorangestellt.

Unter Berücksichtigung der Auffassungen in der Literatur, dass sich das Relationship Marketing mit der Steuerung von Kundenbeziehungen befasst, wird folgende Definition zu Grunde gelegt:

> **Relationship Marketing** ist ein Prozess der Analyse, Planung, Durchführung und Kontrolle von Maßnahmen, die der Initiierung, Stabilisierung, Intensivierung und Wiederaufnahme von Geschäftsbeziehungen zu den Anspruchsgruppen – insbesondere zu den Kunden – des Unternehmens mit dem Ziel des gegenseitigen Nutzens dienen (Bruhn 2001c, S. 9).

Aus dieser Definition lassen sich folgende relevante **Merkmale** des Relationship Marketing ableiten (Bruhn 2001c, S. 10ff.):

Dem Konzept des Relationship Marketing liegt eine **Anspruchsgruppenorientierung** zu Grunde; sein Gegenstand sind die Beziehungen eines Unternehmens zu seinen Anspruchsgruppen. Auch wenn sich Marketingaktivitäten auf unterschiedliche Anspruchsgruppen beziehen können (dies sind beispielsweise Lieferanten und Absatzmittler, aber auch die Konkurrenz und die Öffentlichkeit sowie die eigenen Mitarbeitenden), stellen die Kunden die zentrale Anspruchsgruppe dar. Demnach lassen sich zwei Ausgestaltungsformen des

Relationship Marketing differenzieren. Das Relationship Marketing im engeren Sinne betrifft ausschließlich Kundenbeziehungen, beim Relationship Marketing im weiteren Sinne werden dagegen die Beziehungen des Unternehmens zu sämtlichen Anspruchsgruppen betrachtet.

Für den Erfolg eines Unternehmens sind letztendlich die Kundenbeziehungen entscheidend, deren Qualität wiederum von den Beziehungen des Unternehmens zu den übrigen Anspruchsgruppen abhängt. Daher stehen die Kundenbeziehungen im Mittelpunkt der Ausführungen dieses Buches.

Weiterhin wird unter Relationship Marketing ein Managementansatz verstanden, der durch eine **Entscheidungsorientierung** Maßnahmen der Analyse, Planung, Durchführung und Kontrolle umsetzt. Damit stellt das Relationship Marketing einen integrierten Ansatz dar, unter dessen Dach sämtliche Marketingmaßnahmen eines Unternehmens gefasst werden. Außerdem ist auf diese Weise mit dem Konzept eine Handlungsorientierung verbunden. Es werden somit Maßnahmen festgelegt, die einer Steuerung von Beziehungen dienen.

Relationship Marketing beschäftigt sich nicht nur mit der Initiierung von Beziehungen (Kundenakquisition), sondern darüber hinaus mit ihrer Stabilisierung, Intensivierung (Kundenbindung) und – im Falle einer Aufkündigung der Beziehung durch den Kunden – Wiederaufnahme (Kundenrückgewinnung). Damit wird durch eine **Zeitraumorientierung** dem dynamischen Charakter von Kundenbeziehungen, vor allem durch das Konzept des Kundenbeziehungslebenszyklus, Rechnung getragen.

Schließlich verfolgt das Relationship Marketing eine **Nutzenorientierung**, indem der Nutzen für die Beziehungspartner im Vordergrund steht. Auf der Kundenseite liegt der Nutzen in der Bedürfniserfüllung durch das Unternehmen, während der Nutzen für das Unternehmen in der Profitabilität bzw. Wertschöpfung durch seine Kundenbeziehungen zu sehen ist.

Die Entwicklung zum Relationship Marketing wird teilweise als ein Paradigmenwechsel bezeichnet (Brodie et al. 1997). Aufgrund der Konstituierung einer Beziehung aus Einzeltransaktionen ist Relationship Marketing jedoch nicht als eine Neudefinition des Marketinggedankens, sondern vielmehr als eine **Weiterentwicklung des traditionellen Marketing** aufzufassen (Baker/Buttery 1998; Gummesson 2002; Zineldin/Philipson 2007). Diese Sichtweise wird durch eine Gegenüberstellung der Unterscheidungsmerkmale von Transaktionsmarketing auf der einen Seite und Relationship Marketing auf der anderen Seite deutlich (Bruhn 2008a; vgl. Abbildung 2-1-1):

Abbildung 2-1-1:   Vergleich zwischen Transaktionsmarketing und Relationship Marketing

Unterscheidungskriterien	Transaktionsmarketing	Relationship Marketing
Betrachtungsfristigkeit	Kurzfristigkeit	Langfristigkeit
Marketingobjekte	Produkt	Produkt und Interaktion
Denkschema	Produktlebenszyklus	Kundenlebenszyklus
Dominantes Marketingziel	Kundenakquisition	Kundenakquisition, Kundenbindung, Kundenrückgewinnung
Marketingfokus	Leistungsdarstellung	Leistung und Dialog
Ökonomische Erfolgs- und Steuergrößen	Gewinn, Deckungsspanne, Umsatz, Kosten	Zusätzlich: Kundendeckungsbeitrag, Kundenwert, Customer Lifetime Value

GABLER GRAFIK

Quelle: In Anlehnung an Bruhn 2008a, S. 31

Im Hinblick auf die Betrachtungsfristigkeit steht beim Relationship Marketing die langfristige Gestaltung von Kundenbeziehungen im Vordergrund. Relationship-Marketing-Maßnahmen beziehen sich sowohl auf die Leistung als auch auf die Kunden als Objekte der Marketingaktivitäten. Als Denkschema wird der Kundenlebenszyklus herangezogen, um die Kundenbeziehung dauerhaft aufrecht zu erhalten. Die dominanten Marketingziele sind neben der Kundenakquisition auch die Kundenbindung und Kundenrückgewinnung. Der Marketingfokus liegt auf einer Interaktion mit dem Kunden, um die Leistungen des Anbieters an den individuellen Kundenbedürfnissen auszurichten. Schließlich treten beim Relationship Marketing neben die klassischen ökonomischen **Erfolgs- und Steuerungsgrößen** kundenindividuelle Kennziffern wie der Kundendeckungsbeitrag, der Kundenwert und der Customer Lifetime Value als zukunftsgerichteter Wert eines Kunden über die gesamte voraussichtliche Dauer der Geschäftsbeziehung.

Bei der **Konzeptionierung** des Relationship Marketing sind einige grundlegende Ansätze zu berücksichtigen, die die Basis einer Gestaltung des Relationship Marketing darstellen.

Dazu zählt der so genannte **Kundenbeziehungslebenszyklus**, der in den letzten Jahren im Rahmen vieler Veröffentlichungen Beachtung gefunden hat. Der an den Produktlebenszyklus angelehnte Kundenbeziehungslebenszyklus beschreibt hierbei die Stärke bzw. Intensität einer Kundenbeziehung in Abhängigkeit der Beziehungsdauer. Im Rahmen dieses Konzeptes werden grundsätzlich drei Phasen unterschieden, in denen unterschiedliche Aspekte der Kundenbindung in den Vordergrund der Betrachtung rücken. Während in der Phase der Neukundenakquisition das Fundament für die Beziehung zwischen Anbieter und Nachfrager begründet liegt, gewinnt in der zweiten Phase der Aspekt der Kundenbindung an Bedeutung. Zum Ende des Kundenbeziehungszyklus stellt sich für den Nachfrager die Frage einer Beendigung der Kundenbeziehung, sodass sich die Unternehmen auch mit der Rückgewinnung abwanderungsgefährdeter bzw. abgewanderter Kunden auseinander zu setzen haben. Abbildung 2-1-2 zeigt die Stärke bzw. Intensität einer Kundenbeziehung in Abhängigkeit der jeweiligen Phasen des Kundenbeziehungslebenszyklus.

Abbildung 2-1-2:   **Phasen des Kundenbeziehungslebenszyklus**

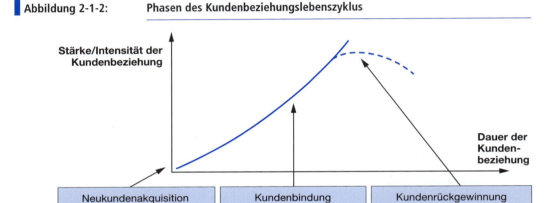

Quelle: Stauss 2000c, S. 16; Bruhn 2001c, S. 48

Die Beziehungsintensität zwischen Anbieter und Kunde steigt im Verlauf der Kundenbeziehung bis zu dem Zeitpunkt an, an dem der Kunde seinen Austritt aus der Geschäftsbeziehung beschließt. Grundsätzlich wird die Beziehungsintensität durch eine Vielzahl von Faktoren beeinflusst. Die Messung bereitet in der Praxis erhebliche Operationalisierungsprobleme, sodass häufig psychologische, verhaltensbezogene und ökonomische Indikatoren zur Beschreibung dieses Konstruktes herangezogen werden. Während die **psychologischen Indikatoren** unter anderem die Konstrukte der Kundenzufriedenheit, der Beziehungsqualität, des Vertrauens und des Commitment umfassen, zählen zu den **verhaltensbezogenen Indikatoren** in erster Linie solche, die eine positive oder negative Wirkung auf die Kundenbindung ausüben. Hierbei sind vor allem Informationen über das Kauf-, Informations-, Integrations- und Kommunikationsverhalten des Konsumenten von Interesse. Die **ökonomischen Indikatoren** lassen sich durch den Kundendeckungsbeitrag oder durch Customer-Lifetime-Value-Berechnungen operationalisieren.

Neben den stark phasenspezifischen Handlungsempfehlungen zur Gestaltung der Kundenbeziehung ist als theoretisches Konzept weiterhin die **Erfolgskette** von zentraler Bedeutung (vgl. Abbildung 2-1-3). Hiernach ist der Kunde bei anhaltender Zufriedenheit mit den Unternehmensleistungen im Verlauf der Geschäftsbeziehung zunehmend bereit, sich an das Unternehmen zu binden. Auf einer zweiten Stufe spiegelt sich die so erreichte Kundenbindung auch im ökonomischen Erfolg des Unternehmens wider, da der Kunde im Verlauf der Beziehung beispielsweise bereit ist, zusätzliche Umsätze mit dem Unternehmen zu tätigen und sich seine Preisbereitschaft erhöht.

Abbildung 2-1-3:   **Erfolgskette des Dienstleistungsmarketing**

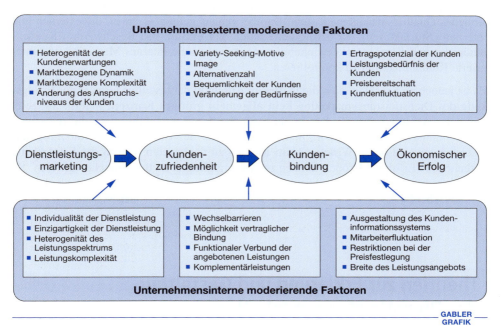

GABLER
GRAFIK

Quelle: Bruhn 2001b, S. 58

Dieser auf Basis der Erfolgskette erhobene Wirkungszusammenhang wird durch eine Vielzahl von unternehmensexternen und -internen Faktoren beeinflusst. Eine aktive Gestaltung der Kundenbeziehung unter Berücksichtigung nahezu sämtlicher Einflussfaktoren stellt daher für viele Unternehmen eine große Herausforderung dar.

Auf Seiten der **unternehmensexternen Faktoren** führt die Heterogenität der Kundenerwartungen, verbunden mit einer umweltbezogenen Dynamik und Komplexität der Märkte, zu erheblichen Problemen bei der Schaffung und Erhaltung von Kundenzufriedenheit. Die Einführung eines Relationship Marketing garantiert dabei jedoch nicht, dass aus einer gesteigerten Kundenzufriedenheit zwangsläufig eine erhöhte Kundenbindung resultiert. So wirken beispielsweise die Bequemlichkeit, ein niedriges Involvement des Kunden sowie mögliche Variety-Seeking-Motive einer Erhöhung der Beziehungsintensität und damit einer gesteigerten Kundenbindung entgegen. Letztendlich wird der ökonomische Erfolg eines Unternehmens auch davon beeinflusst, über welches Ertragspotenzial und welche Preisbereitschaft die einzelnen Kunden verfügen und wie hoch die Kundenfluktuation generell ist. Auf Seiten der **unternehmensinternen Faktoren** lassen sich beispielsweise die Individualität der Dienstleistung oder die Heterogenität des Leistungsspektrums eines Unternehmens als grundlegende Hemmnisse bei der Schaffung von Kundenzufriedenheit identifizieren.

Der Erfolg eines Dienstleistungsunternehmens hängt damit auch vom **Management der moderierenden Variablen** der Erfolgskette ab. Exzellente Dienstleistungsunternehmen zeichnen sich durch das Denken in der Erfolgskette aus, in dessen Zentrum ein professionelles Qualitätsmanagement steht. Darüber hinaus gelingt es ihnen, die externen und internen „Störfaktoren" der Erfolgskette durch den Einsatz von Beschwerde-, Kundenbindungs- und Kundenrückgewinnungsmanagement sowie Internes Marketing und Integrierte Kommunikation zu kontrollieren.

Es ist jedoch zu beachten, dass die in diesem Abschnitt dargestellten Glieder der Erfolgskette des Dienstleistungsmarketing **kein allgemein gültiges Konzept** liefern. Sie zeigt vielmehr exemplarisch auf, dass es die Aufgabe des Unternehmens ist, die relevanten vorökonomischen Größen, d. h., den Input in Form des Einsatzes von Marketingmixinstrumenten und deren Wirkung beim Kunden zu analysieren. Die in der Erfolgskette enthaltenen (Erfolgs-) Größen können in Abhängigkeit z. B. der Branche variieren. So spielt gerade auch in der Dienstleistungsbranche das Image eine bedeutende Rolle bei der Kaufentscheidung.

2. Theorien zur Erklärung und Gestaltung des Dienstleistungsmarketing

Die Aufgaben, die der theoretischen Fundierung einer Forschungsrichtung innerhalb der Betriebswirtschaftslehre zukommen, lassen sich unterteilen in die Erklärungs- und die Gestaltungsaufgabe. Die **Erklärungsaufgabe** vermittelt die theoretischen Überlegungen (explikative Ausgestaltung). Demgegenüber gibt eine Theorie aufgrund ihrer **Gestaltungsaufgabe** Handlungsempfehlungen im Rahmen eines bestehenden Zielsystems ab (normative Ausrichtung).

Vor dem Hintergrund der im vorangegangenen Kapitel aufgezeigten Besonderheiten des Dienstleistungsmarketing kommt einer tragfähigen theoretischen Basis eine hohe Bedeutung zu. Bisherige Ansätze der Marketingtheorie sind für das Dienstleistungsmarketing neu zu bewerten, da ihre Relevanz lediglich in eingeschränkter Form gegeben ist. Ansätze wie die Systemtheorie oder der entscheidungsorientierte Ansatz liefern nur wenige

Erkenntnisse, die über Anwendungsfelder im Allgemeinen Marketing hinausgehen und berücksichtigen die Besonderheiten des Dienstleistungsmarketing nicht ausreichend. Demgegenüber bietet die Neue Institutionenökonomik mit ihren Teilbereichen einen hohen Erklärungsbeitrag, der sich vor allem auf die bestehenden Informationsasymmetrien im Dienstleistungsmarketing bezieht. Die weiteren theoretischen Ansätze, die im Folgenden erläutert werden, beziehen sich auf eine intrapersonelle, interpersonelle und organisationale Ebene. Die psychologischen Ansätze liefern einen Erklärungsbeitrag für die innerhalb eines Individuums ablaufenden Überlegungen, die schließlich das Verhalten im Rahmen der Interaktion beeinflussen. Die sozialpsychologischen Ansätze betrachten die Interaktionspartner und deren Beziehung zueinander, während sich die organisationstheoretischen Ansätze mit einem Unternehmen und den Beziehungen zu den relevanten Gruppen in dessen Umfeld auseinander setzen.

Die einzelnen theoretischen Erklärungsansätze tragen in unterschiedlicher Weise zum Verständnis von Dienstleistungen und der Entwicklung eines Dienstleistungsmarketing bei. Sie sind vor allem im Hinblick auf ihre Berücksichtigung der grundlegenden Besonderheiten von Dienstleistungen – der Bereitstellung von Leistungspotenzialen, der Integration des externen Faktors und der Immaterialität der Leistung – zu prüfen.

2.1 Erklärungsansätze der Neuen Institutionenökonomik

Die **Neue Institutionenökonomik** geht von der Annahme bestehender Informationsasymmetrien zwischen den Marktteilnehmern aus. Mit Hilfe von Institutionen wird versucht, die daraus resultierenden Unsicherheiten zu reduzieren (Richter/Furubotn 2003). Aus der Neuen Institutionenökonomik ergibt sich folglich für die „Institution Marketing" die Aufgabe, Unsicherheitsprobleme aus Informationsasymmetrien zu beseitigen (Kaas 1995a, S. 5). Bezogen auf das Dienstleistungsmarketing trägt diese Aufgabenerfüllung beispielsweise zur Erklärung der besonderen Bedeutung der Dienstleistungsmarke, des physischen Erscheinungsbildes des Dienstleistungsunternehmens oder der Qualifikation der Mitarbeitenden bei, da diese Aspekte vor dem Hintergrund der Immaterialität der Leistung unsicherheitsmindernd wirken. Gerade zu diesen Problemstellungen liefert die Neue Institutionenökonomik Lösungen sowohl auf explikativer als auch auf normativer Ebene.

Die Informationsprobleme im Dienstleistungsmarketing lassen sich grundsätzlich in zwei Bereiche unterteilen. Aufgrund der schlechten Beurteilbarkeit immaterieller Eigenschaften von Dienstleistungen besteht ein **leistungsbezogenes Informationsproblem** für den Kunden. Vor Inanspruchnahme der Leistung ist weder eine hinreichende Beurteilung des Erstellungsprozesses noch des Ergebnisses der Dienstleistung möglich. Diese Beurteilungsunsicherheit bleibt oft noch nach der Leistungserstellung bestehen.

Das **transaktionspartnerbezogene Informationsproblem** lässt sich auf spezifisches Wissen der Transaktionspartner zurückführen. Der Nachfrager einer Dienstleistung verfügt in der Regel über Informationen bezüglich des in die Dienstleistungserstellung einzubringenden externen Faktors, der sich in seinem Einflussbereich befindet. Er kennt die Ausgestaltung und damit den Individualisierungsbedarf, der durch seine Person oder seine Verfügungsobjekte bedingt ist. Der Anbieter auf der anderen Seite verfügt über einen Informationsvorsprung hinsichtlich seiner für die Dienstleistungserstellung einsetzbaren Potenzialfaktoren (z. B. Mitarbeitende oder Sachressourcen). Untersuchungen zeigen, dass das Verhalten der Mitarbeitenden in der Interaktionssituation von den Kunden als wesentlicher Bestandteil, bei komplexen Leistungen unter Umständen sogar als Surrogat der gesamten Dienstleistung angesehen wird. Beim Kunden besteht außerdem eine zusätzliche Informationsunsicherheit hinsichtlich der Absichten seines Transaktionspartners. Dieser Sachverhalt erfordert einen „Vertrauensvorschuss" von Seiten des Kunden, der vom Dienstleistungsanbieter ausgenutzt werden kann (vgl. insbesondere Abschnitt 2.13).

Die Funktion des Marketing wird von der Neuen Institutionenökonomik in der Förderung von Transaktionen bzw. Interaktionen gesehen. Marketing wirkt in diesem Sinne als eine Institution im Markt, die Unsicherheit reduziert, Anreize setzt und Transaktionskosten senkt (Kaas 1995a, S. 5; Woratschek 2001d, S. 265ff.; Erlei 2007). Marketing erzeugt zu diesem Zweck weitere Institutionen, zu denen die Neue Institutionenökonomik die nachfolgenden Theorieansätze entwickelt.

2.11 Ansätze der Informationsökonomik

Die **Informationsökonomik** setzt sich mit Fragestellungen der Überwindung von Informationsasymmetrien und dem Unsicherheitsphänomen bei der Informationssuche auseinander (Adler 1994, S. 34; Kaas 1995a, S. 4). Dabei bestehen leistungs- und transaktionspartnerbezogene Informationsprobleme. Somit weisen beide Marktteilnehmer, Anbieter und Kunde, bei jeder Erst- bzw. Einzeltransaktion zunächst ein Informationsdefizit auf (Spremann 1990, S. 578ff.; Grund 1998, S. 87).

Die Leistungsmerkmale eines Angebotes determinieren in hohem Maße die Beurteilungsmöglichkeiten und das Beurteilungsverhalten der Nachfrager. Die Informationsökonomik nimmt dabei eine Unterteilung in **Such-, Erfahrungs- und Vertrauenseigenschaften** einer Dienstleistung vor (Adler 1994, S. 52; Lovelock/Wirtz 2007, S. 42f.). In das durch diese Dimensionen aufgespannte Dreieck lassen sich je nach Umfang der betreffenden Eigenschaften Dienstleistungen einordnen (vgl. Abbildung 2-2-1):

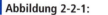

Abbildung 2-2-1: Informationsökonomische Einordnung von Dienstleistungen

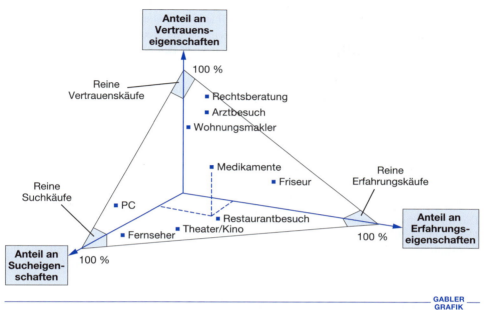

Quelle: In Anlehnung an Weiber/Adler 1995, S. 61

Sucheigenschaften (auch: Inspektionseigenschaften) liegen vor, wenn die Eigenschaften der Leistung bereits vor Vertragsabschluss beurteilbar sind. Streng genommen ist dieser Fall bei Dienstleistungen ausgeschlossen, da die Leistung erst nach Vertragsabschluss entsteht.

Erfahrungseigenschaften lassen sich erst während bzw. nach der Leistungserstellung beurteilen. Dies ist beispielsweise bei einer Urlaubsreise der Fall, bei der erst während bzw. nach der Reise eine Beurteilung der in Anspruch genommenen Leistung möglich ist.

Eine Bewertung von **Vertrauenseigenschaften** ist für den einzelnen Nachfrager nicht oder zumindest nicht direkt möglich (Kaas 1991a, S. 17ff.). Typische Beispiele für Leistungen mit hohem Anteil an Vertrauenseigenschaften sind ärztliche Leistungen, die in ihrer Qualität möglicherweise nie beurteilbar sind.

Mit steigendem Anteil an Erfahrungs- oder Vertrauenseigenschaften nimmt der Grad an Informationsdefiziten und an Unsicherheit zu. Mittels eines **„informationsökonomischen Dreiecks"** werden Leistungen auf dieser Basis je nach Dominanz einer Eigenschaft einem Such-, Erfahrungs- oder Vertrauenskauf zugeordnet (Adler 1994) (explikative Funktion der Theorie) (vgl. Abbildung 2-2-1).

Je nach informationsökonomischer Einordnung einer Leistung lassen sich **Implikationen für das Dienstleistungsmarketing** ableiten. Die Ausgestaltung der Marketingaktivitäten eines Anbieters hat sich am Informationsbeschaffungs- und Auswahlverhalten der Nachfrager zu orientieren. Dabei ist es denkbar, dass eine Unternehmung eine Reihe von Leistungen anbietet, die im informationsökonomischen Dreieck unterschiedlich einzuordnen sind. Es würde sich in einem solchen Fall anbieten, über relativ unproblematische Leistungen mit einem hohen Anteil an Sucheigenschaften Neukunden zu gewinnen, um nach dem Erfahrungsaufbau das gewonnene Vertrauen des Nachfragers zu nutzen, um Erfahrungs- und Vertrauensgüter zu verkaufen (Weiber/Billen 2005).

Die Einordnung einer Leistung im informationsökonomischen Dreieck verändert sich aus Kundenperspektive mit der Dauer einer bestehenden **Geschäftsbeziehung**, da sich die Beurteilbarkeit der verschiedenen Eigenschaften ebenfalls verändert. Auch wenn der Anteil an Such-, Erfahrungs- und Vertrauenseigenschaften objektiv unverändert bleibt, geht die subjektiv empfundene Bedeutung von Erfahrungs- und Vertrauenseigenschaften im Verlauf der Kundenbeziehung zugunsten der Sucheigenschaften zurück. Damit entfallen bei längerer Dauer der Kundenbeziehung für einige Dienstleistungen eine Reihe der leistungsbezogenen Informationsprobleme.

Die informationsökonomischen Eigenschaftstypologien untersuchen sehr umfassend die Ursachen der Unsicherheiten des Konsumenten. Auf dieser Grundlage werden gezielte **Maßnahmen zum Abbau der Unsicherheit und des Kaufrisikos** entwickelt, die die transaktionsspezifischen Besonderheiten von Dienstleistungen differenziert berücksichtigen.

Um die bestehenden Informationsdefizite zu verringern, bieten sich für beide Marktseiten Informationsaktivitäten an, die sich in Signaling- und Screening-Maßnahmen unterscheiden lassen. **Signaling** bedeutet die Informationsübertragung von der besser zur schlechter informierten Marktseite, während mit **Screening** Informationsaktivitäten gekennzeichnet werden, die von der schlechter informierten Marktseite ausgehen (Stiglitz 2003, S. 594ff.) (vgl. Abbildung 2-2-2).

Abbildung 2-2-2:   **Beispiele für Informationsaktivitäten der Marktpartner**

Maßnahme / Perspektive	Signaling (Informationsaussendung)	Screening (Informationssuche)
Anbieter	■ Darstellung der eigenen Potenziale ■ Übernahme einer Garantie ■ Referenzkunden	■ Bonitätsprüfung von Kreditnachfragen ■ Marktforschung ■ Aufforderung zur Selbsteinordnung
Nachfrager	■ Preisgabe konkreter Informationen zum Individualisierungsbedarf ■ Angabe eines Kundenprofils ■ Bereitschaft zur Selbsteinordnung	■ Preisvergleiche ■ Qualitätsvergleiche ■ Mund-zu-Mund-Kommunikation

GABLER
GRAFIK

Signaling-Maßnahmen beinhalten die Übermittlung glaubwürdiger Informationen, die sich von reinen Informationen durch die Qualität und Vertrauenswürdigkeit der Aussagen unterscheiden (Kaas 1995b, S. 29; Roth 2001, S. 51ff.). Aus Sicht des anbietenden Unternehmens haben Signaling-Aktivitäten die Funktion, **glaubwürdige Informationen** über die Fähigkeiten des Unternehmens zu verbreiten. Dies erfolgt beispielsweise durch die Übernahme einer **Garantie**, da dies zur Vermeidung hoher Folgekosten nur für Anbieter einer hohen Qualität lohnt. Eine weitere Möglichkeit besteht in der Präsentation von Kunden, die eine bestimmte Dienstleistung bereits in Anspruch genommen haben und damit als Surrogate für die Leistungsfähigkeit des Unternehmens dienen. Signaling aus Unternehmenssicht geschieht somit vor allem mit Hilfe der Kommunikationspolitik. Der Wahrheitsgehalt unternehmensseitiger Signaling-Aktivitäten durch den Nachfrager ist jedoch erst nach der Inanspruchnahme einer Leistung beurteilbar (Kaas 1990, S. 541).

Die Möglichkeiten des **Reputationsaufbaus** durch wiederholtes Signaling gegenüber Kunden (Basdeo et al. 2006) sind Gegenstand mehrperiodischer Signalingmodelle des Marketing (Klein/Leffler 1981; Shapiro 1983; Woratschek 2001d). Machen die Konsumenten die positive Erfahrung, bei einem Anbieter über mehrere Perioden Leistungen mit hoher Qualität bezogen zu haben, korrigieren sie ihr Wahrscheinlichkeitsurteil nach oben und erwarten, dass auch in den folgenden Perioden eine hohe Qualität erstellt wird. Die Erwartungen einer hohen Qualität sind verbunden mit einer höheren Zahlungsbereitschaft dieser Konsumenten. Durch die höhere Preisbereitschaft werden Reputationsprämien abgeschöpft, die Anbieter mit einer hohen Dienstleistungsqualität davon abhalten, zu Gunsten kurzfristiger Gewinnerhöhungen das Niveau der Qualität abzusenken (Rapold 1988, S. 25; Roth 2001, S. 53).

Signaling ist jedoch nicht dem Dienstleistungsanbieter vorbehalten. Auch **Nachfrager** entfalten vielfältige Signaling-Aktivitäten. Sie kommunizieren dem Anbieter relevante Informationen, die ihm eine Einschätzung über den Individualisierungsbedarf einer Leistung ermöglichen. Ein Beispiel für eine solche Art des Signaling ist in der Vorlage von Zeugnissen zu sehen, die einem Anbieter von Sprachkursen eine Einschätzung des Könnens des jeweiligen Interessenten vereinfachen und eine entsprechende Einordnung erlauben. Signaling-Aktivitäten der Nachfragerseite sind jedoch seltener als solche der Anbieterseite.

Unter **Screening** wird die aktive Informationsbeschaffung durch den schlechter informierten Marktpartner verstanden (Spence 1976, S. 592ff.).

Für den **Anbieter** ist das Screening jedes einzelnen Kunden möglicherweise sehr kostenintensiv. Als Beispiel sei hier die individuelle Bonitätsprüfung von Kunden vor einer Kreditvergabe genannt. Eine Möglichkeit des vereinfachten Screenings besteht in der Zuordnung des Nachfragers anhand einiger weniger Indikatoren zu einem Kundensegment. Hier ließe sich wiederum das Beispiel der Sprachschule aufgreifen, wenn der Anbieter Einstufungstests durchführt, die ihm die Zuordnung der Kunden zu unterschiedlichen Kursen ermöglichen. Häufig kommen Schemata der Selbsteinordnung in Betracht. So ordnen sich Kunden einer Versicherung entsprechend ihres besseren Wissens bezüglich ihrer Schadenswahrscheinlichkeit selbst einem der angebotenen Tarife zu (Woratschek 2001d, S. 266).

Auf der Kundenseite machen die Komplexität der angebotenen Leistungen und hohe Marktintransparenzen in vielen Dienstleistungsmärkten Screening-Aktivitäten notwendig. Als häufigste Form ist der Angebotsvergleich zwischen mehreren Anbietern zu nennen (Grund 1998, S. 87f.).

Screening und Signaling wurden bereits für die **Marketingmixinstrumente** Preis, Werbung, Garantien und Vertrieb getestet. Die Modellierung anderer Variablen, die im Dienstleistungsbereich zusätzlich relevant sind wie z. B. die Prozesspolitik (Process), die Personalpolitik (Personal) und die Ausstattungspolitik (Physical Evidence) als Signaling-Instrumente steht noch aus (Roth 2001, S. 50ff.). Zusammenfassend sind die Informationsaktivitäten in Abbildung 2-2-3 dargestellt.

Abbildung 2-2-3:   **Screening und Signaling als Prozess der Marktinformation**

		Anbieter	Nachfrager
Signaling	**Information**	**Informationen für den Nachfrager** ■ Leistungsqualität ■ Servicegarantien ■ Reputation/Image	**Informationen für den Anbieter** ■ Zahlungsfähigkeit ■ Zuverlässigkeit ■ Kooperationsfähigkeit
	Aktivität	■ Klassische Werbung ■ Direktmarketing ■ PR/Sponsoring	■ Nachweis der Zahlungsfähigkeit ■ Persönliche Kommunikation ■ Selbsteinordnung
Screening	**Information**	**Informationen über den Nachfrager** ■ Kundenzufriedenheit ■ Kundenerwartungen ■ Zahlungsfähigkeit	**Informationen über den Anbieter** ■ Leistungsfähigkeit ■ Preis-Leistungs-Niveau ■ Qualitätszertifikate
	Aktivität	■ Klassische Marktforschung ■ Persönliche Kommunikation ■ Beschwerdemanagement	■ Persönliche Kommunikation ■ Testkäufe/Preisvergleiche ■ Testzeitschriften/-institute

GABLER
GRAFIK

Quelle: In Anlehnung an Mann 1998, S. 111

Aus den hohen Aufwendungen für Informationsaktivitäten ergibt sich unmittelbar eine Begründung für den ökonomischen Nutzen einer Kundenbindung und somit einer **Geschäftsbeziehung** im Dienstleistungsmarketing. Bei Folgetransaktionen zwischen den gleichen Marktpartnern werden eine Vielzahl von Informationen nicht mehr benötigt, da zum einen die Leistungsfähigkeit des Anbieters, zum anderen der Individualisierungsbedarf des Nachfragers bekannt sind und die Glaubwürdigkeit des Anbieters steigt (Grund 1998, S. 89f.).

Zusammenfassend liegt der Fokus der Informationsökonomik im Hinblick auf die Betrachtung von dienstleistungsspezifischen Besonderheiten auf der Immaterialität der Leistung, die zu Unsicherheiten bei der Leistungsbewertung führt. Zur Reduktion der Unsicherheiten werden entsprechende Maßnahmen benannt. Mit Hilfe der Informationsökonomik lassen sich Implikationen für notwendige Kommunikationsstrategien von Dienstleistungsunternehmen ableiten. Allerdings berücksichtigt die Informationsökonomik weder das durch die Informationsasymmetrien tatsächlich verursachte Verhalten der Transaktionspartner noch weitere Besonderheiten von Dienstleistungen.

2.12 Ansätze der Transaktionskostentheorie

Die **Transaktionskostentheorie** beschäftigt sich mit Unsicherheiten im Rahmen von Transaktionen bzw. Beziehungen. Im Fokus steht die Berücksichtigung von Kostenaspekten sowohl monetärer als auch nicht-monetärer Art (vgl. z. B. Coase 1937; Williamson 1975; 1985; Alchian/Woodward 1988; Kabst 2004). Für die Bestimmung der Höhe der Transaktionskosten sind neben den Kosten für Anbahnung, Aushandlung, Kontrolle und Durchsetzung von Verträgen auch schwer quantifizierbare ökonomische Nachteile (z. B. kognitive Anstrengungen, Zeit, Mühe, entgangene Gewinne usw.) relevant (Roth 2001, S. 54). Weiterhin lassen sich die Kosten nach dem Zeitpunkt ihrer Entstehung in Ex-ante- sowie Ex-post-Kosten einteilen (Kaas 1995a, S. 4; Rindfleisch/Heide 1997, S. 31).

Abbildung 2-2-4 gibt einen Überblick über die Elemente und Wirkungsbeziehungen des Transaktionskostenansatzes. Im Weiteren werden diese im Hinblick auf das Dienstleistungsmarketing konkretisiert.

Zunächst wird von grundlegenden Verhaltensannahmen der Transaktionspartner ausgegangen. Dies ist zum einen eine **beschränkte Rationalität** der Vertragspartner, die aus einer unvollständigen Informationsbeschaffung und einer begrenzten Kapazität des menschlichen Gehirns hinsichtlich der Informationsverarbeitung resultiert. Zum anderen wird ein **opportunistisches Verhalten** unterstellt, das die Maximierung des eigenen Nutzens anvisiert und dabei die Schwächen des Transaktionspartners ausnutzt. Umweltunsicherheit und Komplexität, die durch unvorhergesehene Veränderungen und durch mangelnde Kommunikation zwischen den Transaktionspartnern hervorgerufen werden, beeinflussen diese Verhaltensmuster. Daraus resultierende Informationsasymmetrien und Informationsprobleme führen zu hohen Transaktionskosten.

Daneben nehmen weitere Faktoren Einfluss auf die Transaktionskosten. Hier ist zunächst die **Spezifität von Dienstleistungen** zu nennen. Individualisierte Leistungsbestandteile führen zu einer größeren Abhängigkeit des Nachfragers, durch die ein nachträglicher Anbieterwechsel möglicherweise mit hohen zeitlichen oder monetären Kosten verbunden ist (z. B. ärztliche Untersuchungen, notwendige Folgeprojekte eines Beratungsauftrags). Aus den so entstehenden Verhandlungsspielräumen droht die Gefahr eines opportunistischen Verhaltens des Anbieters (Kaas 1995b, S. 34f.; Schumann/Meyer/Ströbele 2007). Da-

Abbildung 2-2-4:   **Elemente und Wirkungsbeziehungen des Transaktionskostenansatzes**

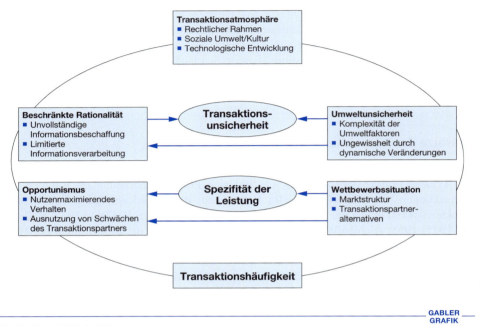

GABLER
GRAFIK

Quelle: Mann 1998, S. 126

neben spielt die Spezifität im Rahmen der **Wettbewerbssituation** eine entscheidende Rolle. Bei einer begrenzten Anzahl von Transaktionspartneralternativen übernimmt sie beispielsweise ebenfalls eine kostentreibende Funktion.

Schließlich ist die **Transaktionshäufigkeit** als Einflussfaktor zu nennen. Aufeinander folgende Transaktionen im Rahmen einer Geschäftsbeziehung wirken sich für beide Transaktionspartner Kosten senkend aus. Auf Unternehmensseite sinken die Kosten für weitere Vertragsabschlüsse mit den betreffenden Kunden, da deren konkreter Problemlösungs- und Individualisierungsbedarf sowie weitere Kundendaten (z. B. bei Bankgeschäften, Friseur) nicht mehr grundlegend neu zu ermitteln sind (Reichheld/Teal 2001). Für die Konsumenten entfallen bei wiederholter Inanspruchnahme desselben Dienstleistungsanbieters Such-, Wechsel- und Informationskosten. Durch die Entwicklung von Vertrauen als Grundlage von Geschäftsbeziehungen können darüber hinaus Kontrollkosten reduziert werden (Grund 1998, S. 93f.). Vertrauen entwickelt sich dabei letztlich aus Erfahrungen, die im Rahmen einer wiederkehrenden Interaktion gemacht wurden. Als Resultat lässt sich eine hohe Bindungsintensität zwischen den Marktpartnern feststellen.

Neben den bereits im Rahmen der Informationsökonomik genannten und mit Transaktionskosten verbundenen Verfahren von Signaling und Screening kommt im Dienstleistungsbereich der Mund-zu-Mund-Kommunikation bestehender Kunden an potenzielle

Neukunden eine besondere Bedeutung zu. Auf diese Weise lassen sich Transaktionskosten senken, da die eigene Leistungserfahrung durch die Leistungserfahrung Dritter ersetzt wird. Diese Eigenschaft der **Mund-zu-Mund-Kommunikation** bedeutet jedoch nicht, dass sie sich ausschließlich positiv für das betroffene Unternehmen auswirkt; lediglich die Kaufentscheidung der Kunden vereinfacht sich.

Im Falle einer Abhängigkeit des Anbieters vom Nachfrager befindet sich letzterer in der Position, mit einem Wechsel zu anderen Anbietern zu drohen. In einer solchen Situation kommt die Vorteilhaftigkeit von spezifischen **Investitionen in Humankapital** zum Tragen, aus der möglicherweise eine eindeutige Vorteilssituation gegenüber anderen Wettbewerbern bei Verhandlungen für Folgeverträge resultiert. Die Spezifität des Humankapitals ist insoweit vorteilhaft, da sie zwar zum einen eine individuelle Problemlösung ermöglicht, zum anderen einen anderweitigen Einsatz des Humankapitals jedoch nicht ausschließt. Williamson stellt daher die besondere Bedeutung von transaktionsspezifischem Human- gegenüber Sachkapital heraus (Williamson 1985; Schumann/Meyer/Ströbele 2007). Somit bietet die Transaktionskostentheorie einen Erklärungsbeitrag für die Bedeutung der Humanressourcen im Dienstleistungsmarketing.

Zu den weiteren dienstleistungsmarketingbezogenen Untersuchungsgegenständen der Transaktionskostentheorie zählen Untersuchungen über die unternehmensinterne Marketingorganisation sowie über internationale Markteintrittsstrategien (Rindfleisch/Heide 1997, S. 30). Darüber hinaus werden die Problemkreise Vertrauensmanagement, Potenzialpolitik und Management der Problemdefinition als weitere Untersuchungsfelder der Transaktionskostentheorie diskutiert.

Der zentrale Ansatz der Transaktionskostentheorie, sowohl alle im Zusammenhang mit einer Transaktion auszuführenden Tätigkeiten als auch Unsicherheitsfaktoren mit Kosten zu belegen, führt zu einem **differenzierten Kostenverständnis**, das zur Erklärung einiger dienstleistungsspezifischer Besonderheiten beiträgt. Die Transaktionskostentheorie beschränkt sich bei den Unsicherheiten im Gegensatz zur Informationsökonomik nicht auf Informationsasymmetrien, sondern berücksichtigt zusätzlich Unsicherheiten, die in Umweltbedingungen und -veränderungen begründet sind. Weiterhin bezieht sie die Spezifität der Leistung als verhaltenssteuernden Kostenfaktor mit ein. Im Vordergrund steht hier allerdings das opportunistische Verhalten, d. h. das Ausnutzen von Schwächen des Transaktionspartners. Dies wird durch ein geringes Angebot hervorgerufen oder auf einen hohen Individualisierungsgrad zurückgeführt. Zwar spielt die Bereitstellung von Leistungspotenzialen und auch die Integration des externen Faktors eine Rolle. Allerdings vermag die Transaktionskostentheorie weitere Einflüsse auf das Verhalten der Transaktionspartner – wie z. B. Involvement, Commitment und situative psychologische Faktoren – nicht direkt mit einzubeziehen. Wiederholte Transaktionen mit demselben Partner werden allein über die Abnahme von Transaktionskosten aufgrund des geringeren Informationsbedarfs erklärt, wodurch einige relevante Aspekte des menschlichen Verhaltens in Transaktionsbeziehungen außer acht gelassen werden.

2.13 Ansätze der Principal-Agent-Theorie

Die Analyse von Auftragsbeziehungen zwischen Auftraggeber (Prinzipal) und Auftragnehmer (Agent) ist Gegenstand der **Principal-Agent-Theorie**. Sie geht von einem Informationsdefizit des Prinzipals unter der Annahme einer begrenzten Kontrollierbarkeit des Agenten aus (Grund 1998, S. 95). Dem Agenten entstehen daher Handlungsspielräume, die bei Eigennutz maximierendem Verhalten die Möglichkeit des Missbrauchs bieten. Ziel der Principal-Agent-Theorie ist es, institutionelle Rahmenbedingungen so zu gestalten, dass der Agent im Interesse des Prinzipals handelt (Bergen/Dutta/Walker Jr. 1992, S. 4ff.).

Bei Dienstleistungstransaktionen sind Rollenzuteilungen häufig nicht eindeutig festlegbar, da auf beiden Seiten Informationsdefizite bestehen. Der Kunde verfügt über eine bessere Kenntnis hinsichtlich der Integration des externen Faktors, der Anbieter hinsichtlich seines eigenen Leistungspotenzials. Somit liegt oft eine alternierende, d. h. **wechselnde Principal-Agent-Rollenverteilung** vor (Bauer/Bayón 1995, S. 82f.). Aus Vereinfachungsgründen wird jedoch primär der Nachfrager als Prinzipal angesehen. Aus der Unsicherheit einer solchen Beziehung resultiert die Möglichkeit zu opportunistischem Verhalten. Dabei lassen sich drei **Grundtypen des opportunistischen Verhaltens** seitens des Agenten unterscheiden, Hidden Characteristics, Hidden Actions und Hidden Intentions (vgl. Abbildung 2-2-5), die einen Kontrollbedarf in einer Principal-Agent-Beziehung begründen (Arrow 1985; Alchian/Woodward 1988).

Abbildung 2-2-5:   **Grundtypen der Verhaltensunsicherheit**

	Hidden Characteristics	Hidden Actions	Hidden Intentions
Informations-asymmetrie	Bessere Markt- und Produktkenntnis des Agenten	Aktivitäten des Agenten, die der Prinzipal nicht erkennen kann	Absichten des Agenten, die erst nach Kontraktabschluss feststellbar sind
Entstehungs-zeitpunkt	Vor der Interaktions-beziehung	Während der Inter-aktionsbeziehung	Während der Inter-aktionsbeziehung
Gefahr für den Prinzipal	Adverse Selection	Moral Hazard	Hold Up
Bedeutung	Mangelhafte Qualitätseigenschaften	Mangelhafte Leistungserstellung	Verminderter Leistungswille des Personals

GABLER GRAFIK

Quelle: In Anlehnung an Grund 1998, S. 97

Hidden Characteristics bezeichnen Leistungseigenschaften, die allein dem Agenten bekannt sind und opportunistisches Verhalten hervorrufen, wenn der Prinzipal nicht ausreichend informiert wird (Spremann 1990, S. 566; Woratschek 1998b). Gerade Dienstleistungen und insbesondere solche mit einem hohen Anteil an Erfahrungs- und Vertrauenseigenschaften führen möglicherweise zu Unsicherheiten über die Leistungsqualität oder die Qualifikation des Kontraktpartners. Als Ersatzindikator für eine nicht durchführbare Qualitätsüberprüfung verwenden Konsumenten daher häufig den Preis einer angebotenen Leistung. Stellt der Käufer jedoch nach der Inanspruchnahme fest, dass der vermutete Preis-Qualitäts-Zusammenhang nicht zutreffend ist, wird er bei seiner nächsten Wahlentscheidung lediglich das Angebot mit dem günstigsten Preis wählen. Im Laufe der Zeit führt das opportunistische Verhalten des Agenten möglicherweise dazu, dass tatsächlich nur noch qualitativ mangelhafte Angebote existieren, da teure und u. U. hochwertige Leistungen nicht mehr nachgefragt werden. Dieses Phänomen wird als **Adverse Selection** bezeichnet (Akerlof 1970) und erfährt seine Bedeutung für das Dienstleistungsmarketing letztlich aus der kaum möglichen Beurteilung von Leistungen vor dem Kauf.

Während die Hidden Characteristics aus der konstitutiven Beschaffenheit der Dienstleistung selbst resultieren, entstehen **Hidden Actions** aus dem Informationsdefizit des Prinzipals in Bezug auf das Verhalten des Agenten zur Erzielung des angestrebten Dienstleistungsergebnisses. Ziel des Agenten ist es, durch Vornahme von Handlungen, die für den Prinzipal unsichtbar bleiben, eigene Vorteile zu erlangen. Dieses eigennützige Verhalten wird als **Moral Hazard** bezeichnet (Kaas 1990; Spremann 1990; Woratschek 1998b).

Geheime Absichten des Agenten, die darauf abzielen, den Prinzipal während der Dienstleistungserstellung opportunistisch auszunutzen, werden **Hidden Intentions** genannt (Kaas 1995b). Im Gegensatz zu Hidden Actions sind Hidden Intentions nach Kontraktabschluss feststellbar (z. B. Kulanz und Fairness des Anbieters) (Woratschek 1998b). Dennoch hat der Prinzipal in der Regel kaum Möglichkeiten, die Beziehung zum Agenten zu beenden, da ein bestimmtes Bindungspotenzial, z. B. in Form eines abgeschlossenen Vertrags, aufgebaut wurde. Die entstandene lock-in Situation eröffnet die Gefahr eines **Hold up** (Alchian/Woodward 1988; Herzig/Watrin 1995). Hold up bezeichnet das nachträgliche Verhandeln von Vertragsbedingungen zur eigenen Nutzenmaximierung.

Aufgrund der hohen Informationsasymmetrien im Dienstleistungsbereich sind alle drei Arten von Unsicherheit in einer Dienstleistungsbeziehung von hoher Relevanz. Im Hinblick auf die herausgestellte Vorteilhaftigkeit langfristiger Geschäftsbeziehungen ist es für Dienstleistungsunternehmen im Regelfall jedoch sinnvoll, opportunistisches Verhalten zu vermeiden und dies auch entsprechend zu signalisieren (Kumar/Scheer/Steinaltenkamp 1995, S. 59; Schmitz 1997, S. 42ff.). Als geeignete Signaling-Maßnahmen eignen sich ebenfalls die Übermittlung glaubwürdiger Informationen, die Übernahme von Garantien und der Aufbau einer positiven Reputation (Roth 2001) (vgl. Abschnitt 2.11). Besonders bei Dienstleistungen mit intensivem Kunden-Mitarbeiter-Kontakt ist daher auch opportunistisches Verhalten seitens des einzelnen Mitarbeitenden, z. B. durch **interne Sanktionsmechanismen**, wirkungsvoll zu verhindern (Grund 1998, S. 99).

Ähnlich wie bei der Transaktionskostentheorie liegt der Fokus der Principal-Agent-Theorie – basierend auf vorhandenen Informationsasymmetrien – auf dem Ausnutzen eigener Vorteile. Eine Berücksichtigung weiterer Verhalten steuernder Merkmale sowie tatsächlicher Verhaltensweisen, die für strategische Überlegungen des Dienstleistungsmarketing Anwendung finden, ist jedoch analog zur Transaktionskostentheorie nicht gegeben. Die aufgrund ihrer Immaterialität schwierige Beurteilbarkeit der Leistung eröffnet dem Agenten größere Spielräume, sodass es sinnvoll erscheint, die Typen opportunistischen Verhaltens bei Dienstleistungen umfassender zu berücksichtigen.

2.14 Ansätze der Property-Rights-Theorie

Im Mittelpunkt der Property-Rights-Theorie steht die Untersuchung der Wirkung und Übertragbarkeit von Handlungs- und Verfügungsrechten (Furubotn/Pejovich 1972, S. 1139; Fischer et al. 1993, S. 449f.; Göbel 2002, S. 66ff.). Entsprechend der Property-Rights-Theorie werden Güter (materiell und immateriell) als **Bündel von Verfügungsrechten** aufgefasst, die sich aus verschiedenen Einzelrechten ergeben. Der Nutzen konstituiert sich folglich nicht aus dem Gut selbst, sondern aus der Ausgestaltung der Verfügungsrechte. Dabei gelten als Verfügungsrechte das Recht, ein Gut zu nutzen, die Erträge daraus einzubehalten, die Form des Gutes zu verändern und das Recht, das Gut zu veräußern (Furubotn/Pejovich 1974).

In einer Situation knapper Ressourcen bedarf es solcher Verfügungsrechte, die den Zugriff und die Nutzung von Gütern regeln. Die **Verteilung** dieser Verfügungsrechte erfolgt zum einen durch übergeordnete Institutionen wie den Staat in Form einer Verfassung und Gesetzen, zum anderen werden Verfügungsrechte häufig zwischen Individuen oder Gruppen in Form von Verträgen übertragen. Dies findet in ein- (Schenkung) und zweiseitiger (Tausch) Richtung statt (Diller/Haas/Ivens 2005). Im Dienstleistungsmarketing steht in der Regel die Übertragung von Verfügungsrechten an einer Dienstleistung im Tausch von Verfügungsrechten an einer monetären Gegenleistung im Vordergrund.

Die **zentrale Annahme** der Property-Rights-Theorie liegt darin, dass die Ausgestaltung von Verfügungsrechten auf vorhersehbare Weise die Allokation und Nutzung naturgemäß knapper gesellschaftlicher und betrieblicher Ressourcen (Güter und Dienstleistungen) und damit das ökonomische Geschehen beeinflusst (Furubotn/Pejovich 1972, S. 1139). Verfügungsrechte erzeugen in diesem Verständnis für Individuen wechselseitige Verhaltenserwartungen und reduzieren Unsicherheit, indem regelwidriges Verhalten sanktioniert und regelkonformes Verhalten belohnt wird. Property-Rights erlauben eine Prognose des Verhaltens von Individuen in Abhängigkeit ihrer spezifischen Ausgestaltung. Dabei unterstellt der Property-Rights-Ansatz den Eigennutz orientierten Umgang mit Rechten, der bei einer Ausnutzung von Informationsasymmetrien zu einem opportunistischen Verhalten führt.

Bei der Gestaltung, Zuordnung, Übertragung und Durchsetzung von Verfügungsrechten handelt es sich um **Transaktionen**, bei denen Transaktionskosten Nutzengrößen (monetäre Vorteile, Prestige, Macht usw.) gegenüberstehen. Die Wahl der Property Rights hängt von den zu erwartenden Transaktionskosten und -nutzen der am Tausch beteiligten Individuen ab. Folglich stellt der Markt ein dynamisches Netzwerk aus Verfügungsrechten dar, in dem die Marktteilnehmer sich bemühen, ihren Nettonutzen zu optimieren. Berücksichtigt ein Akteur bei der Ausübung seiner Verfügungsrechte nicht sämtliche ihn betreffende Kosten und Nutzen (opportunistisches Verhalten), ist auch die Schädigung Dritter durch daraus resultierende **externe Effekte** möglich. Dies ist der Fall, wenn die Ausübung von Verfügungsrechten den Nutzen Dritter nachteilig tangiert (Diller/Haas/Ivens 2005, S. 68). Ein Beispiel hierfür ist die Inanspruchnahme einer Dienstleistung, ohne diese nach der Leistungserbringung zu bezahlen.

Ähnlich dem Principal-Agent-Ansatz liefert die Property-Rights-Theorie einen Erklärungsbeitrag zur Entstehung von opportunistischem Verhalten und wahrgenommenem Risiko bei Kaufentscheidungen von Dienstleistungen vor dem Hintergrund der Integration des externen Faktors. Aufgrund der Tatsache, dass Dienstleistungen durch ihren hohen Anteil an Erfahrungs- und Vertrauenseigenschaften häufig auch ex post nicht durch den Kunden beurteilbar sind, ist davon auszugehen, dass die anbieterseitigen Informationsdefizite geringer ausfallen als beim Kunden und das Potenzial zu opportunistischem Verhalten dementsprechend stärker auf der Anbieterseite ausgeprägt ist. Wie bereits dargestellt, überwiegen jedoch die Vorteile langfristiger Geschäftsbeziehungen gegenüber den kurzfristigen Vorteilen aus opportunistischem Verhalten.

Die Property-Rights-Theorie zeigt zudem die Bedeutung einer möglichst vollständigen **Ausgestaltung von Verfügungsrechten** im Dienstleistungsmarketing, um asymmetrische Informationen zu reduzieren und den daraus resultierenden Verhaltensunsicherheiten im Vorfeld vorzubeugen. Aufgrund der Immaterialitätseigenschaft und der Simultaneität von Dienstleistungserstellung und -verbrauch (Uno-actu-Prinzip) steigt der Anspruch an die Gestaltung der Verfügungsrechte. Je größer die immateriellen Anteile einer Dienstleistung sind, desto anspruchsvoller fällt die Gestaltung der Rechtsbündel aus. Schließlich lassen sich viele Dienstleistungen nach der Erstellung weder veräußern, in ihrer Form modifizieren, noch Ertrag bringend einsetzen.

2.15 Ansätze der Relational-Contracting-Theorie

Die **Relational-Contracting-Theorie**, bzw. die Theorie der relationalen Vertragsformen, befasst sich mit allen Formen des Austausches zwischen Individuen und/oder Organisationen (Ivens 2002, S. 18), wobei Austausch neben seinem ökonomischen Charakter auch durch vielfältige soziale Interaktionen gekennzeichnet ist (Macneil 1978). Obwohl die Relational-Contracting-Theorie über ein hohes Maß an allgemeiner Gültigkeit verfügt, liegt ihr Ausgangspunkt in der Auseinandersetzung mit der Bedeutung von Verträgen zur Gestaltung von (Geschäfts-)Beziehungen (Whitford 1985). Diese Formulierung verdeutlicht, dass die zunächst grundlegende juristische Perspektive um den relationalen Charakter der Transaktionen erweitert wurde (Ivens 2002, S. 18ff.), wobei eine Transaktion nicht isoliert zu betrachten ist, sondern im Kontext aller vorausgehenden und möglicherweise noch folgenden Transaktionen zwischen den Vertragsparteien zu verstehen ist (Macneil 1974, S. 694). Für diese Art von Geschäftsbeziehungen sieht die Relational-Contracting-Theorie relationale Vertragsformen vor, die auf einen kontinuierlichen Austausch unter sich verändernden Umweltbedingungen fokussieren (Ivens 2002, S. 20f.). In diesem Rahmen ist es nicht möglich, vollständige schriftliche Verträge zu formulieren, sodass sie einen expliziten (schriftlichen) und einen impliziten (auf einem Normenprinzip beruhenden) Teil umfassen (North 1984, S. 8; Palay 1984, S. 285f.). Anhand dieser Ausgestaltungsform werden die grundlegenden Ziele schriftlich fixiert, während eine Anpassung an Umweltveränderungen implizit mittels gesellschaftlicher Normen flexibel vorgenommen wird. In diesem Kontext ist jedoch zu berücksichtigen, dass diese Normen nicht eindeutig sind und erst der Akzeptanz der Vertragsparteien bedürfen (Cannon/Achrol/Gundlach 2000, S. 184).

Der Fokus der Relational-Contracting-Theorie auf **langfristige Geschäftsbeziehungen** orientiert sich stark an der grundsätzlichen Zielsetzung des Relationship Marketing (Ivens 2002, S. 23). Da das Relationship Marketing als Grundkonzept des Dienstleistungsmarketing verstanden wird (vgl. Abschnitt 1 dieses Kapitels), stellt die Übertragung dieser Theorie auf das Dienstleistungsmarketing eine logische Konsequenz dar. Beziehungen zwischen einem Dienstleistungsanbieter und dem Kunden umfassen häufig einen längeren Zeitraum und setzen sich aus mehreren Transaktionen zusammen (z. B. im Rahmen beratender Dienstleistungen). Durch die unmögliche vollständige schriftliche Fixierung aller denkbaren Vertragsaspekte entsteht bezüglich unvorhergesehener oder im Vertrag vernachlässigter Ereignisse wiederum die Gefahr eines opportunistischen Verhaltens. Ursache hierfür ist zum einen die Immaterialität der Leistung, da der Kunde vor der Leistungserstellung nicht in der Lage ist, exakte Aussagen über die Qualität des Ergebnisses zu treffen. Zum anderen entstehen durch die Integration des externen Faktors Unsicherheiten bezüglich der Leistungsbereitschaft des Kunden auf Seiten des Anbieters.

Zwischen dem theoretischen Erklärungsbeitrag der Relational-Contracting-Theorie und dem Beitrag der Transaktionskostentheorie lassen sich starke Parallelen ziehen. Dies zeigt sich auch in der Literatur, wo beide in der Regel in Kombination angewandt werden (Ivens 2002, S. 18).

2.2   Psychologische Erklärungsansätze

Anders als die bisher betrachteten mikroökonomisch geprägten Theorien setzen sich **psychologische Ansätze** mit dem tatsächlichen Verhalten von Personen auseinander. Verhaltenswissenschaften umfassen dabei sämtliche Wissenschaftsrichtungen, die sich auf das menschliche Verhalten beziehen. Dazu zählen in erster Linie die Psychologie, die Soziologie, die vergleichende Verhaltensforschung sowie physiologische Verhaltenswissenschaften (Kroeber-Riel/Weinberg 2003, S. 8ff.).

Erkenntnisziel verhaltenswissenschaftlicher Ansätze im Dienstleistungsmarketing ist die Erklärung von Ursachen und Wirkungen und die Gestaltung marketingpolitischer Maßnahmen mit Hilfe verhaltenswissenschaftlicher Konstrukte und darauf aufbauend die Entwicklung von Techniken zur Steuerung des menschlichen Verhaltens und im Speziellen von Wirtschaftssubjekten in Unternehmen und auf Märkten.

Die verhaltensbezogene Marketingtheorie geht beispielsweise vom S-O-R-Schema aus. Die drei grundsätzlichen Variablenklassen setzen sich aus den auf den Organismus wirkenden Stimuli („S"), den beobachtbaren Reaktionen („R") und den so genannten intervenierenden Variablen, die in Form hypothetischer Konstrukte die nicht beobachtbaren psychischen Zustände sowie die Beziehungen im Organismus („O") zur Erklärung dieser Variablen abbilden, zusammen.

Nach dem **S-O-R-Modell** werden die absatzpolitischen Instrumente (S) in Abhängigkeit von den Erfahrungen, Wissensbeständen, Einstellungen, Motiven und Gefühlen des potenziellen Kunden (O) in jeweils anderer Weise erlebt und determinieren so unterschiedlich das Kaufverhalten (R). Für das Dienstleistungsmarketing gilt demnach, vom Kunden und seinen psychischen Vorgängen auszugehen, z. B. seine Erwartungen und Wünsche in ihrer Differenziertheit und ihrer Dynamik zu erkennen, um dann die absatzpolitischen Maßnahmen daraufhin auszurichten und ihn zielorientiert zu beeinflussen (von Rosenstiel/Neumann 2002, S. 73ff.).

Ausgehend vom S-O-R-Modell wurden in der Marketingwissenschaft und insbesondere in der Konsumentenforschung seit den 1960er Jahren zahlreiche **theoretische Konstrukte** mit dem Ziel untersucht, das Verhalten von Konsumenten zu erklären, d. h., Gesetzmäßigkeiten über das Verhalten zu formulieren und zu prüfen und daraus Schlussfolgerungen für die Praxis zu ziehen (Kroeber-Riel/Weinberg 2003, S. 8). Gerade im Dienstleistungsmarketing haben solche Konstrukte die wissenschaftliche Diskussion in den letzten Jahren stark geprägt. Dienstleistungsqualität, Kundenzufriedenheit, Loyalität und Beziehungsqualität sind einige dieser Konstrukte, deren Konzeptualisierung und Operationalisierung Gegenstand zahlreicher empirischer Untersuchungen war und noch heute ist.

Ursprüngliches Ziel von Konsumentenforschern war es, mit Hilfe von Hypothesen, die auf der Verifizierung von Wenn-Dann-Aussagen beruhten, ein so genanntes **Totalmodell des Konsumentenverhaltens** zu schaffen, das das Konsumentenverhalten möglichst umfassend erklärt. Jedoch wurde der Anspruch einer formalisierten, bewährten und praktisch verwendbaren „totalen" Theorie aufgrund der Unterschiedlichkeit von Branchen, Unternehmen und Konsumenten gezwungenermaßen aufgegeben (vgl. Bagozzi 1979). Deshalb werden in der aktuellen Marketingforschung pragmatische, im Marketing umsetzbare **Teilmodelle** mit Hypothesen entwickelt und getestet, die folgende Eigenschaften enthalten (Trommsdorff 2004, S. 27f.). Dazu zählen Hypothesen, die sich mehrfach empirisch unter verschiedenen Bedingungen bewährt haben, Wenn-Bedingungen, die durch Marketingmaßnahmen gesteuert werden können, Dann-Aussagen, die für die Marketingziele (z. B. Kundenzufriedenheit, bindung) relevant sind und Aussagen, die für eine abgrenzbare Zahl von Marktsituationen gelten (Allgemeinheitsgrad „mittlerer Reichweite"). Die Erkenntnisse dieser Teilmodelle finden im Dienstleistungsmarketing sowohl bei der Gestaltung von Dienstleistungen als auch von Geschäftsbeziehungen Anwendung.

Nach den Ausführungen zum allgemein gültigen Forschungsparadigma im Rahmen der verhaltenswissenschaftlichen Forschung werden im Folgenden spezielle **psychologische Theorien** dargestellt, die als Erklärungsansätze für das Dienstleistungsmarketing von Relevanz sind. Dazu gehören vor allem die Lerntheorie, die Risikotheorie sowie die Dissonanztheorie.

2.21 Ansätze der Lerntheorie

Unter dem Begriff **Lernen** wird eine relativ überdauernde Veränderung auf Basis von Erfahrungen und/oder Erkenntnissen im Organismus verstanden, das durch psychische Dispositionen modifiziert und durch das Verhaltenspotenzial erneuert oder verändert wird. Es erfüllt eine Informationsfunktion, da es Informationen über Umweltzusammenhänge und Auswirkungen des eigenen Verhaltens auf die Umwelt umfasst. Die Verhaltensfunktion trägt dazu bei, anhand dieser Informationen das Verhalten den Erfordernissen anzupassen (Gröppel-Klein 2004b, S. 461).

Die dabei ablaufenden Prozesse lassen sich in automatische und komplexe Lernvorgänge unterscheiden. Im Rahmen **automatischer Lernprozesse** werden Informationen unbewusst aufgenommen und gespeichert. In diesem Zusammenhang besagt die so genannte Mere-Exposure-Hypothese, dass die Bewertung eines Gegenstands umso positiver ausfällt, je häufiger dieser Gegenstand wahrgenommen wird. Diese Hypothese ist jedoch nur auf Low-Involvement-Stimuli übertragbar (Trommsdorff 2004, S. 251).

Dagegen weisen **komplexe Lernvorgänge** einen vernunftgesteuerten und kognitiven Charakter auf. Hier werden Informationen aktiv verarbeitet, um Wissensstrukturen aufzubauen und im Langzeitgedächtnis zu verankern. Der Wissenserwerb hängt neben den situativen Lernbedingungen und den persönlichen Fähigkeiten vom Involvement hinsichtlich der zu lernenden Botschaft ab (Gröppel-Klein 2004b, S. 461f.).

Aufbauend auf diesen fundamentalen Überlegungen haben sich eine Vielzahl unterschiedlicher **Lerntheorien** entwickelt (vgl. für einen Überblick Bower/Hilgard 1984). Im Kontext des Dienstleistungsmarketing sei auf das Lernen nach dem Verstärkungsprinzip verwiesen. Verhaltensänderungen werden demnach durch die Konsequenzen hervorgerufen, die das Verhalten für ein Individuum hat. Diese Konsequenzen bestehen aus Umweltreizen, die auf das Individuum einwirken und entweder als positiv (belohnend) oder negativ (bestrafend) beurteilt werden (Kroeber-Riel/Weinberg 2003, S. 337). Folglich werden Nutzen bringende Verhaltensweisen der Vergangenheit beibehalten und Verhaltensweisen, die wenig Nutzen gebracht haben, führen zu Verhaltensänderungen (Wilkie 1994; Engel/Blackwell/Miniard 2006). Auf Geschäftsbeziehungen bezogen bedeutet dies, dass Kunden diese wahrscheinlich beibehalten, wenn sie im Rahmen der Beziehung einen klaren Nutzen wahrnehmen bzw. mit der Beziehung zufrieden sind (Homburg/Bruhn 2008).

2.22 Ansätze der Risikotheorie

Die **Risikotheorie** besagt, dass Individuen versuchen, ihr subjektiv wahrgenommenes kaufspezifisches Risiko möglichst gering zu halten (Bauer 1960; Kroeber-Riel/Weinberg 2003). Das subjektiv empfundene Risiko beinhaltet zum einen die Bedeutsamkeit negativer Konsequenzen einer möglichen Fehlentscheidung. Zum anderen fließen auch Überlegungen hinsichtlich der Eintrittswahrscheinlichkeit dieser Negativfolgen ein (Bruhn 1982).

Es wird jedoch nicht von einer generellen Risikominimierung des Konsumenten ausgegangen. Bei einem geringen Involvement des Konsumenten tritt kaum eine Risikowahrnehmung auf. Diese kommt erst bei zunehmendem Involvement zum Tragen. Um eine Verhaltenswirkung auszulösen, ist folglich das Übersteigen einer individuellen Toleranzschwelle notwendig. Wird diese Schwelle erreicht, wendet der Konsument verschiedene Techniken zur **Risikoreduktion** an (Kroeber-Riel/Weinberg 2003, S. 399f.). Zum einen wird versucht, nachteilige Konsequenzen zu verringern. Denkbar ist z. B. zunächst ein Testkauf, um die Qualität der Leistung besser einzuschätzen. Zum anderen wird der Abbau der Unsicherheit mittels subjektiver Informationsverarbeitung angestrebt. Diesbezüglich sei auf die Parallelen zur Dissonanztheorie verwiesen (für weitere Ausführungen vgl. nachfolgenden Abschnitt 2.23).

In der Literatur werden als mögliche negative Konsequenzen für den Konsumenten funktionelle, finanzielle, soziale und psychische Risiken unterschieden (Kusterer/Diller 1992; Kroeber-Riel/Weinberg 2003, S. 399). Funktionelle Risiken beziehen sich auf die Funktionalität einer Dienstleistung (eine Versicherung umfasst z. B. nicht alle vom Kunden erwünschten Leistungen). Das finanzielle Risiko bezieht sich auf einen möglicherweise überhöhten Preis gegenüber Konkurrenzangeboten. Die Ablehnung der Familie und des Umfelds bezüglich der erworbenen Leistung fällt schließlich unter die sozialen und psychischen Risiken.

Die Risikotheorie leistet einen Beitrag zur Erklärung von Geschäftsbeziehungen, da ein Kunde durch die Wiederholung einer ihm vertrauten Kaufentscheidung bzw. Anbieterwahl versucht, das Risiko einer potenziellen Unzufriedenheit so gering wie möglich zu halten (Hentschel 1991). Besondere Bedeutung kommt in diesem Zusammenhang der Markentreue zu. Sie trägt dazu bei, das wahrgenommene Risiko unter Kontrolle zu halten oder zu reduzieren (Kroeber-Riel/Weinberg 2003, S. 400).

2.23 Ansätze der Dissonanztheorie

Die bereits im Rahmen der mikroökonomischen Ansätze angesprochene Problematik unterschiedlicher Informationsniveaus zwischen Anbietern und Nachfragern von Dienstleistungen wird auch im Rahmen der **Dissonanztheorie** (vgl. Festinger 1957) untersucht. Hier steht weniger die ökonomische Bewertung möglicher Folgen im Mittelpunkt, sondern vielmehr die subjektive und individuelle Erfahrung mit der Unsicherheit über Handlungsfolgen. Diese Theorie geht davon aus, dass Individuen ein dauerhaftes Gleichgewicht ihres kognitiven Systems anstreben. In Bezug auf eine Geschäftsbeziehung bedeutet dies, dass nach einem Kauf versucht wird, Dissonanz erhöhende Informationen zu vermeiden. Gleichzeitig wird nach Dissonanz mindernden Informationen gesucht. Umbewertung, Ergänzung oder auch Verdrängung von Informationen sind typische Verhaltensweisen eines Kunden, um vorhandene Dissonanzen abzubauen (Kroeber-Riel/Weinberg 2003, S. 186).

Das **Auftreten** und die **Stärke der Dissonanz** hängen von mehreren Faktoren ab. Der empfundene Konflikt verstärkt sich, je schlechter die eigene Kompetenz eingeschätzt wird. Ist der Konsument z. B. über die verschiedenen Alternativen und Leistungen beim Abschluss einer Versicherung schlecht informiert, werden nach Vertragsschluss erhebliche Zweifel an der Richtigkeit der Entscheidung auftreten. Einfluss auf die Stärke der Dissonanz nimmt in der Phase nach der Entscheidung auch die aktive Suche nach Informationen, bei denen die Gefahr besteht, dass sie im Widerspruch zu der getätigten Entscheidung stehen. Des Weiteren hängt die Dissonanz davon ab, welche Bedeutung die kognitiven Elemente für eine Person haben (Kroeber-Riel/Weinberg 2003, S. 185). Die Entscheidung über die Art einer medizinischen Behandlung ruft z. B. stärkere Dissonanzen hervor als die Auswahl eines Friseurs. Ein weiterer Einflussfaktor ist schließlich die subjektive Toleranz gegenüber kognitiven Ungereimtheiten (Gröppel-Klein 2004a, S. 185).

Insbesondere für Dienstleistungen, die eine **körperliche Integration** des Dienstleistungsnachfragers erforderlich machen, kommt dem subjektiven Erleben von Unsicherheit und Risiko eine besondere Bedeutung für die Entscheidungsfindung zu. Nehmen die kognitiven Dissonanzen, und damit auch die Wechselabsicht im Laufe einer Geschäftsbeziehung ab, trägt die Dissonanztheorie zur Erklärung des Entstehens langfristiger Geschäftsbeziehungen bei (vgl. auch Kroeber-Riel/Weinberg 2003). In diesem Zusammenhang ist auf ein Problemfeld hinzuweisen: Geht man davon aus, dass kognitive Dissonanzen nach dem Erstkauf einer Leistung vorhanden sind, begründet die Dissonanztheorie die Wiederholung einer Erstentscheidung mit. Kritisch ist jedoch zu betrachten, ob ein Erklärungsbeitrag über diese Erstentscheidung hinaus gegeben ist. Studien aus den späten 1970er Jahren haben deutlich gezeigt, dass die Wahrscheinlichkeit des Vorhandenseins kognitiver Dissonanzen nach mehrmaligen Käufen nur noch sehr gering ist (von Rosenstiel/Ewald 1979).

2.24 Ansätze der Attributionstheorie

Die **Attributionstheorie** versucht, einen Beitrag zur Begründung der beobachtbaren Aktivitäten und Ergebnisse einer Interaktion zu leisten (Kelley 1973). Dabei sind die Interaktionspartner bemüht, diese beobachtbaren Sachverhalte zu erklären, indem sie die Ursachen auf das eigene Verhalten, das Verhalten des Interaktionspartners oder auf das Umfeld zurückführen (attribuieren).

Für die Vornahme der **Ursachenzuschreibung** werden die drei Kategorien Personen, Umweltstimuli/Objekte und Handlungsumstände/Situationen/Zeitpunkt angewandt. Wie exakt eine Ursache unter mehreren möglichen Ursachen einem Verhalten zugeordnet wird, ist davon abhängig, wie stark andere Personen in gleicher Weise attribuieren (Konsensus), wie deutlich sich die wahrgenommene Ursache von anderen Ursachen abhebt (Distinktheit) und wie konsistent die Beobachtung über einen längeren Zeitverlauf ist (Konsistenz) (Kelley 1967). Werden die Ursachen dem eigenen Verhalten zugeschrieben, führt dies zu einer Beeinflussung der eigenen Verhaltensweisen (Bem 1974).

Die Ansätze der Attributionstheorie finden bislang zahlreiche Anwendungen im Marketing und lassen sich auch zur Erklärung der Besonderheiten des Dienstleistungsmarketing heranziehen. Im Rahmen des Dienstleistungserstellungsprozesses ergeben sich durch die notwendige Integration des externen Faktors zahlreiche Anknüpfungspunkte für die Ursachenzuschreibung der Interaktionspartner (Dixon/Spiro/Jamil 2001). Durch den direkten Kontakt mit dem Mitarbeitenden wird eine **personenbezogene Attribution** des Kunden angestrebt. Liegt z. B. eine Attribution vor, die den Mitarbeitenden als kompetent, glaubwürdig und an einer Problemlösung interessiert einstuft, trägt dies zum Aufbau einer langfristigen Kundenbindung bei. Wird die Dienstleistung eher als situationsbedingtes, zufälliges Ergebnis beurteilt, führt dies nicht zum Aufbau einer Kundenbindung (Trommsdorff 2004, S. 291). Die Immaterialität der Dienstleistung führt zu Bewertungsunsicherheiten bezüglich der Leistungsqualität. Dies begründet die besondere Bedeutung der Weiterempfehlung im Dienstleistungsmarketing. Wird die empfehlende Person ebenfalls mit positiven personenbezogenen Attributen belegt, steigert dies die Glaubwürdigkeit der Informationen.

Bei der Betrachtung der Attributionstheorie ist jedoch die **Kritik** an dieser Theorie zu berücksichtigen. So wird der Einfluss der aus der Attributionstheorie abgeleiteten Erklärungen häufig überschätzt. Den Beurteilungen des Konsumenten liegen meist keine gedanklichen Aktivitäten zu Grunde, vielmehr laufen sie nach festgelegten Denkmustern weitgehend gedankenlos ab. Sie basieren somit nicht auf den kognitiven Einsichten, die von der Attributionstheorie unterstellt werden (Kroeber-Riel/Weinberg 2003, S. 302).

2.25 Ansätze der Balancetheorie

Die **Balancetheorie** setzt sich mit den Bestrebungen von Personen auseinander, ihre Überzeugungen, Einstellungen, Werte und Aktivitäten in Einklang miteinander zu bringen und in diesem Zustand zu halten (Festinger 1957; Heider 1958). Treten Widersprüche auf, wird versucht, diesen störenden Spannungszustand zu reduzieren und zu eliminieren.

Innerhalb einer Beziehung von zwei Personen liegt dieses gewünschte Gleichgewicht vor, wenn die beiden Personen im Hinblick auf ein Bezugsobjekt (z. B. einen Gegenstand, eine Leistung, eine Person) die **gleiche Einstellung** haben. Bei einem vorhandenen Ungleichgewicht wird eine der beiden Personen seine Einstellung anpassen, um das Gleichgewicht wiederherzustellen (Heider 1958, S. 245f.). Dieses interpersonelle Gleichgewicht lässt sich auf die Einstellung des Kunden und des Mitarbeitenden in Bezug auf das angestrebte Ergebnis einer Dienstleistung übertragen. Weisen die Interaktionspartner ähnliche Einstellungen auf, werden sie vergleichbare Anforderungen an ein zufrieden stellendes Dienstleistungsergebnis haben.

Im Rahmen der Balancetheorie wird davon ausgegangen, dass in einer Mitarbeiter-Kunden-Beziehung der Kunde seine Einstellung an die Einstellung des Mitarbeitenden anpasst. Die Einstellung des Kunden zu einem Unternehmen wird dadurch beeinflusst, dass der Kunde über einen längeren Zeitraum den Mitarbeitenden und die Konsequenzen aus dessen Einstellung zum Unternehmen beobachtet. Zur Begründung der Einstellung des Kunden zum Unternehmen dient der Mitarbeitende als Orientierungsgröße (vgl. z. B. Williams/Attaway 1996; Hurley 1998). Des Weiteren legt die Balancetheorie die empirisch überprüfte Annahme zu Grunde, dass der Mitarbeitende größeren Einfluss auf die Kundeneinstellung ausübt, als umgekehrt (vgl. z. B. Grönroos 1980b; Schneider/Bowen 1985). Schließlich ist die Einstellung eines Mitarbeitenden zum Unternehmen in der Regel stabiler als diejenige des Kunden. Auf der Grundlage der Mere-Exposure-Hypothese wird die Stärke einer Einstellung hinsichtlich eines Bezugsobjekts durch die Intensität des Kontakts beeinflusst (Obermiller 1985).

Aus diesen Annahmen lässt sich ableiten, dass eine Analyse von **Ähnlichkeiten zwischen dem Mitarbeitenden und dem Kunden** notwendig ist. Als Kriterien eines sozialen Vergleichs in Bezug auf die Ähnlichkeit kommen sämtliche Persönlichkeitsdeterminanten in Betracht. Jedoch wirken die Mitarbeitenden eines Dienstleistungsunternehmens auf ihren Gegenüber in unterschiedlicher Weise, sodass die Zufriedenheit der Kunden mit der Interaktion und mit der gesamten Dienstleistung – auch unter einer Ceteris-Paribus-Annahme – personenspezifisch variiert (Grund 1998, S. 120). Ähnlichkeitsüberlegungen sprechen folglich für persönliche Mitarbeiter-Kunden-Beziehungen.

Die verhaltenswissenschaftlichen Ansätze liefern eine Reihe interessanter Erklärungsmuster, die insbesondere vor dem Hintergrund der Integration des externen Faktors im Dienstleistungsmarketing von hoher Bedeutung sind. Aufbauend auf dieser explikativen Funktion verhaltenswissenschaftlicher Theorieansätze lassen sich für das Dienstleistungsmarketing auch konkrete Handlungsempfehlungen ableiten (normative Funktion), die wesentlich differenzierter sind als die (z. T. pauschalisierenden) Aussagen der Neuen Institutionenökonomik. Die Immaterialität und Notwendigkeit der Bereitstellung von Leistungspotenzialen werden hier nicht explizit mit einbezogen. Trotzdem bietet zumindest die Risikotheorie ansatzweise Erklärungspotenzial hinsichtlich dieser Dienstleistungsbesonderheiten; beide bedeuten für die Kaufentscheidung des Konsumenten Risiken, die implizit berücksichtigt werden.

2.3 Sozialpsychologische Erklärungsansätze

Hinsichtlich einer **sozialpsychologischen Erklärung** von Fragestellungen des Dienstleistungsmarketing sind vor allem die Soziale Austauschtheorie, die Anreiz-Beitrags-Theorie und die Equitytheorie von Relevanz.

Im Mittelpunkt der sozialpsychologischen Ansätze steht die Analyse und Gestaltung von Interaktionen. Im Dienstleistungsmarketing sind **dyadisch-personale** Interaktionen relevant. Ansatzpunkt der Auseinandersetzung mit den sozialen Komponenten der Interaktion ist die Trennung der sachlichen Ebene der Interaktion von der sozialen Ebene. Aus der Perspektive des Kunden werden Mitarbeitende eines Dienstleistungsunternehmens und ihre Aktivitäten nicht vor dem Hintergrund einer neutralen und sachlichen Problemlösung interpretiert, sondern in einem Gesamtkontext mit affektiven Elementen (Backhaus/Voeth 2007).

Die hier betrachteten Theorien zu dyadisch-personalen Interaktionen gehen davon aus, dass das Verhalten einer Person im Rahmen einer Austauschbeziehung davon abhängt, ob und wie sie vom Interaktionspartner belohnt oder bestraft wird (Staehle 1999, S. 310).

2.31 Ansätze der Sozialen Austauschtheorie

Die **Soziale Austauschtheorie** (Homans 1961; Blau 1964) dient der Erklärung der Entstehung und des Fortbestehens sozialer Beziehungen und somit auch von Kundenbeziehungen (Bagozzi 1975; Meffert/Bruhn 1978). Zentraler Gegenstand von Austauschbeziehungen ist der gegenseitige **Austausch von Werten** (Bagozzi 1975; Houston/Gassenheimer 1987). Bei Zugrundelegung einer mittelfristigen Perspektive wird die Lieferung eines Wertes durch den einen Partner früher oder später durch die Lieferung eines Wertes durch den anderen Partner kompensiert.

Außerdem liegt den Austauschprozessen das **Ziel der Gleichheit** zu Grunde, d. h., beide Austauschpartner streben an, dass Gerechtigkeit zwischen ihnen herrscht (Homans 1961; Sahlins 1972). Dies impliziert nicht nur, dass ein Austauschpartner darauf achtet, dass er nicht vom anderen Austauschpartner übervorteilt wird; vielmehr ist dem jeweiligen Austauschpartner auch bewusst, dass eine Übervorteilung des anderen mit negativen Konsequenzen verbunden ist. Eine langfristige Kundenbindung ist z. B. nicht möglich, wenn der Kunde durch eine zu hohe Preisforderung des Anbieters benachteiligt wird. Bei einer Betrachtung unterschiedlicher Leistungstypen ist dies vor allem bei jenen Individualleistungen gegeben, bei denen die Kunden in der Lage sind, das Unternehmensverhalten aufgrund des engen Kontaktes zum Unternehmen umfassend zu bewerten.

Die Entscheidungsgrundlage eines Kunden im Hinblick auf den Verbleib in einer Kundenbeziehung stellt die **Beurteilung der Beziehung** aus Kundensicht dar. Zur Beurteilung von Beziehungen werden ökonomische Kalküle zu Grunde gelegt (Homans 1968, S. 58f.). Der Kunde erhält eine Beziehung zum Unternehmen dann aufrecht, wenn der Nettonutzen (Outcome = OC) aus der Beziehung positiv ist. Der Nettonutzen wiederum ergibt sich als Differenz zwischen dem Austauschnutzen (z. B. Leistungsqualität) und den Austauschkosten (z. B. Preis). Weiterhin postuliert die Theorie einen abnehmenden Grenznutzen bei wiederholten Austauschprozessen.

Bei der Modellierung des Beurteilungsprozesses wird angenommen, dass Beziehungspartner die Beziehung mittels eines **Beurteilungsmaßstabes**, des so genannten Comparison Levels (CL), bewerten (Thibaut/Kelley 1986). Anhand dieses Maßstabes legen die Beziehungspartner fest, wie hoch die Beziehungskosten und der Beziehungsnutzen ausgeprägt sind. Bei einem Vergleich entsteht Zufriedenheit, wenn OC über CL liegt. Die Ausprägung des Comparison Levels ist in wesentlichem Maße von den bisherigen Erfahrungen des Kunden mit der entsprechenden Leistungskategorie abhängig. Der Comparison Level stellt den Ausgangspunkt für die Betrachtung von Kundenzufriedenheit und wahrgenommener Dienstleistungsqualität dar, bei denen der Beurteilungsmaßstab durch die Kundenerwartungen repräsentiert wird.

Trotz der ökonomisch fundierten Modellierung des Beurteilungsprozesses betont die Austauschtheorie die **Relevanz sozialer Aspekte** für das Beziehungsverhalten. Dies wird dadurch realisiert, dass der Theorie eine breite Auffassung des Nutzens aus einer Beziehung zu Grunde liegt. So wird postuliert, dass zu den zentralen Nutzenelementen soziale Aspekte wie Vertrauen, Anerkennung und Zuneigung zählen (Klee 2000).

Ein bei der Gestaltung des Dienstleistungsmarketing wesentlicher Aspekt ist die **Bewertung verfügbarer Beziehungsalternativen** (Thibaut/Kelley 1986). Ein Kunde beurteilt die Beziehung zu einem Anbieter nicht nur auf Basis der Erfahrungen mit diesem Anbieter, sondern darüber hinaus auf der Grundlage von Erfahrungen mit anderen Anbietern in der entsprechenden Leistungskategorie. Ein Vergleich mit Alternativen wird durch die Gegenüberstellung von CL und einem alternativen Vergleichsniveau (CL_{alt}) vorgenommen.

2.32 Ansätze der Anreiz-Beitrags-Theorie

Zur Erklärung des interpersonellen Gleichgewichts trägt die **Anreiz-Beitrags-Theorie** bei (March/Simon 1958; Barnard 1970). Sie geht von einigen Grundannahmen aus. Diese besagen, dass die menschliche Informationsgenerierungs- und -verarbeitungskapazität begrenzt sind. Dies trifft auch auf die Rationalität der Entscheidungträger zu. Des Weiteren wird angenommen, dass die Informationen entscheidender Personen unvollständig sind, und die Personen nur eine begrenzte Bereitschaft zeigen, sich für die eigene Organisation zu engagieren.

Vor diesem Hintergrund setzt sie sich mit dem **Entscheidungsverhalten von Organisationsteilnehmern** auseinander, die im Rahmen der Austauschbeziehung nach Gleichgewicht streben. Gleichgewicht existiert dabei, wenn die gebotenen Anreize mindestens den eigenen Beiträgen entsprechen. In Abhängigkeit von der Beurteilung des Anreiz-Beitrags-Verhältnisses werden unterschiedliche Verhaltensweisen angenommen (Staehle 1999, S. 432). Nimmt eine Person ein Gleichgewicht wahr, hat dies eine Entscheidung für das Austauschverhältnis und für den Eintritt in die Organisation zur Folge. Bei Ungleichgewicht folgt als Reaktion dagegen das Verlassen der Organisation bzw. eine Entscheidung gegen einen Eintritt. Durch die Schaffung gemeinsamer Werte und Normen, das Training und die Motivation der Mitarbeitenden und die Implementierung von Richtlinien ist eine Beeinflussung des Entscheidungsverhaltens durch das Unternehmen steuerbar (March/Simon 1993, S. 166; Simon 1997a, S. 9).

Obwohl die Anreiz-Beitrags-Theorie von Organisationsteilnehmern als Interaktionspartner ausgeht, lassen sich die Ausführungen zum Entscheidungsverhalten auf die Mitarbeiter-Kunde-Interaktion im Dienstleistungsbereich übertragen. Folglich wird der Konsument die Beziehung zum Dienstleistungsunternehmen aufrechterhalten, wenn die Leistung des Unternehmens mindestens seiner eigenen Gegenleistung (z. B. Preis, Zeitaufwand) entspricht.

2.33 Ansätze der Equitytheorie

Die **Equitytheorie** wurde ursprünglich zur Erklärung der Einkommensgerechtigkeit entwickelt (Adams/Rosenbaum 1962; Adams/Jacobsen 1964; Adams 1965). Sie beschäftigt sich somit ebenfalls mit der Gerechtigkeit von Austauschbeziehungen. Sie geht jedoch von der Annahme aus, dass Personen erhaltene Erträge (Outcome) und erbrachte Aufwendungen (Input) mit dem Input-Outcome-Verhältnis anderer Personen vergleichen (Adams 1965). Gerechtigkeit (equity) liegt folglich vor, wenn in einer Beziehung dieses Verhältnis zwischen den Austauschpartnern übereinstimmt (Homans 1968, S. 30). Ungerechtigkeit (inequity) wird hingegen empfunden, wenn die verglichenen Verhältnisse voneinander abweichen, wobei dies für eine Benachteiligung und eine Begünstigung gleichermaßen gilt (Homans 1968, S. 424). Zur Wiederherstellung von Gerechtigkeit ist eine Einstellungsänderung bezüglich Input bzw. Outcome, ein Abbruch der Beziehung, die Beeinflussung des Austauschpartners oder eine Veränderung des Inputs möglich (Adams 1965, S. 283ff.).

Innerhalb der Equitytheorie ist kritisch anzumerken, dass Input und Outcome meist nur mangelhaft präzisiert werden und somit erhebliche Interpretationsspielräume offen lassen (Deutsch 1985). Daneben ist ihre Anwendbarkeit primär auf ökonomische Austauschbeziehungen beschränkt (Taylor/Moghaddam 1994, S. 117).

Die Prämisse der **Anwendbarkeit für ökonomische Austauschbeziehungen** wird für die Erklärung von Austauschbeziehungen im Marketing erfüllt. Hauptsächlich wird sie in diesem Rahmen auf Austauschbeziehungen zwischen Anbieter und Kunde angewandt. Dies liefert einen Erklärungsbeitrag für die dienstleistungsspezifische Besonderheit der Integration des externen Faktors. Als Forschungsschwerpunkte werden in diesem Zusammenhang die Konsequenzen empfundener (Un-) Gerechtigkeit auf die Kundenzufriedenheit (vgl. z. B. Huppertz/Arenson/Evans 1978; Oliver/Swan 1989), die Kundenloyalität (vgl. Blodgett/Hill/Tax 1997), das Preisverhalten (vgl. Koschate 2002; Stock 2005) sowie die Kundenrückgewinnung (vgl. z. B. Homburg/Sieben/Stock 2004) untersucht.

Die sozialpsychologischen Theorien weisen – ebenso wie die psychologischen – einen Bezug zum **konkreten Nachfragerverhalten** auf; mit der Erweiterung, dass die im Dienstleistungserstellungsprozess wichtige Interaktion zwischen den Transaktionspartnern im Vordergrund steht. Im Gegensatz zur Transaktionskostentheorie ist opportunistisches Verhalten nicht das zwingende Resultat von Informationsasymmetrien. Das Verhalten wird also nicht allein auf transaktionsbasierter, sondern außerdem auf sozialer Ebene erklärt. In diesem Bereich ist der Erklärungsgehalt der sozialpsychologischen Theorien höher zu bewerten als bei den Ansätzen der Neuen Institutionenökonomik.

2.4 Organisationstheoretische Erklärungsansätze

Bei den **organisationstheoretischen Ansätzen** steht das Unternehmen im Kontext des unternehmensrelevanten Umfelds im Mittelpunkt der Betrachtung. Wurde in den vorhergehenden Abschnitten auf die Interaktion zwischen zwei Personen fokussiert, ist nun die Beziehung des Unternehmens zu seinen Anspruchsgruppen relevant. Innerhalb der Vielzahl der Anspruchsgruppen wird der Schwerpunkt auf die Beziehung zur Anspruchsgruppe der (potenziellen) Kunden gelegt. Dabei tritt das Unternehmen nicht nur in Interaktion mit den Kunden, sondern befindet sich auch in einem Abhängigkeitsverhältnis, da den nachfolgenden Ausführungen zur theoretischen Fundierung des Dienstleistungsmarketing anhand der Resource-Dependence-Theorie und dem Resource-Based-View die Überlegung zu Grunde liegt, dass durch die notwendige Integration des externen Faktors in den Leistungserstellungsprozess der Kunde ebenfalls notwendige Ressourcen für ein Unternehmen liefert.

2.41 Ansätze der Resource-Dependence-Theorie

Das Fundament für die **Resource-Dependence-Theorie** lieferten die Arbeiten von Aldrich/Pfeffer (1976), Van de Ven (1976), Pfeffer (1972; 1982) und Pfeffer/Salancik (1978). Im Mittelpunkt dieser Theorie steht die **begrenzte Ressourcenverfügbarkeit** einer Unternehmung. Ausgangspunkt der Betrachtung ist die Fragestellung, inwieweit ein Unternehmen fähig ist, durch die Versorgung mit den benötigten Ressourcen das eigene Überleben sicherzustellen (Pfeffer/Salancik 1978, S. 258; Pfeffer 1982, S. 192).

Zur Erfüllung dieser bedeutsamen Aufgabe ist es notwendig, dass das Unternehmen mit unterschiedlichen Organisationen in Kontakt tritt, die über diejenigen Ressourcen verfügen, die zur langfristigen Existenzsicherung erforderlich sind. Somit werden die Aktivitäten der Unternehmung in gewissem Maße durch die Unternehmensumwelt beeinflusst (Aldrich/Pfeffer 1976, S. 79). Dabei lässt sich die Unternehmensumwelt entsprechend des Stakeholderansatzes (vgl. Freeman 1984) in unterschiedliche Bezugsgruppen unterteilen, zu denen z. B. die Gläubiger, die Lieferanten, die Mitarbeitenden, die Kunden, die Konkurrenz, der Staat und die Gesellschaft zählen. Folglich leisten auch die Kunden einen Beitrag, um das Unternehmen mit existenziellen Ressourcen zu versorgen. Dieses **Abhängigkeitsverhältnis** führt generell zu Unsicherheiten auf Unternehmensseite (Pfeffer/Salancik 1978, S. 68). Bei Dienstleistungsunternehmen erlangen sie allerdings durch die notwendige Integration des externen Faktors in den Leistungserstellungsprozess besondere Bedeutung.

Im Rahmen der Resource-Dependence-Theorie werden die verhaltens- und die erfolgsbezogene Abhängigkeit unterschieden (Pfeffer/Salancik 1978, S. 41). Bei der **verhaltensbezogenen Abhängigkeit** wird die Verhaltensweise einer Organisation durch das Verhalten einer anderen Organisation beeinflusst (Pfeffer 1982, S. 193). Für Dienstleistungsunternehmen bedeutet dies z. B., dass sich das Engagement der Mitarbeitenden im Kunden-kontakt auf die Einsatzbereitschaft des Kunden im Leistungserstellungsprozess auswirkt. Ein positiv bewertetes Engagement trägt dazu bei, die Unsicherheit über den Willen des Kunden an der Mitwirkung zu reduzieren (Woratschek 1998b, S. 22).

Bei der erfolgsbezogenen Abhängigkeit wird zwischen kompetitiver und symbiotischer Abhängigkeit differenziert (vgl. Hawley 1950). Bei der **kompetitiven Abhängigkeit** greifen mehrere Unternehmen auf dieselben Ressourcen zurück, sodass der Erfolg einer Organisation vom Erfolg der anderen Organisation beeinflusst wird. Hat eine Person z. B. eine Friseurleistung in Anspruch genommen, wird sie nicht direkt bei einem anderen Friseur dieselbe Leistung beanspruchen.

Unter der **symbiotischen Abhängigkeit** versteht die Resource-Dependence-Theorie ex-plizit die Beziehung zwischen Anbieter und Kunde (Pfeffer 1982, S. 198), indem der Out-put des Unternehmens einen entsprechenden Input des Kunden voraussetzt. Folglich ist das Unternehmen ohne die Teilnahme des Kunden, eines Objekts in seiner Verfügungsge-walt oder Informationen nicht in der Lage, eine Leistung zu erstellen (z. B. medizinische Dienstleistung).

Dabei liegen der Resource-Dependence-Theorie die folgenden vier **Annahmen** zu Grun-de. Die Abhängigkeit des Anbieters ist um so größer,

■ je höher der Grad der Inanspruchnahme der Kundenressourcen ist,

■ je höher die Verfügbarkeit der vom Anbieter benötigten Ressource beim Kunden ist,

■ je höher die marktbezogene Unsicherheit ist,

■ je geringer die Einflussmöglichkeiten auf die Nachfrage der Kunden sind.

Im Mittelpunkt der Resource-Dependence-Theorie steht die Abhängigkeit eines Unter-nehmens von externen Ressourcen, die sich in der Verfügungsgewalt verschiedener Stake-holdergruppen befinden. Anhand der unterschiedlichen Abhängigkeitsverhältnisse liefert sie folglich vor allem einen Erklärungsbeitrag zur notwendigen Integration des externen Faktors. Ohne die Ressourcen, die sich in der Verfügungsgewalt der (potenziellen) Kun-den befinden, ist eine Leistungserstellung für das Unternehmen nicht möglich.

2.42 Resource-Based-View

Der **Resource-Based-View** setzt sich mit der internen Analyse der unternehmenseigenen Ressourcenausstattung auseinander und versucht zu erklären, wie diese zu dauerhaften Wettbewerbsvorteilen beiträgt (Barney 1986, 1991; Wernerfelt 1984). Für die Schaffung von dauerhaften Wettbewerbsvorteilen ist es zunächst erforderlich, dass die Ressourcen begrenzt, nicht substituierbar und schwer imitierbar sind (Barney 1991). Daneben trägt die Kombination der Ressourcen mit Hilfe eines erfolgreichen Veredelungsprozesses zur Aufrechterhaltung der Wettbewerbsfähigkeit des Unternehmens bei (Sanchez/Heene/Tho-mas 1996, S. 6ff.).

Die Ressourcen stellen somit die Leistungsbereitschaft des Unternehmens dar (Gersch/ Freiling/Goeke 2005, S. 44). Um von diesen in marktrelevanter Weise Gebrauch zu machen, sind weitere interne Faktoren, z. B. in Form von organisationalen Kompetenzen, notwendig (vgl. Abbildung 1-3-2) (Teece/Pisano/Shuen 1997). Sie sind die Voraussetzung dafür, dass Zugangsmöglichkeiten zum Kunden identifiziert werden, um die kundenseitigen Potenziale zu nutzen (Freiling 2004). Wie in Abbildung 1-3-2 dargestellt, lässt sich erst durch die Integration des externen Faktors und die entsprechende Kombination der internen Produktionsfaktoren das Ergebnis des Leistungserstellungsprozesses realisieren. Folglich dienen die Ressourcen und die Kompetenzen dazu, eine Übereinstimmung zwischen den Leistungen des Unternehmens und der Zielnachfrage herbeizuführen. Die Bereitstellung von Leistungspotenzialen ist somit für die Erstellung von Dienstleistungen notwendig.

Darüber hinaus wird ein Erklärungsbeitrag für die Integration des externen Faktors geleistet (Engelhardt/Freiling 1995; Freiling 2006, S. 95). In Abhängigkeit von den **Ressourcen des (potenziellen) Kunden** ist eine Anpassung der Vor- und Endkombination vorzunehmen, um den Leistungserstellungsprozess zu realisieren. Diese Einflussnahme des Kunden wird vom Unternehmen als positiv oder negativ bewertet; je nachdem, ob der Kunde zu einer Erweiterung der Unternehmensfähigkeiten und der Schließung von Ressourcenlücken beiträgt oder ob das Unternehmen im Einsatz seiner Leistungspotenziale behindert wird (Freiling 2006, S. 94f.). Durch die Kundenintegration generiert das Unternehmen zusätzliches Wissen über den Kunden und ist so in der Lage, den Leistungserstellungsprozess besser auf die Bedarfssituation des Kunden auszurichten und generell kundennahe Leistungen anzubieten. Jedoch ist in diesem Zusammenhang zu berücksichtigen, dass durch die Integration neben den dargestellten Vorteilen auch ein Leistungserstellungsrisiko entsteht, da das Unternehmen über keine exakten Kenntnisse bezüglich des Leistungsvermögens des Kunden verfügt (Freiling 2006, S. 95).

Unter der Perspektive einer potenzialorientierten Charakterisierung von Dienstleistungen (vgl. Kapitel 1, Abschnitt 2.1) stellt die Integration des Kunden ebenfalls ein **Potenzial** dar, das im Zuge einer wiederholten Nutzung vermehrt wird (generatives Potenzial) (Moldaschl 2005, S. 50ff.), indem beziehungsspezifische Routinen aufgebaut werden, die die Zusammenarbeit erleichtern.

3.   Service Dominant Logic als neue Perspektive des (Dienstleistungs-) Marketing

Bislang wurde das Dienstleistungsmarketing lediglich als ein Teilbereich des Allgemeinen Marketing verstanden, das sich mit den speziellen Anforderungen des Marketing für Dienstleistungen und Dienstleistungsunternehmen auseinandersetzt. Vargo/Lusch (2004) sehen jedoch im Dienstleistungsmarketing den Ausgangspunkt einer neuen Marketingperspektive, indem sie eine Verlagerung vom Güteraustausch, umgesetzt durch den Einsatz der vier Instrumente des Marketingmix, hin zu einem Austausch von Dienstleistungen in Form von Spezialfähigkeiten und Wissen fordern. Durch diesen Perspektivenwechsel werden Konzepte wie das Relationship Marketing, das Qualitätsmanagement, das Supply Chain Management, die Netzwerkanalyse und besonders das Dienstleistungsmarketing, die sich seit den 1980er Jahren weitgehend unabhängig voneinander entwickelten, zu einem neuen, zentralen Marketingverständnis zusammengeschlossen. Dabei tritt das Dienstleistungsmanagement in Form einer **„Service Dominant Logic"** an die Stelle des Allgemeinen Marketing (Vargo/Lusch 2004).

Dieses neue Marketingverständnis beruhte anfangs auf acht fundamentalen Annahmen (Vargo/Lusch 2004, S. 6ff.), die im Zuge der geführten Diskussion auf zehn **Annahmen** erweitert wurden (Vargo 2008):

1. **Anwendung von spezialisierten Fähigkeiten und Wissen als Basiseinheit von Austauschprozessen:** Gegenstand von Austauschprozessen sind keine physischen Güter, sondern spezialisierte Fähigkeiten und Wissen. Physische Güter sind lediglich Beiprodukte einer Dienstleistung, die mit Hilfe dieser spezialisierten Fähigkeiten und Wissen erstellt werden.

2. **Die Basiseinheit von Austauschprozessen ist hinter indirekten Austauschformen verborgen:** Der anfänglich direkte Austausch zwischen zwei Parteien wird aufgrund der Spezialisierung durch indirekte und bürokratische Formen ersetzt. Prinzipiell erfolgt aber weiterhin der Austausch von Dienstleistungen, da z. B. Geld, Güter und Organisationen lediglich als Austauschmedien fungieren.

3. **Güter sind Distributionsmechanismen für die Bereitstellung von Dienstleistungen:** Physische Güter setzen eine „Verkörperung" von Fähigkeiten und Wissen um. Sie sind lediglich Mittel, die zur Bereitstellung von Dienstleistungen genutzt werden.

4. **Wissen ist die grundlegende Quelle von Wettbewerbsvorteilen:** Dauerhafte Wettbewerbsvorteile basieren auf Wissen, das eingesetzt wird, um den Wert anderer Ressourcen zu vervielfachen.

5. **Jede Wirtschaftstätigkeit ist Dienstleistungserstellung:** Da physische Güter lediglich als Distributionsmechanismen fungieren und der Austausch auf spezialisierten Fähigkeiten und Wissen basiert, ist jede wirtschaftliche Tätigkeit eine Dienstleistungsproduktion.

6. **Der Kunde ist immer Co-Produzent:** Im Rahmen des klassischen Güteraustausches waren Produzent und Kunde stets streng getrennt, während bei der servicezentrierten Perspektive der Kunde an der Wertgenerierung beteiligt ist. Diese Sichtweise ist auch auf Sachgüter anwendbar, da der Kunde durch die Nutzung des Produkts den Wertschöpfungsprozess fortsetzt.

7. **Ein Unternehmen gibt lediglich Wertangebote ab:** Der Wert einer Leistung wird durch den Kunden festgelegt. Folglich ist es Aufgabe des Marketing, mit dem Kunden als Co-Produzenten ein Wertangebot zu entwickeln.

8. **Eine servicezentrierte Perspektive ist kundenorientiert und relational:** Als zentrale Begriffe dieses neuen Marketingverständnisses gelten Integration, Kundenorien-

tierung, Co-Produktion und Beziehung. Im Mittelpunkt stehen der Kunde und die Interaktion mit diesem. Somit ist jeder Kontakt durch die Interaktion und die Co-Produktion als relational einzustufen.

Aufgrund der Kritik, die am neuen Marketingverständnis geübt wurde, erfolgte eine Erweiterung um die folgenden zwei Annahmen (Vargo 2008):

9. **Alle wirtschaftlichen Einheiten tragen zur Integration von Ressourcen bei:** Es ist die Aufgabe wirtschaftlicher Einheiten, spezialisierte Fähigkeiten zusammenzufassen und daraus komplexe Services zu generieren, die am Markt nachgefragt werden.

10. **Der Wert wird immer durch den Empfänger bestimmt:** Der individuelle Nutzen einer Leistung für den Kunden führt zu unterschiedlichen Wahrnehmungen bezüglich des Wertes.

Aufbauend auf diesen Annahmen ergeben sich vier zentrale **Merkmale der servicezentrierten Sichtweise des Marketing** (Vargo/Lusch 2004, S. 5):

1. Identifikation oder Entwicklung von Kernkompetenzen einer ökonomischen Einheit in Form spezialisierter Fähigkeiten oder Wissen, die potenzielle Wettbewerbsvorteile repräsentieren.

2. Identifikation anderer Einheiten (potenzielle Kunden), die von diesen Kernkompetenzen profitieren.

3. Pflege von Beziehungen, die die Kunden in die Entwicklung von individuellen und im Wettbewerb überzeugenden Wertversprechen zur Befriedigung spezifischer Bedürfnisse involvieren.

4. Messung des Markt-Feedbacks durch die Analyse finanzwirtschaftlicher Ergebnisse des Austausches, um zu lernen, mit Hilfe welcher Maßnahmen eine Verbesserung der Angebote und der Leistung eines Unternehmens möglich ist.

Ausgehend von diesen veränderten Ausgangsbedingungen lassen sich **Implikationen für das Marketing** ableiten. So gilt das Marketing nicht mehr nur als Unternehmensfunktion, sondern stellt eine Kernkompetenz und die dominante Philosophie des Unternehmens dar. Dabei ist es Aufgabe des Marketing, die zentrale Rolle bei der marktorientierten Identifikation, Entwicklung und Koordination aller Kernkompetenzen zu übernehmen, wobei es als Koordinator in einem Netzwerk aus Spezialisten fungiert. Daneben ist im Rahmen der servicezentrierten Perspektive die Bereitstellung individualisierter Serviceleistungen durch die Anwendung der spezifischen Fähigkeiten und Wissen der wesentliche Zweck eines Unternehmens. Für das Strategische Marketing ergeben sich in diesem Zusammenhang neue Möglichkeiten, da der Markt nicht mehr über Output-Einheiten definiert wird, sondern über die Bereitstellung individueller Services.

Inwieweit sich dieser Marketingansatz, der dem Dienstleistungsmarketing einen zentralen Stellenwert beimisst, durchsetzt, ist zum momentanen Zeitpunkt nicht prognostizierbar. Für die Implementierung dieser servicezentrierten Perspektive ist es jedoch unumgänglich, die folgenden zentralen **Kritikpunkte** zu beachten.

Der servicezentrierte Ansatz verfügt lediglich über einen begrenzten Innovationsgrad, da in der direkten Gegenüberstellung das traditionelle Marketing verzerrt dargestellt wird, bzw. der so genannte neue Ansatz hinter dem Kenntnisstand des traditionellen Marketing zurückbleibt. Des Weiteren ist aufgrund der fehlenden theoretischen Fundierung zweifelhaft, ob das Marketing in der Praxis in der Lage ist, die generelle Verantwortung für die Identifikation und Entwicklung aller unternehmerischen Kernkompetenzen zu übernehmen. Vielmehr ist zu befürchten, dass die im Rahmen unterschiedlicher Marketingrichtungen gefundenen Erkenntnisse durch die Anwendung eines einheitlichen Ansatzes verloren gehen (Stauss 2005, S. 484ff.). Demnach sind die weiteren Diskussionen zu diesem Thema zu beobachten.

4. Zusammenfassung

Die angesprochenen Theorieansätze werden in Abbildung 2-4-1 zusammenfassend bezüglich ihrer Erklärungspotenziale für die Auswirkungen der Dienstleistungsbesonderheiten dargestellt.

Die verhaltenswissenschaftlichen Erkenntnisse lassen eine Anwendung im ökonomischen Kontext, insbesondere für die Umsetzung einer verstärkten Kundenorientierung bei Anbieter und Vermittler, sinnvoll erscheinen. Die Darstellung sozialpsychologischer Austauschtheorien stellt generelle Determinanten von Interaktionen bereit. Interaktionsansätze des ökonomischen Kontexts vermögen darüber hinaus spezifische Einflussfaktoren wie z. B. Know-how, Vertrauen und Nähe zu identifizieren. Mit den Principal-Agent-Ansätzen wird verstärkt auf den ökonomischen Aspekt des Verhaltens von Kunde, Vermittler und Anbieter Bezug genommen. Die organisationstheoretischen Ansätze betrachten das Unternehmen in seinem relevanten Umfeld und stellen das Abhängigkeitsverhältnis des Unternehmens von den verschiedenen Anspruchsgruppen, hier insbesondere der (potenziellen) Kunden, in den Mittelpunkt.

Weiterhin ist für die Beurteilung der einzelnen Ansätze zu beachten, dass die Berücksichtigung der Besonderheiten qualitative Unterschiede aufweist. Da Interaktionen im Rahmen der Integration des externen Faktors eine zentrale Bedeutung zukommt, ist das sehr differenzierte Erklärungspotenzial der sozialpsychologischen Ansätze diesbezüglich höher einzuschätzen als z. B. das der Transaktionskostentheorie.

Es wird insgesamt deutlich, dass die vorgestellten Theorieansätze durchaus in der Lage sind, einen Beitrag zu den zentralen Fragestellungen des Dienstleistungsmarketing zu leisten. Auch wenn sich der relevante Bereich häufig nur auf einzelne Besonderheiten des Dienstleistungsmarketing richtet, führt die Kombination der bekannten Ansätze doch zu einer weitgehenden Erklärung der Phänomene. Darüber hinaus geben sie eine Vielzahl von Hinweisen für eine erfolgreiche Ausgestaltung des unternehmensseitigen Dienstleistungsmarketing.

▍ Abbildung 2-4-1:   Beitrag von Theorien zur Erklärung der konstitutiven Merkmale von Dienstleistungen

		Bereitstellung von Leistungspotenzialen	Integration des externen Faktors	Immaterialität der Leistung
Ansätze der Neuen Institutionenökonomik	Informations-ökonomik	Notwendigkeit der Dokumentation von Kompetenzen		Abbau von Informations-asymmetrien
	Transaktionskosten-theorie	Spezifische Leistungs-potenziale zur Individuali-sierung/Integration	Opportunistisches Verhalten des Anbieters aufgrund leistungsbedingter Wechsel-barrieren	Erhöhter Informations-bedarf aufgrund von Transaktionsunsicherheiten
	Principal-Agent-Theorie		Opportunistisches Verhalten des Anbieters aufgrund leistungsbedingter Wechselbarrieren	
	Property-Rights-Theorie		Opportunistisches Verhalten des Anbieters aufgrund leistungsbedingter Wechselbarrieren	Abbau von Informations-asymmetrien
	Relational-Contracting-Theorie		Opportunistisches Verhalten des Anbieters aufgrund leistungsbedingter Wechselbarrieren	Abbau von Informations-asymmetrien
Psychologische Ansätze	Lerntheorie		Unsicherheit über Leistungsergebnis aufgrund der Integration	Habitualisierung bei unsicherheitsbehafteten Leistungen
	Risikotheorie		Unsicherheit über Leistungsergebnis aufgrund der Integration	Risikoreduktion durch Wiederwahl bewährter Anbieter
	Dissonanztheorie		Unsicherheit über Leistungsergebnis aufgrund der Integration	Dissonanzreduktion durch Wiederwahl bewährter Anbieter
	Attributionstheorie			Unsicherheitsreduktion durch personenbezogene Attribution
	Balancetheorie		Verhaltenssteuerung durch wahrgenommene Ähnlichkeiten bei der Integration/Interaktion	
Sozialpsychologische Ansätze	Soziale Austausch-theorie		Entstehung sozialer Beziehungen; Verhaltens-steuerung durch Austausch sozialer Werte	
	Anreiz-Beitrags-Theorie		Entstehung sozialer Beziehungen; Verhaltens-steuerung durch Gerechtig-keitsgedanken	
	Equitytheorie		Entstehung sozialer Beziehungen; Verhaltens-steuerung durch Gerechtig-keitsgedanken	
Organisations-theoretische Ansätze	Resource-Dependence-Theorie	Spezifische Leistungs-potenziale zur Integration	Unsicherheit über Leistungsergebnis aufgrund der Integration	
	Resource-Based View	Spezifische Leistungs-potenziale zur Integration	Unsicherheit über Leistungsergebnis aufgrund der Integration	

Fragen zum 2. Kapitel:
Theoretische Grundlagen des Dienstleistungsmarketing

Abschnitt 1:

▪ Welche Aufgaben kommen Theorien bei der Fundierung einer Forschungsrichtung zu?

▪ Welche Systematisierung liegt der Gliederung der theoretischen Ansätze zu Grunde?

Abschnitt 2:

▪ Welche Veränderungen gegenüber dem traditionellen Marketing ergeben sich beim Relationship Marketing?

▪ Weshalb ist das Konzept des Relationship Marketing für die Betrachtung von Dienstleistungen besonders geeignet?

▪ Wie wirken moderierende Faktoren auf die Erfolgskette des Dienstleistungsmarketing?

Abschnitt 3:

▪ Wie lassen sich aus der Neuen Institutionenökonomik die Aufgaben des Dienstleistungsmarketing ableiten?

▪ Wie lässt sich die Entwicklung langfristiger Geschäftsbeziehungen mit der Transaktionskostentheorie erklären?

▪ Welche Merkmale von Dienstleistungen gegenüber Sachgütern sind aus informationsökonomischer Sicht von hoher Bedeutung?

▪ Was für Möglichkeiten existieren für Marktakteure beim Umgang mit Informationsdefiziten?

▪ Welche Elemente können der Transaktionskostentheorie zur Fundierung des Dienstleistungsmarketing entnommen werden?

▪ Welche Möglichkeiten bestehen für die Interaktionspartner, auf eine Beziehung Einfluss zu nehmen?

Abschnitt 4:

▪ Warum ist die Erfolgskette „prädestiniert" zur Überprüfung anhand der psychologischen Erklärungsansätze?

▪ Mit welchen Modellen lassen sich die psychologischen Erklärungsansätze allgemein am besten abbilden?

▪ Wie kann mit der Lerntheorie erklärt werden, dass die Bindung bestehender Kunden weniger Aufwand erfordert als die Neukundenakquisition?

▪ Warum verfügt die Risikotheorie für das Dienstleistungsmarketing gegenüber dem Konsumgütermarketing über eine höhere Relevanz?

▪ Was ist die Grundthese der Dissonanztheorie und wie äußert sie sich im Konsumentenverhalten?

- ▌ Welche Kategorie gemäß der Attributionstheorie ist für das Dienstleistungsmarketing relevant? Worin liegt ihre Bedeutung begründet?
- ▌ Welches hypothetische Konstrukt steht im Mittelpunkt der Balancetheorie und welche Implikationen für das Dienstleistungsmarketing lassen sich daraus ableiten?
- ▌ Welches ist das zentrale Bewertungskonzept der Sozialen Austauschtheorie? Welche dienstleistungsspezifischen Faktoren sind dabei zu berücksichtigen?
- ▌ Welche Unterschiede liegen den Bewertungskonzepten der Sozialen Austauschtheorie und der Anreiz-Beitrags-Theorie zu Grunde? Welchen zusätzlichen Erklärungsbeitrag liefert die Anreiz-Beitrags-Theorie?
- ▌ Für welche dienstleistungsspezifischen Konstrukte liefert die Equitytheorie einen Erklärungsbeitrag? Worin liegt dieser begründet?
- ▌ Welche Perspektive nehmen die organisationstheoretischen Ansätze zur Erklärung des Dienstleistungsmarketing ein? Welche Rolle spielt dabei der externe Faktor?
- ▌ Welche Ansätze erscheinen besonders für das Dienstleistungsmarketing als Grundlage zur Gestaltung einer Marketingstrategie geeignet?

Abschnitt 5:
- ▌ Welche Perspektive nimmt die Service Dominant Logic gegenüber dem „klassischen" Marketing ein? Welche Unterschiede ergeben sich zwischen den Annahmen der Service Dominant Logic und dem bisherigen Marketingverständnis?
- ▌ Welche praktischen Implikationen ergeben sich bei der Anwendung der Service Dominant Logic?

1. Kaufverhalten im Dienstleistungsbereich

1.1 Kaufentscheidungsprozess im Dienstleistungsbereich

Die Betrachtung des Kaufentscheidungsprozesses trägt neben den in den Abschnitten 1.2 und 1.3 dieses Kapitels detailliert dargestellten Größen zur Erklärung des Kaufverhaltens im Dienstleistungsbereich bei. Während des **Kaufentscheidungsprozesses** nimmt der Kunde eine Bewertung alternativer Dienstleistungen vor. Dieser wird idealtypisch in drei Phasen mit jeweils zwei Verhaltensschwerpunkten unterteilt (Foscht/Swoboda 2007, S. 38):

1. **Vorkonsumphase** mit Informationsaufnahme und Entscheidung

2. **Konsumphase** mit Kauf- und Nutzungsverhalten

3. **Nachkonsumphase** mit Ergebnisbewertung und -reaktion

Im Folgenden werden innerhalb dieser Phasen dienstleistungsspezifische Probleme thematisiert. Dabei ist zu berücksichtigen, dass das Nachfragerverhalten nicht stets wie ein ausgedehnter Entscheidungs-/Beschaffungsprozess abläuft, der durch umfangreiche Informationsaktivitäten in der Vor- und Nach-Konsumphase gekennzeichnet ist. Das Verhalten der Nachfrager von Dienstleistungen ist vielmehr in besonders starkem Maße durch **Gewohnheitsbildung und Verhaltensroutinen** geprägt, die eine Konzentration auf die Aktivitäten der Konsumphase – Kauf und Nutzung – zur Folge haben (Kuhlmann 2001).

Zur Erläuterung der **Beurteilungsproblematik** von Dienstleistungen aufgrund ihrer besonderen Eigenschaften wird auf die Abbildung 2-2-3 und die entsprechenden Ausführungen zur Unterteilung der Leistungsmerkmale in Such-, Erfahrungs- und Vertrauenseigenschaften verwiesen. Dabei ist herauszustellen, dass die Beurteilungsproblematik in den Phasen des Kaufentscheidungsprozesses eine zentrale Rolle einnimmt.

Innerhalb der **Vorkonsumphase** leiten sich z. B. aus der Beurteilungsproblematik von Dienstleistungen Konsequenzen für die dienstleistungsspezifische **Informationsaufnahme** ab.

Nachfrager informieren sich über Eigenschaften, die bereits vor dem Kauf/Vertragsabschluss zugänglich sind und eine ungefähre Qualitätsbeurteilung ermöglichen. Sie schließen vom Image einer Firma, von der Höhe des Dienstleistungspreises oder von der Qualität der Produktionsfaktoren (Potenzialqualität) auf die zu erwartenden Merkmale der Prozess- und Ergebnisqualität. In der Vorkaufphase informiert sich der Konsument also anhand von Suchmerkmalen, die zwar keinen unmittelbaren Aufschluss über die spätere Ergebnisqualität liefern, jedoch entweder die Ergebnisqualität aus früheren Transaktionen widerspiegeln (Image) oder als Indikatoren für die zu erwartende spätere Ergebnisqualität gelten (z. B. Innenausstattung des Dienstleisters, Preis, Qualifikation der Mitarbeitenden) (Lovelock/Wirtz 2007, S. 42). Daraus ergibt sich für den Anbieter die Konsequenz, Merkmale der Potenzialqualität möglichst greifbar zu gestalten, um dem Kunden beurteilbare Alternativen bei der Entscheidungsfindung zu bieten (Corsten/Gössinger 2007).

Nachfrager bevorzugen **glaubwürdige Informationsquellen** (z. B. Freunde, Bekannte, Kollegen), denen sie vertrauen, und die aufgrund eigener Erfahrungen mit dem Kauf/ Konsum vergleichbarer Dienstleistungen hinreichendes Expertentum aufweisen. In diesem Zusammenhang kommt der positiven Mund-zu-Mund-Kommunikation (Weiterempfehlung) tatsächlicher Kunden eine zentrale Rolle zu (Bansal/Voyer 2000; Harris/Baron 2004).

Wichtiges Merkmal des Entscheidungsverhaltens ist die Reaktion des Nachfragers auf das **wahrgenommene Kaufrisiko**. Der Dienstleistungskauf ist aufgrund der angesprochenen Beurteilungsproblematik mit einem höheren subjektiv empfundenen Risiko verbunden (Lovelock/Wirtz 2007, S. 43f.). Möglichkeiten der Risikobegrenzung liegen für den Konsumenten zum einen in erhöhter Markentreue und zum anderen in der Veränderung des Informationsverhaltens.

Das zum Kaufzeitpunkt vorhandene **„Evoked Set"** von Servicealternativen ist insgesamt stark begrenzt. Ursachen hierfür sind zum einen die aufgrund der Nichtlagerfähigkeit von Dienstleistungen weitgehend unmögliche Präsentation mehrerer Dienstleistungsalternativen zum Zeitpunkt der Kaufentscheidung. Zum anderen scheut sich der Konsument oftmals davor, mehrere Dienstleistungsanbieter aufzusuchen, da die Anbahnungskosten der Leistung – verursacht durch die mangelnde Beurteilbarkeit der Erfahrungs- und Vertrauenseigenschaften – höher ausfallen als bei Sachgütern (Zeithaml 1991, S. 43f.; Lovelock/ Wirtz 2007, S. 41f.).

Über die in der Entscheidungssituation zur Qualitätsprognose benutzten **Entscheidungs-/ Bewertungskriterien** lassen sich keine generellen Aussagen treffen. Es ist offensichtlich nicht so, dass stets Preis und andere, leicht wahrnehmbare physikalische Merkmale im Vordergrund stehen (Zeithaml 1981). Bei einem Vergleich von Erfahrungs- (z. B. Friseur) und Vertrauensdienstleistungen (z. B. medizinische Beratung) ermittelten Ostrom/Iacobucci (1995), dass bei ersteren der Preis, bei letzteren hingegen die Qualität vornehmlich Beachtung finden. Die Bedeutung des Preises scheint besonders bei alltäglichen, der Erfahrung leicht zugänglichen Dienstleistungen ausschlaggebend zu sein. Die Zusammenstellung der Entscheidungskriterien wird also von so genannten Kontextvariablen stark beeinflusst.

In der **Konsumphase** baut das **Kaufverhalten** auf Gewohnheiten auf, wenn die Ergebnisqualität bei einem risikobehafteten Kauf in der Vergangenheit auf akzeptablem Niveau lag. Dies drückt sich in der angesprochenen Markentreue aus.

Eine Definition der **Nutzung** von Dienstleistungen ist aufgrund ihrer Heterogenität schwer vorzunehmen. Abgrenzungsprobleme ergeben sich hinsichtlich Inhalt, zeitlichem Umfang und Integration des externen Faktors (Meyer/Blümelhuber/Pfeiffer 2000).

Intensive Integration in der Nutzungsphase bedeutet, dass der Kunde in häufiger und vielfältiger Interaktion mit Personal und Betriebsmitteln (z. B. Rechner, Medizintechnik, Trainingsgeräte usw.) des Anbieters steht. Von herausragender Bedeutung ist dabei, inwieweit der Kunde den Eindruck erhält, dass er diesen Interaktionsprozess selbst steuern und beherrschen kann (**interne Kontrolle**) oder aber der Steuerung und Beherrschung des Personals und der Ablauforganisation des Anbieters (**externe Kontrolle**) unterworfen ist (Rotter 1966). Art (intern/extern) und Ausmaß (stark/schwach) der wahrgenommenen Kontrolle über eine Situation bzw. die in ihr ablaufende Tätigkeit haben einen erheblichen Einfluss auf Bewertung (ex post), Zufriedenheit und Verhalten während der Tätigkeit (Bateson 1998).

In der **Nachkonsumphase** ist eine **Ergebnisbewertung** im Ganzen (z. B. Haarschnitt) oder in Teilen (z. B. Teil eines mehrjährigen Versicherungsvertrages) möglich, und der Kunde hat durch die Nutzung Einsichten über die Ergebnisqualität gewonnen.

Die Qualitätswahrnehmung wirkt sich über die Zufriedenheit bzw. Unzufriedenheit letztendlich auf das (Wieder-) Kaufverhalten aus (Cronin/Taylor 1992; Kelley/Davis 1994; Dabholkar 1995; Zeithaml/Berry/Parasuraman 1996; Zeithaml/Bitner/Gremler 2006; Corsten/Gössinger 2007). Die Ergebnisse zeigen, dass die Qualitätswahrnehmung selektiv auf bestimmte Leistungsbereiche (z. B. Empfang und Einbuchen im Hotel) und innerhalb dieser Bereiche wieder auf einzelne Merkmale (z. B. Sauberkeit im Bad) ausgerichtet ist. Dementsprechend lässt sich Un-/Zufriedenheit mit Einzelmerkmalen, Leistungsbereichen und der Dienstleistung insgesamt ermitteln.

1.2 Psychologische Wirkungsgrößen des Kaufverhaltens

Entsprechend der Service-Erfolgskette lösen Aktivitäten des Dienstleistungsmarketing beim Kunden psychologische Wirkungen aus, die zu konkreten Verhaltenswirkungen führen und letztendlich den ökonomischen Erfolg des Dienstleistungsanbieters bestimmen. Für den effektiven Einsatz der Marketingmaßnahmen ist deshalb die Berücksichtigung

Abbildung 3-1-1:   **Wirkungsgrößen des Kaufverhaltens im Dienstleistungsbereich entlang der Erfolgskette**

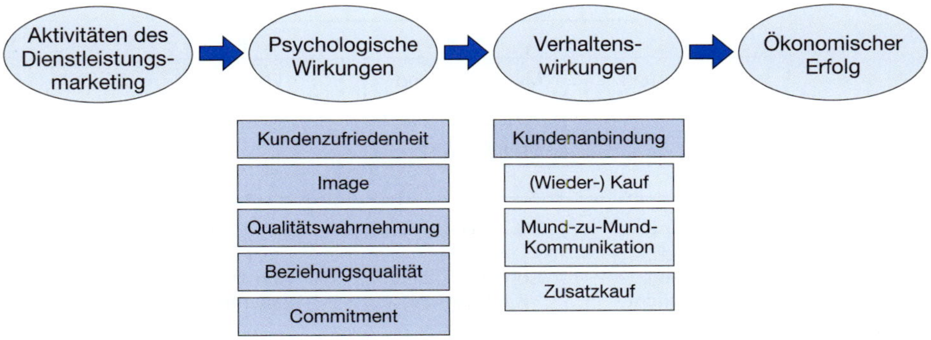

GABLER
GRAFIK

der Kundensicht unumgänglich. In diesem Abschnitt wird – basierend auf der Service-Erfolgskette – zunächst auf die psychologischen Wirkungsgrößen Kundenzufriedenheit, Image, wahrgenommene Dienstleistungsqualität, Beziehungsqualität und Commitment eingegangen.

1. Kundenzufriedenheit

> **Kundenzufriedenheit** ist das Ergebnis eines komplexen Vergleichsprozesses (Hunt 1977; Schütze 1992; Oliver 2000). Die Kunden vergleichen die subjektiven Erfahrungen, die mit der Inanspruchnahme der Dienstleistung verbunden waren (IST-Komponente), mit ihren Erwartungen, Zielen oder Normen, die in Bezug auf die Leistungen des Anbieters bestehen (SOLL-Komponente).

Diese Erklärung zur Entstehung der Kundenzufriedenheit basiert auf dem so genannten (Dis-) Confirmation-Paradigma (Oliver 2000; Wirtz/Mattila 2001; vgl. Kapitel 5, Abschnitt 3.221). Werden im Rahmen des Vergleiches die Erwartungen bei der Inanspruchnahme der Dienstleistung durch den Anbieter bestätigt (Confirmation), entsteht Kundenzufriedenheit (und vice versa). Führt der Vergleich zwischen Anspruchsniveau und Wahrnehmung sogar zu einer Übererfüllung der Kundenerwartungen, ist die Entstehung von **Kundenbegeisterung** möglich (Homburg/Giering/Hentschel 1999; Homburg 2003).

Die große Bedeutung, die der Kundenzufriedenheit zukommt, zeigt auch eine Studie von Hirschman (1974), die als grundlegende Reaktionen zufriedener und unzufriedener Kunden die Abwanderung, Mund-zu-Mund-Kommunikation (Luo/Homburg 2007) und Loyalität identifiziert. In Abbildung 3-1-2 sind die Reaktionen auf Un-/Zufriedenheit dargestellt.

Abbildung 3-1-2:   **Reaktionen auf Un-/Zufriedenheit**

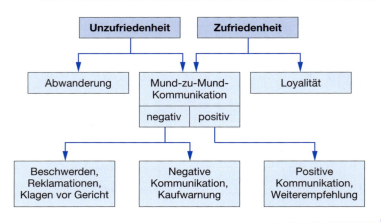

Quelle: In Anlehnung an Hirschman 1974

Neben diesen Reaktionen wurde durch eine neuere Studie belegt, dass die Kundenzufriedenheit auch einen positiven Einfluss auf die Fähigkeiten der Mitarbeitenden ausübt (Luo/Homburg 2007).

Es zeigt sich, dass bei Dienstleistungskäufern aufgrund des Wechselrisikos und der Wechselkosten Abwanderungen seltener zu beobachten sind und sich im Gegenzug Loyalität häufiger entwickelt als bei Sachgütern (Zeithaml 1981; Friedman/Smith 1993).

Eine hohe Kundenzufriedenheit wird häufig als ein zentraler Indikator für die Existenz von Kundenorientierung erachtet und im Zuge einer Neuausrichtung vieler Unternehmen in Richtung einer kundenorientierten Unternehmensführung sogar als ein wesentliches Unternehmensziel proklamiert. Entsprechend häufig ist die Kundenzufriedenheit Gegenstand empirischer Untersuchungen. In diesem Kontext sind vor allem so genannte **Kundenbarometer** zu nennen, die auf eine regelmäßige Erfassung der Kundenzufriedenheit abzielen. Der Kundenmonitor Deutschland (Service Barometer AG 2007b) oder der American Customer Satisfaction Index (ACSI) sind Beispiele für die Kundenzufriedenheitsmessung einzelner Unternehmen und Branchen auf nationaler, der EPSI European Satisfaction Index ein Beispiel für die Zufriedenheitsmessung auf internationaler Ebene. Zudem lassen sich Tendenzen zu einer sowohl internen als auch externen Zufriedenheitsmessung durch unternehmensspezifische Kundenbarometer feststellen (vgl. Kapitel 5, Abschnitt 5.4).

Kundenzufriedenheit – differenziert nach Globalzufriedenheit (Zufriedenheit von Kunden mit einer Leistung) und Einzelzufriedenheiten (Zufriedenheit von Kunden mit bestimmten Leistungsdimensionen) – ist zum einen der zentrale und besonders intensiv untersuchte Bestimmungsfaktor der Kundenbindung, zum anderen wird der Einfluss der übrigen Wirkungsgrößen des Kaufverhaltens auf die Kundenzufriedenheit häufig zum Gegenstand der Untersuchung gemacht.

2. Image

Als weitere Wirkungsgröße des Kaufverhaltens mit psychologischer Wirkung ist das Image eines Anbieters zu nennen. Im Dienstleistungsmarketing kommt dieser Einflussgröße aufgrund der Eigenschaften der Immaterialität von Dienstleistungen, der Schwierigkeit des Wettbewerbsvergleichs vor Inanspruchnahme und der Simultaneität von Dienstleistungserstellung und -verwendung besondere Bedeutung zu (Grönroos 1984; Bitner 1991; Meffert 1993, S. 13; zum Begriff Image allgemein vgl. Kroeber-Riel/Weinberg 2003; Trommsdorff 2004). Das Image eines Dienstleistungsanbieters trägt dazu bei, das mit der Kaufentscheidung von Dienstleistungen in Verbindung stehende Risikoempfinden des Nachfragers – das wahrgenommene Risiko ist aufgrund der oben genannten Eigenschaften der Dienstleistung erhöht – deutlich zu senken.

> **Image** ist die aggregierte und subjektive Form sämtlicher Einstellungen eines Kunden zu einem Dienstleistungsanbieter. Es stellt einen wesentlichen Indikator für die Qualitätsbeurteilung einer Dienstleistung dar und trägt zur Reduktion des empfundenen Kaufrisikos bei.

Eine Studie, die sich mit dem Zusammenhang von **Image und Kundenzufriedenheit** näher beschäftigt, ist die Untersuchung von Andreassen/Lindestadt (1998). Mit der empirischen Untersuchung bei 600 Kunden eines norwegischen Reiseveranstalters war das Ziel verbunden, die Bedeutung des Images für die Kundenzufriedenheit sowie Kundenbindung zu analysieren. Modelltheoretisch wurde ein positiver Einfluss des Images auf beide Konstrukte unterstellt. Innerhalb der Analyse wurde das Konstrukt Image durch drei Indikatoren operationalisiert (allgemeine Einstellung zum Anbieter, Einstellung zum Beitrag, den der Anbieter für die Gesellschaft leistet sowie Sympathie, die dem Anbieter entgegengebracht wird). Als Auswertungsmethode wurde die Kausalanalyse (LISREL) verwendet. Abbildung 3-1-3 zeigt das Modelldesign und die Ergebnisse der Analyse im Überblick.

Abbildung 3-1-3:   Analyse des Zusammenhangs zwischen Image, Kundenzufriedenheit und Kundenbindung

---

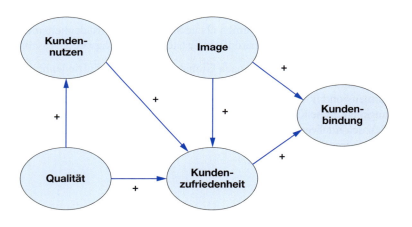

Gesamtindustrie	Qualität	Image
Kundennutzen	0,62	–
Kundenzufriedenheit	0,31	0,72
Kundenbindung	–	nicht signifikant

GABLER
GRAFIK

Quelle: Andreassen/Lindestad 1998, S. 13

Im Rahmen der Studie wurde der **positive Einfluss** des Images auf die Kundenzufriedenheit bestätigt. Auch Studien neueren Datums untermauern diesen Zusammenhang (z. B.

Chih-Hon/Chia-Yu 2005; Aga/Safakli 2007). Hingegen war der Einfluss des Images auf die Kundenbindung nicht signifikant.

> **Beispiel:** Eine Studie im Online-Banking-Bereich zur Bedeutung des Images zeigt in ähnlich deutlicher Form wie die Untersuchungen von Andreassen und Lindestadt den Einfluss von Imagefaktoren auf die Gesamtwahrnehmung der Bank und einzelner Dimensionen. Beispielsweise lässt sich eine hohe Interdependenz zwischen Reputation und wahrgenommener Sicherheit nachweisen. Der Aufbau eines starken „Corporate Image" wird in der Folge als strategische Managementaufgabe insbesondere bei den hauptsächlich intangiblen Werten von Dienstleistungen gesehen (Flavián/Torres/Guinal 2004).

Der positive Einfluss des Images auf die Kundenzufriedenheit sowie dessen Funktion zur Senkung des vom Dienstleistungskunden wahrgenommenen Kaufrisikos machen das Potenzial des Images als Erfolgsfaktor des Dienstleistungsmarketing deutlich.

3. Wahrgenommene Dienstleistungsqualität

Die Erstellung einer hohen Dienstleistungsqualität führt im Rahmen der Service-Erfolgskette zu psychologischen Wirkungen. Diese ist abhängig von der **Qualitätswahrnehmung des Kunden.** Das Qualitätsurteil, das sich aus einer Gegenüberstellung von erwarteter und wahrgenommener Leistung ergibt, ist letztlich maßgebend für den Unternehmenserfolg (Buzzell/Gale 1989, S. 91; Sachdev/Verma 2002, S. 44; Hung/Huang/Chen 2004).

Ein Verständnis von Dienstleistungsqualität als Differenz eines Vergleichs des erwarteten mit dem wahrgenommen Leistungsniveau (vgl. Kapitel 5, Abschnitt 2.3) ähnelt stark dem in diesem Abschnitt beschriebenen Verständnis der Kundenzufriedenheit. Eine Abgrenzung zwischen den Begriffen der Dienstleistungsqualität und der **Kundenzufriedenheit** wird in der Literatur nicht einheitlich vorgenommen (Lovelock/Wirtz 2007, S. 58). Tra-

Abbildung 3-1-4: **Zusammenhang von Dienstleistungsqualität und Kundenzufriedenheit**

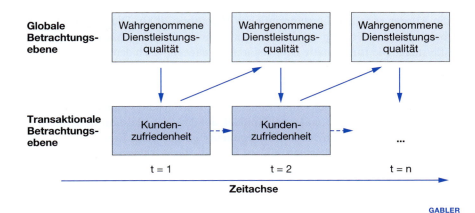

Quelle: Siefke 1997, S. 63

ditionellerweise wird die Kundenzufriedenheit jedoch eher einzelnen Transaktionen und damit einer transaktionalen Perspektive zugeordnet (Bitner/Booms/Tetreault 1990; Oliver 1996), während die Dienstleistungsqualität auf einer globalen Betrachtungsebene angesiedelt ist.

Festzustellen ist, dass sich die beiden Konstrukte im **Zeitablauf** gegenseitig beeinflussen, wie in Abbildung 3-1-4 dargestellt ist (Taylor/Baker 1994; Siefke 1997).

Dienstleistungsqualität lässt sich wie folgt definieren:

> **Dienstleistungsqualität** ist die Fähigkeit eines Anbieters, die Beschaffenheit einer primär intangiblen und der Kundenbeteiligung bedürfenden Leistung aufgrund von Kundenerwartungen auf einem bestimmten Anforderungsniveau zu erstellen. Sie bestimmt sich aus der Summe der Eigenschaften bzw. Merkmale der Dienstleistung, bestimmten Anforderungen gerecht zu werden (Bruhn 2008b, S. 38).

Die Koexistenz der verschiedenen in der Literatur existierenden begrifflichen Auffassungen der Dienstleistungsqualität erfordert eine Festlegung von relevanten **Dimensionen der Dienstleistungsqualität**, die die Vielzahl branchen- und typenspezifischer Qualitätsmerkmale umfassen und somit der Heterogenität des Dienstleistungssektors Rechnung tragen. In diesem Zusammenhang haben sich in der Literatur verschiedene Ansätze entwickelt (vgl. Bruhn 2008b, S. 49ff.).

Im Mittelpunkt der Ausführungen in der Marketingliteratur steht die Unterscheidung in eine Potenzial-, Prozess- und Ergebnisdimension (Donabedian 1980) der Dienstleistungsqualität: Die **Potenzialdimension** beinhaltet die Qualität der sachlichen, organisatorischen und persönlichen Leistungsvoraussetzungen des Dienstleistungsanbieters. Die **Prozessdimension** bezieht sich auf die Prozessqualität während der Leistungserstellung. In der **Ergebnisdimension** erfolgt die Beurteilung der erbrachten Leistung am Ende des Dienstleistungsprozesses.

Eine Unterscheidung der Qualitätsdimensionen ist aber auch in Bezug auf den Umfang und die Art der erstellten Leistung möglich (Grönroos 2000). Die **technische Dimension** beinhaltet den Umfang des Leistungsprogramms und fragt nach dem „Was" einer Dienstleistung. Die **funktionale Dimension** fragt dagegen nach dem „Wie" einer Dienstleistungserstellung, d. h. nach Art und Ausmaß des individuell wahrgenommenen Erstellungsprozesses.

Eine weitere Unterteilung der Dimensionen der Dienstleistungsqualität bezieht sich auf die Erwartungshaltung der Kunden im Hinblick auf das Dienstleistungsprogramm (Berry 1986): Zu der so genannten **Routinekomponente** gehören alle Eigenschaften, die normalerweise zu einer Dienstleistung zählen. Für eine Negativabweichung gibt der Kunde unter Umständen „Strafpunkte". Die **Ausnahmekomponente** beinhaltet dagegen Zusatzleistungen des Dienstleistungsanbieters, die vom Kunden nicht erwartet wurden und von ihm mit Bonuspunkten honoriert werden.

Die folgenden drei Qualitätsdimensionen beantworten dagegen die Frage, welche Nähe des Kunden zum Dienstleistungsprodukt bei der Beurteilung der Dienstleistungen gegeben ist (Zeithaml 1981, S. 186ff.): Bei der **Suchkomponente** („Search Qualities") sucht der Kunde nach Qualitätsindikatoren, die im Vorfeld einer erstmaligen Inanspruchnahme einer Dienstleistung wahrnehmbar und beurteilbar sind (z. B. Ort der Dienstleistungserstellung). Hinsichtlich der **Erfahrungskomponente** („Experience Qualities") ist der Kunde dagegen in der Lage, eine Qualitätsbeurteilung aufgrund von Erfahrungen während des Leistungsprozesses oder am Ende der Leistungserstellung vorzunehmen (z. B. Haarschnitt). Die **Glaubenskomponente** („Credence Qualities") umfasst alle Qualitätsmerkmale einer Dienstleistung, die sich einer genauen Beurteilung entziehen bzw. erst später eingeschätzt werden können (z. B. Inspektion des Autos).

Das Ergebnis empirischer Prüfungen sind schließlich die fünf Qualitätsdimensionen Annehmlichkeit des tangiblen Umfeldes („Tangibles"), Zuverlässigkeit („Reliability"), Reaktionsfähigkeit („Responsiveness"), Leistungskompetenz („Assurance"), Einfühlungsvermögen („Empathy"), die in Wissenschaft und Praxis mittlerweile weite Verbreitung gefunden haben (Parasuraman/Zeithaml/Berry 1985; 1988; Zeithaml/Parasuraman/Berry 1992) (vgl. dazu ausführlich Kapitel 5, Abschnitt 2.3).

Die durch das Unternehmen angestrebte Dienstleistungsqualität ist nicht eindimensional und einseitig festlegbar, sondern ist an den Anforderungen der Wettbewerbsteilnehmer auszurichten. Vielmehr handelt es sich um einen mehrdimensionalen Vorgang, der sich an dem **Dreiecksverhältnis** Kunde, Wettbewerb und Unternehmen zu orientieren hat (Bruhn 2000, S. 30).

Letztlich bestimmt der Kunde die Anforderungen an eine Dienstleistung und steht daher im Mittelpunkt der angestrebten Dienstleistungsqualität. Die Anforderungen aus Kundensicht sind definiert durch die spezifischen Erwartungshaltungen der aktuellen und potenziellen Kunden und stellen den zentralen Maßstab zur Bestimmung der Dienstleistungsqualität dar. Die Anforderungen aus Wettbewerbersicht beziehen sich auf die Überlegung, wie sich ein Unternehmen durch eine gezielte Qualitätsstrategie gegenüber den Hauptkonkurrenten im Sinne eines strategischen Wettbewerbsvorteils profilieren kann. Die Anforderungen aus Unternehmenssicht schließlich resultieren aus der Fähigkeit und der Bereitschaft des Dienstleistungsanbieters zur Erbringung eines bestimmten Niveaus der Dienstleistungsqualität.

4. Beziehungsqualität

Entsprechend der Erfolgskette ist neben der Kundenzufriedenheit die Beziehungsqualität eine relevante Zielgröße zur Steuerung von Kundenbeziehungen. Die Beziehungsqualität stellt die zentrale Größe zur Beurteilung einer Beziehung durch den Kunden dar. Das Relationship Marketing als Grundkonzept des Dienstleistungsmarketing dient der **Steuerung von Kundenbeziehungen**. Somit handelt es sich bei der Wahrnehmung der Beziehung durch den Kunden um eine zentrale Wirkungsgröße des Kaufverhaltens bzw. Erfolgsgröße des Dienstleistungsmarketing.

Beziehungsqualität ist die wahrgenommene Güte der Beziehung zwischen Anbieter und Kunden als Ganzes – und somit die Qualität aller bisherigen Anbieter-Nachfrager-Interaktionen. Grundlage zur Beurteilung der Beziehungsqualität aus Kundensicht bildet das Vertrauen zu und die Vertrautheit mit dem Anbieter (Crosby/Evans/Cowles 1990, S. 70; Bitner 1995, S. 251; Smith 1998; Hennig-Thurau/Klee/Langer 1999; Hennig-Thurau 2000).

Eine hohe Beziehungsqualität reduziert die Komplexität der Transaktionen und die Unsicherheit zwischen den Beziehungspartnern, erhöht die Interaktionseffizienz und stellt einen wichtigen Treiber der Kundenzufriedenheit und der Kundenbindung dar. Einer Studie eines IT-Dienstleistungsunternehmens zufolge fallen bei komplexen Dienstleistungen wie z. B. IT-Beratungsprojekten die Wirkungen der Beziehungsqualität besonders deutlich auf (Hadwich 2003). Dies liefert einen Hinweis darauf, dass die Kunden bei komplexeren Dienstleistungen die eigentliche Qualität aufgrund der Komplexität des Leistungsprozesses nicht mehr vollständig beurteilen können und die Einschätzung der Beziehungsqualität als so genannte **„Credence Quality"** für die Ergebnisevaluation (Kundenzufriedenheit) und die weitere Verhaltensabsicht (Kundenbindung) als Ersatzgröße heranziehen.

Eine Kennzeichnung des Gegenstandsbereichs der Beziehungsqualität lässt sich, wie in Abbildung 3-1-5 dargestellt, anhand von fünf Merkmalen vornehmen (Georgi 2000; Bruhn 2001c).

Bei der Beziehungsqualität handelt es sich um ein komplexes Konstrukt, dessen Wahrnehmung sich anhand von unterschiedlichen Dimensionen vollzieht. Generell lassen sich zwei **Dimensionen der Beziehungsqualität** differenzieren (Georgi 2000; Bruhn/Georgi/Hadwich 2006):

1. Vertrauen des Kunden in das Unternehmen,
2. Vertrautheit zwischen Kunde und Unternehmen.

Das Konstrukt des **Vertrauens**, dessen zentrale Funktion die Komplexitätsreduktion in zwischenmenschlichen Beziehungen darstellt (Deutsch 1958; Loose/Sydow 1994; Gierl 1999; Gounaris 2005; vgl. für einen Überblick über Definitionen des Vertrauenskonstrukts O'Malley/Tynan 1997, S. 494), repräsentiert eine zukunftsorientierte Komponente der Beziehungsqualität. Vertrauen ist definiert als die Bereitschaft des Kunden, sich auf das Unternehmen im Hinblick auf dessen zukünftiges Verhalten ohne weitere Prüfung zu verlassen (in Anlehnung an Morgan/Hunt 1994, S. 23).

Die Voraussetzung der Vertrauensbildung ist Verletzbarkeit. Diese beinhaltet unsichere Entscheidungskonsequenzen, die für den Vertrauenden wichtig sind (Moorman/Zaltman/Deshpandé 1992; Doney/Cannon 1997). Im Vergleich zu so genannten unmodifizierten Wiederkäufen („Straight Rebuys") kommt Vertrauen insbesondere bei modifizierten Wiederkäufen („Modified Rebuys") zum Tragen. Dies ist insbesondere bei Individualleistungen der Fall. Die modifizierten Kaufgegenstände erhöhen den Grad der Unsicherheit bei der Kaufentscheidung von Dienstleistungen zusätzlich (Johnston/Lewin 1996).

Abbildung 3-1-5:   **Konzeptionalisierungen der Beziehungsqualität**

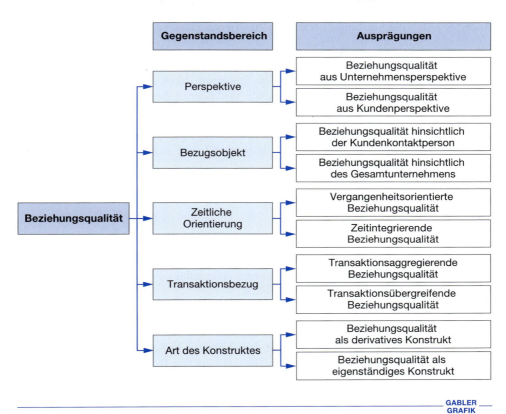

Quelle: Georgi 2000, S. 43

Als zweite Dimension der Beziehungsqualität lässt sich die **Vertrautheit** des Kunden mit dem Unternehmen identifizieren. Vertrautheit steht in engem Zusammenhang zum Vertrauen und hat einen vergangenheitsorientierten Charakter (Luhmann 1989). Vertrautheit umschreibt den Grad der Bekanntheit mit einem Objekt, einem Subjekt oder einer Situation. Bezogen auf eine Unternehmen-Kunde-Beziehung bezeichnet Vertrautheit den Grad der Bekanntheit mit dem jeweiligen Beziehungspartner im Hinblick auf dessen Einstellungen und Verhaltensweisen (Georgi 2000).

Aufgrund der **wechselseitigen Abhängigkeit** der Partner innerhalb einer Beziehung (Håkansson/Snehota 1993) umfasst die Vertrautheit des Kunden nicht nur seine Vertrautheit mit dem Unternehmen, sondern auch die durch ihn wahrgenommene Vertrautheit des Unternehmens mit dem Kunden. Dem Kunden ist es also zum einen wichtig, dass er die Prozesse des Unternehmens kennt, wenn er an der Leistungserstellung beteiligt ist (z. B. die Bestell- und Bezahlprozesse in einem Selbstbedienungsrestaurant). Zum anderen nimmt der Kunde unter Umständen sehr bewusst wahr, ob das Unternehmen mit ihm vertraut ist. Beispiele für Indikatoren für die Vertrautheit des Unternehmens mit dem Kunden sind das Kennen des Namens des Kunden, aber vor allem das Kennen seiner spezifischen Bedürfnisse bei der Leistungserstellung (z. B. Nichtraucherzimmer im Hotel).

Eine zentrale Aufgabe des Dienstleistungsmarketing ist deshalb bei individuellen Dienstleistungen im **Aufbau von Vertrautheit** zu sehen. Auch wenn sich Vertrautheit teilweise und bis zu einem gewissen Grade ohne eine Steuerung durch das Unternehmen einstellt (Georgi 2000), lässt sich durch entsprechende Maßnahmen die Entstehung von Vertrautheit fördern.

Je höher die Beziehungsqualität durch den Kunden wahrgenommen wird, desto weniger kritisch ist der Kunde im Einzelfall und desto eher lassen sich positive psychologische Konsequenzen beim Kunden realisieren.

5. Commitment

> **Commitment** ist der starke Glaube eines Kunden an die Wichtigkeit der Beziehung zum Unternehmen, dass er alle Anstrengungen unternehmen wird, die Beziehung aufrecht zu erhalten (Morgan/Hunt 1994, S. 23).

Das Commitment stellt ein zentrales beziehungsrelevantes Konstrukt dar, da es sich stets auf den Anbieter (bzw. die Beziehung mit dem Anbieter) bezieht und nicht auf einzelne Leistungen des Anbieters. Je positiver die Beurteilung der Beziehung zu einem Unternehmen ausfällt, desto höher ist das Commitment des Kunden und desto stärker fühlt sich der Kunde an das Unternehmen gebunden. Ein hohes Commitment stellt somit eine wesentliche (emotionale) Wechselbarriere dar.

Generell lassen sich drei Dimensionen von Commitment differenzieren (Allen/Meyer 1990; Morgan/Hunt 1994; Kumar/Scheer/Steinaltenkamp 1995):

1. **Affektives Commitment** bezieht sich auf die emotionale Verbundenheit des Kunden.

2. **Fortsetzungscommitment** bezeichnet den Willen des Kunden, die Beziehung fortzusetzen.

3. **Verpflichtungscommitment** stellt eine Art erzwungenes Commitment dar.

Als Stellgröße lässt sich insbesondere das Fortsetzungscommitment nutzen, da es für den Kunden die Basis für die Aufrechterhaltung der Beziehung darstellt. Diese enge Verbindung des Commitment zu den Verhaltenskonsequenzen auf Kundenseite zeigen auch die Ergebnisse einer empirischen Untersuchung. So führt ein hohes Commitment des Kunden zu einer gesteigerten Kaufabsicht und zu einem höheren Share-of-Customer (Lacey 2007, S. 328).

1.3 Verhaltensgrößen des Kaufverhaltens

Das Erreichen der kundenbezogenen psychologischen Ziele wie der Kundenzufriedenheit trägt zur Realisierung von Kundenverhaltenszielen bei (Oliver 1996). Die **Kundenbindung** stellt diesbezüglich die zentrale Erfolgsgröße von Dienstleistungsunternehmen dar (Reichheld/Sasser 1991; Dick/Basu 1994; Oliver 1996; Bruhn/Homburg 2004). Dies wird auch durch die in jüngerer Zeit durchgeführten Forschungsbemühungen deutlich, die sich zunehmend mit Fragen des Käuferverhaltens bei der Inanspruchnahme von Dienstleistungen beschäftigten (z. B. Wirtz/Kum 2001; Johnson/Nilsson 2003; Wirtz/Mattila 2003; Laroche/Bergeron/Goutaland 2003; Fliess 2004). Als Ergebnis wurde vor allem die wiederholte Inanspruchnahme identifiziert, wodurch die Bedeutung der Kundenbindung ebenfalls untermauert wird. Als Begründung wurde genannt, dass zum einen viele Dienstleistungen existieren, die wiederholt und in regelmäßigen Abständen nachgefragt werden. Zum anderen ist aufgrund von Dienstleistungsbesonderheiten ein Wechsel des Anbieters oft mit größerem Aufwand verbunden. Kundenbindung lässt sich wie folgt definieren:

> **Kundenbindung** ist die Stabilisierung und Ausweitung der Kunde-Anbieter-Beziehung. Sie umfasst sämtliche Maßnahmen eines Dienstleistungsunternehmens, die darauf abzielen, sowohl die tatsächlichen Verhaltensweisen als auch die zukünftigen Verhaltensabsichten des Kunden gegenüber dem Anbieter positiv zu gestalten (Homburg/Bruhn 2008, S. 8).

Kundenbindung konkretisiert sich im bisherigen, gegenwärtigen und zukünftigen Kaufverhalten von Kunden. Üblicherweise werden bei der Messung des als komplex und multidimensional erachteten Kundenbindungskonstrukts zwei Dimensionen unterschieden. Die erste reflektiert das bisherige Kundenverhalten (Kaufverhalten und Weiterempfehlung). Die zweite Dimension spiegelt die Verhaltensabsichten mit den Absichten des Wieder- und des Zusatzkaufs sowie der Weiterempfehlungsabsicht wider (vgl. Krafft 2007, S. 29ff.).

Ein wesentlicher Grund für die besondere Bedeutung der Kundenbindung liegt in ihren vielfältigen Einflüssen auf die ökonomischen Erfolgsgrößen. So wird die **Mengenkomponente** des Umsatzes durch im Zeitablauf erhöhte Kauffrequenzen und größere Absatzmengen positiv beeinflusst. Beide Wirkungen sind auf die wachsende Vertrautheit mit der Leistung sowie die Nutzung von Cross-Selling-Potenzialen zurückzuführen. Zudem lassen sich in einigen Branchen im Zeitablauf höhere Preise durchsetzen, da bei langjährigen Beziehungen die empfundene Risikoreduktion zu einer sinkenden Preiselastizität der Nachfrage führt.

Außerdem bewirken dauerhafte Kundenbeziehungen auch eine **Reduzierung der Kosten**. Dieser Effekt beruht auf zunehmenden Lerneffekten bei der Interaktion zwischen dem Kunden und dem Kontaktpersonal, die langfristig zu einer Senkung der Kundenbetreuungskosten führen (Reichheld/Sasser 1991; Meffert 1993, S. 13ff.).

Schließlich nimmt auch die positive Mund-zu-Mund-Kommunikation (Weiterempfehlung) als Kommunikationsverhalten Einfluss auf die ökonomischen Erfolgsgrößen eines Dienstleistungsunternehmens. Diese wird wie folgt definiert:

> **Mund-zu-Mund-Kommunikation** ist die in unterschiedlichem Maße zweckorientierte Übermittlung von unternehmens- oder leistungsspezifischen Informationen und Bedeutungsinhalten durch Kunden eines Dienstleistungsunternehmens mit der Folge der Beeinflussung von Meinungen, Einstellungen, Erwartungen und Verhaltensweisen der Adressaten (Bruhn 1998d; Kroeber-Riel/Weinberg 2003, S. 510).

Zum einen ist die positive Mund-zu-Mund-Kommunikation (Weiterempfehlung) bedeutsam, da personenbezogene Informationsquellen (z. B. Freunde) als besonders glaubwürdig eingestuft werden und somit einen größeren Einfluss auf das Kaufverhalten potenzieller Kunden ausüben (Murray 1991, S. 1ff.; Helm 2008).

Zum anderen stellen Kunden, die ein Unternehmen an Freunde, Bekannte und Kollegen weiterempfehlen, besonders loyale Kunden dar, die für das Unternehmen besonders profitabel sind.

Beispiel: Das Internet hat dem Verbraucher in Bezug auf die Mund-zu-Mund-Kommunikation im Rahmen von Testforen im Internet eine „neue Macht" verliehen. Ein Beispiel hierfür ist der deutsche Marktführer auf dem Gebiet der Hotelbewertungsseiten Holidaycheck.de. Auf Bewertungsportalen wie Holidaycheck.de geben Verbraucher unverblümt ihre Meinung über Hotels, Produkte, Bücher, Filme und neuerdings auch über Ärzte und Professoren ab. Auf Basis vieler subjektiver Einzelmeinungen entsteht im Idealfall schließlich ein repräsentatives Gesamturteil, das von vielen Anbietern nicht ignoriert werden kann. So teilen auf Holidaycheck.de pro Tag etwa 1.500 Benutzer authentisch Erfahrungen über ihren Urlaubsort mit (Drösser 2008, S. 38f.).

Bei der Kundenbindung sind wesentliche Bedeutungsunterschiede in Abhängigkeit vom betrachteten Leistungstyp festzustellen. Im Vergleich zu Standarddienstleistungen kommt der Kundenbindung bei individualisierten Dienstleistungen eine wesentlich höhere Bedeutung zu. Dies liegt z. B. in der häufig hohen relativen Bedeutung von Einzelkunden (z. B. Werbeagenturen) begründet. Zudem zeichnen sich solche Dienstleistungen in der Regel durch einen hohen Integrations- und Interaktionsgrad aus und liefern somit ein vergleichsweise hohes Potenzial zur Realisierung von Kostensenkungen durch Erfahrungskurveneffekte mit anhaltender Dauer der Kundenbeziehung. Darüber hinaus werden gebundene Kunden, die bereits Erfahrungen mit einer bestimmten Individualleistung gesammelt haben, in stärkerem Maße zu einer qualitativ hochwertigen Leistungserstellung beitragen als unerfahrene Kunden.

Eine isolierte Betrachtung der Erfolgsgröße Kundenbindung ist wenig sinnvoll. Vielmehr bedarf es einer Analyse der Kundenbindung stets in Verbindung mit der Kundenzufriedenheit, da diese als die zentrale Wirkungsgröße der Kundenbindung gilt. Der positive Zusammenhang zwischen **Kundenzufriedenheit und Kundenbindung** wurde sowohl durch theoretische (vgl. Fornell/Wernerfelt 1987; Bolton/Drew 1991; vgl. für einen Überblick Homburg/Becker/Hentschel 2008) als auch empirische Studien (vgl. Krüger 1997, S. 96ff.; Homburg/Giering/Hentschel 1999; Gerpott 2000, S. 28ff.; Fischer/Herrmann/

Huber 2001; Homburg 2003; Chandrashekaran et al. 2007) belegt. Dabei sind vor allem die folgenden Erkenntnisse erwähnenswert:

Erstens kommen hinsichtlich der **Einflussstärke der Kundenzufriedenheit** auf die Kundenbindung Unterschiede in Abhängigkeit der Branche zum Vorschein (Fornell 1992; Fornell et al. 1996). Mehrere Studien zeigen, dass die Werte umso höher liegen, je höher die Wettbewerbsintensität in einem Sektor ist (z. B. Automobilbranche).

Zweitens wurden unterschiedliche Auswirkungen in Abhängigkeit des **Zufriedenheitsniveaus** auf die Kundenbindung nachgewiesen, woraus zu schließen ist, dass die Kunden keine homogene Einheit bilden (Herrmann/Johnson 1999, S. 595; Mittal/Kamakura 2001; Chandrashekaran et al. 2007). So fallen die Steigerungen der Kundenbindung nach einer Erhöhung der Kundenzufriedenheit niedriger aus, wenn schon zu Beginn niedrige bzw. mittlere Werte für die Zufriedenheit angesetzt werden.

Drittens tritt eine Abflachung der Wirkung bei einem Übergang von hohen zu sehr hohen Werten für die Zufriedenheit in Erscheinung (Herrmann/Johnson 1999, S. 595). Dies lässt auf einen **asymptotischen Verlauf** des Zusammenhangs zwischen Zufriedenheit und Kundenbindung schließen. Wenngleich der funktionale Zusammenhang in der theoretischen Diskussion noch weitgehend ungeklärt ist, bestätigen die Erkenntnisse von Herrmann/ Johnson (1999) Ergebnisse anderer Studien (vgl. Bloemer/Kasper 1995, S. 311ff.), dass zwischen den beiden Größen keine lineare Relation besteht (Homburg/Bucerius 2006).

Obgleich die Zufriedenheit bedeutenden Einfluss auf die Kundenbindung ausübt, sind zufriedene Kunden nicht zwangsläufig loyale Kunden. Die Zufriedenheit stellt zwar auf der einen Seite keinen Garant für die Kundenbindung dar, auf der anderen Seite bedeutet aber starke Unzufriedenheit fast immer das Ende einer Beziehung (Mittal/Lassar 1998, S. 193; Oliver 1999; Szymanski/Henard 2001). Deswegen scheint die Zufriedenheit von Kunden eine zentrale Voraussetzung für deren Bindung zu sein. Allerdings gibt es eine Reihe von moderierenden Variablen, die den Zusammenhang zwischen Kundenzufriedenheit und Kundenbindung beeinflussen. Dies sind unter anderem das Wettbewerbsumfeld, das Bedürfnis nach Abwechslung und die Anbieteraktivitäten.

Da im Dienstleistungsbereich die Bedeutung der mitarbeiterbezogenen Faktoren besonders stark ausgeprägt ist, erfolgt die Bindung der Kunden vor allem über **persönliche Beziehungen** und unterstreicht auch die Bedeutung der Erfolgsgröße der Beziehungsqualität im Dienstleistungsbereich.

2. Marktforschung im Dienstleistungsbereich

Auch im Rahmen des Dienstleistungsmarketing ist die planmäßige Erforschung des Marktes Voraussetzung für ein zielgerichtetes Marketing. Die Marktforschung stellt ein Instrument zur Fundierung absatzpolitischer Entscheidungen dar, das zum Ziel hat, Chancen und Risiken aufzudecken. Strategischer Informationsbedarf besteht bezüglich der Umwelt- und Umfeldentwicklung sowie der Auswirkungen alternativer Marktbearbeitungsstrategien. Operative Entscheidungen werden durch die Möglichkeiten eines verbesserten, d. h. effektiveren, Einsatzes des Marketinginstrumentariums unterstützt.

2.1 Besonderheiten der Marktforschung im Dienstleistungsbereich

> **Marktforschung** eines Dienstleistungsunternehmens ist die Analyse des Kundenverhaltens, der Wirkung von Marketingaktivitäten des Dienstleistungsanbieters sowie der innerbetrieblichen Sachverhalte.

Ausgehend von den Besonderheiten von Dienstleistungen ist eine Betrachtung spezifischer Aufgabeninhalte der Marktforschung angezeigt. Die Relevanz der Leistungsfähigkeit des Anbieters, die Integration des externen Faktors sowie die Immaterialität führen zu Bewertungsunsicherheiten bei den potenziellen Nachfragern, deren Identifizierung Aufgabe der Marktforschung im Dienstleistungssektor ist (vgl. Abbildung 3-2-1).

Abbildung 3-2-1:   **Besonderheiten der Dienstleistungsmarktforschung**

Besonderheiten von Dienstleistungen	Schwerpunkte in der Marktforschung
Leistungsfähigkeit des Anbieters	■ Analyse der Mitarbeiterfähigkeiten ■ Analyse der Mitarbeitermotivation
Integration des externen Faktors	■ Standortforschung ■ Analyse des Interaktionsverhaltens interner und externer Faktoren ■ Analyse des Integrationsverhaltens des externen Faktors
Immaterialität (Nichtlagerfähigkeit, Nichttransportfähigkeit)	■ Analyse des Kundenverhaltens (Nachfragehöhe, Nachfrageschwankungen, Öffnungszeiten) ■ Analyse von Kundenzufriedenheit und Image ■ Beschwerdeanalysen

Die Notwendigkeit der Leistungsfähigkeit eines Dienstleistungsanbieters und vor allem seiner Mitarbeitenden impliziert die Analyse der **Mitarbeiterfähigkeiten** und der **Mitarbeitermotivation** durch die Marktforschung (z. B. fachliche Kompetenz und kundenorientiertes Verhalten durch Silent Shopper). Hier ist die Angemessenheit dieser beiden Größen gemäß den Kundenanforderungen und Leistungsspezifikationen des Anbieters zu untersuchen. Die entsprechenden Analyseergebnisse repräsentieren Ansatzpunkte für Maßnahmen der Personalpolitik (vgl. hierzu die Ausführungen in Kapitel 6).

Ferner lassen sich spezifische Problemstellungen aufgrund der Integration des externen Faktors herausstellen. In diesem Zusammenhang sind die Standortforschung sowie Analysen des Interaktions- und Integrationsverhaltens einzusetzen.

Bei standortgebundenen Dienstleistungsunternehmen kommt durch die notwendige Integration des externen Faktors der **Standortforschung** eine zentrale Bedeutung zu. Gerade bei Dienstleistungen mit hoher Bedarfshäufigkeit (Banken, Postdienste, Handel) hat die schnelle Erreichbarkeit besondere Relevanz für die vom Kunden wahrgenommene Dienstleistungsqualität. Im Rahmen von Standortanalysen sind Informationen über Standortpräferenzen der Konsumenten, Bedarf, Konkurrenz, Einkommen, Verkehrsanbindung, Größe des Einzugsgebietes usw. bereitzustellen. Bei Dienstleistungsunternehmen, die Versorgungs- (z. B. Essen auf Rädern, Energieversorgungsunternehmen), Sicherheits- (z. B. Polizei, Feuerwehr) oder technische Kundendienstleistungen anbieten, stellt sich die Standortproblematik aus einem anderen Blickwinkel dar. In der Regel wird bei diesen Diensten die Leistung vor Ort beim Kunden erbracht. Für die Standortwahl dieser Unternehmen ist es deshalb wichtig, ein möglichst dichtes Netz von Standorten aufzubauen, um die Dienstleistungen möglichst schnell zu erbringen. Hierbei spielt die Analyse der räumlichen Verteilung der Dienstleistungsnachfrager, die Verkehrsanbindung und das gegenwärtige Distributionsnetz eine große Rolle.

Unterstützende **Verfahren für die Standortentscheidung** sind Scoringmodelle, die Analogmethode und unterschiedliche Ausgestaltungen von Gravitationsmodellen. Scoringmodelle und die Analogmethode sind in der betrieblichen Praxis bereits weit verbreitet (Reilly 1931; Woratschek 2001c).

Zur Steuerung einer zielgerichteten Betreuung des Kunden während des Dienstleistungserstellungsprozesses (z. B. Angst eines Patienten vor einer Operation; kundengerechte Auswahl von Gesprächsthemen beim Friseur) sind **Analysen der Interaktionsprozesse** zwischen internen und externen Kontaktsubjekten vorzunehmen. Die Marktforschung stellt hier Daten über das Konsumentenverhalten, die Kaufprozesse und über das Verwendungsverhalten der Dienstleistungsnehmer bereit. Dabei geht es unter anderem auch darum, Aufschluss über das (Fehl-)Verhalten des Kontaktpersonals des Dienstleistungsunternehmens zu gewinnen.

> **Beispiel:** Bei einem Versicherungsunternehmen, das in den Markt der Baufinanzierung einsteigen wollte, zeigte sich im Rahmen von Testberatungsgesprächen mit den Außendienstmitarbeitern ein äußerst geringes Engagement beim Verkauf dieser neuen Dienstleistung. Dies manifestierte sich insbesondere darin, dass die Beratung für die Bausparverträge stark gekürzt wurde und eine Bedürfnisermittlung, Bedarfsweckung und -stabilisierung gegenüber dem Dienstleistungskonsumenten kaum stattfand. Neben der Beobachtung führte eine anschließende Befragung des Kontaktpersonals zum Ergebnis, dass das neue Dienstleistungsprodukt als „ver-

sicherungsfremd" und als „nicht ausgereift" abgewertet wurde. Dieses Beispiel zeigt deutlich, dass eine Analyse der Interaktionsprozesse wichtige Erkenntnisse über die Verhaltensweisen sowohl der externen als auch der internen Kontaktsubjekte erkennen lässt.

Dem **Integrationsverhalten** von Dienstleistungsnachfragern ist im Rahmen der Marktforschung ebenfalls große Bedeutung beizumessen. Im Mittelpunkt steht die Integrationsintensität, mit der der Dienstleistungskunde am Erstellungsprozess beteiligt ist (z. B. Beteiligung der Teilnehmer an einem Sprachkurs). Diese Information ist von besonderer Bedeutung für die mögliche Übertragung von Dienstleistungsfunktionen auf den externen Faktor. Weiterhin wird auf die bei verschiedenen Dienstleistungen entweder in Kauf genommene (z. B. Kinobesuch) oder bewusst gestaltete Interaktion (z. B. Tanzkurs) von verschiedenen externen Faktoren bzw. Personen hingewiesen. Die Qualität dieser Interaktionsprozesse hat mitunter erhebliche Auswirkungen auf die vom Konsumenten wahrgenommene Servicequalität.

Im Rahmen der Marktforschung resultiert aus der Immaterialität von Dienstleistungen der Einsatz von Analysen des Kundenverhaltens, Image- und Zufriedenheitsanalysen sowie Beschwerdeanalysen.

Insbesondere aufgrund der Nichtlagerfähigkeit ist im Rahmen der Marktforschung eines Dienstleistungsunternehmens die **zeitliche Nachfrageverteilung** zu untersuchen (**Kundenfrequenzanalysen**). Zur Prognose von Nachfrageschwankungen und der Nachfragehöhe einzelner Kunden ist das Kundenverhalten zu untersuchen. Darüber hinaus stellt auch die Kenntnis der günstigsten Öffnungszeiten für einen Dienstleistungsanbieter eine wichtige Information zur Planung der Dienstleistungskapazitäten dar.

Weiterhin gelten aufgrund der Simultaneität von Dienstleistungsproduktion und -konsum spezifische **Analysen der Kundenzufriedenheit und des Images**. Zum einen lassen sich diese beiden Größen als Indikatoren für das zukünftige Kaufverhalten potenzieller (nur Image) und aktueller Kunden heranziehen. Zum anderen liefern die Analysen Ansatzpunkte für den Einsatz des Marketinginstrumentariums zur Erhöhung der Kundenzufriedenheit und Verbesserung des Images.

Eng verbunden mit der Analyse der Kundenzufriedenheit sind **Beschwerdeanalysen**. Diese ermöglichen die Identifikation unzufriedener Kunden und liefern Implikationen für notwendige Maßnahmen zur nachträglichen Zufriedenstellung (vgl. zum Beschwerdemanagement die Ausführungen im Kapitel 6). Weiterhin lassen sich anhand von Beschwerdeanalysen systematische Leistungserstellungsfehler feststellen, die bei Leistungsinnovationen und -verbesserungen zu berücksichtigen sind.

2.2 Methoden der Marktforschung im Dienstleistungsbereich

Vor der eigentlichen Datenerhebung und Auswertung ist einem Marktforschungsprojekt ein exploratives Design vorzuschalten. Diese Phase stellt eine Vorstudie dar und hilft, das Entscheidungs- und Marktforschungsproblem zu präzisieren (Fantapié Altobelli 2007, S. 18). Diesem explorativen Design kommt in der Dienstleistungsmarktforschung ein hoher Stellenwert zu. In dieser Phase werden z. B. Geschäftsprozesse, die Gegenstand des Forschungsvorhabens sind, in ihre Einzelaktivitäten zerlegt (z. B. mittels der Blueprinting-Technik, vgl. dazu Kapitel 5), um Fragestellungen konkreter Problembereiche zu entwerfen. Diese werden dann im Rahmen der Hauptstudie mittels Befragung, Beobachtung oder Experiment an den Probanden untersucht (Homburg/Krohmer 2008).

Im Hinblick auf die **Methoden der Marktforschung** eines Dienstleistungsunternehmens wird entsprechend der Art der Durchführung der Informationsgewinnung zwischen Sekundär- und Primärforschung differenziert (Fantapié Altobelli 2007, S. 19).

> **Sekundärforschung** ist die Auswertung vorhandener Informationsquellen im Hinblick auf einen im Voraus festgelegten Untersuchungszweck. Hierbei werden sowohl externe als auch interne Informationsquellen herangezogen (Kuß 2007).

Einen beispielhaften Überblick über Informationsquellen der Sekundärforschung liefert Abbildung 3-2-2.

Abbildung 3-2-2:   **Informationsquellen der Sekundärforschung im Dienstleistungsbereich**

Interne Quellen	Externe Quellen
■ Kundendienstberichte	■ Amtliche Statistiken
■ Außendienstberichte	■ Branchenstatistiken
■ Beschwerdestatistiken	■ Statistiken von Wirtschaftsorganisationen, Verbänden, Ministerien, sonstigen Instituten
■ Kundendateien	■ Institutsberichte
■ Produktions- und Lagerstatistiken	■ Datenbankrecherche
■ Kostenrechnung	■ Fachpublikationen
■ Frühere Primärerhebungen	■ Sonstige Quellen wie Prospekte der Konkurrenz, Geschäftsberichte usw.
■ Auftragsstatistiken	
■ Umsatzstatistiken usw.	

GABLER
GRAFIK

Die **Beschwerdestatistiken** repräsentieren eine zentrale interne Sekundärquelle in der Dienstleistungsmarktforschung und werden deshalb im Folgenden exemplarisch näher erläutert. Bei den zu erfassenden Informationen werden Beschwerdeinhaltsinformationen (z. B. Art des Beschwerdeproblems, Stammdaten des Kunden, Ausmaß der Verärgerung des Kunden) und Beschwerdebearbeitungsinformationen (z. B. Zeitpunkt der Entgegennahme, Beschwerdeweg, Adressat der Beschwerde) unterschieden. Zur Erfassung dieser Beschwerdeinformationen ist eine konsequente Beschwerdestimulierung (z. B. telefonische Hotline, Beschwerde-Website im Internet, direkte Ansprache durch Kundenkontaktmitarbeiter) notwendig (Stauss/Seidel 2007).

Die Sekundärforschung stellt in erster Linie Ausgangsinformationen zur Verfügung, die durch eine anschließende Primärforschung vertieft werden.

> **Primärforschung** ist die speziell für bestimmte Problemstellungen des Dienstleistungsmarketing durchgeführte markt-, marktteilnehmer- und umfeldbezogene Erhebung (Kuß 2007).

Einen Überblick über die Methoden der Primärforschung und mögliche Anwendungsbeispiele bezüglich der vorhandenen Untersuchungsobjekte liefert Abbildung 3-2-3.

Abbildung 3-2-3:   **Anwendungsbeispiele der Methoden der Primärforschung im Dienstleistungsbereich bezüglich unterschiedlicher Untersuchungsobjekte**

Untersuchungs-objekt / Methoden	Markt	Marktteilnehmer	Umfeld
Befragung	■ Expertenbefragung ■ Gruppendiskussion	■ Kundenbefragung ■ Mitarbeiter-befragung ■ Befragung der Intermediäre	■ Expertenbefragung ■ Gruppendiskussion
Beobachtung	■ Zeit-Distanz-Methode ■ Branchen-beobachtung	■ Kundenlaufstudie ■ Blickregistrierung ■ Mystery Shopping	■ Beobachtung der technischen Entwicklungen
Experiment	■ Lokaler Testmarkt ■ Regionaler Testmarkt	■ Servicetest ■ Werbemitteltest ■ Preistest	–
Panel	■ Marktstruktur-analyse ■ Einzugsgebiets-analyse	■ Haushaltspanel ■ Individualpanel ■ Servicepanel	■ Erhebung des Konsumklimas ■ Mediennutzungs-verhalten

Die Methoden zur Erhebung originärer Daten umfassen die Befragung, die Beobachtung, das Experiment und als Spezialform die Erhebung mittels Panel. Diese lassen sich auf drei Untersuchungsobjekte anwenden. Die Gruppe der Marktteilnehmer umfasst dabei z. B. die Kunden, die Mitarbeitenden, die Konkurrenz und die Intermediäre. Im Rahmen des Untersuchungsobjekts Markt werden Erhebungen bezüglich des relevanten Marktes durchgeführt, der alle für die Kauf- und Verkaufsentscheidungen eines Dienstleistungsunternehmens bedeutsamen Austauschbeziehungen umfasst. Schließlich liefern umfeldbezogene Erhebungen wichtige Informationen über die wirtschaftlichen, technologischen, kulturellen, gesellschaftlichen, rechtlichen und politischen Rahmenbedingungen.

Im Rahmen der **Befragung** ist zwischen einer qualitativen und einer quantitativen Befragung zu unterscheiden. Bei der **qualitativen Methode** findet eine persönliche Befragung einer Einzelperson oder mehrerer Personen in Form eines Gruppeninterviews anhand eines nicht oder nur teilweise standardisierten Leitfadens statt. Die Anzahl der insgesamt befragten Personen ist relativ begrenzt. Ziel dieser Methode ist bei der Einzelbefragung die Gewinnung von Einstellungen oder Meinungen, beim Gruppeninterview hingegen die Sammlung möglichst umfassender Informationen zu einem bestimmten Untersuchungsgegenstand (Kepper 2008). So ist z. B. anhand des Untersuchungsobjekts Umfeld eine Expertenbefragung zur Prognose der Konjunktur oder anhand des Untersuchungsobjekts Marktteilnehmer eine Gruppendiskussion zu möglichen Dienstleistungsinnovationen denkbar (Fantapié Altobelli 2007, S. 43).

Die **quantitative Befragung** ist als persönliche, schriftliche, telefonische und Online-Befragung möglich und verfolgt das Ziel, mit Hilfe eines standardisierten Fragebogens die Befragung einer repräsentativen Stichprobe durchzuführen, um Aussagen über die Grundgesamtheit zu treffen (Fantapié Altobelli 2007, S. 42f.).

Durch den Einsatz der Multimedia-Technik ergeben sich mit der Online-Befragung neue Befragungsformen und Verbesserungsmöglichkeiten. Das Multimediasystem übernimmt dabei die Rolle des Interviewers. Durch die Kombinationsmöglichkeit von Text, Ton, Bildern und Filmen werden die Probleme der klassischen Befragungsformen wie fehlende Darstellungs- und Steuerungsmöglichkeiten behoben (Theobald/Dreyer/Starsetzki 2003).

Im Dienstleistungsmarketing nehmen Befragungen einen besonders hohen Stellenwert ein, weil sie aus **Kundensicht** zur Ermittlung des Dienstleistungsimages, der Dienstleistungsqualität und zur Erfassung der Kundenzufriedenheit einsetzbar sind.

Weiterhin ist es aus **Mitarbeitersicht** möglich, nicht nur Mitarbeiterfähigkeiten und die Mitarbeitermotivation sowie hiermit in Zusammenhang stehende Größen (z. B. Mitarbeiterzufriedenheit) zu messen, sondern auch die Kundeninteraktionen aus Perspektive der Mitarbeitenden zu beurteilen. Aufgrund des direkten Kontaktes zwischen Dienstleister und Dienstleistungsabnehmer bei der Erbringung von personenorientierten Diensten erhalten Mitarbeitende detaillierte Kundendaten und bauen ein differenziertes Wissen über Kundenanforderungen auf (Meyer 2004).

Beispiel: Informationen, die Mitarbeitende im Kundenkontakt durch Befragungen von Kunden generieren:

- Besteht eine intensive Kundenbindung (regelmäßiger Besuch des Kunden)?
- Ist der Kunde mit der Dienstleistung zufrieden (Äußerungen der Kunden nach der Dienstleistungserstellung, z. B. beim Friseur, Arzt, im Restaurant)?
- Welche Optionen/Ansätze bestehen, die Dienstleistung aus Kundensicht zu verbessern?
- Benötigt der Konsument noch weitere Dienstleistungen?
- Wann wird der Kunde die nächste Dienstleistung in Anspruch nehmen?

Eine **Beobachtung** ist im Gegensatz zur Befragung nicht abhängig von der Auskunftsbereitschaft des Dienstleistungskunden und liefert Informationen mittels der Analyse des sinnlich wahrnehmbaren Verhaltens/der sinnlich wahrnehmbaren Veränderungen (Fantapié Altobelli 2007, S. 95). Im Zentrum steht meist das Untersuchungsobjekt der (potenziellen) Kunden, deren Reaktion auf Stimuli durch Feld- oder Laboratoriumsbeobachtungen registriert wird, um Rückschlüsse auf marketingrelevante Sachverhalte zu ziehen. Bei persönlichen Beobachtungen erfolgt die Datenerfassung direkt durch den Beobachter, bei apparativen Beobachtungsverfahren werden unterstützend technische Hilfsmittel eingesetzt (Böhler 2004, S. 102ff.). Als Beispiele sind die Kundenlaufstudie oder die Blickregistrierung zu nennen. Neben den Marktteilnehmern liefert auch die Beobachtung des Marktes (z. B. Branchenbeobachtung) oder des Umfeldes (z. B. Beobachtung der technischen Entwicklung) marketingrelevante Informationen.

Das **Experiment** dient der Aufdeckung von Ursache-Wirkungs-Zusammenhängen. Dafür legt es ein bestimmtes Untersuchungsdesign bei der Datengewinnung fest. Die durchgeführten Marketingmaßnahmen stellen dabei die unabhängigen Variablen dar. Durch die Kontrolle möglicher Einflussfaktoren werden die Auswirkungen auf die abhängige(n) Variable(n) gemessen (Kuß 2007, S. 141). Diese Messungen finden als Labor- oder Marktexperiment statt. Im Rahmen des Laborexperiments wird ein künstliches Umfeld geschaffen, in dem z. B. Preis- und Werbemitteltests sowie die Ermittlung des Einführungserfolgs neuer Services durchgeführt werden. Bei Marktexperimenten wie dem lokalen bzw. regionalen Testmarkt werden Marketing Maßnahmen in einem größeren Gebiet untersucht, um einen umfassenden Einblick in mögliche Reaktionen der Konsumenten und der Konkurrenz zu erhalten (Böhler 2004, S. 60). Aufgrund der Immaterialität von Dienstleistungen erweisen sich Experimente, in denen neue Dienstleistungen auf ihre Akzeptanz beim Konsumenten untersucht werden, jedoch als schwierig, weil der Konsument erst durch eine Inanspruchnahme der Dienstleistung eine konkrete Vorstellung von dieser Leistung erhält (z. B. Reisen, ärztliche Untersuchung). Für standardisierte Dienstleistungen sind bestimmte Testmethoden anwendbar, zur Beurteilung individualisierter und hochgradig integrativer Dienstleistungen ist der Einsatz experimenteller Designs jedoch nicht sinnvoll (vgl. Böhler/Hempe 2001, S. 272).

Als Sonderform der Datenerhebung gilt schließlich das **Panel**, das eine über einen längeren Zeitraum gleichbleibende Teilauswahl von Erhebungseinheiten umfasst, die in regelmäßigen Abständen zu einem gleichbleibenden Untersuchungsgegenstand befragt oder beobachtet werden (Böhler 2004, S. 69). Im Rahmen von Längsschnittanalysen lassen sich z. B. Aussagen über das Kaufverhalten der Kunden, über die Veränderung der Marktstruktur oder umfeldbezogen über das Konsumklima treffen.

Sämtliche durch die Marktforschung erhobenen Daten lassen sich im Rahmen eines so genannten **„Data Warehouse"** (vgl. z. B. Hippner 2004) organisieren sowie zur Nutzung im strategischen und operativen Dienstleistungsmarketing aufbereiten. Über ein konsequentes **„Database-Marketing"** (Link 2001) werden wichtige Hinweise für den Einsatz der Marketinginstrumente abgeleitet. Database-Informationen ermöglichen zum einen eine gezielte Kommunikationsaktivität (z. B. Directmailing), zum anderen dient die Sammlung von Kundeninformationen einer Individualisierung im Leistungsmixbereich, die im Extremfall einem „Segment-of-One-Approach" gerecht wird.

> **Beispiel:** Das Database-System der Hotelkette Best Western, deren Hotels vor allem Geschäftsreise- und Tagungshotels sind, umfasst vier Elemente. Als „Unternehmensinformationen" werden der Name des Unternehmens, Adresse, Telefon, Datum der letzten Änderung usw. erfasst. Die Rubrik „Ansprechpartner" sammelt Informationen über den konkreten Ansprechpartner (z. B. Position, Unterscheidung Entscheider und Bucher) im Kundenunternehmen. In der „Aktivitäten-History" finden sich weitere Kontakte zum Kunden (z. B. auf Messen) wieder. Schließlich werden „Anfragen/Buchungen" verfolgt. Die Database-Informationen finden vor allem in der Distribution (z. B. telefonische und persönliche Kundenansprache), im Direktmarketing (z. B. mehrstufige, aufeinander aufbauende Mailingaktionen, die sich in Abhängigkeit der Kunden(nicht)reaktion „verzweigen"), im Telefonmarketing (z. B. Abrufen des nächsten Kontakttermins) und im Umsatzcontrolling (z. B. in Form von Kundenumsatzberichten) Anwendung (Schulze/Vieler 1997).

Die im Rahmen der Marktforschung erhobenen Informationen spielen eine wichtige Rolle bei der Marktsegmentierung.

3. Marktsegmentierung im Dienstleistungsbereich

Unter Marktsegmentierung wird die Aufteilung eines Gesamtmarktes in bezüglich ihrer Marktreaktion intern homogene, untereinander jedoch heterogene Untergruppen (Marktsegmente) verstanden (Freter 1983; Meffert/Burmann/Kirchgeorg 2008). Zweck der Marktsegmentierung bei Dienstleistungen ist die Offenlegung von Unterschieden zwischen den Abnehmern und die Ableitung von Implikationen im Hinblick auf eine differenzierte Marktbearbeitung (Freter 2001a).

Ein guter Informationsstand bezüglich Strukturen und Gesetzmäßigkeiten des Marktes (z. B. saisonal bedingte Nachfrageschwankungen im Reisemarkt) erlaubt die proaktive Anpassung der Dienstleistungspotenziale und -angebote an die besonderen Ansprüche und Erwartungen genau definierter Käuferschichten. Aus dem Merkmal der Integration des externen Faktors ergibt sich zudem die Möglichkeit, segmentspezifische Anforderungen noch im Verlauf des Dienstleistungserstellungsprozesses zu erkennen und entsprechend umzusetzen. Damit umfasst die Marktsegmentierung sowohl die Markterfassungs- bzw. Informationsseite als auch die Marktbearbeitungsseite.

Um die Aufgabe der Bildung in sich homogener und untereinander heterogener Marktsegmente zu realisieren, haben die Segmentierungskriterien die allgemein gültigen **Anforde-**

rungen Messbarkeit, Kaufverhaltensrelevanz, Erreichbarkeit bzw. Zugänglichkeit, Handlungsfähigkeit, Wirtschaftlichkeit, zeitliche Stabilität und Dienstleistungsbezug zu erfüllen (Freter 2001b, S. 1074ff.; Kotler/Bliemel 2006, S. 451f.; Meffert/Burmann/Kirchgeorg 2008, S. 190f.).

Zur Beurteilung der im Folgenden zu analysierenden Marktsegmentierungskriterien sind diese Anforderungen heranzuziehen. Dabei ist zu berücksichtigen, dass die Anforderungen der Messbarkeit und der zeitlichen Stabilität von jedem einzelnen Kriterium zu erfüllen sind. Die darüber hinausgehenden Anforderungen (z. B. Wirtschaftlichkeit) müssen lediglich von dem zur Marktsegmentierung herangezogenen Kriterienkatalog insgesamt beachtet werden.

Die **Vielzahl der möglichen Segmentierungskriterien** lässt sich nach unterschiedlichen Gesichtspunkten zu Kriteriengruppen zusammenfassen (Freter 2001b; Kotler/Bliemel 2006, S. 430ff.; Becker 2006, S. 250ff.; Meffert/Burmann/Kirchgeorg 2008, S. 192ff.; Steffenhagen 2008, S. 42f.). Neben den klassischen Segmentierungskriterien, die auch im Dienstleistungsbereich Anwendung finden, werden zunehmend andere für das Kaufverhalten eher relevante Kriterien zur Segmentierung herangezogen. Abbildung 3-3-1 liefert einen Überblick über mögliche Segmentierungskriterien.

Abbildung 3-3-1:   **Segmentierungskriterien für Dienstleistungsmärkte**

Segmentierungskriterien für konsumtive Dienstleistungen	Segmentierungskriterien für investive Dienstleistungen

1. Demographische Kriterien
  – Geschlecht
  – Alter
  – Familienlebenszyklus
  – Geographische Kriterien
	1. Branchenbezogene Kriterien
	  – Art der Branche
	  – Konkurrenzintensität
	  – Branchenkonjunktur
	  – Bedarfshäufigkeit der Dienstleistung

2. Sozioökonomische Kriterien
  – Einkommen
  – Soziale Schicht
  – Beruf
  – Ausbildung
  – Customer Lifetime Value (CLV)
	2. Unternehmensbezogene Kriterien
	  – Umsatzgröße
	  – Mitarbeiterzahl
	  – Dienstleistungstechnologische Ausstattung
	  – Budget für Dienstleistungen

3. Psychologische Kriterien
  – Motive
  – Einstellungen
  – Lifestyle
	3. Gruppenbezogene Kriterien
	  – Größe des Einkaufsgremiums
	  – Rollenverteilung (Entscheider, Nutzer usw.)
	  – Arbeitsaufteilung

4. Verhaltenskriterien
  – Dienstleistungsbezogene Kriterien
  – Kommunikationsbezogene Kriterien
  – Preisbezogene Kriterien
  – Einkaufsstättenbezogene Kriterien
	4. Personenbezogene Kriterien
	  – Demographische Kriterien
	  – Sozioökonomische Kriterien
	  – Psychologische Kriterien
	  – Verhaltenskriterien

GABLER
GRAFIK

Quelle: In Anlehnung an Bruhn 2007, S. 199

Die **demographischen** Kriterien stellen die „klassischen" Marktsegmentierungskriterien im konsumtiven Bereich dar. Beispiele für derartige Kriterien sind das Geschlecht, das Alter, der Familienlebenszyklus und geographische Kriterien (Becker 2006, S. 250ff.).

Aufgrund ihrer einfachen Erhebbarkeit und geringen Komplexität werden demographische Segmentierungskriterien sehr häufig eingesetzt und erklären sich bereits aus dem unterschiedlichen Bedarf von soziodemographischen Gruppen. In Abhängigkeit vom Alter lassen sich z. B. verschiedene Finanzdienstleistungen wie Bausparvertrag, Berufsunfähigkeitsversicherung oder Altersvorsorge klassifizieren. Eine regionale Segmentierung bietet sich dagegen bei Dienstleistungsunternehmen an, die eine Ausdehnung durch Filialisierung oder Franchising betreiben wie Kreditinstitute (Thiesing 1986), Lebensmittelfilialunternehmen und Fast-Food-Ketten. In zahlreichen Branchen sagen diese Kriterien jedoch nur wenig über die kaufverhaltensrelevanten Eigenschaften aus und eignen sich nur zu einer Grobaufteilung der Konsumenten (Brogini 1998, S. 115). In Folge dessen werden vermehrt zusätzliche Kriterien zur Segmentierung herangezogen (Meffert/Burmann/Kirchgeorg 2008, S. 196f.).

In engem Zusammenhang zu den demographischen Kriterien stehen die **sozioökonomischen** Segmentierungskriterien, zu denen beispielsweise das Einkommen, die soziale Schicht und der Customer Lifetime Value (CLV) zählen (Venkatesan/Kumar/Bohling 2007; Meffert/Burmann/Kirchgeorg 2008, S. 195f.).

Die soziale Schicht gibt häufig Auskunft über bestimmte Präferenzen und Kaufgewohnheiten. In unterschiedlichen sozialen Schichten gelten beispielsweise bestimmte Symbole als prestigeträchtig (in gehobenen Schichten z. B. exklusive Reisen, Urlaubsorte, öffentlichkeitswirksame Veranstaltungen, Golfclubs usw.).

Allerdings ist bei den sozioökonomischen Kriterien ebenfalls die häufig fehlende Kaufverhaltensrelevanz zu kritisieren, die den Aussagewert von auf diesen Kriterien basierenden Marktsegmenten erheblich einschränkt und die Vorteile der relativ leichten und kostengünstigen Erfassung aufwiegt (Meffert/Burmann/Kirchgeorg 2008, S. 196).

Die **psychologischen** Kriterien standen in den letzten Jahren im Mittelpunkt von Erklärungsmodellen des Käuferverhaltens im Dienstleistungsbereich. Als wichtigste Kriterien im Zusammenhang mit der Marktsegmentierung lassen sich die Kriterien Motive, Einstellungen und Lifestyle nennen (Kroeber-Riel/Weinberg 2003; Trommsdorff 2004; Becker 2006; Meffert/Burmann/Kirchgeorg 2008).

Motive stellen hypothetische Konstrukte dar, die den Konsumenten aktivieren bzw. sein Verhalten initiieren und steuern. Aufgrund der mangelhaften direkten Messbarkeit von Motiven treten mitunter Erhebungsprobleme auf. Deshalb findet in diesem Zusammenhang eine abgewandelte und aussagekräftigere Segmentbildung basierend auf dem Konzept der **Segmentierung nach Nutzenerwartungen** (Benefit Segmentation) Anwendung (vgl. Haley 1968, S. 30ff.; Mühlbacher/Botschen 1990, S. 159ff.; Brogini 1998, S. 130; Kotler/Bliemel 2006). Die Benefit Segmentation geht von der Annahme aus, dass die Kaufentscheidung des Konsumenten anhand des gewünschten oder erwarteten Nutzens getroffen wird. Aufgrund der Immaterialität von Dienstleistungen erscheint eine solche Segmentierung geeignet, da die Kommunikation der den einzelnen Kundengruppen angepassten Leistungseigenschaften zur Dokumentation der Leistungsfähigkeit eine bedeutende Rolle spielt.

Bei den **Einstellungen** ist eine Trennung zwischen den allgemeinen, persönlichkeitsbezogenen Einstellungen, die z. B. zur Bildung von Verlagstypologien herangezogen werden (Berekoven/Bruchmann 1992), und den marken- bzw. dienstleistungsbezogenen Einstellungen, die im Zusammenhang mit mehrdimensionalen Einstellungsmodellen erhoben werden, vorzunehmen. Die Erhebung der letztgenannten Einstellungen ist zwar mit einem hohen finanziellen Aufwand verbunden, aufgrund ihrer großen Kaufverhaltensrelevanz verfügen sie jedoch sowohl für den Einsatz der Marketinginstrumente als auch für die Entwicklung geeigneter Wettbewerbsstrategien über einen hohen Aussagewert.

Lifestyle-Kriterien lehnen sich eng an die allgemeinen Einstellungskriterien an und lassen sich anhand einer Vielzahl psychographischer Eigenschaften operationalisieren. Dabei spielen insbesondere Aktivitäten, Interessen und Meinungen eine wichtige Rolle.

Psychologische Segmentierungskriterien verfügen prinzipiell über eine hohe Relevanz bezüglich der Kaufentscheidung. Problematisch sind hier allerdings zum einen die Erhebbarkeit, d. h. die Identifikation der Zugehörigkeit potenzieller Kunden zu einzelnen Segmenten. Zum anderen wird, wie bei den demographischen und sozioökonomischen Kriterien, stets die Verhaltensabsicht untersucht. Über das tatsächliche Verhalten werden nur unter Einschränkungen Aussagen getroffen. Dabei sind Verzerrungen hinsichtlich der Segmentbildung nicht auszuschließen.

Bei den **Verhaltenskriterien** handelt es sich nicht um Einflussfaktoren auf mögliche Kaufentscheidungen, sondern um tatsächlich durchgeführte Aktivitäten im Rahmen des Kaufentscheidungsprozesses. Diesbezüglich sind dienstleistungsbezogene, kommunikationsbezogene, preisbezogene und einkaufsstättenbezogene Kriterien zu nennen (Freter 2001b; Becker 2006, S. 270ff.).

Die **dienstleistungsbezogenen Kriterien** stellen die Wahl der Dienstleistungsart, die Nutzungsintensität der Konsumenten, die Markenwahl sowie die Markentreue in den Vordergrund. Während sich die Wahl der Dienstleistungsart für eine Vorsegmentierung eignet, gewinnt die Nutzungsintensität besondere Bedeutung hinsichtlich der Bestimmung des Nachfrageverhaltens. Ferner liefert die Kenntnis der Verbrauchsintensitäten wertvolle Hinweise für den Einsatz leistungspolitischer Instrumente, insbesondere für die Mengendimensionierung. Ohne Kenntnis der Bestimmungsgründe des Dienstleistungsart- und Markenwahlverhaltens fehlen allerdings Hinweise auf eine wirksame Ansprache. Hier erscheint es ratsam, ergänzend auf sozioökonomische Kriterien zur Segmentbeschreibung zurückzugreifen.

Bei den **kommunikationsbezogenen Kriterien**, die für die meisten Dienstleistungen lediglich eine geringe Kaufverhaltensrelevanz aufweisen, steht das Nutzungsverhalten einzelner Medien im Vordergrund.

Der Preis ist in vielen Fällen das zentrale Kriterium für die Kaufentscheidung. Auf der Basis verschiedener Preisklassen bzw. des **preisbasierten Kaufverhaltens** lässt sich daher ebenfalls eine Segmentierung durchführen.

Die Segmentierung auf Basis der **Einkaufstättenwahl** bezieht sich hier auf die Positionierung der besuchten Dienstleistungsanbieter und auf die Nutzungsintensität, d. h. die Häufigkeit des Kaufs bei einzelnen Anbietern. Hinsichtlich der Erreichbarkeit der Konsumenten besitzen die einkaufsstättenbezogenen Ansatzpunkte für die Marktsegmentierung eine besondere Bedeutung. Zugleich kommt ihnen aufgrund der Nichttransportfähigkeit sowie der Integration des externen Faktors bei Dienstleistungen eine zentrale Rolle zu. Weiterhin bieten derartig ermittelte Segmente Ansatzpunkte für distributionspolitische Maßnahmen.

Der Einsatz von Verhaltenskriterien erfolgt oft gleichzeitig mit anderen Segmentierungskriterien. Dabei ist zu prüfen, ob sich die Kriterien als aktive Variablen zur Segmentabgrenzung oder als passive Variablen zur nachträglichen Beschreibung von bereits erfassten Segmenten eignen. Eine nähere Charakterisierung der gebildeten Segmente mit Hilfe sozioökonomischer oder psychologischer Merkmale vermag zusätzliche Hinweise für die segmentspezifische Gestaltung des Marketingmix zu geben.

Neben der Marktsegmentierung kommt der **Positionierung von Dienstleistungen** eine besondere Rolle im Hinblick auf die Auswahl des zu bearbeitenden Marktes zu. Während bei der Marktsegmentierung Konsumenten anhand von konsumentenbezogenen Kriterien in Gruppen eingeteilt werden, sind im Rahmen der Positionierung Dienstleistungen anhand der Konsumentenwahrnehmung von leistungsbezogenen Merkmalen zu differenzieren. Dies erfolgt mit Hilfe so genannter Positionierungsmodelle (vgl. hierzu die Ausführungen zur Positionierungsanalyse im Kapitel 4, Abschnitt 2.2) (Lovelock/Wirtz 2007, S. 184ff.).

Die marketingrelevanten Informationsgrundlagen bilden die Basis für Entscheidungen des strategischen Dienstleistungsmarketing, des Qualitätsmanagements für Dienstleistungen sowie des operativen Dienstleistungsmarketing.

Fragen zum 3. Kapitel:
Informationsgrundlagen des Dienstleistungsmarketing

Abschnitt 1:

■ Welche Prozesse laufen im Rahmen einer Kaufentscheidung ab? Welche dienst-leistungsspezifischen Besonderheiten sind hier zu berücksichtigen?

■ Welche Wirkungsgrößen des Kaufverhaltens existieren im Dienstleistungsbereich? Anhand welchen Konzeptes lassen sich diese systematisieren?

■ Welche Zusammenhänge existieren zwischen den Wirkungsgrößen? Welche Implikationen ergeben sich hieraus für das Dienstleistungsmarketing?

Abschnitt 2:

■ Welche internen und externen Marktforschungsaktivitäten ergeben sich aus der Immaterialität von Dienstleistungen?

■ Welche Methoden der Marktforschung sind besonders geeignet, die dienstleisungsspezifischen Besonderheiten zu berücksichtigen?

■ Welche Kombinationen von Marktforschungsaktivitäten sind zur umfassenden Fundierung strategischer (Marketing-)Entscheidungen geeignet?

Abschnitt 3:

■ Für welche Dienstleistungsbranchen sind die traditionellen demographischen Segmentierungskriterien geeignet?

■ Was sind die Vorteile von psychologischen und verhaltensorientierten Segmentierungskriterien?

■ Wie kann eine Segmentierung nach dem Customer Lifetime Value im Marketing umgesetzt werden?

■ Welche Segmentierungskriterien sind am Aussagekräftigsten hinsichtlich der Kaufentscheidungen?

■ Welche Probleme können sich im Zuge der Entscheidung für ein bestimmtes Segmentierungskriterium ergeben?

1. Strategische Unternehmens- und Marketingplanung im Dienstleistungsbereich

Die marktorientierte Ausrichtung und Führung eines Dienstleistungsunternehmens lässt sich nur konsequent verwirklichen, wenn eine individuelle und abgesicherte Marketingkonzeption erarbeitet wird (Palmer 2004, S. 66). Sie stellt für ein Unternehmen das Ergebnis detaillierter strategischer Analysen und Planungsprozesse dar und umfasst drei Konzeptionsebenen (Meffert/Burmann/Kirchgeorg 2008, S. 20f.):

- Zielebene,
- Strategieebene,
- Instrumentalebene.

Während sich **Dienstleistungsziele** als zukunftsbezogene Vorgaben verstehen lassen, stellen **Dienstleistungsstrategien** globale und langfristige Verhaltenspläne dar, innerhalb derer die Festlegung der **Marketinginstrumente** des Dienstleistungsunternehmens vorgenommen wird.

Die Festlegung von Zielen im Marketing ist vergleichsweise klar strukturiert. Hingegen besteht eine große Begriffsvielfalt bei der Abgrenzung von Strategien. Daher wird zunächst auf die hier verwendete Systematisierung von Marketingstrategien eingegangen, die auch im Dienstleistungsbereich problemlos anwendbar ist. Eine in der Literatur weit verbreitete Abgrenzung von Strategien ist die Unterscheidung zwischen Unternehmens-, Geschäftsfeld- und Marktteilnehmerstrategie (vgl. Meffert/Burmann/Kirchgeorg 2008, S. 229ff.).

> Eine **Unternehmensstrategie** gibt Antwort auf die Frage, in welchen Leistungsbereichen eine Tätigkeit des Dienstleistungsunternehmens sinnvoll ist. Eine **Geschäftsfeldstrategie** beinhaltet diejenigen Entscheidungstatbestände, die sich ausschließlich auf die Vorgehensweisen in den definierten bzw. zu definierenden Geschäftsfeldern beziehen. Ferner sind Entscheidungen zur Art des anzustrebenden Wettbewerbvorteils zu treffen. Eine **Marktteilnehmerstrategie** legt die grundsätzlichen Verhaltensweisen gegenüber den übrigen Marktteilnehmern (Abnehmer, Konkurrenten, Absatzmittler u. a.) fest sowie den Grad der Bearbeitung von Marktsegmenten.

Auf Basis dieser Grundsatzentscheidungen lässt sich ein **Managementprozess** des Dienstleistungsmarketing eines Dienstleistungsunternehmens ableiten. Dieser unterscheidet sich in seinem grundsätzlichen Aufbau und Ablauf nicht von dem klassischen Planungsprozess des Marketingmanagements (vgl. Becker 2006; Bruhn 2008a); die inhaltliche Ausgestaltung weist jedoch einige Besonderheiten für Dienstleister auf (vgl. Abbildung 4-1-1).

Abbildung 4-1-1:   **Managementprozess des Dienstleistungsmarketing**

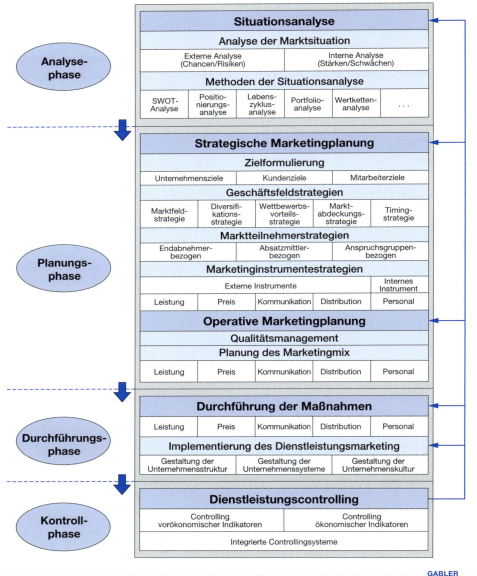

Der Managementprozess des Dienstleistungsmarketing beginnt im Rahmen der **Analyse-sephase** mit der Analyse der externen und internen Umwelt. Dabei umfasst die externe Umwelt nicht nur den Absatzmarkt und somit die Nachfrager der Dienstleistung. Vielmehr sind hier auch Wettbewerber und sonstige Anspruchsgruppen wie z. B. der Staat, Verbände, Organisationen usw. Gegenstand der Analyse. Im Rahmen der Betrachtung der internen Bereiche werden die Entwicklung und gegenwärtige Situation der Ressourcen des jeweiligen Unternehmens untersucht und bewertet. Die in Kapitel 4, Abschnitt 2 behandelten strategischen Analyseinstrumente stellen das Bindeglied zwischen der beschriebenen Analyse der externen bzw. internen Umwelt des Unternehmens und den folgenden Planungsprozessen dar, da sie in der Regel eine Verdichtung der Ausgangsinformationen für den Planungsprozess vornehmen (vgl. Kapitel 4).

Die **Planungsphase** umfasst zum einen die strategische und zum anderen die operative Marketingplanung. Im Rahmen der **strategischen Marketingplanung** gilt es neben der Formulierung von Unternehmenszielen, Geschäftsfeldziele und -strategien festzulegen. Weiterhin beinhaltet der strategische Planungsprozess die Auswahl geeigneter Marktteilnehmer- und Marketinginstrumentestrategien sowie eine Budgetierung der getroffenen Entscheidungen bzw. der Geschäftsfelder hinsichtlich der geplanten Aktivitätsniveaus (vgl. Kapitel 4). Im Rahmen der **operativen Marketingplanung** gilt es, zum einen auf Basis eines systematischen Qualitätsmanagements, die Dienstleistungsqualität instrumenteübergreifend sicherzustellen (vgl. Kapitel 5). Zum anderen werden Instrumentalziele, Maßnahmen sowie die Budgetierung des festgelegten Aktivitätsniveaus auf Ebene der einzelnen Marketinginstrumente fixiert (vgl. Kapitel 6).

Im Rahmen der **Durchführungsphase** gilt es, die geplanten Marketingmaßnahmen durchzuführen. In diesem Bereich sind als besondere Herausforderungen eines Dienstleistungsunternehmens beispielsweise die Markenpolitik im Dienstleistungsbereich bzw. die Kommunikation von intangiblen Elementen zu nennen. Ein weiterer Aspekt der Durchführungsphase stellt die **Implementierung** der Dienstleistungsmarketingstrategie dar. Zu berücksichtigen ist hier, dass in Dienstleistungsunternehmen die hierarchisch vergleichsweise unten angesiedelten Mitarbeitenden über einen intensiven Kundenkontakt verfügen. Aus dieser Tatsache resultiert, dass die mitarbeiterorientierten Rahmenbedingungen wie z. B. Empowerment oder Entbürokratisierung einen besonders hohen Stellenwert einnehmen (Laakmann 1995, S. 33). Es lassen sich die drei Gestaltungsebenen der Implementierung der Struktur, Systeme und Kultur unterscheiden (vgl. Kapitel 7).

Im Mittelpunkt der **Kontrollphase** des strategischen Planungsprozesses steht das Controlling der Zielerreichung der Aktivitäten des Dienstleistungsmarketing. Dabei wird zwischen dem Controlling vorökonomischer und ökonomischer Größen sowie einem über sämtliche Glieder der Erfolgskette integrierten Controlling unterschieden (vgl. Kapitel 8). Die Ergebnisse der Kontrolle von Aktivitäten und Zielerreichungsgraden der Marketingmaßnahmen finden im Rahmen eines revolvierenden Prozesses wiederum Eingang in die Analyse der externen und internen Umwelt.

2. Strategische Analyse- und Planungskonzepte im Dienstleistungsmarketing

Mit der zunehmenden strategischen Ausrichtung der Planung sind seit den 1960er Jahren eine Reihe von strategischen Analyse- und Planungsmethoden entwickelt worden, die mittlerweile einen hohen Verbreitungsgrad im Rahmen der strategischen Planung in ausgewählten Dienstleistungsbereichen aufweisen. Zu den strategischen Analysemethoden mit einem hohe Diffusionsgrad zählen insbesondere die SWOT-, Lebenszyklus-, Positionierungs- sowie Portfolioanalysen. In den letzten Jahren findet darüber hinaus die Wertkettenanalyse verstärkt Beachtung.

2.1 Stärken-Schwächen- und Chancen-Risiken-Analyse (SWOT-Analyse)

> Eine **SWOT-Anlayse** (**S**trength, **W**eaknesses, **O**pportunitites, **T**hreats) dient der Gewinnung von Hinweisen zur Ableitung strategischer Stoßrichtungen bzw. zum Aufbau von Wettbewerbsvorteilen im Rahmen des strategischen Planungsprozesses. Während die **Umweltanalyse** durch Ermittlung der Chancen und Risiken des Dienstleistungsunternehmens den Möglichkeitsraum der Strategieplanung absteckt, versucht die **Stärken-Schwächen-Analyse** (Ressourcenanalyse) festzustellen, welche konkreten Aktivitäten unter Berücksichtigung der gegenwärtigen und zukünftigen Ressourcensituation vom Unternehmen zu ergreifen sind (Hinterhuber/Matzler 2006, S. 124f.; Meffert/Burmann/Kirchgeorg 2008, S. 231ff.).

1. Chancen-Risiken-Analyse

Als **Marktchancen** sind dabei insbesondere Wachstumsmöglichkeiten, ungenutzte Vertriebskanäle oder ein Bedarf für neue Dienstleistungen von Bedeutung. Die **Marktrisiken** beziehen sich hingegen auf negative Marktentwicklungen wie etwa Preisverfall, neue Wettbewerber, technologische Entwicklungen usw. Neben der reinen Analyse erfordert das Erkennen von Chancen und Risiken ein rechtzeitiges Agieren der betroffenen Unternehmen bzw. der Führungskräfte eines betroffenen Geschäftsfeldes, um Chancen zu nutzen und den sich abzeichnenden Risiken frühzeitig zu begegnen.

Branchenübergreifend sind folgende Entwicklungstendenzen als **Chancen für Dienstleistungsunternehmen** zu werten:

- Einsatzmöglichkeiten neuer Servicetechnologien und Entwicklung neuer Dienstleistungserlösmodelle im Internet,

▌ Kosteneinsparungen durch Verlegung bzw. Outsourcing von einzelnen Geschäftsprozessen (z. B. Rechnungswesen) oder der gesamten Dienstleistungserstellung in Niedriglohnländer (z. B. Programmierleistungen, IT-Services),

▌ Kosteneinsparung durch Zunahme der Externalisierung in der Dienstleistungserstellung,

▌ Veränderungen im Konsumentenverhalten wie z. B. ein steigendes Servicebewusstsein oder die Inanspruchnahme von Dienstleistungen zur Gewinnung und Nutzung von Freizeit,

▌ Zunahme der Wachstumsraten im Bereich investiver Dienstleistungen durch Tertiarisierung der Volkswirtschaft.

Als **Risiken für Dienstleistungsunternehmen** sind folgende Punkte herauszustellen:

▌ Internationalisierung des Dienstleistungswettbewerbs,

▌ Zunehmende Konkurrenz für institutionelle Dienstleister durch Angebote der Konsum- und Industriegüterbranche (Differenzierung durch Value Added Services, z. B. die Bankdienstleistungsaktivitäten der Automobilhersteller),

▌ Preis- bzw. Margendruck durch Anstieg der Preistransparenz im Internet,

▌ Verschmelzen von Dienstleistungsmärkten (z. B. Versicherungs- und Bankleistungen),

▌ Ausweitung von staatlichen/öffentlichen Diensten u. a.

Bei der Zusammenstellung der Chancen und Risiken wird deutlich, dass sich einige der zukünftigen Entwicklungen nicht eindeutig der Kategorie Chance oder Risiko zuordnen lassen. Vielmehr stellen beispielsweise Veränderungen im Konsumentenverhalten eine Chance für bestimmte Dienstleistungsunternehmen dar, für andere Unternehmen sind sie dagegen als Risiko zu klassifizieren. Damit erfolgt eine Konkretisierung von bestimmten Entwicklungen als Chance oder Risiko erst vor dem jeweiligen Hintergrund des betrachteten Unternehmens. Aus diesem Grund sind Chancen-Risiken-Analysen stets um **Stärken-Schwächen-Analysen** zu ergänzen.

Bei den Ausführungen wird deutlich, dass eine Analyse der Chancen und Risiken für Dienstleistungsunternehmen allgemein nur auf einem sehr globalen Niveau durchführbar ist. Differenziertere Erkenntnisse für ein einzelnes Unternehmen bzw. die Ableitung konkreter strategischer Stoßrichtungen lassen sich erst durch die Verbindung der Chancen-Risiken-Analyse mit einer Analyse der Ressourcen des Unternehmens gewinnen.

2. Stärken-Schwächen-Analyse (Ressourcenanalyse)

Im Rahmen der anschließenden Stärken-Schwächen-Analyse sind die **Stärken** gleichzusetzen mit der Fähigkeit eines Unternehmens, die Marktchancen besonders gut zu nutzen bzw. den Marktrisiken zu begegnen. Bei den **Schwächen** eines Dienstleistungsunternehmens ergibt sich die Situation vice versa. Bezugsobjekt der Analyse sind dabei das Gesamtunternehmen, die einzelnen strategischen Geschäftsfelder oder auch die spezifischen Dienstleistungsprozesse.

In Dienstleistungsunternehmen trägt insbesondere die **Ressource Mitarbeiter** zur Realisierung von Stärken am Markt bei (Lienemann/Reis 1996, S. 257f.). Im Rahmen der Analyse werden jedoch nicht nur die konkret im Dienstleistungserstellungsprozess eingesetzten Ressourcen wie z. B. Know-how, Personal und Ausrüstungen betrachtet, sondern auch die finanziellen, organisatorischen und technologischen Ressourcen des Unternehmens einer kritischen Bewertung unterzogen.

Die Bewertung der einzelnen Leistungspotenziale wird durch ein **Stärken-Schwächen-Profil** dargestellt und den Schlüsselanforderungen des Marktes gegenübergestellt (Becker 2006; Meffert/Burmann/Kirchgeorg 2008, S. 235). Dadurch gelingt es, Hauptstärken und Synergien als Grundlage einer erfolgversprechenden Strategie zu identifizieren.

Zur Konkretisierung des Entscheidungsfeldes werden die Chancen-Risiken- sowie Stärken-Schwächen-Analyse parallel durchgeführt und die strategischen „Key Issues" in einer **SWOT-Matrix** abgebildet. In Abbildung 4-2-1 ist ein Beispiel für eine **vereinfachte SWOT-Analyse** am Beispiel einer Fluggesellschaft dargestellt.

Abbildung 4-2-1:   **Vereinfachte SWOT-Analyse am Beispiel einer Fluggesellschaft**

Chancen	Risiken
■ Liberalisierung von Marktzutrittsbeschränkungen ■ Zunehmende Freizeitorientierung der Bevölkerung ■ Fortschreitende wirtschaftliche Integration	■ Eintritt neuer preisaggressiver Wettbewerber in den Heimatmarkt ■ Zunehmende Bedeutung der Kommunikationstechnologien ■ Kerosinsteuer und steigende Treibstoffpreise
Stärken	**Schwächen**
■ Hoher nationaler und internationaler Bekanntheitsgrad ■ Marktführer im Heimatmarkt ■ Image geprägt durch Sicherheit/Zuverlässigkeit ■ Dichtes Streckennetz	■ Relativ ungünstige Kostenposition im Vergleich zu den Hauptwettbewerbern ■ Motivationsprobleme bei Flugbegleitern ■ Geringe Auslastung auf Kurzstrecken ■ Geringerer Marktanteil in stark wachsenden Marktsegmenten

GABLER
GRAFIK

2.2 Positionierungsanalyse

Eine weitere Methode zur Analyse der Situation des Dienstleistungsanbieters stellt die Positionierungsanalyse dar. Die bereits in den 1970er Jahren entwickelte und im Konsumgütermarketing von zahlreichen Unternehmen angewandte Methode versucht, die subjektive Wahrnehmung des Kunden zum Dienstleistungsunternehmen oder anderer Wahrnehmungselemente abzubilden (Trommsdorff 2007).

> Die **strategische Positionierung** dient der Positionsbestimmung von Dienstleistungsmarken, -prozessen, strategischen Geschäftseinheiten oder ganzer Dienstleistungsunternehmen aufgrund der wahrgenommenen Ausprägungen von Eigenschaften (z. B. durch Kundenbefragung) in einem mehrdimensionalen Merkmalsraum. Ziel ist es, die Unternehmensleistung so zu gestalten, dass die von den Kunden wahrgenommenen Eigenschaften mit den von ihnen gewünschten SOLL-Eigenschaften in Übereinstimmung gebracht werden.

Die hier relevanten Positionierungsmodelle unterscheiden sich von den klassischen Positionierungsanalysen des Konsumgütermarketing insbesondere durch den **Prozesscharakter** der Dienstleistung sowie die **Integration der Kunden** in den Leistungserstellungsprozess. Daraus folgt, dass die Erfassung der für die Positionierung notwendigen kaufrelevanten Eigenschaften weitaus komplexer und dynamischer ist (Woratschek 1998a, S. 704; Lovelock/Wirtz 2007, S. 188). Zudem erschwert das Merkmal der **Immaterialität** einen Vergleich von Dienstleistungsattributen mit denjenigen der Konkurrenz, da Kunden die direkte Überprüfung der Leistungsmerkmale – wie im Fall von physischen Produkten – nicht möglich ist (Payne 1993, S. 102). Diese Restriktionen gilt es zu beachten, wenn Positionierungsmodelle zur Ableitung strategischer Stoßrichtungen von Dienstleistern herangezogen werden. Allerdings dienen Positionierungsmodelle dazu, das Markenwahlverhalten bestimmter Zielgruppen zu erklären und Hilfestellung bei Entscheidungen der Marktsegmentierung des Unternehmens zu geben, da die Merkmale des Eigenschaftsraums geeignete Segmentierungskriterien darstellen. Die Idealmarkenvorstellungen geben in diesem Zusammenhang Aufschluss darüber, welche Segmente noch nicht angesprochen wurden.

Mit der Positionierungsanalyse sind verschiedene **Ziele** verbunden (Brockhoff 1999; Lovelock/Wirtz 2007). Diese beinhalten zunächst, dass Informationen über die **Unternehmensposition** im Vergleich zu Hauptwettbewerbern hinsichtlich der aus Käufersicht relevanten Beurteilungskriterien (deskriptive Positionierung; Bildung von Realpunkten) gewonnen werden. Daraus lassen sich in einem weiteren Schritt Ansatzpunkte zur Differenzierung bzw. **Umpositionierung** von bestehenden Dienstleistungen ableiten oder **Positionierungslücken** identifizieren.

Die strategische Positionierung erfolgt im Rahmen eines **mehrstufigen Prozesses**, wobei unterstellt wird, dass der relevante Markt des Unternehmens bereits festgelegt und

Abbildung 4-2-2:   **Positionierungsmodell ausgewählter Reiseveranstalter**

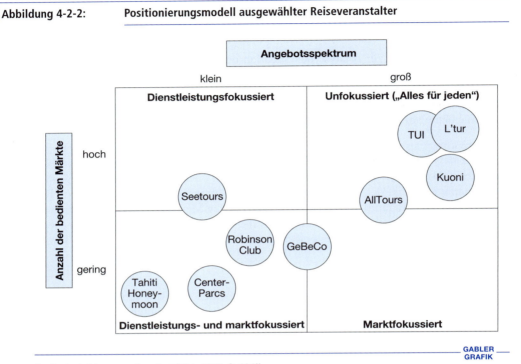

Quelle: In Anlehnung an Lovelock/Wirtz 2007, S. 184ff.

spezifiziert worden ist (Payne 1993, S. 108ff.; Woratschek 1998a, S. 706f.; Lovelock/ Wirtz 2007, S. 184ff.). Im Folgenden werden fünf **Phasen der Positionierungsanalyse** unterschieden:

1. Bestimmung des zu positionierenden **Objektes**. Die Analyse bezieht sich auf einzelne Dienstleistungen bzw. Prozesse, strategische Geschäftseinheiten oder auf Dienstleistungsunternehmen.

2. Festlegung der **relevanten Leistungsmerkmale**, die eine unmittelbare Kaufverhaltensrelevanz aufweisen. Als Informationsquellen werden hierzu Kundenstatements herangezogen, die sowohl mit Hilfe der multidimensionalen Skalierung (MDS) (Backhaus et al. 2006, S. 13) als auch mittels faktoranalytischer Verfahren analysiert werden, um schließlich die Position des Objektes im Merkmalsraum zu finden.

3. Erstellung der **IST-Positionierung** durch Platzierung des eigenen sowie konkurrenzbezogenen Analyseobjektes in den Merkmalsraum.

4. Vergleich der IST-Position mit der **SOLL-Position** aus Kundensicht.

5. Ableitung von **strategischen Stoßrichtungen** wie z. B. die Besetzung einer lukrativen Marktnische oder die Repositionierung einer Dienstleistung.

Beispiel: Ein mögliches Positionierungsmodell von Reiseveranstaltern ist in Abbildung 4-2-2 dargestellt. Diese werden in Abhängigkeit der Breite ihres Leistungsspektrums und der Fokussierung auf einzelne Märkte positioniert. Studien gelangen zu der Auffassung, dass in Zukunft neben den auf allen wichtigen Touristikmärkten präsenten internationalen Unternehmen zukünftig nur noch zwei Geschäftstypen Wachstum verzeichnen bzw. erfolgreich sein werden. Zum einen sind dies solche Reiseveranstalter, die sich sowohl hinsichtlich der Dienstleistung als auch des Marktes spezialisieren, und zum anderen virtuelle Reiseveranstalter, die individuell kombinierbare Module für alle potenziellen Kundenwünsche anbieten (Mercer Management Consulting GmbH 2003). Diesem Wandel liegt eine grundlegende Veränderung im Konsumentenverhalten hin zu mehr Individualismus zu Grunde. Daher lassen sich die erwähnten Geschäftstypen, die einer größtmöglichen Individualisierung der Leistung entgegenkommen, auch auf andere Dienstleistungsbranchen wie z. B. Finanzdienstleister, den Einzelhandel oder Softwareanbieter ausdehnen (z. B. Hagen 2003, S. 33). In Abbildung 4-2-2 ist nachvollziehbar, dass sich die Anbieter weitgehend im rechten oberen Bereich und im linken unteren Bereich positioniert haben.

2.3 Lebenszyklusanalyse

Dienstleistungen bzw. Dienstleistungsunternehmen unterliegen während ihrer Marktpräsenz in der Regel ebenso wie Sachgüter einem Lebenszyklus.

> Die **Lebenszyklusanalyse** dient der Identifikation von Gesetzmäßigkeiten im Verlauf des Untersuchungsgegenstandes, um daraus Schlussfolgerungen für die Marktbearbeitung zu ziehen. In idealtypischer Weise lassen sich dabei mit Einführungs-, Wachstums-, Reife-, Sättigungs- und Verfallsphase fünf Stadien unterscheiden, wobei zwischen Dienstleistungs- und Marktlebenszyklusanalyse differenziert wird.

1. Marktlebenszyklus

Auf Basis des explikativen Lebenszyklusmodells lassen sich einige **normative Aussagen** für das Dienstleistungsmarketing ableiten. Abbildung 4-2-3 zeigt exemplarisch den Stand verschiedener Touristikleistungen in ihrem jeweiligen Marktlebenszyklus.

So ist in der **Einführungsphase** einer Dienstleistung eine schnelle Penetration und Diffusion der Leistung anzustreben. Bezüglich des Marktlebenszyklus stellt sich insbesondere die Frage, wann ein Markteintritt optimalerweise erfolgt (Pionier oder Folger), mit welcher Stärke der Markteintritt vorgenommen und welches Kundensegment konkret bearbeitet wird. In der Anfangsphase des Marktlebenszyklus erscheint es beispielsweise sinnvoll, die Kommunikationsmaßnahmen auf Kundengruppen mit größerer Aufgeschlossenheit gegenüber neuen Produkten zu richten, Anreize zu schaffen und wahrgenommene Risiken abzubauen.

Abbildung 4-2-3:   **Beispiele für eine Lebenszyklusanalyse von Touristikleistungen**

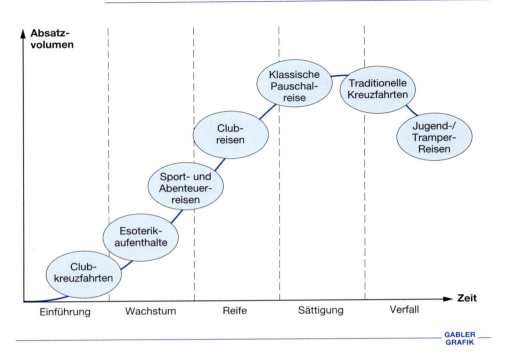

In der **Wachstumsphase** – in der sich beispielsweise die Informatikdienstleistungsbranche befindet – gilt es, die erreichte Marktposition zu konsolidieren und weiterhin interpersonelle Kommunikationsprozesse zur Intensivierung des Diffusionsprozesses anzuregen. Darüber hinaus ist die Nachfrage durch die Ansprache neuer Dienstleistungssegmente oder eine geographische Ausweitung weiter zu steigern. Gleichzeitig sind Markteintrittsbarrieren zur Verteidigung der Marktposition aufzubauen, da in wachsenden Märkten mit dem Eintritt weiterer Wettbewerber zu rechnen ist. Intern wird der Fokus auf eine höchstmögliche betriebliche Effizienz verlagert.

In **reifen und gesättigten Märkten** wie z. B. dem Banken- und Versicherungsbereich sind Strategien auszuwählen, die für die Verteidigung und den Ausbau des Marktanteils zweckmäßig sind. Die Bemühungen der Versicherungsunternehmen, ihr Leistungsangebot weiter zu differenzieren und durch Diversifikation im Bereich der Finanzdienstleistungen neue Absatzchancen zu nutzen, zeigen exemplarisch Behauptungsstrategien für Unternehmen in gesättigten Märkten auf. Schwerpunktaktivitäten liegen hier in einer optimierten Marktsegmentierung und dem Angebot von Zusatzleistungen.

In der **Verfallsphase** (z. B. Scherenschleifer, Kaminfeger usw.) steht ein Unternehmen vor der strategischen Entscheidung, in welcher Form sich den auftretenden Wettbewerbskonfrontationen erfolgreich begegnen lässt. Unter Umständen ist in diesem Stadium eine

Entscheidung über den Rückzug bzw. Marktaustritt zu fällen. Viele Dienstleister werden in dieser Phase allerdings verstärkt Überlegungen hinsichtlich einer Diversifikation oder Internationalisierung des Leistungsangebotes anstellen.

2. Dienstleistungslebenszyklus

Der Marktlebenszyklus bezieht sich auf die Gesamtheit angebotener Dienstleistungen in einem Markt (z. B. Sprach-, Internet- und Multimediaanwendungen im Mobilfunkmarkt). Die beim Marktlebenszyklus angestellten strategischen Überlegungen gilt es beim einzelnen **Dienstleistungslebenszyklus** weiter auszudifferenzieren. Der Verlauf eines Dienstleistungslebenszyklus hängt jedoch stark von der Phase des Marktlebenszyklus ab. So ist die Einführungsphase des Dienstleistungslebenszyklus zu Beginn des Marktlebenszyklus verlängert, während zum Ende des Marktlebenszyklus im Dienstleistungszyklus tendenziell ein schnellerer, aber weniger stark ausgeprägter Anstieg und eine kürzere Reife- und Verfallsphase zu erwarten ist.

In der **Einführungsphase** einer Dienstleistung ist z. B. generell ein höherer Kommunikationsaufwand erforderlich. Beim Markteintritt zu Beginn eines Marktlebenszyklus gewinnt diese Phase zusätzlich an Bedeutung, da für eine neue Art von Dienstleistungen zunächst Bewusstsein und Vertrauen zu schaffen ist. Ein Beispiel hierzu stellen Leistungen im Internet dar, die Mitte der 1990er Jahre ein völlig neues Spektrum möglicher Dienstleistungen eröffneten.

> **Beispiel:** Die so genannten „First Mover" unter den virtuelle Banken standen zu Beginn ihrer Geschäftstätigkeit vor der Herausforderung, Vertrauen in die Qualität ihrer ohnehin immateriellen und risikobehafteten Leistungen ohne die Möglichkeit einer Face-to-Face-Interaktion zu erzeugen. Ähnliches gilt für die Anbieter anderer Leistungen wie auch Online-Händlern.

In der **Wachstumsphase** erhöht sich durch die Wirkungen des Marketing der Bekanntheitsgrad und es werden hohe Zuwachsraten erzielt, die sich durch den Einsatz zusätzlicher Absatzmittler verstärken lassen.

> **Beispiel:** Im Internet zeigt sich dies beispielsweise beim Online-Partnervermittlungsunternehmen „Parship", das zahlreiche Partner im Medienbereich wie z. B. „Spiegel", „DIE ZEIT" und andere als zusätzliche Multiplikatoren gewonnen hat. Auch das Internet-Auktionshaus Ebay ist mit vielen anderen Anbietern Kooperationen eingegangen, die nun in ihren Internetseiten auf Angebote von Ebay verweisen.

Die **Reifephase** ist durch eine absolute Marktausdehnung, allerdings mit sinkenden Wachstumsraten, gekennzeichnet. Da auch die Wirkung der Marketinginstrumente abnimmt, dienen Leistungsverbesserungen oder -differenzierungen zur möglichst langen Aufrechterhaltung des Wachstums.

> **Beispiel:** Der Schweizer Mobilfunkanbieter Orange bietet seinen Kunden mit dem Programm „Optima" an, die monatliche Rechnung jeweils auf das für sie günstigste Tarifmodell (d. h. der optimalen Kombination aus Grundgebühr und Gesprächskosten) anzupassen. Auch einige Stromanbieter bieten derartige Optionen, die dem Kunden die Überlegungen – und die mögliche Fehlentscheidung – über den geeigneten Tarif abnehmen.

In der **Sättigungsphase** des Dienstleistungslebenszyklus reduziert sich der Umsatz und die relative Bedeutung von Alternativangeboten steigt. Falls sich der Marktlebenszyklus zu diesem Zeitpunkt noch im Wachstum befindet, ist häufig eine Preisreduktion erforderlich, um im Wettbewerb konkurrenzfähig zu sein und den Kundenanforderungen gerecht zu werden.

> **Beispiel:** Die traditionellen, d. h. nicht internet-basierten, Finanzdienstleistungsunternehmen haben seit dem Erscheinen der virtuellen Banken mit einem starken Preisdruck zu kämpfen. Da z. B. das Kredit- und Anlagevolumen im Allgemeinen als gesättigt angesehen wird, sind sie gezwungen, entweder ihre Kosten zu senken, auf andere Märkte auszuweichen oder Zusatzleistungen zu entwickeln, die eine virtuelle Bank nicht anbieten kann.

In der **Verfallsphase** nimmt der Umsatz stark ab. Um Kosten für die Aufrechterhaltung der Leistungsfähigkeit zu reduzieren, ergeben sich verschiedene Konsequenzen. Diese sind beispielsweise abhängig vom Marktlebenszyklus, die Einführung einer neuen Leistung als Substitut oder der Marktaustritt zum Ende des Marktlebenszyklus.

> **Beispiel:** Bei der „Renaissance" der Kreuzfahrten handelt es sich um ein Substitut. Hier haben Unternehmen mit neuen, auf spezielle Kundensegmente angepassten Konzepten, vor allem mit der Erschließung jüngerer Zielgruppen, traditionelle Kreuzfahrten einem Relaunch unterzogen (vgl. Abbildung 4-2-3).

Es ist jedoch nicht immer eindeutig abzugrenzen, wann ein Marktlebenszyklus beendet wird, da meistens Substitute mit ähnlichen Nutzenwirkungen für den Kunden entwickelt werden. Dennoch zeigen sich bei der Beobachtung des Marktlebenszyklus als Aggregation aller Dienstleistungslebenszyklen Tendenzen, die allein bei Berücksichtigung von einzelnen Dienstleistungslebenszyklen nicht erkennbar sind. Langfristige strategische Planungen des Angebotsspektrums sind daher vor allem am Marktlebenszyklus auszurichten.

Sofern sich Umweltentwicklungen kontinuierlich vollziehen, liefert das Lebenszykluskonzept Hilfestellungen für die Strategieformulierung und erleichtert Umsatz- sowie Absatzprognosen. Die Lebenszyklusanalyse verliert jedoch ihre Aussagekraft, wenn sich ein Dienstleistungsunternehmen unsystematischen und diskontinuierlichen Veränderungen wie z. B. radikalen Änderungen der gesetzlichen Rahmenbedingungen gegenübersieht.

Auf aggregierter Ebene lässt sich die Lebenszyklusanalyse trotz erheblicher Vorbehalte (z. B. Allgemeingültigkeit, fehlende Phasenabgrenzung usw.) zur Typologisierung strategisch relevanter Situationen eines Dienstleistungsunternehmens heranziehen (Schürmann 1993). Gleichzeitig ist aber die Bedeutung des Lebenszykluskonzeptes insofern einzuschränken, als Dienstleistungen aufgrund ihrer in der Regel beschränkten Standardisierbarkeit einem evolutorischen Anpassungsprozess unterliegen. Hier liegt die besondere Schwierigkeit in der Bestimmung des Zeitpunktes, zu dem eine Dienstleistung soweit variiert, dass ein neuer Lebenszyklus aus eben dieser veränderten Dienstleistung entsteht.

Weitere **Konzepte der Lebenszyklusanalyse** sind der Kundenbedarfslebenszyklus und der Kundenbeziehungslebenszyklus. Ersterer wählt die Lebensphasen eines Individuums als Ausgangspunkt der Betrachtung, wonach Kunden jeweils auf den betrachteten Markt bezogen in verschiedenen Lebensphasen unterschiedliche Bedürfnisse haben. Der Kundenbeziehungslebenszyklus beschreibt hingegen die Intensität der Kundenbeziehung in Abhängigkeit von der Dauer der Beziehung zum Unternehmen. Innerhalb der einzelnen Phasen empfinden die potenziellen und aktuellen Kunden eine unterschiedliche Stärke der Kundenbeziehung und haben entsprechend unterschiedliche Erwartungen bezüglich der Kommunikation und der Ausgestaltung der anderen Marketinginstrumente.

2.4 Portfolioanalyse

Seit den 1970er Jahren zählen die Portfolioanalysen zu den weit verbreiteten Analyse- und Planungskonzepten im Marketing. Grundlage der Portfolioanalyse bilden die zuvor dargestellten Aussagen im Lebenszykluskonzept sowie die Kernaussagen zu der Realisierung von Erfahrungskurveneffekten (zu Grundlagen der Portfolioanalyse vgl. Welge/ Al-Laham 2006, S. 461ff.).

> Eine **Portfolioanalyse** im Dienstleistungsmarketing dient der Positionierung von dienstleistungsbezogenen Analyseobjekten (z. B. Dienstleistungsunternehmen, Dienstleistungsmarke, Kunden usw.) nach internen und externen Erfolgsfaktoren in einer zweidimensionalen Matrix. Ziel ist die Ableitung von Normstrategien für eine strategische Neuausrichtung der Marketingprogramme.

Die beiden bekanntesten Portfolioansätze sind das **Marktanteils-Marktwachstums-Portfolio** (BCG-Portfolio) sowie das **Wettbewerbsvorteils-Marktattraktivitäts-Portfolio** (McKinsey-Portfolio). Beide Ansätze basieren auf den identischen Grundüberlegungen, die Vorgehensweisen zur Erstellung des jeweiligen Portfolios weichen jedoch voneinander ab.

Entgegen der Vorgehensweise des BCG-Portfolios werden z. B. bei der Erstellung eines McKinsey-Portfolios die Portfoliodimensionen durch Einflussfaktorenbündel beschrieben, die anschließend zu den Faktoren Marktattraktivität und relativer Wettbewerbsvorteil aggregiert werden. Diese multifaktorielle Vorgehensweise hat sich im Dienstleistungssektor sehr gut bewährt. Beim BCG-Portfolio werden ausschließlich die Dimensionen Marktwachstum und relativer Marktanteil unterschieden. Trotz der bestehenden Unterschiede ist beiden Ansätzen gemein, dass eine Achse (Abszisse) eine interne, beeinflussbare Variable und die andere Achse (Ordinate) eine externe, nicht beeinflussbare Variable repräsentiert.

Die Anwendbarkeit der Portfolioanalyse im Dienstleistungsbereich steht in enger Verbindung zu der Frage, inwieweit sich bei Dienstleistungsunternehmen Erfahrungskurven auf Basis von Lern- und Größendegressionseffekten vor dem Hintergrund der Besonderheiten von Dienstleistungen überhaupt realisieren lassen. Aufgrund der Integration des externen Faktors in den Dienstleistungserstellungsprozess und der damit verbundenen Individualität einer Dienstleistung sowie deren Nichtlagerfähigkeit ist die Ausnutzung von **Erfah-rungskurveneffekten** beschränkt, insbesondere bei persönlichen Dienstleistungen (z. B. Friseur, Arzt, Rechtsanwalt). Hier lässt sich unter Umständen eine Degression der Perso-nalkosten durch Lerneffekte erzielen (z. B. Bildungseinrichtungen mit konstanten Lehrin-halten). Demgegenüber lässt sich bei der Dienstleistungserstellung – insbesondere bei persönlichen Dienstleistungen – keine hohe Zeitersparnis erreichen, da der Zeitaufwand bei Dienstleistungen durch die Integration des externen Faktors in hohem Maße vom Kun-den abhängt oder wie z. B. bei Bildungsangeboten oder medizinischen Leistungen sogar vertraglich fixiert ist. Mit zunehmendem **Automatisierungs- und Standardisierungs-grad** von Dienstleistungen (z. B. Bankautomaten, Einsatz neuer Medien zur Informations-übermittlung) ist hingegen zu erwarten, dass sich Erfahrungskurveneffekte durch Größen-degression, technischen Fortschritt und Rationalisierungen realisieren lassen.

Beispiel: Die Standardisierung von Dienstleistungen zeigt sich an Bankautomaten, die in Zu-kunft Kredite und Tagesgelder vergeben sowie an Serviceleistungen im Internet (o.V. 2003, S. 16). In diesen Fällen werden variable Personalkosten für jede erstellte Dienstleistung über-wiegend zu Fixkosten für die dem Kunden zur Verfügung gestellte Infrastruktur, deren anteilige Kosten – wie bei Produktionsanlagen von Sachgütern – mit jeder erstellten Leistung abnehmen.

Abbildung 4-2-4:   **Beispiele von Erfahrungskurven im Dienstleistungsbereich bei Banken**

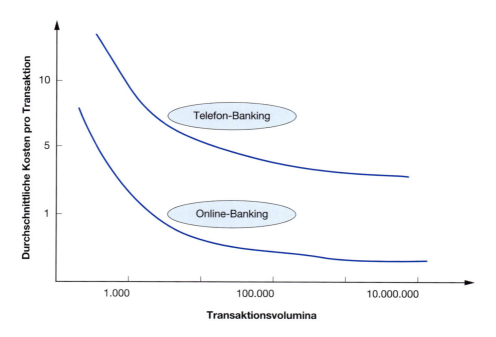

Quelle: In Anlehnung an Grum/Schneider/Frohmüller 2003, S. 25

In Abbildung 4-2-4 sind beispielhaft Analyseergebnisse wiedergegeben, bei denen für Teilzahlungsbanken und Lebensversicherungen Erfahrungskurven nachgewiesen werden (Grum/Schneider/Frohmüller 2003). Ausgehend von der Heterogenität des Dienstleistungsbereiches empfiehlt es sich, die Relevanz der dem jeweiligen Portfoliokonzept zugrunde liegenden Prämissen zu überprüfen.

Die Durchführung einer Portfolioanalyse erfolgt idealtypisch anhand folgender **Teilschritte:**

Schritt 1: Festlegung der Analyseobjekte. Neben der Betrachtung des Dienstleistungsunternehmens oder einzelner Dienstleistungsmarken ist das Objekt einer Portfolioanalyse auch der Dienstleistungsnachfrager. Die Erstellung von Kundenportfolios hat in den letzten Jahren einen starken Bedeutungszuwachs erfahren (vgl. Abbildung 4-2-5). Sie dienen z. B. der Fundierung von Entscheidungen im Kundenbindungsmanagement (Homburg/Bruhn 2008).

Abbildung 4-2-5:   **Beispiel für ein Kundenportfolio**

Feld I und II:	Starkunden
Feld III:	Entwicklungskunden
Feld IV:	Perspektivkunden
Feld V und VII:	Abschöpfungskunden
Feld VI und VIII:	Mitnahmekunden
Feld IX:	Verzichtskunden

GABLER GRAFIK

Quelle: Köhler 2008, S. 485

Schritt 2: Generierung der relevanten Informationen, damit sich die zu analysierenden Objekte im Portfolio positionieren lassen. Je nach Art des zu erstellenden Portfolios sind Informationen über die Kundenattraktivität, die Lieferantensituation, das Marktwachstum, den relativen Marktanteil, die Marktattraktivität oder die Wettbewerbsvorteile zu generieren.

Schritt 3: Positionierung der Objekte in die Portfoliomatrix. Entsprechend der Wahl des zu erstellenden Portfolios werden die Analyseobjekte gemäß ihrer derzeitigen Situation in den Merkmalsraum positioniert.

Beispiel: Das Portfoliokonzept lässt sich an der Hotelbranche verdeutlichen. Der Schindlerhof – ein mit vielen Qualitätspreisen ausgezeichnetes Tagungshotel im fränkischen Boxdorf bei Nürnberg – vergleicht einmal im Jahr seine Leistungsfähigkeit mit ausgewählten Wettbewerbern, um so Informationen über seine relative Wettbewerbsposition zu erhalten. Die Ergebnisse dieser Analyse werden in einem Wettbewerbsvorteils-Marktattraktivitäts-Portfolio visualisiert. Abbildung 4-2-6 stellt die Ergebnisse der Wettbewerbsanalyse für das Jahr 2000 dar. Als Größen für die Beurteilung der externen, nicht direkt beeinflussbaren Dimension Marktattraktivität wurden unter anderem Marktvolumen, Marktrisiken und Wettbewerbsintensität herangezogen. Die Beurteilung der internen, beeinflussbaren Dimension der relativen Wettbewerbsvorteile erfolgte über Marktanteil, Qualität der angebotenen Produkte und Dienstleistungen, Image, Infrastruktur, Rentabilität und Effektivität des Marketing.

Abbildung 4-2-6:   **Wettbewerbsvorteils-Marktattraktivitäts-Portfolio des Schindlerhofes**

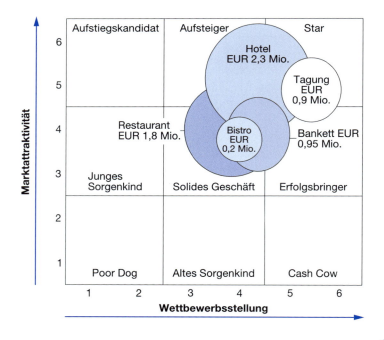

GABLER
GRAFIK

Quelle: Bruhn/Brunow/Specht 2002, S. 140

Schritt 4: Ableitung der Normstrategien. Je nach Ausgewogenheit des IST-Portfolios und der Stellung der Analyseobjekte im Merkmalsraum des Portfolios werden unterschiedliche Normstrategien empfohlen, d. h. es werden strategische Stoßrichtungen abgeleitet, durch die eine bessere Ausgewogenheit des Portfolios verfolgt wird. Das traditionelle BCG-Portfolio unterscheidet z. B. folgende Normstrategien: Selektionsstrategie (Question Mark), Investitionsstrategie (Star), Abschöpfungsstrategie (Cash Cow) und Rückzugsstrategie (Poor Dog).

Normstrategien sind allerdings vor dem Hintergrund der zahlreichen Einschränkungen zu bewerten, die grundsätzlich mit dem Portfoliokonzept verbunden sind (Festlegung der Grenzen, Bestimmbarkeit des Marktanteils, Vernachlässigung von Synergien zwischen den Geschäftsfeldern usw.) (Kreilkamp 1987).

Generell liegen die Vorteile der Portfoliomethode in der Anschaulichkeit, der leichten Operationalisierbarkeit und Handhabung sowie dem hohen Kommunikationswert. Allerdings sind die aus den Analysen abzuleitenden Normstrategien zu global gehalten, um dezidierte Aussagen bezüglich der Marktwahl-, Marktteilnehmer- und Marketinginstrumentestrategien abzuleiten.

2.5 Wertkettenanalyse

Seit einigen Jahren sind im Marketing Bestrebungen zu beobachten, die rein funktionale Betrachtung zugunsten einer Prozessorientierung zu ergänzen bzw. abzulösen (vgl. z. B. Dekker 2003). Diese Tendenz ist im Dienstleistungssektor aufgrund des starken Prozesscharakters der zu erbringenden Leistungen besonders stark ausgeprägt. Die prozessorientierte Sicht findet auch zunehmende Beachtung bei der Anwendung strategischer Analyse- und Planungsmethoden, z. B. bei der auf Porter zurückgehenden **Wertkettenanalyse** (Porter 1999).

> Eine **Wertkettenanalyse** dient der strukturierten Abbildung der verschiedenen Prozesse eines Unternehmens mit dem Ziel, diese hinsichtlich ihrer Wertaktivitäten zu untersuchen. Der „Wert" spiegelt sich in der Zahlungsbereitschaft der Abnehmer wider, woraus sich demzufolge für den Unternehmer ein Gewinn ergibt, wenn von der Summe der „Einzelwerte" bzw. dem Gesamtwert (Verkaufspreis) die durch die Wertaktivitäten verursachten Kosten abgezogen werden.

Der so definierte Wert wird durch das Unternehmen mit all seinen betrieblichen Funktionen geschaffen. Deshalb fordert Porter eine ganzheitlich **kompetitive Analyse** des Unternehmens: „Jedes Unternehmen ist eine Ansammlung von Tätigkeiten, durch die sein Produkt entworfen, hergestellt, vertrieben, ausgeliefert und unterstützt wird. All diese Tätigkeiten lassen sich in einer Wertkette darstellen" (Porter 1999).

Wie Abbildung 4-2-7 zeigt, ist die Wertkette zunächst ein grob strukturiertes Abbild der Unternehmung mit den wichtigsten „Aktivitäten" (Funktionen), gegliedert nach dem physischen Durchlaufprinzip. Die **primären Aktivitäten** befassen sich mit der Erstellung der Kernleistung des Dienstleisters. Die **unterstützenden Aktivitäten** – Porter spricht auch von Versorgungsfunktionen – umfassen demgegenüber den „Kauf von Inputs" (Arbeitsmaterial), die Technologieentwicklung, die Personalwirtschaft sowie die Infrastruktur für das ganze Unternehmen (Gesamtgeschäftsführung, Planung, Finanzen, Rechnungswesen, Rechtsfragen, Qualitätskontrolle usw.).

Abbildung 4-2-7:   **Modell einer Wertkette nach Porter**

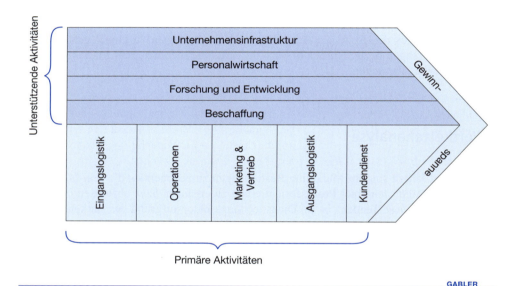

Quelle: Porter 1999, S. 66

Zur Anwendung der Wertkettenanalyse im Dienstleistungsmarketing sind einige **Besonderheiten** zu berücksichtigen (Fantapié Altobelli/Bouncken 1998, S. 287ff.). Beispielsweise ist der externe Faktor als „Abnehmeraktivität" in die Wertkette des Dienstleistungsanbieters zu integrieren. Darüber hinaus erfolgt die Anordnung der Wertaktivitäten vorzugsweise so, dass die Befriedigung des der Dienstleistung zugrunde liegenden Bedürfnisses als Dienstleistungserstellungsprozess abgebildet wird. Fantapié Altobelli/ Bouncken (1998, S. 287ff.) schlagen deshalb eine Aufgliederung der primären Aktivitäten in die folgenden Phasen vor:

❚ Akquisition (Marketingmix, Absatzmittler),

❚ Eingangslogistik (Lagerung von Inputs, außer- und innerbetrieblicher Transport),

▋ Kontaktphase (Beratung, Leistungserstellung, Service),

▋ Nachkaufphase (Nachkaufpflege, Beschwerdemanagement).

Eine solche Wertkette ist jeweils unternehmensspezifisch zu definieren. Dabei sind die einzelnen Wertaktivitäten in solche Tätigkeiten aufzuspalten, die ein hohes kompetitives Differenzierungspotenzial gegenüber dem Abnehmer innehaben oder einen erheblichen bzw. steigenden Kostenanteil aufweisen und somit die Gewinnspanne nachhaltig beeinflussen.

Damit ergeben sich zwei instrumentelle **Grundfunktionen der Wertkettenanalyse**. Zum einen beinhaltet sie die Identifikation solcher Tätigkeiten, aus denen sich gegenüber dem Wettbewerber Abnehmervorteile im Sinne eines Zusatznutzens ergeben (Wertkette als Instrument der Abnehmernutzenanalyse). Zum anderen lassen sich jene Tätigkeiten und (höher aggregiert) Wertaktivitäten herausstellen, die einen besonders hohen Kostenanteil haben und damit die Gewinnspanne deutlich reduzieren (Wertkette als Instrument der Kostenanalyse). Über diese Grundfunktionen hinaus nimmt die Wertkettenanalyse auch noch eine Verknüpfungs- sowie Kommunikationsfunktion wahr (zu den verschiedenen Funktionen der Wertkettenanalyse vgl. Meffert 1989a, S. 263ff.; Benkenstein 2002).

Beispiel für eine horizontale Wertkette: Eine Versicherungsgesellschaft schaltet zur „Sicherstellung des Versicherungsschutzes" die folgenden Wertaktivitäten hintereinander: Zunächst gilt es, eine Risikoanalyse und -beratung beim Versicherungsnehmer vorzunehmen. Bevor der Versicherer seine eigentliche Leistung – die Versicherungsdeckung – vollbringt und die Prämien an Kapitalmärkten anlegt, wird die Versicherungspolice – d. h. ein Leistungsversprechen – verkauft. Nach dem Verkauf lässt sich ein entsprechender Service (z. B. im Schadensfall) anbieten.

Eine so definierte horizontale Wertkette wird dazu eingesetzt, die kosten- und differenzierungsrelevanten Erfolgsfaktoren innerhalb der Wertaktivitäten des Versicherungsunternehmens gegenüber den Wettbewerbern aufzuzeigen und gezielt zu steuern. Ferner ermöglicht es dem Versicherer zu überdenken, spezielle Wertaktivitäten zukünftig nicht mehr oder intensiver zu bearbeiten (z. B. eine spezielle Risikoberatung vorzunehmen).

Beispiel für eine vertikale Wertkette: Die Wertkettenanalyse lässt sich ebenfalls auf die verschiedenen vertikalen Stufen in der „Versicherungspipeline" anwenden. Beispielsweise auf der Stufe des Rückversicherers, des traditionellen Erstversicherers oder auf der des (reinen) Versicherungshandels. Zusätzlich lassen sich im Rahmen der Einbindung des externen Faktors gewisse dienstleistungstypische Wertaktivitäten auf den Abnehmer übertragen. So besteht z. B. für den Direct-Mail-Versicherer die Möglichkeit, dem Kunden eine Risikoanalyse (von sich selbst) zu übertragen oder aber eine Selbstbeteiligung zu fordern, womit der Versicherungskunde einen Teil der Versicherungsdeckung übernimmt.

3. Ziele im Dienstleistungsmarketing

Die Formulierung von operationalen Marketingzielen ist ein wesentlicher Bestandteil der konzeptionellen Planung. Ihre explizite Formulierung erfüllt im Wesentlichen die Kontroll-, Koordinations- und Motivationsfunktion. Durch den Vergleich des geplanten mit dem tatsächlich erreichten Zustand lässt sich beispielsweise überprüfen, ob die gesetzten Ziele des Dienstleistungsunternehmens erreicht worden sind (**Kontrollfunktion**). Die **Koordinationsfunktion** von Zielen wird durch die gemeinsame Ausrichtung der Marketingziele sowie weiterer Bereichsziele an der Unternehmensmission sowie den Oberzielen des Dienstleistungsunternehmens erfüllt. Der Vorgabe sinnvoller und erreichbarer Ziele für das Dienstleistungsmanagement und insbesondere für die Mitarbeitenden im Kundenkontakt kommt darüber hinaus unter motivationalen Aspekten besondere Bedeutung zu (**Motivationsfunktion**).

3.1 Formulierung der Marketingziele im Dienstleistungsbereich

Bei der **Festlegung der Marketingziele** stehen einem Dienstleistungsanbieter eine Vielzahl möglicher Zielgrößen zur Auswahl, die sich z. B. in folgende zwei **Zielarten** gliedern lassen:

▌ Basiskategorien von Zielen,

▌ Potenzial-, prozess- und ergebnisorientierte Ziele.

Die Ziele eines Dienstleistungsunternehmens lassen sich grundsätzlich zu den **Basiskategorien** aus der folgenden Tabelle zusammenfassen (Becker 2006; Meffert/Burmann/Kirchgeorg 2008, S. 242).

Zielart nach Basiskategorien	Beispiele
Ökonomische Ziele	Gewinn, Umsatz, Deckungsbeitrag
Rentabilitätsziele	Return on Investment, Umsatzrentabilität
Marktstellungsziele	Marktanteil, Marktgeltung
Finanzielle Ziele	Liquidität, Kreditwürdigkeit, Kapitalstruktur
Psychologische Ziele	Zufriedenheit, Kundenbindung, Präferenzen
Prestigeziele	Image, Unabhängigkeit
Soziale Ziele (mitarbeiterorientiert)	Mitarbeiterzufriedenheit, soziale Sicherheit
Soziale Ziele (gesellschaftsorientiert)	Dialog mit relevanten Anspruchsgruppen
Ökologische Ziele	Erfüllung ökologischer Auflagen

Alternativ lassen sich die Ziele analog zu den verschiedenen Dienstleistungsdimensionen in potenzial-, prozess- und ergebnisorientierte Dimensionen untergliedern wie die nachfolgende Tabelle zeigt (Meyer/Blümelhuber 1998b, S. 180).

Zielart nach Qualitätsdimensionen	Beispiele
Potenzialorientierte Ziele	Nutzung von Personalressourcen, Fachkompetenzen, sozialen Kompetenzen, kommunikativen Kompetenzen, technologischer Infrastruktur
Prozessorientierte Ziele	Kundengewinnung, Kundenbindung, Kontakt des Kunden zu den Mitarbeitenden, Integration des Kunden in den Leistungserstellungsprozess
Ergebnisorientierte Ziele	Schnellere Bearbeitung eines Auftrages, Perfektionierung einer Leistung, höherer Informationsgehalt bei Erteilung von Auskünften

Im Rahmen der Zielformulierung gilt es, die Ziele eines Dienstleistungsunternehmens in ein konsistentes **Zielsystem** zu integrieren. Die wesentliche **Stärke von Zielsystemen** ist die strukturierte Darstellung der Zusammenhänge zwischen den verschiedenen Zielen. Positive Zusammenhänge werden insbesondere bei folgenden Zielen unterstellt:

▍ Unternehmensgerichtete Ziele,
▍ Kundengerichtete Ziele,
▍ Mitarbeitergerichtete Ziele.

In Abbildung 4-3-1 sind die wesentlichen Ziele eines Dienstleistungsunternehmens in ein Zielsystem integriert.

Eine Strukturierung der unternehmens-, kunden- und mitarbeitergerichteten Ziele ist in Form von **Erfolgsketten** möglich, die auf dem Konzept der so genannten Service Profit Chain beruhen (Storbacka/Strandvik/Grönroos 1994; Heskett/Sasser/Schlesinger 1997; Anderson/Mittal 2000; Bruhn 2001c; Payne/Holt/Frow 2001; Kamakura et al. 2002; Bowman/Narayandas 2004).

Die **Grundüberlegung** bei einer Erfolgskette ist die inhaltliche Verknüpfung von Input-Variablen (z. B. Aktivitäten eines Unternehmens) und Output-Variablen (z. B. Ökonomischer Erfolg eines Unternehmens), die miteinander in Zusammenhang stehen. Innerhalb der Kette werden die Wirkungen zwischen den Variablen dargestellt, um eine strukturierte Analyse und Maßnahmenableitung zu ermöglichen (vgl. Abbildung 2-1-3 für die Grundstruktur einer Erfolgskette).

Wesentlich bei der Betrachtung einer Erfolgskette ist der **Link** zwischen unternehmens- und kundenbezogenen Größen. Auf der einen Seite ist zu untersuchen, mit welchen unternehmerischen Maßnahmen (Input) sich welche Wirkungen beim Kunden in welchem Ausmaß erzielen lassen. Auf der anderen Seite ist zu eruieren, welche Wirkungen beim Kunden zu welchen ökonomischen Erfolgswirkungen (Output) führen.

Abbildung 4-3-1:   Zielsystem eines Dienstleistungsanbieters

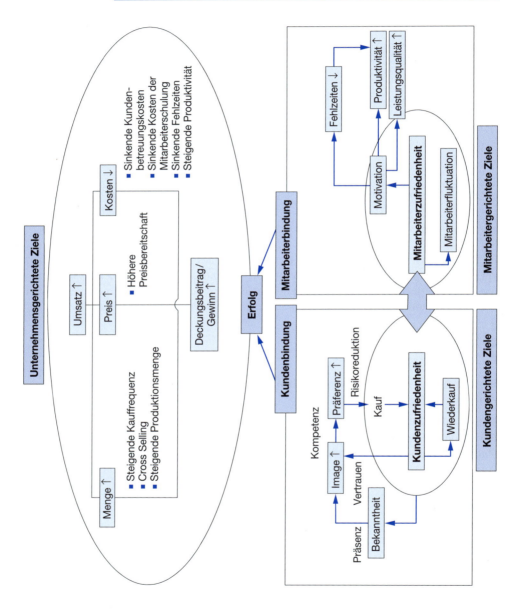

Ist eine Entscheidung über die für das Unternehmen geeignete Zielsystematisierung getroffen, sind die den verschiedenen Zielarten zugehörigen Ziele operational zu formulieren und zu konkretisieren, d. h., die festgelegten Ziele sind nach Zielinhalt, -ausmaß, -segment sowie -periode zu konkretisieren. Erfolgt dies nicht, ist eine Zielsteuerung in der gewünschten Form nicht möglich. Die Zielformulierung gilt es, jeweils für unternehmens- (Abschnitt 3.2), kunden- (Abschnitt 3.3) und mitarbeitergerichtete (Abschnitt 3.4) Ziele durchzuführen.

3.2 Unternehmensgerichtete Ziele

Unternehmensgerichtete Ziele eines Dienstleistungsanbieters sind diejenigen Ziele, die den ökonomischen Erfolg eines Dienstleistungsanbieters widerspiegeln und deren Erfüllung die Voraussetzung für einen Unternehmensfortbestand ist.

Zu bedeutenden unternehmensgerichteten Zielen zählen in diesem Zusammenhang im Wesentlichen die folgenden Ziele der Basiskategorien Ökonomische Ziele und Marktstellungsziele:

- Absatz,
- Marktanteil,
- Deckungsbeitrag,
- Umsatz,
- Gewinn.

Bei der Formulierung von Absatz-, Marktanteils- sowie Deckungsbeitragszielen ist im Dienstleistungsmarketing zunächst die Frage zu klären, durch welche Größen die „**Absatzmengen**" im Dienstleistungsbereich ausgedrückt werden. Zur Ermittlung der Absatzmengen werden beispielsweise die folgenden **Maßzahlen** herangezogen:

Maßzahlen	Beispiele
Kontaktzahl	Verbraucherzentrale
Tourenzahl	Verkehrsbetriebe
Passagierzahl	Fluglinien
Bettenauslastung	Krankenhäuser
Übernachtungszahl	Hotelbetriebe
Behandelte Patienten	Arztpraxen
Erledigte Akten	Behörden
Einsatzfahrten	Hilfsdienste, Feuerwehr
Vorlesungen, Prüfungen, Veröffentlichungen	Universitäten

Bei der **Bestimmung der Absatzmengen** ist zu prüfen, inwieweit sich diese auf eine Gesamtdienstleistung oder aber auf einzelne Teilelemente einer Dienstleistung beziehen. Beispielsweise erfolgt die Behandlung eines Patienten in der Regel in mehreren Behandlungsschritten, wobei der Patient notwendigerweise bis zur vollständigen Erbringung der Dienstleistung (Wiederherstellung der Gesundheit) mehrmals den Arzt aufsucht. Ferner erschwert ein hoher Individualisierungsgrad von Dienstleistungen vielfach die Erfassung von gleichartigen Absatzmengen. Dies ist ein Grund dafür, dass die Ermittlung von einheitlichen Deckungsbeiträgen kaum möglich ist. Darüber hinaus behindert bei vielen Dienstleistungsunternehmen der hohe Anteil an Gemeinkosten bzw. die Erfassung eines Großteils der Kosten als Gemeinkosten (z. B. bei Banken, Krankenhäusern, Bahnen) die Ermittlung relativer Einzelkosten.

Für die **Ermittlung des Marktanteils** ist neben den eigenen Absatzmengen zudem die Bestimmung des wert- oder mengenmäßigen Gesamtabsatzes in dem für das Unternehmen relevanten Markt erforderlich. Während dies für Dienstleistungsunternehmen mit relativ standardisierten Produkten (z. B. Banken, Versicherungen, Bausparkassen, Transportunternehmen) kaum Schwierigkeiten bereiten dürfte, nimmt die Problematik der Abgrenzung des relevanten Marktes und Bestimmung des Marktanteils mit zunehmendem Individualisierungsgrad einer Dienstleistung zu. Als Beispiel sei hier die Bestimmung des Marktanteils eines Theaters oder eines Heilpraktikers angeführt.

Sind die Maßzahlen bestimmt, dann lassen sich die Deckungsbeitrags-, Umsatz- und Gewinnziele eines Dienstleisters problemlos nach den üblichen Berechnungen bestimmen und konkretisieren.

3.3 Kundengerichtete Ziele

Beziehungen des Unternehmens zu seinen Anspruchsgruppen – insbesondere zum Kunden – stehen im Zentrum des Relationship Marketing, das als Grundkonzept des Dienstleistungsmarketing anzusehen ist. Dementsprechend nehmen die kundengerichteten Ziele eine besondere Stellung im Zielsystem des Dienstleistungsmarketing ein. Sie sind quasi direkt an den Determinanten des Kaufverhaltens, also den zentralen Erfolgsgrößen des Dienstleistungsmarketing, ausgerichtet (vgl. für eine ausführliche Beschreibung Kapitel 3, Abschnitt 1.2).

> **Kundengerichtete Ziele** sind sämtliche Ziele, die bei den aktuellen sowie potenziellen externen Zielgruppen des Dienstleistungsanbieters angestrebt werden. In diesem Zusammenhang lassen sich **psychologische**, **verhaltensbezogene** und **ökonomische Ziele** differenzieren.

Zu den **kundenbezogenen psychologischen Zielen** zählen insbesondere Zielgrößen wie:

▌ Bekanntheit und Image,

▌ Qualitätswahrnehmung,

▌ Kundenzufriedenheit,

▌ Beziehungsqualität.

Aufgrund der Besonderheiten von Dienstleistungen hat der Kunde nur wenige Anhaltspunkte, um die Qualität des Dienstleisters vollständig zu beurteilen. Das **Image** und die **Bekanntheit** werden somit in vielen Fällen zum Indikator für die vorab nicht überprüfbare Leistung, was die Notwendigkeit der Formulierung eines positiven Imageziels unterstreicht.

Das im Zentrum der Betrachtung stehende Ziel einer möglichst positiven **Wahrnehmung der Dienstleistungsqualität** lässt sich als „Leitziel" des Dienstleistungsunternehmens ansehen. Dabei wird von einem weiten Qualitätsverständnis ausgegangen, das in Kapitel 3 (Abschnitt 1.2) und Kapitel 5 (Abschnitt 3) umfassend in seinen Dimensionen und Ausprägungen beschrieben wird. Aus Unternehmenssicht ist sicherzustellen, dass die relevanten Qualitätseigenschaften erkannt und, daraus abgeleitet, die richtigen Subziele definiert werden.

Kundenzufriedenheit stellt in der Erfolgskette eine maßgebliche Determinante der Kundenbindung und somit zum ökonomischen Erfolg dar. Folglich gilt es für Dienstleistungsunternehmen, die Kundenzufriedenheit kontinuierlich zu erfassen und klare Kundenzufriedenheitsziele festzusetzen. Neben der Kundenzufriedenheit stellt die **Beziehungsqualität** eine weitere relevante Zielgröße zur Steuerung von Kundenbeziehungen dar. Da eine hohe Beziehungsqualität die Transaktionen zwischen Dienstleistungsanbieter und Kunde begünstigt, gilt es für Dienstleistungsanbieter entsprechende Beziehungsqualitätsziele zu definieren.

Unter die Kategorie der **verhaltensbezogenen kundengerichteten Ziele** fallen u. a. folgende Größen, die es im Kontext der Zielformulierung zu berücksichtigen gilt:

▌ Wiederkaufsverhalten,

▌ Weiterempfehlungsverhalten,

▌ Cross- und Up Selling.

Kundenbindung lässt sich vordergründig an für den Anbieter positivem Kundenverhalten feststellen. Dazu zählen vor allem das Wiederkaufs- und das Weiterempfehlungsverhalten der Kunden. Eine gesteigerte Form des Wiederkaufs zeigt sich in der Umsatzerhöhung durch die zusätzliche Inanspruchnahme eines Kunden anderer Leistungen (Cross Selling) oder höherwertiger Leistungen (Up Selling) aus dem Dienstleistungsangebot eines Anbieters.

Die **kundenbezogenen ökonomischen Ziele** sind vor allem im Zusammenhang mit Größen zur Steigerung des **Kundenwerts** zu sehen (vgl. Kapitel 8, Abschnitt 2.32). Dabei gilt es, die ökonomischen Oberziele bzw. Profitabilitätsziele auf die Ebene einzelner Kunden- bzw. Kundengruppen zu formulieren. Beispiele möglicher Zielgrößen in Bezug auf die Kundenprofitabilität sind der Kundendeckungsbeitrag, der Customer Lifetime Value sowie kundendeterminierte Einzelkosten.

Da die meisten Ziele des Dienstleistungsmarketing – abgesehen von den ökonomischen Zielen – nicht für sämtliche Zielgruppen des Unternehmens die gleiche Bedeutung haben, wird vorzugsweise eine **Formulierung der Ziele nach Kundensegmenten** angestrebt. Abschließend ist zu berücksichtigen, dass den verschiedenen kundenbezogenen Zielen in Abhängigkeit von den Phasen des **Kundenbeziehungslebenszyklus** eine unterschiedliche Bedeutung zukommt.

In der **Kundenakquisitionsphase** dominiert das Ziel der Steuerung des kundenseitigen Informationsverhaltens, um in der Folge die ökonomischen Zielgrößen zu verbessern. Weiterhin gilt es im Hinblick auf den Kundenkontakt, einen Dialog und Interaktionen zu initiieren. In der **Kundenbindungsphase** stehen hingegen die psychologischen Ziele wie eine positive Qualitätswahrnehmung, eine hohe Kundenzufriedenheit sowie ein hohes Commitment des Kunden gegenüber dem Unternehmen im Vordergrund, um eine Erhöhung der Kundenbindung mit den entsprechenden positiven Folgen auf das Unternehmensergebnis zu realisieren. Primäre Zielsetzungen in der **Kundenrückgewinnungsphase** beziehen sich schließlich auf die Vermeidung von Kundenabwanderung. Dazu bedarf es in der Regel einer Verbesserung der Qualitätswahrnehmung und des Images und einer dementsprechenden Ausrichtung von kundengerichteten Zielen.

3.4   Mitarbeitergerichtete Ziele

Eine bedeutsame Grundlage zur Erreichung der unternehmens- und kundengerichteten Ziele bildet die Umsetzung der **mitarbeitergerichteten Zielgrößen** (Grund 1998). Vor allem in Dienstleistungsbereichen mit einem hohen Grad an Kundeninteraktionen (z. B. Banken und Handel) kommen den mitarbeitergerichteten Zielen eine vergleichsweise hohe Bedeutung zuteil.

> **Mitarbeitergerichtete Ziele** zielen im Wesentlichen auf die Steigerung der Motivation und Zufriedenheit der Mitarbeitenden durch extrinsische und intrinsische Leistungsanreize, um in der Folge die Produktivität und Leistungsqualität zu erhöhen sowie Fehlzeiten der Mitarbeitenden zu vermeiden und die Mitarbeitenden langfristig an das Unternehmen zu binden (Bruhn 1999).

Die Grundannahme mitarbeitergerichteter Ziele ist, dass zufriedene Mitarbeitende die Basis für den Aufbau von Kundenzufriedenheit und Kundenbindung sind. Zu den zentralen mitarbeitergerichteten Zielen eines Dienstleistungsunternehmens zählen:

▪ Mitarbeiterzufriedenheit,

▪ Mitarbeitermotivation,

◼ Leistungsfähigkeit/Produktivität von Mitarbeitenden,

◼ Mitarbeiterakzeptanz,

◼ Mitarbeiterbindung.

Die vergleichsweise hohe Bedeutung der mitarbeiterorientierten Ziele resultiert aus der Notwendigkeit einer Interaktivität von Kunde und Dienstleister sowie dem daraus folgenden Zusammenhang zwischen Personalmotivation, Leistungsqualität, Kundenzufriedenheit und ökonomischem Erfolg (Heskett et al. 1994, S. 50ff.; Baron/Harris 1995, S. 126ff.). Vor diesem Hintergrund wurde in den letzten Jahren das Konzept des **Internen Marketing** entwickelt (vgl. Kapitel 6).

Über die Festlegung der strategischen Ziele des Dienstleistungsanbieters hinaus ist ferner eine Konkretisierung der **operativen Ziele** erforderlich. Folglich sind leistungs-, preis-, distributions-, kommunikations- sowie personalpolitische Ziele definiert, operationalisiert und schriftlich zu fixieren. Eine konkrete Ausgestaltung von allgemeinen Marketingzielen sowie Zielen der eingesetzten Marketinginstrumente zeigt Abbildung 4-3-2.

Abbildung 4-3-2: **Festlegung operativer Marketingziele**

Operative Marketingziele				
Externe Instrumente				Internes Instrument
Leistungspolitik	Preispolitik	Distributions-politik	Kommunika-tionspolitik	Personalpolitik
Hohe Qualität hinsichtlich des Leistungsprogrammes Dienstleistungs-innovationen Erhöhung des Cross-Selling-Potenzials Verbesserung des Leistungs-programms	Ausnutzung der Preissensibilität Erhöhung der Preise Durchsetzung der Preisdifferen-zierung Ausnutzung der Intransparenz des Marktes	Erhöhung des Distributions-grades Einführung neuer Vertriebswege Verbesserung der Beratungs-qualität von Absatzmittlern Einsatz neuer Medien	Bekanntheit der Dienstleistungs-marke steigern Akquisition von Neukunden durch Direct-Mail-Aktionen Kundenbindung durch spezielle Events	Verbesserung bestimmter Verhaltens-merkmale: – Freundlichkeit – Zuverlässigkeit – Pünktlichkeit Erhöhung der Beratungsqualität des Kontakt-personals

GABLER
GRAFIK

4. Festlegung von Strategien im Dienstleistungsbereich

Nachdem die Zielinhalte und das strategische Analyse- und Planungsinstrumentarium des Dienstleistungsmarketing herausgearbeitet wurden, ist im Folgenden auf konkrete Strategien im Dienstleistungsbereich einzugehen. In der Literatur zum Dienstleistungsmarketing findet sich eine Reihe von branchenbezogenen Strategiekonzepten (z. B. im Bereich Finanzdienstleistungen). Generelle Strategiesystematiken werden demgegenüber vergleichsweise wenig diskutiert. Im Folgenden wird deshalb versucht, einen Ansatz zur **Systematisierung von Dienstleistungsstrategien** zu erarbeiten, der für alle Dienstleistungsbranchen gleichermaßen Gültigkeit besitzt. Entsprechende Ansätze, wenngleich nicht speziell auf den Dienstleistungsbereich zugeschnitten, finden sich in zahlreichen Varianten in der Marketingliteratur (z. B. Müller-Stewens/Lechner 2005; Welge/Al-Laham 2006; Becker 2006).

> Eine **Dienstleistungsstrategie** stellt einen bedingten, langfristigen, globalen Verhaltensplan zur Erreichung der Unternehmens- und Marketingziele eines Dienstleistungsunternehmens dar. Strategien sind auf der Grundlage der Unternehmens- und Marketingziele zu entwickeln und dienen der Kanalisierung von Maßnahmen in den einzelnen Marketingmixbereichen eines Dienstleistungsunternehmens.

Eine Dienstleistungsstrategie bildet somit das zentrale Bindeglied zwischen den Zielen und der operativen Maßnahmenplanung. Der Diskussion einzelner Strategien bzw. strategischer Optionen wird die in Abbildung 4-4-1 dargestellte **Strategiesystematik** zugrunde gelegt.

Zunächst gilt es, eine grundlegende **Geschäftsfeldstrategie** festzulegen (Abschnitt 4.1). Zu diesem Zweck erfolgt notwendigerweise die Festlegung der strategischen Geschäftsfelder einer Unternehmung (Abschnitt 4.11). Im Anschluss ist zu prüfen, welche marktfeldstrategische Option für die Unternehmung optimal ist (Abschnitt 4.12). Mit der vollzogenen Festlegung dieser Elemente wird anschließend in den Bereich der strategischen Marketingplanung übergewechselt, der die Geschäftsfelder als Bezugsgrößen voraussetzt und verwendet. Als weitere Elemente der Geschäftsfeldstrategie werden die Wettbewerbsvorteils- (Abschnitt 4.13), die Marktabdeckungs- (Abschnitt 4.14) sowie die Timing-Strategie (Abschnitt 4.15) diskutiert.

Im Rahmen der auf den Geschäftsfeldstrategien aufbauenden **Marktteilnehmerstrategien** (Abschnitt 4.2) sind dann für jedes Geschäftsfeld weitere Überlegungen anzustellen. Zunächst werden marktbearbeitungsspezifische Optionen (Abschnitt 4.21) und Kundenstrategien (Abschnitt 4.22) gewählt. Darüber hinaus werden marktteilnehmerbezogene Verhaltensstrategien formuliert. Zu den Marktteilnehmern werden in diesem Zusammenhang die Abnehmer (Abschnitt 4.23), die Wettbewerber (Abschnitt 4.24) sowie die Absatzmittler (Abschnitt 4.25) gezählt. Denkbar wäre weiterhin eine Berücksichtigung von sonstigen Anspruchsgruppen (vgl. Meffert/Burmann/Kirchgeorg 2008, S. 319).

Abbildung 4-4-1:   Zentrale strategische Fragestellungen und Strategieoptionen

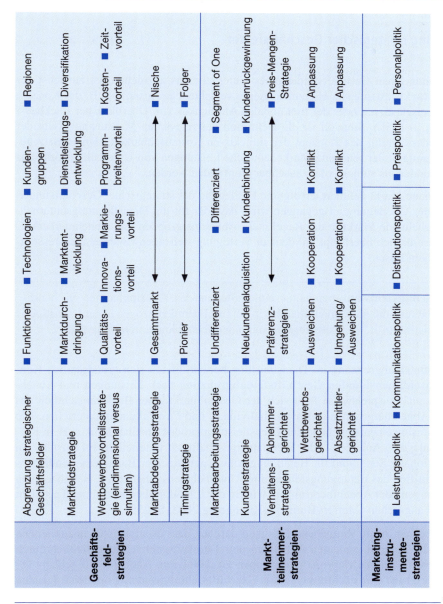

Geschäfts-feld-strategien	Abgrenzung strategischer Geschäftsfelder	■ Funktionen	■ Technologien	■ Kunden-gruppen	■ Regionen
	Marktfeldstrategie	■ Marktdurch-dringung	■ Marktent-wicklung	■ Dienstleistungs-entwicklung	■ Diversifikation
	Wettbewerbsvorteilsstrate-gie (eindimensional versus simultan)	■ Qualitäts-vorteil	■ Innova-tions-vorteil	■ Markie-rungs-vorteil	■ Programm-breitenvorteil	■ Kosten-vorteil	■ Zeit-vorteil
	Marktabdeckungsstrategie	■ Gesamtmarkt			■ Nische
	Timingstrategie	■ Pionier			■ Folger
Markt-teilnehmer-strategien	Marktbearbeitungsstrategie	■ Undifferenziert	■ Differenziert	■ Segment of One
	Kundenstrategie	■ Neukundenakquisition	■ Kundenbindung	■ Kundenrückgewinnung
	Verhaltens-strategien	Abnehmer-gerichtet	■ Präferenz-strategien		■ Preis-Mengen-Strategie
		Wettbewerbs-gerichtet	■ Ausweichen	■ Kooperation	■ Konflikt	■ Anpassung
		Absatzmittler-gerichtet	■ Umgehung/Ausweichen	■ Kooperation	■ Konflikt	■ Anpassung
Marketing-instru-mente-strategien	■ Leistungspolitik	■ Kommunikationspolitik	■ Distributionspolitik	■ Preispolitik	■ Personalpolitik

GABLER GRAFIK

Das abschließende Element der Strategiesystematik bildet die Festlegung von **Marketing-instrumentestrategien** (Abschnitt 4.3), die eine Konkretisierung der Strategien hinsichtlich des Instrumenteeinsatzes beinhalten.

4.1 Geschäftsfeldstrategien

4.11 Abgrenzung strategischer Geschäftsfelder

Um die strategischen Geschäftsfelder eines Unternehmens abzuleiten, ist zunächst der **relevante Markt** festzulegen. Hierzu existieren verschiedene Ansätze, z. B. das Konzept der Kreuzpreiselastizität oder der funktionalen Ähnlichkeit (im Überblick bei Backhaus/ Voeth 2007, S. 125f.). Sinnvoll ist die Definition des relevanten Marktes aus Sicht der Kunden, sodass häufig das Konzept der subjektiven Austauschbarkeit zum Einsatz gelangt. Hier umfasst der relevante Markt sämtliche Leistungen von Unternehmen, die aus Sicht der Kunden als subjektiv austauschbar empfunden werden.

Ist der relevante Markt definiert, erfolgt die Festlegung der strategischen Geschäftsfelder, wobei von der Überlegung ausgegangen wird, dass der für ein Dienstleistungsunternehmen zu bearbeitende Markt in der Regel mehr Abnehmergruppen und Abnehmerbedürfnisse umfasst als sich überhaupt mit den zur Verfügung stehenden Unternehmensressourcen befriedigen lassen.

> Eine **Geschäftsfeldwahl** beinhaltet ein Aufteilen des Gesamtmarktes in homogene Einheiten, die sich untereinander in ihren abnehmerbezogenen und sonstigen Charakteristika, z. B. Wettbewerbsintensität oder Technologie, unterscheiden.

Zur Geschäftsfeldabgrenzung im Dienstleistungsbereich bieten sich grundsätzlich Konzepte der **zweidimensionalen Geschäftsfeldabgrenzung** nach Leistungen und Abnehmergruppen an. Beispielsweise lässt sich der Gesamtmarkt einer Bank hinsichtlich des Kriteriums Abnehmergruppen in Privat-, Individual- und Firmenkunden unterteilen. Die zweite Dimension ist entsprechend den Dienstleistungsprodukten einer Bank z. B. in Kredit-, Spareinlagen-, Anleihen- oder Wertpapiergeschäfte zu unterteilen. Es entsteht ein zweidimensionaler Suchraum für Betätigungsschwerpunkte einer Bank. Eine **eindimensionale Definition** des Betätigungsfeldes eines Unternehmens hingegen, z. B. anhand von Dienstleistungen oder Abnehmergruppen, wird in der Literatur übereinstimmend als nicht ausreichend angesehen (Meffert/Burmann/Kirchgeorg 2008, S. 255f.).

Allerdings besteht heute weitgehend Einigkeit darüber, dass es strategisch unzureichend ist, die für die Zukunft geplanten Aufgaben- und Tätigkeitsgebiete ausschließlich durch die klassischen Produkt-Markt-Kombinationen zu definieren. Abell (1980) schlägt vor diesem Hintergrund eine **dreidimensionale Geschäftsfeldabgrenzung** mit den folgenden Dimensionen vor:

- **Funktionen**, die das Unternehmen im Sinne einer zu erbringenden Marktleistung erfüllt,
- **Zielgruppen**, für die diese Funktionen erbracht werden,
- **Technologien**, unter Verwendung derer die Funktionserfüllung erfolgt.

In Bezug auf die Technologiekomponente ergeben sich im Zusammenhang mit der Anwendung der dreidimensionalen Geschäftsfeldabgrenzung **dienstleistungsspezifische Besonderheiten**. Aufgrund der Immaterialität der Dienstleistung empfiehlt es sich, Technologie, im Sinne einer produktbezogenen Problemlösung, nicht als Gegenstand bzw. Bestandteil eines Dienstleistungsprodukts und damit auch nicht zur Abgrenzung von Geschäftsfeldern aufzufassen.

Während die Dienstleistung also selbst keine Technologiekomponente beinhaltet, ist es vielmehr der **Dienstleistungserstellungsprozess**, in dem verstärkt Technologien eingesetzt werden. Um den Ansatz von Abell auf den Dienstleistungsbereich zu übertragen, ist daher von einem modifizierten Technologieverständnis auszugehen. Technologien stellen hier in der Regel alternative Möglichkeiten der Funktionserfüllung bzw. Hilfsmittel zur rationelleren Erstellung von Dienstleistungen dar.

Dennoch lässt sich eine wachsende Bedeutung von Technologien im engeren Sinne, d. h. technischer Verfahren bei der Erstellung von Dienstleistungen, vor allem im Zusammenhang mit den so genannten E-Services, feststellen (vgl. Kapitel 6, Abschnitt 1.23).

Ein auf diesen Überlegungen aufbauender **dienstleistungsbezogener Geschäftsfeldplanungsprozess** wird am Beispiel von Versicherungen dargestellt (Birkelbach 1988). Aufgrund der zentralen Bedeutung der Geschäftsfelddefinition bei der strategischen Unternehmensplanung und der zu erwartenden besonders komplexen Funktions-Technologie-Beziehung in der Assekuranz ist es sinnvoll, den Geschäftsfeldplanungsprozess in folgende aufeinander aufbauende Teilstufen zu untergliedern.

▮ Abgrenzung grundsätzlicher Problemlösungsbereiche,

▮ Feinabgrenzung eines strategischen Geschäftsfelds,

▮ Entscheidungen zur Marktbearbeitung bzw. Marktabdeckung.

Zur **Abgrenzung grundsätzlicher Problemlösungsbereiche** bei Versicherungen sind die Kernbedürfnisse („Basic Needs") der Kunden, die es zu bestimmen gilt, der Ausgangspunkt der funktions- und technologieorientierten Geschäftsfelddefinition. Da die grundsätzliche Leistung einer Versicherung in der garantierten Risikoübernahme für den Versicherungsnehmer besteht, lässt sich die Verbesserung der Risikosituation des Kunden, gleichbedeutend mit „Erhöhung der Sicherheit", als zentrales Kundenbedürfnis herausarbeiten. Somit wird im Sinne einer innovativen Geschäftsfelddefinition in **Stufe 1** zunächst ein strategischer Suchraum „Sicherheitsnachfrage" aufgebaut. Dieser Suchraum zur Lokalisierung von strategischen Geschäftsfeldern wird dann definitionsgemäß durch die drei Dimensionen abgegrenzt (vgl. Abbildung 4-4-2):

1. Kundengruppen: Nachfrager nach Sicherheit,
2. Funktion:　　　 Sicherheitsfunktionen,
3. Technologie:　　Sicherheitstechnologien.

Abbildung 4-4-2:   **Strategischer Suchraum „Sicherheitsnachfrage"**

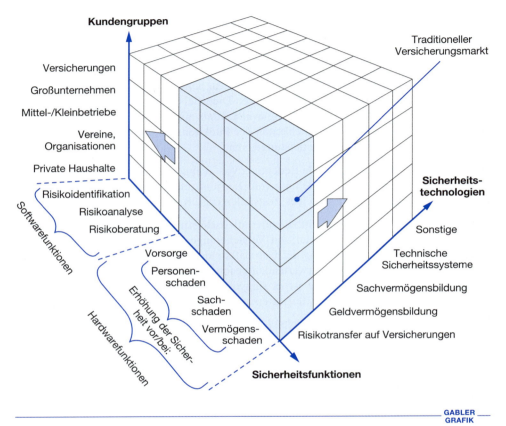

Quelle: Birkelbach 1988, S. 234

Als **Kundengruppe nach Sicherheit** lassen sich auf der Ebene einer Makrosegmentie-
rung folgende Nachfrager unterscheiden: Groß-, Mittel- und Kleinbetriebe, Vereine und
Organisationen, private Haushalte und auch Versicherungsunternehmen, die beispielsweise Sicherheit in Form von Rückversicherungsschutz nachfragen.

Die **Sicherheitsfunktionen** leiten sich unmittelbar aus den Bedürfnissen der Sicherheits-
nachfrager ab. Dabei lassen sich solche Sicherheitsfunktionen, die bei jedem Sicherheits-
problem „automatisch" mit zu bewältigen sind wie z. B. die Risikoidentifikation, -analyse
und -beratung (risikopolitische Softwarefunktionen) von solchen, die Bedürfnisse nach
tatsächlicher, materieller Erhöhung der Sicherheit, z. B. die Erhöhung der Sicherheit bei
Personen-, Vermögens- oder Sachschäden sowie bei der Altersvorsorge, unterscheiden
(risikopolitische Hardwarefunktionen).

Im Sinne des erweiterten Technologieverständnisses stellen **Sicherheitstechnologien** alle Möglichkeiten dar, die oben genannten Sicherheitsfunktionen zu erfüllen. Beispiel ist der Risikotransfer auf eine Versicherungsgesellschaft. Denkbar ist ferner eine „Eigenversicherung" der Nachfrager, die durch Bildung finanzieller Rücklagen (Geldvermögensbildung) erfolgt. Mit der Operationalisierung der Kundengruppen-, Sicherheitsfunktions- und Sicherheitstechnologieachse wird der gewünschte strategische Suchraum „Sicherheitsnachfrage" dreidimensional zur Lokalisierung von strategischen Geschäftsfeldern aufgespannt. Eine Eingrenzung des so identifizierten strategischen Suchraums „Sicherheitsnachfrage" ermöglicht eine detaillierte Definition der strategischen Geschäftsfelder.

Im Rahmen der nachfolgenden **Feinabgrenzung** eines strategischen Geschäftsfelds wird, unter Beachtung der eigenen Ressourcen und Unternehmensfähigkeiten, aus dem strategischen Suchraum eine bestimmte Auswahl von Kundengruppen, Sicherheitsfunktionen und Sicherheitstechnologien ausgewählt und als zunächst nur grob bestimmtes strategisches Geschäftsfeld festgelegt. Dies könnte am Beispiel einer Versicherung das Geschäftsfeld „Konsumversicherungen" sein, das bezogen auf die Kundengruppe „Private Haushalte", das Angebot sämtlicher Sicherheitsfunktionen hinsichtlich der Technologie „Risikotransfer auf Versicherungen" umfasst.

Darauf aufbauend lässt sich wiederum ein dreidimensionaler Abgrenzungsvorschlag anwenden, der jedoch die ausgewählten Kundengruppen, Funktionen und Technologien weiter in Untereinheiten differenziert. Die Kundengruppe „Private Haushalte" ließe sich beispielsweise in mehrere Sub-Kundengruppen (Nichterwerbstätige, Selbständige, Beamte usw.) segmentieren. Die Sicherheitsfunktionen werden ferner in **Versicherungsmarktleistungen** (Lebens-, Kranken-, Rechtsschutzversicherungen usw.) transformiert und an die Stelle der einzigen Sicherheitstechnologie „Risikotransfer auf Versicherungen" tritt eine Auswahl von Subtechnologien, hier die so genannten Servicetechnologien in Form alternativer Vertriebswege für Versicherungen. Das abgeleitete strategische Geschäftsfeld „Konsumversicherungen" stellt sich nun nach einer verfeinerten Analyse als ein dreidimensionales, jedoch wesentlich präziser definiertes Geschäftsfeld dar. Die **Feinabgrenzung** des strategischen Geschäftsfelds „Konsumversicherungen" fungiert dann zielsetzungsgerecht als Bezugsobjekt für funktionale Marketingstrategien.

Nach erfolgter Abgrenzung eines strategischen Geschäftsfelds gilt es schließlich, Entscheidungen zur **Marktbearbeitungsstrategie** bzw. zur Marktabdeckung zu treffen (vgl. Kapitel 4, Abschnitt 4.14 und 4.21 und Abell 1980, S. 200f.). Im Rahmen der branchenbezogenen Auswahlanalyse ist zu überprüfen, inwieweit sich mit bestimmten Marktabdeckungsgraden intendierte Erfolgspositionen (z. B. Erfahrungskurveneffekte) im Dienstleistungs- und speziell Versicherungssektor erreichen lassen. Bei einer sich anschließenden unternehmensbezogenen Wahl der Marktabdeckungsstrategie hat der Versicherer zu prüfen, welche Strategie den besten „Fit" zu seinen Unternehmensressourcen und -fähigkeiten darstellt.

Es bleibt festzuhalten, dass die sukzessive Auswahl von Segmenten entlang der drei Achsen eine geeignete Methode zur Abgrenzung strategischer Geschäftsfelder für Dienstleistungsunternehmen ist.

$4._{12}$ Marktfeldstrategie

Im Rahmen der Festlegung von Dienstleistungsstrategien erfolgt als zweiter Schritt die Bestimmung der generellen strategischen Stoßrichtung, deren Aufgabe es ist, die langfristige Erreichung der Unternehmensziele sicherzustellen. Für eine grobe Strukturierung möglicher Strategiealternativen lässt sich die klassische **Ansoff-Matrix** (Ansoff 1966, S. 13ff.) heranziehen. Auf den Dienstleistungsbereich übertragen (Johnson/Scheuing/Gaida 1986, S. 115) lassen sich die in Abbildung 4-4-3 dargestellten **Basisstrategien** unterscheiden.

Abbildung 4-4-3:   **Marktfeldstrategien im Dienstleistungsmarketing**

Dienstleistungen \ Märkte	Gegenwärtig	Neu
Gegenwärtig	① Marktdurchdringung	② Marktentwicklung
Neu	③ Dienstleistungs-entwicklung/-innovation	④ Diversifikation

GABLER
GRAFIK

> Eine **Marktdurchdringungsstrategie** zielt auf eine Intensivierung der Bemühungen, bei den vorhandenen Kunden die gegenwärtigen Leistungsarten eines Dienstleistungsunternehmens vermehrt abzusetzen.

Bei dieser Strategie ergeben sich im Wesentlichen drei Ansatzpunkte, die isoliert oder kombiniert verfolgt werden:

1. **Erhöhung der Dienstleistungsverwendung** bei bestehenden Kunden (z. B. Schaffung neuer Anwendungsbereiche, Beschleunigung des Ersatzbedarfes durch künstliche Obsoleszenz/Modetrends).

2. **Gewinnung von Kunden**, die bisher bei der Konkurrenz gekauft haben (z. B. durch Preisreduktion, Verkaufsförderungsaktionen, Dienstleistungsoptimierung, Einsatz des Marketinginstrumentariums). Diese Strategie verlangt insbesondere von Dienstleistungssektoren, bei denen eine intensive Bindung zwischen Dienstleistungsanbieter und -nachfrager besteht (Versicherungen, Bank, Steuerberater), besondere Anstren-

gungen, um einen Kunden zum Wechsel zu bewegen. Dies erklärt sich vor allem durch das als hoch empfundene Kaufrisiko bei vielen Dienstleistungen.

3. **Gewinnung bisheriger Nichtverwender** der Dienstleistung (z. B. durch intensivierte Kommunikation, Einsatz neuer Distributionskanäle). Als Beispiel lässt sich die Inanspruchnahme von Kreditkartenservices anführen. Einige der Kreditkartenanbieter versuchen, bisherige Nichtverwender durch Probeangebote zu stimulieren.

> Eine **Marktentwicklungsstrategie** strebt an, für die gegenwärtigen Dienstleistungen einen oder mehrere neue Märkte zu finden.

Ansätze für die Marktentwicklung finden sich insbesondere bei der Kundendimension des Abell'schen Schemas. Insgesamt sind im Rahmen der Suche nach neuen Marktchancen insbesondere zwei Vorgehensweisen möglich:

1. **Erschließung zusätzlicher Märkte** durch regionale, nationale oder internationale Ausdehnung (Stauss 1994c). Beispielhaft für die Internationalisierung des Dienstleistungsgeschäftes ist das Vordringen von Fast-Food- und Hotelketten auf internationale Märkte oder die weltweite Tätigkeit renommierter Unternehmensberatungen (McKinsey, Boston Consulting Group).

2. **Gewinnung neuer Marktsegmente**, z. B. durch speziell auf bestimmte Zielgruppen abgestimmte Dienstleistungsvarianten oder „psychologische" Leistungsdifferenzierung durch Kommunikationsmaßnahmen. Ein Beispiel ist die Ausweitung des Angebotes einer Linienfluggesellschaft um das Segment der Charterflüge oder „Billigflüge".

Im Rahmen der nationalen oder internationalen Ausdehnung des Dienstleistungsangebotes ist zu berücksichtigen, dass Dienstleistungen im Gegensatz zu Sachgütern häufig nicht transportfähig sind. Will sich ein bisher regional tätiges Dienstleistungsunternehmen über sein Einzugsgebiet hinaus ausdehnen, so ist ein Wachstum in der Regel nur über weitere Standorte möglich (Graumann 1983, S. 608). Ein „langsames Hineinwachsen" in internationale Märkte bzw. Massenmärkte, wie es z. B. mittels einer Exportstrategie für einen Konsumgüterhersteller möglich ist, wird für ein Dienstleistungsunternehmen damit ungleich schwieriger. So haben heute zahlreiche Banken, Versicherungen oder Handelsunternehmen, die auf internationalen Märkten tätig sind, ein Filialnetz im Auslandsmarkt errichtet, um dort mit ihrem Dienstleistungsangebot präsent zu sein (vgl. zu Fragen der Internationalisierung ausführlich Kapitel 9).

> Eine Strategie der **Dienstleistungsentwicklung** basiert auf der Überlegung, für die gegenwärtigen Kunden neue, innovative Dienstleistungen zu entwickeln.

Hier sind alternative Vorgehensweisen denkbar:

1. Schaffung von Dienstleistungen im Sinne von **echten Marktneuheiten**: Unternehmensberatungen beschränken ihr Serviceangebot heute nicht mehr auf die Unternehmensanalyse und -beratung, sondern übernehmen zunehmend auch die Implementierung von Unternehmenskonzeptionen. Dabei verläuft die Grenze zwischen reinen Value Added Services (z. B. Kundenservice), die zusätzlich und aufbauend zur eigentlichen Leistung angeboten werden, und eigenständigen neuen Leistungen, wie sie im Rahmen der Diversifikationsstrategie angeboten werden, fließend.

2. Programmerweiterung durch Angebot **zusätzlicher Dienstleistungsvarianten**: Das Unternehmen American Express bietet seinen Kunden in Verbindung mit der Kreditkarte eine Reihe weiterer Dienstleistungen an, z. B. einen Buchungsservice oder eine Lebens- bzw. Reiseversicherung. Die Deutsche Post erweiterte ihr Dienstleistungsprogramm, aufbauend auf dem Kerngeschäft Brief, durch die Übernahme zahlreicher Unternehmen aus dem Paket- bzw. Logistikbereich. Beispielsweise bietet das Post-Tochterunternehmen DHL in Kooperation mit dem Online-Auktionshaus Ebay diverse Dienstleistungen rund um die Versandabwicklung der auf Ebay gehandelten Waren an.

> Eine **Diversifikationsstrategie** ist durch die Ausrichtung der Unternehmensaktivitäten auf neue Dienstleistungen für neue Märkte charakterisiert.

Je nach Grad der mit dieser Strategie verfolgten Risikostreuung lassen sich drei **Diversifikationsformen** unterscheiden (Yip 1982, S. 129ff.; Meffert/Burmann 2005):

1. Bei der **horizontalen Diversifikation** wird das neue Dienstleistungsprogramm um Leistungen erweitert, die mit dem bestehenden Programm noch in Verbindung stehen, z. B. die Aufnahme von zusätzlichen Finanzdienstleistungen in das Angebot von Bausparkassen. Die Diversifikationsbemühungen eines Dienstleistungsanbieters beziehen sich dabei sowohl auf Dienstleistungen als auch auf Sachgüter. Beispielsweise könnte eine Versicherung neben dem Angebot von Versicherungsverträgen auch Alarm- und Sicherheitseinrichtungen anbieten, um das „Sicherheitsbedürfnis" des Kunden umfassend zu befriedigen.

2. Die **vertikale Diversifikation** stellt eine Vergrößerung der Wertschöpfungstiefe des Absatzprogramms eines Dienstleistungsunternehmens dar. Diese wird sowohl in Richtung Absatz der bisherigen Dienstleistungen als auch in Richtung Dienstleistungs-„Vorproduktion" vorgenommen. Eine vertikale Diversifikation würde z. B. vorliegen, wenn ein Verlagshaus eine eigene Buchhandelskette aufbauen würde.

3. Bei der **lateralen Diversifikation** stößt das Unternehmen in völlig neue Dienstleistungsmärkte vor. Ein Beispiel hierfür sind Handelsunternehmen wie Aldi oder Tchibo, die sich als Reiseveranstalter betätigen.

Als wesentliches Entscheidungskriterium für die Auswahl einer oder mehrerer Basisstrategien der Ansoff'schen Matrix wird der **Grad der Synergienutzung** angesehen.

Während die Marktdurchdringungsstrategie das höchste Synergiepotenzial aufweist, lassen sich im Falle der Diversifikation kaum noch Synergien zum bestehenden Geschäft und Kundenkreis nutzen.

In diesem Zusammenhang bietet sich als Entscheidungshilfe für Diversifikationsbestrebungen die Erstellung einer **Synergie-Affinitäts-Matrix** an (vgl. Abbildung 4-4-4). Sie wird von den beiden Dimensionen „Kundengruppensynergie" und „Bezug zur Unternehmenskompetenz" aufgespannt. Dabei wird vom Kerngeschäft ausgegangen, das den Ausgangspunkt für die Bemessung von Kundengruppensynergien und Unternehmenskompetenzbezug darstellt (oberer rechter Quadrant).

Abbildung 4-4-4:   **Synergie-Affinitäts-Matrix**

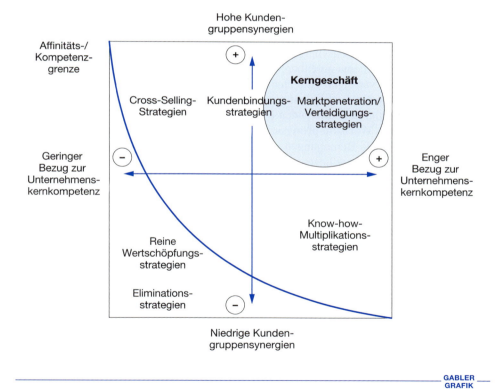

Die im Folgenden aufgezeigten strategischen Optionen werden nachfolgend am Beispiel eines Pizza-Zustellservices verdeutlicht.

Eine **Marktpenetration/Verteidigungsstrategie** ist beispielsweise durch erhöhte Kommunikationsbemühungen des Pizza-Zustelldienstes (z. B. Direct Mail) realisierbar. Unter Ausnutzung der Kundengruppensynergie ist darüber hinaus eine **Kundenbindungsstrategie** denkbar, die beispielsweise Preisermäßigungen für Stammkunden als Instrument beinhaltet.

Bei Aktivitäten, die sich durch hohe Kundengruppensynergien und einen geringen Bezug zur Unternehmenskompetenz auszeichnen, sind **Cross-Selling-Strategien** einsetzbar. Beispielsweise könnte gegenwärtigen Kunden ein hochwertiger Partyservice angeboten werden. Die Akzeptanz dieser zusätzlichen Leistungen hängt jedoch in entscheidendem Maße von der Kompetenzzuweisung seitens der Kunden ab.

Als weitere strategische Option bietet sich dem Pizza-Zustelldienst ein Vordringen in neue Kundenfelder unter Ausnutzung der Unternehmenskompetenz an. Hier bietet sich insbesondere die Möglichkeit der räumlichen Ausweitung des Angebotes bzw. der Multiplikation von Geschäftsstellen (**Know-how-Multiplikationsstrategie**).

Im letzten Quadranten bestehen ein geringer Bezug zur Unternehmenskompetenz sowie eine geringe Kundengruppensynergie. Diese strategische Option entspricht weitgehend der aus dem Ansoff-Schema ableitbaren Option der **lateralen Diversifikation**. Ein Vorstoßen in dieses Feld verringert zum einen das unternehmerische Risiko, zum anderen ist diese strategische Option auch selbst mit erheblichen Risiken verbunden. Diese sind in den konsumentenseitig zu vermutenden Akzeptanzbarrieren zu sehen. Insgesamt handelt es sich hier um reine **Wertschöpfungsstrategien**. Die aufgezeigten Probleme treten bei allen unternehmerischen Bemühungen auf, die jenseits der idealtypisch eingezeichneten Affinitäts-/Kompetenzgrenze liegen.

4.13 Wettbewerbsvorteilsstrategie

Bei der Ableitung einer Geschäftsfeldstrategie kommt der Bestimmung des zu verfolgenden **Wettbewerbsvorteils** eine zentrale Rolle zu. In diesem Zusammenhang hat sich in Wissenschaft und Praxis die Ansicht durchgesetzt, dass die Eindimensionalität der von Porter geforderten Wettbewerbsvorteile, Kosten- versus Differenzierungsvorteil, heute nicht mehr ausreicht. Häufig ergeben sich Wettbewerbssituationen, in denen simultan mehrere Wettbewerbsvorteile zur Sicherung der Position am Markt zu verfolgen sind. Der Zeitkomponente kommt dabei eine immer größere Bedeutung zu. In Abbildung 4-4-5 sind daher drei Dimensionen zur Umsetzung von Wettbewerbsvorteilsstrategien berücksichtigt.

Abbildung 4-4-5: **Dimensionen zur Umsetzung von Wettbewerbsvorteilsstrategien**

■ Qualität
■ Innovation
■ Leistungsprogramm
■ Markierung

Differenzierungsvorteile

Kostenvorteile

Zeitvorteile

■ Automatisierung/Standardisierung
■ Rationalisierung
■ Kostenmanagement

■ Zeitdauer der
  Dienstleistungserstellung
■ Reaktionsschnelligkeit
  bei Kundenanfragen

GABLER
GRAFIK

---

1. Differenzierungsvorteile

Die Differenzierungsstrategie verfolgt das Ziel, durch Schaffung von Leistungsvorteilen bzw. durch Erhöhung des Serviceniveaus gegenüber der Konkurrenz die Marktstellung zu verbessern bzw. sich von den Wettbewerbern abzuheben. Diese Differenzierungsvorteile lassen sich auf verschiedene Basisfaktoren zurückführen. Die Erlangung einer aus Kundensicht überlegenen **Qualitätsposition** erweist sich im Dienstleistungsmarketing als ein komplexes, mehrdimensionales Optimierungsproblem. Die Mehrdimensionalität resultiert aus der Existenz verschiedener Dimensionen der subjektiv wahrgenommenen Dienstleistungsqualität. So gelangen Parasuraman, Zeithaml und Berry (1985, S. 29ff.) zu faktoranalytisch verdichteten **Qualitätsdimensionen**, die im Rahmen des SERVQUAL-Ansatzes zur Messung von Dienstleistungsqualität herangezogen werden (vgl. hierzu ausführlich Kapitel 5, Abschnitt 3.221). Eine Analyse des Zusammenhanges zwischen den relevanten Qualitätsdimensionen und den zu ihrer Beeinflussung geeigneten Wertaktivitäten verdeutlicht, wie komplex die Realisierung von Qualitätsvorteilen im Dienstleistungsmarketing ist. Jede primäre und unterstützende Aktivität in der spezifischen Wertkette von Dienstleistern beeinflusst zum einen teilweise unterschiedliche Qualitätsdimensionen und dies zum anderen auf unterschiedliche Weise. Dementsprechend wirkt sich jede Aktivität unterschiedlich auf die Dienstleistungsqualität aus.

Darüber hinaus lassen sich Differenzierungsvorteile durch ein systematisches **Innovationsmanagement** des Dienstleisters realisieren. Im Vergleich zum Sachgüterbereich bestehen bei Dienstleistungsunternehmen zumeist größere Innovationspotenziale, da sich potenziell in sämtlichen Phasen des Dienstleistungserstellungsprozesses Neuheiten ergeben. Neben der Entwicklung und Einführung echter Marktinnovationen lassen sich Innovationsvorteile durch spezielle Leistungsverbunde verwirklichen. Bei derartigen Bundling-Innovationen werden bereits bestehende Dienstleistungen in neuartiger Weise miteinander kombiniert. Dabei kommt der subjektiven Affinitätswahrnehmung des Kunden in Bezug auf die kombinierten Teilleistungen wesentliche Bedeutung für den Markterfolg neuer Leistungsbündel zu. Die Erosion von Branchengrenzen, wie sie vor allem im Finanzdienstleistungsbereich festzustellen ist, ist im Wesentlichen auf diese Art des Innovationswettbewerbs zurückzuführen.

Eine in engem Zusammenhang mit den Verbundvorteilen stehende Differenzierungsmöglichkeit basiert auf der Erlangung von **Leistungsprogrammvorteilen**, die sowohl an der Breite als auch der Tiefe des angebotenen Leistungsprogramms anknüpfen. Programmbreitenvorteile äußern sich beispielsweise in dem Angebot so genannter „Lösungen aus einer Hand". Ziel dabei ist es, ein möglichst hohes Cross-Selling-Potenzial auszuschöpfen. Die Tiefe des Leistungsangebotes führt ebenfalls zu Differenzierungsvorteilen. Viele Telefongesellschaften haben in den letzten Jahren ihr Leistungsprogramm derart vertieft, dass neben der klassischen Telefonauskunft zusätzliche Informationen wie z. B. Adressen und Berufsbezeichnungen angeboten werden.

Das zentrale **Risiko** einer Differenzierungsstrategie, die auf zu großen Leistungsprogrammvorteilen basiert, besteht in einer Abkehr von den Kernkompetenzen des jeweiligen Dienstleistungsunternehmens. Differenzierungsstrategien werden daher in jüngerer Zeit vor allem durch das Outsourcing von Zusatzleistungen oder Partnerschaften mit anderen spezialisierten Unternehmen realisiert. Die Lufthansa AG ist beispielsweise unter anderem Kooperationen mit Hotels, Autovermietungen und Finanzdienstleistern eingegangen (Eisenächer 2005).

Eine Differenzierung gegenüber den Wettbewerbern ist schließlich in Form von **Markierungsvorteilen** möglich (Mei-Pochtler 1998). Zum einen ist die Markierung von Dienstleistungen aufgrund des hohen wahrgenommenen Risikos als Kompetenznachweis von großer Bedeutung, zum anderen erweist sich die Identifikation geeigneter Markenträger (Gesamtunternehmen, Leistungsbündel, Einzelleistungen) und die damit verbundene Festlegung einer geeigneten Markenstrategie als schwierig. Grundsätzlich ist mit zunehmender Immaterialität der Leistung die produktbezogene Markenidentität durch die Unternehmensidentität zu ersetzen. Aus der Entscheidung für eine konsequente Realisierung von Markierungsvorteilen ergeben sich besondere Anforderungen an die Kommunikationspolitik des Dienstleistungsunternehmens. Deren Aufgabe ist es, die Vorteile der jeweiligen Marke gegenüber den Zielgruppen zu verdeutlichen. Unternehmen wie z. B. McDonald's, Sixt, Lufthansa haben in der Vergangenheit starke Dienstleistungsmarken aufgebaut, die einen emotionalen Mehrwert für den Kunden darstellen (vgl. auch 6. Kapitel, Abschnitt 2).

2. Kostenvorteile

Neben den genannten Differenzierungsvorteilen stellen ferner die Kosten Ansatzpunkt einer Wettbewerbsvorteilsstrategie dar. Die Kostenführerschaft beruht dabei auf folgenden Grundsätzen bzw. Voraussetzungen:

- Automatisierung/Standardisierung des Dienstleistungsprozesses,
- Rationalisierungen,
- Kostenmanagement.

Die eigenständige Bedeutung und vor allem Durchsetzbarkeit von Strategien der Kostenführerschaft im Dienstleistungsmarketing wird in der Wissenschaft kontrovers diskutiert (Reichheld/Sasser 1991, S. 111; Reiss 1992, S. 62). Die Autoren stellen isolierte Kostensenkungsstrategien insbesondere vor dem Hintergrund der Vorteile von Kundenbindungsstrategien in Frage, da letztere sowohl Kosten- als auch Erlösbestandteile positiv beeinflussen. Populäre Beispiele wie der Handelskonzern Aldi relativieren jedoch diese Aussagen. Vielmehr ist branchen- und unternehmensspezifisch zu entscheiden, ob sich eine Kostenführerschaftsstrategie sinnvoll einsetzen lässt.

In der Praxis des Dienstleistungsmarketing sind die kostensenkenden und produktivitätsfördernden Effekte einer **Automation und Standardisierung** vor allem bei objektbezogenen Dienstleistungen unbestritten (Meyer 1987, S. 30ff.). Levitt sieht in diesem Zusammenhang drei grundsätzliche Ansatzpunkte der Automation (Levitt 1972, S. 47ff.):

- Soft Technologies,
- Hard Technologies,
- Hybrid Technologies.

Im Bereich der **„Soft Technologies"** sind die individuellen Tätigkeiten in der Dienstleistungsproduktion durch systematisch geplante Leistungssysteme zu substituieren (z. B. Tätigkeit des Bedienungspersonals in Fast-Food-Restaurants; Vorgaben und Checklisten für einen Kundendienstmitarbeitenden bei Wartungsarbeiten). Durch **„Hard Technologies"** (Automaten) sind individuelle Leistungen – sofern es möglich ist – zu substituieren. Derartige Maßnahmen lassen geringere Qualitätsschwankungen erwarten. Die dabei anfänglich im Rahmen der notwendigen Investitionen anfallenden Kosten lassen sich langfristig durch eine höhere Produktivität und/oder durch Einsparung von Personalkosten zumindest ausgleichen (z. B. bei Autowaschanlagen, Geldautomaten, Münzwechslern). Als dritte Möglichkeit sind **„Hybrid Technologies"** zu erwähnen, die durch Kombination von Hard und Soft Technologies entstehen. Beispiele für den Einsatz von Hybrid Technologies ist der Kundendienstbereich für Computeranlagen, bei dem ein vom Kundendienstmitarbeitenden unterstützter Online-Wartungsservice durchgeführt wird oder auch Schlüsselausgabeautomaten von Autovermietungen.

Die stetige Verbesserung von so genannten „lernenden" und „intelligenten" Systemen erlaubt vermehrt eine **kundenindividuelle Massenproduktion** (mass customization) auch im Dienstleistungsbereich (van Well 2001). Der Einsatz von Hybrid Technologies wird in der Tourismus- und Finanzdienstleistungsbranche, bei Unternehmensberatungen und weiteren serviceintensiven Branchen forciert, da hier erhebliche Einsparungspotenziale vorliegen (z. B. Büttgen 2000; Beck 2004).

Corsten unterscheidet ebenfalls drei **Ansatzpunkte für die Standardisierung von Dienstleistungen** (Corsten 1998, S. 613ff.). Es wird differenziert zwischen:

▌ Potenzialstandardisierung,

▌ Prozessstandardisierung,

▌ Ergebnisstandardisierung.

Allerdings ist bei dieser Unterscheidung eine klare Trennung der Dimensionen nicht immer möglich. So ist es z. B. vergleichsweise schwer, eine Ergebnisstandardisierung ohne eine vorherige Prozess- und Potenzialstandardisierung zu erreichen (vgl. zu Arten der Standardisierung auch Abschnitt 4.21).

> **Beispiel:** Eine reine Potenzialstandardisierung zeigt sich bei der Dienstleistung eines Friseurs, dessen Potenzial im Zeitablauf konstant ist. Die Prozesse sind dagegen aufgrund der Heterogenität des externen Faktors und der gewünschten Individualität des Ergebnisses sehr konsumentenspezifisch. Bei der Leistung eines Wirtschaftsprüfers sind die Potenziale und Prozesse weitgehend standardisiert, während das Ergebnis individueller Art ist. Als Beispiel für eine Standardisierung von Potenzialen, Prozessen und Ergebnissen lassen sich Fast-Food-Restaurants (z. B. McDonald's) heranziehen.

Des Weiteren führen auch **Rationalisierungen** (Corsten 1998, S. 607ff.) eines Dienstleistungsunternehmens zu Kostenvorteilen, die sowohl an den Prozessen, dem Potenzial als auch an dem Dienstleistungsergebnis ansetzen. Grundsätzlich ist dabei zwischen denjenigen Rationalisierungen zu unterscheiden, die für den Kunden sichtbar sind und anderen, die der Kunde nicht wahrnimmt.

Sichtbare Rationalisierungsbestrebungen eines Dienstleisters sind z. B. Leistungsreduzierung, zeitliche Beschränkung des Leistungsangebotes oder ein vollständiger Verzicht auf ausgewählte Dienstleistungsprozesse. Als Beispiel für nicht sichtbare Rationalisierungen lassen sich z. B. Arbeitsbündelung im Back-Office-Bereich, Strukturierung der Leistungsbereiche sowie die Reihenfolgeplanung anführen (vgl. ausführlich Corsten 1998, S. 613):

Um das Ziel der Kostenführerschaft umzusetzen, weisen Homburg/Fassnacht (1998) ferner auf ein verstärktes **Kostenmanagement** im Dienstleistungssektor hin. Anzustreben ist hierbei ein optimales Verhältnis von Fixkosten zu variablen Kosten, das sich beispielsweise durch ein Outsourcing bestimmter Teildienstleistungen steuern lässt. Weitere Ansatzpunkte eines verbesserten Kostenmanagements sind in dem Einsatz von modernen Kostenrechnungsverfahren zu sehen, die dem Charakter des Dienstleistungserstellungsprozesses Rechnung tragen. Hier ist insbesondere die Prozesskostenrechnung relevant (Männel 1998). Aber auch statische Kennzahlensysteme tragen zu einem verbesserten Kostenmanagement bei.

Schließlich gilt es in einem weiteren Schritt zu klären, inwieweit **Interdependenzen** zwischen Kosten- und Leistungsvorteilen bestehen. Hierzu lassen sich die Leistungsvorteile hinsichtlich ihrer Kostenwirksamkeit differenzieren. Abbildung 4-4-6 zeigt, dass sich die

Erhöhung des Serviceniveaus durch kostenerhöhende Maßnahmen, aber auch durch eine Reihe kostenreduzierender Maßnahmen, erreichen lässt (Heskett 1986, S. 45ff.).

Abbildung 4-4-6: **Wirkung alternativer Dienstleistungsstrategien auf Kosten- und Dienstleistungsniveau**

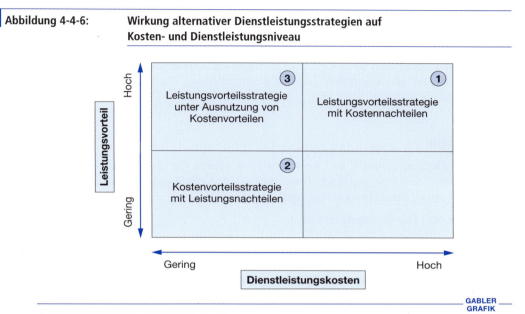

Quelle: In Anlehnung an Heskett 1986, S. 45ff.

Bei hohen Dienstleistungskosten und hohen Leistungsvorteilen liegt die Situation einer **Leistungsvorteilsstrategie mit Kostennachteilen** vor (Feld 1 in Abbildung 4-4-6). Beispiele für Ansatzpunkte zur Erreichung einer mit erhöhten Kosten verbundenen Leistungsführerschaft sind die Individualisierung von Dienstleistungen oder das Angebot von Zusatzleistungen (z. B. Abholservice einer Reparaturwerkstatt).

Die **Kostenvorteilsstrategie mit Leistungsnachteilen** (Feld 2 in Abbildung 4-4-6) verfolgt das Ziel, durch Senkung der Stückkosten unter das Niveau der wichtigsten Wettbewerber eine Kostenführerschaft im Markt zu erreichen. Die Verfolgung dieser Strategie umfasst beispielsweise Maßnahmen der Angebotsbeschränkung bzw. -standardisierung (z. B. Ausschluss von zeitintensiven Friseurdienstleistungen wie Haarfärbungen) oder die Übertragung von Dienstleistungsfunktionen oder Leistungskomponenten auf den Nachfrager (z. B. Haareföhnen durch den Kunden).

Die Strategie der Leistungsbeteiligung findet allerdings dort ihre **Grenzen**, wo der Dienstleistungserstellungsprozess den Einsatz komplizierter Technologien erfordert und/oder spezifisches Wissen voraussetzt. Weitere Nachteile dieser Strategie sind darin zu sehen, dass sich durch die aktive Einbeziehung des Konsumenten in den Erstellungsprozess einer Dienstleistung die Qualität nicht mehr in vollem Umfang vom Dienstleistungsanbieter kontrollieren lassen.

Wünschenswert ist ferner eine Strategie, bei der gleichzeitig die Kostensituation verbessert und Leistungsvorteile erzielt werden, also eine **Leistungsvorteilsstrategie unter Ausnutzung von Kostenvorteilen** (Feld 3 in Abbildung 4-4-6). Ein möglicher Ansatzpunkt hierfür ist die Realisation von Kostenvorteilen durch Standardisierung des Dienstleistungsprozesses bei gleichzeitiger Sicherstellung einer höheren Qualität der Dienstleistung. So werden beispielsweise bei automatisierten Transaktionen in Wertpapiergeschäften mögliche Fehlerquellen, z. B. bei der Aufnahme der Transaktionsdaten durch einen Sachbearbeiter der Bank, eliminiert und gleichzeitig entfallen die ursprünglichen variablen Kosten durch den Wegfall der manuellen Transaktionsverarbeitung durch den Mitarbeitenden (Heskett 1986, S. 45ff.).

3. Zeitvorteile

Neben den Differenzierungs- und Kostenvorteilen kommt der **Zeit als strategischem Wettbewerbsvorteil** eine steigende Bedeutung zu. Sie erhält dabei grundsätzlich hinsichtlich folgender Einzelaspekte Relevanz:

▌ Zeitdauer der Dienstleistungserstellung,

▌ Reaktionsschnelligkeit bei Kundenanfragen.

Bei der Inanspruchnahme von Dienstleistungen existieren in der Regel nicht kommunizierte Zeiterwartungen des Kunden an die **Dauer der Dienstleistungserstellung**.

Für die Durchführung eines Herrenhaarschnittes wird z. B. nicht länger als eine Stunde inklusive Wartezeit angesetzt. Würde diese Dienstleistung erheblich länger dauern, z. B. drei Stunden, ist die Gefahr einer Kundenabwanderung vergleichsweise hoch.

Durch die Optimierung des Erstellungsprozesses im Hinblick auf die jeweilige **Zeiterwartung der Kunden** lässt sich eine nachhaltige Verbesserung der relativen Wettbewerbsposition erreichen (Stauss 1991, S. 81ff.). Allerdings ist auch hier die branchenspezifische Situation zu beachten. Wirkt z. B. bei einem Tankstellenbesuch eine kurze Prozessdauer zufriedenheitssteigernd, so verhält es sich bei Pflege- oder Beratungsleistungen tendenziell umgekehrt. Die speziellen Zeiterwartungen der Kunden an bestimmte Dienstleistungsprozesse sowie deren Toleranzzonen sind folglich individuell zu eruieren.

Als besonders bedeutsam für den Aufbau eines Wettbewerbsvorteils ist ferner die **Reaktionsschnelligkeit** eines Anbieters auf Kundenanfragen zu werten. Bei der Ausführung von Reparaturanfragen ist beispielsweise nicht allein die Behebung des Schadens, sondern auch die Schnelligkeit für die Zufriedenheit des Kunden ausschlaggebend. Gleiches gilt für die Beschwerdereaktion eines Dienstleistungsunternehmens. Wird auf eine Beschwerde in kurzer Zeit reagiert, so wird in den meisten Fällen eine hohe Beschwerdezufriedenheit erreicht, die wiederum zu einer Bindung der Kunden führt.

4.14 Marktabdeckungsstrategie

> Eine **Marktabdeckungsstrategie** ziehlt auf die Frage nach dem sinnvollen Grad der Abdeckung und Bearbeitung des relevanten Marktes von einem Dienstleistungsunternehmen.

Als Entscheidungshilfe dient das Strategieschema von Porter. Obwohl sich Porters Untersuchung ausschließlich auf gesättigte Märkte beschränkte und somit die von ihm abgeleiteten Strategien nicht für alle Dienstleistungsunternehmen allgemein gültig sind, wird hinsichtlich der Marktabdeckung generell zwischen zwei **Optionen** unterschieden:

■ Gesamtmarktstrategie,

■ Teilmarktstrategie.

Die beiden Strategien der Marktabdeckung werden im Konzept von Porter mit denen der Festlegung von Differenzierungs- oder Kostenvorteilen kombiniert. Diese Systematisierung wird in Abbildung 4-4-7 am Beispiel von Reiseveranstaltern verdeutlicht.

Abbildung 4-4-7: **Systematisierung von Wettbewerbsvorteils-Marktabdeckungs-Strategien am Beispiel von Reiseveranstaltern**

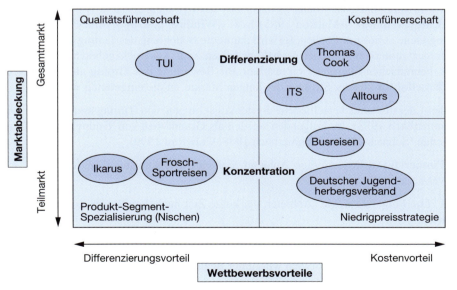

GABLER
GRAFIK

Etablierte, finanzstarke Dienstleistungsunternehmen wie z. B. McDonald's, American Express, Deutsche Bank versuchen, eine vollständige Marktabdeckung zu erreichen. Charakteristische Merkmale dieser **Gesamtmarktstrategie** sind ein eher breites Dienstleistungsangebot, die Nutzung von Know-how-Synergien sowie Größeneffekten, um Wettbewerbsvorteile und Eintrittsbarrieren gegenüber den Wettbewerbern aufzubauen.

Neben der Strategie der Gesamtmarktabdeckung ist für Dienstleistungsunternehmen insbesondere die **Nischenstrategie** von Interesse. Im Rahmen dieser Strategie versucht ein Dienstleistungsunternehmen, durch Spezialisierung auf spezifische Zielgruppen Wettbewerbsvorteile gegenüber jenen Konkurrenten zu erlangen, die eine breitere Marktabdeckung anstreben. Im Dienstleistungsbereich findet sich eine Vielzahl von Unternehmen, die diese Strategie verfolgen wie z. B. Spezialitätenrestaurants oder Spezialwerkstätten.

4.15 Timingstrategie

> Eine **Timingstrategie** kennzeichnet die Planung und Realisation des Markteintrittszeitpunktes eines Unternehmens.

Die Timingstrategie dient der Koordination zwischen der Unternehmens- und Marktdimension einer Innovation (Dalrymple/Parsons 1999). In diesem Sinne wird in der Literatur in Anlehnung an Abells Konzept des strategischen Fensters von einem „**Strategic Entry Window**" (Mattson 1985) bzw. „**Window of Opportunity**" (Sommerlatte/Layng/Oene 1986) gesprochen. Es wird damit die Bedeutung des Timing als „strategische Klammer" unternehmerischer Verhaltensweisen zum Ausdruck gebracht. Neben dieser eher theoretischen Interpretation resultiert die Bewertung des **Timing als strategischem Schlüsselfaktor** aus der Struktur der jungen Märkte, in die eingetreten wird.

In der Literatur sind verschiedene Systematisierungen von Timingstrategien zu finden (Remmerbach 1988). Im Folgenden werden als Grundtypen von Timingstrategien unterschieden (Schnaars 1986; Remmerbach 1988; Crawford 1999):

- **Pionierstrategie** (derjenige Anbieter, der eine Dienstleistungsinnovation als erster vermarktet),

- **Frühe Folgerstrategie** (Anbieter, der kurze Zeit nach dem Pionier in den Markt eintritt),

- **Späte Folgerstrategie** (Anbieter, der vergleichsweise spät in den Markt eintritt).

Eine Abgrenzung der Grundtypen wird unter Bezugnahme auf die Lebenszyklusphase des Eintrittsmarktes und den Strategieschwerpunkt zum Zeitpunkt des Markteintritts vorgenommen, wie in Abbildung 4-4-8 beispielhaft für den Telekommunikationsmarkt in der Schweiz dargestellt wird.

Abbildung 4-4-8: **Abgrenzung von Timingstrategien am Beispiel des Schweizer Telekommunikationsmarktes**

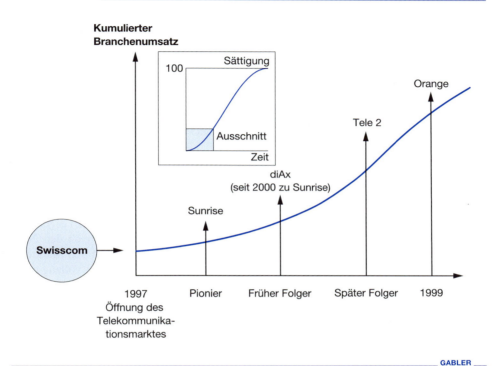

GABLER GRAFIK

Beispiel: In der Schweiz trat nach der Liberalisierung des Telekommunikationsmarktes das Unternehmen Sunrise neu in den Markt der Privatkunden ein. Der bisherige Monopolist Swisscom wurde somit erstmalig einer Wettbewerbssituation ausgesetzt. Einige Zeit später folgte das Unternehmen diAx (früher Folger) sowie als später Folger der Anbieter Tele 2. Im Jahre 1999 trat Orange als weiteres Unternehmen in den Markt ein. Unter dem zunehmenden Wettbewerbsdruck schlossen sich im Jahre 2000 diAx und Sunrise zu einem Unternehmen zusammen, das heute unter Sunrise firmiert.

Der **Pionier** tritt als erstes Unternehmen in einen entstehenden Markt ein. Hier gilt es, aufbauend auf den Besonderheiten des Käuferverhaltens bei Dienstleistungen, Möglichkeiten zur Risikoreduktion für Erstkäufer der Dienstleistung zu schaffen (z. B. durch Probeangebote, verbilligte Einführungspreise). Zudem wird in dieser Phase des Markteintrittes versucht, möglichst viele positive Mund-zu-Mund-Kommunikationskontakte zu initiieren und damit den Diffusionsverlauf zu beschleunigen.

Der Dienstleistungspionier hat nach seinem Markteintritt das Bestreben, den Eintritt neuer Wettbewerber durch den Aufbau von **Markteintrittsbarrieren** zu verhindern. Mögliche Ansatzpunkte zum Aufbau von Markteintrittsbarrieren bilden die Entwicklung und

Patentierung der vom Dienstleistungsunternehmen im Erstellungsprozess eingesetzten Technologien (z. B. Diagnosesysteme für Reparaturdienste). Denkbare Markteintrittsbarrieren sind zudem spezifisches Dienstleistungs-Know-how, Economies of Scale sowie die Verfügbarkeit eines dichten Dienstleistungsnetzes (vgl. Heskett 1986, S. 107ff.). Des Weiteren wirkt eine zum Zeitpunkt einer frühen Marktphase realisierte Kundenbindung häufig als mögliche Markteintrittsbarriere. Auf diese Weise lässt sich dem zentralen Problem der Pionierstrategie, eine hohe **Imitationsgeschwindigkeit** aufgrund im Dienstleistungsbereich nur eingeschränkter Möglichkeiten zur Absicherung von Innovationsvorsprüngen, entgegenwirken.

Der **frühe Folger** tritt nach dem Pionier in den Markt ein. Er strebt dabei ebenfalls einen möglichst frühzeitigen Markteintritt an, ist jedoch entweder langsamer bei der Entwicklung einer Innovation, oder er imitiert aufgrund mangelnder eigener Innovationsfähigkeit das Produkt des Pioniers. Die Imitation stellt auch eine gezielte Strategie dar, eigene Entwicklungskosten gering zu halten und bei der Imitation zeitliche Nachteile des späteren Eintritts durch niedrigere Preise auszugleichen. Niedrigere Preise lassen sich möglicherweise durch geringere erforderliche Investitionen der Imitation gegenüber der Innovation realisieren (Pfahler/Böhnlein 2004, S. 478f.). Der Markteintritt der frühen Folger geht einher mit der Veränderung der Konkurrenzsituation und bestimmt zugleich den **Neustrukturierungs-Zeitpunkt** der Pioniere. Mögliche Reaktionsformen auf den Markteintritt der frühen Folger sind Tolerieren, Kooperieren oder im Extremfall der Vollzug eines Verdrängungswettbewerbs. Aufgrund der beschränkten Standardisierbarkeit von Dienstleistungen lassen sich die Leistungen der Wettbewerber jedoch derart unterscheiden, dass diese vom Kunden nicht zwangsläufig als direkte Angebotsalternativen wahrgenommen werden.

Der **späte Folger** tritt nach dem frühen Folger frühestens nach Erreichen der so genannten Take-off-Phase in den Markt ein. Dies ist zum einen auf mangelnde Innovationsfähigkeit, zum anderen auf die Absicht zurückzuführen, zunächst die Marktentwicklung zu beobachten und somit vor einem Eintritt die Rentabilität der Investitionen besser zu prognostizieren. Der Vorteil dieses Markteintrittskalkül sind die Rückgriffsmöglichkeiten auf etablierte Standards, die Vermeidung von Markterschließungskosten sowie die Ausnutzung der für eine bestimmte Rentabilität erforderlichen Marktgröße.

Im Zusammenhang mit Timingstrategien im Dienstleistungsbereich kommt den **Konsumentenpräferenzen** eine besondere Bedeutung zu. Damit empfiehlt sich in vielen Fällen ein früher Markteintritt, um die entstehenden Kaufpräferenzen als entscheidende Markteintrittsbarrieren gegenüber den Folgern zu nutzen. Allerdings ist nicht zu übersehen, dass eine große Zahl „echter" Dienstleistungsinnovationen zunächst von eher kleinen Unternehmen angeboten wird, die vielfach nicht über die Finanzkraft für eine Multiplikation ihres Konzeptes verfügen. In diesen Fällen bietet sich eine Folgerstrategie mit dem Ziel der Standardisierung und Multiplikation der neuen Konzepte an (z. B. Büroraumvermietung, Gebäudeoptimierung).

4.2 Marktteilnehmerstrategien

> **Marktteilnehmerstrategien** dienen der Klärung, welche marktteilnehmerübergreifende Marktbearbeitung vorzunehmen ist und wie sich der Dienstleistungsanbieter innerhalb dieser Marktbearbeitungsstrategie optimalerweise gegenüber den übrigen Akteuren verhält.

Als relevante Marktteilnehmer sind in diesem Zusammenhang die Kunden sowie Wettbewerber, teilweise auch die Absatzmittler eines Dienstleistungsunternehmens, zu unterscheiden.

4.21 Marktbearbeitungsstrategie

Im Rahmen der **Marktbearbeitungsstrategie** lassen sich verschiedenen Strategiealternativen für ein Dienstleistungsunternehmen unterscheiden, die in Abbildung 4-4-9 unter Berücksichtigung der jeweiligen Voraussetzungen überblicksartig dargestellt sind:

- Undifferenzierte Marktbearbeitung,

- Differenzierte Marktbearbeitung,

- „Segment-of-One-Approach".

Abbildung 4-4-9:   **Marktbearbeitungsstrategien von Dienstleistungsunternehmen**

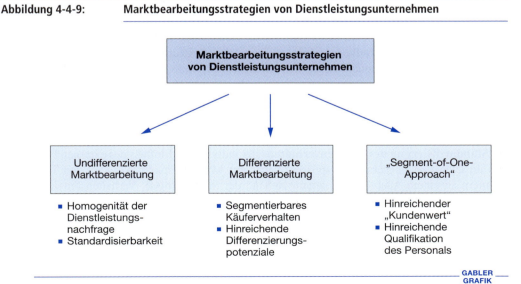

GABLER
GRAFIK

Eine **undifferenzierte Marktbearbeitung** sieht die Bearbeitung sämtlicher Marktsegmente bzw. Kundengruppen mit einem einheitlichen Marketinginstrumenteeinsatz
vor.

Eine undifferenzierte Marktbearbeitung erfolgt dabei häufig in Branchen mit ähnlichen
Bedürfnisstrukturen der Kunden und demzufolge einem standardisierten Leistungsprogramm. Beispiele für Unternehmen, die eine undifferenzierte Marktbearbeitung verfolgen,
sind z. B. Dienstleister wie McDonald's, Microsoft und der ADAC, die durch ein **Stan-
darddienstleistungsangebot** auf die Gemeinsamkeiten und nicht auf die Unterschiede in
den Bedürfnissen und Verhaltensweisen der anvisierten Marktsegmente abstellen.

Weiterhin trägt die **Standardisierung von Dienstleistungsprodukten** zur Vereinheitlichung des Service- bzw. Qualitätsniveaus bei. Da hierbei vielfach die Prozesse Gegenstand
der Standardisierungsbemühungen sind, wird gegenüber individuellen Erstellungsprozes-
sen eine Verringerung von Qualitätsunterschieden erreicht. Das Standardisierungspotenzial von Dienstleistungen ist grundsätzlich durch die Intensität des Einflusses des externen
Faktors auf den Dienstleistungserstellungsprozess bzw. auf die Dienstleistung determiniert. Ausgehend von dieser Überlegung lassen sich im Wesentlichen drei zentrale **Arten
der Standardisierung** von Dienstleistungen hervorheben (Corsten 1998, S. 612ff.):

■ Standardisierung der gesamten Dienstleistung,

■ Standardisierung von Teilkomponenten einer Dienstleistung,

■ Standardisierung des Kundenverhaltens.

Die **Standardisierung der gesamten Dienstleistung** bietet sich an, wenn die Dienstleistung im Voraus exakt determiniert ist und der externe Faktor keinen direkten Einfluss auf
die Leistungserstellung hat. Beispiele: Kino- oder Theaterbesuch, Pauschalreise, Inanspruchnahme eines Linienbusses, -fluges, Abgas-Sonderuntersuchung.

Gewinnt der externe Faktor stärkeren Einfluss auf die Dienstleistung und den Erstellungsprozess, so lassen sich **Teilkomponenten einer Dienstleistung** standardisieren. Diese
Standarddienstleistungsmodule lassen sich teilweise durch individuelle Leistungen ergänzen. Beispiele: Standardsoftware eines Softwareherstellers, die um benutzerspezifische
Unterprogramme ergänzt wird; Standardversicherungspolicen (z. B. Reiseversicherungs-
pakete) mit Zusatzleistungen.

Ein gewisses Maß an Standardisierungspotenzial lässt sich realisieren, wenn durch
die **Standardisierung des Kundenverhaltens** der individuelle Einfluss des externen Faktors im Dienstleistungserstellungsprozess verringert wird. Beispiele: Auswahl von Teil-
nehmern an einem Ausbildungslehrgang anhand der Vorkenntnisse, Verhaltenshinweise
für Patienten bei einer ärztlichen Untersuchung.

Einer Befragung von 2.300 Dienstleistungsunternehmen zu Potenzialen und Handlungsbedarf zur Standardisierung von Dienstleistungen ergab, dass Unternehmen insbesondere denjenigen Themenfeldern, die stark mit der Interaktion des Kunden in Verbindung

stehen, einen hohen Standardisierungsbedarf zuschreiben (IAT der Universität Stuttgart 2002, S. 67).

> Die **differenzierte Marktbearbeitung** sieht die Bearbeitung ausgewählter Marktsegmente bzw. Kundengruppen durch den zielgruppenspezifischen Einsatz der Marketinginstrumente vor.

Diese Strategie entspricht den Grundprinzipien des Marketing, da sie versucht, sich auf die Besonderheiten der einzelnen Kunden(gruppen) bestmöglich einzustellen (**„Service Customization"**). Der Begriff **„Mass Customization"** verbindet den an sich widersprüchlichen Grundgedanken des Customization mit dem Aspekt der industriellen Fertigung. In diesem Sinne bezeichnet Mass Customizationen die Produktion von Dienstleistungen, die den unterschiedlichen Bedürfnissen jedes einzelnen Nachfragers dieser Leistungen treffen, mit der Effizienz einer vergleichbaren Massen- bzw. Serienproduktion (vgl. Piller 2006, S. 161).

> **Beispiel:** Eine differenzierte Strategie betreibt z. B. die Deutsche Bahn durch das Angebot der BahnCard für Vielreisende, das Wochenendticket im Regionalverkehr für preisbewusste Gelegenheitsreisende und Spezialangeboten und -tarifen für Jugendliche und Senioren. Die Lufthansa versucht, durch eine Trennung von Business und Economy Class den gehobenen Ansprüchen der vielreisenden Geschäftsleute gerecht zu werden. Ein anderes Beispiel aus dem Bereich der Informationsanbieter stellt die Regionalisierung von Fernsehprogrammen zu bestimmten Tageszeiten dar.

> Der **„Segment-of-One-Approach"** zielt auf die Forderung, jede Leistung und jede Ansprache gezielt auf einen bestimmten Kunden zuzuschneiden.

In vielen Dienstleistungsbereichen wird dieser Ansatz durch die Art der Dienstleistung nahezu „automatisch" realisiert. Dies ist im Wesentlichen auf die durch das konstitutive Merkmal der Kundenbeteiligung hervorgerufene Kundenindividualität vieler Dienstleistungen zurückzuführen. Hier sind vor allem Dienstleistungen aus den Bereichen medizinische Untersuchung, Unternehmensberatung, Wirtschaftsprüfung als Beispiele anzuführen.

4.22 Kundenstrategie

Über die grundsätzliche Entscheidung zur Bearbeitung des Marktes hinaus ist ferner festzulegen, welche Kundenstrategie das Unternehmen primär verfolgen will. Grundsätzlich sind in Anlehnung an den Kundenbeziehungslebenszyklus drei alternative **Kundenstrategien** zu unterscheiden (Bruhn 2001c, S. 115):

1. Kundenakquisitionsstrategie,

2. Kundenbindungsstrategie,

3. Kundenrückgewinnungsstrategie.

1. Kundenakquisitionsstrategie

Insbesondere bei Dienstleistungsanbietern, die auf stark wachsenden, jungen Märkten agieren, steht in der Regel die **Neukundenakquisition** im Vordergrund (z. B. IT-Dienstleister oder Telekommunikationsanbieter). Hierbei wird durch gezielte Kundenakquisitionen versucht, den Gesamtmarkt zu erweitern bzw. den eigenen Marktanteil zu steigern. Ein Unternehmen kann aber ebenfalls versuchen, neue, bisher nicht bearbeitete Märkte zu erschließen. **Ziele** der Kundenakquisition sind unter anderem:

▍ Ausbau des (noch) geringen Kundenstammes,

▍ Kompensation der Kundenverluste,

▍ Verbesserung des Kundenstammes hinsichtlich der Profitabilität,

▍ Markterweiterung,

▍ Ausbau der Marktanteile gegenüber Wettbewerbern.

Eine Kundenakquisitionsstrategie bietet sich beispielsweise an, wenn das Unternehmen im Vergleich zu den Wettbewerbern relativ wenige Neukunden hinzugewinnt, einen noch geringen Kundenstamm hat, die aktuellen Kunden weniger profitabel sind als andere zu akquirierende Kunden sowie neue Kunden in den Markt eintreten, die profitabler sind als die aktuellen Kunden (Bruhn 2001c, S. 117).

Bei der Kundenakquisition werden Marketingmaßnahmen eingesetzt, um das Interesse und die Aufmerksamkeit der potenziellen Kunden zu erreichen. Da Dienstleistungen einen hohen Anteil an Erfahrungs- und Vertrauenseigenschaften aufweisen, bietet es sich z. B. an, Präferenzen über ein positives Image oder eine glaubwürdige Informationsstrategie zu erzeugen. Die Akquisition von Kunden erfolgt zum einen durch Stimulierung, zum anderen durch Überzeugung. Neukundenakquisition durch **Stimulierung** beruht auf der Gewährung von Anreizen, deren Aufgabe darin besteht, potenzielle Kunden von der Inanspruchnahme der Unternehmensleistung zu überzeugen. Kundenakquisition durch argumentative **Überzeugung** beruht auf der Dokumentation der Leistungsfähigkeit des Unternehmens. Die Umsetzung dieser grundsätzlichen Strategietypen erfolgt entweder faktisch oder symbolisch. Im Gegensatz zur symbolischen Akquisitionsstrategie werden die Kunden bei Umsetzung einer faktischen Akquisitionsstrategie durch konkrete vorteilhafte Leistungsmerkmale des Unternehmens stimuliert oder überzeugt (Bruhn 2001c, S. 117).

2. Kundenbindungsstrategie

Eine **Kundenbindungsstrategie** ist vermehrt in Märkten mit starkem Verdrängungswettbewerb zu beobachten (Homburg/Bruhn 2008). Ziel ist der Aufbau stabiler, auf Vertrauen beruhender Kundenbeziehungen, denn gemäß des Konzeptes der Erfolgskette ziehen diese einen Nutzen in den folgenden Kategorien nach sich:

- Steigerung der Profitabilität,

- Steigerung des „Share of Customer/Share of Wallet",

- Förderung der Weiterempfehlung,

- Ausnutzung von Cross-Selling-Potenzialen.

Somit lassen sich auch ökonomische Verbesserungen realisieren. Durch die Kompetenz eines Unternehmens, neue Kunden zu halten und größere Fluktuationen im Kundenstamm zu vermeiden, lassen sich Kostensenkungspotenziale nutzen und Transaktionskosten senken.

Dieser Strategietyp bietet sich z. B. an, wenn das Unternehmen zahlreiche Kunden hat, die ähnliche Leistungen zusätzlich noch bei anderen Anbietern beziehen. Bei der Identifikation der Zielgruppe, die das Unternehmen durch eine Kundenbindungsstrategie ansprechen will, spielt vor allem der **Kundenwert** eine bedeutende Rolle. Untersuchungen haben gezeigt, dass mehr als 60 Prozent der Kundenbeziehungen im „breiten" Privatkundengeschäft keinen positiven Deckungsbeitrag erbringen. Das Bemühen der Banken richtet sich daher verstärkt auf die Bindung vermögender Privatkunden sowie Kunden mit zukünftig zu erwartendem hohen Einkommen (Benkenstein/Stuhldreier/Uhrich 2006).

Nach den **Ursachen der Kundenbindung** lassen sich die Kundenbindung durch Gebundenheit und durch Verbundenheit differenzieren (Bliemel/Eggert 1998, S. 39ff.).

Gebundenheit bezeichnet einen Bindungszustand, der für einen bestimmten Zeitraum fixiert ist. Auch wenn der Kunde in diesen Zustand mehr oder weniger freiwillig eintritt, ist er innerhalb dieses Zeitraums aufgrund von bestimmten Parametern (z. B. Vertrag) in seiner Entscheidungsfreiheit hinsichtlich der Nutzung von Leistungen des entsprechenden Anbieters eingeschränkt. Es existieren drei Formen der Gebundenheit (in Anlehnung an Meyer/Oevermann 1995):

- Vertragliche Gebundenheit.

- Technisch-funktionale Gebundenheit.

- Ökonomische Gebundenheit.

> **Beispiel:** Kundenbindung durch Laufzeitverträge im Mobilfunk ist ein klassisches Beispiel für vertragliche Gebundenheit. Technisch-funktionale Gebundenheit hingegen lässt sich beispielsweise am Online-Musikanbieter iTunes feststellen, bei dem Musik-Downloads ausschließlich mit einer speziellen Software möglich sind, die wiederum notwendig für den Betrieb des MP3-Players iPOD der Computerfirma Apple ist. Ökonomische Gebundenheit zeigt sich häufig an hohen Wechselkosten, die bei einem Anbieterwechsel hervorgerufen werden (z. B. geringerer Rückkaufwert bei Kapitallebensversicherungen) und im Rahmen der Preisfestsetzung (z. B. Rabattsysteme, Preisbundling usw.).

Die Gebundenheit des Kunden wirkt sich direkt auf sein Wiederwahlverhalten aus. Innerhalb oder unabhängig von der Rahmenbedingung der Gebundenheit entsteht **Verbundenheit**, die einen Bindungszustand aufgrund von psychologischen Ursachen beschreibt (Meyer/Oevermann 1995; Bliemel/Eggert 1998, S. 39ff.) und auf Größen wie Vertrauen usw. zurückzuführen ist.

Über Verbundenheit wird eine **„freiwillige Kundenbindung"** hervorgerufen, die auf eine vom Kunden wahrgenommene Vorteilhaftigkeit der Beziehung zum Unternehmen im Vergleich zur Nichtexistenz dieser Beziehung und/oder Beziehungen zu anderen Unternehmen zurückzuführen ist. In einer empirischen Studie konnte nachgewiesen werden, dass derart gebundene Kunden sowohl die Intensivierung der Geschäftsbeziehung als auch eine Weiterempfehlung des Anbieters häufiger annehmen als im Zustand der Gebundenheit (Eggert 2001, S. 95). Ohne das Vorhandensein von Verbundenheit wirkt sich Gebundenheit nur so lange auf die Kundenbindung aus, wie die vertraglichen, technisch-funktionalen oder ökonomischen Ursachen der Gebundenheit gegeben sind. Ziel ist es daher, bei vielen Kunden die Position der positiven Gebundenheit anzustreben.

Ausgehend von der Differenzierung in eine verbundenheits- und eine gebundenheitsgetriebene Kundenbindung lassen sich in der Kundenbindungsphase eine Verbundenheits- und Gebundenheitsstrategie als **Typen von Kundenbindungsstrategien** differenzieren. Die **Verbundenheitsstrategie** strebt eine Kundenbindung über psychologische Determinanten an (z. B. Beziehungsqualität, Kundenzufriedenheit), während bei der **Gebundenheitsstrategie** versucht wird, Kundenbindung durch den Aufbau von Wechselbarrieren zu realisieren.

3. Rückgewinnungsstrategie

Gelingt es nicht, den Kunden an das Unternehmen zu binden, wird der Kunde einen Anbieterwechsel in Betracht ziehen und bei vorhandenen besseren Alternativen zu einem Konkurrenzunternehmen abwandern. Die Kundenrückgewinnungsstrategie umfasst die emotionale Rückgewinnung so genannter abwanderungsgefährdeter Kunden sowie die faktische Rückgewinnung bereits abgewanderter Kunden.

Die Rückgewinnung abgewanderter Kunden dient der Erreichung folgender **Ziele**:

■ Sicherung des Umsatzes und dem Erhalt der Cross-Selling-Möglichkeiten (Profitabilitätsziel),

■ Verhinderung negativer Mund-zu-Mund-Kommunikation (Kommunikationsziel),

■ Verbesserung der Informationsgrundlagen in Bezug auf Abwanderungsgründe und -prozesse, um zukünftig präventive Maßnahmen zu ergreifen (Informationsziel).

Die Auslöser für Abwanderungsgründe sind häufig sowohl unternehmensinterner als auch unternehmensexterner Natur. Unter **interne Auslöser** fallen z. B. das Fehlverhalten von Mitarbeitenden, mangelnde Qualität, lange Warte- und Prozesszeiten oder ein Vertrauensmissbrauch (z. B. durch die Weitergabe persönlicher Daten). Andererseits gibt es **externe Auslöser**, beispielsweise durch einen Ortswechsel, Änderungen der persönlichen

Präferenzen oder Lebensumstände, oder auch einen neuen Wettbewerber im Markt. Bei diesen externen Auslösern lässt sich nur in wenigen Fällen eine Abwanderung sinnvoll verhindern. Denkbar sind unter den genannten Beispielen lediglich Maßnahmen, um das Abwandern zu neuen Wettbewerbern zu verhindern (Michalski 2002).

Das **Erfolgspotenzial der Rückgewinnung** und der tatsächliche Rückgewinnungserfolg werden in der Literatur sehr unterschiedlich bewertet und sind in Abhängigkeit der Branche zu sehen (vgl. z. B. Homburg/Sieben/Stock 2004). So stehen z. B. der Schätzung eines Erfolgspotenzials im Bankensektor von bis zu 30 Prozent empirische Studien gegenüber, in denen die Quote tatsächlich zurückgewonnener Kunden annähernd Null beträgt (Michalski 2002).

Eine **systematische Rückgewinnungsstrategie** eignet sich besonders, wenn der Kundenstamm durch hohe Wechsel- bzw. Fluktuationsraten charakterisiert ist, die Gründe für diese hohe Wechselrate vom Unternehmen beeinflussbar ist und die Rückgewinnung profitabler erscheint als eine Neukundenakquisition.

Bei der Auswahl einer Rückgewinnungsstrategie gilt es zu entscheiden, wie das Ziel der Kundenrückgewinnung generell verfolgt wird und welche Zielgruppen anzusprechen sind. Strategische Optionen der Kundenrückgewinnung sind die Kundenrückgewinnung durch **Wiedergutmachung** und die Kundenrückgewinnung durch **Verbesserung** der zur Abwanderung führenden Probleme. Weiterhin lassen sich abwandernde (emotionale Rückgewinnung) oder bereits abgewanderte Kunden anvisieren.

Demzufolge ergeben sich vier grundlegende **Strategien der Rückgewinnung** (Bruhn 2001c, S. 120f.):

1. **Kompensationsstrategien** beinhalten eine Wiedergutmachung für eine mangelhafte Leistung. Solch eine Wiedergutmachung, z. B. durch eine Kompensationszahlung, verhindert eventuell die Abwanderung eines enttäuschten oder verärgerten Kunden.

2. **Nachbesserungsstrategien** beschäftigen sich mit der Verbesserung oder Reparatur einer fehlerhaften Unternehmensleistung. Diese Strategie zielt ebenfalls auf abwanderungsentschlossene Kunden.

3. **Stimulierungsstrategien** beziehen sich demgegenüber auf bereits abgewanderte Kunden. Durch Anreize wie z. B. Rabatte oder kleine Geschenke wird versucht, eine Wiederaufnahme der Geschäftsbeziehung zu erreichen.

4. **Überzeugungsstrategien** werden den Verbesserungsstrategien subsumiert und versuchen, abgewanderte Kunden durch ein modifiziertes Leistungsangebot zu überzeugen (z. B. Innovation gemäß den Kundenbedürfnissen).

4.23 Abnehmergerichtete Verhaltensstrategie

Ausgangspunkt der abnehmergerichteten Verhaltensstrategien ist die Frage, durch welche Verhaltensweisen des Unternehmens das strategische Ziel der bestmöglichen Kundenbearbeitung erreicht wird. Vor diesem Hintergrund wird der Begriff abnehmergerichtete Verhaltensstrategie wie folgt definiert:

> Eine **abnehmergerichtete Strategie** ist ein langfristiger Verhaltensplan, der die Steigerung des Kundennutzens durch die Realisierung eines oder mehrerer Wettbewerbsvorteile im relevanten Markt zum Inhalt hat.

In diesem Zusammenhang ist von besonderer Bedeutung, wie die im Rahmen der Geschäftsfeldstrategien festgelegten Wettbewerbsvorteile aus Kundensicht wahrgenommen werden. Ein echter **Wettbewerbsvorteil** liegt dabei vor, wenn folgende Bedingungen erfüllt sind (Simon 1988, S. 4; Backhaus/Voeth 2007):

- Der Vorteil wird vom Kunden wahrgenommen.

- Es handelt sich um ein für den Kunden wichtiges Merkmal.

- Der Vorteil ist von der Konkurrenz kurzfristig nicht einholbar.

Je nach Wettbewerbsvorteil (Differenzierung, Kosten, Zeit) werden unterschiedliche Verhaltensweisen sinnvoll, die sich auf zwei **Strategieansätze** zurückführen lassen:

1. Präferenzstrategie,

2. Preis-Mengen-Strategie.

Die **Präferenzstrategie** beschreibt abnehmergerichtete Strategien, die die Leistungs- bzw. Differenzierungsvorteile gegenüber den Kunden in besonderer Weise verfolgen. Entsprechend wird die Herausstellung und Weitervermittlung der Kostenvorteile an den Kunden als **Preis-Mengen-Strategie** bezeichnet. Diese Unterscheidung steht in engem Zusammenhang zu den generischen Strategieoptionen von Porter (Differenzierungs- versus Kostenführerschaftsstrategie). Unterschiede bestehen insofern, als die Wettbewerbsvorteile bei Porter immer in Relation zur Konkurrenz verstanden werden und die Porterschen Wettbewerbsstrategien einen stärker funktionsübergreifenden Bezug gegenüber den vor allem auf das Marketing bezogenen Preis-Mengen- und Präferenzstrategien aufweisen.

4.24 Wettbewerbsgerichtete Verhaltensstrategie

> Eine **wettbewerbsgerichtete Verhaltensstrategie** legt die spezifischen Verhaltensweisen des Anbieters gegenüber seinen (Haupt-)Konkurrenten fest.

Die Wahl zwischen den verschiedenen **Optionen einer wettbewerbsgerichteten Verhaltensstrategie** hängt dabei von der Art und Intensität des Wettbewerbs im betrachteten Markt ab (Porter 1999). Die so genannten „Triebkräfte des Wettbewerbs", wie die Marktform, das Marktstadium und das Wettbewerbsgleichgewicht, sind in das Entscheidungskalkül des Unternehmens einzubeziehen. Ferner gilt es, unternehmensbezogene Determinanten zu berücksichtigen, wobei die eigenen Ressourcen und Fähigkeiten sowie die realistische Einschätzung der Wettbewerbsressourcen von besonderer Bedeutung sind. Hierzu zählen beispielsweise:

▌ Managementpotenziale,

▌ Finanzielle Ressourcen,

▌ Erfahrungshorizont,

▌ Wachstumsfähigkeit,

▌ Reaktionsschnelligkeit,

▌ Anpassungsvermögen,

▌ Durchhaltevermögen.

Grundsätzlich ergeben sich für Dienstleistungsunternehmen folgende zwei **Verhaltensdimensionen** (Meffert/Burmann/Kirchgeorg 2008, S. 308f.). Die erste Dimension unterscheidet zwischen innovativem (aktivem) und imitativem (eher passivem) Verhalten des Dienstleisters. Ähnliche Systematiken unterscheiden häufig zwischen innovativem bzw. entrepreneurorientiertem und konservativem Verhalten (Miller/Friesen 1982; Murray 1984; Schnaars 1994; Im/Workman Jr. 2004).

Die zweite Dimension unterscheidet zwischen wettbewerbsvermeidendem und wettbewerbsstellendem Verhalten. Hier kommen vor allem jene Kriterien zur Anwendung, die in der Literatur unter den Aspekten des offensiven und defensiven bzw. proaktiven und reaktiven Verhaltens diskutiert werden (Easton 1988; Meffert/Burmann 1996). Ein **wettbewerbsvermeidendes Verhalten** beruht in diesem Sinne auf der Anpassung der eigenen unternehmerischen Entscheidungen an die Handlungen der Wettbewerber. Demgegenüber liegt **wettbewerbsstellendes Verhalten** vor, wenn Dienstleister bereits auf erste „schwache Signale" (Ansoff 1976, S. 129) im Vorfeld wettbewerblicher Anstrengungen der Konkurrenten reagieren.

Bei einer Kombination der beiden Verhaltensdimensionen lassen sich vier **wettbewerbsgerichtete Verhaltensstrategien** ableiten (vgl. Abbildung 4-4-10). Zu unterscheiden sind die folgenden Strategien:

▌ Kooperationsstrategie,

▌ Konfliktstrategie,

▌ Ausweichstrategie,

▌ Anpassungsstrategie.

Abbildung 4-4-10:   **Wettbewerbsgerichtete Verhaltensstrategien**

Verhaltensdimensionen	Innovativ	Imitativ
Wettbewerbsvermeidend	Ausweichung	Anpassung
Wettbewerbsstellend	Konflikt	Kooperation

GABLER ___
GRAFIK

Kooperationsstrategien werden vor allem von Dienstleistern angestrebt, die über keinen deutlichen Wettbewerbsvorteil bzw. nicht über die Ressourcen verfügen, langfristige Konkurrenzauseinandersetzungen zu führen. Darüber hinaus herrscht auf Oligopolmärkten häufig ein mehr oder weniger ausdrückliches Einverständnis über das „Wettbewerbsgebaren" (informelle Kooperation) (Lambin 1987, S. 180). Im Rahmen einer formalen Kooperation wird häufig ein Vertrag zur Fixierung der Zusammenarbeit geschlossen. In diesem Zusammenhang sind Managementverträge, Joint Ventures sowie Lizenzverträge zu nennen. Gerade in den Bereichen Luftfahrt und Telekommunikation hat das Instrument der funktionsspezifischen Joint Ventures eine starke Bedeutung (Porter/Fuller 1989, S. 389ff.).

> **Beispiel:** Formen der so genannten „Co-opetition", d. h. einer Kooperation zwischen Wettbewerbern, sind in internationalen Verkehrs- und Logistikunternehmen zu beobachten. Eine Co-opetition dient meist zur gemeinsamen Bedienung von Märkten, d. h. zur Ausweitung des jeweils eigenen Tätigkeitsbereichs sowie zur besseren Auslastung der vorhandenen Kapazitäten. Unter dem Namen „Global Match" haben die Deutsche Post World Net und die Deutsche Lufthansa AG eine enge Kooperation ihrer im Luftfrachtbereich tätigen Tochtergesellschaften Lufthansa Cargo und DHL International etabliert (DHL 2004). Luftfahrtbündnisse im Personenverkehr gehören dagegen schon zu den klassischen Kooperationen. Sie vereinen neben einer gemeinsamen Leistungspalette oft zusätzlich ihre Kundenbindungsprogramme (z. B. „Miles and More") unter einem Dach (Handelsblatt-Online 2005).

Konfliktstrategien sind zumeist mit der Zielsetzung verbunden, durch ein im Vergleich zum Wettbewerber stark divergierendes (aggressives) Verhalten, Marktanteile zu gewinnen und möglicherweise die Marktführerschaft zu realisieren. Üblicherweise lässt sich ein solches Verhalten auf Märkten beobachten, die sich in der Stagnations- oder Schrumpfungsphase befinden, da hier eine Positionsverbesserung nur noch auf Kosten der Marktstellung anderer Anbieter möglich ist (Nullsummenspiel). Auch oligopolistische Märkte werden oft durch aggressives Wettbewerbsverhalten charakterisiert. Deutliche Beispiele für derartige Konfliktstrategien bieten derzeit die Anbieter für Breitband-Internet-Anschlüsse (DSL). Das konfliktäre Anbieterverhalten zeigt sich insbesondere an permanenten Preisunterbietungen und Leistungserhöhungen im Kampf um Marktanteile.

Ausweichstrategien sind dadurch gekennzeichnet, dass der Dienstleister versucht, einem erhöhten Wettbewerbsdruck innovative Aktivitäten zu entgehen. Im Einzelfall erfolgt dies durch abgeschirmte Marktsegmente, innovative Leistungen oder Leistungsprozesse sowie durch ausgeprägte Marketinganstrengungen. Im Dienstleistungsbereich ist in jüngster Zeit ein starker Anstieg der Online-Vertriebswege zu beobachten, was sich im weitesten Sinne als Ausweichstrategie interpretieren lässt. Zu denken ist an Direktversicherer, Online-Reiseveranstalter oder Online Banking.

Anpassungsstrategien zielen auf eine Erhaltung der realisierten Produkt-Markt-Position ab. Das eigene Verhalten wird auf die Reaktion der Wettbewerber abgestimmt. Diese wettbewerbsvermeidende, defensive Ausrichtung wird häufig nur so lange beibehalten, wie keine Schwächung der eigenen Position durch Vorstöße der Wettbewerber erfolgt. Im Tankstellengewerbe ist die Anpassungsstrategie häufig zu beobachten. Insbesondere hinsichtlich der Preisgestaltung von Marktführern fällt auf, dass die Wettbewerber rasch eine Anpassung der eigenen Strategien vornehmen.

▌4.25 Absatzmittlergerichtete Verhaltensstrategie

Neben den wettbewerbsgerichteten sind in einigen Branchen zudem absatzmittlergerichtete Strategieansätze zu formulieren.

> **Absatzmittlergerichtete Strategien** sind auf den Handel bzw. Vertriebspartner ausgerichtete Konzepte und Verhaltensweisen, die darauf abzielen, die eigene Position bei den Absatzmittlern zu stärken, um auf diese Weise indirekt auch der Absatzförderung der über die Absatzmittler angebotenen Leistungen zu dienen.

Relevanz erhalten absatzmittlergerichtete Strategien insbesondere in Branchen, in denen **Dienstleistungsversprechen** abgegeben werden (z. B. Konzertagentur, Catering-Service, Mobilfunkprovider), d. h., das Versprechen des Dienstleistungsanbieters gegenüber dem Dienstleistungsnachfrager, zu einem späteren Zeitpunkt bzw. Zeitraum bestimmte Dienstleistungen zu erbringen.

Beispiel: Eine absatzmittlergerichtete Strategie zeigt sich in der Kooperation des Computerherstellers Apple und dem Mobilfunkanbieter T-Mobile im Zusammenhang mit der Markteinführung des revolutionären Mobiltelefons iPhone in Deutschland, das ein Mobiltelefon, den populären MP3-Player iPOD und ein Internet-Kommunikationsgerät miteinander vereint (Apple 2007). T-Mobile ist der exklusive Vertriebspartner des iPhone und knüpft den Verkauf des Geräts aufgrund dessen hoher Popularität an langfristige und hochpreisige Mobilfunkverträge. Der Hersteller Apple profitiert durch die Vergabe der Vertriebsexklusivität neben den Verkäuferlösen des iPhone von einer Beteiligung am Mobilfunkumsatz von T-Mobile-Kunden, der im Rahmen der iPhone-Mobilfunkverträge anfällt (o.V. 2007).

Bei einer Kombination der Verhaltensdimensionen Aktivität/Passivität des Dienstleistungsanbieters in der Gestaltung der Absatzwege sowie Aktivität/Passivität in der Reaktion der Absatzmittler auf die Aktivitäten des Dienstleistungsanbieters werden die in Abbildung 4-4-11 dargestellten **absatzmittlergerichteten Strategien** unterschieden.

Abbildung 4-4-11:   Absatzmittlergerichtete Verhaltensstrategien

Marketing des Dienstleisters	Passiv in der Gestaltung der Absatzwege	Aktiv in der Gestaltung der Absatzwege
Passiv in der Reaktion auf Marketingaktivitäten des Handels	Anpassung (Machtduldung)	Konflikt (Machtkampf)
Aktiv in der Reaktion auf Marketingaktivitäten des Handels	Kooperation (Machterwerb)	Umgehung/Ausweichung (Machtumgehung)

GABLER
GRAFIK

Ein privater Fernsehsender (z. B. Pro7, RTL) hat die Möglichkeit, sich in Bezug auf die Gestaltung seiner Absatzwege passiv zu verhalten und seine Informationen sowie Unterhaltungssendungen in ein vorhandenes Sendenetz einzuspeisen. Wenn er darüber hinaus auf mögliche Forderungen des „Handels" (Netzbetreiber) ohne Widerspruch eingeht, wird von einer **Anpassungsstrategie** gesprochen.

Eine kosten- und risikoreiche Strategie wäre für den Fernsehsender die **Umgehungsstrategie**, bei der durch Aufbau eines eigenen Sendenetzes die bestehenden Absatzmittler (Netzbetreiber) umgangen werden. Einige Dienstleistungsunternehmen haben sich ferner für den ausschließlichen Vertrieb der Leistung über direkte Absatzwege, z. B. über das Internet, entschieden. Diese werden ebenfalls in die Kategorie der Umgehungsstrategie eingeordnet, wobei deutlich wird, dass die Grenze zwischen wettbewerbs- und absatzmittlergerichteter Ausweichstrategie in einigen Branchen nicht trennscharf ist.

Im Rahmen der **Kooperationsstrategie** werden hingegen Leistungsversprechen vertraglich festgelegt, z. B. die Darstellung des Leistungsangebotes eines bestimmten Reiseveranstalters über Reisebüros.

Übernimmt ein Dienstleistungsanbieter hingegen eine aktive Rolle bei der Gestaltung der vorhandenen Absatzwege und versucht, seine Vorstellungen gegen die Interessen der Absatzmittler durchzusetzen (z. B. Verlängerung von Sendezeiten, Ausbau des Sendenetzes), so wird diese Vorgehensweise als **Konfliktstrategie** bezeichnet.

Die Mehrheit der Dienstleistungsunternehmen versucht allerdings, ein **eigenständiges Vertriebssystem** aufzubauen (z. B. ein Netzwerk von eigenen Versicherungsagenturen, Filialen eines Handelskonzerns, Autovermietungsstationen). Die Ableitung einer absatzmittlerorientierten Strategie im engeren Sinne ist in diesen Branchen somit nicht erforderlich. Vielmehr sind im Rahmen des Qualitätsmanagements Maßnahmen zur Steuerung und Kontrolle der Vertriebsorgane zu entwickeln.

| 4.3 Marketinginstrumentestrategien

Im Rahmen der strategischen Marketingplanung steht jedem Dienstleistungsunternehmen eine Reihe von marktbeeinflussenden Instrumenten zur Verfügung. Für sie gilt es, **Marketinginstrumentestrategien** zu entwickeln, mit deren Hilfe sich die formulierten Ziele und Strategien erfolgreich umsetzen lassen. Die Gesamtheit dieser Instrumente unterscheidet fünf Teilbereiche, in denen die folgenden Strategien abzuleiten sind (vgl. zur Einordnung Abbildung 4-4-1):

1. Leistungspolitik,

2. Preispolitik,

3. Distributionspolitik,

4. Kommunikationspolitik,

5. Personalpolitik.

Im Vergleich zum Marketingmix von Konsumgüter- und Industriegüterunternehmen verlangt das Dienstleistungsmarketing einen modifizierten Einsatz einzelner Instrumente. Dies wird insbesondere vor dem Hintergrund der zentralen Zielgröße „Kundenbindung" deutlich. Aus diesem Grund werden den einzelnen Submixbereichen des traditionellen Marketingmix im Folgenden verschiedene **Arten der Kundenbindung** beispielhaft zugeordnet.

1. Leistungspolitik

Im Rahmen der Leistungsstrategie eines Dienstleistungsunternehmens wird entschieden, welche Dienstleistungen in welcher Qualität wie am Markt anzubieten sind, um die Unternehmensziele bestmöglich zu erreichen. Hinsichtlich des Ziels der Kundenbindung kommt hierbei der **technisch-funktionalen Kundenbindung** eine besondere Rolle zu. So stimuliert der Dienstleister den Kunden durch den Verbund von Zusatzleistungen an die Kerndienstleistung zu einer weiteren Dienstleistungsnachfrage. Der Hersteller von Software für die Mandantenbuchhaltung von Rechtsanwälten bietet z. B. zusätzlich zum Softwareprogramm auch die Schulung der Mitarbeitenden des Rechtsanwalts im Umgang mit der Software an.

Ferner lässt sich die Wiederkaufrate durch die technische Kompatibilität einzelner Dienstleistungen erhöhen. Für den Softwarehersteller bedeutet dies z. B., dass neben der Mandantenbuchhaltung weitere einzeln käufliche Softwaremodule, wie Kostenrechnung oder Textverarbeitung, angeboten werden könnten, die den Datenaustausch untereinander unterstützen.

2. Preispolitik

Der Dienstleister legt weiterhin fest, zu welchen Preisen und Konditionen die Dienstleistungen am Markt angeboten werden. Es ist in diesem Zusammenhang unter anderem zu analysieren, ob der Einsatz von Instrumenten der **ökonomischen Kundenbindung** sinnvoll ist. So besteht die Möglichkeit, durch eine Erhöhung der mit einem Anbieterwechsel verbundenen Wechselkosten die Kundenabwanderung zu reduzieren. Kreditinstitute erheben z. B. regelmäßig Vorfälligkeitsentschädigungen bei der frühzeitigen Kreditrückzahlung.

Auch die Preissetzung selbst führt häufig zur Erhöhung der Wiederkaufrate. Bewährt haben sich in diesem Zusammenhang Rabattsysteme (z. B. ein freier Kinobesuch bei Vorlage von zehn alten Kinokarten), Preisdegressionen in Abhängigkeit von der Bindungsdauer (z. B. Schadenrabatte bei Versicherungen) und die Erhebung fixer Eintrittskosten bei gleichzeitiger Ermäßigung der Folgekosten (z. B. BahnCard).

Auch der Einsatz von Instrumenten der **vertraglichen Kundenbindung** ist bei der Festlegung der Preisstrategie zu erwägen. Insbesondere bietet sich die vertragliche Bindung von Zusatzleistungen an die Kernleistung an. Serviceverträge und Garantiebedingungen, wie sie im Automobilhandel üblich sind, stellen typische Beispiele für die vertragliche Kundenbindung dar. Ferner lassen sich auch Folgekäufe vertraglich sichern, beispielsweise bei Zeitschriftenabonnements oder Mindestbezugsvereinbarungen von Buchclubs. Auch langfristige Vertragsgestaltungen, wie sie vielfach in Fitness-Clubs vorzufinden sind, stellen ein Instrument der vertraglichen Kundenbindung dar.

3. Distributionspolitik

Im Rahmen der Distributionsstrategie ist zu entscheiden, auf welchen Vertriebswegen und durch wen (Absatzmittler) die Dienstleistungen angeboten werden und in welcher Form der externe Faktor zu integrieren ist. In einigen Branchen erfolgt die Integration des externen Faktors vermehrt durch die Interaktion des Kunden mit Maschinen und Automaten (z. B. bei Banken mittels Geldautomaten). Das Kundenbindungsmanagement ist dann vor die Herausforderung gestellt, dass der persönliche Kontakt zum Kunden nicht verloren geht und trotz der Automatisierung die emotionale Bindung zum Dienstleister bestehen bleibt. Darüber hinaus sind es auch äußere Faktoren wie z. B. der günstige Standort eines Anbieters, die eine Kundenbindung bewirken. In einer erweiterten Sicht wird dabei von **ökonomischer Kundenbindung** gesprochen, wenn trotz Unzufriedenheit die Transaktionskosten eines Anbieterwechsels aus Kundensicht zu hoch wären und aus diesem Grund der bisherige Standort weiter frequentiert wird.

4. Kommunikationspolitik

Bei der Festlegung der Kommunikationsstrategie ist der Frage nachzugehen, welche Informations- und Beeinflussungsmaßnahmen zu ergreifen sind, um die Dienstleistung abzusetzen. Im Rahmen der Kommunikationspolitik steht vor allem die Realisierung von **emotionaler Kundenbindung** im Vordergrund.

Durch die Auswahl und Gestaltung geeigneter Kommunikationsmaßnahmen gilt es, den Kunden derart emotional anzusprechen, dass er sich mit dem Dienstleistungsanbieter verbunden fühlt und diese Verbundenheit sich in seinem Kaufverhalten widerspiegelt. Der Konsument soll angeregt werden, weitere Dienstleistungen eines Anbieters in Anspruch zu nehmen oder die Häufigkeit der Inanspruchnahme zu erhöhen. In diesem Zusammenhang kommt vor allem dem Direct Marketing eine hohe Bedeutung zu. Aber auch durch den Einsatz von Kundenzeitungen, -karten oder -events lassen sich emotionale Bindungen zum Dienstleister herstellen bzw. verstärken.

Im Rahmen der Kommunikationspolitik gilt es zudem, das Weiterempfehlungsverhalten und die Mund-zu-Mund-Kommunikation – als Determinanten der Kundenbindung – aktueller und potenzieller Dienstleistungskunden zu beeinflussen. Hierzu eignen sich vor allem Maßnahmen der persönlichen Kommunikation.

Neben der emotionalen Kundenbindung lässt sich durch kommunikationspolitische Maßnahmen auch **ökonomische Kundenbindung** realisieren. Ein Beispiel hierfür sind einer Printanzeige beigefügte Coupons, die zur vergünstigten Inanspruchnahme einer Dienstleistung wie z. B. einem gratis Probetraining in einem Fitnessstudio berechtigen.

5. Personalpolitik

Nicht zuletzt ist auch die Personalpolitik des Unternehmens festzulegen. Hier besteht die besondere Herausforderung des Unternehmens darin, die kundenseitig gewünschte Verhaltensweise möglichst im Einklang mit den Mitarbeiterinteressen zu realisieren. Der Kundenbindungserfolg in Form einer stabilen und offenen Geschäftsbeziehung ist immer dann besonders hoch, wenn die Kunden eine persönliche Beziehung (emotionale Kundenbindung) zu den Kundenkontaktmitarbeitenden aufgebaut haben.

Die jeweilige Marketinginstrumentestrategie ergibt sich aus den im Rahmen der Geschäftsfeld- und Marktteilnehmerstrategien formulierten Schwerpunkten. Entschließt sich eine Dienstleistungsunternehmung beispielsweise für eine undifferenzierte Marktbearbeitungsstrategie, so wird sie sich in ihrer Kommunikation eher auf Direct Mailings konzentrieren, wohingegen bei einer differenzierten Marktbearbeitungsstrategie auch das Event Marketing für besonders bedeutsame Kunden zum Einsatz gelangt.

Da die Qualität im Rahmen der strategischen Grundausrichtung vieler Dienstleistungsunternehmen die Ausgangsbasis zur Erreichung der übrigen Ziel- und Strategiedimensionen bildet, ist ein geeignetes System zur Umsetzung der Qualitätsstrategie erforderlich. Die Einführung eines Qualitätsmanagements ist hierzu ein geeigneter Ansatz.

Fragen zum 4. Kapitel: Strategisches Dienstleistungsmarketing

Abschnitt 1:

- Wie können die Analyse- und Planungsphase bei einem IT-Dienstleister aussehen?
- Worin unterscheiden sich die Unternehmenszwecke bzw. -missionen bei öffentlichen und privaten Unternehmen?

Abschnitt 2:

- Welche Entwicklungen haben Einfluss auf die Bedeutung von Dienstleistungen und auf den Wettbewerb im Dienstleistungsbereich?
- Welche Chancen und Risiken bestehen für ein Unternehmen, das Strom aus regenerativen Energieformen anbietet?
- Wozu dient eine Positionierungsanalyse?
- Auf der Basis welcher Daten wird eine Portfolioanalyse durchgeführt?
- Wie lässt sich die Wertkette am Beispiel eines Mobilfunkanbieters darstellen? Wie können aus dieser Wertkette Potenziale für Wettbewerbsvorteile erkannt werden?

Abschnitt 3:

- Welche Interdependenzen bestehen zwischen den einzelnen kundenbezogenen Unternehmenszielen?
- Weshalb kommt den kundenbezogenen Zielen eine besondere Bedeutung im Dienstleistungsmarketing zu?
- Warum ist das Konstrukt der Beziehungsqualität im Dienstleistungsbereich von Bedeutung?
- In welchen Dienstleistungsbranchen spielt das Image, in welchen die wahrgenommene Qualität vermutlich eine größere Rolle?

Abschnitt 4:

- Anhand welcher Dimensionen kann eine Geschäftsfeldstrategie im Versicherungsbereich entwickelt werden? Was sind die konkreten Inhalte der einzelnen Dimensionen?
- Unter welchen Alternativen für eine Marktbearbeitungsstrategie könnte eine Fluggesellschaft wählen?
- Welche Möglichkeiten hat eine Fluggesellschaft, wenn es eine Diversifikationsstrategie verfolgt?
- Wann kann als Timing-Strategie die Strategie eines späten Folgers vorteilhaft sein?
- Bei welchen konkreten Dienstleistungen ist eine Kundenakquisitionsstrategie, bei welchen eine Kundenbindungsstrategie empfehlenswert?
- Wie können die unterschiedlichen Kundenbindungsstrategien bei einem Reiseanbieter realisiert werden?
- Welche Analysen sind bei der Wahl einer wettbewerbsgerichteten Verhaltensstrategie durchzuführen?
- Wo liegen möglicherweise Gefahren einer Kooperationsstrategie?

1. Bedeutung des Qualitätsmanagements

Die Sicherung einer hohen Dienstleistungsqualität hat sich in den vergangenen Jahrzehnten zu einem **zentralen Wettbewerbsfaktor** entwickelt. Angesichts der Tatsache, dass eine wesentliche Ausweitung des Marktvolumens in vielen Dienstleistungsmärkten ohne tiefgreifende Produkt- und Leistungsinnovationen kurz- und mittelfristig nicht mehr möglich ist, rückt die langfristige Bindung vorhandener Kunden neben der Gewinnung von neuen Kunden in das Zentrum der marketingpolitischen Überlegungen. Über eine Erfüllung der (heterogenen) Kundenanforderungen lässt sich häufig eine Steigerung der Kundenzufriedenheit realisieren, die wiederum kundenbezogene Verhaltenswirkungen, insbesondere die Kundenbindung, und damit den ökonomischen Erfolg positiv beeinflusst. Die **Sicherung einer überlegenen Dienstleistungsqualität** durch eine konsequente Erfüllung der Kundenanforderungen anhand der angebotenen Leistung ist somit die zentrale Forderung an ein erfolgreiches Qualitätsmanagement für Dienstleistungen und stellt zwingend eine Aufgabe aller am Wertschöpfungsprozess beteiligten Mitarbeitenden dar.

Weiterhin kommt dem Qualitätsmanagement aufgrund der konstitutiven Merkmale und den daraus abgeleiteten **Besonderheiten des Dienstleistungsmarketing** ein zentraler Stellenwert zu. Häufig ist durch die Immaterialität und die Integration des externen Faktors in den Leistungserstellungsprozess die Erbringung eines einheitlichen Qualitätsniveaus nicht möglich. Dieser Sachverhalt unterstreicht die besondere Relevanz des Qualitätsmanagements für Dienstleistungsunternehmen.

Dabei ist eine überlegene Dienstleistungsqualität keineswegs zwangsläufig mit höheren Kosten verbunden. Es ist im Gegenteil häufig so, dass eine qualitativ fehlerhafte Leistungserstellung Folgekosten für den Dienstleistungsanbieter verursacht, die die Kosten einer von vornherein qualitativ einwandfreien Leistungserstellung übersteigen (Crosby 1986, S. 28; Haist/Fromm 1991, S. 56ff.). So ermöglicht das Angebot qualitativ hochwertiger Dienstleistungen auch die Realisierung einer **„Überholstrategie"** (Outpacing), bei der unter Umständen sowohl in der Kostendimension (Kostenvorteile) als auch in der Qualitätsdimension (Qualitätsvorsprünge) Verbesserungen erreichbar sind. Nicht zu vernachlässigen ist auch die Tatsache, dass die Kompensation eines Qualitätsvorsprungs gegenüber der Senkung des Angebotspreises einer Leistung für Wettbewerber mit erheblich höheren Anstrengungen verbunden ist und zudem einen größeren Zeitaufwand erfordert.

> **Beispiel:** Meist werden Überholstrategien über Technologiesprünge realisiert. Eine Überholstrategie lässt sich anhand des Beispiels virtueller Banken verdeutlichen. Hier lassen sich Geld- und Wertpapiertransaktionen automatisieren, d. h. schneller und kostengünstiger durchzuführen. So sind gleichzeitig eine Qualitätssteigerung und eine Kostensenkung möglich. Bei Operationen mittels minimal-invasiver Chirurgie (Operationen über Kamera und Miniaturinstrumente) lassen sich ebenfalls Vorteile generieren, da sie aufgrund minimaler Eingriffe weniger belastend für Patienten sind und dadurch gleichzeitig, zumindest hinsichtlich der notwendigen Folgebehandlungen, geringere Kosten verursachen.

Im **Spannungsfeld** von Kosten, Zeit und Qualität wird sich allerdings nur dann eine alle Faktoren optimierende Lösung finden lassen, wenn es dem einzelnen Unternehmen gelingt, die Beschäftigung mit dem Thema Qualität aus einer isolierten Zeitpunktbetrachtung herauszulösen und zum Gegenstand eines permanenten Qualitätsmanagementprozesses zu machen.

In diesem Kapitel wird die Dienstleistungsqualität in den Mittelpunkt gestellt, um Ansatzpunkte zur Handlungsseite der Kundenzufriedenheit herauszustellen. Dem Thema des Qualitätsmanagements wird hier bewusst ein eigenes Kapitel gewidmet, da eine Zuordnung des Qualitätsmanagements entweder zum strategischen (Kapitel 4) oder zum operativen Dienstleistungsmarketing (Kapitel 6) wenig sinnvoll erscheint. Schließlich liegen mit Hinblick auf das Qualitätsmanagement sowohl strategische als auch operative Entscheidungstatbestände des Dienstleistungsmarketing vor.

2.   Grundlagen des Qualitätsmanagements für Dienstleistungen

Zu den konzeptionellen Grundlagen eines Qualitätsmanagements für Dienstleistungen gehören das Konzept des Total Quality Managements, der dem Qualitätsmanagement zugrunde liegenden Managementphilosophie (Abschnitt 2.1), eine Auseinandersetzung mit dem Begriff und den einzelnen Bausteinen eines Qualitätsmanagements (Abschnitt 2.2) sowie die so genannte Modelle der Dienstleistungsqualität, von denen hier des GAP-Modell der Dienstleistungsqualität näher vorgestellt wird (Abschnitt 2.3).

2.1   Total Quality Management

Im Zusammenhang mit Fragestellungen zum Qualitätsmanagement fällt häufig der Begriff des Total Quality Management (TQM). Dabei ist eine theoretische und praktische Bestimmung des TQM-Begriffs dahingehend erschwert, dass dieser häufig mangels einer international abgestimmten empfohlenen Definition häufig beliebig verwendet wird. Ein dennoch weit verbreitetes Verständnis begreift TQM als eine **umfassende Management-konzeption**, bei der Qualität in das Zentrum des Denkens und Handelns aller Mitarbeitenden gestellt wird (Zollondz 2006, S. 211).

Total Quality Management ist eine auf der Mitwirkung aller ihrer Mitglieder beruhende Führungsmethode einer Organisation, die Qualität in den Mittelpunkt stellt und durch die Zufriedenheit der Kunden auf den langfristigen Geschäftserfolg sowie auf den Nutzen für die Mitglieder der Organisation und für die Gesellschaft zielt (Deutsche Gesellschaft für Qualität e.V. 1995).

In diesem Zusammenhang wird der Nutzen für die Gesellschaft als die Erfüllung der Forderungen der Gesellschaft interpretiert.

Das Konzept des TQM findet seinen Ursprung in japanischen Qualitätskonzepten, die sich auch unter dem Begriff **Total Quality Control** zusammenfassen lassen (Dale/Lascelles/Plunkett 1990, S. 3ff.; Kamiske/Brauer 2006, S. 323). Dahinter steht die Annahme, dass eine totale Qualitätskontrolle zu einer kontinuierlichen Qualitätsverbesserung, einer größeren Effizienz, einer höheren Effektivität und zu geringeren Kosten führt. Zentrales Element dieses Ansatzes ist die Forderung, dass die Verantwortung für die Qualitätskontrolle von sämtlichen Mitarbeitenden in allen Bereichen der Unternehmung getragen wird (Wyckhoff 1988, S. 232).

Eine Weiterentwicklung stellt das Konzept des TQM insofern dar, als dass von einer Unternehmenskultur oder Führungsphilosophie ausgegangen wird, in deren Mittelpunkt die Kundenzufriedenheit steht (Frehr 1994; Bovermann 1997). Elemente dieser **Qualitätsmanagementphilosophie** sind (Mudie/Cottam 1997; Kamiske/Brauer 2006):

▌ Orientierung an dem Kunden und an seinem Urteil, sowohl in Bezug auf externe als auch interne Kunden (Mitarbeitende),

▌ Kontinuierliche und dynamische Qualitätsverbesserung,

▌ Aufnahme der Qualität als oberstes Unternehmensziel,

▌ Forderung, dass jeder Mitarbeitende des Unternehmens „Qualitätsmanager" ist.

Damit sind für „Qualität" nicht nur spezifische Abteilungen zuständig, sondern sämtliche Mitarbeitende auf allen unternehmerischen Hierarchieebenen (Stauss 1993, S. 116).

Das für die Sachgüterproduktion entwickelte Konzept des TQM lässt sich auf Dienstleistungen und die Kundenzufriedenheit übertragen (Homburg 1998). Im Rahmen einer **integrierten Qualitätssicherung** hat eine Einbeziehung aller am Dienstleistungsprozess Beteiligten zu erfolgen (Bruhn 2008b, S. 78). Bausteine eines Total Quality Management im Dienstleistungsbereich sind:

▌ **Total** – die Einbeziehung aller an der Dienstleistung beteiligten Mitarbeitenden, Zulieferer und Kunden,

▌ **Quality** – die konsequente Orientierung des Dienstleistungsprozesses an den Qualitätsforderungen sämtlicher interner und externer Kunden,

▌ **Management** – die Übernahme einer Vorbildfunktion für die Dienstleistungsqualität mit einem partizipativ-kooperativen Führungsstil des Managements.

Zusammenfassend lässt sich TQM als eine integrierte, das gesamte Unternehmen mit allen Aktivitäten und Mitarbeitenden sowie die Unternehmensumwelt einbeziehende **Führungsstrategie** bezeichnen, deren Aufgabe die Vorgabe aus Kundenanforderungen abgeleiteter Qualitätsziele und deren Erfüllung ist (Kamiske/Brauer 2006).

Beispiel: Eine Studie im Bankenbereich belegt, dass Unternehmen, bei denen schon über längere Zeit TQM als Managementkonzept implementiert ist, eine bessere Performance aufweisen, als solche, die es noch nicht oder erst kurze Zeit umgesetzt hatten. In der Studie wurden vor allem die mit TQM verbundene größere Aufgeschlossenheit für Neues, eine bessere Prozess-optimierung sowie die Übertragung von mehr Verantwortung auch an Mitarbeitende unterer Hierarchiestufen als Erfolgsfaktoren angesehen (Lloréns Montes/Verdú Jover 2004).

Um eine speziell auf Dienstleistungsorganisationen zugeschnittene Adaption der TQM-Philosophie handelt es sich bei dem Konzept des **Total Quality Service** (TQS). Die Be-sonderheit des TQS liegt in seinem Ansatz, die Vielzahl an verschiedenen in Wissenschaft und Praxis individuell diskutierten Aspekte zum Qualitätsmanagement im Dienstleis-tungssektor in einem einzigen konzeptionellen Modell zu integrieren. Auf diese Weise lassen sich zwölf Dimensionen identifizieren, die erfolgskritisch für die Einführung von TQM im Dienstleistungsbereich sind und das TQS-Modell konstituieren (vgl. Abbildung 5-2-1) (Sureshchandar/Rajendran/Anantharaman 2001a; 2001b):

Abbildung 5-2-1:   **Integratives Rahmenkonzept für Total Quality Service**

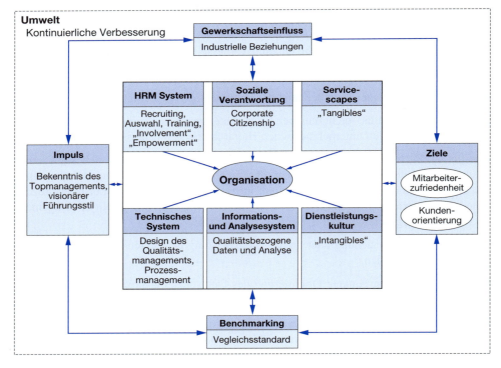

GABLER
GRAFIK

Quelle: Sureshchandar/Rajendran/Anantharaman 2001a, S. 356

$2._2$　Begriff und Bausteine des Qualitätsmanagements

Der Begriff Qualitätsmanagement wird in Wissenschaft und Praxis in vielfältiger Weise diskutiert (vgl. z. B. Stebbing 1990; Oess 1993; Stauss 1994d; Pfeifer 2001; Zollondz 2006; Bruhn 2008b). Die derzeit gültige Begriffsnorm zum Qualitätsmanagement DIN EN ISO 9000:2005 definiert Qualitätsmanagement als „Managementsystem zum Leiten und Lenken einer Organisation bezüglich Qualität".

Unter einem Qualitätsmanagementsystem werden die Aufbauorganisation, Verantwortlichkeiten, Abläufe, Verfahren und Mittel zur Verwirklichung des Qualitätsmanagements erfasst. Das Qualitätsmanagement ist hierbei nur so umfassend zu gestalten, wie dies zum Erreichen der Qualitätsziele unbedingt notwendig ist (Deutsche Gesellschaft für Qualität e.V. 1995, S. 36). Mit dieser Anmerkung ist beabsichtigt, die Rentabilität des entwickelten Qualitätsmanagementkonzeptes zu berücksichtigen und Kosten-Nutzen-Vergleiche vorzunehmen. Auf dieser Grundlage wird der **Begriff des Qualitätsmanagementsystems** wie folgt definiert:

> Unter einem **Qualitätsmanagementsystem** für Dienstleistungen ist die Zusammenfügung verschiedener Bausteine unter sachlogischen Gesichtspunkten zu verstehen, um unternehmensintern und -extern eine systematische Analyse, Planung, Organisation, Durchführung und Kontrolle von qualitätsrelevanten Aspekten des Leistungsprogramms eines Unternehmens sicherzustellen.

Gemäß dem TQM-Ansatz und den Prinzipien des Qualitätsmanagements für Dienstleistungsunternehmen lässt sich hier festhalten, dass ein Qualitätsmanagement für Dienstleistungen entsprechend den Anforderungen und Besonderheiten des Marktes anzupassen ist. Einen Schwerpunkt der Qualitätsbetrachtung stellen sämtliche Prozesse innerhalb der Dienstleistungskette sowie die Integration des externen Faktors dar (Bruhn 2008b). Ferner ist die wirtschaftliche Ausrichtung der qualitätsbezogenen Aktivitäten sicherzustellen.

Hauptaufgabe eines Qualitätsmanagementsystems ist die **Schaffung und Sicherstellung der Qualitätsfähigkeit** des Dienstleistungsunternehmens (Horváth/Urban 1990). Die Gestaltung des Qualitätsmanagementsystems ist an der Qualitätsfähigkeit zu orientieren. Hierzu ist eine Gliederung des Qualitätsmanagements für Dienstleistungen in vier Bausteine sinnvoll, die sich den Phasen des klassischen Managementprozesses: Analyse, Planung, Durchführung und Kontrolle, zuordnen lassen (vgl. Abbildung 5-2-2):

▌ **Messung** und **Analyse der Dienstleistungsqualität** als Informationsgrundlage des Qualitätsmanagements für Dienstleistungen (vgl. Abschnitt 3),

▌ Umsetzung des Qualitätsmanagements (vgl. Abschnitt 4) mit einer Phase der **Planung** der erforderlichen strategischen Qualitätsfähigkeit (vgl. Abschnitt 4.1) und einer Phase der **Durchführung** des Qualitätsmanagements mit den operativen Teilschritten der Qualitätsplanung, -lenkung, -prüfung und -managementdarlegung (vgl. Abschnitt 4.2).

Abbildung 5-2-2:   **Bausteine eines Qualitätsmanagementsystems für Dienstleistungen**

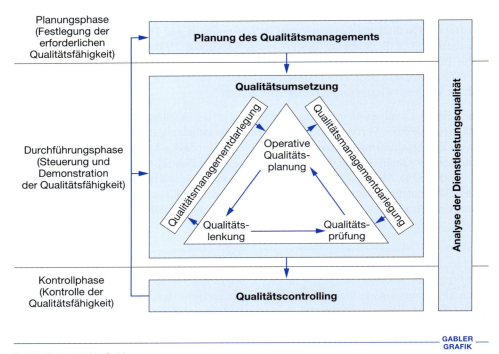

Quelle: Bruhn 2008b, S. 83

■   **Controlling** des Qualitätsmanagements zur Informationsversorgung für eine Steuerung (vgl. Abschnitt 5) und Kontrolle (vgl. Abschnitt 6) der Qualitätsfähigkeit im weitesten Sinne einer modernen Controllingphilosophie.

2.3   GAP-Modell der Dienstleistungsqualität

Modelle der Dienstleistungsqualität versuchen, die Qualitätsbeurteilung aus Nachfragersicht und die angebotene Dienstleistung von Unternehmen im Gesamtzusammenhang abzubilden (Benkenstein 1993, S. 1107). Dabei lassen sich erste Implikationen bzw. Ansatzpunkte für Maßnahmen des Qualitätsmanagements eines Dienstleistungsunternehmens ableiten. In der Literatur haben sich im Laufe der Zeit verschiedene Modelle der Dienstleistungsqualität entwickelt (Parasuraman/Zeithaml/Berry 1985; Meyer/Mattmüller 1987; Grönroos 1990; Boulding et al. 1993, Liljander/Strandvik 1993; 1995; Stauss/Neuhaus 1995, 1997; vgl. für einen Überblick Bruhn 2008b, S. 89f.).

Eine besonders weite Verbreitung fand das **GAP-Modell der Dienstleistungsqualität** (Zeithaml/Parasuraman/Berry 1985, 1990). Die Autoren gingen in den 1980er Jahren der Frage nach, welche Faktoren ursächlich für das Vorhandensein von Qualitätsschwächen in Dienstleistungsunternehmen sind. Das Ergebnis, das GAP-Modell, stellt ein umfassendes Rahmenkonzept zur Bestimmung der Dienstleistungsqualität aus Kunden- und Unternehmenssicht dar (Zeithaml/Parasuraman/Berry 1985, 1990). Es wurde auf Basis von Fokusgruppeninterviews mit Dienstleistungskunden als auch von Expertengesprächen mit Dienstleistungsanbietern in den Bereichen Banken, Kreditkartenunternehmen, Versicherungen, Broker und Reparaturdienstleister entwickelt. Als Ergebnis stellte sich heraus, dass Diskrepanzen, so genannte **„GAPs"**, zwischen den Wahrnehmungen des Kunden hinsichtlich der Dienstleistungsqualität und dem Versuch der Unternehmen bestehen, Kundenerwartungen in Dienstleistungsspezifikationen umzusetzen. Die Dienstleistungsqualität wird dabei als Differenz zwischen Kundenerwartung und -wahrnehmung einer Dienstleistung definiert (Kurtz/Clow 1998, S. 110ff.). Diese Diskrepanz (auch als GAP 5 bezeichnet) resultiert aus vier weiteren in einer Unternehmung auftretenden GAPs, die in Abbildung 5-2-3 dargestellt sind.

■ **GAP 1:** Diskrepanz zwischen den Kundenerwartungen und deren Wahrnehmung durch das Management.

■ **GAP 2:** Diskrepanz zwischen den vom Management wahrgenommenen Kundenerwartungen und deren Umsetzung in Spezifikationen der Dienstleistungsqualität.

■ **GAP 3:** Diskrepanz zwischen den Spezifikationen der Dienstleistungsqualität und der tatsächlich erstellten Leistung.

■ **GAP 4:** Diskrepanz zwischen tatsächlich erstellter Dienstleistung und der an den Kunden gerichteten Kommunikation über diese Dienstleistung.

Diese vier GAPs basieren auf einer Reihe von Faktoren, die im Rahmen einer Explorationsstudie ermittelt wurden und erste Ansatzpunkte für die Verbesserung der Dienstleistungsqualität liefern. Die meisten dieser Faktoren betreffen **Kommunikations- und Kontrollverfahren zur Personalführung** in Unternehmen. Andere Faktoren beinhalten die potenziellen Auswirkungen dieser Verfahren auf das Erstellen der Dienstleistungsqualität.

GAP 1 weist auf die Möglichkeit hin, dass Dienstleistungsunternehmen fehlende oder falsche Vorstellungen über die Bedeutung einzelner Merkmale für die Qualitätseinschätzung der Kunden und das von ihnen geforderte Leistungsniveau haben. Mögliche Ursachen dieser Lücke resultieren aus einer unzureichenden Orientierung an Marktforschungsergebnissen, einer unzulänglichen Kommunikation vom Kundenkontaktpersonal zum Management („Aufwärtskommunikation") und einer zu großen Anzahl von Hierarchiestufen.

GAP 2 analysiert die Umsetzung der wahrgenommenen Kundenerwartungen in Spezifikationen der Dienstleistungsqualität. Umsetzungsdefizite werden im Modell durch folgende Faktoren identifiziert: Eine mangelnde Entschlossenheit des Managements zur Servicequalität, unklare Zielsetzungen in Bezug auf die Dienstleistungsqualität, eine mangelnde Nutzung von Instrumenten und Verfahren zur Standardisierung von Leistungen sowie

Abbildung 5-2-3:   **GAP-Modell der Dienstleistungsqualität**

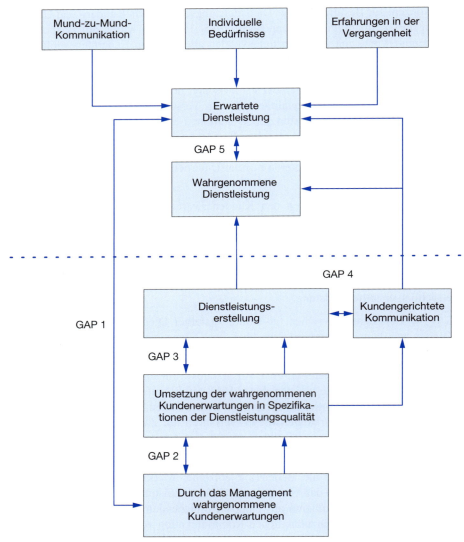

Quelle: Zeithaml/Berry/Parasuraman 1988, S. 44

falsche Annahmen des Managements über das Ausmaß, in dem Kundenerwartungen überhaupt erfüllbar sind.

GAP 3 spiegelt das Ausmaß wider, in dem das Dienstleistungspersonal die Leistung nicht auf dem vom Management erwarteten Niveau erbringt. Verursachende Faktoren sind z. B. eine mangelnde Qualifikation der Mitarbeitenden, falsche Kriterien der Leistungsüberwachung sowie eine unzureichende Teamarbeit.

GAP 4 entsteht, wenn die Wahrnehmung des Kunden bezüglich der Dienstleistungsqualität durch übertriebene Versprechungen in der Unternehmenskommunikation oder durch fehlende Informationen derart beeinflusst wird, dass eine Diskrepanz zwischen tatsächlich erstellter und versprochener Leistung entsteht.

Die verschiedenen **Einflussfaktoren** der einzelnen Gaps werden in Abbildung 5-2-4 zusammenfassend dargestellt.

Besondere Relevanz weisen die Einflussfaktoren der zentralen GAP 5 auf, die schließlich die wahrgenommene Dienstleistungsqualität als Diskrepanz zwischen der wahrgenommenen und der erwarteten Dienstleistung beschreibt. Aufgrund dieses Sachverhalts handelt es sich bei den Einflussfaktoren von GAP 5 folglich um einen weiteren Ansatz, neben den in Kapitel 3 (Abschnitt 1.2) bereits vorgestellten Ansätzen zur Beschreibung der **Qualitätsdimensionen** von Dienstleistungen (Parasuraman/Zeithaml/Berry 1985, 1988; Zeithaml/Parasuraman/Berry 1992):

1. Die **Annehmlichkeit des tangiblen Umfeldes** („Tangibles") bezieht sich auf das äußere Erscheinungsbild des Dienstleistungsortes. Dazu gehören zum einen alle materiellen Elemente (z. B. Maschinen, Geräte, technische Hilfsmittel, Gebäude, Inneneinrichtungen usw.), zum anderen aber auch das Erscheinungsbild der Mitarbeitenden.

2. Als **Zuverlässigkeit** („Reliability") wird die Fähigkeit des Dienstleistungsanbieters bezeichnet, die versprochenen Leistungen auch auf dem avisierten Niveau zu erfüllen.

3. Die **Reaktionsfähigkeit** („Responsiveness") bezieht sich auf die Frage, ob das Dienstleistungsunternehmen in der Lage ist, auf spezifische Wünsche der Kunden einzugehen und sie zu erfüllen. Dabei spielen sowohl die Reaktionsbereitschaft als auch die Schnelligkeit der Reaktion eine Rolle.

4. Die **Leistungskompetenz** („Assurance") bezieht sich auf die Fähigkeiten des Anbieters zur Erbringung der Dienstleistung, insbesondere in Bezug auf das Wissen, die Höflichkeit und die Vertrauenswürdigkeit der Mitarbeitenden.

5. Das **Einfühlungsvermögen** („Empathy") kennzeichnet sowohl die Bereitschaft als auch die Fähigkeit des Dienstleistungsanbieters, jedem einzelnen Kunden die notwendige Fürsorge und Aufmerksamkeit entgegenzubringen.

Neben einer strukturierenden Funktion sind die aufgeführten Unterscheidungen von Qualitätsdimensionen in der Lage, erste Hinweise für die Gestaltung von Messkonzepten zur Erfassung der Dienstleistungsqualität zu liefern. Dazu ist es jedoch notwendig, die Dimensionen durch einzelne Merkmale der Dienstleistungsqualität zu konkretisieren

Abbildung 5-2-4:   **Einflussfaktoren des GAP-Modells**

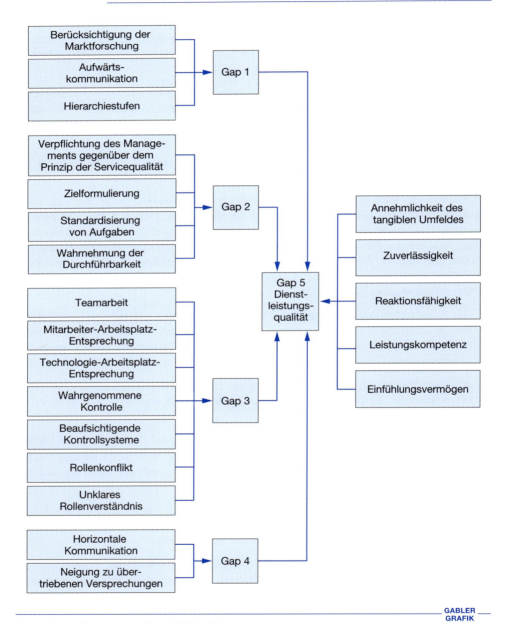

Quelle: Zeithaml/Parasuraman/Berry 1990, S. 131

(Stauss/Hentschel 1991, S. 240), denn aufgrund des Abstraktionsgrades, auf dem die Dimensionen abgegrenzt werden, sind sie einer unmittelbaren Messung kaum zugänglich (Benkenstein 1993, S. 1099).

Die **Kritik am GAP-Modell** bezieht sich in erster Linie auf die Operationalisierung von GAP 5 durch den SERVQUAL-Ansatz (vgl. Abschnitt 3.221). Darüber hinaus stellt sich die Frage, inwiefern das GAP-Modell überhaupt für sämtliche Dienstleistungsbereiche anwendbar ist. So sind die Struktur und die im Modell implizit unterstellten Dienstleistungsprozesse vor allem auf den empirisch erprobten Bereich der Finanz- und Reparaturdienstleistungen „zugeschnitten". Das GAP-Modell wurde daher zunächst hauptsächlich von Banken in die Praxis umgesetzt (Bruhn/Hennig 1993).

3. Messung der Dienstleistungsqualität

3.1 Ansätze zur Messung der Dienstleistungsqualität im Überblick

„Gute" Dienstleistungsqualität entsteht nicht von selbst, sondern wird vielmehr im Rahmen eines ganzheitlichen Qualitätsmanagements geplant, implementiert und kontrolliert (Hentschel 2000). Die Messung der Anforderungen an die Dienstleistungsqualität steht somit an der Schnittstelle zwischen dem leistungserstellenden, „qualitätsproduzierenden" Unternehmen und den leistungsempfangenden, „qualitätswahrnehmenden" Kunden (Hentschel 2000, S. 294).

Um die **Anforderungen an die Dienstleistungsqualität** zu messen, bietet sich eine Vielzahl von Verfahren an, die in der Unternehmenspraxis unterschiedlichen Stellenwert einnehmen. Dabei sind grundsätzlich zwei Perspektiven zu unterscheiden, mit Hilfe derer sich die Anforderungen an die Dienstleistungsqualität messen lassen:

1. Mittels **kundenorientierter Messansätze** wird eine Messung aus Sicht der Kunden vorgenommen. Kundenorientierte Ansätze lassen sich nach dem Objektivitätsgrad der Messung unterscheiden. Folglich untergliedern sich die kundenorientierten Methoden zur Messung der Dienstleistungsqualität in objektive und subjektive Messansätze.

2. Mittels **unternehmensorientierter Messansätze** wird eine Messung aus Sicht von Unternehmensmitgliedern, entweder aus Sicht des Managements oder der Mitarbeitenden, vorgenommen.

Abbildung 5-3-1 zeigt eine hierauf aufbauende Systematisierung mit der im Folgenden vorgestellten Auswahl an **Instrumenten zur Messung der Dienstleistungsqualität** (vgl. für einen umfassenden Überblick Bruhn 2008b, S. 129ff.). Die wachsende Notwendigkeit der Berücksichtigung der Kundenperspektive im Dienstleistungsmarketing spiegelt sich dabei auch in der Zahl und dem Differenzierungsgrad der kundenorientierten Messkonzepte wider.

Abbildung 5-3-1:   **Systematisierung der Ansätze zur Messung der Dienstleistungsqualität (mit Beispielen)**

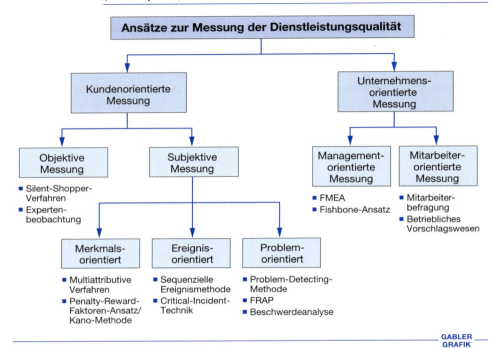

GABLER
GRAFIK

Der Einsatz von Verfahren zur Qualitätsmessung hat unter Berücksichtigung der Stärken und Schwächen einzelner Ansätze sowie unternehmensspezifischer Rahmenbedingungen zu erfolgen (Platzek 1998). Folgende **Kriterien** eignen sich zur Beurteilung der Verfahren:

- **Relevanz:** Sind die gemessenen Beurteilungskriterien der Dienstleistungsqualität in der Wahrnehmung der Kunden als Kaufentscheidungskriterium und damit für Marketingentscheidungen relevant?

- **Vollständigkeit:** Ermöglicht das Verfahren eine Messung aller aus Kundensicht relevanten Qualitätsdimensionen?

- **Aktualität:** Repräsentieren die Ergebnisse des Verfahrens aktuelle Beurteilungen der Qualität aus Kundensicht?

- **Eindeutigkeit:** Lassen die Messergebnisse dieses Verfahrens eindeutige Rückschlüsse auf die Qualitätsbeurteilungen der Dienstleistung durch den Kunden zu?

- **Steuerbarkeit:** Liefern die Ergebnisse gezielte Ansatzpunkte für eine Qualitätsverbesserung?

▮ **Kosten:** Rechtfertigen die Ergebnisse der Verfahren den finanziellen und personellen Aufwand, der mit der Messung verbunden ist?

Um die Qualitätsanforderungen zu erfassen, bedarf es Instrumente der externen und internen **Marktforschung** (Meyer/Ertl 1998). Dabei lassen sich auch die Merkmale einer Dienstleistung wie z. B. die Integration des externen Faktors oder die Immaterialität der Dienstleistung neben den genannten Kriterien zur Beurteilung der Verfahren heranziehen. Je stärker der Kunde in den Dienstleistungsprozess integriert wird, desto mehr gewinnt die Auswertung der Informationen des Kundenkontaktpersonals zur Qualitätseinschätzung an Bedeutung (Bruhn 1998a). Je intangibler die Dienstleistung ist, desto häufiger sind beispielsweise Zufriedenheitsmessungen oder Beschwerdestatistiken zu analysieren.

Im Folgenden werden zunächst die für Dienstleistungen bedeutsamen Verfahren der kundenorientierten Qualitätsmessung beschrieben. Anschließend folgt die Darstellung der unternehmensorientierten Methoden.

3.2 Kundenorientierte Messung der Dienstleistungsqualität

3.21 Messung nach objektiven Kriterien

Eine **Messung der Dienstleistungsqualität nach objektiven Kriterien** ist möglich, sofern für einzelne Merkmale intersubjektiv nachprüfbare Qualitätsbewertungen mittels objektiver Indikatoren oder neutraler dritter Personen durchführbar sind. Beispiele für objektive Indikatoren sind die Beschaffenheit von eingesetzten Produkten oder die Wartezeit der Kunden bis zur Leistungserstellung (Bruhn 2000, S. 37). Insgesamt sind die Komponenten der Potenzialdimension eines Dienstleistungsanbieters objektiv überprüfbar. So ist es für Kunden beispielsweise relativ leicht möglich, eine Einschätzung der Mitarbeitererscheinung sowie der Räume des Anbieters vor dem Kauf vorzunehmen. Dementsprechend wichtig ist es für Anbieter, diese Qualitätskomponenten nicht zu vernachlässigen, da sie ein objektives Bild von der zu erwartenden Dienstleistungsqualität vermitteln.

In Bezug auf den Einsatz neutraler dritter Personen lassen sich folgende **Verfahren** unterscheiden:

1. Silent-Shopper-Verfahren

Unter einem „Silent Shopper" (Schein- bzw. Testkunden, auch Mystery Shopper genannt) versteht man Beobachter und Testpersonen, die als Dienstleistungskunden auftreten, um durch das Erleben des Dienstleistungserstellungsprozesses Hinweise auf wesentliche Mängel zu erhalten (Bruhn/Hennig 1993, S. 220). Diese Testkaufmethode vermittelt nicht nur einen Überblick über die eigene Dienstleistungsqualität, sondern ermöglicht – in anonymer Form durchgeführt – auch einen Konkurrenzvergleich.

Fraglich ist jedoch, ob diese Scheinkunden in der Lage sind, die Wahrnehmungen und Empfindungen tatsächlicher Kunden nachzuvollziehen, vor allem da die Anzahl der zu untersuchenden situativen Faktoren und Verhaltensmerkmale des Kundenkontaktpersonals begrenzt ist (Stauss 2000a, S. 330). Der Erfolg des Einsatzes dieses Verfahrens ist daher abhängig vom Erfahrungsgrad des „Silent Shopper" sowie von der Erfüllung objektiv beurteilbarer Anforderungen zur Validität und Reliabilität (Matzler/Pechlaner/Kohl 2000, S. 172).

Vor allem im Bankenbereich und im Handel werden regelmäßig Scheinkunden eingesetzt, zunehmen aber auch in anderen Dienstleistungsunternehmen. Dabei haben einige Marktforschungsunternehmen sich inzwischen ausschließlich auf diese Form der Qualitätsmessung spezialisiert.

2. Expertenbeobachtung

Ziel dieses Verfahrens ist es, Hinweise auf offensichtliche Mängel im Dienstleistungserstellungsprozess und das daraus resultierende Kundenverhalten zu ermitteln, indem Experten wie beispielsweise geschulte Sozialforscher Kundenkontaktsituationen beobachten, um Verhaltensweisen von Kunden und Mitarbeitenden zu analysieren (Stauss 2000a, S. 329).

Die Einsatzmöglichkeiten der Expertenbeobachtung sind jedoch begrenzt, da sich viele Kundenkontaktsituationen nicht ohne Wissen der Beteiligten erfassen lassen, und deshalb unter Umständen Beobachtungseffekte auftreten. Aus einem beobachteten Verhalten lässt sich weiterhin nur unzureichend auf die Qualitätswahrnehmung von Kunden schließen. Zu berücksichtigen ist auch der hohe finanzielle und personelle Aufwand dieses Verfahrens, insbesondere wenn versucht wird, den Erstellungsprozess möglichst vollständig zu analysieren.

Bei einer **Gesamtwürdigung** der objektiven kundenorientierten Verfahren zur Qualitätsmessung ist zu berücksichtigen, dass ihre Indikatoren kein alleiniger Maßstab für die Qualität einer Leistung sind, da die Relevanz und Vollständigkeit der herangezogenen Kriterien aus Kundensicht nicht bestätigt werden. Aufgrund des Einsatzes dritter Personen lässt sich nur von einer quasi-objektiven Messung sprechen, da die Wahrnehmung von subjektiven Kriterien wie z. B. der Freundlichkeit eines Kundenberaters durch „neutrale" objektive Personen auch einer Subjektivität unterliegt. Von Vorteil sind die Verfahren besonders bei der Ermittlung objektiver Kriterien (z. B. verwendete Grußformel, Anzahl des Telefonklingelns bevor ein Anruf beantwortet wird; Wilson 1998, S. 153). Um eine umfassende kundenorientierte Qualitätsmessung zu gewährleisten, sind die genannten Methoden um subjektive Messverfahren zu ergänzen, die im Folgenden genauer erläutert werden.

3.22 Messung nach subjektiven Kriterien

Wenn die Anforderungen an die Dienstleistungsqualität aus Kundensicht nach subjektiven Kriterien ermittelt werden, lassen sich merkmals- oder ereignisorientierte Messverfahren heranziehen. Während im Rahmen der **merkmalsorientierten Messung** (Werner 1998) die Gesamtdienstleistungsqualität sich aus der Bewertung einzelner Leistungselemente zusammensetzt, wird bei der **ereignisorientierten Messung** die Wahrnehmung der Dienstleistungsqualität in Bezug auf einzelne Kundenkontaktpunkte und bei der **problemorientierten Messung** die aus Kundensicht qualitätsrelevanten Problemfelder im Rahmen der Leistungserstellung untersucht.

3.221 Merkmalsorientierte Messverfahren

1. Multiattributive Verfahren

Multiattributive Messverfahren kennzeichnen kundenorientierte, subjektive und differenzierte Methoden der Qualitätsmessung. Sie gehen von der Annahme aus, dass globale Qualitätseinschätzungen von Dienstleistungskunden auf der Einschätzung einzelner Qualitätsmerkmale beruhen (Stauss/Hentschel 1991, S. 240); ein globales Qualitätsurteil stellt somit die Summe einer Vielzahl (multi) bewerteter Qualitätsmerkmale (Attribute) dar.

Aus der Reihe der Anwendungsvarianten (Hentschel 1992, S. 116ff.; Kroeber-Riel/Weinberg 2003) lassen sich insbesondere die **einstellungs- und zufriedenheitsorientierte Messung** unterscheiden. Ferner wird auf den SERVQUAL-Ansatz von Parasuraman/Zeithaml/Berry eingegangen, der Erkenntnisse der Einstellungs- und Zufriedenheitsforschung in kombinierter Weise verwendet.

(a) Einstellungsorientierte multiattributive Qualitätsmessung

Die **einstellungsorientierte multiattributive Qualitätsmessung** basiert auf der Annahme, dass die Qualitätseinschätzung eines Kunden „als gelernte, relativ dauerhafte, positive oder negative innere Haltung gegenüber einem Objekt" bzw. einer Dienstleistung zu bezeichnen ist (Trommsdorff 2004). Die Qualitätseinschätzung eines Dienstleistungskunden entsteht dabei durch Lernprozesse, die auf seine bisherigen Erfahrungen zurückgehen. Diese Erfahrungen sind entweder auf unmittelbare Erlebnisse mit der jeweiligen Dienstleistung zurückzuführen oder basieren auf Kommunikationsprozessen mit dem Dienstleistungsunternehmen oder anderen Konsumenten. Beim Einkomponentenansatz wird hierbei nur die Qualitätseinschätzung gemessen (Typ 1 in Abbildung 5-3-2). Im Rahmen von einstellungsorientierten Verfahren wird häufig auf den Zweikomponentenansatz bzw. die so genannte **Eindrucksmessung** zurückgegriffen. Neben der Beurteilung von Qualitätsmerkmalen erfolgt damit zusätzlich eine Einschätzung der Wichtigkeit auf Ratingskalen durch den Kunden (beispielsweise Typ 2 in Abbildung 5-3-2). Als Aggregationsalgorithmus dient ein Modell, das das Produkt aus der Bewertungs- (QB_i) und der Wichtigkeitskomponente (w_i) eines Qualitätsmerkmals (i) additiv verknüpft (Fishbein 1967; Benkenstein 1993, S. 1103):

Abbildung 5-3-2:   Varianten multiattributiver Messansätze der Kundenzufriedenheit

---

Typ 1: direkt, Einkomponentenansatz

Bitte beurteilen Sie Ihren letzten Besuch in der Wertpapierabteilung unserer Filiale xy auf der
Grundlage der folgenden Kriterien, indem Sie jedem Kriterium einen Wert von 1 (nicht zufrieden)
bis 7 (sehr zufrieden) zuordnen.

Der Berater bemüht sich, auf meine   1 2 3 4 5 6 7
individuelle Situation einzugehen.   ☐ ☐ ☐ ☐ ☐ ☐ ☐

Typ 2: direkt, Zweikomponentenansatz

Bitte beurteilen Sie zunächst die Wichtigkeit, die die folgenden Kriterien für Sie haben.
Bitte beurteilen Sie dann Ihren letzten Besuch in der Wertpapierabteilung unserer Filiale xy
auf der Grundlage dieser Kriterien.

Die Geschäftsräume machen   – Wichtigkeit +   – Zufriedenheit +
einen ordentlichen Eindruck   ☐ ☐ ☐ ☐ ☐ ☐ ☐   ☐ ☐ ☐ ☐ ☐ ☐ ☐

Typ 3: indirekt, Einkomponentenansatz

Bitte geben Sie für die folgenden Kriterien zunächst an, was Sie von einer guten Wertpapierabteilung erwarten (1 = sehr wahrscheinlich, 7 = sehr unwahrscheinlich). Beurteilen Sie dann bitte
Ihren letzten Besuch in der Wertpapierabteilung unserer Filiale xy auf der Grundlage dieser Kriterien, indem Sie jedem Kriterium einen Wert von 1 (trifft gar nicht zu) bis 7 (trifft voll zu) zuordnen.

Der Berater wird mir die Anlagemöglich-   1 2 3 4 5 6 7
keiten leicht verständlich erläutern.   ☐ ☐ ☐ ☐ ☐ ☐ ☐

Der Berater in der Filiale xy hat mir die Anlage-   1 2 3 4 5 6 7
möglichkeiten leicht verständlich erläutert.   ☐ ☐ ☐ ☐ ☐ ☐ ☐

Typ 4: indirekt, Zweikomponentenansatz

Bitte geben Sie für die folgenden Kriterien zunächst an, was Sie von einer guten Wertpapierbe-
ratung erwarten (1 = sehr wahrscheinlich, 7 = sehr unwahrscheinlich). Beurteilen Sie dann bitte
Ihren letzten Besuch in der Wertpapierabteilung unserer Filiale xy auf der Grundlage dieser Kriterien, indem Sie jedem Kriterium einen Wert von 1 (trifft gar nicht zu) bis 7 (trifft voll zu) zuordnen.
Teilen Sie uns bitte auch mit, wie wichtig diese Kriterien für Sie sind.

Der Berater wird mir die Anlageform   1 2 3 4 5 6 7   – Wichtigkeit +
verständlich erläutern.   ☐ ☐ ☐ ☐ ☐ ☐ ☐   ☐ ☐ ☐ ☐ ☐ ☐ ☐

Der Berater hat mir die Anlageform   1 2 3 4 5 6 7
verständlich erläutert.   ☐ ☐ ☐ ☐ ☐ ☐ ☐

GABLER
GRAFIK

Quelle: Schmitz 1996, S. 274

(b) Zufriedenheitsorientierte multiattributive Qualitätsmessung

Die **zufriedenheitsorientierte multiattributive Qualitätsmessung** definiert die Zufriedenheit mit einer Dienstleistung als Reaktion auf eine Diskrepanz zwischen erwarteter und tatsächlich erlebter Dienstleistungsqualität. Damit wird im Ergebnis die Kundenzufriedenheit gemessen, um daraus Rückschlüsse auf die Ausgestaltung der Dienstleistungsqualität zu ziehen.

Die Operationalisierung des Konstruktes Kundenzufriedenheit wird in unterschiedlicher Weise vorgenommen (Homburg/Rudolph 1998; Stauss 1999; Szymanski/Henard 2001). Am Weitesten verbreitet ist die Interpretation von Kundenzufriedenheit als Vergleich einer in der Vorstellung des Konsumenten bestehenden Soll-Komponente mit der erlebten Leistung als Ist-Komponente, der auch als **„Confirmation/Disconfirmation-Paradigm"** (C/D-Paradigm) bezeichnet wird.

Die **Soll-Komponente** beinhaltet einen individuellen Vergleichsstandard, der sich nach Erfahrungsnormen, Erwartungen sowie Idealen bilden lässt. Erfahrungsnormen resultieren aus früheren Erfahrungen mit der Dienstleistung bzw. ähnlichen Angeboten. Der Konsument hat für das Heranziehen von Erfahrungsnormen die zu beurteilenden Eigenschaften einer Dienstleistung bereits zu kennen, bevor er die entsprechende Dienstleistung nutzt. Werden Erwartungen als Vergleichsstandard herangezogen, so impliziert dies, dass der Konsument schon vor der Erfahrung mit der Dienstleistung bestimmte Ansichten hinsichtlich einzelner Dimensionen besitzt. Stellen Ideale den Vergleichsmaßstab dar, so verwendet der Konsument als Vergleichsmaßstab ein aus seiner Sicht optimales Leistungsniveau.

Der zweite Teil des Zufriedenheitsurteils, die **Ist-Komponente**, ist definiert als die subjektiv wahrgenommene Erfahrung mit der zu beurteilenden Transaktion. Zufriedenheit ist dementsprechend das Ergebnis eines kognitiven Vergleichsprozesses beider Komponenten. Dieses Ergebnis führt über eine affektive Reaktion zu einem verhaltensauslösenden Prozess, wie in Abbildung 5-3-3 dargestellt.

Im Rahmen der so genannten **Divergenzmessung** werden neben der Qualitätsbeurteilung (QB_i) auch Qualitätserwartungen (QE_i) auf Ratingskalen erhoben und die Divergenzen als Maßstab für die Qualitätsbeurteilung herangezogen (vgl. die Typen 3 und 4 in Abbildung 5-3-2). Die Dienstleistungsqualität wird anschließend durch Addition der merkmalsbezogenen Einzeldiskrepanzen dargestellt (Benkenstein 1993, S. 1103).

Neben einer direkten Messung von Wichtigkeiten lassen sich bei gleichzeitiger Erhebung der Gesamtzufriedenheit mit Hilfe der Regressionsanalyse die Wichtigkeiten der einzelnen Merkmale als Beta-Koeffizienten ermitteln (Stauss 1999, S. 14).

Ein **Vergleich** zwischen einstellungs- und zufriedenheitsorientierter Messung der Dienstleistungsqualität macht deutlich, dass eine grundsätzliche Empfehlung für eine der Varianten nur bedingt möglich ist. Für eine Verwendung des einstellungsorientierten Ansatzes spricht, dass der Proband keine Erfahrung mit der Dienstleistung benötigt, da sich die Befragung nicht notwendigerweise auf ein spezifisches Konsumerlebnis bezieht. So kann ein Befragter durchaus die Einstellung haben, „Bank x gehöre zu den Qualitätsführern im Finanzdienstleistungsbereich", ohne mit dieser Bank eine Kontoverbindung zu unterhal-

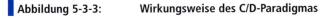

Abbildung 5-3-3:   **Wirkungsweise des C/D-Paradigmas**

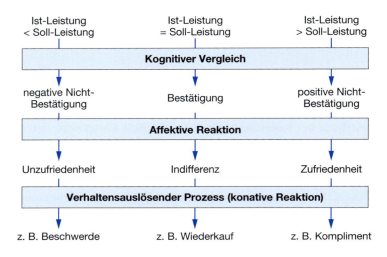

ten. Dagegen erscheint der zufriedenheitsorientierte Ansatz dann sinnvoll, wenn Kunde und Dienstleistungsunternehmen erstmalig für einen begrenzten Zeitraum aufeinandertreffen (Hentschel 2000, S. 301ff.). Welcher der beiden Ansätze zur Qualitätsmessung zu verwenden ist, hängt demnach davon ab, inwiefern der Dienstleister Informationen über antizipierende, von dauerhaften Überzeugungen geprägte Einstellungen der Kunden erhalten oder konkrete zufriedenheitsorientierte Bewertungen seiner Dienstleistungsqualität erfahren möchte.

(c) SERVQUAL-Ansatz

Zu den Verfahren der Einstellungs- und Zufriedenheitsmessung zählt auch der in den 1980er Jahren entwickelte **SERVQUAL-Ansatz** (Parasuraman/Zeithaml/Berry 1985, 1988). Gegenstand der Beurteilung ist hier das Dienstleistungsunternehmen selbst.

Zur Messung der wahrgenommenen Dienstleistungsqualität aus Kundensicht dient ein standardisierter Fragebogen, in dem 22 Items die fünf **Qualitätsdimensionen** des GAP-Modells (vgl. Abschnitt 3.21) repräsentieren:

▌ Annehmlichkeit des tangiblen Umfeldes,

▌ Zuverlässigkeit,

▌ Reaktionsfähigkeit,

▌ Leistungskompetenz,

▌ Einfühlungsvermögen.

Zu jedem Item werden zwei Aussagen in Form einer **Doppelskala** formuliert. Mit der Aussage „so sollte es sein" werden die Erwartungen des Kunden hinsichtlich der Dienstleistungsqualität ermittelt, die Aussage „so ist es" fragt nach der erlebten Qualität eines Leistungsprozesses in Bezug auf eine spezielle Dienstleistungsunternehmung bzw. Dienstleistung. Auf einer 7er-Skala, die in Abbildung 5-3-4 an einem Beispiel dargestellt wird, werden die Probanden gebeten, ihr Urteil von „stimme vollkommen zu" (7) bis „lehne vollkommen ab" (1) abzugeben.

Abbildung 5-3-4: **Doppelskala im SERVQUAL-Ansatz**

Beispiel für die Doppelskala (Item 16 im SERVQUAL-Fragebogen):	Lehne ich vollkommen ab				Stimme ich vollkommen zu		
Mitarbeiter eines hervorragenden Service-Providers sind stets gleichbleibend höflich zu den Kunden	1	2	3	4	5	6	7
Mitarbeiter eines Service-Providers x sind stets gleichbleibend höflich zu den Kunden	1	2	3	4	5	6	7

GABLER
GRAFIK

Die sich ergebende Differenz zwischen beiden Aussagen lässt sich als ein Wert zwischen – 6 und + 6 pro Item darstellen. Je größer dieser Wert ist, desto höher schätzt der Kunde die wahrgenommene Dienstleistungsqualität in Bezug auf das jeweilige Item ein.

Um ein globales Qualitätsurteil zu erhalten, wird zunächst der Durchschnitt aller zu einer Dimension gehörenden Items berechnet und dann anschließend der Mittelwert sämtlicher Dimensionen gebildet.

Trotz der empirischen Fundierung des Modells und seiner grundsätzlichen Eignung zur branchenübergreifenden Messung der Dienstleistungsqualität wurden in der Literatur mehrfach die begrifflichen und theoretischen Grundlagen sowie methodische Aspekte des Modells kritisiert (Carman 1990; Hentschel 1990a; Sachdev/Verma 2002). So stellt die verwendete Doppelskala hohe Ansprüche an die Urteilsfähigkeit der Probanden, ihre jeweiligen Erfahrungen mit verschiedenen Dimensionen der Dienstleistung nachträglich in eine Erwartungs- und Wahrnehmungskomponente zu zerlegen. Weiterhin besteht die Gefahr einer so genannten „Anspruchsinflation", indem zu hohe Werte im Rahmen der „So-sollte-es-sein"-Aussagen von den Probanden genannt werden (Hentschel 1990a, S. 235).

Ein wesentlicher **Kritikpunkt** betrifft die Differenzbildung des Modells. Für einen Dienstleistungskunden, der z. B. von den Mitarbeitenden einer Bankfiliale einen hohen Grad an Leistungskompetenz erwartet (Bewertung des erwarteten Service mit 7) und diesen auch erlebt (Bewertung des erlebten Service ebenfalls mit 7), ergibt sich als Differenz ein Wert von 0. Ein anderer Bankkunde erwartet dagegen nur eine Leistungskompetenz von 1, beurteilt aber die Kompetenz der Mitarbeitenden als sehr positiv mit einem Wert von 7. Seine wahrgenommene Dienstleistungsqualität in Bezug auf dieses Item besitzt damit einen Differenzwert von + 6. Gemäß der Interpretation dieser beiden Werte nach SERVQUAL schätzt der zweite Kunde die Qualität des Dienstleistungsunternehmens in Bezug auf die Leistungskompetenz seiner Mitarbeitenden höher ein. Dieses Ergebnis führt aus Plausibilitätsgründen zu starker Kritik an dem vorgestellten Modell (Hentschel 1990a, S. 236).

Darüber hinaus ist im SERVQUAL-Ansatz eine konstante Interpretation in Bezug auf die „So-sollte-es-sein"-**Erwartungen** durch die Probanden nicht gewährleistet. Die Aussage „So sollte es sein" lässt sich von den Kunden interpretieren als (Teas 1993, S. 37f.):

▪ Reine Annahme über das Niveau der Dienstleistungsqualität („Forecasted Performance"),

▪ Gewünschtes Niveau der Dienstleistungsqualität („Deserved Performance"),

▪ Angemessenes Niveau der Dienstleistungsqualität („Equitable Performance"),

▪ Mindestniveau der Dienstleistungsqualität („Minimum Performance"),

▪ Idealniveau der Dienstleistungsqualität („Ideal Performance"),

▪ Ausdruck der Wichtigkeit dieser Dimension der Dienstleistungsqualität für den Kunden („Service Attribute Importance").

Unterschiedliche Messergebnisse werden daher auch durch unterschiedliche Interpretationen dieses Erwartungsbegriffes hervorgerufen.

Neuere Studien weisen zudem kritisch darauf hin, dass in einigen Branchen auch Modifikationen hinsichtlich der Dimensionen selbst notwendig sind. In einer Untersuchung der Fast-Food- und der Bankenbranche zeigte sich, dass die bei ursprünglich von SERV-QUAL verwendeten Merkmale nicht immer auf die angenommenen Zieldimensionen wirkten (Sachdev/Verma 2002, S. 49ff.). Gerade aufgrund der großen Vielfalt von Dienstleistungen sind in spezifischen Branchen möglicherweise individualisierte Messkonzepte erforderlich.

Trotz dieser Einwände in Bezug auf die **Validität des Modells** hat sich der SERVQUAL-Ansatz vor allem in amerikanischen Banken zur Messung der Dienstleistungsqualität durchgesetzt, da hier zum ersten Mal ein Messmodell für die Dienstleistungsqualität entwickelt wurde, das einen konkreten Praxisbezug enthält und daher aus Sicht der Unternehmen durchführbar erscheint (z. B. Jiang/Klein/Carr 2002).

Eine Alternative zu der Doppelskala des SERVQUAL-Modells ist die Bildung einer Einfachskala, die den Probanden auffordert, lediglich das Niveau der wahrgenommenen Dienstleistungsqualität, beispielsweise für das Kriterium bzw. die Aussage „die Gestaltung der Geschäftsräume der Bank x ist sehr gut", zu beurteilen (z. B. Hentschel 1990b, S. 239) und so eine implizite Erwartungsbewertung durch den Befragten anzunehmen (vgl. Abbildung 5-3-4). Dieser Alternativansatz, das so genannte **SERVPERF-Modell**

(**Ser**vice-**Per**formance), begegnet auf diese Weise der Kritik am SERVQUAL-Modell, dass GAP 5 zwar als einstellungsähnliches Konstrukt interpretiert, aber anschließend zufriedenheitsorientiert gemessen wird (Cronin/Taylor 1992, S. 55f.). Darüber hinaus lässt sich argumentieren, dass für Implikationen hinsichtlich notwendiger Leistungsverbesserungen die Aussage „So sollte es sein" nicht direkt zu erheben ist. Stattdessen ist es möglich, mit der Bewertung einzelner Merkmale und der Gesamtbeurteilung einer Leistung über multivariate Verfahren die relative Bedeutung eines Merkmals für die wahrgenommene Gesamtqualität zu ermitteln. Somit ist die ohnehin kritisch zu betrachtende Doppelskala nicht mehr erforderlich.

2. Penalty-Reward-Faktoren-Ansatz

Der **Penalty-Reward-Faktoren-Ansatz** ist ein den multiattributiven Verfahren sehr ähnlicher Ansatz und beruht auf einer Unterteilung der Dimensionen der Dienstleistungsqualität (vgl. Kapitel 3, Abschnitt 1.2) in Routine- und Ausnahmekomponenten (Berry 1986; Brandt 1987, S. 61ff., 1988, S. 35ff.). Er basiert auf der Annahme, dass bei jeder Dienstleistung Qualitätsfaktoren existieren, deren Nichterfüllung beim Kunden Unzufriedenheit hervorruft. Diese werden als Penalty-Faktoren bezeichnet, während im Gegensatz dazu die Reward-Faktoren Zusatzleistungen darstellen, die beim Kunden eine höhere Qualitätswahrnehmung und daher eine höhere Zufriedenheit erzeugen. Während der Kunde für die Reward-Faktoren „Bonuspunkte" verteilt, bestraft er das Unternehmen bei Nichtvorhandensein der Penalty-Faktoren mit so genannten „Demerits" (Brandt 1987, S. 61).

Ziel dieses Messansatzes ist, die Penalty-Faktoren zu identifizieren. Daher wird zunächst ein Gesamturteil für die Dienstleistung auf einer 5er-Skala von „sehr zufrieden" bis „sehr unzufrieden" erhoben. Anschließend werden die Kunden gebeten, die einzelnen Attribute der Dienstleistung auf einer Skala von „viel schlechter als erwartet" bis „viel besser als erwartet" zu bewerten. Mit Hilfe dieser Daten wird eine multiple Regressionsanalyse durchgeführt („Penalty-Reward-Contrast-Analyse"; Brandt 1987, S. 62ff.). Die Ergebnisse der Analyse hinsichtlich einzelner Merkmale werden wie folgt interpretiert:

▐ **Penalty-Faktoren** kennzeichnen diejenigen Attribute der Dienstleistungsqualität, bei denen der Kunde kein höheres globales Qualitätsurteil abgibt, obwohl die Leistung in Bezug auf das jeweilige Attribut besser als erwartet ausfiel. Dagegen sinkt das globale Qualitätsurteil, sofern die Qualität des jeweiligen Attributes schlechter als erwartet war.

▐ **Reward-Faktoren** zeichnen sich dadurch aus, dass das globale Qualitätsurteil steigt, sofern die Qualität des jeweiligen Attributes besser als erwartet eingeschätzt wurde, jedoch nicht sinkt, wenn die Leistung schlechter als erwartet gewesen ist.

Der **Vorteil** dieses Messansatzes liegt darin, dass nicht nur die Qualität der Dienstleistung aus der Sicht des Kunden gemessen wird, sondern auch ein gezielter Einsatz des Qualitätsmanagements in Bezug auf die Penalty-Faktoren ermöglicht wird. Zunächst ist es Aufgabe des Unternehmens, mit diesen Dienstleistungsattributen den Kunden zufrieden zu stellen, erst dann gilt es, das Qualitätsmanagement auf zusätzliche „Bonusleistungen" zu konzentrieren (Haller 1993, S. 27).

In ähnlicher Weise wie der Penalty-Reward-Faktoren-Ansatz untersucht auch die **Kano-Methode** die unterschiedliche kundenseitige Wahrnehmung von Leistungsmerkmalen, d. h. den Vergleich von Erwartung und Erfahrung (C/D-Paradigma). Sie unterscheidet Basisfaktoren, Leistungsfaktoren und Begeisterungsfaktoren. **Basisfaktoren** beinhalten Qualitätsmerkmale, die bei Erfüllung der Erwartung nicht positiv, bei Nicht-Erfüllung jedoch negativ bewertet werden. **Leistungsfaktoren** beeinflussen das Qualitätsurteil hingegen sowohl positiv (bei Übererfüllung der Erwartung) als auch negativ (bei Nicht-Erfüllung der Erwartung), während **Begeisterungsfaktoren** nicht erwartet und daher positiv bewertet werden, wenn sie vorhanden sind und zur Qualitätswahrnehmung des Kunden beitragen. Somit entsprechen sich Basis- und Penalty-Faktoren sowie Begeisterungs- und Reward-Faktoren. Leistungsfaktoren stellen sowohl Penalty- als auch Rewardfaktoren dar.

Bei einer abschließenden **Würdigung** der merkmalsorientierten Messverfahren lässt sich konstatieren, dass bei allen Ansätzen das Problem besteht, die einzelnen relevanten Attribute zu ermitteln und auszuwählen. Nicht der Kunde entscheidet offensichtlich, welche Kriterien er für qualitätsrelevant erachtet und im Rahmen der Messverfahren beurteilt. Das Unternehmen gibt vielmehr eine begrenzte Anzahl abstrakt formulierter Qualitätsmerkmale vor. Implizit setzen daher alle Verfahren voraus, dass eine Auswahl dieser Merkmale unter Berücksichtigung der Vollständigkeit und Qualitätsrelevanz durchführbar ist. Daher sind vorausgehende Studien wie z. B. Expertenbefragungen unbedingt erforderlich.

Merkmalsorientierte Verfahren eignen sich folglich nur bedingt für Ersterhebungen, sie ermöglichen jedoch bei regelmäßiger Durchführung eine valide Qualitätsmessung, sofern sie mit anderen Verfahren wie beispielsweise der Beschwerdemessung kombiniert werden. Ein weiterer Kritikpunkt der merkmalsorientierten Qualitätsmessung ist darin zu sehen, dass bei der Verwendung einer Vielzahl von Einzelmerkmalen die Befragten schnell überfordert werden. Daher ist die Anzahl der abgefragten Attribute gering zu halten. Dies führt wiederum zu einem verringerten Aussagegehalt der Ergebnisse.

3.222 Ereignisorientierte Messverfahren

Ereignismessungen basieren auf der Überlegung, dass Kunden aus der Vielzahl von Situationen während eines Dienstleistungsprozesses bestimmte Standard- oder Schlüsselerlebnisse als besonders qualitätsrelevant wahrnehmen.

Die Messung der Qualität dieser Kundenereignisse bzw. -erlebnisse liefert somit Informationen darüber, welche Phasen des Dienstleistungsprozesses einer besonderen Aufmerksamkeit der Unternehmung im Hinblick auf ein gezieltes Qualitätsmanagement bedürfen. Da bei diesen Verfahren die Messung des Kontaktes zwischen Kunde und Dienstleistungspersonal im Vordergrund steht, wird diese auch als **Kontaktpunktanalyse** bezeichnet (Bruhn 2002c). Im Rahmen dieser Verfahren werden im Folgenden die Sequenzielle Ereignismethode und die Critical-Incident-Technik näher vorgestellt.

1. Sequenzielle Ereignismethode

Abbildung 5-3-5:   **Blueprint am Beispiel einer Flugreise**

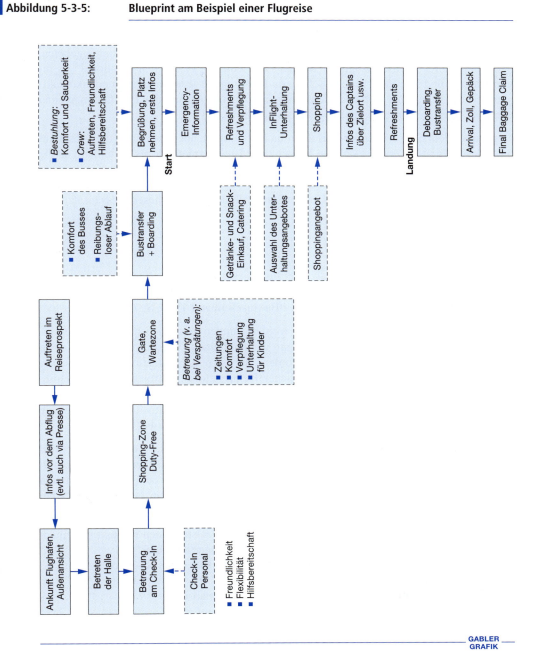

Die Sequenzielle Ereignismethode umfasst eine phasenorientierte Kundenbefragung, basierend auf der Erstellung eines so genannten **„Blueprints"**. Dieser beinhaltet die systematische Analyse des Dienstleistungsprozesses anhand eines grafischen Ablaufdiagramms, wie in Abbildung 5-3-5 dargestellt. Er ermöglicht eine vollständige Erfassung der verschiedenen Kundenkontaktsituationen (Stauss/Hentschel 1991, S. 242).

Im Rahmen eines offenen, strukturierten Interviews werden hierbei die Kunden gebeten, den Ablauf ihres Dienstleistungserlebnisses noch einmal „gedanklich-emotional" zu rekonstruieren und ihre Eindrücke zu schildern. In Bezug auf jede einzelne Kundenkontaktsituation des Blueprints wird nach dem wahrgenommenen Ablauf, den Empfindungen und den jeweiligen Bewertungen gefragt (Stauss 2000a, S. 331).

Gegenüber dem Silent-Shopper-Verfahren und der Expertenbeobachtung (vgl. Abschnitt 3.21 dieses Kapitels) erweist sich die Sequenzielle Ereignismethode als vorteilhaft, da die einzelnen Phasen des Dienstleistungsprozesses aus aktueller und subjektiver Kundensicht bewertet werden. Dem gegenüber sind jedoch der relativ hohe Erhebungs- und Auswertungsaufwand und die entsprechend hohen Durchführungskosten dieses Messansatzes als Kritikpunkte zu erwähnen.

2. Critical-Incident-Technik

Kritische Ereignisse versehen sich als **„Schlüsselereignisse"** eines Interaktionsprozesses zwischen Kunde und Dienstleistungsanbieter, die vom Kunden als außergewöhnlich positiv oder negativ empfunden werden (Bitner/Booms/Tetreault 1990, S. 71ff.).

Im Rahmen der Critical-Incident-Technik werden Kunden in offenen standardisierten Interviews gebeten, diese kritischen Ereignisse während eines Dienstleistungsprozesses zu schildern. Der Kunde wird dabei aufgefordert, die einzelnen Situationen mittels einer möglichst konkreten Beschreibung sämtlicher Details zu rekonstruieren. Die anschließende Interpretation der Fragebögen beinhaltet ein mehrstufiges Auswertungsverfahren, bei dem typische Erlebniskategorien gebildet werden und sich somit kategoriebezogen die Häufigkeiten der positiven oder negativen Erlebnisse aufzeigen lassen.

Als **Beispiel** für die Critical-Incident-Methode kann eine Studie von Bitner/Booms/ Tetreault (1990) herangezogen werden (vgl. auch im Folgenden Bitner/Booms/Tetreault 1990). Bei dieser Untersuchung wurden in Restaurants, Hotels und bei Fluggesellschaften – als Branchen mit hohem Interaktionsgrad – Kundenbefragungen durchgeführt. Dabei wurden den Probanden die folgenden Fragen gestellt:

- „Erinnern Sie sich an einen besonders (nicht) zufrieden stellenden Kontakt mit einem Angestellten eines Restaurants, Hotels oder einer Fluggesellschaft?"

- „Wann ereignete sich dies?"

- „Welche spezifischen Umstände führten zu dieser Situation?"

- „Was sagte oder machte der Angestellte genau?"

- „Was ereignete sich genau, sodass Sie den Kontakt als (nicht) zufrieden stellend empfanden?"

Dieses Verfahren liefert insofern aussagefähige Informationen, als dass sämtliche Aspekte des Dienstleistungsprozesses, die für den Kunden subjektiv relevant sind, erfasst werden (Bitner/Booms/Tetreault 1990, S. 71ff.). Damit sind nicht nur Aussagen über die Mindesterwartungen von Kunden bezüglich des Qualitätsniveaus von Dienstleistungen möglich, sondern auch Aussagen über ihre Erwartungen in Bezug auf das Reaktionsverhalten der Mitarbeitenden, z. B. bei Kundenbeschwerden (Bruhn/Hennig 1993, S. 224). Im Vergleich zu den Verfahren der merkmalsorientierten Messung beinhaltet die Methode der kritischen Ereignisse den entscheidenden **Vorteil** der Eindeutigkeit der Aussagen, da die befragten Kunden nicht aufgefordert werden, eine vorgegebene Anzahl von abstrakt formulierten Qualitätsmerkmalen (z. B. Leistungskompetenz, Freundlichkeit) zu beurteilen, sondern frei die für sie persönlich bedeutsamen Erlebnisse in eigenen Worten schildern können (Bruhn/Hennig 1993, S. 224). Der **Nachteil** möglicherweise unvollständiger Kundenbeschwerden im Rahmen der Beschwerdeanalyse wird hierbei durch eine systematische Erfassung von Problembereichen aufgehoben. Analog zur Sequenziellen Ereignismethode ist jedoch auch hier ein nicht unerheblicher Aufwand des Verfahrens zu verzeichnen (Stauss 2000a, S. 333).

3.223 Problemorientierte Messverfahren

Im Rahmen der problemorientierten Ansätze werden aus Kundensicht qualitätsrelevante Problemfelder im Rahmen der Leistungserstellung betrachtet. Zu dieser Gruppe von Ansätzen gehören u. a. die Problem-Detecting-Methode bzw. Frequenz-Relevanz-Analyse für Probleme (FRAP) und die Beschwerdemessung und -analyse.

1. Frequenz-Relevanz-Analyse für Probleme

Die **Frequenz-Relevanz-Analyse für Probleme** (FRAP) stellt eine Weiterentwicklung der Problem-Detecting-Methode dar, bei der versucht wird, Aussagen über die Dringlichkeit der Problembehebung zu ermitteln. Dabei basiert das Verfahren auf der Annahme, dass ein Problem um so dringender der Aufmerksamkeit durch das Management der Dienstleistungsunternehmung bedarf, je häufiger es auftritt und je ärgerlicher bzw. bedeutsamer sein Auftreten von den Kunden empfunden wird (Bruhn 2008b, S. 184f.). In diesem Sinne werden die z. B. bereits im Rahmen einer anderen Methode (z. B. Critical-Incident-Technik) erfassten Probleme einer kundenseitigen Bedeutungsbewertung anhand geeigneter Frageformulierungen unterzogen.

Die FRAP-Analyse erfolgt analog zum Vorgehen der Problem-Detecting-Methode, beinhaltet allerdings folgende **Fragestellungen**:

▎ Ist das jeweilige Problem überhaupt aufgetreten?

▎ Wie groß ist das Ausmaß der Verärgerung?

▎ Wie erfolgt das faktische oder geplante Reaktionsverhalten des Kunden?

Den unterschiedlichen Kundenreaktionen wie z. B. der Wechsel des Dienstleistungsunternehmens oder die Beschwerdeführung werden anschließend Skalenwerte zugeordnet.
Diese werden durch Multiplikation mit den Punktwerten für das Ausmaß der Verärgerung
zu einem so genannten „Relevanzwert" verdichtet und dem Wert der Problemfrequenz in
einer zweidimensionalen Matrix, analog zu Abbildung 5-3-6 gegenübergestellt (Stauss/
Hentschel 1991, S. 242; Stauss 2000a; Woratschek/Roth 2004, S. 78).

Abbildung 5-3-6:   **Problemfrequenz/Problemrelevanz-Matrix der FRAP
am Beispiel eines Restaurants**

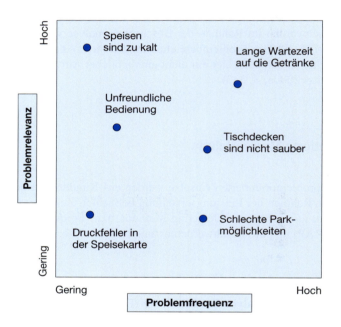

GABLER
GRAFIK

2. Beschwerdeanalyse

Ein wirksames Verfahren zur problemorientierten Messung der Dienstleistungsqualität ist
die Beschwerdeanalyse.

Beschwerden sind Artikulationen der Unzufriedenheit eines Kunden, die gegenüber
einem Dienstleistungsunternehmen (oder auch Drittinstitutionen) vorgebracht werden,
wenn der Kunde die erlebten Probleme subjektiv als gravierend betrachtet (Bruhn/
Hennig 1993, S. 222, Stauss/Seidel 2007).

Durch eine **quantitative Beschwerdeanalyse** wird mittels Kreuztabellierungen und Frequenz-Relevanz-Analysen insbesondere die relative Bedeutung einzelner Kundenprobleme untersucht. Die **qualitative Beschwerdeanalyse** dient vor allem der Identifikation von genauen Ursachen der Kundenunzufriedenheit. Die häufige Nennung gleicher Ursachen der Unzufriedenheit zeigt Ansatzpunkte zur Leistungsverbesserung auf (Stauss/Seidel 2007).

Vorteile der Nutzung der **Beschwerdeanalyse** sind die Aktualität und Relevanz der Probleme (Kunden beschweren sich in der Regel sehr bald, sofern sie schwerwiegende Mängel der Servicequalität erfahren haben) und der relative Kostenvorteil dieses Verfahrens, da die Beschwerden auf Initiative und Kosten der Kunden artikuliert werden.

Bei der Beschwerdeanalyse treten vor allem zwei **Probleme** auf:

■ Schwierigkeit der Initiierung von Beschwerden durch das Unternehmen,

■ Unvollständigkeit der Beschwerdeerfassung.

Im Zuge der zunehmenden Verbreitung des Internet bedarf es neben der Messung und Analyse klassischer Beschwerden auch einer unternehmensseitigen Analyse und Messung von im Internet artikulierter Kundenmeinungen (**„Internet-Kunde-zu-Kunde-Kommunikation"**). Das Internet ermöglicht es einem Kunden, seine Meinung zu einer Dienstleistung (Beschwerde, Lob, Anfrage) einer theoretisch unbegrenzten Anzahl an Internetnutzern beispielsweise über so genannte Meinungsportale (z. B. Ciao.com) oder Online-Tagebücher (so genannte Weblogs) mitzuteilen. Für Unternehmen bedeutet dies zum einen, die im Internet geäußerten Kundenmeinungen analog zu den Beschwerden hinsichtlich qualitätsspezifischer Inhalte zu messen und zu analysieren und zum anderen, Vorkehrungen zur Vermeidung unkontrollierter Ausbreitung negativer Kundenartikulationen im Internet zu treffen (z. B. durch das Angebot moderierter Weblogs auf der eigenen Firmen-Website) (vgl. Stauss/Seidel 2007, S. 593ff.).

Für einen zielführenden und unternehmensweiten Einsatz der Beschwerdemessung und -analyse ist es notwendig, diese in ein systematisches und institutionalisiertes **Beschwerdemanagement** einzubinden.

> **Beschwerdemanagement** ist ein Maßnahmensystem, um die Artikulation von Unzufriedenheit der Kunden anzuregen, zu bearbeiten und Aktivitäten zur Behebung der Unzufriedenheitsursachen einzuleiten.

Dabei sind mit einem Beschwerdemanagement im Wesentlichen folgende **Zielsetzungen** zu verfolgen (Bruhn 1987; Stauss/Seidel 2007):

■ Herstellung einer hohen (Beschwerde-) Zufriedenheit,

■ Vermeidung von Kundenabwanderungen und negativer Mund-zu-Mund-Kommunikation,

■ Beitrag zur Verbesserung des Dienstleistungsimages,

▎ Informationsgewinnung als Grundlage von Leistungsverbesserungen, -modifikationen und -differenzierungen,

▎ Erhöhung der Dienstleistungsqualität durch Reduzierung interner und externer Fehlerkosten.

Ein diesen Zielsetzungen gerecht werdendes Beschwerdemanagementsystem verfügt – neben dem Aufgabenbereich der Beschwerdemessung und -analyse – dabei noch mindestens über die folgenden **Elemente** (vgl. für eine umfassende Darstellung eines Beschwerdemanagementprozesses Stauss/Seidel 2007):

▎ Beschwerdestimulierung,

▎ Beschwerdeannahme,

▎ Beschwerdebearbeitung/-reaktion.

(a) Beschwerdestimulierung

Um zu vermeiden, dass Dienstleistungsnachfrager ihre Beschwerden nicht artikulieren und stillschweigend zur Konkurrenz abwandern, ist eine entsprechende **Beschwerdestimulierung** durch Einrichtung leicht zugänglicher Beschwerdewege vorzunehmen.

In diesem Zusammenhang werden der persönliche und der mediale Beschwerdeweg unterschieden. Dabei kommt der **persönliche Beschwerdeweg** vor allem für Dienstleistungen mit einem hohen Integrationsgrad des externen Faktors in Betracht. Der **medialen Beschwerdeweg** wird u. a. differenziert nach folgenden Formen:

▎ Aus Kundensicht aktive **schriftliche Beschwerden** (z. B. Beschwerdebriefe und -emails) und passive schriftliche Beschwerden (z. B. „Comment Cards" in Hotelzimmern),

▎ **Telefonische Beschwerden** (z. B. durch Einrichtung gebührenfreier Telefonnummern),

▎ **Online-Beschwerden** (z. B. über Formulare auf der Internetseite des Unternehmens).

(b) Beschwerdeannahme

In dieser Phase werden die Beschwerden erfasst. Durch den direkten Kundenkontakt bei vielen Dienstleistungen lässt sich bei persönlichen Beschwerden bereits zu diesem Zeitpunkt die Unzufriedenheit des Kunden zumindest verringern. Dazu ist es notwendig, den Mitarbeitenden im Kundenkontakt durch Schulungen die gewünschten Verhaltensweisen in Beschwerdesituationen zu vermitteln.

(c) Beschwerdebearbeitung/-reaktion

Die **Beschwerdebearbeitung** betrifft die internen Prozesse in einem Dienstleistungsunternehmen, die als Konsequenz auf eine Kundenbeschwerde ausgelöst werden (z. B. Festlegung von zeitlichen Vorgaben für die Bearbeitung eines Beschwerdefalles). Hingegen weist die **Beschwerdereaktion** einen externen Charakter auf. Dabei steht prinzipiell die Problemlösung/Wiedergutmachung im Vordergrund. Zur Steigerung der Kunden- und Beschwerdezufriedenheit sind jedoch zusätzlich prozessbegleitende Maßnahmen (z. B. Empfangsbestätigung bei schriftlichen Beschwerden, Zwischenbescheide über den jeweiligen Stand der Beschwerdebearbeitung) zu berücksichtigen.

Insgesamt erscheint es sinnvoll, die problemorientierten Verfahren als Messinstrumente von Dienstleistungsunternehmen – insbesondere aufgrund der Unvollständigkeit der berücksichtigten Attribute – lediglich ergänzend zur Ermittlung offensichtlicher Probleme bzw. Handlungsnotwendigkeiten heranzuziehen.

3.3 Unternehmensorientierte Messung der Dienstleistungsqualität

3.31 Managementorientierte Messansätze

Die managementorientierten Ansätze haben zum Ziel, aus der Sicht des Managements die für den Kunden qualitätsrelevanten Aspekte der Dienstleistung zu beleuchten. Zu dieser Gruppe von Ansätzen zählen die Fehlermöglichkeits- und -einflussanalyse (FMEA) und der Fishbone-Ansatz.

1. Fehlermöglichkeits- und -einflussanalyse (FMEA)

In Dienstleistungsunternehmen ist der Fehlervermeidung besondere Aufmerksamkeit zu widmen, da eine nachträgliche Fehlerkorrektur oftmals nicht mehr möglich ist (z. B. bei der Verspätung eines Zuges). Im Rahmen der **Fehlermöglichkeits- und -einflussanalyse (FMEA)** wird deshalb versucht, alle denkbaren Fehler und Irrtumsmöglichkeiten während eines Dienstleistungsprozesses systematisch aufzulisten, um so die Dringlichkeit vorbeugender Maßnahmen zu ermitteln und Lösungsansätze umzusetzen (Tlach 1993, S. 278; Masing 1995, S. 252; Pfeifer 2001, S. 59ff.).

Dabei wird anhand von vier **Phasen** vorgegangen:

- Fehlerbeschreibung,

- Risikobeurteilung,

- Festlegung von Maßnahmen der Qualitätsverbesserung,

- Erfolgsbeurteilung.

Im Rahmen der **Fehlerbeschreibung** gilt es, sämtliche potenzielle Fehler im Leistungserstellungsprozess, ihre Ursachen und Konsequenzen zu erfassen und verbal auszuformulieren. In der Phase der **Risikobeurteilung** werden die Bedeutung der Fehlerfolgen sowie die Wahrscheinlichkeiten des Fehlerauftretens und der Fehlerentdeckung auf einer

Skala von 1 („bedeutungslos" bezüglich der Folgen, „unwahrscheinlich" hinsichtlich des Eintretens) bis 10 („katastrophal" bezüglich der Folgen, „wahrscheinlich" hinsichtlich des Eintretens) bewertet und anschließend wird durch Multiplikation der Werte eine „Risikoprioritätszahl" ermittelt. Je größer diese Zahl ist bzw. je größer die Einzelwerte sind, desto notwendiger erscheinen vorbeugende Maßnahmen im Unternehmen (Masing 1995, S. 252). Bei der **Festlegung von Maßnahmen für Qualitätsverbesserungen** existieren vier Ansatzpunkte:

■ Vermeidung der Fehlerursachen,

■ Reduzierung der Wahrscheinlichkeit des Fehlerauftretens,

■ Reduzierung der Bedeutung der Fehlerfolgen,

■ Erhöhung der Wahrscheinlichkeit der Fehlerentdeckung.

Dabei ist solchen Maßnahmen der Vorzug zu geben, die das Auftreten des Fehlers überhaupt verhindern. Eine **Erfolgsbeurteilung** lässt sich z. B. durch eine Zeitreihenanalyse der Fehlerprioritätszahl hinsichtlich der jeweiligen Fehler vornehmen.

Der FMEA-Ansatz wird in der Regel von Teams praktiziert, die aus erfahrenen Fachleuten des Unternehmens bestehen. Dabei ist die Erfahrung der Teilnehmer wichtige Voraussetzung für eine erfolgreiche FMEA (Frehr 1994, S. 235). Der Vorteil dieses Verfahrens liegt in der einfach zu verstehenden Methodik und in seiner Wirksamkeit, Fehlerquellen schon im Ansatz und in der Planungsphase zu erkennen und Maßnahmen zu ihrer Beseitigung zu entwickeln. Ein Nachteil dieses Messansatzes ist der erforderliche hohe Zeit- und Rechenaufwand, der sich allerdings durch den Einsatz von computergestützten Methoden reduzieren lässt (Frehr 1994, S. 235).

2. Fishbone-Analyse

Die Fishbone-Analyse beruht auf einem Ursache-Wirkungs-Diagramm („Ishikawa-Diagramm"), das der systematischen **Ermittlung von Qualitätsmängeln** innerhalb der Dienstleistungsunternehmung dient (Frehr 1994, S. 239). Dabei wird ein besonders dringlicher Qualitätsmangel stets in den Mittelpunkt der Untersuchung gestellt. Anschließend werden die Haupt- und Nebeneinflussgrößen dieses Problems erarbeitet und in Form einer „fischgrätenähnlichen" Grafik dargestellt.

Abbildung 5-3-7 zeigt, dass z. B. im Bereich der Finanzdienstleistungen der Qualitätsmangel „mangelhafte Beratungsleistung im Wertpapierbereich" durch die Hauptursachen „Personal" oder „technische Ausstattung" erklärbar ist. Das Problem „Personal" wird wiederum durch Nebenursachen wie fehlendes Qualitätsbewusstsein oder fachliche Inkompetenz der Mitarbeitenden hervorgerufen.

Abbildung 5-3-7: **Beispiel einer Fishbone-Analyse im Bereich der Finanzdienstleistungen**

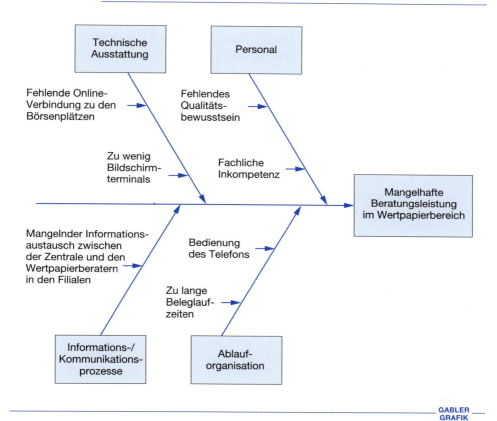

Der Vorteil des Ursache-Wirkungs-Diagramms liegt in der einfachen kommunikativen Darstellung von Qualitätsmängeln und ihren Einflussgrößen. Das qualitätsbezogene Hauptproblem wird durch die systematische Sammlung aller denkbaren Ursachen erklärt und nicht nur durch die Annahme einer oder zweier Einflussgrößen verdrängt (Frehr 1994, S. 239). Die einzelnen Ursachen werden dabei nicht empirisch ermittelt, sondern im Rahmen von Problemfindungs- und -lösungstechniken wie z. B. mit Hilfe eines „Brainstorming" erarbeitet (Birkelbach 1993, S. 98).

3.32 Mitarbeiterorientierte Messansätze

Durch den Einsatz mitarbeiterorientierter Messansätze wird die externe und interne Qualitätswahrnehmung einzelner Mitarbeitender erhoben. Zu diesen Verfahren wird die Qualitätsmessung durch Mitarbeiterbefragungen und das betriebliche Vorschlagswesen gezählt.

1. Mitarbeiterbefragungen

Im Rahmen von **Mitarbeiterbefragungen** erhält das Dienstleistungspersonal – analog zu den nachfragerorientierten Verfahren der Qualitätsmessung – die Gelegenheit, subjektive Urteile über die Dienstleistungsqualität der Unternehmung zu äußern oder kritische Ereignisse im Umgang mit den Kunden zu schildern (Dotzler/Schick 1995, S. 281). Dabei ist in erster Linie der Bottom-up-Prozess der internen Kommunikation angesprochen, der der Auswertung von Informationen des Kundenkontaktpersonals dient. Ziel dieser Befragungen ist es, mit Hilfe der Mitarbeiterkommunikation die „falschen" Vorstellungen des Managements hinsichtlich der Kundenerwartungen der Dienstleistungsqualität zu revidieren (Zeithaml/Parasuraman/Berry 1992). Inhalte dieser regelmäßig stattfindenden Befragungen sind Informationen über das Unternehmen selbst, äußere Arbeitsbedingungen, Aufgaben und Arbeitsanforderungen sowie die persönliche Einstellung des Mitarbeitenden zum Thema „Qualität" (Haist/Fromm 1991, S. 75).

Bei der Gestaltung des Erhebungsdesigns wird idealtypisch eine anonyme schriftliche Befragung anderen Untersuchungsmethoden vorgeschaltet, um dem Mitarbeitenden Gelegenheit zu geben, auf die Fragen offen, d. h. beispielsweise ohne Rücksicht auf berufliche Konsequenzen, zu antworten. Analog den nachfragerorientierten multiattributiven Messverfahren ist jedoch auch bei dieser Methode die Gefahr der Unvollständigkeit in Bezug auf die gemessenen Qualitätsdimensionen gegeben, da das Dienstleistungspersonal lediglich eine begrenzte Anzahl vorgegebener Fragen zu beantworten hat. Daher empfiehlt es sich, Mitarbeiterbefragungen um das Verfahren des betrieblichen Vorschlagswesens zu ergänzen.

2. Betriebliches Vorschlagswesen

Zur Verbesserung der Dienstleistungsqualität und der Leistungsprozesse ist es notwendig, dem Kundenkontaktpersonal jederzeit zu ermöglichen, sich an das Management zu wenden, sofern qualitätsrelevante Probleme in der Dienstleistungsunternehmung auftreten oder auftreten könnten. Zur Förderung dieses Bottom-up-Prozesses ist es sinnvoll, ein **Bonifikationssystem für Verbesserungsvorschläge** der Mitarbeitenden einzurichten (Dotzler/Schick 1995, S. 281). Im Rahmen eines solchen Vorschlagsprogramms dokumentiert der Mitarbeitende seine Vorschläge auf einem Formblatt, indem er beschreibt, wo Qualitätsprobleme im Unternehmen aufgetreten sind und wie sich diese Probleme innerhalb der Unternehmung lösen lassen. Bei Annahme des Vorschlags ist eine Prämierung anzustreben, die sich in der Regel an den eingesparten Kosten orientiert. Darüber hinaus bietet es sich an, prämierte Vorschläge z. B. in Mitarbeiterzeitschriften zu veröffentlichen, um anderen Mitarbeitenden Anreize zur Beteiligung am Vorschlagsprogramm zu geben (Haist/Fromm 1991, S. 74). Parallel zum Beschwerdemanagement als kundenorientiertes Messinstrument stellt das Vorschlagswesen damit ein zentrales Instrument der Qualitätsbestimmung dar. Es fördert die Motivation und Sensibilität des Kundenkontaktpersonals, qualitätsrelevante Probleme zu erkennen und sich für deren Lösung zu engagieren und erfordert dabei nur einen relativ geringen personellen und finanziellen Aufwand.

4. Umsetzung des Qualitätsmanagements für Dienstleistungen

4.1 Strategische Planung des Qualitätsmanagements für Dienstleistungen

Im Rahmen der Planung eines Qualitätsmanagements für Dienstleistungen gilt es, den grundsätzlichen Handlungsrahmen des Qualitätsmanagements und somit die qualitätsbezogene strategische Ausrichtung des Dienstleistungsunternehmens in Abstimmung mit der Unternehmensstrategie festzulegen. Somit kommen der strategischen Planung eines Qualitätsmanagements für Dienstleistungsunternehmen vier grundlegende **Aufgaben** zu:

1. Festlegung der strategischen Qualitätsposition,

2. Festlegung der Qualitätsstrategie,

3. Festlegung von Qualitätsgrundsätzen,

4. Bestimmung der Qualitätsziele.

1. Festlegung der strategischen Qualitätsposition

Die Bestimmung der strategischen Qualitätsposition des Dienstleistungsunternehmens bildet die wesentliche Grundlage für den Entwurf eines Qualitätsmanagementkonzeptes, da – je nach momentaner und zukünftig angestrebter Qualitätsposition gegenüber den Wettbewerbern am Markt – im Rahmen des Qualitätsmanagements unterschiedliche Schwerpunkte zu setzen sind (Carlzon 1990, S. 62).

Zur Festlegung der Qualitätsposition lassen sich so genannte **Qualitätsportfolios** heranziehen, die die strategische Position des Unternehmens in Bezug auf die Dienstleistungsqualität einzelner strategischer Geschäftsfelder darlegen (Horváth/Urban 1990, S. 32; Bruhn 2004b, S. 169). Eine Konkretisierung der aktuellen Qualitätsposition des

Dienstleistungsunternehmens und ein Aufzeigen von Ansatzpunkten für die Erreichung der Soll-Position wird z. B. mittels der qualitätsbezogenen SWOT-Analyse vorgenommen (vgl. Bruhn 2008b, S. 224f.).

2. Festlegung der Qualitätsstrategie

Ausgehend von den qualitätsbezogenen Stärken und Schwächen sowie Chancen und Risiken wird die **Qualitätsstrategie** festgelegt, mit der versucht wird, die angestrebte Qualitätsposition zu erreichen. Wettbewerbsorientierte Qualitätsstrategien zeigen die grundsätzliche Ausrichtung eines Dienstleistungsunternehmens und seines Qualitätsmanagements auf, die idealtypisch zu einer eindeutigen Positionierung des Unternehmens am Markt führen und gleichzeitig helfen, ein Gewinn bringendes Marktpotenzial zu erschließen (Heskett 1988, S. 47).

Eindeutig formulierte, intern und extern orientierte Qualitätsstrategien zeigen unterschiedliche Richtungen für die Schaffung von Dienstleistungsqualität auf (Bruhn 2008b, S. 226) und ermöglichen es, konkrete Aufgaben für die Qualitätslenkung und -prüfung abzuleiten.

3. Festlegung von Qualitätsgrundsätzen

Ausgehend von der gewünschten Qualitätsposition und der gewählten Qualitätsstrategie des Dienstleistungsunternehmens werden Qualitätsgrundsätze festgelegt. Diese konkretisieren die Qualitätsstrategie für die tägliche Qualitätsarbeit im Dienstleistungsunternehmen.

Die Formulierung verbindlicher **Qualitätsgrundsätze** bildet gewissermaßen das Fundament für die im Dienstleistungsunternehmen durchzuführenden Qualitätslenkungs- und Verbesserungsmaßnahmen. Dementsprechend ist es Aufgabe der Unternehmensleitung, d. h. der jeweiligen Geschäftsführer und Geschäftsstellenleiter, zusammen mit Führungskräften verschiedener Hierarchiestufen konkrete Qualitätsgrundsätze zu entwickeln und in den Unternehmensleitlinien festzuschreiben (Frehr 1994, S. 42f.). Als Beispiel sind die in Abbildung 5-4-1 dargestellten zehn Qualitätsgrundsätze des Landhotels Schindlerhof zu nennen, mit denen das Unternehmen dokumentieren möchte, dass der Kunde stets im Mittelpunkt sämtlicher Unternehmensaktivitäten steht. Der Schindlerhof ist eines der „Erste-Adresse-Hotels" in der deutschen Tagungshotellerie und hat im Jahre 1998 den Preis der „Business-Excellence" der European Foundation for Quality Management (EFQM) für unabhängige kleine und mittelständische Unternehmen und das deutsche Pendant zum EFQM-Preis, den Ludwig-Erhard-Preis, gewonnen.

Abbildung 5-4-1: Qualitätsgrundsätze des Landhotels Schindlerhof

- Unsere Gäste sollen nicht nur zufrieden, sie sollen begeistert sein.
- Wir führen unser Unternehmen ehrlich, zuverlässig und gerecht.
- Wir befriedigen die hohen Ansprüche unserer Gäste ohne Einschränkung.
- Wir erfüllen unsere gesellschaftliche und soziale Verpflichtung.
- Wir bekennen uns zu unserer Verantwortung gegenüber der Umwelt.
- Wir verfolgen gemeinsame und gemeinsam erarbeitete Unternehmensziele.
- Wir haben unser Unternehmen klar gegliedert und Verantwortungsbereiche sauber abgesteckt.
- Zwischen unserem hohen Anspruch und unserer tatsächlichen Leistung besteht kein Unterschied.
- Wir erzielen einen Gewinn, der das Unternehmen finanziell unabhängig macht.
- Wir lassen uns von keinem Mitbewerber überbieten.

GABLER GRAFIK

Quelle: Bruhn/Brunow/Specht 2002, S. 137

4. Bestimmung der Qualitätsziele

Die vorgestellten allgemeinen Qualitätsgrundsätze und -leitlinien sind im Rahmen der strategischen Qualitätsplanung der Dienstleistungsunternehmung für die verschiedenen Geschäftsstellen, Abteilungen und Funktionsbereiche zu konkretisieren, d. h., von der Unternehmensleitung als lang- und kurzfristig zu erreichende **Qualitätsziele** zu bestimmen.

Die Ziele des Qualitätsmanagements sind in der Hierarchie der Unternehmensziele von übergeordneten Unternehmenszielen wie Gewinn, Rentabilität und Sicherung von Wettbewerbsvorteilen abzuleiten (Weber 1989, S. 56f.). Diesen Zusammenhang gibt Abbildung 5-4-2 wieder. Demnach lassen sich Qualitätsmanagementziele den Marketingzielen unterordnen.

Innerhalb der Ziele des Qualitätsmanagements lassen sich sowohl marktgerichtete als auch unternehmensgerichtete Ziele identifizieren, die sich jeweils nach psychologischen und ökonomischen Zielen gliedern. Es wird angenommen, dass das Erreichen psychologischer **marktgerichteter Ziele** wie die Steigerung von Kundenzufriedenheit und Kundenbindung sowie die damit verbundene Schaffung von Markteintrittsbarrieren sich positiv auf den Realisierungsgrad ökonomischer Ziele auswirkt (Anderson/Fornell/Lehmann 1994; Heskett/Sasser/Schlesinger 1997). **Unternehmensgerichtete Ziele** eines Qualitätsmanagements sind die Verankerung von Kundenorientierung und die Schaffung eines Qualitätsbewusstseins bei den Mitarbeitenden sowie die damit einhergehende Senkung von Qualitätskosten, die eine Effizienzsteigerung im Rahmen der Dienstleistungserstellungsprozesse bewirken (Rucci/Kirn/Quinn 1998).

Abbildung 5-4-2:   **Ziele und Aufgaben des Qualitätsmanagements im Zielsystem von Dienstleistungsunternehmen**

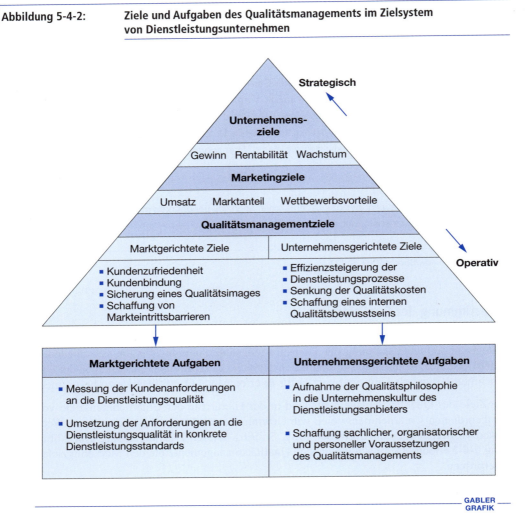

Zur Realisierung der marktgerichteten Ziele ist es erforderlich, dass dem Unternehmen Informationen über die kundenrelevanten Dimensionen bzw. Kriterien der Dienstleistungsqualität und ihrer Beurteilung vorliegen. Die zentrale marktgerichtete Aufgabe des Qualitätsmanagements ist es daher, diese **Kundenanforderungen** durch Methoden der Marktforschung und Mittel der internen Kommunikation zu ermitteln und in Anforderungen an die qualitätsrelevante Leistungserstellung umzusetzen. Dazu gehören auch Maßnahmen der externen Kommunikation, die dazu dienen, die Qualitätserwartungen der Kunden zu bilden und zu bestätigen sowie als Profilierungsinstrument gegenüber dem Wettbewerb zu dienen.

Zu den unternehmensgerichteten Aufgaben gehört die Verankerung der **Qualitäts- philosophie** des Dienstleistungsanbieters in der Unternehmenskultur (Meffert 1998). Voraussetzung hierfür ist ein „Vorleben" der Qualitätsphilosophie und die Vorbildfunktion der Führungskräfte im Dienstleistungsunternehmen selbst.

Eine Effizienzsteigerung der Dienstleistungsprozesse sowie eine generelle Kostenredu- zierung lassen sich nur realisieren, wenn entsprechende **qualitätsbezogene Vorausset- zungen** im Unternehmen gegeben sind. In diesem Zusammenhang sind sachliche, or- ganisatorische und personelle Voraussetzungen zu schaffen. Ferner ist die Installation qualitätsorientierter Kommunikations- und Kontrollsysteme erforderlich (Bruhn 2000, S. 42f.).

4.2 Operative Gestaltung des Qualitätsmanagements für Dienstleistungen

Die Umsetzung des Total-Quality-Management-Konzeptes in der Dienstleistungsunter- nehmung erfordert die Entwicklung von konkreten Instrumenten eines integrierten Qua- litätsmanagements (Algedri 1998; Boutellier/Masing 1998). In diesem Zusammenhang wird von einem **Regelkreis** des Managements der Qualität (Lehmann 1995; Pfeifer 2001, S. 300f.) gesprochen, der sich an den klassischen Managementfunktionen der Planung, Durchführung sowie Kontrolle orientiert und die folgenden Phasen beinhaltet (DIN EN ISO 8402:1992, S. 22ff.; Schmidt/Tautenhahn 1996):

1. Qualitätsplanung,

2. Qualitätslenkung,

3. Qualitätsprüfung,

4. Qualitätsmanagementdarlegung.

An diesen Phasen orientieren sich die folgenden Ausführungen bezüglich der Instrumente des Qualitätsmanagements (vgl. Abbildung 5-4-3).

1. Instrumente der Qualitätsplanung

Die Qualitätsplanung ist notwendige Voraussetzung eines gezielten Qualitätsmanage- ments. Sie wird von der Deutschen Gesellschaft für Qualität (DGQ-Lenkungsausschuss Gemeinschaftsarbeit (LAG) der Deutschen Gesellschaft für Qualität e.V. 1995) wie folgt definiert:

Abbildung 5-4-3:   **Phasen eines Qualitätsmanagementsystems**

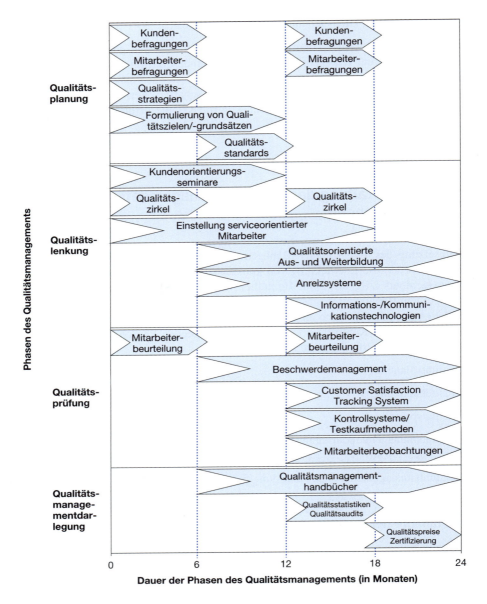

Die **Qualitätsplanung** umfasst alle Maßnahmen des Auswählens, Klassifizierens und Gewichtens der Qualitätsmerkmale sowie des schrittweise Konkretisierens aller Einzelforderungen an die Beschaffenheit einer Leistung zu Realisierungsspezifikationen im Hinblick auf die durch den Zweck der Einheit gegebenen Erfordernisse, auf die Anspruchsklasse und unter Berücksichtigung der Realisationsmöglichkeiten.

Dementsprechend beinhaltet diese erste Phase des Qualitätsmanagements bei Dienstleistungsunternehmen die Planung und Weiterentwicklung der Qualitätsforderung an die verschiedenen Dienstleistungen des Unternehmens. Nicht die Qualität der Dienstleistungen selbst, sondern die verschiedenen Qualitätsanforderungen sind zu planen.

2. Instrumente der Qualitätslenkung

Die **Qualitätslenkung** (auch „Quality Control") umfasst sämtliche „vorbeugenden, überwachenden und korrigierenden Tätigkeiten bei der Realisierung einer Einheit", mittels derer „unter Einsatz von Qualitätstechniken die Qualitätsforderungen" zu erfüllen sind (DGQ-Lenkungsausschuss Gemeinschaftsarbeit (LAG) der Deutschen Gesellschaft für Qualität e.V. 1993).

Sie basiert auf den Ergebnissen der Qualitätsplanung und beinhaltet alle Tätigkeiten, die zur Erfüllung der Anforderungen an die Dienstleistungsqualität aus Kunden- und Unternehmenssicht erforderlich sind.

Ein mitarbeiterbezogenes Instrument der Qualitätslenkung ist die **Einstellung neuer Mitarbeitenden**, bei der insbesondere auf die Erfüllung qualitätsrelevanter Anforderungen des Unternehmens durch die Bewerber wie beispielsweise Servicementalität und Kommunikationsfähigkeit zu achten ist (Benkenstein 1998, S. 451f.). Die aktuellen Mitarbeitenden sind im Rahmen von **Schulungen** als weiterem Qualitätslenkungsinstrument ständig weiterzuqualifizieren. Schließlich sind bezüglich der mitarbeiterbezogenen Maßnahmen **Anreizsysteme** zu nennen, die der Steigerung der Mitarbeitermotivation hinsichtlich eines kunden- und serviceorientierten Verhaltens dienen (Hentze/Lindert 1998).

Ein wichtiges Instrument der Qualitätslenkung stellen **Qualitätszirkel** dar, die stellenübergreifend eingerichtet werden (Deutsche Gesellschaft für Qualität e.V. 1996). Grundgedanke dieses aus der industriellen Fertigung stammenden Ansatzes ist es, das bisher weitgehend ungenutzte Problemlösungspotenzial der Mitarbeitenden zu aktivieren (Corsten 1987, S. 196). Insbesondere das Kundenkontaktpersonal ist aufgefordert, die Schwierigkeiten, die sich im täglichen Umgang mit den Kunden ergeben, aufzugreifen und hierzu Lösungsvorschläge zu erarbeiten.

In der Definition der „General Principles of the Quality Circle" wird ein Qualitätszirkel als „eine kleine Gruppe von Mitarbeitenden, die freiwillig Qualitätssicherungsaktivitäten innerhalb des gleichen Arbeitsfeldes betreibt" bezeichnet (Oess 1993, S. 286f.). Dabei handelt es sich meist um vier bis fünf Mitarbeitende der gleichen Hierarchiestufe, die innerhalb ihrer Gruppe folgende **Aufgaben** bearbeiten (Corsten 1987, S. 198):

- Erkennen von Schwachstellen im eigenen Arbeitsbereich,

- Ursachenermittlung,

- Entwicklung von Problemlösungen,

- Präsentation der Ergebnisse vor dem Management,

- Realisation der Lösung,

- Laufende Überwachung.

Entscheidender Vorteil dieses Konzeptes ist seine Eignung als Instrument eines partizipativen Führungsstils (Corsten 1987, S. 199), das den Gedanken des Total Quality Managements, dass grundsätzlich jeder Mitarbeitede Qualitätsmanager des Unternehmens ist, positiv unterstützt (Oess 1993, S. 286ff.).

Schließlich ist für eine erfolgreiche Qualitätslenkung die qualitätsorientierte Anpassung der **Informations- und Kommunikationssysteme** des Dienstleistungsunternehmens unerlässlich.

3. Instrumente der Qualitätsprüfung

Der **Qualitätsprüfung** sind sämtliche Maßnahmen zu subsumieren, die im Rahmen des Qualitätsmanagements eingesetzt werden, um die Erfüllung der Qualitätsforderungen durch eine Einheit festzustellen, d. h., sämtliche qualitätsbezogenen Elemente, Prozesse und Tätigkeiten eines Dienstleistungsunternehmens im Hinblick auf die Erreichung der geplanten Qualitätsziele zu testen (Deutsche Gesellschaft für Qualität e.V. 1995, S. 108).

Qualitätsprüfungen werden i. d. R. permanent in verschiedenen Bereichen der Unternehmung durchgeführt, d. h. an einem Dienstleistungsprodukt bzw. -ergebnis, während des Dienstleistungsprozesses oder auch bei der Potenzialdimension der Dienstleistungsqualität (DGQ-Lenkungsausschuss Gemeinschaftsarbeit (LAG) der Deutschen Gesellschaft für Qualität e.V. 1993, S. 97).

Im Rahmen einer internen Qualitätsprüfung kommen sowohl objektive als auch subjektive Verfahren der unternehmensorientierten Qualitätsmessung zum Einsatz. Im Gegensatz dazu orientieren sich die Instrumente der externen Qualitätsprüfung an den qualitätsbezogenen Kundenwahrnehmungen und umfassen dabei insbesondere die kontinuierliche Beobachtung der Kundenzufriedenheitsentwicklung (Customer Satisfaction Tracking Systems) und das Beschwerdemanagement (vgl. die entsprechenden vorangegangenen Abschnitte).

4. Instrumente der Qualitätsmanagementdarlegung

Die **Qualitätsmanagementdarlegung** (auch „Quality Assurance") beinhaltet „alle geplanten und systematischen Tätigkeiten, die innerhalb des Qualitätsmanagementsystems verwirklicht und wie erforderlich dargelegt sind, um angemessenes Vertrauen zu schaffen, dass die angebotenen Dienstleistungen die jeweilige Qualitätsforderung erfüllen werden" (DGQ-Lenkungsausschuss Gemeinschaftsarbeit (LAG) der Deutschen Gesellschaft für Qualität e.V. 1993, S. 132).

Ein **Qualitätsmanagementsystem** dient letztlich der Strukturierung und systematischen Umsetzung von Qualitätsaufgaben in einer Dienstleistungsunternehmung. So entsteht ein System vernetzter Regelkreise auf sämtlichen betrieblichen Ebenen, indem Ziele, Strukturen, Verantwortlichkeiten, Verfahren, Prozesse und die zur Durchführung erforderlichen Mittel zur Sicherung der Qualität festgelegt werden (Kamiske/Brauer 2006, S. 210). **Elemente eines Qualitätssicherungssystems** sind beispielsweise (Oess 1993, S. 98):

- Genau festgelegte Qualitätsziele,

- Exakte Aufgaben- und Verantwortungsbereiche,

- Hinweise über Rolle und Bedeutung von Dokumentation, Qualitätsprüfung, Audits, Qualitätskosten, Prüfmittelüberwachung u. a.

Gestaltung und Umfang eines Qualitätsmanagementsystems werden nur unternehmensspezifisch festgelegt und sind in Form von Qualitätsmanagement- (Qualitätssicherungs-) **Handbüchern** zu dokumentieren (Kamiske/Brauer 2006, S. 208f.). Diese definieren den Ist-Zustand des Qualitätsmanagementsystems und gelten gleichzeitig als Entwicklungsrichtlinie für die Zukunft (o.V. 1993). Darüber hinaus ermöglichen sie eine regelmäßige Überprüfung des Qualitätsmanagementsystems in Bezug auf Wirksamkeit und Funktionsfähigkeit im Rahmen von Qualitätsaudits. Die genannte Qualitätsmanagementdarlegung dient in erster Linie Zwecken der internen und externen Kommunikation. Sie bezweckt, den Mitarbeitenden und Führungskräften des Dienstleistungsunternehmens Vertrauen in die eigene Qualitätsfähigkeit zu geben und ist auch als Motivationsinstrument einzusetzen. Nach außen erfüllt sie Profilierungszwecke und dient beispielsweise als Basis für die Erteilung eines **Zertifikats**, das der Unternehmung die Erfüllung ihrer Qualitätsanforderungen bescheinigt (DGQ-Lenkungsausschuss Gemeinschaftsarbeit (LAG) der Deutschen Gesellschaft für Qualität e.V. 1993).

Ein abschließendes Beispiel für die Ausgestaltung des Phasenkonzeptes des Qualitätsmanagements für Dienstleistungsunternehmen ist in Abbildung 5-4-4 dargestellt.

Abbildung 5-4-4:   Beispielhafte Darstellung eines Phasenkonzeptes des Qualitätsmanagements für Dienstleistungsunternehmen

Quelle: Bruhn 2008b, S. 397

5.   Unterstützung des Qualitätsmanagements für Dienstleistungen

Neben den in den vorangegangenen Abschnitten besprochenen Instrumenten der Qualitätsplanung, -lenkung, -prüfung und -managementdarlegung haben sich in den letzten Jahren Qualitätspreise, Zertifikate und Nationale Kundenbarometer als Ansätze zur Unterstützung und Demonstration der Qualitätsfähigkeit von Dienstleistungsunternehmen etabliert.

5.1 Qualitätspreise für Dienstleistungsunternehmen

Einen Ansatzpunkt für die Berücksichtigung der Kundenwahrnehmungen liefern Qualitätspreise (auch „Quality Awards"). Diese Qualitätspreise werden national oder international ausgeschrieben und an solche Unternehmen vergeben, die Qualitätsmanagementkonzepte in herausragender Weise umgesetzt haben (Stauss 2001b). In Deutschland wird seit 1997 der Ludwig-Ehrhard-Preis als nationaler Qualitätspreis vergeben, internationale Preise sind der japanische Deming Prize, der **EFQM Excellence Award (EEA)** und der Malcolm Baldrige National Quality Award (MBNQA) als bedeutsamster amerikanischer Qualitätspreis (George 1992; Oess 1993, S. 66; Stauss/Scheuing 1994; Kamiske/Brauer 2006, S. 172ff.).

Während bereits die Bewerbung für einen Qualitätspreis insbesondere interne Wirkungen durch erhöhte Motivation und Leistungsbereitschaft der Mitarbeitenden hervorruft, so manifestiert sich der **Nutzen** für Gewinner von Qualitätspreisen bei hoher Aufmerksamkeitswirkung und Publizität der Preisverleihung in einer Verbesserung der mitarbeiterbezogenen, prozessbezogenen und kundenzufriedenheitsbezogenen Indikatoren (Stauss 2001a). Demgegenüber darf der teilweise nicht unerheblich finanzielle und personelle Aufwand für die Bewerbung zu einem Qualitätspreis nicht außer Acht bleiben.

5.2 Zertifizierung von Dienstleistungsunternehmen

Eine steigende Zahl von Unternehmen und Unternehmensverbänden fordert von ihren Lieferanten bzw. Mitgliedern Qualitätsnachweise. Daher gewinnt das internationale Normensystem **DIN ISO 9000ff.** zum Qualitätsmanagement an Bedeutung (Stauss 1994d). In der aktuell gültigen Ausgabe gehören zur Normenfamilie der DIN ISO 9000ff. die Normen DIN ISO 9000 (Ausgabe 2005) sowie die Normen 9001 und 9004 (Ausgabe 2000). Die Normenfamilie unterliegt momentan einer Revision, die voraussichtlich im Jahre 2008/2009 abgeschlossen sein wird (Zollondz 2006, S. 267).

Unter einer **Zertifizierung** wird die Durchführung eines umfassenden Qualitätsaudits durch einen unabhängigen Dritten verstanden. Bei einem positiven Auditergebnis wird durch die Zertifizierungsstelle ein Zertifikat ausgestellt, das die Eignung des Qualitätsmanagementsystems der Unternehmung nach außen dokumentiert. Seit 1985 existiert auch in Deutschland eine solche Zertifizierungsstelle, die „Deutsche Gesellschaft zur Zertifizierung von Qualitätssicherungssystemen (DQS)". Während Qualitätssicherungsnormen international bereits standardisiert wurden (DIN ISO 9000ff.), arbeiten die Zertifizierungsstellen der Länder in der EU weiterhin auf nationaler Ebene, erkennen allerdings die jeweiligen Zertifizierungen untereinander an.

Grundlagen zum Aufbau und Betrieb eines Qualitätsmanagementsystems und damit auch Basis eines Qualitätsaudits sowie einer Zertifizierung ist die **Norm DIN ISO 9001**. Bei ihr handelt es sich um die eigentliche Zertifizierungsnorm. Die Normen mit der Bezeichnung ISO (International Standard Organization) charakterisieren, dass diese Normenreihe nicht nur in Deutschland, sondern weltweit in 40 Ländern verbindlich anerkannt ist.

Während ISO 9000 einige Definitionen, Konzepte sowie eine Zusammenfassung für die Auswahl und Anwendung der Normen umfasst, sind in ISO 9001 die Anforderungen an eine **Auditierung** enthalten. Diese sind in die vier Hauptabschnitte „Verantwortung der Leitung", „Management von Ressourcen", „Produktrealisierung" und „Messung, Analyse und Verbesserung" eingeteilt. ISO 9004 enthält einen Leitfaden zum Übertreffen der Forderungen der ISO 90001 im Sinne der kontinuierlichen Leistungsverbesserung und dient als Hilfe zur praktischen Umsetzung eines Qualitätsmanagements nach ISO 9001. Bei ISO 9001 und ISO 9004 handelt es sich folglich um ein konsistentes Normenpaar (vgl. Zollondz 2006, S. 268).

Neben dem Zeugnis eines systematischen Qualitätsmanagements liefert eine Zertifizierung die Basis für **kontinuierliche Qualitätsverbesserunge**n des Dienstleistungsprozesses, indem sie Chancen zur Effizienzsteigerung und Kostensenkung aufzeigt. Unternehmensintern ist sie als Motivationsinstrument für die Mitarbeitenden nutzbar und unternehmensextern dient sie als Verkaufsargument gegenüber dem Wettbewerb sowie als Mittel zur Vertrauenssteigerung beim Kunden. Der Nutzen von Zertifikaten aus Kundensicht ist dabei nicht unumstritten, sondern die Wirkungen sind durchaus differenziert zu betrachten (Haas 1998). Insbesondere gilt zu beachten, dass der Zertifizierung kein spezifisches Qualitätsniveau von Leistungen zugrunde liegt, sondern lediglich die Fähigkeit eines Anbieters testiert wird, ein gewisses Qualitätsniveau zu leisten in der Lage zu sein.

5.3 Nationale Kundenbarometer als Informationsgrundlage für Qualitätsmanagementsysteme

Auch Nationale Kundenbarometer berücksichtigen in starkem Maße die qualitätsbezogenen Erwartungen und Wahrnehmungen der Kunden (Bruhn/Murmann 1998; Hansen/Korpiun/Henning-Thurau 1998). 1989 startete das Swedish Customer Satisfaction Barometer (SCSB) mit der Untersuchung der Zufriedenheit mit den größten Unternehmen Schwedens in verschiedenen Branchen (Fornell 1992; Meyer/Dornach 1995, S. 444f.). 1994 wurde erstmals der American Customer Satisfaction Index (ACSI) ermittelt, der sich eng an der Konzeption des schwedischen Vorbildes orientiert (Fornell/Everitt Bryant 1998; Zuba 1998).

> **Nationale Kundenbarometer** ist eine branchenübergreifende Untersuchung durch eine neutrale Institution, die mittels periodischer Erhebungen die Kundenzufriedenheit sowie damit zusammenhängende Fragestellungen in zahlreichen Sektoren, Branchen und Unternehmen einer Nation bzw. eines Wirtschaftsraumes misst (in Anlehnung an Bruhn/Murmann 1998, S. 6, 49f.).

Auch in Deutschland werden seit 1992 Daten zur Kundenzufriedenheit erhoben. Der **Kundenmonitor Deutschland** (ehemals „Deutsches Kundenbarometer"), initiiert von der Deutsche Marketing Vereinigung e.V. und der damaligen Deutschen Bundespost AG als Exklusivsponsor, verfolgt u. a. folgende Ziele (Meyer/Dornach 1998, S. 292):

■ Bereitstellung von qualitätsbezogenen Kennziffern für Entscheidungsträger.

■ Identifikation von Best-Practises zur Ermöglichung von Benchmarking-Studien.

■ Sensibilisierung schlecht bewerteter Branchen und Anbieter auf dem Gebiet der Kundenorientierung zur Steigerung von Qualität und Kundenzufriedenheit.

Gegenstand der Erhebung ist die Kundenzufriedenheit von privaten Endverbrauchern und deren Auswirkungen auf die zukünftige Kundenbeziehung. Für den Kundenmonitor 2007 wurden 21 Branchen anhand von Einzelinterviews mit ca. 21.000 Kunden untersucht (Service Barometer AG 2007b). Die Ermittlung der Kundenzufriedenheit erfolgt dabei zum einen auf der Ebene der Globalzufriedenheit, zum anderen auf der Ebene der einzelnen Leistungsfaktoren (Meyer/Dornach 1998, S. 298).

Zur Ermittlung der **Globalzufriedenheit** werden den Befragten Einzelfragen zu einem Unternehmen, einem Produkt oder auch der Leistung einer Institution vorgelegt, die mit ganzzahligen Zufriedenheitswerten zwischen „1" (sehr zufrieden) und „5" (unzufrieden) beantwortet werden sollen. Die Ergebnisse von 2007 sind in Abbildung 5-5-1 dargestellt. Einzelne Leistungsfaktoren der Kundenzufriedenheit (z. B. Freundlichkeit, Schnelligkeit, fachliche Kompetenz usw.) werden für den jeweils genutzten Anbieter bzw. ein spezifisches Angebot erhoben. Zudem werden die Zusammenhänge zwischen der Kundenzufriedenheit und der Kundenbindung untersucht. Die Ergebnisse der Studie zeigen, dass es eindeutige Zusammenhänge zwischen der globalen Zufriedenheit und den einzelnen Faktoren der Kundenbindung gibt (Meyer/Dornach 1998, S. 299f.).

Ein **Vorteil** des Kundenmonitor Deutschlands im Vergleich zu den amerikanischen und schwedischen Modellen aufgrund dessen ausgeprägteren betriebswirtschaftlichen Bezugs ist, dass die Daten für die betroffenen Unternehmen direkte, umsetzungsorientierte Rückschlüsse zulassen. Zu kritisieren bleibt, dass die ermittelten – absoluten – Globalzufriedenheitswerte insbesondere im Bereich der mittleren Zufriedenheit sehr wenig differenzieren (vgl. Abbildung 5-5-1). Die Eindrücke, die ein Ranking über alle Branchen vermittelt, relativieren sich vor diesem Hintergrund. Auch wäre es verfehlt, aus den Bewegungen in den vergangenen Jahren allzu große und tiefgreifende Tendenzen abzuleiten.

Zentraler **Nachteil** der aufgeführten Nationalen Kundenbarometer ist, dass ein internationaler Vergleich der Daten verschiedener Nationaler Kundenbarometer nahezu unmöglich ist, da in den meisten Ländern unterschiedliche Ansätze zur Messung der Kundenzufriedenheit verfolgt werden. Diese Situation ist insbesondere für international aktive Unternehmen äußerst unbefriedigend. Vor diesem Hintergrund fand im Jahre 1999 – initiiert durch die Europäische Kommission und organisiert durch die European Organisation for Quality (EOQ) sowie die European Foundation for Quality Management (EFQM) – eine Pilotmessung im Rahmen des **European Customer Satisfaction Index** (ECSI, heute als European Performance Satisfaction Index (EPSI) geführt) statt. Die jüngste Benchmarking-Studie zu den Kundenzufriedenheitswerten von elf europäischen Ländern – ohne der Beteiligung Deutschlands – stammt aus dem Jahr 2006, die auf insgesamt 240.000 Befragungen basiert (EPSI Rating 2007).

| Abbildung 5-5-1: | Globalzufriedenheit der Kunden in verschiedenen Branchen nach dem Kundenmonitor Deutschland in 2007 |

Branche	2007
Optiker	1,96
Buchversand/Buchclubs	1,99
Reiseveranstalter	2,12
Kfz-Prüfdienste/Hörgeräteakustiker	2,14
Elektrohaushaltsgroßgeräte (Kundendienst)	2,18
Kaffeefachgeschäfte	2,19
Drogeriemärkte	2,23
Krankenkassen/-versicherungen	2,25
Schuhfachgeschäfte/Banken und Sparkassen	2,29
Lebensmittelmärkte	2,33
Bausparkassen	2,36
Briefpost	2,38
Bau- und Heimwerkermärkte	2,48
Mobilfunkanbieter	2,50
Postfilialen	2,53
Internetanbieter	2,54
Fondsgesellschaften	2,59
Finanzämter	2,70
Stromversorgungsunternehmen	2,55

1 = vollkommen zufrieden, 5 = unzufrieden

GABLER GRAFIK

Quelle: Service Barometer AG 2007a

5.4 Interne Servicebarometer

Neben der externen (Markt-) Perspektive der Dienstleistungsqualität wird seit einigen Jahren auch der Transfer auf die internen Prozesse eines Unternehmens thematisiert (z. B. Gremler Gremler/Bitner/Evans 1994; Bruhn 2004b). Es ist zum einen offensichtlich, dass die Qualität interner Prozesse auch die Dienstleistungsqualität für den externen Kunden beeinflusst. Zum anderen wird auch im Sinne einer Mitarbeiterorientierung ein **Quali-**

tätsmanagement für interne Dienstleistungen gefordert. Diese impliziert zunächst die Messung der internen Dienstleistungsqualität (z. B. Frost/Kumar 2000).

> **Interne Servicebarometer** sind Messungen der Kundenzufriedenheit, ihrer Determinanten sowie ihrer Wirkungen bei internen Abteilungen, die durch eine neutrale Institution regelmäßig in einem Unternehmen durchgeführt werden.

Abbildung 5-5-2:   **Strukturgleichungsmodell eines internen Servicebarometers**

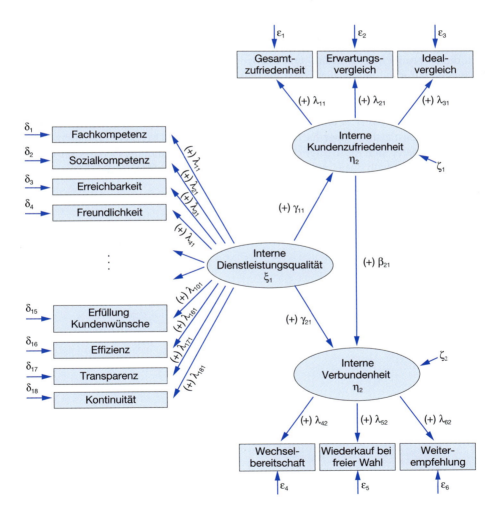

Ebenso wie bei externen Kundenbarometern wird zur Messung ein Strukturgleichungs-modell aufgestellt, dessen Dimensionen (Satisfaction Driver) bei internen Barometern zu-sätzlich der speziellen Dienstleistung anpassbar sind. Hierzu werden in qualitativen Inter-views relevante Indikatoren für die Qualitätswahrnehmung erfragt (bei der IT-Abteilung z. B. der Online-Support für eingesetzte Software). So bieten sie einen detaillierten Auf-schluss über Ursachen der Kundenzufriedenheit oder -unzufriedenheit (Reynoso/Moores 1995, S. 528). Zudem lässt sich anhand konkreter Defizite einzelner Leistungsmerkmale die interne Dienstleistungsqualität steuern. Obwohl interne Dienstleister meist über einen „Monopolistenstatus" verfügen, da die Wahl eines externen Anbieters im Allgemeinen nicht besteht, lässt sich auch die Kundenbindung, d. h. die Verbundenheit, insofern mes-sen, als die internen Kunden z. B. gefragt werden, ob sie sich bei gegebener Wahlfreiheit ebenfalls für den internen Dienstleister entscheiden würden (Bruhn 2004b, S. 287f.). Ein entsprechendes Modell ist in Abbildung 5-5-2 dargestellt.

Gegenüberstellungen externer und interner Servicebarometer weisen darauf hin, dass sich die so ermittelten Qualitäts- und Zufriedenheitswerte interner und externer Dienst-leistungen aufgrund unterschiedlicher Perspektiven (wie z. B. der mangelnden Wahlfrei-heit, Preisbereitschaft u.a.) nicht ohne weiteres vergleichen lassen. So schneiden interne Anbieter von Dienstleistungen grundsätzlich schlechter ab als externe. Aus diesem Grund bietet sich ein internes Benchmarking an (Bruhn 2004b, S. 290f.). Hier lassen sich zusätz-lich zu den dienstleistungsspezifisch ermittelten Satisfaction Drivers interne Indizes erfas-sen, anhand derer sich die Dringlichkeit hinsichtlich des Handlungsbedarfs für einzelne Abteilungen innerhalb des Unternehmens aufzeigen lässt (Abbildung 5-5-3).

Abbildung 5-5-3: **Indexbildung für ein internes Benchmarking**

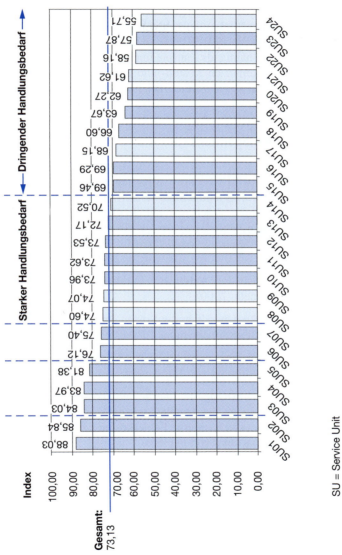

6. Wirtschaftlichkeit des Qualitätsmanagements

Die in Wissenschaft und Praxis zunehmend geforderte Auseinandersetzung mit der dienstleistungsspezifischen **Wirtschaftlichkeitsproblematik** von Qualitätsmanagementsyste-
men (z. B. Edvardsson/Gustavsson 1991, S. 324; Dale/Plunkett 1993; Atkinson/Hamburg/
Ittner 1994; Bruhn 1998d), die häufig als zentrale Implementierungsbarriere wirkt (Wildemann 1992), verlangt es, systematisch Kosten- und Nutzenkategorien abzuleiten, deren
Einflussfaktoren zu analysieren sowie wirtschaftlichkeitsrelevante Zusammenhänge aufzuzeigen (Bruhn 1998d).

1. Kosten des Qualitätsmanagements

> Den **Qualitätskosten** bzw. qualitätsbezogenen Kosten werden sämtliche Kosten sub-
> sumiert, die „vorwiegend durch Qualitätsforderungen verursacht sind, d. h. (…) durch
> Tätigkeiten der Fehlerverhütung, durch planmäßige Qualitätsprüfungen sowie durch
> intern oder extern festgelegte Fehler sowie durch die externe Qualitätsmanagement-
> darlegung verursacht sind" (Deutsche Gesellschaft für Qualität e.V. 1995).

Man unterscheidet grundsätzlich drei **Arten von Qualitätskosten** (z. B. Dale/Plunkett
1993, Steinbach 1999, Campanella 2000):

- Zu den **Fehlerverhütungskosten** zählen die Kosten der Qualitätsplanung und -siche-
  rung (z. B. Kosten für Schulungsmaßnahmen für Mitarbeitende).

- **Prüfkosten** ergeben sich bei der Durchführung von Qualitätsanalysen und -kontrollen
  (z. B. Kosten für die Durchführung von Kundenbefragungen).

- Die **Fehlerkosten** werden in externe und interne Fehlerkosten unterteilt. Interne Fehlerkosten treten bei Beseitigung der Qualitätsmängel vor der Integration des Kunden in den Erstellungsprozess auf,, externe Fehlerkosten entstehen hingegen bei einer
  nachträglichen Wiedergutmachung von Fehlern.

Darüber hinaus stellen „Verluste infolge des Nichterreichens zufrieden stellender Qualität" (AQS Ausschuss Qualitätssicherung und angewandte Statistik im Deutschen Institut
für Normung e.V. 1992, S. 31) weitere Qualitätskosten im Sinne **qualitätsbezogener
Opportunitätskosten** dar. Darunter fallen z. B. Erlöseinbußen durch Kundenabwanderungen. Diese Opportunitätskosten sind nur schwer quantifizierbar, da sie nicht ausgabe-
wirksam sind.

In der Praxis setzen Unternehmen eher an der Fehlerprüfung als an der Fehlervermeidung an, obwohl ein Großteil der Fehler auf Designprobleme bzw. auf Fehler bei Zu-
liefererleistungen zurückzuführen ist. Ursache hierfür ist, dass sich die Qualitätsprüfung
verhältnismäßig einfach an das Ende des Leistungserstellungsprozesses anschließen lässt,
wohingegen eine effektive Fehlermeidung häufig mit einer aufwändigen Neuplanung des
Dienstleistungsprozesses verbunden ist.

Ein wesentliches Problem der **Qualitätskostenerfassung** ist, dass Qualitätskosten in traditionellen Kostenrechnungssystemen nicht als eigenständige Kostenart ausgewiesen werden (Weidner 1992, S. 900) und es demzufolge Sonderrechnungen zum Ausweis der Kostenkategorien als Qualitätskosten bedarf, die im Rahmen der traditionellen Kostenrechnung unter anderen Kostenarten erscheinen (Carr 1992, S. 74).

Zudem werden „Nachbesserungen" häufig noch während des Dienstleistungserstellungsprozesses vorgenommen und diesbezügliche Kosten häufig nicht systematisch erfasst. Auch Qualitätsfolgekosten, die durch das Kundenverhalten (z. B. Kundenabwanderung durch negative Mundkommunikation) nach dem Prozess der Dienstleistungserstellung entstehen, sind schwer zu ermitteln, da der Nachweis eines eindeutigen Ursache-Wirkungs-Zusammenhangs nicht immer gelingt (Heskett/Sasser/Hart 1990, S. 82).

Abbildung 5-6-1 zeigt eine Beispielberechnung der Nichtqualitäts-Kosten, die von Werne (1994) am Beispiel dreier Schweizer Großbanken durchgeführt hat.

Abbildung 5-6-1: **Berechnung der Nichtqualitäts-Kosten am Beispiel dreier Schweizer Großbanken**

1.	Allgemeine Unternehmensdaten		
1.1	Anzahl der Mitarbeiter		55.827
1.2	Bilanzsumme		521,3 Mrd. CHF
1.3	Operativer Gewinn		2.524 Mio. CHF
2.	Annahmen für die Schätzung der Nichtqualitäts-Kosten		
2.1	Ungewollte Kundenfluktuation/Kundenbestand		1,8 %
2.2	Unzufriedene Kunden/Kundenbestand		20 %
2.3	Gewinnbeitragspotenzial ungewollt verlorener Kunden/ Operativer Gewinn		15 %
2.4	Gewinnabschlag auf das Gewinngefährdungspotenzial bei unzufriedenen Kunden/Operativer Gewinn		6 %
2.5	Materielle Ausschusskosten/Bilanzsumme		0,2 %
2.6	Arbeitszeit für die Korrektur fehlerhafter Ausführungen/ Gesamtarbeitszeit		10 %
2.7	Ungewollte Mitarbeiterfluktuation/Mitarbeiterbestand		3 %
2.8	Unzufriedene Mitarbeiter/Mitarbeiterbestand		10 %
2.9	Pauschaler Personalkostenabschlag für unzufriedene Mitarbeiter		20 %
2.10	Durchschnittliche Fluktuationskosten/Mitarbeiter		60.000 CHF
2.11	Durchschnittliche Personalvollkosten/Mitarbeiter		110.000 CHF
3.	Berechnung der Nichtqualitäts-Kosten		
3.1	Kosten ungewollt verlorener Kunden	= (2.3) * (1.3)	= 379 Mio. CHF
3.2	Kosten unzufriedener Kunden	= (2.4) * (1.3)	= 151 Mio. CHF
3.3	Materielle Ausschusskosten	= (2.5) * (1.2)	= 104 Mio. CHF
3.4	Immaterielle Ausschusskosten	= (2.6) * (2.11) * (1.1)	= 614 Mio. CHF
3.5	Kosten ungewollt verlorener Mitarbeiter	= (2.7) * (2.10) * (1.1)	= 100 Mio. CHF
3.6	Kosten unzufriedener Mitarbeiter	= (2.8) * (2.9) * (2.11) * (1.1)	= 123 Mio. CHF
	Gesamtsumme der Nichtqualitäts-Kosten		**1.471 Mio. CHF**

GABLER
GRAFIK

Quelle: von Werne 1994, S. 239

Zusammenfassend lässt sich festhalten, dass die Erfassung der Qualitätskosten für Dienstleistungen mit zahlreichen Operationalisierungs- und Zurechnungsschwierigkeiten verbunden ist. Hier sind durch die Kostenrechnung und durch das Dienstleistungsmarketing weitere Forschungsarbeiten notwendig, um die Probleme der Quantifizierung qualitätsbezogener Kosten zu lösen.

2. Nutzenwirkungen des Qualitätsmanagements

Im Hinblick auf die Nutzenwirkungen eines Qualitätsmanagements für Dienstleistungsunternehmen lassen sich kostensenkende und erlössteigernde Nutzenwirkungen unterscheiden.

Mit Hinblick auf **kostensenkende Nutzenwirkungen** ist eine Erhöhung der Dienstleistungsqualität zum einen immer mit steigenden Qualitätsanpassungskosten, zum anderen aber mit langfristig sinkenden Qualitätsabweichungskosten verbunden (Hentschel 1992, S. 51). Werden im Rahmen des Qualitätsmanagements Investitionen zur präventiven Fehlerverhütung forciert, so steigen die Fehlerverhütungskosten. Gleichzeitig aber verringern sich auch die Fehlerhäufigkeit und damit auch die Höhe der Fehlerkosten. Zudem ergibt sich ein kostensenkender Effekt auf die Prüfkosten, da sich mit steigendem Qualitätsniveau auch die Zahl der Prüfungen reduziert (Haist/Fromm 1991, S. 58).

Erlössteigernde Nutzenwirkungen stellen im Gegensatz zu den kostensenkenden Nutzenwirkungen das primäre Ziel qualitätsbezogener Aktivitäten dar (Primäreffekte). Über qualitätsbedingte Wettbewerbsvorteile wird angestrebt, Marktanteile auszuweiten und damit die Erlössituation des Unternehmens zu verbessern (Buzzell/Gale 1989; Engelhardt 1991, S. 399). Dies geschieht vor allem über die **Steigerung der Kundenbindung**. Im Rahmen von Wirtschaftlichkeitsüberlegungen ist insbesondere die Profitabilität der Bindung auf kundenindividueller Ebene und damit die Höhe des abzuschöpfenden Kundenwertes zu berücksichtigen (Krüger 1997). Dementsprechend gilt es, die Marketingmaßnahmen und damit auch die Maßnahmen des Qualitätsmanagements verstärkt auf die Bindung neuer Kunden auszurichten.

3. Ansatzpunkte für einen Kosten-Nutzen-Vergleich

Ansatzpunkte für den Kosten-Nutzen-Vergleich von Maßnahmen des Qualitätsmanagements für Dienstleistungen ergeben sich mit Hilfe verschiedener Instrumente. Hier sind vor allem folgende **Verfahren** hervorzuheben:

- Kennzahlensysteme,
- Wirtschaftlichkeitsrechnungen.

Zur Beurteilung der Gesamteffizienz eines Qualitätsmanagements in Dienstleistungsunternehmen lassen sich drei Kategorien **qualitätsbezogener Wirtschaftlichkeitskennzahlen** ableiten (Wildemann 1992, S. 771):

■ Mittels **kostenbezogener Kennzahlen** wird der Prozess der Qualitätskostenoptimierung abgebildet. Zu diesem Zweck werden Kennzahlen gebildet, die eine Beziehung zwischen den einzelnen Qualitätskostenkategorien (z. B. Fehlerverhütungskosten) und geeigneten Bezugsgrößen (z. B. Gesamtqualitätskosten, Umsatz) herstellen.

■ Aufgabe der **erlösbezogenen Kennzahlen** ist es, sowohl die unternehmensinternen, kostensenkenden (z. B. Anzahl der Reklamationen) als auch die unternehmensexternen, erlössteigernden Nutzenwirkungen (z. B. Anzahl der Weiterempfehlungen) des Qualitätsmanagements zu erfassen.

■ Schließlich ist es hilfreich, auch **qualitätsfähigkeitsbezogene Kennzahlen** zur Verfügung zu stellen, mit denen sich zeigen lässt, wie sich die Fehlerverhütungsfähigkeit des Unternehmens verändert (Stebbing 1990, S. 37; Haist/Fromm 1991, S. 117f.; Wildemann 1992, S. 780).

Qualitätsbezogene Wirtschaftlichkeitsrechnungen werden zur Identifikation effizienter Investitionsalternativen im Qualitätsmanagement herangezogen (Bruhn/Georgi 1998; Rust/Zahorik/Keiningham 1998). Analog zur klassischen Investitionsrechnung gilt es, die „Anschaffungsauszahlungen" einer qualitätsbezogenen Maßnahme dem Gegenwartswert zukünftiger Einzahlungen gegenüberzustellen und so die Rentabilität einer Investition zu bestimmen. In Bezug auf die Einzahlungen gilt es vor allem, sowohl die immateriellen Effekte wie z. B. erhöhte Kundenbindung und Mitarbeitermotivation, als auch die materiellen Effekte wie z. B. geringere Fehlerhäufigkeit und damit geringere Fehlerkosten bzw. gesteigerte Nachfrage und höhere Gewinne zu erfassen.

Die vorgestellten Instrumente zur Wirtschaftlichkeit des Qualitätsmanagements werden im Rahmen eines Qualitätscontrolling in einen Regelkreis eingebunden (Töpfer 1998).

Fragen zum 5. Kapitel:
Qualitätsmanagement im Dienstleistungsbereich

Abschnitt 1:

▪ Worin liegt die zentrale Bedeutung der Dienstleistungsqualität und des Qualitätsmanagements für den Erfolg von Dienstleistungsunternehmen?

Abschnitt 2:

▪ Was beinhaltet die Realisierung eines Total Quality Management in einem Unternehmen?

▪ Was wird unter Total Quality Service (TQS) verstanden und welche sind die Dimensionen eines TQS?

▪ Wie wird ein Qualitätsmanagementsystem über den klassischen Managementprozess eingeführt?

▪ Welche Diskrepanzen sind zur Sicherstellung der Dienstleistungsqualität zu analysieren und zu überwinden? Durch welche Faktoren werden diese Diskrepanzen verursacht?

▪ Welche Qualitätsdimensionen von Dienstleistungen lassen sich unterscheiden und was beinhalten sie?

Abschnitt 3:

▪ Wie lassen sich die Ansätze zur Messung der Dienstleistungsqualität systematisieren?

▪ Worin liegt der Unterschied zwischen objektiver und subjektiver Messung der Dienstleistungsqualität?

▪ Wie kann die Dienstleistungsqualität objektiv gemessen werden?

▪ Unter welchen Voraussetzungen ist eine Qualitätsbeurteilung einer Dienstleistung anhand der kundenseitigen Einstellung möglich?

▪ Wie wird über das Confirmation/Disconfirmation-Paradigma die Qualität einer Dienstleistung beurteilt?

▪ Was sind die zentralen Elemente des SERVQUAL-Ansatzes?

▪ Was ist der Grundgedanke der ereignisorientierten Verfahren zur Messung der Dienstleistungsqualität?

▪ Wofür sind Blueprints im Rahmen von Qualitätsmessungen sinnvoll?

▪ Worin unterscheiden sich Penalty-Faktoren von Reward-Faktoren?

▪ Wie wird eine Vollständigkeit der Qualitätsmessung bei der Critical-Incident-Methode erreicht?

▪ Wann ist unter den problemorientierten Messverfahren die Beschwerdeanalyse der Problem-Detecting-Methode und der Frequenz-Relevanz-Analyse vorzuziehen?

▪ Welche managementorientierte Verfahren zur Qualitätsbeurteilung sind besonders hervorzuheben? Was leisten diese im Vergleich zu anderen Verfahren?

■ Welche Bedeutung kommt den mitarbeiterbezogenen Verfahren zur Messung der Dienstleistungsqualität zu?

Abschnitt 4:

■ Welche Funktion erfüllt die Formulierung von Qualitätsgrundsätzen?

■ Aus welchen Phasen besteht idealtypisch ein Qualitätsmanagement für Dienstleistungen?

Abschnitt 5:

■ Was wird unter der Zertifizierung des Qualitätsmanagements von Dienstleistungsunternehmen verstanden? Worin besteht der Nutzen für Unternehmen aus der Zertifizierung?

■ Welche Methodik liegt Kundenbarometern zugrunde?

■ Welchen Nutzen hat die Teilnahme an Qualitätspreisen für das Qualitätsmanagement?

■ Welche Aussagen können mit der Erstellung von Kundenbarometern getroffen und welche Schlussfolgerungen gezogen werden?

Abschnitt 6:

■ Welche Kosten- und Nutzenkategorien fließen in Wirtschaftlichkeitsrechnungen des Qualitätsmanagements ein?

■ Worin liegt die Problematik der Qualitätskostenerfassung?

Auf Grundlage der Marketingstrategien sowie unter Einbeziehung von Ergebnissen der Marktforschung und der darauf aufbauenden Marktsegmentierung sind die Marketinginstrumente hinsichtlich ihres zielgerichteten Einsatzes zu bestimmen. Grundsätzlich ist eine **Systematisierung der Marketinginstrumente** in die vier Mixbereiche, die so genannten **„4 Ps",** möglich (Hilke 1984, S. 822; Heskett 1988; Scheuch 2002):

▪ Leistungspolitik („**P**roduct"),

▪ Kommunikationspolitik („**P**romotion"),

▪ Distributionspolitik („**P**lace"),

▪ Preispolitik („**P**rice").

In der Literatur des Dienstleistungsmarketing besteht keine Einigkeit darüber, ob die klassische Systematisierung deckungsgleich auf den Dienstleistungsbereich übertragbar ist. In der deutschen Literatur wird diese Einteilung häufig vom Sachgüter- auf den Dienstleistungsbereich transferiert (Hilke 1989a, S. 16ff.; Corsten/Gössinger 2007, S. 341ff.). Zahlreiche Autoren, vor allem in den USA, vertreten jedoch die Auffassung, dass die Aufteilung in die dargestellten vier klassischen Mixbereiche den Besonderheiten des Dienstleistungsmarketing nicht gerecht wird (Magrath 1986; Beaven/Scotti 1990).

In diesem Zusammenhang wird im Dienstleistungsmarketing eine **Erweiterung des Marketingmix** um die folgenden Bereiche diskutiert (Booms/Bitner 1981; Magrath 1986; Cowell 1993, S. 99ff.; Payne 1993, S. 24):

▪ Personalpolitik („**P**ersonnel"),

▪ Ausstattungspolitik („**P**hysical Facilities"),

▪ Prozesspolitik („**P**rocess Management").

Gegen eine solch weite Fassung des Dienstleistungsmarketingmix spricht die **klassische Marketingdefinition,** die lediglich Aktivitäten zur Verhaltensbeeinflussung des (externen) Kunden berücksichtigt (Meffert/Burmann/Kirchgeorg 2008). Diese Begriffsfassung entstand für das klassische Marketing von Konsum- und Industriegüterherstellern und hat in diesen Bereichen ihre volle Berechtigung.

Im Bereich des Dienstleistungsmarketing hat sich in den letzten Jahren sehr deutlich gezeigt, dass die Anwendung eines kundenorientierten Marketing als Leitidee auch der Berücksichtigung **interner Kunden** bedarf (Bruhn 1999, S. 17; Zeithaml/Bitner/Gremler 2006; Lovelock/Wirtz 2007, S. 336f.). Daraus ergibt sich die Fragestellung, ob die Personalpolitik von Dienstleistungsunternehmen als eigenständiges (internes) Marketinginstrument zu betrachten ist. Für diese Sichtweise lassen sich folgende Argumente anführen:

▪ Die Notwendigkeit einer permanenten Bereitstellung des **Leistungspotenzials** impliziert das Erfordernis der Aufrechterhaltung und kontinuierlichen Verbesserung des Fähigkeitenpotenzials der Mitarbeitenden des Dienstleisters (Engelhardt/Kleinaltenkamp/Reckenfelderbäumer 1992, S. 51f.).

▪ Aufgrund der **Integration des externen Faktors** stehen Kunde und Mitarbeitender vielfach in direktem Kontakt. Dadurch haben Maßnahmen der Personalpolitik einen direkten Einfluss auf das Verhalten des (externen) Kunden.

■ Die **Immaterialität** von Dienstleistungen bedingt, dass die Mitarbeitenden des Dienstleisters häufig als Surrogat der eigentlichen Leistung angesehen werden (Engelhardt/
Kleinaltenkamp/Reckenfelderbäumer 1992, S. 48).

Aus Gründen der Zweckmäßigkeit wird somit im Folgenden von vier **externen Instrumenten** des Dienstleistungsmarketing, den klassischen Mixbereichen Leistungs-, Kommu-
nikations-, Preis- und Distributionspolitik sowie einem **internen Instrument** des Dienstleistungsmarketing, der Personalpolitik, ausgegangen (vgl. Abbildung 6-1-1). Dabei erfolgt
die Betrachtung der Personalpolitik jedoch nicht im Sinne eines umfassenden Personalmanagements. Vielmehr werden lediglich jene personalbezogenen Aspekte beleuchtet, die bei
der Erstellung von Dienstleistungen aus Marketingsicht zu berücksichtigen sind.

Abbildung 6-1-1:   Marketingmix von Dienstleistungsunternehmen

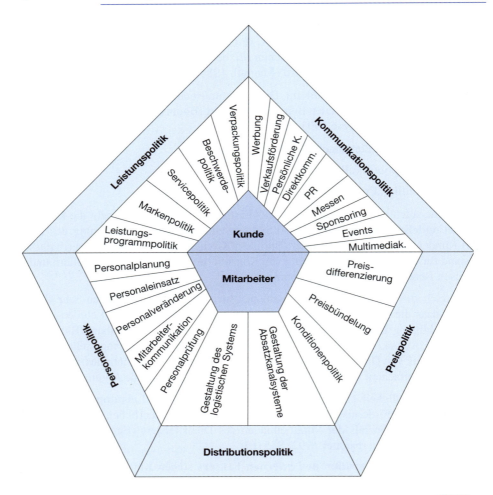

1. Leistungspolitik

1.1 Grundlagen der Leistungspolitik

1.11 Besonderheiten der Leistungspolitik von Dienstleistungsunternehmen

Aufgrund der Notwendigkeit der permanenten Bereitstellung des Leistungspotenzials, der Integration des externen Faktors und der Immaterialität von Dienstleistungen ergeben sich zahlreiche Besonderheiten der Leistungspolitik von Dienstleistungsunternehmen. Einen Überblick über diese Besonderheiten gibt Abbildung 6-1-2.

Abbildung 6-1-2:   Besonderheiten der Leistungspolitik von Dienstleistungsunternehmen

Besonderheiten von Dienstleistungen	Implikationen für die Leistungspolitik
Leistungsfähigkeit des Dienstleistungsanbieters	■ Automatisierung bei Standardleistungen ■ Berücksichtigung der Leistungspotenziale bei der Planung des Leistungsprogramms
Integration des externen Faktors	■ Externalisierung und Internalisierung im Rahmen der Leistungsvariation ■ Zeitabhängige Variation ■ Vereinfachte Beschwerdestimulierung
Immaterialität (Nichtlagerfähigkeit, Nichttransportfähigkeit)	■ Leistungsdimensionen als Ansatzpunkte für Variationen und Innovationen ■ Leistungsbündelung ■ Hohe Bedeutung der Markenpolitik aufgrund erhöhter Kaufunsicherheit und leichter Imitierbarkeit

GABLER
GRAFIK

Aus der Notwendigkeit der **permanenten Leistungsfähigkeit** des Anbieters lassen sich folgende Besonderheiten der Leistungspolitik herausstellen:

■ Bei Standardleistungen bietet sich bis zu einem gewissen Grad eine teilweise **Automatisierung** des Leistungserstellungsprozesses an. Dadurch wird eine gleichbleibende Leistungsbereitschaft demonstriert und die Konstanz der Leistungsqualität erhöht.

■ Bei der Planung des Leistungsprogramms sind die **Leistungspotenziale** des Anbieters in Form der Qualifikation der Mitarbeitenden oder vorhandener tangibler Einrichtungen zu berücksichtigen. Auf diese Weise wird sichergestellt, dass der Dienstleister in der Lage ist, die geplante Leistung auf dem gewünschten Qualitätsniveau zu erstellen.

Die **Integration des externen Faktors** in den Leistungserstellungsprozess lässt folgende Schlussfolgerungen für die Leistungspolitik zu:

- Im Bereich der Programmplanung werden neben Variationen, Differenzierungen und Eliminierungen mögliche **Externalisierungen** bzw. **Internalisierungen** von Aktivitäten in Betracht gezogen.

- Da die Anwesenheit des Kunden bei der Leistungserstellung teilweise unerlässlich ist, ergeben sich im Rahmen der Leistungsprogrammpolitik Ansatzpunkte hinsichtlich einer **zeitabhängigen Variation** von Leistungen.

- Aufgrund des direkten Kontaktes zwischen dem Dienstleister und dem Kunden wird die **Beschwerdestimulierung** im Rahmen der Beschwerdepolitik vereinfacht.

Aus der **Immaterialität** von Dienstleistungen ergeben sich folgende Besonderheiten:

- Die Planung von **Leistungsinnovationen** bzw. **-variationen** setzt an der Potenzial-, Prozess- und/oder Ergebnisdimension einer Dienstleistung an.

- Zur Abgrenzung von der Konkurrenz bietet sich eine **Leistungsbündelung** an. Diese verfolgt die Profilierung gegenüber den Wettbewerbern, wenn die eigentliche Kernleistung der unterschiedlichen Anbieter weitgehend homogen ist und kaum Ansatzpunkte zur Differenzierung liefert.

- Da Dienstleistungen nicht patentierbar sind, sind sie vergleichsweise leicht imitierbar. Darüber hinaus ist die Konsumtion für den Kunden mit Unsicherheiten verbunden. Vor diesem Hintergrund hat insbesondere die **Markenpolitik** zur Profilierung eines Anbieters bzw. dessen Leistung und als Vertrauensanker für den Konsumenten einen hohen Stellenwert. Auch das Image einer Leistung und des Dienstleistungsanbieters gewinnt in diesem Zusammenhang an Bedeutung.

1.12 Ziele der Leistungspolitik

Im Rahmen der Leistungspolitik besteht die Zielsetzung, mit den zur Verfügung stehenden Möglichkeiten ein optimales Leistungsprogramm der Dienstleistungsunternehmung zusammenzustellen (Becker/Günther 2001; Becker 2006; Meffert/Burmann/Kirchgeorg 2008). Dabei ist zunächst die Orientierung an den Oberzielen des Unternehmens und den daraus abgeleiteten Marketingzielen notwendig (für einen Überblick über die Vielzahl der möglichen operationalen Marketingziele im Rahmen der konzeptionellen Planung vgl. Kapitel 4 Abschnitt 3). Zusätzlich sind die Besonderheiten von Dienstleistungen bei der Formulierung der leistungspolitischen Ziele und die Wirkungsgrößen des Kaufverhaltens (vgl. Kapitel 3 Abschnitt 1) bei der Festlegung der Ziele ins Kalkül einzubeziehen, um eine Entscheidung des Kunden für die Leistungen des eigenen Unternehmens hervorzurufen.

Im Zusammenhang mit den psychologischen Wirkungsgrößen des Kaufverhaltens verfügt die Qualitätswahrnehmung über einen erheblichen Einfluss auf die Kaufentscheidung. Diese entsteht, wenn die Erwartungen an die Dienstleistung bei der Inanspruchnahme erfüllt werden. Folglich ist bei der Leistungserstellung die Realisierung einer entsprechend hohen **Leistungsqualität** zu garantieren. Im Bereich der Potenzialdimension nimmt die Qualität der sachlichen, organisatorischen und persönlichen Leistungsvoraussetzungen Einfluss auf das Leistungsergebnis. Bei der Prozessdimension ist die Prozessqualität während der Leistungserstellung zu berücksichtigen, wobei die Integration des externen Faktors eine nicht steuerbare Größe darstellt.

Einen Einfluss auf das Kaufverhalten nimmt auch das **Image** eines Unternehmens. In Bezug auf die Leistungspolitik eines Dienstleistungsunternehmens spielt der Imageaufbau eine besondere Rolle, da durch die Eigenschaft der Immaterialität, die Schwierigkeit des Leistungsvergleichs unterschiedlicher Anbieter vor Inanspruchnahme und das höhere subjektiv empfundene Kaufrisiko das Image als Vertrauensanker dient. Eine Umsetzung dieses Ziels wird vor allem mit Hilfe der Markenpolitik angestrebt (vgl. Abschnitt 1.22).

Zur Erreichung der Verhaltensgröße der **Kundenbindung** ist die Leistungspolitik ebenfalls geeignet. Diese wird durch eine Attraktivitätssteigerung des Leistungsprogramms gehalten oder sogar erhöht. Zur Umsetzung dieses Ziels eignen sich die Gestaltungsinstrumente der Leistungsprogrammpolitik wie die Variation oder Innovation. Durch die Ergänzung der Kernleistung um eine entsprechende Zusatzleistung lässt sich z. B. der wahrgenommene Wert für den Kunden und somit die Attraktivität des Angebots erhöhen.

Die Leistungspolitik bietet sich darüber hinaus vor allem zur **Profilierung gegenüber der Konkurrenz** an. Ziel ist dabei die Abgrenzung der eigenen Leistungen von den zum Teil kaum differenzierbaren Konkurrenzleistungen (z. B. in der Mobilfunkbranche). Auch hierfür eignen sich die Gestaltungsmöglichkeiten der Leistungspolitik.

Zur systematischen Regelung des Ablaufes der Leistungspolitik eines Dienstleistungsunternehmens ist die Umsetzung anhand eines ergebnisorientierten Planungsprozesses notwendig. Dieser orientiert sich am klassischen Planungsprozess des Marketing mit Analyse-, Planungs-, Umsetzungs- und Kontrollphase, sodass hierfür auf die relevante Literatur verwiesen wird (Lancaster/Massingham/Ashford 2002; Kotler/Keller 2006; Kotler et al. 2007; Bruhn 2008a).

Nach der Festlegung der Ziele wird eine entsprechende leistungspolitische Strategie zur Realisierung der Ziele entwickelt. Für die Operationalisierung ist der Einsatz des relevanten Instrumentariums zu planen. Im folgenden Abschnitt wird deshalb die Darstellung der möglichen Instrumente der Leistungspolitik vorgenommen.

1.2 Instrumente der Leistungspolitik

Im Rahmen der Leistungspolitik von Dienstleistungsunternehmen sind zahlreiche Entscheidungen zu treffen, die mit Hilfe des folgenden Instrumentariums umgesetzt werden. Die **Leistungsprogrammpolitik** beschäftigt sich mit der Umsetzung der geplanten Leistungsprogrammgestaltung. Dazu zählen insbesondere Programminnovationen und -variationen sowie die Eliminierung einzelner Programmelemente. Des Weiteren trägt die **Markenpolitik** zur Implementierung der festgelegten Strategien bei. Aufgrund der mixübergreifenden Wirkungen der Markenpolitik sind hierbei die Interdependenzen zu anderen Instrumenten zu berücksichtigen. Vor dem Hintergrund der neuen Entwicklungstendenzen in der Informations- und Kommunikationstechnologie kommt dem Bereich der **E-Services** als Instrument der Leistungspolitik eine wachsende Bedeutung zu.

1.21 Leistungsprogrammpolitik

Aufgrund der Immaterialität von Dienstleistungen sind nicht materielle Güter Gegenstand von programmpolitischen Entscheidungen, sondern die Entwicklung und Veränderung von Dienstleistungspotenzialen, -prozessen und -ergebnissen (Meyer 2004). Hier ergeben sich ähnliche Probleme wie bei der in Kapitel 4, Abschnitt 4.21 diskutierten Standardisierung von Dienstleistungen. Bei einer Veränderung innerhalb einer der drei Bereiche ist vielfach auch eine Anpassung zumindest einer der beiden anderen Bereiche erforderlich. So ist beispielsweise die Verbesserung des Ergebnisses eines Sprachkurses in der Regel an eine verbesserte Qualifikation des Lehrpersonals (Potenziale) und/oder an eine Veränderung des Unterrichts (z. B. verstärkte Einbeziehung der Lernenden; Prozesse) gebunden.

Bei leistungsprogrammpolitischen Entscheidungen stehen im Dienstleistungsbereich folgende Ansatzpunkte im Vordergrund: die materielle und personelle Ausstattung, die Verrichtungs- bzw. Ablaufprogramme sowie im Zusammenhang damit die räumliche und zeitliche Planung der Dienstleistungskapazitäten.

Dabei stehen der Leistungsprogrammgestaltung drei grundlegende Optionen zur Verfügung: die Leistungsvariation mit den Ansatzpunkten der Modifikation und Differenzierung, die Leistungsinnovation und die Leistungseliminierung. Zur Klärung etwaiger Abgrenzungsprobleme werden die folgenden Ausführungen am Beispiel einer Fluggesellschaft veranschaulicht.

Unter einer **Leistungsvariation** ist die Veränderung einer bereits bestehenden Dienstleistung zu verstehen, wobei einzelne Teileigenschaften ausgewählt und verbessert werden. Als Beispiel hierfür lässt sich die Verkürzung der Flugzeit einer Flugverbindung durch neue Überflugrechte nennen. Daneben sind auch **Modifikationen** denkbar, die nicht primär eine Leistungsverbesserung, sondern – z. B. aus Rationalisierungsgründen – eine Reduktion des Leistungsumfangs zum Ziel haben. So hat die Deutsche Lufthansa AG einer erhöhten Preissensitivität der Kunden als wichtiges Beurteilungskriterium dadurch Rechnung getragen, dass die Bordverpflegung in der Economy Class auf innerdeutschen Flügen deutlich reduziert und gleichzeitig die Flugpreise gesenkt wurden. Im Rahmen der **Leistungsdifferenzierung** (Service Customization) wird der Heterogenität der Konsumenten Rechnung getragen. Diese differenzierte Ausgestaltung des Leistungsprogramms trägt dazu bei, dem Bedarf bestimmter Zielgruppensegmente besser gerecht zu werden (Meffert/Burmann/Kirchgeorg 2008, S. 456ff.). Voraussetzung der Leistungsdifferenzierung ist in der Regel die Aufteilung des Gesamtmarktes in einzelne Marktsegmente, die durch unterschiedliche Bedürfnisse der Nachfrager klassifiziert werden. Die neuen Varianten werden zusätzlich im Programm geführt. Als Beispiel ist das Angebot alternativer Buchungsklassen (First, Business und Economy Class) zu nennen. Der Begriff der **Leistungsinnovation** konzentriert sich im Wesentlichen auf die Neuentwicklung von Leistungen, hierfür ist beispielsweise die Einrichtung neuer Non-Stop-Verbindungen anzuführen. Bei der **Leistungseliminierung** werden hingegen Dienstleistungen aus dem Programm genommen, die nicht mehr rentabel sind. Im Falle der Fluggesellschaft würde dies zur Streichung bestimmter Flugverbindungen führen.

Diese drei grundlegenden Optionen finden innerhalb des Unternehmens auf unterschiedlichen Ebenen Anwendung: Die weitreichenden Entscheidungen betreffen das Leistungsprogramm, das die Gesamtheit aller Leistungen des Unternehmens umfasst (Bruhn/Hadwich 2006). Änderungen in diesem Bereich bedürfen der Einbindung des Managements. Unter diesem Programm ist die Ebene der einzelnen Geschäftsfelder angesiedelt. Innerhalb eines Geschäftsfeldes sind Dienstleistungen zusammengefasst, die aufgrund bestimmter Kriterien in enger Beziehung zueinander stehen. Durch die weitreichenden Auswirkungen, die durch die Möglichkeiten der Variation, Innovation und Eliminierung von Geschäftsfeldern hervorgerufen werden, sind Entscheidungen auf dieser Ebene ebenfalls der strategischen Planung zuzurechnen. Schließlich beziehen sich Entscheidungen auch auf einzelne Dienstleistungen. Hier wird ebenfalls auf die Instrumente der Variation, Innovation und Eliminierung zurückgegriffen. Der Planungshorizont ist meist auf die operative Ebene beschränkt.

Im Folgenden schließt sich zunächst die Diskussion der Leistungsprogrammvariation an. Danach werden diejenigen Entscheidungstatbestände aufgegriffen, die darüber hinaus überwiegend bei der Gestaltung von Dienstleistungsinnovationen auftreten. Schließlich wird auf die Leistungseliminierung eingegangen.

1.211 Variation im Dienstleistungsprogramm

Angesichts der Immaterialität von Dienstleistungen stellt sich die Frage, in welcher Form eine Veränderung bestehender Leistungen umsetzbar ist. Bereits einleitend wurde hervorgehoben, dass sich die Veränderungen von Dienstleistungen auf Potenziale, Prozesse und Ergebnisse beziehen (vgl. Abbildung 6-1-3).

Abbildung 6-1-3:   Entscheidungstatbestände der Variation von Dienstleistungsprogrammen

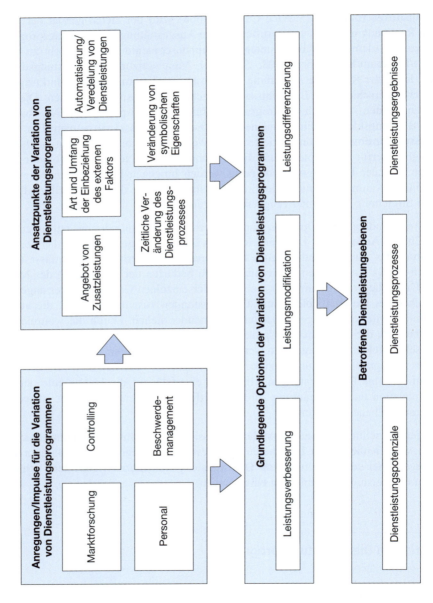

Als **Auslöser für Variationsentscheidungen** dienen Anregungen und Impulse verschiedener unternehmensinterner und -externer Quellen (vgl. Abbildung 6-1-3). Dazu zählt die Marktforschung, die beispielsweise Trends im Konsumentenverhalten aufzeigt und im Rahmen von Kundenzufriedenheitsbefragungen spezielle Defizite ermittelt. Als unternehmensinterne Quellen liefern das Controlling, die Mitarbeitenden und das Beschwerdemanagement relevante Daten. Von besonderer Bedeutung sind dabei Anregungen von Mitarbeitenden, die bei der Erstellung von Dienstleistungen im direkten Kundenkontakt stehen. Diese verfügen über detaillierte Kenntnisse der Kundenwünsche und den gegenwärtigen Grad der Bedürfnisbefriedigung (Zeithaml/Parasuraman/Berry 1992; Grönroos 2000; Cristofolini 2005, S. 93f.). Auch aus dem Beschwerdemanagement lassen sich konkrete Anregungsinformationen für die Ausgestaltung einer Leistungsvariation ableiten (vgl. Kapitel 5 Abschnitt 3.223).

Auf der Basis der gewählten Informationsquelle ist zu entscheiden, durch welche Maßnahmen eine Variation des Dienstleistungsprogramms vorzunehmen ist. Dazu stehen – wie in Abbildung 6-1-3 dargestellt – fünf **inhaltliche Ansatzpunkte für eine Variation** zur Verfügung, die für fast jedes Dienstleistungsunternehmen anwendbar sind:

1. Angebot von Zusatzleistungen,

2. Art und Umfang der Einbeziehung des externen Faktors,

3. Automatisierung und Veredelung der Dienstleistung,

4. Zeitliche Veränderungen des Dienstleistungsprozesses,

5. Veränderung symbolischer Eigenschaften.

Diese Alternativen von Dienstleistungsvariationen werden im Folgenden ausführlich erläutert:

Aufgrund einer zunehmenden Austauschbarkeit der Kernleistung („Core Service") (Palmer/Cole 1995, S. 68) in vielen Branchen (z. B. Luftverkehr, Banken) gewinnt das **Angebot an Zusatzleistungen** („Secondary Service") (Butcher/Sparks/O'Callaghan 2003, S. 192f.; Bruhn 2007) zur Wettbewerbsdifferenzierung an Bedeutung. Hierbei wird zwischen materiellen Zusatzleistungen bzw. -produkten (z. B. Teilnehmer eines Sprachkurses erhalten Trainingskassetten und Bücher) und/oder immateriellen Zusatzleistungen bzw. -diensten (z. B. Kreditkartenangebote schließen eine Reiseversicherung mit ein) unterschieden (Corsten/Gössinger 2007). Diese stiften in unterschiedlichen Dimensionen einen Zusatznutzen, insbesondere in den Bereichen Positionierung der Leistung, Design/ Verpackung der tangiblen Elemente, Einsatz von Humankapital, Qualität der Leistung, Markierung, Value Added Services und Umgang mit Beschwerden.

Eine Systematisierung von Zusatzleistungen lässt sich anhand der Dimensionen Erwartungshaltung der Kunden und Affinität zur Kernleistung vornehmen (vgl. Abbildung 6-1-4). Geringe Profilierungsmöglichkeiten existieren im Feld I, da die diesbezüglichen Leistungen von den Kunden als selbstverständlich vorausgesetzt werden und eine hohe Affinität zur Primärleistung besteht. Eine Chance zur Differenzierung gegenüber Konkurrenzunternehmen bieten jedoch Zusatzleistungen, die in dieser Form vom Kunden nicht erwartet werden und keinen direkten Bezug zur Kernleistung aufweisen (Feld III).

Abbildung 6-1-4:   **Profilierungsfelder von Services im Automobilbereich**

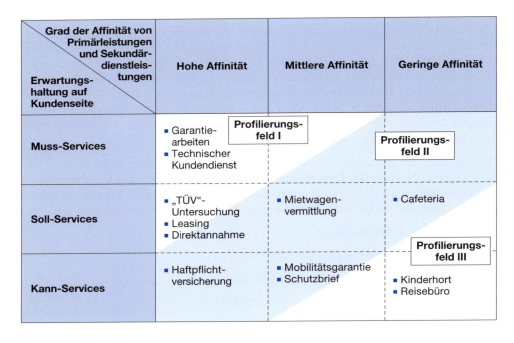

GABLER
GRAFIK

Quelle: Laakmann 1995, S. 19

Hinsichtlich der zu erfüllenden **Funktionen** von Zusatzleistungen wird folgende Differenzierung vorgenommen (Jugel/Zerr 1989, S. 163; Meyer/Dullinger 1998, S. 728):

Obligatorisch ergänzende Leistungen sind für die Erstellung der Kernleistung zwingend notwendig (Check-in, Boarding im Luftverkehr) und somit auf die Erfüllung des Grundnutzens fokussiert. Eine Wettbewerbsdifferenzierung ist hierdurch kaum möglich.

Unmittelbar fakultativ ergänzende Dienstleistungen sind keine notwendigen Bestandteile einer Dienstleistung, beziehen sich jedoch auf eine verbesserte Funktionserfüllung der Kernleistung und steigern somit deren Attraktivität (z. B. Verpflegung an Bord, Gepäck-Check-in einer Fluggesellschaft am Bahnhof). Sie sind zur Differenzierung geeignet, allerdings durch den Wettbewerber vergleichsweise einfach imitierbar.

Als besonders erfolgreich erweisen sich zudem **Mischformen,** die sowohl unmittelbar als auch mittelbar fakultativen Charakter haben. So dienen Vielfliegerprogramme von Luftverkehrsgesellschaften zum einen dem Aufbau einer emotionalen Bindung und ermöglichen zum anderen über einen bestimmten Status (z. B. Lufthansa Frequent Traveller, Lufthansa Senator) oder gegen die Einlösung von Prämienmeilen eine Steigerung der

Attraktivität der Kernleistung, z. B. durch die Nutzung von Lounges oder Upgradings in eine höhere Buchungsklasse.

Zusatzleistungen setzen dabei an den drei **Dimensionen** einer Dienstleistung an (Donabedian 1980), der Potenzialdimension (z. B. Reservierung eines Hotelzimmers), der Prozessdimension (z. B. Fernsehapparate in den Zügen der Deutschen Bahn) und der Ergebnisdimension (z. B. Garantien) (vgl. Kapitel 1 Abschnitt 2.1).

Eine zentrale Herausforderung für den Dienstleistungsanbieter stellt die Schaffung geeigneter **Leistungs-** bzw. **Preisbündel** anhand der Kernleistung und der möglichen Zusatzleistungen dar (Corsten/Gössinger 2007). Zur Umsetzung stehen drei alternative Strategien (Friege 1995, S. 52ff.) zur Auswahl:

■ Im Rahmen des **Unbundling** enthält eine Dienstleistung lediglich das Kernangebot, bestehend aus der Kernleistung und den obligatorisch ergänzenden Leistungen. Darüber hinaus hat der Kunde die Möglichkeit, ergänzende Zusatzleistungen zu kaufen. Meyer spricht in diesem Zusammenhang von einem modularen Angebotssystem (Meyer/Dullinger 1998, S. 730).

■ Alle fakultativ unmittelbar und gegebenenfalls auch mittelbar ergänzenden Leistungen werden im Rahmen des **Pure Bundling** zu einem einzigen Angebot verknüpft (z. B. „All-Inclusive"-Angebote in der Touristikbranche). Hierbei besteht jedoch langfristig die Gefahr, dass die Zusatzleistungen für den Kunden keinen echten Wert darstellen und er diese bei freier Entscheidung nicht beziehen würde. Wenn er in einem solchen Fall nicht bereit ist, mit dem Kaufpreis auch die nicht gewünschte Zusatzleistung zu bezahlen, wird er sich gegen den Kauf entscheiden. Folglich sind Kostenvorteile aus der Bündelung der Leistungen gegen derartige Nachteile abzuwägen.

■ Eine partiell freie Auswahl der Zusatzleistungen wird dem Kunden durch das **Mixed Bundling** ermöglicht. Hierbei existieren bestimmte Leistungsbündel, die um weitere, individuell wählbare Zusatzleistungen ergänzbar sind.

Die Vorteilhaftigkeit eines Leistungsbündels wird dem Kunden insbesondere dann deutlich, wenn die angebotenen Zusatzleistungen individuell einen echten Mehrwert spenden. Von daher ist die pauschale Verwendung des Begriffes „**Value Added Services**" für jegliche Arten von Zusatzleistungen zu relativieren und einer individuellen Prüfung zu unterziehen. Vielmehr ist darauf zu achten, dass ein Leistungsbündel gegenüber der Kernleistung einen deutlichen Nutzenzuwachs stiftet.

Ein weiterer Ansatzpunkt für die Variation des Leistungsprogramms von Dienstleistungsunternehmen ist die Veränderung von **Art und Umfang der Einbeziehung des externen Faktors** (vgl. Abbildung 6-1-3), der vielfach in der Person des Dienstleistungsnachfragers selbst auftritt. In diesem Zusammenhang stellen Internalisierung und Externalisierung mögliche Optionen dar (Corsten 2000; Corsten/Gössinger 2007). Bei jeder Dienstleistung ist ein Ist-Integrationsgrad festzustellen. Eine Zunahme der Aktivitäten des Kunden wird als Externalisierung bezeichnet. Unter Internalisierung wird die Übernahme bisher vom Kunden durchgeführter Aktivitäten durch das Unternehmen verstanden. Beide Optionen bieten aus Sicht des Dienstleistungsanbieters bestimmte Vorteile, die im Folgenden kurz beleuchtet werden.

Eine **Internalisierung** von Leistungen durch das Unternehmen ermöglicht die Realisierung von Convenience-Vorteilen für den Konsumenten (z. B. Abholen des Fahrzeuges durch die Reparaturwerkstatt). Durch eine derartige Vergrößerung der Wertschöpfungstiefe, die im Grunde auf einer Ausweitung des Dienstleistungsangebotes basiert, werden zum einen Umsatz und Gewinn direkt positiv beeinflusst. Zum anderen ergibt sich eine Steigerung der Kundenbindung. Des Weiteren ist ein Abbau des empfundenen Kaufrisikos möglich, falls die auf Unternehmensseite neu integrierten Wertschöpfungsaktivitäten aus Kundensicht mit entsprechenden Erstellungsrisiken verbunden sind (z. B. Abschluss von Kurssicherungsgeschäften durch die Bank bei Geldanlage im Ausland).

Eine **Externalisierung** von Leistungen dagegen bedeutet eine Verlagerung von Wertschöpfungsaktivitäten auf den Dienstleistungsnachfrager, die nur dann sinnvoll erscheint, wenn sie vom Kunden gewünscht wird und dieser ausreichende Fähigkeiten zur Übernahme der Aktivitäten aufweist. Das ist insbesondere bei einem individuellen („customized") Leistungsergebnis der Fall. In diesem Zusammenhang wird vielfach vom „Customer as a Co-Producer" bzw. von der Entwicklung des Konsumenten hin zum „Prosumenten" gesprochen (Normann 1987; Meffert/Birkelbach 1992). Durch die verstärkte Einbeziehung des Konsumenten in den Erstellungsprozess erfolgt eine Intensivierung der sozialen Kontakte zwischen Dienstleistungsanbieter und -nachfrager, die bei entsprechend positiver Beurteilung durch den Nachfrager ebenfalls die Kundenbindung steigert (Grund 1998). Zusätzlich trägt die Integration des Kunden zu einer erhöhten Qualitätswahrnehmung und in der Folge zu einer höheren Kundenzufriedenheit bei (Anitsal/Schumann 2007, S. 356f.) Des Weiteren erhöht sich die Transparenz des Leistungserstellungsprozesses aus Kundensicht. Schließlich wird auch die Realisierung von Preisvorteilen durch die mit der Externalisierung verbundenen Kosteneinsparungen ermöglicht (Neumann/Hennig 1999).

Hinsichtlich der Diskussion um den **optimalen Integrationsgrad** ist jedoch zu beachten, dass insbesondere mit den Vorteilen der Externalisierung erhebliche Risiken verbunden sind. So verliert der Anbieter die Kontrolle über die entsprechenden Prozessphasen und die Gewährleistung der Qualitätskonstanz wird erschwert. Es ist daher zu überprüfen, ob der Kunde zur Übernahme bestimmter Aktivitäten überhaupt fähig ist.

Letztlich sind jedoch keine generellen Empfehlungen im Bezug auf die beiden Alternativen möglich. Vielmehr ist es notwendig, im Einzelfall die Kundenwünsche und -fähigkeiten sowie das Einsparungspotenzial zu berücksichtigen.

Während im Rahmen der Diskussion von Integrationsoptionen der externe Faktor im Mittelpunkt der Analyse steht, sind bei der Frage nach der **Automatisierung** und **Veredelung** der Dienstleistung die internen Faktoren von besonderer Bedeutung.

Im Rahmen der Automatisierung werden bisher von menschlichen Leistungsträgern durchgeführte Dienstleistungsprozesse durch entsprechende Maschinen ersetzt. Dabei ist eine graduelle Abstufung der Automatisierung möglich. Durch ein hohes Maß an **Heterogenität des externen Faktors** ist eine Automatisierung nur durch technisch sehr komplexe Einrichtungen möglich. Dabei ist zu berücksichtigen, dass diese Bestrebungen nur sinnvoll erscheinen, wenn die automatisierte Dienstleistung besser und/oder billiger als die entsprechende von Menschen ausgeführte Leistung erbracht werden kann. Folglich bietet sich eine Automatisierung besonders dann an, wenn der Dienstleistungsprozess weitestgehend standardisierbar ist.

Beispiel: Auch in der traditionell durch einen hohen Interaktionsgrad geprägten Bankenbranche wird der Industrialisierung und damit der Automatisierung der Geschäftsprozesse eine große Bedeutung beigemessen. So ist z. B. eine Kreditvergabe denkbar, bei der Standardprodukte verkauft oder Pakete aus Standardmodulen automatisch zusammengestellt werden. Beim Wertpapierverkauf ist die Automatisierung aufgrund der Verbreitung des Online-Banking schon relativ weit vorangeschritten. Zahlreiche Banken zielen nach eigenen Angaben mit Prozessautomatisierungen allerdings nicht auf Personalabbau im Servicebereich ab, sondern versprechen sich hauptsächlich im Back-Office-Bereich Rationalisierungserfolge.

Zu den größten Vorteilen der Automatisierung zählen eine Verringerung der Personalkosten (z. B. Fahrkartenautomaten der Deutschen Bahn AG), die Unabhängigkeit von Öffnungszeiten (z. B. Geldautomat) und eine relative Unabhängigkeit des Leistungsergebnisses von der Heterogenität des externen Faktors (z. B. Autowaschanlage). Als gravierende Nachteile werden zum Teil hohe Investitionskosten angesehen, das Fehlen eines persönlichen Kontakts, der zum Aufbau von Kundenbindung und zur Realisierung von Cross-Selling-Potenzialen beiträgt, die Unmöglichkeit des Aufbaus von Markteintrittsbarrieren wegen leichter Imitierbarkeit durch Wettbewerber und die Berührungsängste vieler Nachfrager mit Maschinen (Meyer 1987; Scheuch 2002).

Als zweite Option existiert die Veredelung von Dienstleistungen. Mittels dieser Vorgehensweise wird versucht, konstitutive Merkmale von Dienstleistungen zu umgehen. Dazu gehören die Integration des externen Faktors und die Immaterialität der Dienstleistung. Im Rahmen der Veredelung wird eine Speicherung (z. B. Konservierung eines Konzertes auf einem Tonträger) und anschließende Multiplikation einer menschlichen Leistung vorgenommen (Meyer 1987). Das Marketing derartig veredelter Dienstleistungen entspricht weitgehend dem Marketing für Konsumgüter.

Die Option der Veredelung ist in der Regel auf Leistungen mit informativem, kommunikativem oder künstlerischem Inhalt begrenzt. Neben den Vorteilen der Massenproduktion, der leichten Markierbarkeit der Leistung und der Möglichkeit der Vorratshaltung geht jedoch der persönliche Kontakt zum Nachfrager verloren. Darüber hinaus treten gerade bei Leistungen, die sowohl als originäre Dienstleistung als auch als veredelte Leistung vermarktet werden (z. B. Konzerte), mitunter ungewollte Kannibalisierungseffekte zu Lasten der originären Leistung auf.

Die **zeitliche Veränderung des Dienstleistungsprozesses** stellt eine weitere grundlegende Option bei der Ausgestaltung des Leistungsprogramms, besonders bei der Variation von Leistungen, dar (Aleff 2002). Darüber hinaus führt der fokussierte Einsatz des Zeitmanagements möglicherweise zu innovativen Leistungen (Stauss 1991; Otto/Reckenfelderbäumer 1993).

Im Rahmen der Dienstleistungskonsumtion stiftet die verbrachte Zeit bei den Kunden heterogenen Nutzen. Meyer unterscheidet in diesem Zusammenhang drei grundsätzliche Arten von Dienstleistungen (Treis/Oppermann 1998, S. 795):

1. Zunächst existieren Dienstleistungen, deren primärer Nutzen der **Zeitvertreib** ist (z. B. Besuch eines Freizeitparks).

2. Weiterhin bestehen Dienstleistungen, deren zentraler Nutzen in der **Zeitersparnis** zu sehen ist (z. B. Kurierdienste).

3. Darüber hinaus gibt es Dienstleistungen, bei denen die subjektive Einschätzung der Zeit stark **heterogen** ist und von der Person des Dienstleistungsnachfragers bestimmt wird. So wird der Besuch eines Friseurs entweder als willkommener Zeitvertreib oder als notwendiger Zeitverlust aufgefasst.

Das subjektive Empfinden der Zeit wird jedoch nicht nur von der Art der Dienstleistung, sondern auch von der jeweiligen Phase der Leistungserstellung bestimmt (Haynes 1990, S. 21). Daher bildet eine Aufteilung der mit der Inanspruchnahme der Dienstleistung verbundenen Kundenzeiten die Basis eines kundenorientierten Zeitmanagements. Stauss (1991) unterscheidet vier verschiedene Zeitarten, die in Abbildung 6-1-5 dargestellt werden.

Abbildung 6-1-5:   **Kundenzeiten des Dienstleistungskonsums**

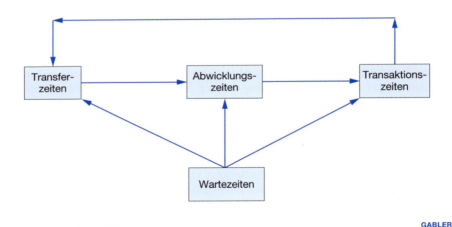

GABLER GRAFIK

Quelle: Stauss 1991, S. 82

Im Folgenden werden die Kundenzeiten am Beispiel einer Theateraufführung verdeutlicht:

Beispiel: Die Transferzeiten entfallen auf den Transport zum Dienstleister und wieder zurück. Im Rahmen des gewählten Beispiels ist darunter die Zeit für die Fahrt zum Theater und wieder nach Hause zu verstehen, die mit verschiedenen Verkehrsmitteln durchgeführt wird. Dabei fällt die Transferzeit unterschiedlich lang aus und wird unterschiedlich positiv bzw. negativ bewertet. Die Abwicklungszeit wird zur Erledigung sämtlicher Formalien benötigt, die zwar mit der Dienstleistung in direktem Zusammenhang stehen, aber nicht selbst Bestandteil der

Dienstleistung sind. Bezogen auf das gewählte Beispiel ist das die für den Kauf der Tickets und die an der Garderobe verbrachte Zeit. In den Wartezeiten, in der Theaterpause oder vor Beginn der Vorführung, finden keinerlei Transaktionen statt. In diesem Zeitraum hat der Dienstleister die Gelegenheit zum Angebot weiterer Dienstleistungen entgeltlicher oder unentgeltlicher Art (z. B. Sektangebot), die zu einer positiven Wahrnehmung der Gesamtleistung beitragen. Die Transaktionszeit schließlich beschreibt den Zeitraum für die eigentliche Erbringung der Dienstleistung bzw. für den Kern des Interaktionsprozesses, in diesem Fall die Theateraufführung.

Ziel des Zeitmanagements ist folglich die Minimierung der in der Regel als negativ empfundenen Transfer-, Abwicklungs- und Wartezeiten. In Anlehnung an die Ausführungen von Graham (1981) und Stauss (1991) lassen sich darauf aufbauend die in Abbildung 6-1-6 dargestellten strategischen Stoßrichtungen für Zeitstrategien ableiten.

Abbildung 6-1-6:　　　**Zeitorientierte Dienstleistungsstrategien**

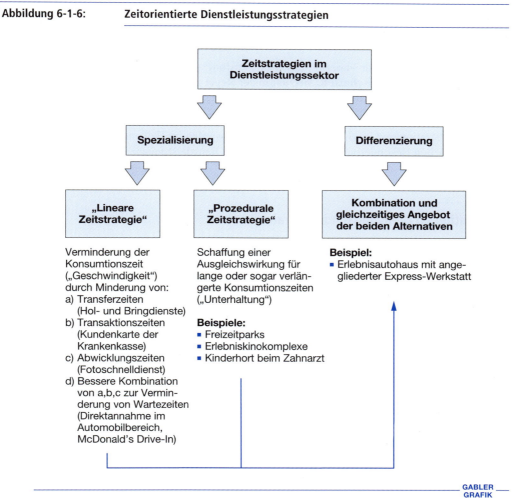

Quelle: In Anlehnung an Stauss 1991, S. 85

GABLER
GRAFIK

Zum einen ist die Verfolgung einer **„Linearen Zeitstrategie"** möglich. Diese geht generell von einem knappen Zeitbudget des Nachfragers aus und versucht deshalb neben der Transfer-, Abwicklungs- und Wartezeit auch die Transaktionszeit zu verkürzen. Zusätzlich ist die subjektive Zeitwahrnehmung durch nicht-zeitliche Gestaltungsmittel positiv zu beeinflussen (Haynes 1990, S. 22ff.; Stauss 1991, S. 86f.).

Zum anderen ist die **„Prozedurale Zeitstrategie"** zu nennen. Generelle Zielsetzung ist die Schaffung eines möglichst hohen Zeitnutzens, in bestimmten Fällen sogar eine verlängerte Konsumtionszeit.

Schließlich ist auch eine **Kombination der beiden Strategien** denkbar. Ein Erlebnisautohaus mit angegliederter Express-Werkstatt stellt ein Beispiel für eine derartige Vorgehensweise dar. Zu bedenken ist dabei allerdings, dass die Schaffung von Erlebnissen auf eine Verlängerung der Verweildauer der Kunden abzielt. Durch eine gleichzeitige Zeitreduktion werden derartige Bemühungen konterkariert. Richten sich die prozeduralen und linearen Strategieelemente an verschiedene Zielgruppen, um dieser Gefahr vorzubeugen, ist möglicherweise ein inkonsistentes Erscheinungsbild die Folge.

Als letzter Ansatzpunkt zur Variation des Dienstleistungsprogramms dient die **Veränderung symbolischer Eigenschaften.** Sie zielt in der Regel auf Elemente der Markenpolitik ab und wird in diesem Zusammenhang in Abschnitt 1.22 dieses Kapitels diskutiert.

Im Laufe der Diskussion wurde deutlich, dass Schnittmengen zwischen den Problemfeldern der Variation und Innovation bestehen. Daher werden im Folgenden nur die bisher nicht behandelten Besonderheiten der Innovation im Dienstleistungsbereich diskutiert.

1.212 Innovation im Dienstleistungsprogramm

Im Rahmen der Leistungspolitik von Dienstleistungsunternehmen zielen Innovationen darauf ab, bisherige Leistungen zu ersetzen, die bearbeiteten Geschäftsfelder zu erweitern sowie die Produktivität der Dienstleistungserstellung im Unternehmen zu erhöhen und die angebotene Qualität zu verbessern (Licht et al. 1997).

Hinsichtlich der Bezugsobjekte wird eine Differenzierung zwischen Leistungs- und Angebotsinnovationen vorgenommen. **Leistungsinnovationen** beinhalten eine tatsächliche Neuerung der Potenziale, Prozesse und Ergebnisse; **Angebotsinnovationen** hingegen umfassen die neuartige Bündelung, Gestaltung und/oder Vermarktung bestehender Angebote (Meyer/Blümelhuber 1998a, S. 811). Vor diesem Hintergrund haben Angebotsinnovationen vielmehr den Charakter von Variationen (vgl. vorausgehenden Abschnitt 1.211). Zur näheren Beschreibung einer Dienstleistungsinnovation werden deshalb vier weitere Dimensionen herangezogen (Meffert/Burmann/Kirchgeorg 2008, S. 408ff.). Dabei wird die Subjektdimension festgelegt und ebenso die Frage nach der Intensitätsdimension beantwortet (Laakmann 1994, S. 93ff.). Ferner sind sowohl Zeit- als auch Raumdimension zu bestimmen.

Der relative Charakter von Innovationen deutet bereits darauf hin, dass die Beurteilung dessen, was als neu zu bezeichnen ist, von der subjektiven Wahrnehmung einer Person abhängt. Die **Subjektdimension** unterscheidet dementsprechend zunächst in Hersteller- und Kundeninnovationen. Neuigkeiten, die sich lediglich auf den Anbieter beziehen („New to the Company") eröffnen dem Unternehmen den Eintritt in einen neuen Markt (Berry et al. 2006), während eine wirkliche Marktneuheit („New to the World") einen neuen Markt schafft.

Die Diskussion um den **Innovationsgrad** wird vor allem vor dem Hintergrund von „Technology-Push"- und „Market-Pull"-Innovationen geführt. „Technology-Push"-Innovationen bemessen den Innovationsgrad am technischen Fortschritt, der mit einer Innovation verbunden ist. „Market-Pull"-Innovationen orientieren sich an den Wünschen und Bedürfnissen der Kunden, wobei der psychologischen Natur des wahrgenommenen Neuartigkeitsgrads besondere Bedeutung zukommt (Benkenstein 2001). Da Dienstleistungen meist nicht selbst Träger des technischen Fortschritts sind, ist der „Market-Pull" im Dienstleistungsbereich vorherrschend (Stauss/Bruhn 2004, S. 7).

Die **Zeitdimension** kennzeichnet den Zeitraum, in dem eine Innovation nach der Markteinführung als neu gilt. Da Dienstleistungsinnovationen von Kunden zunächst individuell erfahren werden (Erfahrungseigenschaften), dauert der Adaptions- und Diffusionsprozess entsprechend lange.

Die **Raumdimension** des Innovationsbegriffes beschreibt den Sachverhalt, dass eine bereits in einem Gebiet verkaufte Dienstleistung für ein anderes Gebiet möglicherweise noch eine Neuheit darstellt. Insbesondere bei nur gering standardisierbaren Dienstleistungen treten räumliche Asymmetrien auf, da z. B. zunächst die Eröffnung einer Filiale am Wohnsitz des Kunden notwendig wird.

Der Erfolg einer Innovation ist von vier **übergeordneten Problembereichen** abhängig. Diese lassen sich zunächst aus den unterschiedlichen Anforderungen der Anspruchsgruppen Kunden, Konkurrenz und Mitarbeitende ableiten. Ein weiterer Problembereich ergibt sich aufgrund der unternehmensinternen Systeme (Meyer/Blümelhuber 1998a, S. 811).

Die **Akzeptanz durch den Kunden** stellt die bedeutendste Herausforderung an eine Innovation dar. Diese lässt sich bereits im Vorfeld überprüfen, indem zum einen eine innovationsorientierte Marktforschung Anwendung findet. Zum anderen trägt das Wissen der Mitarbeitenden im Kundenkontakt gezielt zu einer Steigerung der Akzeptanz des Kunden bei, da die (latenten) Kundenbedürfnisse gezielt im Innovationsprozess umgesetzt werden (Cristofolini 2005, S. 93f.). Außerdem fördert die direkte Integration des Kunden in die Innovationsentwicklung die Akzeptanz, da hierbei Barrieren frühzeitig erkannt und abgebaut werden.

Zur Sicherung des Innovationserfolges ist zudem ein ausreichender **Schutz vor Imitation durch die Konkurrenz** notwendig. Aufgrund der Immaterialität und der fehlenden Möglichkeiten des Schutzes durch Patente und rechtliche Grundlagen erscheinen Nachahmungen bei Dienstleistungen besonders einfach (Oke 2004, S. 39).

Da mit der Einführung von Innovationen die Bereitstellung entsprechender Potenzialfaktoren verbunden ist, beschreiben die **Fähigkeiten der Mitarbeitenden** einen weiteren

Problembereich bei Dienstleistungsinnovationen. Diese sind durch entsprechende Schulungsmaßnahmen innerhalb eines Unternehmens rechtzeitig aufzubauen. Innovationen lassen sich ferner durch eine zunehmende Externalisierung realisieren. In diesem Zusammenhang ist zu überprüfen, ob Kunden über ausreichende Fähigkeiten verfügen, die ihnen übertragenen Aufgaben zu erfüllen (Corsten 1989, S. 30ff.).

Schließlich erfordern Innovationen häufig auch spezifische maschinelle Fähigkeiten. Aufgrund der wachsenden Bedeutung der Vernetzung aller Informations- und Kommunikationssysteme innerhalb von Unternehmen sind diese technischen Veränderungen auch hinsichtlich ihrer **Systemkompatibilität** mit den bestehenden Systemen zu überprüfen. Bei der Entwicklung eines neuen Kundenbetreuungsprogramms einer deutschen Großbank wurde beispielsweise die Erstellung einer eigenen Software notwendig, die jedoch zur Erlangung der relevanten Informationen mit allen bisherigen Systemen zu verknüpfen war.

Den dargestellten Anforderungen ist vor dem Hintergrund der Notwendigkeit eines effizienten Einsatzes der Unternehmensressourcen durch ein **systematisches Innovationsmanagement** Rechnung zu tragen (Stauss/Bruhn 2004, S. 3; Meffert/Burmann/Kirchgeorg 2008, S. 412ff.). Dieses wird als institutionalisierter Planungs-, Steuerungs- und Kontrollprozess definiert, der alle mit der Entwicklung, Durchsetzung und Einführung von neuen Dienstleistungen verbundenen Aktivitäten betrieblicher Führungspersonen umfasst. Im Rahmen dieses Prozesses lässt sich ein deutliches Defizit der Marketingforschung im Dienstleistungsbereich in Bezug auf die Analyse und Konzeptionierung feststellen. Ansätze zur Gestaltung sind im Bereich des Dienstleistungsmarketing noch weitgehend unterrepräsentiert (Donelly/Berry/Thompson 1985; Bacon/Butler 1998; Kawasaki/Moreno 2000; Drejer 2004), wobei Shostack (1984) und Heskett (1986; 1988) in der Immaterialität von Dienstleistungen zentrale Gründe für einen derartig unterschiedlichen Forschungsstand sehen. Dabei ist es jedoch unmöglich, die Qualität von Dienstleistungen zu gewährleisten, ohne eine detaillierte Planung zu Grunde zu legen. Abbildung 6-1-7 zeigt beispielhaft den von Scheuing und Johnson (1989) entwickelten Planungsprozess für Dienstleistungsinnovationen. Als Elemente des Entwicklungsprozesses lassen sich die folgenden Kernstufen unterscheiden (Meffert/Burmann/Kirchgeorg 2008):

Die in der **Ideengewinnungsphase** (vgl. Phasen 1 und 2 in Abbildung 6-1-7) notwendige Kreativität zur Entdeckung von Informationen aus internen und externen Datenquellen stellt eine große Herausforderung für die Unternehmen dar. Aufgrund des direkten Kontaktes zwischen Anbieter und Kunde während der Leistungserstellung ergeben sich für Dienstleistungsunternehmen neben der Nutzung externer Quellen wie Berater oder Institutionen jedoch zahlreiche Chancen, Innovationen durch den Kunden selbst in das Unternehmen tragen zu lassen. Dabei wird der Kunde selbst Lieferant und Co-Produzent von Innovationen. Eine neue Form der Umsetzung dieser interaktiven Wertschöpfung wird als Open Innovation bezeichnet. Die gemeinschaftliche Generierung von Ideen erfolgt durch eine gezielte, jedoch weitgehend informale und partizipative Koordination des Interaktionsprozesses mit einer Vielzahl an Kunden. Das Wissen der Kunden und die entsprechenden Aktivitäten werden systematisch in die Ideengenerierung integriert und führen idealerweise zu ersten Lösungsansätzen (Piller/Reichwald 2006, S. 96).

Abbildung 6-1-7:   **Planungsprozess für Dienstleistungsinnovationen**

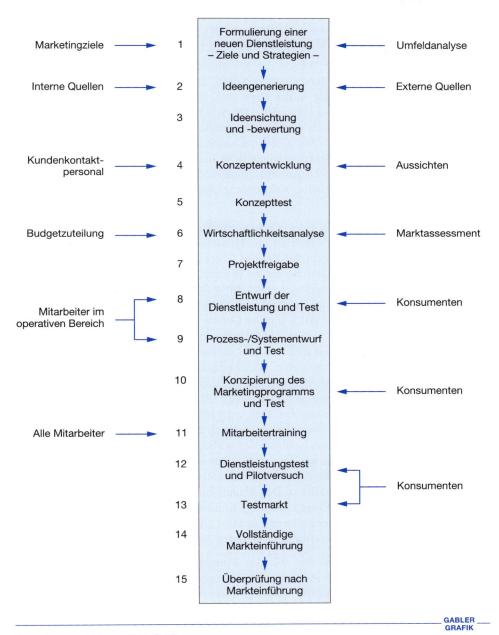

Quelle: Scheuing/Johnson 1989, S. 30

Beispiel: So schuf die BMW Group eine eigene virtuelle Innovations-Agentur (2006) zur Umsetzung einer Open-Innovation-Strategie. Das amerikanische Unternehmen InnoCentive bietet einen internationalen Marktplatz für Ideen und Lösungsvorschläge an. Diese Plattform wird beispielsweise von Konzernen wie Boeing, Procter & Gamble oder Henkel genutzt (InnoCentive Hrsg. 2007). Als Anreiz für die Lieferung umsetzbarer Ideen dienen, je nach Unternehmen, Belohnungen von bis zu 70.000 EUR (www.innocentive.com) (Gillies 2006).

Zusätzlich lässt sich auch das Wissen der Mitarbeitenden im direkten Kundenkontakt zur Gewinnung von Leistungsinnovationen nutzen, da sie durch den engen Kontakt im Rahmen der Leistungserstellung in der Lage sind, sich ein umfassendes Bild von den Kundenbedürfnissen zu machen (Matusik 2002, S. 459; Cristofolini 2005, S. 93f.). Diese Möglichkeit unterscheidet sich vom innerbetrieblichen Vorschlagswesen, bei dem der Mitarbeitende selbst, motiviert durch entsprechende Anreize, Lieferant neuer Ideen ist. Schließlich liefert das **Beschwerdemanagement** im Sinne einer Verfolgung negativer Meinungsäußerungen in vielen Dienstleistungsunternehmen (z. B. Großbanken, Luftverkehrsgesellschaften) einen weiteren Anknüpfungspunkt für eine konkrete Ideengewinnung.

Der Stufe der Ideengewinnung folgt die **Ideenprüfungsphase** (vgl. Phasen 3 bis 7 in Abbildung 6-1-7). Ziel dieser Phase ist die Minimierung des Misserfolgsrisikos. Hierbei sind insbesondere die Aspekte der Kundenakzeptanz, der Mitarbeiterfähigkeiten und der Möglichkeit des Innovationsschutzes zu erörtern. Aufgrund der Kundenintegration während der Dienstleistungserstellung empfiehlt sich eine **Einbeziehung des Kunden** z. B. im Rahmen von Fokusgruppengesprächen bereits in der Vorauswahlphase (Reckenfelderbäumer/Busse 2003, S. 158ff.), um die Gefahr zu vermeiden, den Anforderungen des Marktes nicht gerecht zu werden (vgl. Hofmann/Meiren 1998, S. 83). Erfolg versprechende Dienstleistungsideen sind in einem nächsten Schritt in einem Serviceentwurf („**Service Blueprint**") zu konkretisieren. Dieser grafische Serviceentwurf – ergänzt durch Informationen weiterer Analyseverfahren wie beispielsweise Arbeitsablaufplänen, Netzplantechniken und Entscheidungsanalysen – wird als „Prototyp" einer Dienstleistungsinnovation aufgefasst. In einem solchen Plan wird festgelegt, welche Vorgänge während der Bereitstellung einer neuen Dienstleistung ablaufen, welche Potenzialfaktoren für den Erstellungsprozess notwendig sind und wie der zeitliche Rahmen für die Dienstleistungserstellung gestaltet wird. Dabei verfügt der „Service Blueprint" über zahlreiche Vorteile. In einem frühen Planungsstadium werden Serviceideen und Dienstleistungserstellungsprozesse konkretisiert und visualisiert. Der Ablaufplan gibt Hinweise zur Disposition der personellen und materiellen Einsatzfaktoren. Kundenkontaktpunkte, die so genannten „Moments of Truth", werden sichtbar und es wird erkennbar, an welchen Teilprozessen Einsparpotenziale für Kosten vorliegen, z. B. durch Automatisierung.

In neueren Bestrebungen wird der „Service Blueprint" auch mit problemorientierten Messverfahren wie der FMEA-Analyse (Fehlermöglichkeits- und Einflussanalyse bzw. Failure Mode and Effects Analysis) kombiniert, um möglicherweise auftretende Fehlerquellen bereits während des Planungsprozesses zu identifizieren. Ziel ist die Entwicklung einer Dienstleistungsinnovation, die weitgehend frei von typischen „Kinderkrankheiten" ist (Chuang 2007).

Darüber hinaus lässt sich ein Vergleich von konkurrierenden Dienstleistungen und den eigenen Leistungen in Form eines Blueprints vornehmen. Des Weiteren liefern Service Blueprints in Ergänzung zu der bereits dargestellten Wertkettenanalyse einen weiteren Ausgangspunkt für Überlegungen über mögliche Produktivitätssteigerungen (Shostack 1984; 1987; Reckenfelderbäumer/Busse 2003, S. 160). Im Rahmen der sich anschließenden ersten Wirtschaftlichkeitsanalysen sind vor der Markteinführung sowohl die notwendigen Aktivitäten (Teilprozesse) als auch die Kapazitäten in qualitativer und quantitativer Hinsicht festzulegen. Die Disziplin des „**Service Engineering**" beschäftigt sich mit dieser Planung und der Entwicklung neuer Dienstleistungen (Bullinger/Scheer 2003, S. 4; Sakao/Shimomura 2007). Bei diesem Prozess finden die organisatorischen Gegebenheiten des Unternehmens (z. B. permanente oder temporäre Einrichtung einer Arbeitsgruppe zur Entwicklung neuer Dienstleistungen), das Personalmanagement (z. B. Kompetenz der mit dieser Aufgabe betrauten Mitarbeitenden) und die technische Ausstattung Berücksichtigung (Bullinger/Fähnrich/Meiren 2003).

Die **Implementierung von Dienstleistungsinnovationen** (vgl. Phasen 8 bis 15 in Abbildung 6-1-7) umfasst die endgültige Festlegung der Leistungsmerkmale und die Anpassung der zum Angebot einer Dienstleistung vom Anbieter bereitzustellenden Leistungspotenziale sowie die eigentliche Markteinführung. Diese Phase stellt sowohl an das externe als auch an das interne Marketing veränderte Anforderungen. Im Rahmen des externen Marketing steht der Aufbau von Vertrauen im Mittelpunkt, da bei der Konsumtion einer Dienstleistungsinnovation ein noch größeres Kaufrisiko, im Vergleich zu einer etablierten Dienstleistung, besteht. Das Vertrauen in ein Unternehmen wird beispielsweise durch den rechtzeitigen Einsatz von Testimonials erreicht, wie es die Deutsche Post AG mit den Gottschalk-Brüdern oder O$_2$Genion mit Franz Beckenbauer bei der Einführung eines neuen Tarifsystems erfolgreich vollzogen haben. Unternehmensintern sind die technischen Systeme und insbesondere die personellen Fähigkeiten durch Weiterbildungsmaßnahmen oder durch die Akquisition neuer Mitarbeitender aufzubauen. Dabei ist neben der rein fachlichen Qualifikation insbesondere die Identifikation der Mitarbeitenden mit der neuen Leistung und deren Überzeugung hinsichtlich der Vorteilhaftigkeit notwendig.

Weiterhin erfordert der Beschluss über die Einführung neuer Leistungsangebote eine Entscheidung über die bereitzustellenden Kapazitäten (Scheuch 2002). Die Kapazitätsplanung hat die potenzielle Inanspruchnahme in Bezug auf die Menge und die Zeit zu berücksichtigen. Hier treten bei Dienstleistungen häufig große Prognoseprobleme auf.

Im Anschluss an diesen Planungsprozess ist der **Erfolg der Innovation** am Markt zu überwachen und Abweichungen von ursprünglichen Zielen im Rahmen eines revolvierenden Prozesses erneut zu überdenken (Brown/Haynes/Saunders 1993).

1.213 Eliminierung im Dienstleistungsprogramm

Eine **Leistungsprogrammreduzierung** bzw. **-straffung** erfolgt durch eine Leistungseliminierung, mittels derer sich das Dienstleistungsunternehmen von unrentablen oder veralteten Leistungsarten trennt. Durch die Freisetzung von Ressourcen materieller, finanzieller und personeller Art werden ein Kostenabbau und eine effizientere Verwendung begrenzter Mittel angestrebt (Meffert/Burmann/Kirchgeorg 2008):

Dabei lassen verschiedene Kriterien eine Eliminierung ratsam erscheinen (Meffert/Burmann/Kirchgeorg 2008). Zu den **quantitativen Kriterien** zählen ein sinkender Umsatz und/oder Marktanteil und ein sinkender Deckungsbeitrag. Im Rahmen der **qualitativen Kriterien** ist ein negativer Einfluss auf das Firmenimage, die Änderung gesetzlicher Vorschriften, die Änderung der Bedarfsstruktur oder die Einführung besserer Leistungen durch die Konkurrenz zu nennen.

Eliminierungsentscheidungen werden in der Regel durch eine simultane Betrachtung verschiedener Kriterien, z. B. im Rahmen eines klassischen Punktbewertungsverfahrens, getroffen. In diesem Zusammenhang werden zunehmend strategische Analyse- und Planungskonzepte eingesetzt, wie sie in Kapitel 4, Abschnitt 2 diskutiert wurden.

> **Beispiel:** Der US-amerikanische Film „Supersize Me", der auf die negativen gesundheitlichen Auswirkungen von Produkten der Fastfood-Kette McDonald's hinwies, führte dazu, dass die Unternehmensleitung Teile des Angebotsspektrums eliminierte, um einer nachteiligen Imagebeeinflussung entgegenzuwirken. Zudem druckte das Unternehmen Kalorientabellen auf die Tablettauflagen, um dem Vorwurf zu begegnen, es fördere wissentlich Übergewicht und gesundheitliche Probleme aufgrund der Zusammensetzung seiner Menüs.

Allerdings ist an dieser Stelle darauf hinzuweisen, dass notwendige Eliminierungen aufgrund verschiedener **Barrieren** nicht immer durchführbar sind. Zu diesen zählen Prestige-/ Imagegründe, Synergieeffekte bzw. Cross-Selling-Potenziale mit anderen Leistungen, Vorleistungen für andere Leistungen und soziale Gründe.

Liegen derartige Barrieren bei Eliminierungsentscheidungen vor, ist zu untersuchen, inwiefern eine Eliminierung mit Hilfe alternativer Vorgehensweisen, die sich zumindest in dieselbe Richtung auswirken, umgangen werden kann.

1.22 Markenpolitik

Das Markengesetz betrachtet die Unterscheidungsfähigkeit eines Kennzeichens generell als hinreichendes Kriterium für eine Eintragung beim Deutschen Patentamt (§ 3, Abs. 1 MarkenG). Auf der Grundlage dieser Gesetzgebung werden seit dem 1. April 1979 Dienstleistungsmarken beim Deutschen Patentamt eingetragen und genießen den gleichen zeichenrechtlichen Schutz wie Warenzeichen (Meyer 1994; Stauss 1994a, S. 90ff.). Spätestens seit Beginn der 1990er Jahre wird die Bedeutung der Marke im Dienstleistungsbereich als erfolgreiches Instrument zur Profilierung gegenüber den Wettbewerbern hervorgehoben (Turley/Moore 1995). So machten 2006 Dienstleistungsmarken insgesamt 46 Prozent der gesamten Markenanmeldungen aus (Deutsches Patent- und Markenamt 2006). Dabei sind Dienstleistungsmarken als Werte aufzufassen, die einen erheblichen Vermögensbestandteil von Dienstleistungsunternehmen darstellen. Abbildung 6-1-8 zeigt exemplarisch die **Markenwerte von Dienstleistungsunternehmen** nach Berechnungen der Agentur Interbrand (Interbrand 2007).

Abbildung 6-1-8:   **Markenwerte von Dienstleistungsunternehmen**

Dienstleistungsmarke	Wert (Mrd. USD)	Top 100 Rang
Microsoft	58,71	2
McDonald's	29,40	8
Disney	29,21	9
Citibank	23,44	11
American Express	20,83	15
Google	17,84	20
Merill Lynch	14,34	22
HSBC	13,56	23
Oracle	12,45	27
UPS	12,01	28
JPMorgan	11,43	32
SAP	10,85	34
Goldman Sachs	10,66	35
Morgan Stanley	10,34	37
UBS	9,84	39
AIG	7,49	47
eBay	7,46	48
AXA	7,33	49
Accenture	7,30	50
MTV	6,91	52

GABLER
GRAFIK

Quelle: In Anlehnung an Interbrand 2007

1.221 Begriff und Formen der Dienstleistungsmarke

Die skizzierte wachsende praktische Relevanz machte eine wissenschaftlich fundierte Auseinandersetzung mit dem Begriff der Dienstleistungsmarke erforderlich. Als Ausgangsbasis der theoretischen Überlegungen wurde zunächst die **klassische Markenartikeldefinition** von Mellerowicz (1964) zu Grunde gelegt. Diese besagt, dass nur diejenigen Waren als Marken bezeichnet werden, die bestimmten konstitutiven Anforderungen entsprechen. Dazu zählen das Vorliegen einer Fertigware mit einer Markierung als physische Kennzeichnung der Ware, die in gleichbleibender Qualität, Menge und Aufmachung in einem größeren Absatzraum angeboten wird und über kommunikative Unterstützung beim Verbraucher und Anerkennung im Markt verfügt. Eine ähnliche Auffassung vertrat Domizlaff (1992). Auch hier zählten ausschließlich Fertigwaren zu den markierungsfähigen Gütern, sofern sie dem Konsumenten mit konstantem Auftritt und Preis in einem größeren Verbreitungsraum dargeboten werden.

Diese statische Sichtweise, die eine Existenz der Marke ausschließlich von der Erfüllung oben genannter Kriterien abhängig macht, schließt Dienstleistungen aufgrund ihrer Immaterialität aus. Um neben den traditionellen Herstellermarken im Konsumgüterbereich auch Dienstleistungsmarken einzubeziehen, ist eine erweiterte Interpretation des Markenbegriffs erforderlich:

> Eine **Marke** ist eine unterscheidungsfähige Markierung, die durch ein systematisches Absatzkonzept im Markt ein Qualitätsversprechen gibt, das eine dauerhaft werthaltige, Nutzen stiftende Wirkung erzielt und bei der relevanten Zielgruppe in der Erfüllung der Kundenerwartungen einen nachhaltigen Erfolg im Markt realisiert bzw. realisieren kann (Bruhn 2004a, S. 21).

Aufgrund der Besonderheiten von Dienstleistungen, insbesondere der Immaterialität, ergeben sich drei wesentliche **Problemstellungen**, zu deren Lösung die Einführung einer Marke geeignet erscheint (Stauss 2001b, S. 556f.; 2004, S. 103f.):

Hinsichtlich der Intangibilität, d. h. des hohen Anteils von Erfahrungs- und Vertrauenseigenschaften und der damit einher gehenden schwierigen Bewertbarkeit der Leistung, empfinden Dienstleistungskunden ex-ante tendenziell ein **höheres subjektives Kaufrisiko**. Starke Dienstleistungsmarken dienen als Vertrauensanker und stellen als Informationssubstitute und Qualitätssurrogate ein Mittel dar, um intangible Angebote greifbar zu machen. Sie tragen so zur Minderung des wahrgenommenen Risikos bei, indem sie gewissermaßen eine Garantiefunktion übernehmen (Benkenstein/Uhrich 2008).

Eine weitere Folge der Intangibilität ist die „Vergänglichkeit" der Dienstleistung, die sich in einem erhöhten **Risiko des schnellen Vergessens** äußert. Da die Dienstleistung nach der Erstellung im Allgemeinen nicht mehr physisch präsent ist, finden vor einer weiteren möglichen Transaktion keine Kontakte mehr mit dem Anbieter statt. Über markenbezogene Marketingmaßnahmen lässt sich die Kontakthäufigkeit und folglich die Erinnerungswirkung erhöhen (Stauss 2004, S. 104).

Der Schutz von Dienstleistungen vor Imitationen ist vergleichsweise problematisch. Folglich entsteht das **Risiko einer Multiplikation von Angebotsideen**, die durch den Kunden nur schwer zu unterscheiden sind (z. B. Mobilfunkanbieter). Dienstleistungsmarken schützen so vor Nachahmungen, dienen der Profilierung gegenüber Wettbewerbern und tragen zur Differenzierung des Angebotes bei.

Neben diesen besonderen Aufgaben von Dienstleistungsmarken ist es die übergeordnete Anforderung an eine Marke, die erforderliche Hilfeleistung und Sicherheit bei der Kauf- und Auswahlentscheidung zu vermitteln (Meffert/Burmann/Kirchgeorg 2008, S. 358ff.). Dafür ist insbesondere der Aufbau einer starken **Markenidentität** erforderlich, wobei zur Vermeidung von verwässerten Markenidentitäten eine Homogenität von Selbstbild und Fremdbild der Marke notwendig ist (Meffert/Burmann 1996, S. 13ff.). Das **Selbstbild** beinhaltet die Perspektive der internen Anspruchsgruppen. Aufgrund des intensiven Kundenkontakts ist das Selbstbild in der Dienstleistungsbranche für die Markenwahrnehmung von großer Bedeutung. Daher sind die internen Leistungspotenziale durch das Markenmanagement besonders zu berücksichtigen. Das **Fremdbild** der Markenidentität ergibt sich hingegen aus der Perspektive externer Anspruchsgruppen und wird mit dem Image gleichgesetzt. Da bei Dienstleistungen vor einer erstmaligen Inanspruchnahme die Unsicherheit bei den Kunden besonders hoch ist und diese vielfach durch eine gezielte Informationssuche bei Bekannten, Verbraucherverbänden oder sonstigen Meinungsführern reduziert wird, stellt auch das Fremdbild einen wesentlichen Ansatzpunkt für das Markenmanagement dar.

Von besonderer Bedeutung ist eine Differenzierung der **Funktionen** nach den Marktbeteiligten. In Abbildung 6-1-9 sind die wichtigsten Funktionen aus Sicht der Anbieter, Vermittler und Nachfrager von Dienstleistungen wiedergegeben. Die Dienstleistungsanbieter streben die Bündelung und Fokussierung ihrer Leistungen durch eine Dienstleistungsmarke an, um Vertrauens- und Qualitätssignale an die Abnehmer zu senden. Auch die Dienstleistungsvermittler (z. B. Versicherungsmakler, Reisebüros, Intermediäre) nutzen die Dienstleistungsmarke des Anbieters zu ihrer eigenen Profilierung. Schließlich dient die Dienstleistungsmarke den Dienstleistungsnachfragern zur Orientierung und Schaffung von Vertrauen, indem vor der Kaufentscheidung die Marke als Qualitätssignal und -versprechen interpretiert wird (Bruhn 2001a).

Abbildung 6-1-9:   Funktionen von Dienstleistungsmarken für die Marktbeteiligten

Dienstleistungsanbieter	Dienstleistungsvermittler	Dienstleistungsnachfrager
■ Kommunikationsformen	■ Risikominderungsfunktion	■ Orientierungsfunktion
■ Profilierungsfunktion	■ Renditefunktion	■ Informationsfunktion
■ Imageträgerfunktion	■ Vorverkaufsfunktion	■ Vertrauensfunktion
■ Innovationsfunktion	■ Entlastungsfunktion	■ Identifikationsfunktion
■ Unterstützungsfunktion	im eigenen Marketingmix	■ Qualitätssicherungsfunktion
im Marketingmix	■ Profilierungsfunktion	■ Risikominderungsfunktion
■ Stabilisierungsfunktion	■ Stabilisierungsfunktion	■ Prestigefunktion

GABLER
GRAFIK

Quelle: Bruhn 2001a, S. 216

Auf der Grundlage der genannten Funktionen von Dienstleistungsmarken sind die **markenpolitischen Ziele** abzuleiten. Hier sind globale, ökonomische und psychologische Zielgrößen der Markenpolitik von Relevanz (Bruhn 2001a). Als **globale Ziele** der Markenpolitik werden z. B. die Steigerung des Markenwerts, die Erhöhung der Kundenzufriedenheit und der Aufbau von Markentreue bzw. Kundenbindung angesehen. Zu den **öko-**

nomischen Zielen zählen die Erhöhung des akquisitorischen Potenzials, die Schaffung eines preispolitischen Spielraums, die Erzielung einer absatzfördernden Wirkung und die Möglichkeit der differenzierten Marktbearbeitung. Schließlich verfolgen **psychologische Ziele** die Schaffung von Präferenzen, die Stärkung von Identifikationspotenzialen bei den Mitarbeitenden, Lieferanten und Vermittlern, die Bildung von Vertrauen, die Steigerung der Markenbekanntheit und den Aufbau eines Markenimages.

Für die Klassifizierung der vielfältigen möglichen **Formen von Dienstleistungsmarken** eignen sich mehrere Kategorien (Stauss 1994a, S. 87ff.). Zu diesen zählt zunächst das Markierungsmittel. Hier lassen sich Wortmarken (z. B. Burger King, MTV, Credit Suisse, Yahoo!), Bildmarken (z. B. Schrägstrich der Deutschen Bank, lachendes Gesicht von TUI) oder Kombinationsmarken (z. B. Name „Starbucks Coffee" im Logo als Bildmarke und Erkennungszeichen, Hilton als Wortmarke mit „H" als Logo) unterscheiden.

Daneben ist eine Unterteilung nach dem Wirtschaftssektor des Markenträgers in eine Dienstleistungsmarke eines Dienstleisters (z. B. Lufthansa), eines Handelsunternehmens (z. B. PAYBACK Card von Galeria Kaufhof) oder eines Konsumgüterherstellers (z. B. Camel Reisen) möglich.

Bezüglich des Markeninhalts werden Firmenmarken (z. B. TUI, McDonald's, Lufthansa), Leistungsmarken (z. B. Mister Minit) und Phantasiemarken (z. B. Robinson Club) unterschieden.

Schließlich wird eine Klassifizierung nach dem Anwendungsbereich bzw. der Zahl der markierten Güter in Einzelmarken (Individual- oder Monomarken, z. B. Robinson Club) und Gruppenmarken (Familienmarken, z. B. Steigenberger Hotels; Mehrmarken, z. B. DERTOUR; Dachmarken, z. B. McKinsey, Hilton) vorgenommen.

1.222 Dienstleistungsspezifische Markierungsprobleme

Als Voraussetzung zur Erreichung der aufgeführten markenpolitischen Ziele und Funktionen sowie zur Etablierung einer erfolgreichen Marke sind in Abhängigkeit von den dienstleistungsspezifischen Merkmalen folgende grundsätzliche **Problembereiche für das Markenmanagement** zu berücksichtigen (Stauss 1994a, S. 93ff.; 2004, S. 105ff.; Stauss/Bruhn 2008, S. 13ff.):

- Realisierung einer Einzelmarkenstrategie,
- Gewährung von Qualitätskonstanz,
- Visualisierung des Markenzeichens,
- Visualisierung des Markenvorteils,
- Notwendigkeit einer internen Markenführung,
- Steuerung des Markenpreises,
- Aufbau und Pflege von Marken-Konsumenten-Beziehungen.

Zunächst ist für Dienstleistungen die **Realisierung einer Einzelmarkenstrategie** problematisch. Die Firmenmarke ermöglicht gegenüber einer Einzelmarkierung die Positionierung des gesamten Angebots. Dies erleichtert eine konsistente Kommunikation gegenüber Kunden und Mitarbeitenden (McDonald/de Chernatony/Harris 2001, S. 338) und trägt dazu bei, dass die Marke als Vertrauensanker für eine Vielzahl von Leistungen angesehen wird. Die Signalisierung einer generellen Qualität für alle Unternehmensleistungen reduziert somit die Informationssuche des Kunden (de Chernatony/McDonald 2000, S. 222). Schließlich ist die Verwendung einer Firmenmarke angezeigt, wenn die Profilierung von Einzelleistungen einen unverhältnismäßigen Aufwand darstellt (Turley/Moore 1995, S. 44).

Weiterhin stellt die **Gewährung von Qualitätskonstanz** ein Problem dar, da durch den Dienstleistungsanbieter nur die Potenzialqualität autonom kontrollierbar ist. Hieraus leiten sich die ständigen Bemühungen des Anbieters ab, einen hohen Standard aller internen Potenzialfaktoren zu gewährleisten, indem eine dauernde Schulung und Kontrolle aller Mitarbeitenden und eine ständige Wartung und Kontrolle aller maschinellen Einsatzfaktoren durchgeführt wird. Die Gefährdung einer gleichbleibenden Qualität resultiert neben der mangelnden qualitativen Konstanz der Inputfaktoren vor allem aus der Heterogenität des externen Faktors (Meyer 1994; Corsten 1998; Woratschek/Roth 2004, S. 365) und dessen Integrationsbereitschaft und -fähigkeit (de Chernatony/Dall'Olmo Riley 1999, S. 188; Tomaczak/Brockhoff 2000, S. 496). Vor diesem Hintergrund streben Dienstleistungsunternehmen vielfach ein Angebot standardisierter Leistungen an. Hier ist die Potenzialqualität der internen Faktoren weitgehend gewährleistet und die Risiken, die sich durch eine situative Abhängigkeit von der Leistungsfähigkeit des externen Faktors ergeben, werden reduziert. Die Leistung wird folglich von den Kunden bei jeder Inanspruchnahme als konstant gut wahrgenommen. Neben der Standardisierung wird die Markenidentität jedoch auch durch die Individualität der angebotenen Leistung geprägt, wobei eine hohe Qualität durch die Fähigkeit des individuellen Eingehens auf Kundenwünsche realisiert wird.

> **Beispiel:** Ein Höchstmaß an Individualität und Qualität bei Luftverkehrsdienstleistungen gewährleistet die Schweizerische Fluggesellschaft „Jet Aviation". Diese hat sich auf das Chartergeschäft von Geschäftsreiseflugzeugen spezialisiert und ermöglicht ihren Kunden, unabhängig von Flugplänen, von fast allen Flugplätzen der Welt direkt zum individuell gewählten Zielflughafen zu fliegen. Allerdings ergeben sich aus der Notwendigkeit zur Einhaltung der versprochenen Qualität hohe Kosten, die nur im Rahmen einer Premium-Preis-Strategie umsetzbar sind.

Aus der mangelnden Greifbarkeit einer Dienstleistung für den Leistungsnehmer resultiert auch das Problem der **Visualisierung des Markenzeichens**, da eine Dienstleistungsmarkierung zwar im absatzpolitischen, jedoch nicht im technischen Sinne umsetzbar ist. So ist es beispielsweise möglich, einem Haarschnitt einen Namen zu geben und diesen mit Hilfe absatzpolitischer Maßnahmen im Markt durchzusetzen, jedoch ist diese Dienstleistung nicht mit einem „Aufkleber" zu versehen. Die Suche nach alternativen Markierungsobjekten, auf denen das Markenzeichen im technischen/physischen Sinne angebracht wird, ist ebenfalls Aufgabe der Markenführung. Für die Visualisierung der Dienstleistungsmarke sind deshalb Anhaltspunkte zu schaffen, die berührbare Evidenzbeweise liefern. Demnach ist einem Inhaber einer Dienstleistungsmarke in erster Linie daran gelegen, jene Objekte seiner Leistung zu identifizieren und zu markieren, anhand derer sich die Leistungsnehmer orientieren (Abbildung 6-1-10).

Abbildung 6-1-10:   **Ansätze zur physischen Markierung von Dienstleistungen**

		Kontaktträger	
		Kontaktobjekte (Dinge)	**Kontaktsubjekte (Menschen)**
Verfügungsbereich	**Extern**	**Externe Kontaktobjekte** ■ Schild am Kleidungsstück nach einer Textilreinigung ■ Hänger am Autospiegel nach einer Reparatur	**Externe Kontaktsubjekte** ■ Stempelaufdruck beim Besuch einer Diskothek ■ Textile Merchandising-Artikel (z. B. Mütze mit McDonald's Aufdruck)
	Intern	**Interne Kontaktobjekte** ■ Markierung von Gebäuden, Flugzeugen, Zügen usw. ■ Architektonische Gestaltung von Gebäuden (z. B. Chrysler Building)	**Interne Kontaktsubjekte** ■ Einheitliche Bekleidung bei Fluggesellschaften ■ Namensschilder mit Firmenemblem für die Mitarbeitenden

GABLER GRAFIK

Quelle: In Anlehnung an Meyer 1994, S. 98

Als **Träger des Markenzeichens** für Dienstleistungen bieten sich, wie in Abbildung 6-1-10 dargestellt, sowohl interne als auch externe Kontaktobjekte und -subjekte an (Meyer 1994, S. 98). Da der Konsument zur Dienstleistungserstellung den Ort der Leistungserstellung, z. B. eine Bankfiliale, aufsucht, stehen zunächst das Gebäude, die Einrichtung und die technischen Objekte als Markierungsobjekte zur Verfügung **(interne Kontaktobjekte)**. Hierbei ist insbesondere auf die einheitliche Verwendung des Markenzeichens zu achten. Die Forderung eines homogenen Erscheinungsbildes dieser Elemente wird vielfach im Rahmen von Corporate-Identity-Diskussionen aufgegriffen. Aufgrund der persönlichen Interaktion zwischen Kundenkontaktpersonal und Kunden bietet sich auch die Markierung der Mitarbeitenden an **(interne Kontaktsubjekte)**. Insbesondere eine einheitliche Kleidung wird von Dienstleistungsanbietern häufig umgesetzt. Ein weiterer Ansatzpunkt zur Markierung ergibt sich durch den Kunden selbst. So ist zumindest eine temporäre Markierung am Kundenobjekt möglich **(externe Kontaktobjekte)**. Sofern Kunden ein starkes Bedürfnis haben, den Dienstleistungskonsum, z. B. bei prestigeorientierten Dienstleistungen, nach außen zu dokumentieren, eignet sich auch die Aushändigung markierter Objekte. Häufig geschieht dies in Form kleiner Präsente, jedoch lässt sich auch eine zunehmende Zahlungsbereitschaft für Produkte dieser Art beobachten (Stauss 2001b, S. 564).

> **Beispiel:** So hat die Deutsche Lufthansa AG eigens einen „Lufthansa Sky Shop" eröffnet, der auf dem Versandwege von Reisegepäck über Schmuck, Spielzeug bis zum Bürobedarf verschiedene mit der Marke „Lufthansa" versehene Artikel offeriert. Diese geben den Kunden die Möglichkeit, den inneren Kontakt zur Dienstleistung aufrechtzuerhalten, die Erinnerung zu pflegen und den Konsum gegenüber Dritten zu demonstrieren (Graumann 1983, S. 161f.; Fassnacht 2004, S. 2172f.).

Bei einem besonders stark ausgeprägten Wunsch des Kunden, seine Beziehung zum Dienstleistungsanbieter zu unterstreichen, erfolgt auch eine Markierung des Kunden selbst

(externe Kontaktsubjekte). Dazu werden beispielsweise Textilien eingesetzt, auf denen die entsprechende Markierung abgebildet wird. Vielfach geht mit einer solchen Markierung auch der Wunsch eines Imagetransfers vom Anbieter auf den Kunden einher.

Gerade an der Schwierigkeit der physischen Markierung wird deutlich, dass sich die Markenpolitik von Dienstleistungsunternehmen als Schnittmenge von leistungs- und kommunikationspolitischen Aktivitäten darstellt. Auf die kommunikative Herausstellung der Dienstleistung als Marke wird daher ebenfalls in Abschnitt 2 dieses Kapitels eingegangen.

Bei komplexen Dienstleistungen wie z. B. einem persönlichen Versicherungspaket ist die **Visualisierung des Markenvorteils**, also des individuellen Nutzens für den Kunden, kaum umsetzbar. Um der Abstraktheit entgegenzuwirken, sind Dienstleistungsunternehmen gefordert, immaterielle Leistungsbestandteile als Objekt greifbar zu machen (George/Marshall 1984, S. 409; de Chernatony/McDonald 2000, S. 222f.; McDonald/de Chernatony/Harris 2001, S. 345f.). Im Rahmen des Markenmanagements wird dies durch eine einfach verständliche Symbolik des Markenzeichens unterstützt (Stauss 2001b, S. 565).

> **Beispiel:** So verkörpert der Wasserturm im Markenzeichen der Hamburg-Mannheimer Versicherung oder die Burg der Nürnberger Versicherung den mit einer Inanspruchnahme der Leistung verbundenen Nutzen in Form einer Schutzfunktion, die drei Schlüssel im Logo der UBS die Merkmale Vertrauen, Sicherheit und Diskretion und die Steine der Schwäbisch-Hall Bausparkasse symbolisieren die Realisierung des Eigenheims.

Unterstützung bei der Visualisierung des Markenvorteils liefert darüber hinaus die Wahl des Markennamens. Besonders geeignet zur Unterstützung der Visualisierung sind deskriptive Markennamen, die einen Hinweis auf den Markenvorteil bieten (z. B. Allianz Versicherungen), und Markennamen, die den Namen der Eigner oder Partner aufgreifen. Diese stehen mit ihrem Namen für die Qualität der Leistungen ein (z. B. McKinsey Unternehmensberatung, Roland Berger Unternehmensberatung) (Turley/Moore 1995; Esch 2007, S. 213f.).

Der Einsatz von Dienstleistungsmarken begründet für das Unternehmen weiterhin die **Notwendigkeit einer internen Markenführung**, da der Markeneindruck durch alle Elemente geprägt wird, mit denen der Kunde während des Leistungserstellungsprozesses in Berührung kommt (z. B. Räumlichkeiten des Dienstleisters, Interaktion mit den Mitarbeitenden) (Stauss 2000a). In diesem Zusammenhang ist der konsistente Einsatz der Instrumente der Leistungs- und Kommunikationspolitik sowie vor allem die Abstimmung des Umfeld-, Prozess-, Personal- und Kundenmanagements sicherzustellen (Stauss 2002).

Auch bei Dienstleistungsmarken spielt der Preis innerhalb der markenpolitischen Ausgestaltung des Marketingmix eine bedeutende Rolle. Der Markenpreis bestimmt zum einen den direkten finanziellen Erfolg einer Marke. Zum anderen übt er für den Konsumenten eine Informationsfunktion aus. Ein hoher Preis suggeriert z. B. eine hohe Qualität, während ein niedriger Preis eine geringere Qualität impliziert. Das Preis-Leistungs-Verhältnis wird dabei von der subjektiven Beurteilung des Konsumenten beeinflusst. Vor dem Hintergrund der Intangibilität und der Nichtlagerfähigkeit von Dienstleistungen kommt der **Steuerung des Markenpreises** vor allem dahingehend Bedeutung zu, kurzfristige Leistungsengpässe zu vermeiden und die Auslastung zu koordinieren (Stauss/Bruhn 2008,

S. 21). In diesem Zusammenhang ist jedoch generell zu beachten, dass der festgelegte Markenpreis mit den Qualitätsvorstellungen der Marke vereinbar ist, um eine Verwässerung des Markenwertes langfristig zu vermeiden.

Aufgrund der notwendigen Integration des externen Faktors in den Leistungserstellungsprozess liegen im Dienstleistungsbereich häufig enge Kunde-Mitarbeiter-Beziehungen vor. Daneben wird der Aufbau einer Markenbindung angestrebt, um die Marke als Partner der Geschäftsbeziehung zu etablieren. Der **Aufbau und die Pflege dieser Marken-Konsumenten-Beziehungen** setzt die Durchführung entsprechender markenpolitischer Maßnahmen voraus. Im Rahmen der Vorkaufphase sind der Aufbau von Markenbekanntheit, die Entwicklung eines positiven Markenimages und die Vermittlung der Leistungsfähigkeit und des Qualitätsniveaus notwendig. Während der Leistungserstellung ist ein markenkonformes Verhalten der Mitarbeitenden zu gewährleisten (Bruhn/Eichen 2007). Zum Aufbau einer langfristigen Markenbindung trägt zudem ein individuelles und flexibles Leistungsangebot, Interaktivität und Dialogbereitschaft der Mitarbeitenden bei. Die langfristige Marken-Konsumenten-Beziehung übernimmt schließlich eine Planungs- und Steuerungsfunktion, da z. B. Aussagen über die Größe des Kundenstammes, die Nachfrage und die Leistungsfähigkeit der Kunden möglich sind (Stauss/Bruhn 2008, S. 22).

1.223 Markenstrategische Optionen im Dienstleistungsmarketing

Die Frage, ob die Führung einer oder mehrerer Dienstleistungen unter einer Marke Ziel führend ist, gehört zu den zentralen markierungspolitischen Problemstellungen im Dienstleistungsmarketing. Grundsätzlich werden die folgenden **markenstrategischen Optionen** im Hinblick auf ihre Anwendung im Dienstleistungsbereich diskutiert (Meffert 1992; Stauss 1994a, S. 88; Bruhn 2001a; Bieberstein 2006, S. 239f.):

1. Dachmarkenstrategie,

2. Markenfamilienstrategie,

3. Einzelmarkenstrategie,

4. Mehrmarkenstrategie,

5. Markentransferstrategie,

6. Tandemmarkenstrategie.

Im Dienstleistungsbereich zeichnet sich eine starke Dominanz der Dachmarkenstrategie ab. Deshalb wird im Folgenden ausführlicher auf diese Strategieoption eingegangen, während bei den anderen Strategien vor allem die dienstleistungsspezifischen Besonderheiten herausgestellt werden.

Im Rahmen einer **Dachmarkenstrategie** werden sämtliche Leistungen eines Unternehmens unter einer Marke zusammengefasst. Der größte Teil der Dienstleistungsunternehmen verwendet eine Dachmarke zur Markierung seiner Leistungen. Da im Rahmen dieser

Strategie häufig der Name des Anbieters als Markenname oder zumindest als Teil des Markennamens Verwendung findet, birgt diese Vorgehensweise das Risiko negativer Ausstrahlungseffekte zwischen verschiedenen Leistungsarten, z. B. bei Qualitätsmängeln.

Insbesondere bei der **Einführung neuer Leistungsarten** wird der Goodwill oder das Vertrauenskapital, das beim Dienstleistungsnachfrager aufgrund der bisherigen Inanspruchnahme von Diensten aufgebaut wurde, auf die Folgeleistungen übertragen. Bei allen persönlichen Dienstleistungen (z. B. Unternehmensberatungen McKinsey, Kienbaum, Arthur D. Little), der Hotellerie (z. B. Mövenpick, Sheraton, Hilton, Maritim) oder dem Bankgewerbe (z. B. Deutsche Bank, Dresdner Bank, Credit Suisse) dominieren Firmenmarken als Dachmarken. In Kombination mit Einzelmarken wird hierbei häufig versucht, Einzelleistungen unter dem gemeinsamen Markendach ein eigenständiges Profil zu verleihen.

Aufgrund des Vorrangs von Dachmarken im Dienstleistungsbereich erlangt die Wahl eines geeigneten **Dachmarkennamens/-symbols** besondere Bedeutung, da langfristig der Markenname das Spektrum möglicher Dienstleistungen eines Anbieters begrenzt. Zudem ist es sinnvoll, dass der Markenname im Hinblick auf eine mögliche Internationalisierung der Geschäftstätigkeit länderübergreifend einsetzbar ist. Ein Beispiel dafür ist die easyGroup. Sie bietet unter dem easy-Dach verschiedene Dienstleistungen an wie z. B. Flüge (easy Jet), Autovermietung (easyCar), Bankdienstleistungen (easyMoney) und Online-Shops (easyValue).

Die **Markenfamilienstrategie** ist dadurch gekennzeichnet, dass mehrere Leistungen unter einer Marke geführt werden, wobei innerhalb eines Unternehmens durchaus mehrere Markenfamilien nebeneinander existieren. Dabei sind für die Leistungen innerhalb der Markenfamilie ähnliche bzw. konsistente Marketingmixstrategien und ein gleichwertiges Qualitätsniveau anzustreben. Durch die gegenseitige Stützung der „Familienmitglieder" wird die schnellere Akzeptanz eines neuen Angebots erreicht. Die Nutzung von Synergien setzt die Kosten der Markenbildung wesentlich herab. Wenn allerdings Bedingungen wie z. B. konstante Qualität und Ähnlichkeit der Leistungen nicht eingehalten werden, ergeben sich negative Ausstrahlungseffekte auf die anderen Leistungen der Markenfamilie. Wie bei der Einzelmarkenstrategie wirft auch die Markenfamilienstrategie für Dienstleistungen Probleme, insbesondere hinsichtlich des Anbieterbezugs, auf.

Bei der **Einzelmarkenstrategie** wird jede Dienstleistung im Programm unter einer eigenen Markenbezeichnung geführt. Der Hersteller tritt als solcher nicht in Erscheinung. Die wesentlichen Vorteile dieser Strategie liegen in der Möglichkeit der individuellen Gestaltung von Dienstleistungen und der gezielten Ansprache einzelner Kundensegmente ohne die Gefahr negativer Ausstrahlungseffekte auf andere Marken. Diese Gefahr ist insbesondere bei der Neueinführung von Marken mit hohem Misserfolgsrisiko gegeben. Für die jeweilige Dienstleistung wird ein optimales Markenimage aufgebaut, da ein Imagetransfer zu anderen Dienstleistungen weitgehend ausbleibt. Nachteilig sind bei einer solchen Vorgehensweise die hohen Kosten, da für jede Dienstleistung die Konzeption einer eigenen Marke und deren Durchsetzung am Markt erforderlich werden. Weiterhin ist die Loslösung der Einzelmarke von der Unternehmung zu nennen. Aufgrund des starken Anbieterbezugs bei Dienstleistungen lässt sich dies nur begrenzt realisieren. Deshalb bietet sich eine Einzelmarkierung hauptsächlich in dem Fall an, dass ein Dienstleister über heterogene und standardisierte Angebote für verschiedene Kundensegmente verfügt (Stauss/ Bruhn 2008, S. 15).

Da mit einer Ausdehnung des Leistungsspektrums unter einer Dachmarke das Risiko eines zunehmend unscharfen Profils ursprünglich konturierter Marken verbunden ist, gewinnt die Marktbearbeitung mit mehreren, parallel auf dem Absatzmarkt ausgerichteten Marken und somit die Ausübung einer **Mehrmarkenstrategie** zunehmend an Bedeutung (Kapferer 1992, S. 203f.). So offeriert die TUI ihre touristischen Leistungen neben der Stammmarke TUI über Marken wie Airtours, 1-2-Fly, Wolters Reisen, Spinout Sportreisen und Robinson Club. Im Flugverkehr tritt die Lufthansa den rückläufigen Marktanteilen mit der Einführung eines abgespeckten „No-Frills-Angebots" unter eigener Markierung (Germanwings/Eurowings) entgegen. Wesentliches Charakteristikum der Mehrmarkenstrategie ist die Ausrichtung der Marken des Markenportfolios auf dem gleichen Gesamtmarkt. Dabei unterscheiden sich die Marken durch ihre heterogene Positionierung, die aus einer Differenzierung der unter den Marken angebotenen Dienstleistungen und der Ausgestaltung der Marketinginstrumente resultiert.

Mehrmarkenstrategien ermöglichen dem Dienstleistungsanbieter insbesondere eine verbesserte Marktdurchdringung und Marktabsicherung. Zudem reduziert sich durch eine breite Streuung das Marktrisiko des Portfolios. Ein wesentliches nachfragergerichtetes Ziel liegt in der Erhöhung der Kundenbindung, da die Kunden durch eine unterschiedliche Positionierung zum Teil über den gesamten Lebenszyklus hinweg gehalten werden. So werden jüngere Menschen bei der TUI bereits mit der Marke „1-2-Fly" gewonnen und im weiteren Verlauf, z. B. als junge Familie mit der Marke „Robinson Club" oder im Alter und bei entsprechendem Einkommen mit der Marke „Airtours" an das Unternehmen gebunden. Unternehmensintern existieren zahlreiche Synergiepotenziale, die zu erheblichen Kosteneinsparungen führen. Auch Standardisierungspotenziale durch Mehrmarkenstrategien sind in Dienstleistungsunternehmen insbesondere dann vorhanden, wenn sich ein hoher Anteil kostenintensiver Arbeit auf für den Kunden nicht sichtbare Elemente bezieht. So ist die gesamte Zahlungsverkehrsabwicklung in der Deutschen Bank-Gruppe weitgehend standardisiert.

Gefahren ergeben sich für den Dienstleistungsanbieter hinsichtlich der Mehrmarkenstrategie überwiegend durch die hohen Kosten der parallelen Marktbearbeitung und einer möglichen Kannibalisierung durch die gegenseitige Marktanteilssubstitution (Meffert/ Perrey 2005, S. 822). Wenngleich die Bedeutung von Mehrmarkenstrategien bei Dienstleistungen in der Vergangenheit eher gering gewesen ist, wird ihr künftiger Stellenwert aufgrund der angestrebten Marktausdehnung vieler Unternehmen deutlich zunehmen.

Als weitere markenstrategische Option werden Strategien des Markentransfers diskutiert, d. h., Markenimage und Bekanntheitsgrad bereits eingeführter Marken werden von den bestehenden Angeboten auf andere Angebotskategorien ausgedehnt (Meffert/Heinemann 1990). Ausgangspunkt ist die Überlegung, bereits für eine Marke bestehende Präferenzen auch für weitere Dienstleistungen nutzbar zu machen.

Der Markentransferstrategie vergleichbar ist die **Tandemmarkenstrategie**. Sie liegt vor, wenn Dienstleister, häufig mittels Lizenzvergabe, Sachgüter unter Zuhilfenahme ihrer erfolgreichen Dachmarke anbieten (Stauss 1994a, S. 88). Sie unterscheidet sich vom

Markentransfer durch das Ziel, das Image einer Dienstleistungsmarke auf eine Sachgüter-marke anstatt auf eine andere Dienstleistungsmarke zu übertragen. Beispiele für diese Strategie sind vor allem im Gastronomiebereich anzutreffen (z. B. Mövenpick-Marmelade, -Speiseeis; Käfer-Pizza).

1.23 E-Services

Durch die Entwicklung von neuen Informations- und Kommunikationstechnologien entstand zur Umsetzung der Ziele der Leistungspolitik ein neues Instrumentarium. Für den Begriff dieser E-Services wurde allerdings in der Literatur noch keine einheitliche Definition gefunden (für einen Überblick vgl. Bruhn 2002a, S. 7). Dabei ist zudem auffallend, dass selbst bezüglich des Transaktionsgegenstands noch keine Einigkeit erzielt wurde. Auf einem Kontinuum von Leistungen, die direkt über das Internet erstellt werden und somit auf die Vermittlung von Informationen beschränkt sind (Hünerberg/Mann 1999, S. 281) bis zu Leistungen, die lediglich über das Internet veräußert werden, erfolgt eine Einordnung des Transaktionsgegenstands (Bruhn 2002a, S. 6; Bruhn/Georgi 2006, S. 325).

Bei dem vor diesem Hintergrund notwendigen Versuch einer begrifflichen Abgrenzung von E-Services empfiehlt sich, von den klassischen Dimensionen der Potenzial-, Prozess- und Ergebnisdimension von Dienstleistungen auszugehen. Auf dieser Grundlage werden E-Services wie folgt definiert:

> **E-Services** sind selbstständige, marktfähige Leistungen, die durch die Bereitstellung von elektronischen Leistungsfähigkeiten des Anbieters (Potenzialdimension) und durch die Integration eines externes Faktors mit Hilfe eines elektronischen Datenaustauschs (Prozessdimension) an den externen Faktoren auf eine Nutzen stiftende Wirkung (Ergebnisdimension) abzielen (Bruhn 2002a, S. 6).

In der Literatur sind zahlreiche **Merkmale** zur näheren Beschreibung von E-Services zu finden. Die Besonderheiten des Internet beeinflussen alle Phasen des Dienstleistungs-erstellungsprozesses, die Dienstleistung selbst und die beteiligten Transaktionspartner. Abbildung 6-1-11 verdeutlicht die wesentlichen Unterschiede zwischen klassischen, nicht-elektronischen Dienstleistungen und E-Services. Diese unterscheiden sich hauptsächlich im Hinblick auf die Leistungsfähigkeit sowie die Notwendigkeit der Präsenz des Anbieters, den Virtualisierungsgrad der Leistungen, die Verfügbarkeit des Angebots, die Art des Service Encounters sowie hinsichtlich der Kundenansprache. Klassische Dienstleistungen, die nur in Teilen online erstellt oder gar nur beworben werden, sind in einem Unschärfebereich anzusiedeln (Bruhn/Georgi 2006, S. 161f.). Typische Anwendungfelder der E-Services liegen in der Online-Beratung bzw. -Information, im Bereich der Aus- und Weiterbildung und im Online-Kundendienst.

Abbildung 6-1-11:   **Abgrenzung der E-Services von klassischen Dienstleistungen**

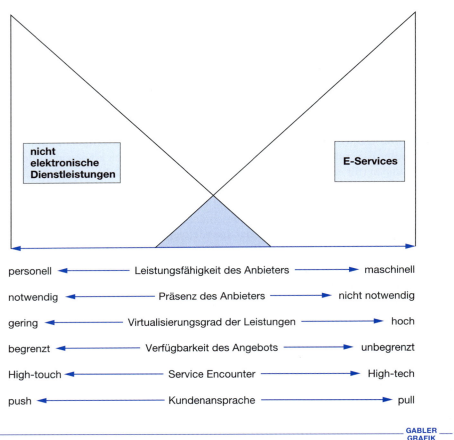

personell ⟵——— Leistungsfähigkeit des Anbieters ———⟶ maschinell
notwendig ⟵——— Präsenz des Anbieters ———⟶ nicht notwendig
gering ⟵——— Virtualisierungsgrad der Leistungen ———⟶ hoch
begrenzt ⟵——— Verfügbarkeit des Angebots ———⟶ unbegrenzt
High-touch ⟵——— Service Encounter ———⟶ High-tech
push ⟵——— Kundenansprache ———⟶ pull

GABLER
GRAFIK

Quelle: Bruhn 2002a, S. 12

Für Anbieter von Serviceleistungen ergibt sich bei zahlreichen **Einsatzfeldern** die grundsätzliche Frage der Substitution ihres klassischen Services durch die neuen Möglichkeiten des E-Services, die zur Gewinnung neuer Kundensegmente beitragen (Bitner/Ostrom/Meuter 2002). Dabei ist es zweckmäßig, sowohl bei dem klassischen Service als auch bei dem E-Service zwischen einem vorhandenen und einem neuen Service zu unterscheiden, um die Möglichkeiten der Substitution bzw. Erweiterung des klassischen durch E-Services aufzuzeigen. Abbildung 6-1-12 stellt eine entsprechende Matrix mit den Möglichkeiten dar.

Abbildung 6-1-12:   **Matrix der Kombination des klassischen Service mit E-Services**

		E-Serviceangebot	
		Vorhanden	**Neu**
Angebot an klassischen Services	**Neu**	**Serviceerweiterung** Erweiterung des Angebots durch neue klassische Services bei bestehender elektronischer Unterstützung	**Serviceinnovationen** Vollkommen neue Serviceleistungen mit vollkommen neuer elektronischer Unterstützung
	Vorhanden	**Serviceunterstützung** Unterstützung des bestehenden Service durch vorhandene E-Services	**Servicesubstitution** Erweiterung/Substitution des klassischen durch neue E-Services

GABLER
GRAFIK

Quelle: Bruhn 2002a, S. 26

Die **Servicesubstitution**, eine mögliche Kombination des klassischen Service mit E-Services, ist gekennzeichnet durch ein vorhandenes Angebot an klassischen Services und einem neuen E-Service-Angebot. Als Beispiel wird das Online Banking angesehen. Das neue Online-Angebot bietet dem Anbieter eine Vielzahl von Vorteilen wie eine steigende Effizienz und damit sinkende Kosten der Kundenbetreuung oder die Erschließung weiterer Kundengruppen. Dem stehen allerdings Gefahren entgegen, z. B. der Verlust von Vertrauen aufgrund des fehlenden Kundenkontakts oder eine unzureichend individualisierte Kundenbearbeitung und damit das Risiko einer sinkenden Kundenbindung.

Die zweite Kombinationsmöglichkeit der **Serviceunterstützung** ist dadurch charakterisiert, dass ein vorhandenes Angebot von klassischen Services durch vorhandene E-Services unterstützt wird. Als Beispiel wird der Vertrieb eines PCs angeführt, für den ein Online Support, z. B. in Form von FAQs (Frequently Asked Questions), angeboten wird (z. B. Dell). Ein solches Angebot ist sinnvoll, wenn durch die E-Services ein höherer Nutzen generiert wird.

Die dritte Kombinationsmöglichkeit der **Serviceerweiterung** zeichnet sich dadurch aus, dass ein neues Offline-Angebot mit einem vorhandenen E-Service kombiniert wird. Dieser Fall liegt beispielsweise dann vor, wenn ein Unternehmen wie Amazon als elektronischer Buchhandel zusätzlich reale Verkaufsstätten eröffnet. Eine solche Serviceerweiterung reduziert die Nachteile, die mit dem bestehenden E-Service-Angebot zwangsläufig einhergehen (z. B. mangelnder Kundenkontakt). Zudem lässt sich der Nutzen für den Kunden durch die Kombination mit bestehenden E-Services steigern (z. B. durch eine Online-Beschwerdemöglichkeit) und somit die Bezugs- und Nutzenbasis des Offline-Services erweitern.

    Beispiel: Der Nahrungsmittelproduzent Nestlé hat unter dem Namen seiner Marke Maggi ein Serviceangebot etabliert, das neben 3.500 Rezeptvorschlägen auch einen Videoabruf („Look and Cook") als Kochhilfe anbietet. Durch die Verwendung der eigenen Marken in den Rezeptvorschlägen generiert das Unternehmen durch den kostenlosen Zusatzservice einen potenziell hohen Wert. Eine ebenfalls personalisierte Seite unter dem Namen „Mein Rezeptbuch" erlaubt darüber hinaus eine Kundenbindung an das virtuelle Angebot wie auch an die physischen Produkte des Unternehmens.

Die letzte Kombinationsmöglichkeit, die **Serviceinnovation**, ist durch das Angebot eines neuen Offline-Services in Kombination mit einem neuen E-Service gekennzeichnet. Als Beispiel ist die Einführung eines Kundenbindungsmanagements zu nennen, in dessen Rahmen ein Kundenclub eröffnet wird, der sowohl eine Zeitschrift als auch ein Online-Informationsangebot sowie eine Online-Bestellmöglichkeit umfasst (z. B. Maerklin.de). Im Bereich der Value Added Services ist dieses Vorhaben unter der Zielsetzung der Profilierung gegenüber der Konkurrenz sinnvoll, im Bereich der Stand Alone Services unter dem Gesichtspunkt einer Diversifikation.

Unabhängig von der gewählten Kombination mit klassischen Services entscheidet letztlich das zu Grunde liegende **Geschäftsmodell** über den Erfolg oder Misserfolg von E-Services. Als komplexer Planungsprozess zur Etablierung einer Dienstleistung umfasst die Definition eines Geschäftsmodells die Spezifizierung der Kunden und Wettbewerber, die Festlegung des Angebotes sowie die Ausgestaltung des Distributions- und Erlösprogramms. Bei genauerer Betrachtung lassen sich die vielfältigen Entscheidungen auf die drei Dimensionen Nutzenstiftung, Erlösmodell und Architektur zurückführen (vgl. Ahlert/Backhaus/Meffert 2001).

Die Frage der **Nutzenstiftung** als Ausgangspunkt des Marketing ist den Dimensionen Erlösmodell und Architektur gedanklich vorgelagert. Erlösmodelle werden vielmehr als eine Präzisierung des Geschäftsmodells angesehen, wobei das Erzielen von Erlösen wiederum eine Wirkung auf die Gestaltung des Geschäftsmodells ausübt (Woratschek/Roth/Pastowski 2002, S. 58). Ein überlegener Nutzen beruht entweder auf einem höheren Leistungsnutzen oder bei gleichem Nutzen auf einem geringeren Leistungsentgelt.

Durch den Einsatz von E-Services hat sich eine Vielzahl neuer Geschäftsmodelle im Internet etabliert, wobei in Abhängigkeit vom Einsatz die Entwicklung dieser Modelle noch nicht abgeschlossen ist (Hammer/Wieder 2003, S. 64). Die relevanten Vertreter werden jedoch im Folgenden beispielhaft betrachtet.

Als Erstes ist das **werbefinanzierte Geschäftsmodell** zu nennen (Hammer/Wieder 2003, S. 86), das sich die Internet-Suchmaschine „Google" zu Nutze gemacht hat. Durch die Bereitstellung einer kostenlosen Dienstleistung, die für den Besucher dieser Internetseite einen Mehrwert darstellt, in diesem Fall die Internet-Suchmaschine, ist er bereit, die Werbung auf dieser Seite in Kauf zu nehmen. Die eingegebenen Suchbegriffe liefern darüber hinaus zusätzliche Informationen über den Nutzer, sodass eine spezifische und effizientere Werbeansprache möglich ist (Woratschek 2001a, S. 580f.).

Des Weiteren existiert das **Maklermodell**, das in vielen Ausprägungsvarianten Anwendung findet. Als erfolgreiches Beispiel gilt das amerikanische Internet-Auktionshaus ebay. Ziel dieses Modells ist die Vertragsvermittlung zwischen Anbieter und Nachfrager. Durch transaktionsabhängige Gebühren oder Provisionen erfolgt die Finanzierung der Handelsplattform. Anbieter und Nachfrager profitieren auf der anderen Seite von geringeren Transaktions- und Suchkosten (Hammer/Wieder 2003, S. 65).

Schließlich etablierte sich auch im Internet ein **Vertriebsmodell**, das sich am klassischen Modell des Handels orientiert. Online-Händler zielen auf den eigenständigen Abschluss von Verträgen mit Anbietern und Nachfragern ab. Vor allem der Bereich der Kontaktanbahnung und der Bestellung birgt großes Einsparungspotenzial im Rahmen der Transaktionskosten. Bei der Distribution lassen sich hingegen nur Vorteile generieren, wenn die Leistungen in elektronischer Form vorliegen, bei materiellen Leistungen ist nur der traditionelle Weg möglich (Woratschek 2001a, S. 586f.).

Obgleich die Gestaltung der Architektur in der Regel dem Nutzen- oder Erlösgedanken nachgelagert ist, sind interne Anstöße für E-Services auch in Entscheidungen über die **Leistungs- und Informationsströme** begründet. Eine innovative Business-to-Business-Architektur hat die Deutsche Post mit der Online Solution „Mailing Factory" realisiert: Als Komplettlösung für die Durchführung adressierter Werbesendungen integriert die Plattform die Angebote angeschlossener Dienstleister und erleichtert die für die Mailingerstellung notwendigen Arbeitsschritte der Wertschöpfungskette von der Konzeption und Gestaltung bis zur Produktion und zum Versand.

Auch wenn unter Marketingaspekten dem Kundennutzen eine prioritäre Bedeutung zukommt, zeigt die Praxis, dass E-Services vornehmlich technologieinduziert sind: Als wichtigster Treiber neuer Geschäftsmodelle lassen sich **Fortschritte im informations- und kommunikationstechnologischen Bereich** identifizieren. Dennoch zeigt eine Untersuchung des Marketing Centrum Münster, dass sich erfolgreiche E-Business-Dienstleister durch eine stärkere Markt- und Kundenorientierung von den weniger erfolgreichen Unternehmen abgrenzen. Sie sind in der Regel innovativer und haben eine stärkere ökonomische Fokussierung, d. h., sie priorisieren Umsatz- und Gewinnsteigerung als Oberziele. Darüber hinaus unterscheiden sie sich hinsichtlich der Dimensionen Nutzen, Erlös und Architektur stärker vom bestehenden Angebot am Markt (Ahlert/Backhaus/Meffert 2001).

2.   Kommunikationspolitik

2.1   Grundlagen der Kommunikationspolitik

2.11   Besonderheiten der Kommunikationspolitik von Dienstleistungsunternehmen

Aus den Besonderheiten beim Absatz von Dienstleistungen, d. h. der Bereitstellung der
Leistungsfähigkeit des Anbieters und der Integration des externen Faktors sowie der Immaterialität, damit verbunden Nichtlagerfähigkeit und Nichttransportfähigkeit von Dienstleistungen, ergeben sich zahlreiche Implikationen für die Kommunikationspolitik eines
Dienstleistungsunternehmens, die in Abbildung 6-2-1 wiedergegeben sind.

Abbildung 6-2-1:   **Besonderheiten der Kommunikationspolitik von Dienstleistungsunternehmen**

Besonderheiten von Dienstleistungen	Implikationen für die Kommunikationspolitik
Leistungsfähigkeit des Dienstleistungsanbieters	■ Dokumentation spezifischer Dienstleistungskompetenzen ■ Materialisierung des Fähigkeitenpotenzials
Integration des externen Faktors	■ Hinweis auf eventuelle Abholmöglichkeit des externen Faktors ■ Darstellung interner Faktoren ■ Darstellung externer Faktoren ■ Einsatz der Kommunikationspolitik im Rahmen des Leistungserstellungsprozesses ■ Erklärung von Problemen im Leistungserstellungsprozess ■ Durchführung individueller Kommunikation zum Aufbau enger Kunden-Mitarbeiter-Beziehungen sowie zur Erleichterung der Erhebung von Kundendaten
Immaterialität	■ Materialisierung von Dienstleistungen durch die Darstellung tangibler Elemente ■ Visualisierung von Dienstleistungen durch die Hervorhebung tangibler Elemente ■ Wecken von Aufmerksamkeit mittels materieller Leistungskomponenten ■ Verbesserung des Unternehmens-/Leistungsimages
■ **Nichtlagerfähigkeit**	■ Unterstützung der kurzfristigen Nachfragesteuerung ■ Hinweis auf Maßnahmen zur Kapazitätsaufteilung ■ Ausnutzung von Cross-Selling-Potenzialen
■ **Nichttransportfähigkeit**	■ Bekanntmachung von Leistungserstellungsbedingungen (Ort, Zeit usw.) ■ Bekanntmachung und Information bei großer räumlicher Distanz von Leistungsangebot und -nachfrage ■ Ausnutzung von Cross-Selling-Potenzialen ■ Kooperation zwischen Dienstleistungsanbietern

Aus der Notwendigkeit der permanenten **Bereitstellung der Leistungsfähigkeit** des Dienstleistungsanbieters werden folgende Implikationen für die Dienstleistungskommunikation abgeleitet:

▮ Die nicht darstellbare Leistungsfähigkeit macht die Dokumentation spezifischer Dienstleistungskompetenzen notwendig (z. B. Aufhängen der Meisterurkunde eines Friseurs im Salon).

▮ Ferner ist die Darstellung des Fähigkeitspotenzials Aufgabe der Kommunikationspolitik (z. B. Hinweis auf eine besondere Klanganlage eines Kinos vor Filmbeginn).

Aus der **Integration des externen Faktors** folgen weitere Besonderheiten der Dienstleistungskommunikation:

▮ Die Anwesenheit des externen Faktors in Form eines Objektes bzw. eines Menschen am Ort der Leistungserstellung ist für bestimmte Dienstleistungen zwingend notwendig. Der Dienstleister kann hierfür einen Transport anbieten. Dies ist mit Hilfe entsprechender Maßnahmen zu kommunizieren. Dafür eignet sich z. B. die Anzeige einer Autoreparaturwerkstatt mit einem Hinweis auf die Abholmöglichkeit eines zu reparierenden Fahrzeuges durch die Werkstatt.

▮ Da der Leistungserstellungsprozess aufgrund der Integration des externen Faktors nur schwer standardisierbar ist, werden in Kommunikationsmaßnahmen häufig lediglich die internen Faktoren präsentiert, z. B. durch Darstellung der Stewardessen im Werbespot einer Fluggesellschaft.

▮ In einigen Dienstleistungsbereichen ist ferner die beispielhafte Darstellung des externen Faktors möglich, z. B. mittels Kampagnen mit prominenten Kunden.

▮ Aufgrund der Integration des externen Faktors bietet sich bei Dienstleistungen der Einsatz von Kommunikationsmaßnahmen im Rahmen der Erstellung an, z. B. das Angebot einer Reiseversicherung während eines Beratungsgesprächs bezüglich einer Autoversicherung.

▮ Außerdem dient die Kommunikation im Laufe der Leistungserstellung zur Erklärung von Problemen, z. B. durch die Vorwarnung bezüglich möglicher Wartezeiten bei der telefonischen Vereinbarung eines Arzttermins.

▮ Schließlich ist aufgrund der sich aus der Integration des externen Faktors ergebenden Interaktivität eine individuelle Kommunikation möglich, die zum Aufbau enger Kunden-Mitarbeiter-Beziehungen (z. B. Kellner-Gast-Beziehung im Restaurant) sowie zur Erleichterung der Erhebung von Kundendaten (z. B. Kenntnis des Hausarztes über sämtliche medizinische Probleme eines Patienten) führt.

Aus der **Immaterialität** von Dienstleistungen resultieren folgende Konsequenzen für die Kommunikationspolitik:

▮ Komplexe Dienstleistungen sind dem Kunden meistens nicht vollständig darstellbar. Daher ist es Aufgabe der Kommunikation, zumindest teilweise eine Materialisierung der Leistungen zu erreichen. Dies ist durch die Darstellung tangibler Elemente möglich (z. B. Vorher-Nachher-Darstellung von Personen bei Diätprogrammen).

▪ Zusätzlich bietet sich die Visualisierung tangibler Leistungselemente an (z. B. die Darstellung von Mitarbeitenden als Potenzialfaktoren in Werbespots) (Lovelock/Wirtz 2007, S. 159).

▪ Ferner dient die Kommunikation dazu, die Aufmerksamkeit für neue oder auch bereits bekannte Leistungen mittels materieller Leistungskomponenten zu wecken (z. B. Gestaltung von Hinweisschildern in einem Hotel).

▪ Schließlich spielt aufgrund der Immaterialität das Unternehmens- oder Leistungsimage eine besondere Rolle bei der Leistungsbeurteilung durch den Kunden. Daher wird das Ziel verfolgt, mit entsprechenden Kommunikationsmaßnahmen die Verbesserung des Images anzustreben (z. B. Vortrag eines Bankvorstandes vor Unternehmern).

Aus der **Nichtlagerfähigkeit** von Dienstleistungen werden folgende Implikationen für die Kommunikation abgeleitet:

▪ Mit Hilfe unterschiedlicher Marketingmaßnahmen lässt sich in verschiedenen Dienstleistungsbereichen eine kurzfristige Nachfragesteuerung erreichen. In diesem Zusammenhang kommt der Kommunikation eine unterstützende Funktion zu (z. B. Bewerbung von Billigtarifflügen in einer Zeitungsanzeige).

▪ Ferner unterstützt die Kommunikation Maßnahmen zur Kapazitätsaufteilung (z. B. Hinweis auf eine gewünschte Reservierung in einem Hotelprospekt).

▪ Schließlich ist es aufgrund der Nichtlagerfähigkeit empfehlenswert, mit Hilfe von Kommunikationsmaßnahmen Cross-Selling-Potenziale auszunutzen (z. B. Hinweis in Rechtsberatungsgesprächen auf Steuerberatungsleistungen einer Kanzlei).

Durch die **Nichttransportfähigkeit** von Dienstleistungen erhält die Kommunikationspolitik die folgenden Aufgaben:

▪ Es besteht die Notwendigkeit, dem Dienstleistungskunden gewisse Bedingungen der Leistungserstellung wie Ort, Zeitpunkt der Erstellung usw. mitzuteilen (z. B. Bekanntmachung der Filmvorführungstermine von Kinos in Tageszeitungen oder eine Wegbeschreibung zur Konzerthalle auf der Rückseite einer Eintrittskarte).

▪ Liegen Leistungsangebot und -nachfrage räumlich weit auseinander, werden Kommunikationsmaßnahmen durch den Anbieter erforderlich (z. B. Versenden der Leistungsbeschreibung einer Unternehmensberatung).

▪ Die Nichttransportfähigkeit bedingt, ähnlich wie die Nichtlagerfähigkeit, die Notwendigkeit, Cross-Selling-Potenziale auszunutzen (z. B. Frage einer Friseurin, ob außer einem Haarschnitt zusätzliches Färben erwünscht ist).

▪ Schließlich lässt sich die Nichttransportfähigkeit mittels kooperativer Kommunikationsmaßnahmen mehrerer Leistungsersteller umgehen (z. B. Gewährung einer Preisreduktion in Verbindung mit einem Flug bei einer bestimmten Fluggesellschaft als verkaufsfördernde Maßnahme einer Autovermietung).

2.12 Begriff der Dienstleistungskommunikation

Die Kommunikationspolitik ist mit der Lösung der Aufgabe betraut, eine immaterielle Dienstleistung bzw. das Dienstleistungspotenzial, den Dienstleistungsprozess und das Dienstleistungsergebnis durch Visualisierungen oder eine andere Verdeutlichung für den Dienstleistungskunden „sichtbar" zu machen (Scheuch 2002; Corsten/Gössinger 2007). Generell ist unter **Kommunikation** die Übermittlung von Informationen und Bedeutungsinhalten zum Zweck der Steuerung von Meinungen, Einstellungen, Erwartungen und Verhaltensweisen bestimmter Adressaten gemäß spezifischer Zielsetzungen zu verstehen (Bruhn 2007, S. 1; Meffert/Burmann/Kirchgeorg 2008, S. 632).

> **Kommunikationspolitik** eines Dienstleistungsunternehmens ist die Gesamtheit der Instrumente und Maßnahmen der marktgerichteten, externen Kommunikation (z. B. Anzeigenwerbung), der innerbetrieblichen, internen Kommunikation (z. B. Mitarbeiterzeitschrift, Intranet) und der interaktiven Kommunikation zwischen Mitarbeitenden und Kunden (z. B. Kundenberatungsgespräch) (Bruhn 2008a, S. 199).

Kommunikation stellt im Rahmen des Dienstleistungserstellungsprozesses zum einen ein wichtiges Leistungsmerkmal dar (z. B. Rechtsberatung, ärztliche Beratung), dem weniger die kommunikationspolitischen als vielmehr die leistungspolitischen Zielsetzungen (z. B. Erreichung einer hohen Servicequalität) zu Grunde gelegt werden. Zum anderen wird die Kommunikation auch als reines Instrument im Sinne der Kommunikationspolitik zur Leistungsdarstellung eingesetzt (z. B. klassische Werbung, Sponsoring). In diesem Zusammenhang ist zu unterscheiden, ob die Maßnahmen in direktem Kontakt oder indirekt kommuniziert werden. Die daraus folgenden kommunikationspolitischen Ausprägungen sind in Abbildung 6-2-2 beispielhaft dargestellt.

Grundsätzlich kommt den Formen der **direkten Kommunikation** im Rahmen des Dienstleistungsmarketing eine besondere Relevanz zu, um dem Kunden mögliche Leistungsbeweise zu dokumentieren und ein entsprechendes Vertrauensverhältnis zur Reduktion des Kaufrisikos bei immateriellen Dienstleistungen aufzubauen.

Die allgemeine Intensivierung des Kommunikationswettbewerbs hat insbesondere in der Dienstleistungsbranche dazu geführt, dass Konsumenten einer zunehmenden Anzahl von Werbeappellen gegenüberstehen und die Informationsüberlastung weiter gestiegen ist. Eine systematische und differenzierte Ableitung von Aufgaben der Dienstleistungskommunikation sowie die Feststellung ihrer (situationsabhängigen) Relevanz gewinnt daher an Bedeutung, um in einem sich verschärfenden dienstleistungsspezifischen Kommunikationswettbewerb erfolgreich zu sein.

Abbildung 6-2-2:   **Kommunikationspolitische Ausprägungen im Dienstleistungsbereich**

	Direkter Kontakt	**Indirekter Kontakt**
Mittelbare (unpersönliche) Kommunikation	■ Leistung: – Telefonische Beratung – Informationsgestaltung ■ Kommunikation: – Telefonwerbung – Direct Mail	■ Leistung: – Aufklärungswirkung (z. B. Aids-Kampagne) ■ Kommunikation: – Werbung (klassisch) – Sponsoring
Unmittelbare (persönliche) Kommunikation	■ Leistung: – Rechtsberatung – Ärztliche Beratung ■ Kommunikation: – Persönlicher Verkauf – Auftritt bei Messen/ Ausstellungen	■ Leistung: – Szenensponsoring – Sponsoring einer Sportveranstaltung ■ Kommunikation: – Mund-zu-Mund- Kommunikation – Kommunikation über Intermediäre

GABLER
GRAFIK

2.13 Integrierte Kommunikation als strategisches Kommunikationskonzept

Die Vielzahl der Hierarchieebenen innerhalb eines Unternehmens und die Vielfalt der möglichen Kommunikationsinstrumente und -mittel machen die Koordination aller kommunikationspolitischen Aktivitäten notwendig. Vor dem Hintergrund der Bestrebungen des Konzepts Corporate Identity wird eine Abstimmung der Kommunikationsaktivitäten mit der Unternehmenskultur und dem Erscheinungsbild gefordert (Melewar/Karaosmanoglu/Paterson 2005; Balmer/Greyser 2006) und die Notwendigkeit der Integration herausgestellt. Diese Forderungen werden durch die Umsetzung einer **Integrierten Kommunikation** des Dienstleistungsanbieters erfüllt (Congram/Czepiel/Shanahan 1987; Piercy/Morgan 1990; vgl. für einen Überblick Bruhn 2007, S. 91ff.).

> **Integrierte Kommunikation** ist ein Prozess der Analyse, Planung, Umsetzung und Kontrolle, der darauf ausgerichtet ist, aus den differenzierten Quellen der internen und externen Kommunikation von Unternehmen eine Einheit herzustellen, um ein für die Zielgruppen der Kommunikation konsistentes Erscheinungsbild über das Unternehmen bzw. ein Bezugsobjekt des Unternehmens zu vermitteln (Bruhn 2003a, S. 17).

Dabei hat die Integrierte Kommunikation mehrere **Merkmale** zu erfüllen:

■ Zunächst ist die Kommunikationsarbeit so zu gestalten, dass eine strategische Positionierung des Unternehmens im Kommunikationswettbewerb möglich wird und als Wettbewerbsfaktor nutzbar gemacht wird.

▌ Die Integration der Kommunikationspolitik setzt einen Managementprozess voraus, der die Analyse, Planung, Umsetzung und Kontrolle der notwendigen Instrumente beinhaltet.

▌ Bei der Planung der Kommunikationsaktivitäten ist darauf zu achten, dass die vorgelagerte strategische Entscheidung der Markenstrategie Berücksichtigung findet.

▌ Die Integrierte Kommunikation umfasst die Instrumente der internen und externen Kommunikation. Zu deren Integration bedarf es der Erfassung und Analyse ihrer Spezifika hinsichtlich Zielgruppen, Funktionen und Aufgaben.

▌ Die Integrierte Kommunikation zielt darauf ab, eine Einheit in der Kommunikation herzustellen. Im Zuge dessen ist ihre Wirksamkeit zu überprüfen, um mögliche Synergieeffekte zu identifizieren. Die geforderte Einheit bedeutet schließlich die Schaffung eines inhaltlich, formal und zeitlich abgestimmten Erscheinungsbildes bei den Zielgruppen (Bruhn 2007, S. 90).

Abbildung 6-2-3: **Kommunikationsplanung auf unterschiedlichen Ebenen**

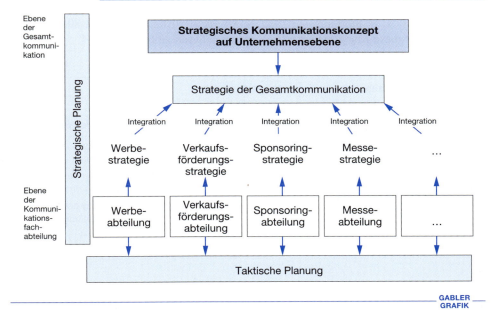

Quelle: Bruhn 2007, S. 66

Zur Meisterung der komplexen Aufgabe der Koordination der Kommunikationsinstrumente und -mittel für unterschiedliche Zielgruppen und für alternative Szenarien, unter Beachtung der zu erfüllenden Merkmale, ist eine strategische Planung der Gesamtkommunikation als Top-down-Planung und der einzelnen Kommunikationsinstrumente als Bottom-up-Planung notwendig, die sich auf den Ebenen der Gesamtkommunikation und der einzelnen Kommunikationsfachabteilungen vollzieht. Unter der Zielsetzung einer besseren Abstimmung sind die Prozesse dieser beiden Ebenen in einem ganzheitlichen Planungsansatz als **iterative Down-Up-Planung** zusammenzuführen. Die konkrete Umsetzung erfolgt im Anschluss im Rahmen der taktischen Kommunikationsplanung (Bruhn 2007, S. 65ff.). Die verschiedenen Kommunikationsstrategien auf den unterschiedlichen Unternehmensebenen sind in Abbildung 6-2-3 dargestellt.

2.14 Ziele der Kommunikationspolitik

Die kommunikative Steuerung der Dienstleistungsnachfrage im Zeitablauf orientiert sich zunächst an unternehmensgerichteten ökonomischen Zielsetzungen wie Umsatz- und Gewinnmaximierung oder Kostenersparnis (vgl. Kapitel 4 Abschnitt 3). Da jedoch diese ökonomischen Wirkungen nicht eindeutig den kommunikativen Maßnahmen zuzuordnen sind, erlangen im Rahmen der Kommunikationspolitik insbesondere psychologische Kommunikationsziele eine zentrale Bedeutung. Nach den Stufen der Kundenreaktion lassen sich im Allgemeinen kognitiv-, affektiv- und konativ-orientierte Zielsetzungen unterscheiden (vgl. z. B. Steffenhagen 2000, S. 8ff.; Kotler/Bliemel 2006, S. 891f.). Einen Überblick über diese Kategorien von Zielsetzungen liefert Abbildung 6-2-4.

Abbildung 6-2-4:   **Kategorien von Kommunikationszielen**

Kognitiv-orientierte Ziele	Affektiv-orientierte Ziele	Konativ-orientierte Ziele
■ Kontakt mit der Zielgruppe ■ Aufmerksamkeitswirkung ■ Erinnerungswirkung ■ Wissensvermittlung	■ Gefühlswirkung ■ Positive Hinstimmung ■ Interessenweckung ■ Imagewirkung	■ Auslösung von Kaufhandlungen ■ Beeinflussung des Informationsverhaltens ■ Beeinflussung des Weiterempfehlungs-verhaltens

GABLER
GRAFIK

Die **kognitiven** Ziele betreffen die Erkenntnis und zielen z. B. auf die Wahrnehmung eines Werbespots, die Kenntnis von Marken oder das Wissen über eine Leistung ab. In Bezug auf die psychologische Wirkungsgröße der Qualitätswahrnehmung des Kunden ist z. B. der Einsatz der Kommunikationsinstrumente so zu gestalten, dass das Wissen des Kunden über die leistungsspezifischen Charakteristika und in Folge über die Dienstleistungsqualität positiv beeinflusst wird. Des Weiteren wird versucht, die Aufmerksamkeit des Rezipienten auf das Unternehmen bzw. die Leistung zu lenken und die diesbezüglichen Informationen im Gedächtnis des (potenziellen) Kunden zu speichern.

Affektive, das Gefühl betreffende Kommunikationsziele sind die Schaffung eines positiven Images und das Wecken von Interesse oder Emotionen. Wie bereits im Rahmen der Leistungspolitik herausgestellt wurde, kommt dem Image eines Unternehmens aufgrund der Besonderheiten von Dienstleistungen eine herausragende Bedeutung zu (vgl. Abschnitt 1.12). Demzufolge ist bei der kommunikationspolitischen Zielformulierung insbesondere auf eine positive Imagewirkung zu achten.

Schließlich zielt die **konative** Komponente, die eine Aktivität des Kunden hervorruft, darauf ab, Kaufabsichten und Kaufhandlungen auszulösen und das Informationsverhalten zu beeinflussen. Neben dem Erstkauf werden der Wiederkauf und der Zusatzkauf des Kunden in Form von Cross Selling angestrebt. Des Weiteren versuchen Maßnahmen in diesem Bereich, ein positives Weiterempfehlungsverhalten gebundener Kunden hervorzurufen.

Nach der Festlegung der Kommunikationsziele ist die Definition der **relevanten Zielgruppen** notwendig, wobei als Hauptzielgruppen Kunden, Mitarbeitende und die Öffentlichkeit zu unterscheiden sind (Bruhn 2007, S. 70ff.). In Abhängigkeit dieser Entscheidungen wird die Auswahl und Kategorisierung von geeigneten Kommunikationsinstrumenten vorgenommen. Eine ausführliche Darstellung erfolgt im nächsten Abschnitt.

2.2 Instrumente der Kommunikationspolitik

Gegenstand der Kommunikationspolitik ist die Realisierung relevanter Kommunikationsziele bei ausgewählten Zielgruppen. Dafür ist der Einsatz einer Vielzahl von Kommunikationsinstrumenten denkbar. Zur Klassifizierung der Instrumente eignet sich eine Unterteilung nach Hartley und Pickton (1999). Als Kriterien werden die einseitige – zweiseitige und persönliche – unpersönliche Kommunikation gegenübergestellt, die sich an Individuen oder ein anonymes Massenpublikum wendet. Auf dem Kontinuum zwischen unpersönlicher und persönlicher Kommunikation erfolgt eine Unterteilung in die Bereiche Unternehmens-, Marketing- und Dialogkommunikation, wobei jedoch die Grenzen zwischen diesen Bereichen fließend und Überschneidungen möglich bzw. nicht vermeidbar sind. Im Folgenden werden die Kommunikationsinstrumente diesen drei Kategorien schwerpunktmäßig zugeordnet und auf die Besonderheiten ihrer Anwendung im Rahmen der Dienstleistungskommunikation eingegangen. Einen Überblick über die Kommunikationsinstrumente und ihre charakteristischen Merkmale liefert Abbildung 6-2-5.

Abbildung 6-2-5:   Charakteristische Merkmale der Unternehmens-, Marketing- und Dialogkommunikation

	Unternehmens-kommunikation	Marketing-kommunikation	Dialog-kommunikation
Funktion(en)	Prägung des institutionellen Erscheinungsbildes des Unternehmens	Verkauf von Produkten und Dienstleistungen des anbietenden Unternehmens	Austausch mit Anspruchsgruppen durch direkte Formen der Kommunikation
Zentrale Kommunikationsziele	Positionierung, Goodwill, Unternehmensimage, Unternehmensbekanntheit	Ökonomische (z.B. Absatz, Umsatz, Marktanteil), psychologische (z.B. Image) Ziele	Aufbau/Intensivierung des Dialogs zur Kundenakquise, -bindung und -rückgewinnung
Weitere typische Kommunikationsziele	Aufbau von Vertrauen und Glaubwürdigkeit, Demonstration von Kompetenz	Abbau von Informationsasymmetrien, Vermittlung zuverlässiger Produktinformationen	Vertrauensaufbau, Pflege von Geschäftsbeziehungen, Information über Leistungsspezifika
Primäre Zielgruppen	Alle Anspruchsgruppen des Unternehmens	Aktuelle und potenzielle Kunden des Unternehmens, weitere Entscheidungsträger	Aktuelle und potenzielle Kunden, Kooperations- und Marktpartner
Typische Kommunikationsinstrumente	Institutionelle Mediawerbung, Corporate Sponsoring, Corporate Public Relations, Mitarbeiterkommunikation	Mediawerbung, Produkt-PR, Verkaufsförderung, Sponsoring, Event Marketing	Persönliche Kommunikation, Messen/Ausstellungen, Multimediakommunikation, Direct Marketing

GABLER
GRAFIK

Quelle: In Anlehnung an Bruhn 2007, S. 347

2.21   Instrumente der Unternehmenskommunikation

Die Instrumente der **Unternehmenskommunikation** verfolgen primär die Ziele, ein einheitliches institutionelles Erscheinungsbild des Unternehmens zu prägen, die Bekanntheit und den Goodwill des Unternehmens zu steigern, ein positives Firmenimage aufzubauen sowie eine anvisierte Positionierung umzusetzen. Daneben gelten als weitere Kommunikationsziele der Aufbau von Vertrauen und Glaubwürdigkeit sowie die Demonstration der Kompetenzen und der Leistungsfähigkeit des Unternehmens. Als typische Kommunikationsinstrumente in diesem Bereich finden die Öffentlichkeitsarbeit (Public Relations), das Sponsoring, die Mitarbeiterkommunikation und die institutionelle Mediawerbung Anwendung, die durch eine weitgehend einseitige, unpersönliche Kommunikation gekennzeichnet sind. Im Folgenden werden diese Instrumente dargestellt und auf die Besonderheiten im Zusammenhang mit der Kommunikation von Dienstleistungen eingegangen.

(1) Öffentlichkeitsarbeit (Public Relations)

Aufgrund der Immaterialität der Leistung ist die Imagewirkung der Unternehmenskommunikation für Dienstleistungsunternehmen und somit die Öffentlichkeitsarbeit (Public Relations) von großer Bedeutung. Dabei wird der Öffentlichkeitsarbeit folgende Definition zu Grunde gelegt:

> **Öffentlichkeitsarbeit** (Public Relations) als Kommunikationsinstrument ist die Analyse, Planung, Durchführung und Kontrolle aller Aktivitäten eines Unternehmens, um bei ausgewählten Zielgruppen (extern und intern) um Verständnis sowie Vertrauen zu werben und damit gleichzeitig kommunikative Ziele des Unternehmens zu erreichen (Bruhn 2007, S. 398).

Die **Erscheinungsformen** der Public Relations sind vielfältig (Naundorf 1993, S. 605ff.; Köhler/Schaffranietz 2005). Grundsätzlich lassen sich leistungsbezogene (z. B. Zeitungsartikel über die Anlageberatung einer Bank), unternehmensbezogene (z. B. Bericht über die Hauptversammlung einer Versicherung) und gesellschaftsbezogene Öffentlichkeitsarbeit (z. B. Stellungnahme des Vorstandsvorsitzenden zum Wirtschaftsstandort Deutschland) klassifizieren.

Der Einsatz der Öffentlichkeitsarbeit setzt zunächst eine Analyse von Ansatzpunkten voraus, die zur positiven Darstellung des Unternehmens in der Öffentlichkeit geeignet sind bzw. einer Korrektur bei den Zielgruppen bedürfen. Im Anschluss daran erfolgt die Festlegung der **Ziele**. Im Vordergrund stehen die Verbesserung des Unternehmens- und Leistungsimages, die Kontaktpflege zu unternehmensrelevanten Personen sowie die Beeinflussung gesellschaftlicher Meinungen und Einstellungen (Beger/Gärtner/Mathes 1989, S. 64ff.).

Obwohl die Ziele der Öffentlichkeitsarbeit im Konsumgüter-, Industriegüter- und Dienstleistungsbereich weitgehend identisch sind, lassen sich aufgrund der Besonderheiten von Dienstleistungen zusätzliche spezifische **Implikationen** ableiten:

- Aufgrund der Immaterialität von Dienstleistungen zieht der Kunde das **Image** bei der Beurteilung der Leistung verstärkt als Ersatzkriterium heran. Die Öffentlichkeitsarbeit trägt zur Unterstützung einer Imageprofilierungsstrategie bei.

- Die Immaterialität der Leistungen führt zu einem verstärkten Einsatz von **Firmenmarken**, die als Vertrauensanker für das gesamte Angebot des Unternehmens fungieren. Die Öffentlichkeitsarbeit ist besonders geeignet, Firmenmarken zu kommunizieren.

- Die **Mitarbeitenden** stellen bei vielen Dienstleistungen ein wesentliches Beurteilungsmerkmal für die Kunden dar. Die Öffentlichkeitsarbeit trägt zum Aufbau eines vertrauensvollen Verhältnisses zwischen Unternehmen und Mitarbeitenden bei. Diese positive Einstellung kommuniziert der Mitarbeitende im direkten Kontakt mit dem Kunden („Multiplikatorwirkung" der Mitarbeitenden).

(2) Corporate Sponsoring

Sponsoring entwickelte sich in den letzten Jahren zu einem etablierten Instrument der Kommunikationspolitik (Bruhn 2003b, 2007). Dabei wird Sponsoring wie folgt definiert:

> **Sponsoring** ist die Analyse, Planung, Durchführung und Kontrolle sämtlicher Aktivitäten, die mit der Bereitstellung von Geld, Sachmitteln, Dienstleistungen oder Knowhow durch Unternehmen und Institutionen zur Förderung von Personen und/oder Organisationen in den Bereichen Sport, Kultur, Soziales, Umwelt und/oder Medien verbunden sind, um damit gleichzeitig Ziele der eigenen Kommunikationspolitik zu erreichen (Bruhn 2007, S. 411).

Sponsoring lässt sich sowohl für das Gesamtunternehmen (Corporate Sponsoring) als auch für Produkte bzw. Marken (Product Sponsoring) einsetzen. Je größer das Unternehmen und je heterogener das Leistungsprogramm (z. B. bei Großbanken, Versicherungskonzernen), desto häufiger ist neben einem produktbezogenen Sponsoring auch ein Corporate Sponsoring zu beobachten. Hierbei engagiert sich die Zentrale bei Sponsorships (vor allem in den Bereichen Sport und Kultur), die wiederum den Geschäftsbereichen und Produktsparten zur Nutzung angeboten werden. Es bedarf keiner besonderen Begründung, dass bei diesen Engagements in der Praxis häufig divergierende Interessen zwischen den zentralen und dezentralen Unternehmenseinheiten auftreten.

Die vielfältigen **Erscheinungsformen** des Sponsoring lassen sich in die Bereiche Sport-, Kultur-, Sozio-, Umwelt- und Programmsponsoring einordnen. Darüber hinaus stehen zur Gestaltung des einzelnen Sponsoringengagements zahlreiche Variationsmöglichkeiten zur Verfügung, die sich z. B. auf die Art der Sponsorenleistung (Sponsoring mit Geld, Sachmitteln oder Dienstleistungen), die Anzahl der Sponsoren (z. B. Exklusiv- oder Co-Sponsorship) oder die Art der gesponserten Individuen/Gruppen (z. B. Einzelsportler oder Mannschaft) beziehen.

Ausgehend von den Zielen der Kommunikationspolitik verfolgt das Sponsoring die **Ziele** der Bekanntmachung des Unternehmens, wobei dies sowohl für die gesamte Öffentlichkeit, als auch für spezifische Zielgruppen möglich ist. Daneben kommt der Imagewirkung des Sponsoring eine zentrale Bedeutung zu (Imagetransfer durch Sponsoring). Schließlich wird ebenfalls das Ziel der Weiterempfehlung des Unternehmens mittels Sponsoring verfolgt.

Durch die Besonderheiten von Dienstleistungen ergeben sich **Implikationen** für den Einsatz des Sponsoring:

▌ Das Sponsoringengagement dient der Unterstützung einer Imageprofilierungsstrategie. Es trägt somit der Bedeutung des **Images** als Ersatzkriterium zur Beurteilung der immateriellen Leistung Rechnung.

▌ Aufgrund der Immaterialität der Leistung besteht beim Kunden Unsicherheit bezüglich der Dienstleistungsqualität. Die positive Wahrnehmung des Sponsoringengagements bzw. des Gesponserten trägt zur **Reduktion des subjektiven Kaufrisikos** bei.

▌ Die Immaterialität führt zu Schwierigkeiten bei der **Visualisierung** der Dienstleistung. Durch Sponsoring lässt sich eine Verknüpfung der Dienstleistung mit dem Gesponserten bzw. der gesponserten Veranstaltung und damit eine Visualisierung bestimmter Eigenschaften erzeugen.

(3) Institutionelle Mediawerbung

Im Rahmen der Unternehmenskommunikation kommt der institutionellen Mediawerbung die Aufgabe der Imagevermittlung, der Erhöhung der Unternehmensbekanntheit sowie des Goodwills zu. Zusätzlich werden als weitere Ziele der Aufbau von Vertrauen, Glaubwürdigkeit und die Demonstration der Kompetenzen des Unternehmens verfolgt. Vor diesem Hintergrund gelten prinzipiell alle Anspruchsgruppen des Unternehmens als Zielgruppen der institutionellen Mediawerbung, da die Verbesserung der Beziehungen zu allen Anspruchsgruppen angestrebt wird.

Zur Übermittlung der Botschaften bedient sich die Mediawerbung unterschiedlicher **Erscheinungsformen**, zu denen z. B. die Print-, Fernseh-, Radio-, Plakat-, Kino- und Online-Werbung zählen. Diese werden von Kommunikations- bzw. Werbeträgern (z. B. Zeitschriften, Zeitungen, Radio, Fernsehen oder Internet) übertragen und mit Kommunikations- bzw. Werbemitteln (z. B. Anzeigen, Werbemittel, Spots) belegt (Bruhn 2007, S. 356f.). Durch die Gestaltung der Botschaften wird eine positive Meinungsbeeinflussung der Öffentlichkeit im Hinblick auf das Unternehmen angestrebt. Dabei wird häufig der Standpunkt des Unternehmens zu öffentlich diskutierten Streitpunkten wie z. B. Umweltdiskussionen oder Diskussionen zur Arbeitsplatzpolitik aufgegriffen und kommuniziert (Bruhn 2005c, S. 785).

Die Auswahl der Kommunikationsmittel hängt von der anzusprechenden Zielgruppe ab. Wird angestrebt, die breite Öffentlichkeit zu erreichen, um generell ein positives Bild des Unternehmens zu vermitteln, eignen sich z. B. TV-Spots.

> **Beispiele:** Das Textilunternehmen Trigema stellt im Rahmen seiner Fernsehspots die Aussage in den Mittelpunkt, dass es am Produktionsstandort Deutschland festhält. Es unterstreicht somit seine gesellschaftliche Verantwortung der Arbeitsplatzsicherung und -schaffung sowie der Stärkung des Wirtschaftsstandorts Deutschland (Trigema GmbH & Co. KG 2008). Als weiteres Beispiel ist die Krombacher Brauerei zu nennen. Sie wirbt seit 2002 in Fernsehspots für ihr Regenwaldprojekt. Für jeden verkauften Getränkekasten übernimmt die Brauerei die Kosten zum Schutz von 1 m^2 Regenwald und signalisiert damit ihre Verantwortung für den Umweltschutz (Krombacher Brauerei 2008).

Daneben besteht durch die Auswahl entsprechender Kommunikationsmittel die Möglichkeit, gezielt bestimmte Zielgruppen anzusprechen.

> **Beispiel:** Durch die Schaltung einer Anzeige bedankte sich Mobilcom bei unterschiedlichen, explizit genannten internen und externen Zielgruppen für die Rettung des Unternehmens. Die Auswahl der Zeitungen bzw. Zeitschriften ermöglicht die zielgruppenspezifische Ansprache. Denkbar sind in diesem Fall regionale Zeitungen im Einzugsgebiet des Unternehmens oder Mitarbeiterzeitschriften.

2.22 Instrumente der Marketingkommunikation

Die Instrumente der **Marketingkommunikation** streben den Verkauf von Dienstleistungen an und verfolgen ökonomische Ziele wie Absatz- und Umsatzsteigerung sowie psychologische Ziele wie den Aufbau von Imagekomponenten. Daneben dienen sie dem Abbau von Informationsasymmetrien, die bei Dienstleistungen aufgrund der konstitutiven Merkmale häufig besonders ausgeprägt auftreten, indem sie zuverlässige Informationen über die Leistung vermitteln. Anwendung finden in diesem Bereich hauptsächlich die klassische Mediawerbung, die Verkaufsförderung, das Sponsoring und das Event Marketing.

(1) Klassische Mediawerbung

Vergleichbar zur Mediawerbung im Konsumgüterbereich spielt die klassische Dienstleistungswerbung eine zentrale Rolle in der Marketingkommunikation. Dabei liegt der Mediawerbung folgende Definition zu Grunde:

> **Mediawerbung** ist der Transport und die Verbreitung werblicher Informationen über die Belegung von Werbeträgern mit Werbemitteln im Umfeld öffentlicher Kommunikation gegen ein leistungsbezogenes Entgelt, um eine Realisierung unternehmens- und marketingspezifischer Kommunikationsziele zu erreichen (Bruhn 2007, S. 356).

Die **Erscheinungsformen** der klassischen Mediawerbung entsprechen denjenigen der institutionellen Mediawerbung. Durch die vielfältigen Gestaltungsmöglichkeiten liegt jedoch bei der klassischen Mediawerbung der Fokus auf der Absatzförderung, während bei der institutionellen Mediawerbung eine Image- und Akzeptanzförderung im Mittelpunkt steht (Bruhn 2007, S. 409).

Für die klassische Mediawerbung ergibt sich vor dem Hintergrund der dienstleistungsspezifischen Besonderheiten eine Reihe von **Implikationen**:

- Der Einsatz der klassischen Mediawerbung zur Kommunikation immaterieller Dienstleistungen setzt eine Visualisierung, bzw. Materialisierung der Dienstleistung voraus. Dies ist durch den Einsatz von **Surrogaten** möglich. So ist eine Materialisierung durch die Darstellung des externen Faktors (z. B. Vorher-Nachher-Darstellung des externen Faktors zur Darstellung eines Fitness-Programms) oder des internen Faktors (z. B. Darstellung von Maschinen oder Gebäuden) denkbar. Ähnliche Effekte ruft die Strategie der Personifizierung hervor (z. B. Darstellung von Referenzkunden oder Mitarbeitenden).

- Die Immaterialität der Dienstleistung führt zu Bewertungsunsicherheiten bezüglich der Dienstleistungsqualität. Die Mediawerbung verbessert durch die Kommunikation leistungsspezifischer Informationen den eigenschaftsbezogenen Kenntnisstand des

Konsumenten (Stauss 1989, S. 49; Kaas 1991b, S. 360f.; Weiber/Adler 1995, S. 47f.; Roth 2001, S. 50ff.) und trägt zum **Abbau vorhandener Informationsasymmetrien** bei. Für diese Aufgabe eignen sich ebenfalls die surrogatsbezogenen Gestaltungsoptionen der Materialisierung und Personifizierung.

(2) Verkaufsförderung

Dienstleistungsunternehmen haben seit einigen Jahren die Bedeutung der Verkaufsförderung im Kommunikationsmix erkannt (Payne 1993, S. 158). Ursprünglich wurde sie im Konsumgüterbereich zur Vermarktung von Produkten eingesetzt. Sie umfasst dabei sowohl Ansätze der Kommunikationspolitik als auch der Preis-, Vertriebs- und Leistungspolitik. Für die weiteren Ausführungen findet folgende Definition Anwendung, die sich auf die Realisierung kommunikativer Ziele konzentriert:

> **Verkaufsförderung** (Promotions) ist die Analyse, Planung, Durchführung und Kontrolle meist zeitlich befristeter Maßnahmen, die das Ziel verfolgen, auf nachgelagerten Vertriebsstufen durch zusätzliche Anreize Kommunikations- und Vertriebsziele eines Unternehmens zu realisieren (Bruhn 2007, S. 366).

Bei den **Erscheinungsformen** lässt sich eine unmittelbare und eine mittelbare Verkaufsförderung unterscheiden. Der unmittelbaren Verkaufsförderung werden solche Maßnahmen subsumiert, die gänzlich vom Dienstleistungsunternehmen kontrolliert werden. Dabei handelt es sich zum einen um Aktionen, die außerhalb einer Verkaufsstätte durchgeführt werden (z. B. in einer Fußgängerzone oder auf der Straße). Zum anderen sind zu dieser Gruppe Maßnahmen zu zählen, die am Point of Sale (POS) durchgeführt werden, sofern die Leistung durch das Unternehmen direkt an einem Ort verkauft wird (z. B. Gutschein vom Friseur) oder es sich um ein Unternehmen mit einem Filialsystem handelt, z. B. Preisausschreiben am Weltspartag durch Banken.

Bei der mittelbaren Verkaufsförderung übt das Unternehmen zumindest nicht vollständig Einfluss auf die Durchführung der Maßnahmen aus. Zu dieser Gruppe gehören Aktionen, die in den Räumen eines Absatzmittlers stattfinden (z. B. POS-Material von Reiseveranstaltern in Reisebüros). Weiterhin werden hierzu kooperative Verkaufsförderungsmaßnahmen gerechnet, die in Verbindung mit einem anderen Unternehmen durchgeführt werden (z. B. Hinweisschild und Prospekte für ein Restaurant in der Empfangshalle eines Hotels).

Zu den **Zielen** der Verkaufsförderung zählen auf der operativen Ebene die kurzfristige Steigerung des Abverkaufs und die Zahl der Wiederholungskäufe. Des Weiteren dienen Verkaufsförderungsmaßnahmen der Bekanntmachung sowie der Information über neu eingeführte Leistungen des betreffenden Unternehmens. Im strategischen Bereich hingegen ist es das Ziel, das Image bei Absatzmittlern und Konsumenten sowie die Markenprofilierung vor allem bei den Konsumenten zu verbessern.

Aufgrund der Besonderheiten von Dienstleistungen kommt einigen **Verkaufsförderungs-maßnahmen** eine besondere Bedeutung zu:

▊ Wegen der Immaterialität von Dienstleistungen streben Unternehmen im Rahmen der Kommunikation eine Materialisierung der Leistung oder zumindest einzelner Leistungselemente an. Hierfür sind vor allem **Geschenke** und **Display-Material** am POS geeignet. Geschenke tragen dazu bei, dass sich der Konsument an das Unternehmen und seine Leistung erinnert (z. B. Spielzeug in der Junior-Tüte von McDonald's). Mit Hilfe von Display-Material am POS wird eine positive Hinstimmung des Kunden zur Leistung erreicht (z. B. Plakate von Reisezielen in Reisebüros).

▊ Aufgrund der Immaterialität der Dienstleistung ist es vorteilhaft, den Kunden zu einer geistigen Auseinandersetzung mit der Leistung zu bewegen. Dies wird durch **Wettbewerbe** und **Preisausschreiben** erreicht, bei denen der Kunde sich unbewusst mit der Leistung beschäftigt (z. B. Sparwettbewerb einer Bank für Kinder anlässlich des Weltspartages).

▊ Des Weiteren lässt sich aus der Immaterialität die Durchführung von **Demonstrationen** in einigen Dienstleistungsbereichen ableiten (z. B. Videovorführung lokaler Ausflugsveranstalter in der Empfangshalle eines Hotels, „Schnuppertage" für längere Ausbildungsprogramme).

▊ Die Nichtlagerfähigkeit von Dienstleistungen bedingt eine kurzfristige Nachfragesteuerung. Hierfür bieten sich preispolitische **Verkaufsförderungsmaßnahmen** an, wobei reine Preisreduktionen (z. B. Studentenermäßigung), Coupon-Maßnahmen (z. B. Miles-and-More-Programm der Lufthansa) und Sampling-Aktionen unterschieden werden. Bei der letztgenannten Gruppe ist das Sampling von Leistungen/Leistungselementen (z. B. Zusatzversicherung bei Abschluss einer bestimmten Anzahl von Versicherungsverträgen) vom Sampling von Kunden (z. B. Familienticket für den Besuch eines Zoos) zu trennen.

▊ Im Zusammenhang mit der Nichttransportfähigkeit von Dienstleistungen wurden in den letzten Jahren **kooperative Verkaufsförderungsmaßnahmen** durchgeführt. Dabei wird der Kunde während bzw. nach der Inanspruchnahme einer Leistung auf eine andere, kontextbezogene Leistung hingewiesen (z. B. Preisnachlass in Hotels und bei Autovermietungen im Zusammenhang mit einer Buchung bei einer bestimmten Fluggesellschaft).

(3) Event Marketing

Beim Event Marketing handelt es sich um ein Kommunikationsinstrument, dessen Bedeutung in den letzten Jahren zugenommen hat. Zum besseren Verständnis ist zunächst eine begriffliche Abgrenzung zwischen **Events** als solchen und dem Instrument **Event Marketing** vorzunehmen.

> Ein **Event** ist eine besondere Veranstaltung oder ein spezielles Ereignis, das multisensitiv vor Ort von ausgewählten Rezipienten erlebt und als Plattform zur Kommunikation von Unternehmen genutzt wird (Bruhn 2007, S. 443).

Da es im Rahmen einer systematischen Kommunikationsplanung unerlässlich ist, den Einsatz von Events als eigenes Instrument zu verstehen, bietet sich eine Zusammenfassung unter dem Begriff Event Marketing an:

> **Event Marketing** ist die zielgerichtete, systematische Analyse, Planung, Inszenierung und Kontrolle von Veranstaltungen als Plattform einer erlebnis- und dialogorientierten Präsentation einer Dienstleistung oder eines Unternehmens, sodass durch emotionale und physische Stimuli starke Aktivierungsprozesse in Bezug auf Dienstleistungen oder Unternehmen mit dem Ziel der Vermittlung von unternehmensgesteuerten Botschaften ausgelöst werden (Bruhn 2007, S. 444f.).

Grundsätzlich lassen sich drei **Erscheinungsformen von Events** im Rahmen des Event Marketing unterscheiden. Beim anlassbezogenen Event steht die Darstellung des Unternehmens im Mittelpunkt (z. B. Firmenjubiläum eines Dienstleistungsunternehmens). Der anlass- und markenorientierte Event fokussiert auf die Vermittlung leistungs- bzw. markenbezogener Botschaften innerhalb eines zeitlich festgelegten Anlasses (z. B. Einführung einer neuen Dienstleistung durch ein Event). Der markenorientierte Event zielt schließlich auf eine emotionale Positionierung der Marke und eine dauerhafte Verankerung in der Erlebniswelt der Zielgruppe ab (z. B. Durchführung einer Erlebnisreise mit dem Marlboro Abenteuer Team) (Bruhn 2007, S. 446).

Die **Ziele** des Event Marketing werden auf zwei Stufen betrachtet. Auf der ersten Stufe wird angestrebt, die gewünschten Teilnehmer durch die Kontaktaufnahme zu einem Besuch des Events zu bewegen. Auf der zweiten Stufe werden insbesondere affektivorientierte Zielsetzungen verfolgt, indem der Kunde das Unternehmen in einem von ihm als positiv empfundenen Umfeld kennenlernt und dadurch das Unternehmen und seine Leistungen mit diesen positiven Eindrücken assoziiert.

Aus den Besonderheiten von Dienstleistungen lassen sich **Implikationen** für den Einsatz von Event-Marketing-Maßnahmen ableiten:

▌ Durch den Einsatz tangibler Elemente im Rahmen des Events (z. B. durch die Gestaltung des Eventortes) erfolgt eine **Materialisierung** und **Visualisierung** der immateriellen Leistung, z. B. in Form einer Unterstreichung des Exklusivitätsanspruchs eines Dienstleisters durch das Engagement erstklassiger Künstler.

▌ Aufgrund der Immaterialität fehlen objektive Kriterien zur Leistungsbeurteilung. Im Rahmen des Events werden für die Rezipienten **Erlebnisse** geschaffen. Der Transfer dieser positiven Emotionen auf die Leistungstransaktion mit dem Unternehmen trägt zu einer positiven Leistungsbeurteilung bei (z. B. die Berliner Morgenpost unterstützt die Jugendmesse YOU in Berlin, um von den Jugendlichen positiv wahrgenommen zu werden).

■ Die erfolgreiche Integration des externen Faktors wird durch den **Aufbau einer engen Kunden-Mitarbeiter-Beziehung** unterstützt. Im Rahmen eines Events ist es möglich, mit dem Kunden in Kontakt zu treten und den Dialog zu fördern (z. B. während einer „Tag der offenen Tür"-Veranstaltung treten Mitarbeitende eines Fitnessstudios in Kontakt mit den Besuchern).

2.23 Instrumente der Dialogkommunikation

Mit den Instrumenten der **Dialogkommunikation** werden der Aufbau und die Intensivierung des Dialogs mit potenziellen und aktuellen Kunden durch eine individuelle Kommunikation anvisiert. Zusätzlich dienen sie dem Vertrauensaufbau, der Pflege von Geschäftsbeziehungen und der Information über Leistungsspezifika. Da der Prozess der Dienstleistungserstellung als Interaktion zwischen Mitarbeitenden des Dienstleistungsunternehmens und Dienstleistungskunden aufgefasst wird, spielt die Dialogkommunikation eine bedeutende Rolle (Mann 2004). In diesem Zusammenhang gilt es zu berücksichtigen, dass der Mitarbeitende durch die Ausrichtung des eigenen kundengerichteten Kommunikationsverhaltens unmittelbaren Einfluss auf das Ergebnis des Interaktionsprozesses nimmt. Zur Umsetzung der Ziele der Dialogkommunikation stehen Instrumente wie Persönliche Kommunikation, Messen und Ausstellungen, Direct Marketing und Multimediakommunikation zur Verfügung. Im Folgenden werden diese Kommunikationsinstrumente näher erläutert.

(1) Persönliche Kommunikation

Im Rahmen der Kommunikationspolitik von Dienstleistungsanbietern nimmt die Persönliche Kommunikation eine bedeutende Stellung ein. Diese Bedeutung leitet sich vor allem aus der bereits beschriebenen Überschneidung von kommunikativen Aktivitäten zur Leistungserbringung und kommunikativen Aktivitäten zur Leistungsdarstellung ab. So ist die Persönliche Kommunikation durch den Dienstleistungsanbieter bei der Erbringung von persönlichen Dienstleistungen aufgrund des unmittelbaren Kontaktes mit den Kunden ein zentrales Kommunikationsinstrument. Für die Persönliche Kommunikation wird folgende Definition zu Grunde gelegt:

> **Persönliche Kommunikation** ist die Analyse, Planung, Durchführung und Kontrolle sämtlicher unternehmensinterner und -externer Aktivitäten, die mit der wechselseitigen Kontaktaufnahme bzw. -abwicklung zwischen Anbieter und Nachfrager in einer durch die Umwelt vorgegebenen Face-to-Face-Kontaktsituation verbunden sind, in die bestimmte Erfahrungen und Erwartungen durch verbale und nonverbale Kommunikationshandlungen eingebracht werden, um damit gleichzeitig vorab definierte Ziele der Kommunikationspolitik zu erreichen (Bruhn 2007, S. 425f.).

Im Rahmen der Persönlichen Kommunikation sind vielfältige **Erscheinungsformen** möglich. Prinzipiell lässt sich eine verbale (z. B. Sprachstil) und eine nonverbale (z. B. Mimik, Gestik) Persönliche Kommunikation unterscheiden, wobei als Beteiligte Anbieter (z. B. Kundenkontaktpersonal), Nachfrager und Personen im Umfeld (z. B. Meinungsführer, Familie) fungieren. Daneben wird eine Kategorisierung anhand der Inhalte vorgenommen (z. B. Sachinhalte, menschlich-emotionale Inhalte). Des Weiteren ist eine Klassifizierung in Bezug auf die Dauer und Intensität der Interaktionen möglich. Schließlich wird unterschieden, ob vornehmlich eine einseitige Information des Kunden durch das Kundenkontaktpersonal erfolgt, oder ob eine ausgeglichene Kommunikationsbeziehung zwischen Anbieter und Kunde besteht (Bruhn 2007, S. 426ff.).

Im Rahmen der Persönlichen Kommunikation werden kognitiv-orientierte **Ziele** verfolgt, indem der Kunde über die Leistungen des Unternehmens informiert oder auf neue Leistungsangebote aufmerksam gemacht wird. Ferner ist es bei entsprechendem Verhalten der Mitarbeitenden möglich, beim Kunden eine positive Einstellung zum Unternehmen zu erzeugen (affektiv-orientierte Zielsetzung). Schließlich wird bei einer konativ-orientierten Zielsetzung versucht, durch eine Persönliche Kommunikation den Abverkauf zu steigern und das Informationsverhalten des Kunden zu beeinflussen. Durch ein direktes Feedback zwischen Dienstleistungskunde und -anbieter entstehen in der Regel erst die Voraussetzungen, um in hohem Maße individualisierte Dienstleistungen zu erstellen und zu verkaufen.

Anhand der Besonderheiten von Dienstleistungen lassen sich für die Persönliche Kommunikation folgende **Implikationen** ableiten:

▌ Die Persönliche Kommunikation führt durch glaubwürdige Hinweise zur **Erhöhung des eigenschaftsbezogenen Kenntnisstands** beim potenziellen Dienstleistungskunden. Sie trägt somit zur Reduzierung der Bewertungsunsicherheit aufgrund der Immaterialität der Dienstleistung bei. Besonders relevant ist dies bei Dienstleistungen, die über ausgeprägte Vertrauenseigenschaften verfügen (z. B. Versicherungsleistung, medizinische Dienstleistung).

▌ Die Schaffung und Stabilisierung angebotsbezogenen **Vertrauens** erfolgt durch Qualitätssignale. Im Gegensatz zur Massenkommunikation sind persönlich transportierte Qualitätssignale glaubwürdiger (Kaas 1973, S. 54ff.; Murray 1991, S. 13ff.), da die Kontaktintensität vergleichsweise hoch und die Distanz zwischen Sender und Empfänger relativ gering ist.

▌ Aus der notwendigen Integration des externen Faktors ergibt sich die Aufgabe, **kommunikative Integrationshilfen** bereitzustellen. Dem Dienstleistungskunden ist zu vermitteln, wie er im Prozess der Leistungserstellung zu einem aus seiner Sicht optimalen Dienstleistungsergebnis beiträgt (z. B. Hinweise zu Einkommensverhältnissen oder zur persönlichen Risikopräferenz bei der Inanspruchnahme von Finanzdienstleistungen). Vor dem Hintergrund, dass die dienstleistungsspezifische Zufriedenheit des Kunden zunächst ansteigt, ab einem bestimmten Ausmaß kommunikativer Hilfestellungen jedoch wieder absinkt, ist es notwendig, den Unterstützungsbedarf des Kunden in Abhängigkeit von der Häufigkeit vergangener Inanspruchnahmen zu ermitteln. In verschiedenen Situationen, z. B. bei Routinedienstleistungen wie Bargeldbezug in der Bankfiliale, ist es sinnvoll, die Kontaktintensität auf ein notwendiges Minimum zu reduzieren, da weitere Hinweise vom Dienstleistungskunden als lästig empfunden werden.

▌ Aus der Integration des externen Faktors resultiert weiterhin die Aufgabe, den Interaktionsprozess auf **personenbezogene Inhalte** zu lenken. Im Mittelpunkt der Kommunikation stehen Probleme, Anforderungen, das generelle Befinden des Dienstleistungskunden usw. Durch die Dokumentation von Interesse an der Person des Dienstleistungskunden wird eine emotionale Kundenbindung erzielt. Darüber hinaus lassen sich wichtige Erkenntnisse zum Kundenprofil sowie zur aktuellen Kundenzufriedenheit bzw. -unzufriedenheit gewinnen.

Die praktische Umsetzung der Dialogkommunikation ist neben der Persönlichen Kommunikation auch durch Instrumente der **Multimediakommunikation** realisierbar, da vor allem das Internet direkte Antwortmöglichkeiten in Echtzeit liefert (Rust/Chung 2006, S. 568). Als Hindernis der persönlichen Kommunikation wird jedoch der Trend zur Automatisierung von Dienstleistungen genannt, der zu einer „Entpersonalisierung" des Dienstleistungserstellungsprozesses (z. B. Geldausgabeautomaten) und zu einer Verringerung des direkten Kundenkontaktes führt.

(2) Messen und Ausstellungen

Messen und Ausstellungen sind geeignet, das vorhandene Informationsbedürfnis (potenzieller) Kunden bezüglich der Leistungen eines Unternehmens zu befriedigen. Vor allem für Unternehmen, deren Dienstleistungen einen High-Involvement-Charakter aufweisen (wie z. B. im Tourismus- oder Bildungsbereich), stellt die Teilnahme an Messen und Ausstellungen eine sinnvolle Ergänzung des Kommunikationsmix dar. Folgendes Begriffsverständnis wird für die weiteren Ausführungen zu Grunde gelegt:

> **Messen und Ausstellungen** als Kommunikationsinstrumente sind die Analyse, Planung, Durchführung, Kontrolle und Nachbearbeitung aller Aktivitäten, die mit der Teilnahme an einer zeitlich und räumlich festgelegten Veranstaltung verbunden sind, deren Zweck in der Möglichkeit zur Leistungspräsentation, Information eines Fachpublikums und der interessierten Allgemeinheit, Selbstdarstellung des Unternehmens und Möglichkeit zum unmittelbaren Vergleich mit der Konkurrenz liegt, um damit gleichzeitig spezifische Marketing- und Kommunikationsziele zu erreichen (Bruhn 2007, S. 435).

In der Praxis existiert eine Vielzahl an **Erscheinungsformen** von Messen und Ausstellungen. Eine Systematisierung der unterschiedlichen Arten ist anhand verschiedener Kriterien durchführbar. Zunächst ist eine Kategorisierung bezüglich der geographischen Herkunft der Aussteller möglich (z. B. Weiterbildungsmesse einer einzelnen Ausbildungsinstitution oder für ein überregionales Einzugsgebiet). Auch die Breite des Angebotes lässt sich zur Strukturierung heranziehen (z. B. Fachmesse für Hotellerie und Gastronomie oder die deutsche Erlebnismesse Infa als Messe für verschiedene Branchen mit Erlebnisrelevanz). Schließlich erscheint eine Unterteilung nach der Funktion der Veranstaltung

(Informations- und Ordermessen) und der Zielgruppe zweckmäßig (z. B. Internationale Tourismus-Börse in Berlin für Fach- und Privatbesucher) (Strothmann/Roloff 1993, S. 715; Kirchgeorg 2003, S. 66; Bruhn 2007).

Zu den **Zielen** eines Messeeinsatzes zählen die Bekanntmachung der Dienstleistungen und des Dienstleistungsunternehmens, die Bereitstellung von Informationen und die Auslösung einer Kaufhandlung.

Aufgrund der dienstleistungsspezifischen Besonderheiten ergeben sich für dieses Kommunikationsinstrument folgende **Implikationen**:

▌ Die Immaterialität der Dienstleistung führt zu kundenseitigen Informationsasymmetrien bezüglich der Beschaffenheit von Erfahrungs- und Vertrauenseigenschaften. Die Erläuterungen zu den dargestellten Dienstleistungen verbessern den eigenschaftsbezogenen Kenntnisstand der (potenziellen) Kunden. Dies bewirkt die **Reduzierung des subjektiv wahrgenommenen Kaufrisikos**.

▌ Die Intangibilität und Immaterialität von Dienstleistungen beeinflussen die Entscheidungen hinsichtlich der **Präsentation** des Unternehmens und seiner Leistungen. Je nach Art der Leistung ist es möglich, die Potenzial-, Prozess- und/oder Ergebnisdimension darzustellen. Die Potenzialdimension umfasst z. B. die Darstellung tangibler Elemente oder der Mitarbeitenden des Unternehmens. Die Ergebnispräsentation eignet sich z. B. für Leistungen, die zu physischen Veränderungen führen (z. B. kosmetische Behandlung).

Aufgrund der Immaterialität stellt die **Gestaltung des Messestandes** ein wichtiges Beurteilungssurrogat dar. Je immaterieller eine Leistung beschaffen ist, desto eher wird die Bewertung anhand der äußeren Beschaffenheit tangibler Elemente erfolgen.

(3) Direct Marketing

Das Direct Marketing war in der Phase der Distributionsorientierung des Marketing durch die verschiedenen Ausgestaltungsformen des direkten Verkaufs geprägt und wurde als absatzpolitisches Einzelinstrument dem Vertrieb zugeordnet. Im Laufe des Wandels zu einem nachfrageorientierten Marketing entwickelte sich das Direct Marketing zu einem effizienten Kommunikationsinstrument (Bruhn 2007, S. 386). Für die folgenden Ausführungen wird dem Direct Marketing deshalb eine Definition zu Grunde gelegt, die den Kommunikationsbereich fokussiert (Deutscher Direktmarketing Verband 1995; Dallmer 2002, S. 6):

Direct Marketing ist die gezielte Einzelansprache mit sämtlichen Kommunikationsmaßnahmen, die darauf ausgerichtet sind, einen direkten Kontakt zum Adressaten herzustellen und einen unmittelbaren Dialog zu initiieren oder durch eine indirekte Ansprache die Grundlage eines Dialogs in einer zweiten Stufe zu legen, um Kommunikations- und Vertriebsziele eines Unternehmens zu erreichen.

Je nach Art der Responsemöglichkeit des Rezipienten werden die **Erscheinungsformen** der Direktkommunikation in eine passive (z. B. Standardwerbebrief einer Bank), eine reaktionsorientierte (z. B. Werbebrief eines Fitnessstudios mit Gutschein für Saunabenutzung) und eine interaktionsorientierte Direktkommunikation (z. B. Telefonmarketing von Mobilfunkanbietern) eingeteilt (Hilke 1993, S. 11f.; Holland 2004, S. 5).

Mit Hilfe des Direct Marketing werden insbesondere kognitiv- und konativ-orientierte **Ziele** verfolgt. Hinsichtlich der kognitiven Orientierung wird vor allem eine zielgruppenspezifische Ansprache ohne Streuverluste, eine gezielte Informationsvermittlung und eine hohe Aufmerksamkeitswirkung angestrebt. Der konative Bereich umfasst die Ziele, eine interaktive Kommunikation und eine direkte Kaufhandlung auszulösen.

Für das Direct Marketing ergeben sich aufgrund der Besonderheiten von Dienstleistungen folgende **Implikationen**:

▮ Die Immaterialität einer Dienstleistung führt zu Informationsdefiziten bezüglich der Dienstleistungsqualität. Das Direct Marketing strebt die individuelle Ansprache potenzieller Kunden an. Die Aussendung zielgruppenspezifischer Informationen trägt zur **Verbesserung des Kenntnisstands** des Kunden bei.

▮ Die Integration des externen Faktors trägt zu anbieterseitiger Unsicherheit bezüglich der Leistungsbereitschaft und -fähigkeit des Kunden bei. Maßnahmen der interaktionsorientierten Direktkommmunikation sind geeignet, diesbezügliche Informationen über den Kunden zu erhalten. Als Folge verfügt das Unternehmen über eine größere **Planungssicherheit im Bezug auf den Leistungserstellungsprozess**. Dies führt zu einer höheren Dienstleistungsqualität.

Im Rahmen des Direct Marketing ist es für Unternehmen unerlässlich, über eine breite Datenbasis seiner aktuellen Kunden und unter Umständen seiner potenziellen Kunden zu verfügen. Aus diesem Grunde hat das **Database Marketing** an Bedeutung gewonnen (Dallmer 2002, S. 549f.; Bruhn 2008a, S. 232).

> **Database Marketing** ist das computer- und datengestützte Dialog-Marketing (Wilde 1989), bei dem in Abhängigkeit von den in einer Kundendatei des Dienstleistungsanbieters gespeicherten Kundenmerkmalen (z. B. Soziodemographie, Aktions- und Reaktionsdaten) ein „maßgeschneidertes" Kommunikations- und Verkaufsförderungspaket erstellt wird.

Aufgrund der gespeicherten Informationen ist die Ansprache mittels vom Kunden präferierter Medien möglich (z. B. E-Mail). Darüber hinaus sind in Abhängigkeit des bisherigen Nachfrageverhaltens die Bestimmung einer entsprechenden Ansprachehäufigkeit und die Auswahl kundenrelevanter Informationen realisierbar. Auf der Grundlage des Database Marketing lässt sich somit eine spezifische individuelle Kundenansprache umsetzen.

(4) Multimediakommunikation

Die Entwicklung neuer Informations- und Kommunikationstechnologien nimmt zunehmend Einfluss auf die Kommunikationspolitik. Die im Zuge dieser Entwicklung entstandene Form Multimedia hat erhebliche Auswirkungen auf die Gestaltungsmöglichkeiten der Kommunikationsmaßnahmen. Für die weiteren Ausführungen wird folgende Definition von Multimedia als Instrument der Kommunikation zu Grunde gelegt:

> **Multimediakommunikation** ist die zielgerichtete, systematische Analyse, Planung, Umsetzung und Kontrolle eines computergestützten, interaktiven und multimodalen Kommunikationssystems als zeitunabhängige Plattform eines zweiseitigen, von den individuellen Informations- und Unterhaltungsbedürfnissen des Rezipienten gesteuerten, Kommunikationsprozesses mit dem Ziel der Vermittlung unternehmensgesteuerter Botschaften (Bruhn 2007, S. 453).

Zur Systematisierung der Vielzahl möglicher **Erscheinungsformen** der Multimediakommunikation haben sich vier Bereiche herauskristallisiert, die in Abbildung 6-2-6 mit entsprechenden Anwendungsbeispielen dargestellt sind. Die Maßnahmen der Multimediakommunikation sind besonders dafür geeignet, mit dem einzelnen Kunden in einen direkten, quasi-persönlichen und individuellen Kontakt zu treten.

Abbildung 6-2-6:   **Bereiche und Maßnahmen der Multimediakommunikation**

Quelle: Bruhn 2005c, S. 1178

Zunächst lassen sich mobile Speichermedien wie CD-ROMs zur Versorgung des Kunden mit individuellen Informationen nutzen. Daneben existieren multimediale und interaktive Terminal- bzw. Kiosksysteme. Sie dienen je nach Bedienungs- und Gestaltungsmöglichkeiten ebenfalls der individualisierten Information und Unterhaltung des Benutzers (z. B. auf Messen, in Kaufhäusern). Durch eine Ausweitung der Informationsfunktion ist zusätzlich die Abwicklung kundenspezifischer Transaktionen mit Hilfe von Point-of-Sales-Systemen (z. B. Fahrkartenautomat der DB) möglich. Einen zentralen Bereich nimmt die Online-Kommunikation mittels Internet ein. Durch Online-Direct-Marketing in Form von beispielsweise E-Mail-Marketing und Newsletter-Werbung wird eine direkte und individuelle Ansprache gewährleistet, die dem Kunden eine unmittelbare Antwortmöglichkeit einräumt. Daneben fungiert es auch als Träger von Werbemitteln, die mittlerweile vielfältige Formate annehmen (z. B. Werbebuttons, Werbebanner, Pop-Up Ads, Rich-Media-Banner, Micro- und Nanosites) (Werner 2003, S. 41ff.; Bürlimann 2004; Fritz 2004, S. 217ff.; ZAW 2007, S. 338f.). Diese erfüllen jedoch vornehmlich die klassische Funktion der Marketingkommunikation. Als vierter Bereich liefert das Mobile Marketing Ansatzpunkte für Marketingmaßnahmen, die über das Mobiltelefon in Form von SMS- und MMS-Aktionen (z. B. Ergebnisdienste, Gewinnspiele) durchgeführt werden. Der Empfang dieser Nachrichten setzt die Zustimmung des Empfängers voraus, sodass eine Anwendung lediglich im Rahmen der Dialogkommunikation möglich ist (Bruhn 2007, S. 462).

Die Multimediakommunikation strebt durch die individuelle Gestaltung der Botschaften zunächst das **Ziel** der Realisierung einer Informationswirkung beim Kunden an. Die mögliche multisensuale Ansprache verfolgt daneben die Zielsetzung der Aktivierung, Erlebnisvermittlung und emotionalen Positionierung (Bruhn 2007, S. 452f.). Schließlich wird als konativ-orientierte Zielsetzung die Steuerung des Informationsverhaltens des Kunden angesehen.

Aus den Besonderheiten von Dienstleistungen lassen sich folgende **Implikationen** für den Einsatz der Multimediakommunikation ableiten:

▌ Die Notwendigkeit der Leistungsfähigkeit des Dienstleistungsanbieters wird auch auf die Maßnahmen der Multimediakommunikation übertragen, die durch eine **einwandfreie Funktionsweise** Hinweise für die Leistungsfähigkeit des Unternehmens liefern. In diesem Zusammenhang ist es notwendig, im Falle von Störungen alternative Kommunikationskanäle anzubieten (z. B. Hotline bei Störung der Bestellfunktion im Internet).

▌ Die Integration des externen Faktors bedingt die Anpassung des Leistungserstellungsprozesses an die **individuellen Besonderheiten** des Kunden. Durch die Vielzahl der Maßnahmen, der Gestaltungs- und Bedienungsmöglichkeiten wird dieser Anforderung Rechnung getragen (z. B. Fahrkartenautomat der Deutschen Bahn).

Die Ausführungen machen deutlich, dass durch den Bereich der Multimediakommunikation die Vielfalt der Maßnahmen im Rahmen der Kommunikationspolitik deutlich zugenommen hat. Dieser Trend scheint auch für die Zukunft gültig zu sein.

3. Preispolitik

3.1 Grundlagen der Preispolitik

3.11 Besonderheiten der Preispolitik von Dienstleistungsunternehmen

Ebenso wie bei den zuvor vorgestellten Entscheidungstatbeständen der Leistungs- und Kommunikationspolitik nehmen die **dienstleistungsspezifischen Besonderheiten** auch Einfluss auf die Preispolitik von Dienstleistungsunternehmen (Woratschek 2001b, S. 609; Docters et al. 2004, S. 23; Lovelock/Wirtz 2007, S. 125). Die wesentliche Besonderheit besteht in der – im Gegensatz zum Konsum- und Industriegüterbereich – seltenen Verwendung des Begriffs Preis im Zusammenhang mit Dienstleistungen. Vielmehr werden je nach Dienstleistungsbranche für die vom Konsumenten zu erbringende materielle Gegenleistung Begriffe wie Honorar, Provision, Tarif, Gebühr, Porto usw. verwendet (Simon 1992b, S. 565). Abbildung 6-3-1 zeigt einen Überblick über dienstleistungsspezifische Besonderheiten der Preispolitik, die im Folgenden erläutert werden.

Abbildung 6-3-1:   Besonderheiten der Preispolitik von Dienstleistungsunternehmen

Besonderheiten von Dienstleistungen	Implikationen für die Preispolitik
Leistungsfähigkeit des Dienstleistungsanbieters	■ Schwierige Kostenzurechnung bei der Preisgestaltung ■ Preis- und Konditionenpolitik als Instrument zur Steuerung der Kapazitätsauslastung
Integration des externen Faktors	■ Heterogenität innerhalb der Preisfestsetzung ■ Preisgestaltung mit Berücksichtigung von Selbstbeteiligungen des Dienstleistungsnachfragers ■ Qualität des externen Faktors als Determinante der Preiskalkulation
Immaterialität (Nichtlagerfähigkeit, Nichttransportfähigkeit)	■ Preis als Qualitätsindikator ■ Dokumentation des Preis-Leistungs-Verhältnisses schwierig ■ Schwierige Ermittlung der Preisbereitschaft

GABLER
GRAFIK

Die Notwendigkeit der permanenten **Leistungsfähigkeit** führt zu folgenden Besonderheiten der Preispolitik von Dienstleistungsunternehmen:

◼ Die Aufrechterhaltung der Leistungsbereitschaft des Dienstleistungsanbieters führt zu einem hohen Anteil von fixen Bereitstellungskosten (Corsten/Gössinger 2007), die in der Regel Gemeinkostencharakter aufweisen (z. B. Personalkosten im Hotelgewerbe, Kosten für die Bereitstellung von Transportmitteln bei Verkehrsdienstleistungen) und denen verhältnismäßig geringe variable Nutzungskosten gegenüberstehen (Haase/Salewski/Skiera 1998, S. 1054). Diese im Dienstleistungsbereich besonders ausgeprägte Kostenstrukturproblematik verhindert eine **verursachungsgerechte Verteilung auf die Kostenträger** und erschwert so kostenbasierte Ansätze der Preisfestlegung.

◼ Der **Kapazitätsauslastung** über die Instrumente der Preis- und Konditionenpolitik (z. B. Last-Minute-Tickets; vgl. Abschnitt 3.23) kommt eine besondere Erfolgsrelevanz zu, da aufgrund des hohen Fixkostenanteils der Auslastungsgrad eine maßgebliche Erfolgsgröße darstellt.

Die **Integration des externen Faktors** hat folgende Konsequenzen für die Preispolitik:

◼ Die Integration des externen Faktors führt bei Dienstleistungen mit einem hohen Individualisierungsgrad zum **Problem der Festlegung einheitlicher Preise** für die Inanspruchnahme einer Dienstleistung (Scheuch 2002, S. 244). Verschiedene Dienstleistungsanbieter lösen dieses Problem, indem sie mit jedem Kunden Rahmenregelungen für die Entlohnung einer Dienstleistung festlegen und erst nach Abschluss des Dienstleistungsvollzugs die endgültige Fixierung des Dienstleistungspreises vornehmen (z. B. Unternehmensberatungen, Kostenvoranschlag bei Reparatur).

◼ Der bewussten **Auslagerung von Teilaktivitäten** des Dienstleistungserstellungsprozesses auf den externen Faktor (Customer as Co-Producer) gilt es auch in der Preispolitik Rechnung zu tragen (z. B. Preisnachlass vieler Friseure, wenn der Kunde die Haare selbst fönt).

◼ Die **Qualität des externen Faktors** ist zum Teil eine bedeutende Preisdeterminante, etwa weil sie das Ausmaß der für ein vereinbartes Ergebnis einzusetzenden Ressourcen determiniert (z. B. Nachhilfeunterricht mit Erfolgsgarantie).

Aus der **Immaterialität** von Dienstleistungen folgt:

◼ Aufgrund der fehlenden sichtbaren Leistungsmerkmale wird die Preiswürdigkeit einer Dienstleistung erst nachträglich oder überhaupt nicht beurteilbar. Dem Preisniveau einer Dienstleistung wird folglich als **Ersatzkriterium zur Qualitätsbeurteilung** beim Dienstleistungskauf eine hohe Bedeutung beigemessen (z. B. Restaurants, Hotels). So ist es trotz der Schwierigkeiten der Ermittlung einer Preisresponse-/-absatzfunktion bei Dienstleistungen als notwendig anzusehen, mögliche Preis-/Qualitäts-/Absatzmengenzusammenhänge zu ermitteln (Steenkamp/Hoffmann 1994).

Die **Nichtlager- und Nichttransportfähigkeit** eröffnen in Verbindung mit dem Uno-actu-Prinzip einen breiten Spielraum für Preisdifferenzierungsstrategien, da hier Arbitrage, d. h. die Möglichkeit von Kunden, die Differenzierung zu umgehen, ist in vielen Fällen ausgeschlossen (Simon 1992b, S. 573).

■ Ein direkter Preisvergleich wird im Allgemeinen nicht erfolgen und ohne die tatsächliche Inanspruchnahme einer Dienstleistung (z. B. Durchführung einer Urlaubsreise, Ausführung eines neuen Modehaarschnitts) lässt sich auch das **Preis-Leistungs-Verhältnis** nur mit großer Unsicherheit beurteilen (Cannon/Morgan 1990).

■ Aufgrund der Immaterialität von Dienstleistungen erweist es sich als schwierig, die **Preisbereitschaft** für neue Dienstleistungen aus Sicht der Dienstleistungsnachfrager zu erfassen, da sich der die Preisbereitschaft determinierende Nutzen einer innovativen Dienstleistung nur schwer vermitteln lässt (z. B. Preisbereitschaft für das Angebot einer Komplettreise „Tür-zu-Tür" durch die Deutsche Bahn).

Die Heterogenität des Dienstleistungssektors erschwert dabei generelle Aussagen über die preispolitischen Besonderheiten des Dienstleistungsmarketing. Je nachdem, in welchem Ausmaß die Charakteristika permanente Aufrechterhaltung der Leistungsbereitschaft, Integration des externen Faktors und Immaterialität für eine spezifische Dienstleistung Gültigkeit verfügen, variiert auch die individuelle Relevanz der aufgezeigten Spezifika der Preispolitik.

In jüngerer Zeit wird zunehmend im Sinne einer Weiterentwicklung der klassischen Preispolitik diskutiert, dass es bei der preispolitischen Ausrichtung **Preiszufriedenheit** zu erzeugen gilt, die ihrerseits die Gesamtzufriedenheit beeinflusst (Diller 1997, 2000; Simon/Tacke/Buchwald 2000; Siems 2003). Als strategische Grundsätze zur Erreichung dieses Ziels werden insbesondere der Verzicht auf Preisschönungen und versteckte Zusatzkosten, übersichtliche, verständliche und nachvollziehbare Tarifsysteme und eine Beachtung des Kundenurteils über den Preis genannt (Diller 2000b, S. 580). In enger Verbindung dazu steht eine Studie, die verschiedene Dimensionen des (als multidimensional eingeschätzten) Konstrukts des Dienstleistungspreises identifiziert und deren Auswirkungen auf die Kundenzufriedenheit untersucht (Salvador et al. 2007). Dabei lassen sich die Komponenten des Dienstleistungspreises in eine **objektive** und **wahrgenommene Preiskomponente** unterteilen. Erstere bezieht sich auf den monetären Preis für die Dienstleistung und die Kosten bzw. Gebühren, die im Zusammenhang mit ihrer Inanspruchnahme stehen. Die zweite Preiskomponente (wahrgenommener Preis) ist auf die Frage gerichtet, in welchem Verhältnis ein Kunde die Qualität einer Dienstleistung relativ zum monetären Preis gewichtet (Salvador et al. 2007, S. 9ff.). Die Ergebnisse dieser Studie bestätigen zum einen die Multidimensionalität des Dienstleistungspreises. Zum anderen wird deutlich, dass vor allem die objektive Preiskomponente, also der monetäre Preis, einen positiven Einfluss auf die Kundenzufriedenheit ausübt (Salvador et al. 2007, S. 48).

Des Weiteren wird diskutiert, inwieweit sich die Preispolitik heranziehen lässt, um die **Kundenbindung** zu steigern. Als eine Möglichkeit werden hier insbesondere Preisdifferenzierungsstrategien (vgl. Abschnitt 3.221) genannt, d. h., bei Instrumenten wie der BahnCard handelt es sich ebenso um eine Kundenbindungsmaßnahme wie Treuerabatte u. a. Simon et al. stellen hierzu z. B. fest, dass durch den Erwerb einer BahnCard die Nutzung der Dienstleistung Bahn bei diesen Kunden vermehrt erfolgt (Simon/Tacke/Buchwald 2000, S. 324). Auch bei Preisbündelungstrategien (vgl. Abschnitt 3.222) besteht das Potenzial zur Intensivierung der Kundenbindung. So zeigen empirische Studien im Bankenbereich, dass mit steigender Anzahl bei einer Bank erworbener Produkte die Wahrscheinlichkeit eines Anbieterwechsels sinkt (Koderisch et al. 2007, S. 272).

Eine weitere Möglichkeit, die Kundenbindung durch die Preispolitik zu beeinflussen, besteht darin, die Kundenbindung über eine positive Preisbeurteilung zu verbessern (Diller 2000). Dieser Effekt wurde von Diller (2000) und Siems (2003) empirisch im Dienstleistungsbereich für unterschiedliche Dienstleistungen nachgewiesen. Kritisch anzumerken ist jedoch, dass eine durch den Preis verursachte Kundenbindung zum Teil als **„Cold Loyalty"** anzusehen ist, d. h., auf diese Art erzeugte Kundenbindung hält bei einem Teil der Kunden nur so lange an, wie der monetäre Anreiz besteht (Siems 2003).

3.12 Ziele der Preispolitik

Zur Sicherstellung einer stringenten Ausrichtung preispolitischer Maßnahmen ist die Vorgabe preispolitischer Ziele unabdingbar. Dabei kommt dem Ziel der Gewinnmaximierung ein besonderer jedoch nicht der alleinige Stellenwert der Preispolitik zu. Ausgehend vom Gewinnziel lassen sich die **Zielsetzungen** preispolitischer Maßnahmen in unternehmensgerichtete Ziele, die stärker auf die Kostenkomponente als dem negativen Gewinnbestandteil abzielen, und marktgerichtete Ziele, die stärker auf den Umsatz als positivem Gewinnbestandteil gerichtet sind, unterscheiden (Meffert/Burmann/Kirchgeorg 2008, S. 483ff.; Bruhn 2008a, S. 165f.). Zu den **unternehmensgerichteten Zielsetzungen** zählen unter anderem:

■ Möglichst hohe und gleichmäßige Auslastung der aufgebauten Dienstleistungskapazitäten durch eine preisbezogene Nachfragesteuerung im Rahmen eines „Yield Managements" (Enzweiler 1990; Krüger 1990; Smith/Leimkuhler/Darrow 1992).

■ Maximierung des Marktanteils einhergehend mit der Realisierung von Kostensenkungen auf Basis von Erfahrungskurven.

Zu den **marktgerichteten Zielen** zählen unter anderem:

■ Förderung der Einführung neuer Dienstleistungen durch preis- und konditionenpolitische Maßnahmen (z. B. niedrigpreisiges oder kostenloses Angebot zur Nutzung der Dienstleistung).

■ Abschöpfung von Preisbereitschaften (z. B. durch Maßnahmen der Preisdifferenzierung und nutzenorientierte Preisfestlegung).

■ Positive Beeinflussung psychologischer Einflussfaktoren des Kaufverhaltens, z. B. Verbesserung der wahrgenommenen Dienstleistungsqualität, falls der Preis von Kunden als Qualitätsindikator verwendet wird (Imagewirkung des Preises), Erhöhung der Kundenzufriedenheit durch Verbesserung der Zufriedenheit mit dem Preis (Preiszufriedenheit), Steigerung der Kundenbindung durch preispolitische Kundenbindungsmaßnahmen (z. B. Bonusprogramme) (Siems 2003).

■ Sicherstellung von Preisstabilität auf dem Markt zur Vermeidung von Preiskämpfen sowie die Abwehr des Markteintritts neuer Wettbewerber (Avlonitis/Indounas 2005, S. 48).

Die Ergebnisse einer Studie zu den Bedeutungsunterschieden der Ziele der Preispolitik im Dienstleistungsbereich zeigen, dass Dienstleistungsunternehmen eher qualitative als quantitative Ziele im Rahmen ihrer Preispolitik verfolgen. So stehen insbesondere Ziele wie die Neukundenakquisition, die Bindung von Bestandskunden sowie die Befriedigung der Kundenbedürfnisse – noch vor dem Ziel der langfristigen Existenzsicherung – im Vordergrund preispolitischer Bemühungen (Avlonitis/Indounas 2005, S. 53).

3.13 Ansatzpunkte der Preisfestlegung

Im Zusammenhang mit der Festlegung von Preisentscheidungen ist zu beachten, dass im Dienstleistungsbereich vielfach **Preisnormierungen** anzutreffen sind (Meyer 1994; Corsten/Gössinger 2007). Hierbei handelt es sich weniger um einen preispolitischen Entscheidungstatbestand als vielmehr um eine von außen vorgegebene Restriktion bei der Preisfestlegung. Normpreise werden als Einheitspreis, Höchstpreis, Mindestpreis, Spannenpreis oder Richtpreis entweder von staatlicher Seite durch Gesetze und Verordnungen oder durch Vereinbarungen von Berufsverbänden festgesetzt. Als Beispiel für Preisnormierungen lassen sich Gebührenordnungen von Ärzten, Rechtsanwälten oder Steuerberatern aufführen, die von den Berufsverbänden in Zusammenarbeit mit staatlichen Stellen festgesetzt werden. In ehemals staatlichen, monopolistischen Unternehmen spielen ebenfalls regulative Beschränkungen bei den Preisfestlegungen eine Rolle (z. B. Telekommunikation, Bahn, Post, Energieversorger). So wurde die Deutsche Telekom zur Abgabe von Kapazitäten an Wettbewerber und zur Einhaltung festgelegter Höchstpreise verpflichtet. Damit ist nach dem Grad der Entscheidungsfreiheit des Dienstleistungsunternehmens in regulierte und freie Preisentscheidungen zu unterscheiden. Im Weiteren wird auf die Diskussion der Preisnormierung sowie damit verbundener Probleme verzichtet und nur die freie Preisentscheidung als Ansatzpunkt der Preisfestlegung betrachtet.

Im Rahmen der Preisfestlegung sind zahlreiche Einflussfaktoren zu berücksichtigen. Dabei lassen sich die **Preisdeterminanten** in fünf Gruppen unterteilen (vgl. auch Tzokas et al. 2000; Avionitis/Indounas 2006):

1. Zu den **unternehmensbezogenen Faktoren** zählen die Kosten der Leistungserstellung, die Gewinnspannen und Deckungsbeiträge, die Unternehmensziele, die angestrebte Positionierung des Unternehmens, das Lebenszyklusstadium der betrachteten Leistung, die strategische Rolle des Preises für das Unternehmen bzw. in seiner Branche sowie die Kapazitätsplanung des Dienstleisters.

2. Den **konsumentenbezogenen Determinanten** des Leistungsentgeltes lassen sich die Zahl der Nachfrager, die Substituierbarkeit der Leistung durch die Konkurrenz bzw. durch die Konsumenten selbst (Michel 1996), die Preisvorstellungen und Preisbereitschaft der Konsumenten, Preisbeschwerden, aufgrund von Preisen abgewanderte Kunden, die Preiselastizität der Nachfrage, die Möglichkeit einer preisabhängigen Qualitätsbeurteilung sowie die allgemeine wirtschaftliche Lage subsumieren.

3. Bei indirekt vertriebenen Leistungen sind hinsichtlich der Vertriebspartner insbesondere die Stellung und das Ansehen des Unternehmens und seiner Leistungen als **absatzmittlerbezogene Einflussfaktoren** zu berücksichtigen.

4. Bei den **konkurrenzbezogenen Einflussfaktoren** sind vor allem die aktuellen und historischen Wettbewerberpreise, Wettbewerberreaktionen auf Preisänderungen sowie die Wettbewerbssituation zu erwähnen.

5. Besonders im Dienstleistungsbereich sind bezüglich der **umfeldbezogenen Faktoren** Regulierungen des Preises zu nennen (z. B. durch politische Entscheidungen) sowie auch Einflüsse auf die Preisentscheidung durch konjunkturelle Entwicklungen, gesetzliche Auflagen u. a.

Abbildung 6-3-2 zeigt die Ergebnisse einer empirischen Studie im Dienstleistungsbereich, bei der insgesamt 170 Dienstleistungsunternehmen zu den verschiedenen im Rahmen der Preispolitik herangezogenen Informationsgrundlagen bzw. Einflussfaktoren und den Häufigkeiten derer Berücksichtigung bei der Preisfestlegung befragt wurden (Avionitis/Indounas 2006, S. 350).

Abbildung 6-3-2:   Informationsgrundlagen der Preispolitik bei Dienstleistungsunternehmen

Informationsgrundlage der Preispolitik bei Dienstleistungsunternehmen	Durchschnittswert (Minimum: 1, Maximum: 5)
Aktueller Wettbewerbspreis	4,05
Unternehmensziele	3,92
Preisvorstellung	3,87
Nachfrage nach der Dienstleistung	3,85
Kundenbedürfnisse	3,80
Kapazitätsauslastung	3,72
Preisbedingte Kundenabwanderung	3,67
Preisbeschwerden	3,62
Variable Kosten	3,62
Gewinnspanne	3,38
Deckungsbeitrag	3,28
Marktanteil der Wettbewerber	3,28
Fixkosten	3,24
Absatz in verschiedenen Perioden	3,19
Makroökonomische Umfeldfaktoren	3,17
Absatz in verschiedenen Märkten	3,15
Wettbewerberreaktionen	3,06
Wettbewerbersituation	2,76
Historisches Pricing-Verhalten der Wettbewerber	2,54

GABLER
GRAFIK

Quelle: Avionitis/Indounas 2006, S. 350

Das Ergebnis der Studie macht deutlich, dass vor allem konkurrenzbezogene Determinanten bei der Preisgestaltung bei Dienstleistungsunternehmen vorherrschen. Aber auch den konsumentenbezogenen Determinanten wie der Preisbeurteilung und der Preiszufriedenheit wird eine hohe Bedeutung zugesprochen. In Verbindung mit der Steuerung dieser Determinanten werden eine Reihe weiterer, vorgelagerter Konstrukte diskutiert (Müller/ Klein 1993; Diller 2000; Siems 2003; Diller 2008):

Diesbezüglich lässt sich zunächst festhalten, dass die Preisbeurteilung selbst auf verschiedene Urteilsarten zurückgeführt werden kann. Wird ein Preisurteil ausschließlich auf Basis preislicher Aspekte – also ohne Einbezug einer Leistungs- bzw. Qualitätsbeurteilung – gebildet, wird dies als **Preisgünstigkeitsurteil** bezeichnet. Für den Dienstleistungsbereich wird vermutet (Müller/Klein 1993, S. 1ff.), dass diese Art der Preisbeurteilung bei einem Individuum umso relevanter wird,

- ▌ je größer der Standardisierungsgrad der Dienstleistung bei allen Anbietern dieser Dienstleistung ist,

- ▌ je geringer die Differenz zwischen einzelnen Leistungsmerkmalen zwischen den Anbietern ist und

- ▌ je mehr Erfahrung das Individuum mit der jeweiligen Dienstleistung bereits hat.

Werden neben preislichen Aspekten auch Leistungsaspekte – insbesondere die Leistungsqualität – in das Preisurteil einbezogen, spricht man von **Preiswürdigkeitsurteilen** (Diller 2008, S. 148f.). Generell gilt das Preiswürdigkeitsurteil, das oft mit der Beurteilung des Preis-Leistungs-Verhältnisses gleichgesetzt wird, nicht nur als Determinante der Preisbeurteilung und der Preiszufriedenheit, sondern auch als wichtiges Entscheidungsmerkmal eines Kunden für die Wahl eines Anbieters. Gleichzeitig wird – wie bereits erwähnt – gerade bei Dienstleistungen insbesondere aufgrund der Immaterialität die Ex-ante-Beurteilung des Preis-Leistungs-Verhältnisses durch den Kunden als schwierig eingestuft.

Eine weiterführende Erklärung, wie Preisurteile entstehen, liefert die **Theorie des Ankerpreises** (auch Referenzpreis) (Winer 1988; Kalyanaram/Winer 1995; Hruschka 1996, S. 135ff.). Demnach vergleichen Individuen beobachtete Preise mit internen Preisnormen („Ankerpreisen"). Den Ankerpreis unterschreitende Preise führen entsprechend dieser Theorie zu einer positiven Beurteilung durch das Individuum („Gewinn"), während ein den Ankerpreis überschreitender Preis eine negative Bewertung („Verlust") zur Folge hat und einen entsprechenden Anreiz zum Bezug der Leistung darstellt. Zur Entstehung eines Ankerpreises gibt es unterschiedliche Theorien. Entsprechend der verhaltenstheoretischen Adaptionsniveau-Theorie (Helson 1964) resultiert der Ankerpreis aus der Preisgeschichte, d. h. den bisherigen Erfahrungen des Individuums, sowie seinen Erwartungen an zukünftige Preise. Vereinfachend lässt sich der Referenzpreis dann auch als „normal gezahlter Preis" eines Produktes interpretieren (Müller/Klein 1993, S. 20). Daneben existiert eine Vielzahl weiterer Theorien, z. B. dass für bestimmte Leistungen insbesondere der Konkurrenzpreis – z. B. der Preis des Marktführers – ausschlaggebend für den Ankerpreis ist (Simon 1997b; Siems 2003).

Neben dem Ankerpreisurteil ist die wahrgenommene **Preisfairness** als Determinante des Preisurteils zu nennen. Zur Erklärung dieses Konstrukts wird insbesondere die Equity-

Theorie herangezogen (Homans 1961; Boyd/Bhat 1998; Herrmann/Wricke/Huber 2000; Siems 2003). Demnach vergleicht ein Individuum sein Ergebnis eines Austauschprozesses mit dem seines Austauschpartners sowie gegebenenfalls den Ergebnissen anderer Individuen. Für den Dienstleistungsbereich i. V. m. der Preiswahrnehmung heißt dies, dass das Urteil eines Kunden über die Preisfairness eines Anbieters davon abhängt, wie der Kunde das Verhältnis seiner eigenen Aufwand-Nutzen-Relation zu der des Anbieters sowie zu der anderer Kunden einstuft (Martins/Monroe 1994, S. 75f.; Herrmann/Wricke/Huber 2000, S. 134). Entsprechend fungiert auch hier ein interner Referenzpreis bei einem Kunden als Maßstab, mit dem der zu beurteilende Preis als fair oder unfair bewertet wird (Martins/Monroe 1994, S. 75f.; Bolton/Lemon 1999; Varki/Colgate 2001, S. 237).

Ein weiterführender Ansatz zur Erklärung der Preisfairness findet sich bei Diller (2008, S. 164ff.), der mit Beachtung von Gesichtspunkten wie Verteilungsgerechtigkeit, Verfahrensgerechtigkeit, Interaktionsgerechtigkeit und Machtasymmetrie eine Weiterentwicklung des Equity-Ansatzes aufgreift und darauf basierend von Preisfairness als einem mehrdimensionalen Konstrukt mit den Komponenten Preisgerechtigkeit, Konsistenz, Preiszuverlässigkeit, Preisehrlichkeit, Einfluss- und Mitspracherecht, Respekt und Achtung gegenüber dem Partner und Kulanz ausgeht. Unter **Preisgerechtigkeit** versteht Diller (2008) dabei die Nähe zum marktüblichen Preis-Leistungs-Verhältnis, unter Konsistenz den Verzicht auf ein einseitiges Abweichen eines der Interaktionspartner von Gesetzmäßigkeiten (z. B. eine Änderung des Verfahrens der Preisfestlegung durch den Hersteller), unter Preiszuverlässigkeit die Einhaltung von bei Vertragsabschluss in Aussicht gestellten Preisen und unter Preisehrlichkeit die Klarheit und Wahrheit von Preisinformationen.

In letzter Zeit wird in der Preisforschung dem allgemeinen Trend im Marketing, insbesondere im Dienstleistungsmarketing, folgend, emotionale Aspekte stärker zu beachten (Forberger 2000; O'Neill/Lambert 2001; Siems 2003), neben den genannten Konstrukten auch **Preiserlebnissen** und **-emotionen** verstärkt Beachtung geschenkt. In Anlehnung an die Terminologie des Konsumentenverhaltens werden diese als positive oder negative, bewusste oder unbewusste Empfindungen über Preise oder mit dem Preis in Verbindung stehende Tatbestände (z. B. Rabatte) verstanden (Siems 2003; Diller 2008). Beispiele für Preiserlebnisse sind Preisfreude (z. B. ausgelöst durch eine vorübergehende, überraschende Preisreduktion), Preiseuphorie (z. B. bei Schlussverkäufen), Preisstolz (z. B. nach erfolgreichen Preisverhandlungen) oder Preisneid (z. B. bei Nichtpartizipationsmöglichkeit an Preisvergünstigungen, von denen andere profitieren) (Diller 2008).

Insgesamt lässt sich festhalten, dass die Preiswahrnehmung eine Vielzahl von Aspekten umfasst und sowohl wissensbasierte (kognitive) als auch subjektive, emotionale (affektive) Komponenten aufweist (Siems 2003). Hier besteht ein breites Spektrum an Ansatzmöglichkeiten für Dienstleistungsunternehmen, durch preispolitische Maßnahmen die Preiswahrnehmung zu beeinflussen und so (potenzielle) Kunden zu gewinnen bzw. an das Unternehmen zu binden.

▌*3.14* Methoden der Preisfestlegung

In der Marketingliteratur werden zahlreiche **Methoden der Preisfestlegung** diskutiert (Simon 1992b, S. 86ff.; Bruhn 2008a, S. 174ff., Avlonitis/Indounas 2005, Avionitis/Indounas 2006; Diller 2008, S. 307ff.; Meffert/Burmann/Kirchgeorg 2008, S. 524ff.). Diese lassen sich einteilen in:

▌ Methoden der kostenorientierten Preisfestlegung (Inside-out-Perspektive),

▌ Methoden der marktorientierten Preisfestlegung (Outside-in-Perspektive).

1. Methoden der kostenorientierten Preisfestlegung

Die kostenorientierte Preisfestlegung wird auf Basis der Kostenträgerrechnung des Dienstleistungsunternehmens durchgeführt (Diller 2008, S. 309). Wird die **Vollkostenrechnung** als Kalkulationsgrundlage verwendet, berechnet sich der Preis für die Leistung, indem zu den Selbstkosten der Leistung ein Gewinnzuschlag addiert wird. Voraussetzung für eine solche Preisfestlegung ist damit die Verteilung der gesamten Gemeinkosten des Unternehmens auf die einzelnen Leistungseinheiten. Ein grundsätzliches Problem bei der kostenorientierten Preisfestlegung für Dienstleistungen ist im hohen Anteil der fixen Kosten mit Gemeinkostencharakter an den Gesamtkosten zu sehen (vgl. Abbildung 6-3-3). Die Festlegung eines Kostenverteilungsschlüssels, um eine geeignete Kalkulationsgrundlage für die kostenorientierte Preisfestsetzung zu erlangen, gestaltet sich ungeachtet der Fortschritte in der Prozesskostenrechnung somit als besonders schwierig (Bieberstein 2006,

▌ **Abbildung 6-3-3:**   **Fixe und variable Kostenfaktoren verschiedener Dienstleistungen**

Kostenart / Branche	Fix	Variabel
Restaurants	■ Gebäudewartung ■ Miete, Zinsen ■ Personalkosten für Köche, Bedienung	■ Nahrungsmittel ■ Spülkosten ■ Aushilfskräfte
Banken	■ Personalkosten ■ Gebäudewartung ■ Werbung	■ Provisionen ■ Papier ■ Porto
Fluggesellschaften	■ Flugzeugwartung ■ Overheads	■ Flughafensteuer ■ Verpflegung der Gäste
Friseursalons	■ Gebäudewartung ■ Personalkosten ■ Miete, Zinsen	■ Shampoo ■ Haarspray ■ Wasser

GABLER GRAFIK

Quelle: Palmer 2004, S. 349

S. 305f.). Bei vielen Dienstleistungen wird die zeitliche Inanspruchnahme der Dienstleistungskapazitäten durch den externen Faktor (z. B. zeitbezogene Verrechnungssätze von Unternehmensberatungen, Telefongebühren) als Verteilungsschlüssel gewählt.

Die Verrechnungsproblematik lässt sich bei Verwendung der **Teilkostenrechnung** als Grundlage der kostenorientierten Preisfestlegung entschärfen. Bei dieser Methode wird eine Unterteilung in Einzel- und Gemeinkosten vorgenommen, wobei sich der Preis aus den Einzelkosten und einem Deckungsspannenzuschlag zusammensetzt. Eine isolierte Orientierung an den Einzelkosten birgt angesichts der aufgezeigten Kostenstruktur allerdings das Risiko nicht gesamtkostendeckender und damit verlustbringender Preise.

Unabhängig von Teil- oder Vollkostenorientierung erschwert die Tatsache, dass bei vielen Dienstleistungen die Preise festzulegen sind, bevor die Leistung erstellt wird und somit, bevor die entstehenden Kosten bekannt sind (z. B. Preisfestlegung einzelner Speisen eines Restaurants, bevor bekannt ist, wie viel Zeit- und Personalaufwand die Bedienung eines Gastes in Anspruch nimmt), eine kostenorientierte Preisfestlegung.

Insgesamt stellt die Methode der kostenorientierten Preisfestlegung angesichts der Kostenstruktur ein nur bedingt taugliches Verfahren zur Preisbildung im Dienstleistungsbereich dar. Allenfalls für die Berechnung von Preisuntergrenzen lassen sich Kosteninformationen als relevante Entscheidungsgrundlage heranziehen.

2. Methoden der marktorientierten Preisfestlegung

Ausgangspunkt einer marktorientierten Preisfestlegung ist die Tatsache, dass die Kaufentscheidung des Konsumenten von seiner subjektiven Beurteilung des **Nettonutzens** der zur Disposition stehenden Alternativen abhängt. Der Nettonutzen ergibt sich dabei als Differenz aus positivem Leistungsnutzen und in der Regel (Ausnahmen ergeben sich z. B. bei einer preisabhängigen Qualitätsbeurteilung) negativem Nutzen des Preises. Der Preis markiert somit aus Konsumentenperspektive das für die Inanspruchnahme einer Dienstleistung zu erbringende Opfer. Notwendige Bedingung für eine Transaktion zwischen Dienstleistungsanbieter und -nachfrager ist ein vom Konsumenten wahrgenommener positiver Nettonutzen. Als hinreichende Bedingung tritt hinzu, dass der Nettonutzen größer zu sein hat als derjenige der relevanten Wettbewerber. Vor diesem Hintergrund ist es für die Preisfestlegung zunächst erforderlich, den positiven Leistungsnutzen der eigenen Leistung sowie den Gesamtnutzen der relevanten Wettbewerber zu ermitteln. In Kenntnis dieser Größen ist der Preis als **wettbewerbsorientierter Nutzenpreis** so festzulegen, dass der Nettonutzen der eigenen Leistung größer ist als jener der Wettbewerber (Friege 1997, S. 9f.). Da bei einer solchen Betrachtungsweise zunächst nur die Kunden- und Wettbewerbsperspektive berücksichtigt werden, erfordern diese zur Ermittlung optimaler Preise eine Ergänzung um eine Inside-out-Betrachtung. So wäre es etwa denkbar, dass der für eine spezifische Zielgruppe ermittelte wettbewerbsorientierte Nutzenpreis im Hinblick auf die Kostensituation nicht zu realisieren ist oder dieser Preis nicht konform mit der ansonsten verfolgten Preisstrategie ist.

Die **Ermittlung wettbewerbsorientierter Nutzenpreise** ist im Dienstleistungsbereich mit einigen Problemen behaftet. Die hohe Varianz des Leistungsspektrums und die damit einhergehende Intransparenz des Preisgefüges erschwert im Dienstleistungsbereich zunächst die Vergleichbarkeit des Wettbewerbsangebotes und somit sowohl für Nachfrager als auch Anbieter die Identifikation des Wettbewerbspreises. Darüber hinaus bereitet auch die Ermittlung des nutzenäquivalenten Preises aufgrund der bei vielen Dienstleistungen nur sehr geringen Nutzentransparenz für den Konsumenten nicht unerhebliche Schwierigkeiten. Die zahlreichen Vertrauens- und Erfahrungseigenschaften erschweren für den Konsumenten eine zuverlässige Prognose des Nutzens vor Inanspruchnahme der Dienstleistung. Der Konsument kann insofern die Angemessenheit des Preises im Verhältnis zu seinem Nutzen nur schwer beurteilen.

Abbildung 6-3-4 gibt zur Veranschaulichung eine Klassifizierung von Dienstleistungen anhand der Kriterien **Nutzentransparenz** und **Preistransparenz** wieder. Je größer Preis- und Nutzentransparenz einer Dienstleistung sind, umso eher lässt sich der Ansatz des wettbewerbsorientierten Nutzenpreises verfolgen.

Abbildung 6-3-4: Klassifizierung von Dienstleistungen nach den Nutzen- und Preistransparenzen

Nutzen-transparenz \ Preis-transparenz	Niedrig	Hoch
Niedrig	Beispiele: ■ Banken ■ Versicherungen ■ Beratung	Beispiele: ■ Chemische Reinigung ■ Telekommunikation
Hoch	Beispiele: ■ Hotels ■ Gesundheitsbereich ■ Urlaubsreisen	Beispiele: ■ Autowäsche ■ Spedition ■ Luftverkehr (Standardrouten)

GABLER GRAFIK

Quelle: Simon 1992b, S. 567

Neben der Unsicherheit über das Ausmaß der Nutzenstiftung einer Dienstleistung beeinflussen auch der Zeitpunkt der Preisfestlegung sowie die Heterogenität der Dienstleistung das wahrgenommene Risiko eines Dienstleistungsnachfragers. In Abbildung 6-3-5 sind aus der Kombination unterschiedlicher **Heterogenitätsgrade** und dem **Zeitpunkt der endgültigen Preisfestlegung** vier verschiedene Ausgangssituationen der Preispolitik dargestellt.

Abbildung 6-3-5:   **Klassifizierung von Dienstleistungen nach dem Zeitpunkt der Preisfestsetzung und der Heterogenität der Dienstleistung**

		Zeitpunkt der Preisfestlegung	
		A priori	**A posteriori**
Heterogenität der Dienstleistung	**Niedrig**	① Zum Beispiel ■ Kino ■ Kleiderreinigung	② Zum Beispiel ■ Telefon ■ Sondermüllentsorgung
	Hoch	③ Zum Beispiel ■ Komplettpakete ■ Pauschalreise	④ Zum Beispiel ■ Kfz-Reparatur ■ Beratungsleistung

GABLER
GRAFIK

Quelle: Simon 1992b, S. 567

Aus der Einordnung verschiedenartiger Leistungen in die Felder der Matrix lassen sich unterschiedliche **preispolitische Optionen** ableiten, die im Wesentlichen auf das vom Konsumenten empfundene Kaufrisiko zielen (Zeithaml 1991; Müller/Klein 1993). Grundsätzlich ist davon auszugehen, dass das Risiko umso höher eingeschätzt wird, je später der endgültige Preis feststeht, je höher die Heterogenität der Dienstleistung und je schwieriger die Leistungsbeurteilung aus Konsumentensicht ist.

Im einfachsten Fall von Abbildung 6-3-5 **(Feld 1)** erfolgt die Preisfestlegung ähnlich wie bei Sachleistungen. Im Fall eines Kinobesuchs oder einer Kleiderreinigung kann der Konsument die Leistung aufgrund der geringen Heterogenität relativ gut beurteilen. Zudem ist der Preis im Voraus bekannt, sodass das Kaufrisiko in der Regel als begrenzt zu bezeichnen ist.

Das Gegenteil ist der Fall, wenn eine Preisfestlegung erst nach Erbringung der Dienstleistung erfolgt und sowohl Dienstleistungsprozesse als auch -ergebnisse zwischen unterschiedlichen Anbietern sehr heterogen ausfallen **(Feld 4)**. Hier ist das Kaufrisiko generell als hoch zu bezeichnen.

Daraus lassen sich zwei grundsätzliche **preispolitische Stoßrichtungen** ableiten. Zum einen kann der Dienstleister den Grad der Heterogenität der Dienstleistung abschwächen, d. h., sich in Richtung **Feld 2** bewegen. Derartige Optionen fallen in den Bereich der Leistungspolitik. Am Beispiel von Beratungsleistungen würde das bedeuten, dass die Dienstleistung „Beratung" in klar strukturierte Leistungsmodule unterteilt wird (z. B. das Paket der Gemeinkostenwertanalyse einer Unternehmensberatung). Eine derartige Vorgehensweise bietet sich aber nicht für alle Dienstleistungen an.

Der einfachere und gängige Weg ist eine Bewegung in Richtung **Feld 3**. Am Beispiel der Kfz-Reparatur wäre hier ein Angebot von Komplettpreispaketen oder die Abgabe von verbindlichen Kostenvoranschlägen empfehlenswert. Dabei ist die auf die Heterogenität der individuell eingebrachten Faktoren zurückzuführende unterschiedliche Kostenbelastung mit dem Risiko eines im Einzelfall nicht kostendeckenden Preises bewusst in Kauf zu nehmen und im Rahmen einer Mischkalkulation auszugleichen.

Vor dem Hintergrund der unterschiedlichen Ansatzpunkte zur Festlegung von Preisen für Dienstleistungen werden nachfolgend wichtige preispolitische Strategien des Dienstleistungsmarketing erörtert.

3.2 Preispolitische Strategien

Preispolitische Strategien dienen der Festlegung grundsätzlicher Ausrichtungen im Rahmen der Preispolitik. Im Zentrum stehen dabei die Frage der Preispositionierung (Hoch-, Mittel- und Niedrigpreisstrategie), die Festlegung der relativen Preiswettbewerbsposition (z. B. Preisführerschaft) sowie die Frage nach der Wahl der Preisstrategie in Abhängigkeit von der Lebenszyklusphase einer Dienstleistung (Penetrations- vs. Skimmingstrategie) (vgl. Bruhn 2008a, S. 171ff.).

3.21 Dienstleistungsspezifische Aspekte der Wahl preispolitischer Strategien

Ausgehend von der auf Dienstleistungsmärkten häufig vorliegenden Heterogenität von Kundenanforderungen identifizieren Taher/El Basha (2006) besondere Chancen für Dienstleistungsunternehmen zur Erreichung ihrer preispolitischen Ziele. Bezogen auf den preispolitischen Untersuchungszweck ergeben sich drei **Dimensionen der Nachfrageheterogenität** im Dienstleistungsbereich:

- Informationswert,
- Preissensitivität,
- Transaktionskosten.

Die erste Dimension Informationswert drückt die Neigung zur Informationssuche und dementsprechend deren Wert und Zeit für das Auffinden bestimmter Preisinformationen aus. Diese Dimension variiert von Kunde zu Kunde. Die zweite Dimension trägt dem Umstand Rechnung, dass sich Kunden weit voneinander in Bezug auf ihre Preissensitivität unterscheiden. Schließlich haben die meisten Kunden – neben den Kosten der Informationssuche – Transaktionskosten (z. B. Zeitaufwand für die Inanspruchnahme der Dienstleistung) in unterschiedlicher Höhe (Taher/El Basha 2006, S. 332).

Auf Basis dieser Überlegungen lassen sich die beschriebenen Dimensionen der Heterogenität der Nachfrage mit den **dienstleistungsspezifischen Eigenschaften** der Intangibilität, der Nichtlagerfähigkeit, der limitierten Standardisierbarkeit sowie der Simultaneität von Produktion und Konsum einer Dienstleistung zur Bestimmung einer Fülle an möglichen preispolitischen Strategien integrieren (vgl. Abbildung 6-3-6). So ergeben sich in Abhängigkeit der einzelnen dienstleistungsspezifischen Eigenschaften vor dem Hintergrund der dargestellten Heterogenitäts-Dimensionen jeweils bestimmte preispolitische Strategien, die sich zur Erreichung preispolitischer Ziele von Dienstleistungsunternehmen – wie Abbildung 6-3-6 zeigt – besonders gut eignen. (vgl. für eine ausführliche Beschreibung der verschiedenen Preisstrategien Taher/El Basha 2006 und Abschnitt 3.22).

Abbildung 6-3-6: Preispolitische Strategien in Abhängigkeit dienstleistungsspezifischer Eigenschaften

| | | Dimensionen der Heterogenität der Kundenanforderungen | | |
		Informationswert	Preissensitivität	Unterschiedliche Transaktionskosten
Dienstleistungsspezifische Eigenschaften	**Intangibilität**	■ Bedingte Bezahlung ■ Signalpreis ■ Imagepreis ■ Referenzpreis	■ Signalpreis ■ Imagepreis	
	Nichtlagerfähigkeit	■ Zufalls-Rabattierung ■ Bedingte Bezahlung	■ Preisbündelung ■ Periodische Rabattierung ■ Preisabschöpfung ■ Upgrading	■ Zweiteiliger Tarif ■ Zwangspreis
	Beschränkte Standardisierbarkeit	■ Zufalls-Rabattierung ■ Imagepreis	■ Premium-Pricing ■ Upgrading	■ Zweiteiliger Tarif ■ Lockvogel-Angebote ■ Zeitliche Preisdifferenzierung
	Simultaneität von Produktion und Konsum	■ Referenzpreis	■ Nutzungsabhängige Rabattierung	■ Zweitmarkt-Rabattierung ■ Lockvogel-Angebote ■ Räumliche Preisdifferenzierung ■ Zwangspreis

GABLER GRAFIK

Quelle: Taher/El Basha 2006, S. 322

Beispielsweise unterscheiden sich Kunden häufig bezüglich ihrer Preisbereitschaft bzw. -sensitivität. Vor dem Hintergrund der Intangibilität von Dienstleistungen entziehen sich Dienstleistungen in der Regel einer vorgelagerten Qualitätsbeurteilung. Signalpreise suggerieren einen gewissen Qualitätsanspruch und eignen sich somit als eine mögliche preispolitische Strategie, die den Unterschieden bezüglich der differierenden Preisbereitschaft verschiedener Kundengruppen und dem Dienstleistungsmerkmal der Intangibilität gerecht wird.

3.22 Preisbezogene Strategien

3.221 Preisdifferenzierung

Die Preisdifferenzierung ist im Dienstleistungsmarketing zum einen ein wichtiges Instrument zur Beeinflussung des Nachfrageverhaltens der Konsumenten mit dem Ziel einer gleichmäßigeren Auslastung der Dienstleistungskapazitäten und damit der Vermeidung von Leerkosten (Fassnacht/Homburg 1997; Corsten/Gössinger 2007). Zum anderen trägt die Preisdifferenzierung unter Berücksichtigung der spezifischen Bedingungen (z. B. Preisbereitschaft, Preisreaktionsfunktion) in einzelnen Zielgruppensegmenten zur besseren **Ausschöpfung von Marktpotenzialen** bei (Simon 1992b; Olbrich/Battenfeld 2007, S. 107ff.).

Zur Differenzierung lassen sich verschiedene **Kriterien**, die in Abbildung 6-3-7 dargestellt sind, isoliert oder kombiniert heranziehen:

1. Räumliche Kriterien (z. B. regionale Differenzierung),

2. Zeitliche Kriterien (z. B. Zeitpunkt der Inanspruchnahme sowie der Bestellung von Dienstleistungen),

3. Abnehmerorientierte Kriterien (z. B. Alter, Geschlecht, soziale Stellung),

4. Mengenorientierte Kriterien (z. B. Inanspruchnahme von Einzelleistungen versus Dauer- oder Mehrfachleistungen).

1. Räumliche Preisdifferenzierung

Bei der räumlichen Preisdifferenzierung werden die Dienstleistungen auf **geographisch unterschiedlichen Märkten** zu unterschiedlichen Preisen angeboten. Eine häufig vorzufindende Form der räumlichen Preisdifferenzierung ist bei Dienstleistungen gegeben, die der Dienstleistungsanbieter direkt vor Ort beim Kunden erbringt (z. B. Wartungsarbeiten, Pizza-Service). Hier werden häufig – je nach Entfernung des Dienstleistungsnachfragers vom Firmenstandort – unterschiedliche Tarifklassen für die Erstellung von Dienstleistungen vorgesehen bzw. differenzierte Anfahrtskosten in die Gesamtrechnung einbezogen.

Bei Reiseveranstaltern werden beispielsweise für Flugreisen in Abhängigkeit des gewählten Flughafens vielfach unterschiedliche Preise festgelegt. Im Rahmen einer derartigen Vorgehensweise werden Kostendifferenzen zumindest teilweise auf die Preise übertragen.

Abbildung 6-3-7:   **Formen der Preisdifferenzierung**

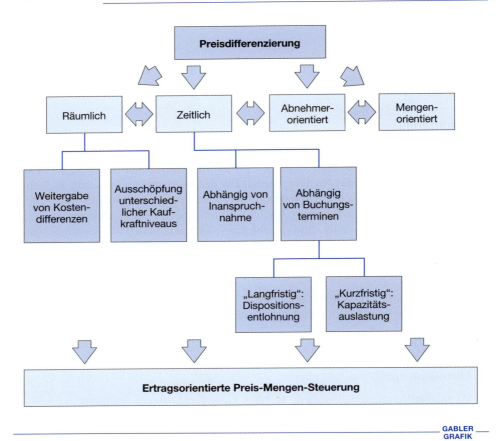

Hier bieten sich beispielsweise Möglichkeiten, angesichts der zunehmenden verkehrstechnischen Probleme von Großflughäfen die Kapazitäten kleiner Flughäfen unter gleichzeitiger Verbesserung der Servicequalität (z. B. Vermeidung von langen Wartezeiten beim Check-in) besser auszunutzen. Vielfach wird auch eine **regionen- oder länderspezifische Differenzierung** der Preisforderungen vorgenommen, um unterschiedlichen Kaufkraftniveaus gerecht zu werden.

Beispiel: Dem „Billigflieger" Ryanair wurde Anfang 2005 untersagt, Preisvergleiche mit Wettbewerbern durchzuführen, die von Großflughäfen abfliegen. Die Preisdifferenzierung war nach Ansicht eines Gerichts vor allem auf räumliche Gesichtspunkte zurückzuführen, da Ryanair zu günstigen, teilweise quersubventionierten Preisen Flughafenkapazitäten auf abgelegenen kleinen Flughäfen nutzt (o.V. 2005a).

2. Zeitliche Preisdifferenzierung

Insbesondere die zeitliche Preisdifferenzierung dient im Dienstleistungsmarketing als wichtiges Instrument zur Steuerung der Dienstleistungsnachfrage. Dabei werden Preisdifferenzierungen häufig nach dem **Zeitpunkt der konkreten Inanspruchnahme** einer Dienstleistung vorgenommen.

So werden z. B. bei Reiseveranstaltungen in Zeiten höherer Nachfrage nach Reiseangeboten (z. B. Feiertage, Ferienzeiten) höhere Preise gefordert, während in nachfrageschwächeren Zeiten die gleichen Dienstleistungsangebote zum Teil wesentlich günstiger angeboten werden. Häufig findet sich auch eine zeitbezogene Preisdifferenzierung nach Haupt-, Vor- und Nebensaison. Bei Kurzreisen findet zum Teil sogar eine wochen- (Wochenende, Wochenmitte) bzw. tagesbezogene (Feiertage) Preisdifferenzierung Anwendung (z. B. Skipässe, Ferienwohnungen). Dienstleistungen, die nur stundenweise in Anspruch genommen werden (z. B. Vermietung von Tennisplätzen, Unterhaltungsdienste wie Kino-, Theater-, Diskothekenbesuche) sind vielfach nach verschiedenen Tageszeiten im Preis differenziert. Darüber hinaus lässt sich für Dienstleistungen, die stundenweise in Anspruch genommen werden und deren Nachfrage sowohl tageszeiten- und wochentagsbezogene als auch saisonale Schwankungen aufweist (z. B. Ski- oder Segelkurse, deren Inanspruchnahme insbesondere vormittags, an Wochenenden und in Schulferien präferiert wird), ein komplexes zeitbezogenes Preisdifferenzierungssystem aufbauen, bei dem mehrere Differenzierungskomponenten Berücksichtigung finden.

Neben der Preisdifferenzierung nach der zeitlichen Inanspruchnahme finden sich im Dienstleistungsbereich zahlreiche Beispiele dafür, dass eine Preisdifferenzierung in **Abhängigkeit des Zeitraumes** zwischen der Buchung einer Dienstleistung bzw. dem Kauf eines Dienstleistungsversprechens und dem Beginn des Dienstleistungserstellungsprozesses vorgenommen wird. In diesem Zusammenhang „entlohnt" der Dienstleistungsanbieter den ihm vom Kunden zur Verfügung gestellten Dispositionsspielraum, da er im Rahmen der so ermöglichten frühzeitigen Planung seine variablen Dienstleistungskapazitäten der Nachfrage kostengünstig anpassen kann. Ein Beispiel hierfür ist die Fahrzeugdisposition von Autovermietungen. Die kurzfristige Stimulierung von Dienstleistungsnachfragern zur Teilnahme am Erstellungsprozess durch **Preisnachlässe** (z. B. Stand-by-Flüge) stellt eine zweite vom Zeitpunkt der Buchung abhängige Variante der Preisdifferenzierung zur Optimierung der Auslastung von Dienstleistungskapazitäten dar.

Bei dieser Form der ertragsorientierten Preis-Mengen-Steuerung, dem **Yield Management**, handelt es sich um eine Sonderform der zeitlichen Preisdifferenzierung, die in den letzten Jahren intensiv diskutiert wurde (Simon 1992b; Smith/Leimkuhler/Darrow 1992; Kirstges 1996; Wübker 2001; Berman 2005; Jinhong/Gerstner 2007). Diese bietet insbesondere Dienstleistungsanbietern mit unflexiblen Kapazitäten und hohen Fixkosten (z. B. Fluglinien, Transport- und Reiseunternehmen) Vorteile. Hinter diesem Begriff, der sich mit Ertragsmanagement übersetzen lässt, verbirgt sich ein preisgesteuertes Kapazitätsmanagement. Die Grundidee besteht darin, dass preissensiblen Nachfragern (z. B. Privatreisende) die Leistungen zu niedrigen Preisen als preisunsensibleren Nachfragern (z. B. Geschäftsreisende) angeboten werden, wobei zu verhindern ist, dass preisunsensible Nachfrager auf die preisgünstigen Leistungsvarianten zugreifen. So wird beispielsweise von Unternehmen der Luftfahrtindustrie ausgenutzt, dass Privatreisende im Gegensatz zu Geschäftsreisenden ihre Flüge meist deutlich vor dem Abflugszeitpunkt buchen und oft auch eine Reise über das Wochenende hinweg durchführen. Folglich wird die Zahlungsbereitschaft der Geschäftsreisenden abgeschöpft, was sich auch daran zeigt, dass die Preise für Linienflüge meist kurz vor dem Abflugzeitpunkt ansteigen und deutlich teurer sind als Flüge, die über das Wochenende hinausgehen. Darüber hinaus wird die Kapazität preisgünstiger Sitze mit zunehmender Ausbuchung einer Maschine zugunsten von teuren Sitzen zurückgefahren. Dies führt dazu, dass die Kapazität optimal, nicht aber zwangsläufig immer maximal ausgelastet wird. Letzteres ist nur der Fall, wenn die maximale Auslastung auch zum maximalen Gewinn (z. B. ein Flug mit mehrheitlich preisunsensiblen Geschäftsleuten zu Wochenbeginn) führt (Wübker 2001, S. 1921).

> **Beispiel:** Mit Überlegungen zum Yield Management ist auch die Abgabe von Kapazitäten der vier deutschen Mobilfunknetzbetreiber (T-Mobile, Vodafone, O2 und E-Plus) an neue Wettbewerber im Mobilfunkmarkt ohne eigene Infrastruktur wie Aldi oder Tchibo zu erklären. Auf diese Weise lassen sich zusätzliche Kunden ansprechen, die zu den Preisen des Netzbetreibers dessen Leistungen nicht nutzen würden. So lassen sich Überkapazitäten nutzen und mögliche Konflikte mit der eigenen angestrebten Markt- und Markenpositionierung als Premiumanbieter vermeiden. Dennoch besteht die Gefahr, dass diese Strategie Kannibalisierungseffekte in Bezug auf einen Anbieterwechsel der eigenen Kunden auslöst.

Vereinzelt wird das Yield Management bereits als „Wunderwaffe für jeden Dienstleister" gepriesen (Enzweiler 1990). Allerdings ist zu bedenken, dass es sich hier im Wesentlichen um eine – wenn auch profitablere – Form der Preisdifferenzierung handelt, die bereits seit längerer Zeit zum Einsatz kommt (Berman 2005, S. 172). Gegenwärtig wird Yield Management von zahlreichen Fluggesellschaften und Hotelketten betrieben. Aus diesem doch recht begrenzten Branchenfokus wird bereits erkennbar, dass ein Einsatz des Yield Managements nicht für alle Dienstleistungsunternehmen geeignet ist (Desiraju/Shugan 1999; für einen Branchenüberblick vgl. Berman 2005, S. 171).

> **Beispiel:** Eine Preispolitik auf Basis des Yield Managements wurde erstmals bei American Airlines umgesetzt. Das Unternehmen war Ende der 1970er-Jahre aufgrund der Deregulierung des amerikanischen Luftverkehrsmarktes mit einer steigenden Anzahl kleinerer Fluggesellschaften als Wettbewerber konfrontiert, die sich durch Niedrigpreisstrategien im Markt zu etablieren versuchten. Durch den Einsatz des Yield Managements konnte American Airlines diese Bedrohung meistern und eine Umsatzsteigerung von 1978 bis 1988 um 221 Prozent erreichen (Desiraju/ Shugan 1999).

Die angeführten Beispiele (Theaterkartenvorverkauf, Last-Minute-Flüge usw.) zeigen, wie sich **Preisänderungen im Zeitablauf** auf Basis einer Verlagerung von Dispositionspotenzialen von Anbieter und Nachfrager ergeben. So verlagern sich durch eine frühzeitige Buchung einer Dienstleistung die Dispositionspielräume vom Nachfrager auf den Anbieter (und vice versa). Der Anbieter realisiert so einen Kostenvorteil durch Vermeidung des Verfalls der bereitstehenden Dienstleistungspotenziale im Fall der Nichtnutzung. Der Nachfrager wiederum möchte den Verzicht seiner Dispositionsspielräume entsprechend durch einen günstigeren Preis vergütet bekommen (und vice versa).

Für einen sinnvollen Einsatz des Yield Managements ist der Einbezug folgender **Kriterien** notwendig (Daudel/Vialle 1989, 1994; Friege 1996, S. 616f.; McMahon-Beattie/ Donaghy 2001, S. 233ff., Berman 2005, S. 171):

▪ Die Leistungspotenziale verfallen bei Nicht-Inanspruchnahme der Dienstleistung (z. B. Linienflug).

▪ Eine Kontrahierung ist bereits vor Inanspruchnahme der Dienstleistung möglich (handelbares Leistungsversprechen; z. B. nicht möglich bei Steuerberatungen).

▪ Die Nachfrage unterliegt hohen Schwankungen, die a priori weitgehend unbekannt sind, d. h., ohne systematische Erfassung von Buchungsverläufen schwer zu prognostizieren sind.

▪ Eine Stimulierung der Nachfrager durch Variationen der Preisgestaltung ist grundsätzlich möglich (preiselastische Nachfrage; nicht möglich z. B. bei Krankenhäusern, Ärzten).

▪ Der Dienstleistungsanbieter sieht sich mit einem hohen Fixkostenblock konfrontiert.

▪ Der Dienstleistungsanbieter verfügt über eine bestimmte Größe, sodass sich der erforderliche, kostenintensive IT-Einsatz lohnt.

Bei Erfüllung dieser Voraussetzungen lässt sich dann ein **Yield-Management-System** durch Überführung der Grundüberlegungen zum Yield Management in einen IT-gestützten Optimierungsprozess implementieren, das sinnvollerweise über folgende Teilmodule verfügt (Daudel/Vialle 1989; Simon 1992b ;Wübker 2001, S. 1922; Okumus 2004, S. 65ff.; Berman 2005, S. 173ff.):

▪ **Datenerfassungs-, -aufbereitungs- und -bereitstellungsmodul**
Eine Aufgabe dabei besteht in der Erfassung historischer Daten. Dazu zählt die Kundenhistorie mit sämtlichen Daten zur Dienstleistungsnutzung inklusive der vorgenommenen Stornierungen. Falls die Dienstleistung in Kooperation mit anderen Anbietern erfolgt, sind alle Daten bezüglich dieser Zusammenarbeit zu erfassen. Neben den historischen Daten sind über ein Buchungssystem die aktuellen Anfragen und Buchungen zu erfassen. Weiterhin ist es erforderlich, dass die Datenbank Informationen zu den Kapazitäten des Dienstleisters enthält.

▪ **Analysemodul**
Im Rahmen dieses Moduls werden den historischen Daten die Gegenwartsdaten gegenübergestellt. In diesem Zusammenhang werden auch Prognosen beispielsweise über die zukünftig zu erwartenden Buchungseingänge, über allgemeine und personenspezifische Stornierungsraten sowie die für wahrscheinlich erachteten Buchungsverläufe erstellt. Durch Lösungsalgorithmen werden dann unter Berücksichtigung der Deckungsbeiträge oder Umsätze pro Engpasseinheit Entscheidungen hinsichtlich der Vergabe der knappen Einheiten und ihrer Preise getroffen.

▪ **Ausgabemodul**
Im Anschluss an den Optimierungsprozess erfolgt je nach Problemstellung eine Angebotserstellung bzw. eine Entscheidung hinsichtlich der Annahme oder Ablehnung

einer Anfrage. Diese Entscheidung wird entweder mündlich vom Personal des Dienstleistungsanbieters überbracht oder – entsprechende technische Ausstattung des Nachfragers vorausgesetzt – mittels Datenaustausch zwischen Yield-Management-System
und EDV des Nachfragers transferiert.

Diese Unterteilung stellt selbstverständlich nur ein Grobraster dar, das von dem betreffenden Unternehmen noch individuell den eigenen Belangen anzupassen ist (Smith/Leim-
kuhler/Darrow 1992).

Trotz guter **Erfolge** derartiger Yield-Management-Systeme insbesondere im Luftfahrts-
bereich (vgl. Desiraju/Shugan 1999), lässt sich mit einem Yield Management nicht das
Problem chronischer Überkapazitäten beheben. Zudem gilt es zu vermeiden, dass Kunden
die Struktur der Preisanpassungen allzu einfach antizipieren und somit ihr Kaufverhalten
dementsprechend danach ausrichten. Dies würde dann insgesamt sogar zu Ertragseinbu-
ßen durch das Yield Management führen (Berman 2005, S. 178). Den Umsatzsteigerungen
sind jedoch zu einer abschließenden Beurteilung die durch den Einsatz des Systems entstehenden Kosten gegenüber zu stellen. Insgesamt lässt sich das Yield Management als
innovative und effiziente Gestaltung bisher eher heuristischer Vorgehensweisen im Rahmen der Preispolitik bewerten (vgl. Becker 2005).

3. Abnehmerorientierte Preisdifferenzierung

Die **abnehmerorientierte Preisdifferenzierung** knüpft in der Regel an die mit verschiedenen abnehmerbezogenen Merkmalen (z. B. Alter, Familienstand, Geschlecht, soziale
Stellung) variierende Preisbereitschaft bei der Inanspruchnahme von Dienstleistungen an.
Hierbei wird auf die im Rahmen der Marktsegmentierung gebildeten Zielgruppensegmente und deren Preisbereitschaft Bezug genommen.

> **Beispiele:** Typische Formen für differenzierte Preise sind gewerbliche und private Zeitungsan-
> zeigen. In Abhängigkeit des Abnehmermerkmals „Alter" bieten auch öffentliche Verkehrsträger
> mit Junioren- und/oder Seniorentarifen ein preislich differenziertes Dienstleistungsangebot an.

Neben dem Vorliegen von **unterschiedlichen Preisbereitschaften** für eine Dienstleistung
führen auch Unterschiede in Bezug auf die Kostenintensität verschiedener Kundengruppen beim Dienstleistungsanbieter zu einer abnehmerorientierten Preisdifferenzierung.
Besonders bei Versicherungen sind daher abnehmerorientierte Preisdifferenzierungen
vorzufinden. So verursachen z. B. vor allem junge männliche Autofahrer überdurch-
schnittlich viele Verkehrsunfälle oder Frauen hingegen haben durchschnittlich höhere
Krankenversicherungskosten, was durch eine Differenzierung nach Geschlecht und Alter Berücksichtigung findet. Mit solchen Preisdifferenzierungen gehen möglicherweise
wiederum Überlegungen zur Preisbereitschaft der Kunden einher. Es ist anzunehmen,
dass die Abwanderungsgefahr von Kunden steigt, wenn sie erkennen, dass sie mit ihren
Versicherungsprämien zum großen Teil die hohen Kosten anderer Versicherungsnehmer
zu tragen haben.

Eine weitere Motivation zur abnehmerorientierten Preisdifferenzierung ergibt sich neben der kundenseitigen Preisbereitschaft aus **sozialen** oder **kundenbindungsbezogenen
Gesichtspunkten**. So existieren bei den meisten Freizeitangeboten günstige Preise für

Kinder und Jugendliche, Auszubildende und Studenten sowie Rentnern. Hiermit kommen die Anbieter dem durchschnittlich geringen Einkommen dieser Kundengruppen entgegen. Banken hingegen bieten für Studenten meist günstige Konditionen an, um diese im Hinblick auf ein zukünftig überdurchschnittliches Einkommen und dementsprechend höhere Profitabilität an sich zu binden.

4. Mengenorientierte Preisdifferenzierung

Schließlich bieten sich Dienstleistungsunternehmen noch Formen der **mengenorientierten Differenzierung** an. Preisdifferenzierungen werden hier in Abhängigkeit von der Anzahl der nachgefragten Dienstleistungseinheiten vorgenommen. In diesem Zusammenhang sei auf den Kauf von Abonnements, Dauerkarten oder Mengenkarten für Kinobesuche oder Gruppenreisen verwiesen.

Häufig erfolgt eine **kombinierte Anwendung** der vorgestellten Kriterien im Dienstleistungsmarketing. So wird beispielsweise im Bereich der Nonprofit-Organisationen (z. B. Museen, Theater, Schwimmbäder) hauptsächlich nach den Kriterien Abnehmer und Menge differenziert (Bruhn 2005d). Zum einen bezahlen Kinder, Schüler, Studenten, Lehrlinge und Rentner verminderte Eintrittspreise für die genannten Einrichtungen. Zum anderen werden gleichzeitig Abonnements, Dauer- und Zehnerkarten zu einem reduzierten Preis angeboten (mengenbezogene Preisdifferenzierung). Hier wird deutlich, dass es beim Einsatz verschiedener Arten der Preisdifferenzierung häufig zu Überschneidungen kommt, deren Behandlung a priori vom Dienstleistungsanbieter festzulegen ist („doppelte", d. h. kumulierte vs. „einfache" Ermäßigung). Zudem leidet möglicherweise beim Einsatz mehrerer Differenzierungsarten die Transparenz der Preisbildung, wodurch die Akzeptanz beim Konsumenten gefährdet ist. Gleichzeitig profilieren sich hier innovative Dienstleister, indem sie als Zwischenhändler (z. B. Reisebüro) oder als reiner Berater (z. B. Preisagenturen) die für den jeweiligen Kunden günstigsten Anbieter herausfiltern.

Im Bankenbereich wird häufig eine Preisdifferenzierung nach den Kriterien Abnehmer, Zeit und Menge vorgenommen. So erhalten Privatkunden oftmals ungünstigere Konditionen als Firmenkunden. Diese Vorgehensweise hat gleichzeitig aber auch einen indirekten Bezug zum Geschäftsvolumen und damit zum Differenzierungsmerkmal „Menge". Längerfristige Anlageformen von Geld erbringen höhere Zinsen (Zeit) und höhere Kreditbeträge sind in der Regel günstiger zu erhalten als kleinere (Menge). Im Bankenbereich lassen sich zunehmend auch Tendenzen einer räumlichen Preisdifferenzierung feststellen. Dabei ist hauptsächlich von Bedeutung, ob die Leistung vom Mitarbeitenden in der Filiale oder vom Kunden selbst online erstellt wird. Dies erklärt die zum Teil deutlichen Unterschiede zwischen Filial- und Online-Konditionen. So bieten einige Anbieter auch Transaktionen zu Fixkosten an, sodass bei großen Handelsvolumina die anteiligen Transaktionskosten sinken.

Neben der Überschneidung im Rahmen der Anwendung (kombinierter Einsatz mehrerer Differenzierungsmechanismen) sind also auch Überschneidungen der Zielsetzungen einzelner Differenzierungsarten denkbar und üblich.

Eine Sonderform der mengenorientierten Preisdifferenzierung ist die **nicht-lineare Preisbildung**. Hierbei sinkt der Preis pro Einheit mit zunehmender gekaufter Menge (Sebastian/Kolvenbach 2000, S. 64). Diese Art der Preisbildung ist nur möglich, wenn sich die Absatzmenge einer Dienstleistung anhand eines geeigneten Maßstabes (z. B. zurückgelegte Flugkilometer) quantifizieren lässt.

Folgende **Formen** nicht-linearer Preisbildung sind gebräuchlich (Sebastian/Kolvenbach 2000, S. 64; Olbrich/Battenfeld 2007, S. 120ff.):

1. **Mengenrabatte** werden auf größere Abnahmemengen oder Umsätze gemäß einer Rabattstaffel gewährt, sodass der tatsächlich zu zahlende Durchschnittspreis mit zunehmender Menge bzw. zunehmendem Umsatz sinkt.

2. **Bonusprogramme** zielen auf eine Steigerung der Kundenbindung ab und beinhalten Vergünstigungen, die der Anbieter je nach Dauer der Kundenbeziehung oder dem Maß an Loyalität gewährt. Prominente Beispiele für Bonussysteme sind die Vielfliegerprogramme, bei denen Punkte gesammelt werden, die sich in Kombination mit Partnerunternehmen zu Freiflügen, kostenlosen Übernachtungen oder kostenlosen Mietwagen nutzen lassen.

3. **Mehrstufige Preissysteme** basieren auf einem einmalig pro Periode zu zahlenden Grundpreis und einem (festen) Preis pro Einheit (Beispiele sind Mietwagengebühren, Clubgebühren, Telefon- und Stromtarife usw.). Bei so genannten Blocktarifen wählen die Kunden unter verschiedenen Preisstrukturen je nach individueller Bedarfssituation, um so den für sie günstigsten Preisfall zu nutzen.

Die Bedeutung der Preisdifferenzierung insbesondere für die erfolgskritische Auslastungssteuerung auf der einen und die besondere Eignung von Dienstleistungen für den Einsatz verschiedener Formen der Preisdifferenzierung auf der anderen Seite haben im Ergebnis in vielen Dienstleistungsbereichen zu einem extensiven Einsatz des Preisdifferenzierungsinstrumentariums geführt.

Den Chancen einer derart stark differenzierten Preispolitik, etwa im Hinblick auf eine optimierte Auslastung oder abgeschöpfte Konsumentenrente, steht allerdings das Risiko einer übermäßigen **Tarifkomplexität** gegenüber, von dem in der Literatur **Opportunitätskosten** in Form entgangener Erlöse vermutet werden (Fassnacht 1996, S. 147). Ein allzu komplexes Preissystem verringert für den Kunden die Transparenz des Preis-Leistungs-Verhältnisses und führt im Ergebnis dazu, dass Kunden zu anderen Leistungsanbietern mit für sie nachvollziehbareren Kosten-Nutzen-Relationen abwandern (Berry/Yadav 1997, S. 61). Andererseits besteht eine sinnvolle Lösung des Problems der Preiskomplexität auch nicht in einer Vereinfachung der Preise im Sinne eines Einheitspreises, da der Nutzen dieser Maßnahme in keinem angemessenen Verhältnis zu den entgangenen Gewinnen durch den vollständigen Verzicht auf Preisdifferenzierung besteht. Dennoch lassen sich vor allem auf Telekommunikationsmärkten zunehmend Tendenzen zum Angebot solcher **Einheitspreise** bzw. zum Verzicht auf jede Form der Preisdifferenzierung feststellen. So bieten mehrere Mobilfunkanbieter grundgebührfreie Tarife zu einheitlichen Minutenpreisen zu jeder Tageszeit in jedes Telefonnetz an. Ein anderes Extrem solcher Einheitspreise stellen die so genannten Pauschaltarife (Flat Rates) dar, bei denen mit der Bezahlung einer monatlichen Gebühr eine unbegrenzte Nutzung von Mobilfunk-, Telefon- und Internetleistungen abgegolten wird. Solche Preismodelle eignen sich insbesondere bei Dienstleistungen mit geringen variablen Kosten.

Der Grad an Differenzierung eines Preissystems ist somit kein Maximierungs-, sondern ein Optimierungsproblem. Unter diesem Gesichtspunkt stellt sich zum einen die Frage nach dem **optimalen Grad an Preisdifferenzierung** und zum anderen nach den Möglichkeiten, etwaige negative Folgen eines komplexen Tarifsystems abzumildern. Die optimale Preisdifferenzierungsintensität im Hinblick auf die angewandte Zahl unterschiedlicher Implementationsformen hängt dabei sehr stark von den Merkmalen des Dienstleistungsanbieters und -nachfragers ab. Je größer der Fixkostenanteil, je flexibler die Nachfrage beispielsweise im Hinblick auf eine zeitliche Verlagerung, je stärker der externe Faktor in den Dienstleistungserstellungsprozess integriert wird und je individueller die Dienstleistung ist, umso größer fällt die optimale Preisdifferenzierungsintensität aus. Umgekehrt senkt ein hohes wahrgenommenes Kaufrisiko der Konsumenten das Ausmaß der optimalen Preisdifferenzierungsintensität (Fassnacht 1998, S. 738).

Zur Verminderung der negativen Folgen eines komplexen Tarifsystems eignet sich die **Bildung eines positiven Preisimages**. Erfolgreiche Beispiele aus dem Discountbereich des Lebensmitteleinzelhandels, wo Konsumenten die wahrgenommene Komplexität des Preisvergleichs zwischen einer Vielzahl unterschiedlicher Produkte häufig durch die Wahl einer als preisgünstig empfundenen Einkaufsstätte reduzieren (Gröppel-Klein 1998, S. 150), belegen in diesem Zusammenhang die hohe Bedeutung eines positiven Preisimages auch für Dienstleistungsunternehmen (Schneider 1999). Ein positives Preisimage entbindet den Kunden von Suchkosten und vermindert sein wahrgenommenes Risiko (Müller 1996, S. 29), da es als Indikator für eine generelle Preisgünstigkeit des Unternehmens fungiert und sich auf einzelne Transaktionen transferieren lässt.

▌*3.222* Preisbündelung und Preisbaukästen

Ebenso wie im Sachgüterbereich besteht im Dienstleistungssektor die Möglichkeit, Dienstleistungskunden die Wahl zu bieten, verschiedene Dienstleistungen einzeln oder im Verbund als „Servicepaket" mit einem gewissen Preisvorteil zu erwerben (Hanson/ Martin 1990; Wilson/Weiss/John 1990; Simon 1992b, S. 442, 1992a, S. 1214; Diller 1993, S. 270f.). Es ist sogar davon auszugehen, dass z. B. aufgrund der hohen Komplementarität einzelner Dienstleistungskomponenten eine derartige Bündelung im Dienstleistungsbereich häufiger als im Sachgüterbereich vorgenommen wird (Guiltinan 1987, S. 74; Simon 1992b, S. 442). Guiltinan, der erstmals einen konzeptionellen Modellansatz zur **Preisbündelung** im Servicebereich vorstellt (Guiltinan 1987), räumt der Anwendung dieses preispolitischen Instruments im Dienstleistungsmarketing gegenüber dem Konsumgütermarketing aufgrund der folgenden Aspekte eine besonders hohe Relevanz ein:

▌ Ein Ziel im Dienstleistungsmanagement besteht darin, Dienstleistungskapazitäten gleichmäßig auszulasten und aufgrund der hohen Fixkostenbelastung den Verkauf bisher wenig in Anspruch genommener Dienstleistungen zu fördern.

▌ Es ist sinnvoll, aufgrund des höheren wahrgenommenen Risikos beim Kauf von Dienstleistungen von unterschiedlichen Dienstleistungsanbietern dem Kunden ein „One Stop Shopping" anzubieten.

▌ Die Kundenzufriedenheit mit dem Dienstleistungsangebot (Preis-Leistungs-Verhältnis) spielt aufgrund der höheren Bedeutung langfristiger Kundenbeziehungen eine besondere Rolle.

Beispiel: Häufige Anwendungsgebiete der Preisbündelung sind (vgl. z. B. Guiltinan 1987, S. 74; Simon 1992a, S. 1214; Bouwman/Haaker/de Vos 2007, S. 21ff.):

– Wochenendangebote von Hotels in Verbindung mit einem Besuch einer kulturellen Veranstaltung,

– Angebot von Flugtickets, die die Möglichkeit der Nutzung eines Mietwagens am Flughafen einschließen,

– Kombination der Vermietung von Skiausrüstungen mit einem Kursangebot,

– Angebot von Versicherungspaketen wie z. B. Reiseversicherungen, die eine Haftpflicht-, Krankengeld- und Unfallversicherung umfassen,

– Pauschalreisen, die Flug und Hotelaufenthalt umfassen,

– Menüs in Restaurants,

– Mobilfunkdienstleistungen in Kombination mit Internet-, Daten- und TV-Anwendungen über das Mobiltelefon,

– Navigationssysteme z. B. in Verbindung mit Verkehrsfunk-, Alarm-, Diebstahlschutzdienstleistungen.

Hinsichtlich der Erscheinungsformen der Preisbündelung wird grundsätzlich zwischen einem „Pure Bundling" („reine Bündelung") und einem „Mixed Bundling" („gemischte Bündelung") unterschieden (Guiltinan 1987; Simon 1992a). Im Falle eines **„Pure Bundling"** sind die zu einem Kombinationspreis angebotenen Dienstleistungen für den Konsumenten nicht einzeln zu erwerben. Diese Form der Preisbündelung erschwert insbesondere die Transparenz von Dienstleistungsangeboten und -entgelten im Vergleich zu Konkurrenzangeboten für den Kunden, weil unter Umständen unterschiedliche Leistungsarten in die jeweiligen Servicepakete einbezogen werden.

Beim **„Mixed Bundling"** hat der Konsument die Wahl, die Dienstleistungsangebote einzeln oder als Servicepaket mit einem Preisvorteil zu erwerben. Erhält der Kunde einen Rabatt auf eine zweite Leistung bei Inanspruchnahme der „Leitleistung", spricht man vom „Mixed Leader Bundling", während „Mixed Joint Bundling" die Existenz eines eigenständigen Bündelpreises bedeutet.

Wird einem Kunden die Möglichkeit gegeben, aus mehreren Bündeln eines zu wählen (z. B. bei einer Pauschalreise „All Inclusive" oder „Übernachtung mit Frühstück") oder kann er selbst sich ein Bündel zusammenstellen (z. B. beim Friseurbesuch Waschen, Schneiden, Färben) wird dies auch als **Preisbaukasten** bezeichnet (Bruhn/Homburg 2004, S. 637).

Je nachdem, welche der in dem Bündel zusammengefassten Leistungen der Kunde bereits vor der Bündelung in Anspruch genommen hat, hat die Preisbündelung folgende **strategische Konsequenzen** (Guiltinan 1987, S. 77):

- Ausschöpfung von Cross-Selling-Potenzialen, wenn der Kunde zuvor nur einen Teil der Bündelleistungen in Anspruch genommen hat.

- Neukundenakquisition, wenn der Kunde zuvor keine der betroffenen Leistungen in Anspruch genommen hat.

- Kundenbindung, wenn der Kunde zuvor beide Leistungen in Anspruch genommen hat.

- Optimierung der Kapazitätsauslastung durch Bündelung von Dienstleistungen, die sich in Zeiten niedriger Auslastung erstellen lassen mit Dienstleistungen, die zu Hochauslastungszeiten erstellt werden (z. B. Kinoticket für eine Samstagabendvorstellung in Verbindung mit einem ermäßigten Ticket für eine Vorstellung unter der Woche) (vgl. Rust/Chung 2006, S. 565).

Der Anreiz für einen Dienstleistungsnachfrager, anstelle einer Dienstleistung weitere Leistungen zu kaufen, liegt in der Regel in einem mit dem Erwerb des „Servicepaketes" verbundenen preislichen Vorteil begründet. Zur Verdeutlichung der Wirkungsweise des „Pure Bundling" und des „Mixed Bundling" wird ein von Simon angeführtes Beispiel mit zwei Dienstleistungen aufgegriffen (Simon 1992b,1992a; Diller 1993).

In Abbildung 6-3-8 sind unter der Teilabbildung **„Einzelpreisstellung"** die Preisbereitschaften von fünf Konsumenten (gekennzeichnet von 1 bis 5) für zwei Leistungen A und B eingetragen. Gleichzeitig sind die unter Vernachlässigung von variablen Kosten optimalen Preise für Leistung A ($p_A = 5$) und Leistung B ($p_B = 4$) eingetragen. Im Rahmen dieser Preissetzung werden dann jeweils zwei Produkte von A und B abgesetzt, sodass ein Gesamtumsatz von 18 Einheiten erzielt wird.

Im Falle des **„Pure Bundling"** ergibt sich ein optimaler Bündelpreis von 5,5 Einheiten, der sich hier durch einfaches Ausprobieren ermitteln lässt. In komplexeren Fällen, insbesondere wenn mehr als zwei Leistungen gebündelt werden, bietet sich der Einsatz von mathematischen Lösungsalgorithmen an (Kinberg/Sudit 1979; Hanson/Martin 1990). Der durch den Absatz von vier Bündeln erzielte Umsatz liegt bei 22 Einheiten, also um vier Einheiten höher als im Falle der Einzelpreisstellung. Die Steigerung begründet sich durch eine bessere Abschöpfung der Konsumentenrente (Konsument 1: +0,5 Einheiten; Konsument 2: +1,5 Einheiten; Konsument 3: −3,5 Einheiten; Konsument 4: +5,5 Einheiten; Konsument 5: keine Abschöpfung).

Dieses auf den ersten Blick eindrucksvolle Ergebnis ist in seiner Aussagekraft für den praktischen Einsatz allerdings zu relativieren (vgl. z. B. Simon 1992b, S. 1228ff.):

Zunächst wird vorausgesetzt, dass sich alle individuellen Preisbereitschaften ermitteln lassen, was trotz der Fortschritte in den Methoden zur Messung von Preisbereitschaften mit Problemen behaftet ist. Dann allerdings sind die dafür notwendigen Ausgaben den im Rahmen der Preisbündelung ermittelbaren zusätzlichen Deckungsbeiträgen gegenüberzustellen, was a priori nicht möglich ist.

Weiterhin sind alle betrachteten Konsumenten an beiden Leistungen interessiert (Preisbereitschaft größer 0). Falls diese Annahme entfällt, ändert das zwar nichts an der grundlegenden Vorgehensweise, allerdings kann sich dann eine Gewinnverschlechterung ergeben.

Abbildung 6-3-8:   **Preisbündelung von Dienstleistungen**

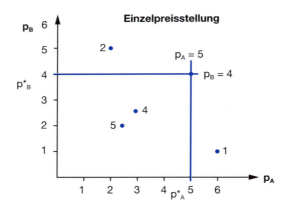

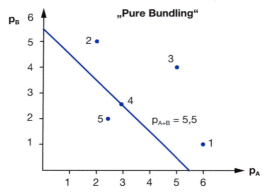

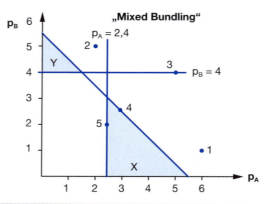

Quelle: Simon 1992b, S. 447

Beispiel: Zwei Konsumenten, von denen Konsument 1 nur Leistung A zum Preis von fünf Einheiten kaufen will und Konsument 2 nur Leistung B zum Preis von ebenfalls fünf Einheiten. Der Bündelpreis beträgt dann fünf Einheiten, sodass sich ein Gesamtumsatz von zehn Einheiten einstellt. Diese zehn Geldeinheiten ließen sich auch im Rahmen einer Einzelpreissetzung erzielen. Allerdings wäre es dann nicht notwendig gewesen, jeweils eine Leistung A und B zu „verschenken", um deren variable Kosten sich das Ergebnis nun reduziert. In diesem Zusammenhang sind zur Ableitung von Optimalitätsaussagen die Kosten zu berücksichtigen. Darüber hinaus kann die Reduzierung der Preistransparenz durch den Einsatz von Bündelpreisen zu Dissonanzen bei potenziellen Nachfragern führen und der Anwendung von Preisbündeln im Rahmen eines Preisbaukastens kartellrechtliche Überlegungen entgegenstehen.

Die Darstellung der Vorgehensweise im Rahmen des **„Mixed Bundling"** basiert wiederum auf dem Beispiel von Simon (vgl. Abbildung 6-3-8). Der Bündelpreis liegt erneut bei 5,5 Einheiten. Da die Summe der Einzelpreise notwendigerweise höher zu sein hat als diese 5,5 Einheiten, wird der Preis für Leistung A auf 2,4 Geldeinheiten und der von Leistung B auf 4 Einheiten festgelegt. Damit teilt sich der Markt in kleinere Einheiten auf bzw. wird deutlicher segmentiert. Alle Konsumenten, die im schraffierten Dreieck X liegen, werden zu Käufern der Leistung A und die Konsumenten im Feld Y zu Käufern der Leistung B. Somit steigt der Umsatz gegenüber dem „Pure Bundling" um 2,4 Geldeinheiten auf 24,4 Geldeinheiten (Simon 1992b, 1992a). Allerdings ist an diesem Beispiel nicht einsichtig, warum beispielsweise Konsument 1 weiterhin das Bündel beziehen wird. Sinnvollerweise wird er jetzt nur das Produkt A zum Preis von 2,4 Geldeinheiten kaufen, da die Differenz zum Paketpreis mit 3,1 Geldeinheiten deutlich über seiner Preisbereitschaft für Leistung B liegt.

Einige Autoren haben sich mit der Frage der relativen Vorteilhaftigkeit der Einzelpreisstellung gegenüber der Preisbündelung befasst (Adams/Yellen 1976; Tesler 1979; Schmalensee 1984; Simon 1992a, S. 1223ff.; Wübker 1998). Die Untersuchungen ergaben die folgenden Ergebnisse:

▮ Die **Einzelpreisbildung** ist empfehlenswert, wenn der Nutzen der einen Leistung besonders hoch, derjenige der anderen besonders niedrig ist.

▮ Die **reine Bündelung** ist vorteilhaft, wenn der Nutzen beider Leistungen und damit der Bündelnutzen relativ hoch sind.

▮ Die **gemischte Bündelung** ist bei einem hohen Heterogenitätsgrad der Kundschaft zu empfehlen, d. h., wenn ein Teil der Kunden extreme Präferenzen, ein anderer Teil ausgewogene Präferenzen hinsichtlich der beiden Leistungen hat. Dieser Fall trifft häufig auf Restaurantgäste zu. Kunden, die ausgewogene Präferenzen bezüglich einzelner Menügänge haben, bestellen das Menü. Gäste, die Extrempräferenzen hinsichtlich einzelner Gänge (z. B. Nachspeise) gegenüber anderen Gängen (z. B. Suppe) haben, werden „à la carte" bestellen. Jüngste empirische Studien kommen dabei zu dem Schluss, dass eine gemischte Bündelung im Vergleich zur reinen Bündelung und zur Einzelpreisbildung tendenziell zu höheren Gewinnen führt (Wübker 1998, S. 201).

Eine weitere Studie befasst sich unter anderem mit der Frage nach den **Vermarktungschancen** verschiedener Dienstleistungsbündel auf dem Gebiet mobiler Dienstleistungen (z. B. Navigationsdienstleistungen) in Abhängigkeit der Eigenschaften der mit der Kernleistung gebündelter Dienstleistungen. Diese lassen sich unterscheiden in Unterstützungs- (z. B. telefonische Kundenberatung), Erweiterungs- (z. B. telematische Verkehrsführung) und Zusatzdienstleistungen (Hörbuchfunktionen). Die Ergebnisse zeigen, dass Kunden einen Nutzengewinn eher durch eine Dienstleistungsbündelung mit Erweiterungs- als mit Unterstützungs- bzw. Zusatzdienstleistungen erfahren. Zudem lässt sich zeigen, dass eine sorgfältige Auswahl der gebündelten Dienstleistungen einen höheren wahrgenommenen Kundennutzen stiftet als ein einfacher durch Preisbündelung gewährter Preisnachlass (Bouwman/Haaker/de Vos 2007).

Insgesamt zeigt sich, dass Preisbündelungen zum Erfolg der Dienstleistungsunternehmen beitragen. Dieser Zusammenhang ist aber nicht zwingend, vielmehr ist im Einzelfall eine Entscheidung zu treffen, die sich zwar auf bestimmte Prognosen stützen lässt, die aber dennoch mit erheblicher Unsicherheit behaftet ist. Grundsätzlich trägt die Preisbündelung aber zu einer gerade für Dienstleistungsunternehmen wichtigen **Auslastung der Potenziale** bei. Über die bereits beschriebenen Optionen der Preisdifferenzierung hinaus besteht auch die Möglichkeit der Entbündelung von Leistungen, die dann entweder einzeln bezogen werden oder sich aber auf den Konsumenten verlagern lassen.

3.223 Electronic Pricing

Die weite Verbreitung des Internet berührt auch die Preispolitik vieler Dienstleistungsbranchen. Dies betrifft vor allem solche Dienstleistungsanbieter, die ihre Leistungen neben den klassischen Offline-Vertriebskanälen auch über das Internet oder sogar ausschließlich über das Internet vertreiben. Die Spezifika des Internet haben verschiedene Implikationen für die Preispolitik und Preisstrategiewahl von Dienstleistungsunternehmen (vgl. Abbildung 6-3-9).

Besondere Relevanz hat dabei die durch das Internet geschaffene hohe Informationstransparenz, durch die sich die Informationsbasis bei Kunden und Wettbewerbern verbessert, die Kosten der Informationsbeschaffung sinken und folglich Preisvergleiche wesentlich erleichtert werden. Dieser Sachverhalt wird zudem noch durch spezialisierte **Preisagenturen** bzw. **Preissuchmaschinen** begünstigt, die Konsumenten zu mittlerweile allen Bereichen detaillierte Informationen per Knopfdruck über Preishöhe, Zahlungsbedingungen, Lieferzeiten, Service usw. liefern. Neben den preispolitischen Risiken aus der resultierenden erhöhten Markt- bzw. Preistransparenz, wodurch nur noch tendenziell eine geringere Abschöpfung der Konsumentenrente seitens der Anbieter möglich bleibt, ergeben sich durch das Internet aber auch Chancen für Dienstleistungsanbieter aus dem Electronic Pricing. Zu nennen sind hier z. B. die schnelle Umsetzbarkeit von Preisänderungen, die Kontrolle der Wettbewerbsfähigkeit eigener Preise sowie die Möglichkeit zur vereinfachten Preisindividualisierung (vgl. Abbildung 6-3-9). Trotz des Vorliegens einer

Abbildung 6-3-9:   Schlüsselfaktoren der Komplexität des Pricing im Internet

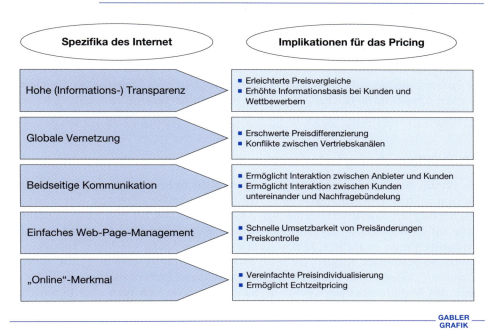

Quelle: Pohl/Kluge 2001, S. 1

hohen Preistransparenz halten sich in vielen Dienstleistungsbereichen nach wie vor erhebliche Preisunterschiede, die zum Teil auf die Verfolgung unterschiedlicher Preisstrategien zurückzuführen sind (Rust/Chung 2006, S. 566).

Unter Berücksichtigung der Spezifika des Internet gilt es, geeignete preispolitische Methoden und Strategien für Dienstleistungen unter Ausnutzung der technologischen Möglichkeiten im Internet festzulegen. Diese lassen sich in Abhängigkeit des Individualisierungsgrads und der Dynamik des Pricing in drei Gruppen unterteilen (Pohl/Kluge 2001, S. 9ff.):

1. Uniforme Preise (Kataloge),

2. Preisdifferenzierung im Internet,

3. Kundeninitiierte Preissetzung.

1. Uniforme Preise (Kataloge)

Uniforme Preise bzw. Katalogpreise sind für jede abgesetzte Einheit einer Dienstleistung gleich hoch. Hierbei handelt es sich um die einfachste Form des Electronic Pricing, da auf eine Preisdifferenzierung verzichtet wird. Der Vorteil dieser Methode liegt in ihrer einfachen Anwendbarkeit, weshalb sie häufig als Einstiegsmethode des Pricing im Internet fungiert. Zudem lassen sich durch den Verzicht einer besonderen Preisgestaltung im Internet Kannibalisierungseffekte zwischen Online- und Offline-Absatzkanälen verhindern. Ein Beispiel hierfür ist ein Versandhaus oder Reiseunternehmen, das sowohl im Online- als auch im Offline-Katalog die gleichen Preise bietet (Pohl/Kluge 2001, S. 10f.).

Der Methode uniformer Preise ist kritisch anzumerken, dass sie nur einen geringen Grad der Preisoptimierung aufweisen. Zudem besteht die Gefahr der Kannibalisierung alternativer Vertriebskanäle für den Fall, dass Online- und Offline-Vertriebskanäle gleich bepreist werden. Zudem bieten Katalogpreise im Internet eine besonders hohe Preistransparenz.

2. Preisdifferenzierung im Internet

Das Prinzip der Preisdifferenzierung im Internet unterscheidet sich nicht grundlegend von dem auf traditionellen Märkten und zielt trotz der erhöhten Preistransparenz auf die Abschöpfung der Konsumentenrente (vgl. Abschnitt 3.221). Über geschützte Kundenbereiche auf der Internetseite des Anbieters wird durch das Internet das Angebot **kundenindividueller Preise** ermöglicht. Dies wird beispielsweise häufig von Mobilfunkanbietern genutzt. So bekommen Kunden, die ihren Mobilfunkvertrag verlängern wollen, kundenindividuelle Angebote für ein neues Mobiltelefon, deren Preise bzw. die auf die Preise durch den Mobilfunkbetreiber gewährte Subventionshöhe sich nach dem historischen Kundenumsatz richten. Ein weiteres Beispiel stellen kundenindividuelle Zinssätze für Festgeldanlagen im Online-Banking dar.

Die Methode der Preisdifferenzierung im Internet lässt sich zudem nach dem Kriterium der **Selbstselektion** unterscheiden. Die Preisdifferenzierung ohne Selbstselektion beruht auf einer anbieterseitigen Einteilung der Kunden in Kundengruppen, denen die gleiche Dienstleistung zu einem spezifischen Preis angeboten wird. Im Rahmen der Preisdifferenzierung mit Selbstselektion bietet der Anbieter unterschiedliche Varianten einer Dienstleistung an, für die sich die Kunden entsprechend ihrer Präferenzen entscheiden können (Pohl/Kluge 2001, S. 10).

Allgemein lassen sich aufgrund der automatisierten und standardisierten Erstellung von Leistungen im Internet meist Kostenvorteile generieren, die oft als Preisvorteile an den Kunden weitergegeben werden und zu einer Preisdifferenzierung gegenüber den klassischen Vertriebskanälen führen. So verlangt die Fluggesellschaft Ryanair beispielsweise hohe (Gesprächs-) Gebühren für eine telefonische Buchung, für die das Unternehmen gezwungen ist, Personal zu beschäftigen, während Internetbuchungen nur (geringen) Fixkostencharakter aufweisen, d. h. eine einzelne Buchung kaum Extrakosten verursacht.

3. Kundeninitiierte Preissetzung

Bei der kundeninitiierten Preissetzung (Customer Driven Pricing) handelt es sich um Methoden der Preisgestaltung, bei denen der Kunde einen Preis festlegt und der Anbieter sich entscheidet, ob er zu dem gebotenen Preis, seine Leistungen verkaufen möchte. Dabei lassen sich verschiedene Umsetzungsformen unterscheiden (Pohl/Kluge 2001, S. 11ff.). Beim echten **Customer Driven Pricing** gibt der Kunde sein verbindliches Preisangebot ab, und ein Anbieter entscheidet, ob er das Angebot annimmt oder nicht (z. B. Gimahhot.de).

Beim **Co-Shopping** schließen sich über spezielle Online-Portale mehrere Kunden zusammen, um durch die dadurch erhöhte Nachfragekraft attraktive Einkaufskonditionen zu erzielen. In Bezug auf das Pricing von Dienstleistungen eignet sich dieses Verfahren nur begrenzt. Zudem zeigt sich an der Insolvenz des letzten großen Anbieters Letsbuyit.com, dass sich diese Preismethode am Markt nicht durchsetzen konnte.

Online-Auktionen eignen sich besonders gut für Unternehmen zur Umgehung der erhöhten Preistransparenz im Internet (Klein/Zickhardt 1997). Das inzwischen klassische Beispiel für Internetauktionen stellt das Unternehmen Ebay dar. Der Anreiz für Anbieter liegt in der Möglichkeit, überschüssige Kapazitäten auf einfache Weise einem großen Markt anzubieten und diejenigen mit der maximalen Preisbereitschaft zu erreichen. Es lassen sich sowohl Mindestpreise als auch Festpreise bei sofortigem Kauf ohne Teilnahme an einer Auktion setzen. Der Anreiz für Käufer besteht zum einen im Erlebniswert bei der Teilnahme an einer Auktion und zum anderen in der Preistransparenz innerhalb eines inzwischen sehr umfangreichen Produkt- und Leistungsspektrums.

Eine besonders für Dienstleistungen geeignete Umsetzungsform der kundeninitiierten Preissetzung stellen so genannte **Reverse Auctions** dar. Bei solchen „umgedrehten Auktionen" schreiben Kunden (Dienstleistungs-) Aufträge auf speziellen Internetportalen aus, für die sich Dienstleistungsanbieter bewerben können. Nach Beendigung der Auktion kann der Kunde seinen Präferenzen entsprechend (Preis, Qualität) einen geeigneten Anbieter auswählen (z. B. Yelline.de).

Zusammengefasst zeichnen sich die Internet-Preismethoden des Customer Driven Pricing durch ihr hohes Potenzial zur Preisoptimierung, ihr geringes Konfliktpotenzial zu klassischen Vertriebskanälen und ihre limitierte „Verwundbarkeit" durch die kundenseitige Nutzung von Preissuchmaschinen aus (Pohl/Kluge 2001, S. 12).

Bei der **Preisfindung** für im Internet angebotene Dienstleistungen ist die Erkenntnis aus zahlreichen Studien über das Verhalten von Internetnutzern zu berücksichtigen, dass sich diese durch eine geringe Zahlungsbereitschaft für Leistungen im Internet auszeichnen. Entsprechend ist eine Abschöpfungspreisstrategie mit hohen Preisen beim Markteintritt in der Regel wenig Erfolg versprechend. Die Notwendigkeit der Realisierung von angemessenen Skaleneffekten wird durch die Preisstrategie der Abschöpfung meist nicht erreicht. Stattdessen finden sich viele Beispiele von Anbietern im Internet, die durch wirksame **Preisstrategien der Marktpenetration** schnell einen großen Marktanteil erreichen konnten. Insbesondere die Strategie des „Follow the Free" – die kostenlose Produktabgabe, die sich als Extremform der Penetrationsstrategie interpretieren lässt – stimuliert die Nachfrage in einzigartiger Weise. So vertrieb das Unternehmen Network Associates seine Antivirensoftware McAfee zunächst kostenlos und erreichte einen Marktanteil von 75 Prozent. Durch kostenpflichtige Upgrades konnten erhebliche Umsätze generiert werden, wodurch sich das Unternehmen eine gute finanzielle Basis zur Weiterentwicklung des Produktes sichern konnte. Aufgrund der nach wie vor sehr guten Marktstellung des Anbieters wird von vielen Nutzern ein Anbieterwechsel in der Regel nicht in Erwägung gezogen.

3.23 Konditionenbezogene Strategien

Neben der Festlegung von Preisen steht dem Dienstleistungsanbieter auch das Instrument der **Gestaltung der Zahlungsbedingungen** zur Verfügung:

▮ Bei längerer Dauer des Dienstleistungsprozesses oder im Fall des Angebots von Dienstleistungsversprechen (z. B. Buchung einer Reise) lassen sich **Teilzahlungsoptionen** anbieten. Dabei ist zu beachten, dass die einzelnen Komponenten einer solchen Preisbildung (effektiver Zinssatz, Monatsrate, Laufzeit, Anzahlung) unterschiedlich stark auf die Preisbeurteilung wirken (Herrmann 1998) und es sinnvoll ist, sie dementsprechend zu kombinieren. Für eine verbesserte Preisbeurteilung ist auch die Wirkung von Vorauszahlungen positiv nutzbar zu machen (Diller 1999, S. 24). Solche vor der Inanspruchnahme der Dienstleistung erbrachte Zahlungen sind für den Kunden „Sunk Costs" und verbessern häufig die Nutzenwahrnehmung der erst später in Anspruch genommenen Dienstleistung deutlich (z. B. bei einer im Voraus bezahlten Urlaubsreise).

▮ Eine weitere Möglichkeit zur konditionenbezogenen Preisdifferenzierung besteht in unterschiedlichen **Vertragslaufzeiten**. So versuchen Unternehmen, bei einigen Dienstleistungen für langfristige Verträge Anreize zu schaffen, indem sie günstigere Tarife anbieten. So sind Abonnements für Fitnessstudios, die über zwei Jahre laufen, oft monatlich günstiger als ein Einjahresvertrag. Gleiches gilt für zahlreiche Dienste im Internet, z. B. für Partnervermittlungsagenturen. Während solche Verträge Unternehmen langfristig sichere Einkünfte garantieren, anhand derer sich die Investitionen planen lassen, kompensieren sie die mangelnde alternative Dispositionsmöglichkeit ihrer Kunden durch Preisvorteile.

▮ Die Nichtinanspruchnahme einer bestellten Dienstleistung wie z. B. eines Linienfluges, einer Reiseveranstaltung oder Theateraufführung führt zum „Verfall" dieser Leistung, da aufgrund der Nichtlagerfähigkeit von Dienstleistungen keine Möglichkeit besteht, sie für eine spätere Nutzung „aufzubewahren". Somit sind auch im Interesse des Kunden Vereinbarungen über Rücktrittsmöglichkeiten mit **Abstandszahlungen** oder über den Abschluss von **Rücktrittskostenversicherungen** zu treffen.

▮ Aufgrund der Immaterialität von Dienstleistungen ist in den **„Lieferungsbedingungen"** möglichst präzise die zu erbringende Dienstleistung zu konkretisieren (z. B. Checklisten mit Teilleistungen bei Reparaturdiensten), um dem Dienstleistungsnachfrager einen möglichst genauen Überblick über die Verrichtungsschritte zu geben und damit Auseinandersetzungen über nicht erbrachte Leistungen zu vermeiden. Nachkaufdissonanzen sind in diesem Zusammenhang durch differenzierte Rechnungserstellung, möglichst verbunden mit einer im persönlichen Gespräch stattfindenden Aufschlüsselung, entgegenzuwirken.

▮ Als Sonderform der Gestaltung von Zahlungsbedingungen wird die **Garantie** angesehen. Diese bietet sich insbesondere bei Dienstleistungen an, die sich durch ein hohes wahrgenommenes Risiko auszeichnen. Es ist wichtig, dass die Garantien dabei keine einschränkenden Bedingungen enthalten, leicht einsehbar und vermittelbar sowie rasch und ohne große Mühen zu beanspruchen bzw. einzulösen sind (Hart 1989). Darüber hinaus sind aber den positiven Wirkungen des Einsatzes von Garantien die durch sie verursachten Kosten gegenüber zu stellen. Hier gilt es, mit Hilfe versicherungsmathematischer Modelle einen sinnvollen Kompromiss zu finden.

4. Distributionspolitik

4.1 Grundlagen der Distributionspolitik

Auch im Rahmen der Distributionspolitik wirken sich die konstitutiven Eigenschaften von Dienstleistungen aus und begrenzen die Zahl der einsetzbaren Instrumente und deren Ausgestaltungsmöglichkeiten. Aufgrund ihrer beschränkten Handelbarkeit erfordern Dienstleistungen in der Regel eine lokale/multi-lokale Leistungserstellung. Lediglich Leistungsversprechen (Versicherungspolicen, Eintrittskarten, Lottoscheine usw.) bilden hier eine Ausnahme und sind über eigene oder fremde Verkaufsorgane zu vertreiben. Insgesamt ergeben sich so besondere Anforderungen an die Distributionspolitik von Dienstleistungsunternehmen, die im Folgenden, mit Schwerpunkt auf die multi-lokale Leistungserstellung, konkretisiert werden.

Der Begriff „Distributionspolitik" ist in der Literatur meistens mit der Verteilung von Sachgütern verbunden. In diesem Teil steht hauptsächlich die Vertriebspolitik von Dienstleistungen im Vordergrund. Aufgrund der herrschenden Terminologie wird im Folgenden weiter der Begriff Distributionspolitik Verwendung finden.

4.11 Besonderheiten der Distributionspolitik von Dienstleistungsunternehmen

Aufgrund der Merkmale von Dienstleistungen ergeben sich einige Besonderheiten für die Distributionspolitik von Dienstleistungsunternehmen, die in Abbildung 6-4-1 dargestellt sind.

Die Notwendigkeit der permanenten **Leistungsfähigkeit** eines Dienstleistungsunternehmens hat folgende Aspekte für die Distributionspolitik zur Konsequenz:

- Die Erfüllung des raumzeitlichen Präsenzkriteriums ist die zentrale logistische Aufgabe für Dienstleistungsunternehmen.

- Es wird von Dienstleistungsunternehmen eine Dokumentation ihrer permanenten Leistungsbereitschaft gefordert.

Abbildung 6-4-1: Besonderheiten der Distributionspolitik von Dienstleistungsunternehmen

Besonderheiten von Dienstleistungen	Implikationen für die Distributionspolitik
Leistungsfähigkeit des Dienstleistungsanbieters	■ Erfüllung des raumzeitlichen Präsenzkriteriums als zentrale logistische Aufgabe ■ Dokumentation der Leistungsfähigkeit des Absatzmittlers ■ Häufig kombinierte Distribution ■ Dokumentation der Lieferbereitschaft
Integration des externen Faktors	■ Vorherrschen der direkten Distribution ■ Bedeutung des Standorts
Immaterialität (Nichtlagerfähigkeit, Nichttransportfähigkeit)	■ Bedeutung des Franchising ■ Absatzmittler als „Co-Producer" ■ Möglichkeit der Online-Distribution ■ Lagerung materieller Leistungselemente ■ Transport materieller Leistungselemente

GABLER
GRAFIK

■ Im Dienstleistungsbereich kommt auch eine Kombination von direkter und indirekter Distribution zum Einsatz.

■ Bei der indirekten Distribution hat nicht nur der Dienstleister selbst, sondern auch der Absatzmittler seine Leistungsfähigkeit zu dokumentieren.

Die **Integration des externen Faktors** in den Leistungserstellungsprozess führt zu folgenden Implikationen für die Distributionspolitik:

■ Die meisten Dienstleistungen werden direkt vertrieben.

■ Standortentscheidungen haben im Dienstleistungsbereich aus Kundensicht eine größere Bedeutung als im Konsum- oder Industriegüterbereich.

Aus der **Immaterialität** von Dienstleistungen lässt sich folgern:

■ Aufgrund der Notwendigkeit einer einheitlichen Präsentation des Dienstleisters kommen Filialsystemen und insbesondere Franchisesystemen eine besondere Bedeutung zu.

■ Beim indirekten Vertrieb tritt der Absatzmittler unter Umständen als „Co-Producer" auf.

■ Bei Dienstleistungen besteht grundsätzlich die Möglichkeit einer Online-Distribution. In den vergangenen Jahren hat sich dieses Medium in ausgewählten Branchen mehr und mehr gegenüber den traditionellen Vertriebskanälen durchgesetzt (vgl. Abschnitt 4.213).

Die konstitutive Eigenschaft der Nichtlagerfähigkeit von Dienstleistungen bedingt, dass **Lagerhaltungsentscheidungen** lediglich für materielle Leistungselemente und Faktoren zu treffen sind. Wegen der Nichttransportfähigkeit betreffen **Transportentscheidungen** ebenfalls lediglich materielle Leistungselemente und Faktoren. Falls Leistungsversprechen, d. h. Anrechte auf eine Dienstleistung vertrieben werden, kommt in diesem Zusammenhang der Kapazitätsplanung ein hoher Stellenwert zu. Es sind z. B. Reservierungssysteme einzurichten, die die aktuelle Nachfrage und die spätere Leistungserbringung zusammenführen.

4.12 Ziele der Distributionspolitik

Eine zentrale Orientierungsfunktion der Entscheidungsprozesse innerhalb der Distributionspolitik kommt den distributionspolitischen Zielen zu. Diese sind konsistent aus den übergeordneten Unternehmens- und Marketingzielen abzuleiten und möglichst operational zu formulieren. Falls es einem Dienstleister nicht gelingt, Leistungskomponenten derart zu lagern, zu verwalten, umzuschlagen und zu transportieren, dass sich die Nachfrage in ausreichender Quantität und Qualität befriedigen lässt, verliert der Anbieter die Nachfrage, woraus für ihn Fehlmengenkosten/Opportunitätskosten entstehen (vgl. Herrmann/Huber 1999, S. 861). Neben den übergeordneten Zielen wie Umsatz- und Marktanteilssteigerung lassen sich den distributionspolitischen Entscheidungen folgende **versorgungsorientierte Zielgrößen** zugrunde legen:

▮ **Präsenz und Erreichbarkeit** (Distributionsgrad und -dichte von Dienstleistungen)
Die Nichttransportfähigkeit von Dienstleistungen und die im Rahmen ihrer Erstellung notwendige Integration des externen Faktors erfordert die simultane Präsenz des Dienstleisters und des Kunden bzw. seines Objektes. Daraus leitet sich die Forderung nach kundennahen Standorten (bei standortgebundenen Dienstleistungen) bzw. nach einem dichten Außendienstnetz (bei räumlich flexibler Dienstleistungserstellung) ab. Insbesondere bei Dienstleistungen des täglichen Bedarfs (Verkehrsdienstleistungen, Bankdienste, Postdienste) wird die schnelle Erreichbarkeit des Dienstleistungsanbieters zu einem zentralen Qualitätsmerkmal. Gleiches gilt für den Fall, dass der Dienstleister zum Kunden kommt (z. B. Handwerker, Pizzadienst). Besonders deutlich wird dieser Zusammenhang bei bestimmten öffentlichen Dienstleistungen wie Notarzt, Polizei, Feuerwehr. Hier ist der Standort so zu wählen, dass eine den Anforderungen der Kunden entsprechende Präsenz gewährleistet ist.

▮ **Zugang des externen Faktors zum Erstellungsprozess**
Zielsetzung der Distributionspolitik im Dienstleistungsmarketing ist weiterhin die problemlose und kundengerechte Integration des externen Faktors in den Dienstleistungserstellungsprozess. Aufgrund der Nichtlagerfähigkeit von Dienstleistungen sind kundengerecht ausgestattete Warteräume zur Lagerung bzw. zum Aufenthalt des externen Faktors (z. B. Bahnhof, Arztpraxis) einzurichten und Beförderungseinrichtungen (z. B. Shuttle-Verkehr auf Flughäfen) sowie Reservierungssysteme und Ähnliches vorzusehen.

■ **Lieferzeit**

Insbesondere bei Dienstleistungen, die vor Ort beim Kunden erbracht werden, sowie beim Verkauf von Leistungsversprechen (z. B. Abschluss eines Wartungsvertrages für einen Computer und Inanspruchnahme des Kundendienstes) sind die zuverlässige Einhaltung der „Lieferzeit" sowie eine schnelle Reaktionszeit im Rahmen der Distributionspolitik sicherzustellen. Insgesamt sind die Ziele „Lieferzeitminimierung" und „Erreichen einer ausreichenden Marktpräsenz" komplementär.

■ **Lieferbereitschaft**

Weiterhin ist eine kontinuierliche Lieferbereitschaft durch den Dienstleister zu gewährleisten. Aufgrund der Nichtlagerfähigkeit und der Integration des externen Faktors ist, während der Öffnungszeiten das Leistungspotenzial des Unternehmens permanent bereit zu stellen. Anders als im Konsumgüterbereich lässt sich der Zeitpunkt des „Vertriebs" grundsätzlich nicht vom Unternehmen festlegen.

■ **Lieferzuverlässigkeit**

Schließlich ist eine kontinuierliche Lieferzuverlässigkeit notwendig. Es ist notwendig, sicherzustellen, dass der Kunde sich vor und im Zeitpunkt der Inanspruchnahme auf den Dienstleister verlassen kann.

Im Rahmen der Distributionspolitik eines Dienstleistungsunternehmens sind folgende **psychologisch-orientierte Zielsetzungen** von Bedeutung:

■ **Image des Absatzkanals**

Das Image des Absatzkanals, die Ausstattung und persönliche Identifikation der einbezogenen Absatzmittler stellen bereits erste Indikatoren zur Beurteilung und Konkretisierung der „nicht greifbaren" Dienstleistungen dar. Ziel ist daher die Kompatibilität des Images von Absatzmittlern und eigentlichem Dienstleistungsanbieter.

■ **Kooperationsbereitschaft**

Im Hinblick auf einen einheitlichen Außenauftritt ist eine enge Kooperation zwischen dem Dienstleistungsersteller und seinen Absatzmittlern anzustreben. Diese Form der Zusammenarbeit wirkt sich auch positiv im Rahmen der Steuerung der Auslastung von Dienstleistungskapazitäten aus, da hier eine Errichtung von gemeinsamen Reservierungs- und Buchungssystemen notwendig ist.

Beispiel: Die Schweizer Fluggesellschaft Swissair ging zunächst 2001 in Konkurs, wurde dann als Nachfolgegesellschaft der Crossair unter dem Namen Swiss weitergeführt (2005 von der Lufthansa übernommen). In den 1990er Jahren hatte sie sich in Kooperationen mit qualitativ minderwertigen Airlines verstrickt. Dadurch erlitt auch das Qualitätsimage der Fluggesellschaft einen Schaden, da die schlechte Bewertung ihrer Kooperationspartner auch auf sie zurückfiel. Dies zeigt die Bedeutung der Auswahl geeigneter Partner beim Eingehen von Kooperationen, die mit dem für das eigene Unternehmen gewünschten Image harmonieren.

Unter Zugrundelegung dieser Zielsetzungen lassen sich die distributionspolitischen Entscheidungtatbestände mit Entscheidungen hinsichtlich Wahl und Struktur der Absatzkanäle sowie Gestaltung des logistischen Systems kennzeichnen. Angesichts der dienstleistungsspezifischen Besonderheiten sind diese jedoch gegenüber dem Sachgüterbereich entsprechend zu modifizieren.

4.2 Einsatz distributionspolitischer Instrumente

4.21 Gestaltung von Absatzkanalsystemen für Dienstleistungen

Das Anliegen der Distributionslogistik besteht darin, die mengen- und artmäßige, räumlich und zeitlich abgestimmte Bereitstellung von Leistungen sicherzustellen, sodass sich vorgegebene Lieferzusagen einhalten lassen (Herrmann/Huber 1999, S. 861). Im Rahmen der Gestaltung des Absatzkanalsystems geht es in erster Linie darum, die Absatzwege festzulegen und potenzielle Absatzmittler zu akquirieren und zu koordinieren. Bei der Wahl der **Absatzwege** lässt sich zwischen den Grundformen eines direkten und indirekten Absatzweges differenzieren. Bei der direkten Distribution erfolgen die Verpflichtungserklärung sowie die Erbringung der Dienstleistung durch den gleichen Betrieb. Bei der indirekten Distribution wird dagegen ein Absatzmittler zum Vertrieb der Leistungen eingesetzt (z. B. erfolgt die Leistungserstellung eines Reiseveranstalters bei Reiseantritt des Nachfragers direkt, jedoch werden die Leistungsversprechen in Bezug auf eine Reise in der Regel indirekt vertrieben). Außer diesen Grundformen existieren Kombinationslösungen aus direkter und indirekter Distribution.

Beispiele für verschiedene Ausgestaltungsformen des Absatzkanalsystems zeigt Abbildung 6-4-2.

Abbildung 6-4-2:   Beispiele für Absatzkanalsysteme für Dienstleistungen

Vertriebsweg \ Vertriebsobjekt		Eigentliche Leistung	Leistungsversprechen
Direkt	**Unmittelbar (Eigenvertrieb)**	z. B. Frisör	z. B. Vorverkauf von Eintrittskarten durch ein Kino
	Mittelbar (Filialsystem)	z. B. Bank	z. B. Flugtickets in Lufthansa-Agenturen
	Mittelbar (Franchisesystem)	z. B. Fast-Food-Ketten	z. B. Franchisesystem einer Konzertagentur
	Mittelbar (Online-Vertrieb)	z. B. Homebanking	z. B. Fahrkarten der Deutschen Bahn über T-Online
Indirekt		z. B. Autoversicherung über Autovermietung	z. B. Eintrittskarten für ein Musical in einer Vorverkaufsstelle

GABLER
GRAFIK

Im Folgenden werden die drei genannten **Alternativen** der Gestaltung von Absatzkanalsystemen für Dienstleistungen im Einzelnen vorgestellt.

4.211 Direkte Distribution

Im Rahmen der **direkten Distribution** wird wiederum zwischen zwei Ausgestaltungsformen unterschieden:

- **Unmittelbare Direktdistribution** (Eigenvertrieb): Hierbei handelt es sich um eine zentralisierte Vertriebsform, d. h., der Dienstleister stellt sein Leistungspotenzial dem Kunden meist an einer zentralen Stelle zur Verfügung (z. B. einzelner Friseursalon, einzelnes Restaurant).

- **Mittelbare Direktdistribution** (z. B. in einem Filial- oder Franchisesystem): Bei dieser Ausgestaltungsform bietet der Dienstleister sein Leistungspotenzial an unterschiedlichen Stellen an (z. B. Geschäftsbank, Fast-Food-Ketten).

Da bei der direkten Distribution auf Absatzmittler verzichtet wird, sind den Dienstleistungsanbietern enge Grenzen in Hinblick auf die Geschwindigkeit der Expansion gesetzt.

In diesem Zusammenhang kommen Multiplikationsbestrebungen des Dienstleistungsanbieters eine besondere Bedeutung zu. **Multiplikation** versteht sich als die Vervielfältigung von definierbaren Einheiten, die unabhängig voneinander jeweils die als erfolgskritisch angesehenen Bestandteile bzw. Merkmale dieser Einheit beinhalten. Dabei basiert die Multiplikation auf dem bestehenden Leistungsprogramm und den bestehenden Zielgruppen mit dem Ziel, unter Beibehaltung der vorhandenen Absatzmarktprogrammstruktur durch intensivere Marktpotenzialnutzung ein marktorientiertes Wachstum zu erreichen (Hübner 1993).

Übertragen auf die Problemstellung von Dienstleistungsanbietern ergeben sich die in Abbildung 6-4-3 dargestellten Optionen. Zum einen wird hinsichtlich der Multiplikation von Leistungsprozessen und -potenzialen unterschieden. Im Rahmen der Marktdimension wird dann zusätzlich zwischen Multiplikationen ohne bzw. mit geographischer Marktausdehnung differenziert.

Falls keine geographische Marktausdehnung erfolgt und lediglich Prozesse multipliziert werden, liegt der Fall der **reinen Marktdurchdringung** vor. Denkbar wäre hier eine ärztliche Untersuchung, die in ihrer zeitlichen Ausdehnung reduziert wird, sodass sich eine größere Anzahl von Patienten pro Zeiteinheit behandeln lässt.

Eine **expansive Multiplikation ohne Strukturerweiterung** findet dann statt, wenn Leistungserstellungsprozesse multipliziert werden und gleichzeitig eine geographische Marktausdehnung erfolgt. Als Beispiele lassen sich hier der Export veredelter Dienstleistungen über die bisherigen Vertriebsgrenzen hinaus sowie die Entsendung von Mitarbeitenden (z. B. Unternehmensberatung, Anwaltskanzlei, Architektur- und Ingenieurbüros) anführen.

Abbildung 6-4-3:   Systematisierung von marktgerichteten Multiplikationsstrategien

Objekt-dimension Markt-dimension	Multiplikation von	
	Leistungserstellungs-prozessen	**Leistungserstellungs-potenzialen**
Ohne geographische Marktausdehnung	Reine Marktdurchdringung 🔽 Intensivierung durch Leistungsmultiplikation	Konzentrische Multiplikation 🔽 Intensivierung durch Potenzialmultiplikation
Mit geographischer Marktausdehnung	Expansive Multiplikation (ohne Strukturerweiterung) 🔽 Extensivierung durch Leistungsmultiplikation	Expansive Multiplikation (mit Strukturerweiterung) 🔽 Extensivierung durch Potenzial- (und Leistungs-) multiplikation

GABLER GRAFIK

Im Rahmen der Multiplikation von Leistungspotenzialen ohne geographische Marktausdehnung wird von einer **konzentrischen Multiplikation** gesprochen. Diese lässt sich durch Franchising oder Filialisierung im bestehenden Vertriebsbereich oder durch Übernahme lokaler Wettbewerber erreichen.

Die **expansive Multiplikation mit Strukturerweiterung** schließlich liegt dann vor, wenn im Rahmen einer geographischen Marktausdehnung eine Multiplikation von Leistungserstellungspotenzialen erfolgt. Eine derartige Extensivierung erfolgt wiederum durch Franchising oder Akquisitionen. Darüber hinaus sind Lizenzvergaben oder Direktinvestitionen zur Filialisierung denkbar.

Gerade im Dienstleistungsbereich wird dem **Franchising** als Konzept der „Quasi-Filialisierung" ein bedeutender Stellenwert beigemessen. Cross und Walker (1987) kennzeichnen den Einsatz von Franchisekonzepten bei Serviceleistungen treffend als „A Practical Business Marriage" und sehen einen engen Zusammenhang zwischen der Ausweitung des Dienstleistungsbereiches und der zunehmenden Anzahl von Franchisekonzepten (Cross/Walker 1987). Franchising lässt sich dabei wie folgt definieren (Kaub 1990; Tietz 1991; Ahlert 2001):

Franchising ist eine Form der Kooperation, bei der ein Kontraktgeber (Franchiser) aufgrund einer langfristigen vertraglichen Bindung rechtlich selbstständig bleibenden Kontraktnehmern (Franchisees) gegen Entgelt das Recht einräumt, bestimmte Waren oder Dienstleistungen unter Verwendung von Namen, Warenzeichen, Ausstattungen oder sonstigen Schutzrechten sowie der technischen und gewerblichen Erfahrungen des Franchisegebers und unter Beachtung des von letzterem entwickelten Absatz- und Organisationssystems anzubieten.

Im Dienstleistungsbereich findet Franchising häufig in der Form statt, dass dem Franchisenehmer die Einrichtung und Führung einer Dienstleistungs-„Filiale" bzw. die Organisation zur Dienstleistungserstellung gegen Entgelt obliegt. Das Dienstleistungsunternehmen als Franchisegeber stellt zur Führung der Dienstleistungs-„Filiale" bzw. zur Durchführung der Dienstleistungserstellungsprozesse ein umfassendes Hard- und Softwarepaket zur Verfügung. Durch einheitliche Ausgestaltung dieses Paketes wird eine weitgehende Systemkonformität der Franchisenehmer sichergestellt. Der gewichtigste Vorteil dieses Konzeptes liegt für den Franchisegeber darin, dass er mit geringem Kapitalaufwand schnell expandieren kann.

Aufgrund der Immaterialität von Dienstleistungen wird im Rahmen von Franchisesystemen insbesondere eine einheitliche „Materialisierung" von Dienstleistungspotenzialen durch die Verwendung gleicher Ausstattungen, Dienstleistungsmarken und -programme angestrebt. Vorgaben zur Erstellung der jeweiligen Dienstleistungen dienen der Sicherung einer konstanten Dienstleistungsqualität.

Typische **Beispiele** für Franchisesysteme finden sich in der Gastronomie (z. B. McDonald's, Burger King, Subway, Kamps), im Hotelgewerbe (z. B. Holiday Inn, ACCOR), im Handel (z. B. OBI, Tchibo, Fressnapf, Benetton) oder auf dem Gebiet sonstiger Dienstleistungen (z. B. Blume2000, Fitness-Kette Kieser Training, Immobilien-Kette Engel & Völkers).

Der hohe Stellenwert des Franchising zeigt sich an den Schätzungen des Deutschen Franchise-Verbands, der für das Jahr 2006 in Deutschland von rund 900 verschiedenen Franchisekonzepten mit insgesamt 51.100 Franchisenehmern mit insgesamt 429.000 Beschäftigten ausgeht (Laudenbach 2007, S. 101).

Die Beliebtheit des Franchising im Dienstleistungsbereich gründet sich auf die zahlreichen Vorteile sowohl für den Franchisegeber als auch für den Franchisenehmer (Tietz 1991):

Vorteile des Franchisegebers:
- Risikominderung (insbesondere des finanziellen Risikos),
- Dezentralisierung von Personalfragen,
- Einsatzmöglichkeit lokaler Expertise,
- Loyalität der Franchisenehmer trotz selbstständigem Unternehmertum,
- Regelmäßige Franchisegebühr,
- Beitrag zum Bekanntheitsgrad des Gesamtsystems,
- Systematische Informationsweitergabe über Zielmarkt,
- Begrenzter Kapitaleinsatz.

Vorteile des Franchisenehmers:
- Risikominimierung,
- Zentrale Kommunikationsaktivitäten,
- Gebietsschutz im Absatzmarkt,
- Einkaufsvorteile im Beschaffungsmarkt (insbesondere auch Humankapital),
- Unterstützungsleistungen hinsichtlich Unternehmensführung, Aus- und Weiterbildung sowie Marketingaktivitäten,
- Erleichterte Kapitalbeschaffung.

Insgesamt stellt das Franchising eine Option dar, Dienstleistungskonzepte mit begrenztem Kapitaleinsatz und gleichzeitig intensiven Steuerungsmöglichkeiten zu verknüpfen. Trotz der genannten Vorteile lassen sich im Zusammenhang mit dem Franchising vereinzelt auch **negative Tendenzen** erkennen, die sich auf extrem hohe Expansionsbestrebungen einiger Franchisegeber zu Lasten der Franchisenehmer zurückführen lassen und nicht selten zu einem Scheitern der Existenzgründung durch Franchising führen. Zu nennen sind beispielsweise hohe finanzielle Risiken für Lizenzen und die Geschäftsaustattung und eine unzureichende Betreuung durch den Franchisegeber (Laudenbach 2007, S. 105f.).

Schließlich findet die Durchführung des Direktvertriebs auch beim Kunden oder an einem dritten Ort statt. Aufgrund der Integration des externen Faktors in den Leistungserstellungsprozess wird bei der ersten Möglichkeit der Aufwand für den Kunden reduziert, da sich dieser nicht mehr zum Ort der Leistungserstellung zu bewegen braucht. Der Direktvertrieb an einem dritten Ort kommt meist dann zum Tragen, wenn sich der Kunde nicht zu Hause befindet und auch nicht zum Dienstleister kommen kann. Dies ist meist in speziellen Notsituationen der Fall (z. B. Notarzteinsatz bei Autounfall, Anwaltsbesuch im Gefängnis).

4.212 Indirekte Distribution

Aufgrund der Immaterialitätseigenschaft und der häufig vorliegenden Simultanität von der Erstellung und Konsum einer Dienstleistung, ergeben sich Besonderheiten im Hinblick auf einen indirekten Vertrieb von Dienstleistungen über Absatzmittler dahingehend, dass sich nicht die Dienstleistung selbst, sondern nur **Dienstleistungsversprechen** handeln lassen. Bei einem Dienstleistungsversprechen handelt es sich um die Verpflichtung des Dienstleistungsanbieters, zu einem späteren Zeitpunkt eine mehr oder weniger genau definierte Leistung zu erbringen (Hilke 1989b). Diese Verpflichtung wird häufig an ein materielles Trägermedium gebunden, z. B. eine Eintrittskarte oder Versicherungspolice (Meyer 1994; Maleri 1997). Eine weitere Besonderheit im Zusammenhang mit einer indirekten Distribution von Dienstleistungen ist darin zu sehen, dass der Absatzmittler als reiner Verkäufer der Leistung/des Leistungsversprechens oder aber als so genannter „Co-Producer" der Leistung auftritt. Im zweiten Falle übernimmt er Teile der Leistungserstellung (Palmer/Cole 1995, S. 204ff.). Demzufolge ergeben sich vier **Formen der indirekten Distribution,** die in Abbildung 6-4-4 gezeigt sind, und folgendermaßen benannt werden:

▮ **Indirekte Distribution der Leistung mittels eines Co-Producers**
Beispiel: Vertrieb des Autoversicherungsschutzes durch eine Autovermietung, wobei die Angestellten der Autovermietung den Versicherungsnehmer hinsichtlich der Versicherung beraten und dadurch die Erstellung von Teilleistungen übernehmen.

▮ **Indirekte Distribution der Leistung über einen reinen Absatzmittler**
Beispiel: Vertrieb der Telekommunikationsleistungen der Telekom durch eine Gaststätte, in der ein öffentlicher Telefonapparat installiert ist.

■ **Indirekte Distribution des Leistungsversprechens mittels eines Co-Producers**
Beispiel: Vertrieb von Eintrittskarten für Musicals durch eine Vorverkaufsstelle, deren Mitarbeitenden den Zuschauer über Inhalt des Stückes, Qualität bestimmter Sitze usw. informieren.

■ **Indirekte Distribution des Leistungsversprechens über einen reinen Absatzmittler**
Beispiel: Vertrieb von Telefonkarten über Tankstellen.

Abbildung 6-4-4:   Formen des indirekten Vertriebs von Dienstleistungen

Funktion des Absatz-mittlers / Vertriebsobjekt	„Co-Producer"	Verkäufer
Eigentliche Leistung	Indirekter Vertrieb der Leistung mittels eines „Co-Producers" z. B. Autoversicherung über Autovermietung	Indirekter Vertrieb der Leistung über einen reinen Absatzmittler z. B. Telekommunikations-leistung über Gaststätte
Leistungsversprechen	Indirekter Vertrieb des Leistungsversprechens mittels eines „Co-Producers" z. B. Eintrittskarte über Vorverkaufsstelle	Indirekter Vertrieb des Leistungsversprechens über einen reinen Absatzmittler z. B. Telefonkarten über Tankstelle

GABLER GRAFIK

Bei der Durchführung einer indirekten Distribution stehen grundsätzlich drei **Arten von Absatzmittlern** zur Auswahl (Palmer/Cole 1995, S. 209):

■ **Dienstleistungsagenten** haben das Recht, einen Vertrag zwischen Dienstleistungs-anbieter und -nachfrager abzuschließen (z. B. Reisebüro als Agent der Lufthansa AG beim Vertrieb von Flugtickets).

■ **Dienstleistungs-Großhändler** kaufen Leistungsanspruchsrechte vom Dienstleister und vertreiben diese an Einzelhändler (z. B. Hotelbuchungsagenturen, die Zimmer-reservationen verschiedener Hotels „kaufen" und diese an Reisebüros „vertreiben").

■ **Dienstleistungs-Einzelhändler** kaufen Leistungsanspruchsrechte vom Dienstleister oder von Dienstleistungs-Großhändlern und vertreiben diese an Endkunden (z. B. Reisebüros).

Entscheidet sich ein Dienstleister für die teilweise indirekte Distribution seiner Leistungen, so strebt er an, dass der Absatzmittler gewisse Aufgaben im Rahmen des Leistungsab-satzes übernimmt. Zu diesen **Funktionen des Absatzmittlers** zählen (vgl. z. B. Palmer/Cole 1995, S. 204f.; Bieberstein 2006, S. 289f):

■ **Verkaufsfunktion:** In erster Linie hat der Absatzmittler dafür für einen steigenden Absatz des Dienstleistungsangebotes zu sorgen (z. B. Bankberater, der Bausparverträge eines Drittanbieters verkauft).

■ **Beratungsfunktion:** Insbesondere vor Verkauf der Dienstleistung bzw. des Leistungsversprechens übernimmt der Absatzmittler die Aufgabe, die Kunden bezüglich der angebotenen Leistung zu beraten. In Einzelfällen besteht seitens der Kunden auch nach Inanspruchnahme der Leistung Beratungsbedarf (z. B. bei Verlust einer Kamera in einem Hotel).

■ **Kommunikationsfunktion:** Ferner hat der Absatzmittler dazu beizutragen, Kommunikationsziele des Dienstleisters (z. B. Information, Kundenakquisition) zu realisieren.

■ **Raumüberbrückungsfunktion:** Weiterhin ist es Aufgabe des Absatzmittlers, räumliche Distanzen zwischen Leistungsanbieter und -nachfrager zu überwinden (z. B. Versicherungsmakler im Außenvertrieb).

■ **Beschwerdefunktion:** Durch den direkten Kundenkontakt kann der Absatzmittler auch die Aufgabe erfüllen, Kundenbeschwerden entgegenzunehmen, an den Dienstleister weiterzuleiten sowie unter Umständen selbst zu behandeln. Aufgrund der Intangibilität von Dienstleistungen kommt der Qualitätsbeurteilung einer Leistung durch den Konsumenten besondere Bedeutung zu. Daher ist es empfehlenswert, den am Vertrieb der Leistung Beteiligten die Stellung einer qualitätsorientierten Beratung beim Absatz von Dienstleistungen zu verdeutlichen.

■ **Sortimentsfunktion:** Aus Kundensicht dient der Absatzmittler der Zusammenstellung eines umfangreichen Komplexes an Angeboten verschiedener Dienstleister (z. B. Reisebüro als Absatzmittler verschiedener Reiseanbieter).

■ **Kreditfunktion:** Absatzmittler räumen ihren Kunden Zahlungsziele ein (z. B. der Kreditkartenanbieter einem Bankkunden).

Da der Absatzmittler Teile der Leistungserstellung übernimmt (z. B. Beratung, Information) hat der Dienstleister zur Erfüllung der genannten Funktionen einige **absatzmittlergerichtete Maßnahmen** festzulegen. Hierzu zählen z. B. die Bereitstellung von Informationsmaterialien, Musterverträgen, Verkaufsförderungsmaterialien sowie die Durchführung von Schulungen des beim Absatzmittler angestellten Kundenkontaktpersonals.

Der Dienstleister hat bei einem zum Teil indirekten Distributionssystem zwei grundsätzliche Alternativen der **Zusammenarbeit mit dem Absatzmittler** (Bruhn 2008a, S. 262).

Bei Verfolgung einer absatzmittlergerichteten Strategie (**Push-Strategie**) werden die Absatzmittler vom Dienstleister intensiv bearbeitet, um so einen engagierten Vertrieb der Leistungen an die Endverbraucher zu bewirken (z. B. durch Prämien pro Vertragsabschluss). Bei einer konsumentengerichteten Strategie (**Pull-Strategie**) besteht das Ziel des Dienstleisters insbesondere darin, durch Endverbraucherwerbung (z. B. Werbung eines Reiseveranstalters für ein bestimmtes Reiseziel) einen Nachfragesog zu schaffen, der die Endverbraucher dazu bringt, beim Absatzmittler nach der Leistung des Unternehmens zu verlangen.

Werden die Dienstleistungen eines Anbieters ganz oder zumindest zum Teil über Absatz-mittler vertrieben, so ist eine Entscheidung hinsichtlich

▮ **universalem Vertrieb**,

▮ **exklusivem Vertrieb** oder

▮ **selektivem Vertrieb**

notwendig (Ahlert 2001). Grundsätzlich gilt es hierbei zu berücksichtigen, dass aufgrund der Immaterialität von Dienstleistungen das Image des Absatzkanals, die personelle Qua-lifikation der Absatzmittler, das Erscheinungsbild und die technischen Voraussetzungen als mögliche Indikatoren zur Leistungsbeurteilung eines Dienstleisters herangezogen werden. Deshalb wird den **vertraglichen Bindungen** zwischen Dienstleistungsersteller und Absatzmittler zur Koordination der marktgerichteten Aktivitäten ein besonderer Stel-lenwert beigemessen.

4.213 E-Commerce

Ein Merkmal der zunehmenden Verbreitung der Internetnutzung ist die verstärkte Nut-zung des elektronischen Vertriebs von Dienstleistungen. In diesem Zusammenhang wird häufig der Begriff **E-Commerce** diskutiert. Unter E-Commerce wird die elektronische Anbahnung, Aushandlung und/oder Abwicklung von Transaktionen zwischen Wirtschafts-objekten verstanden (Clement/Peters/Preiß 1998, S. 50) und so explizit von thematisch angrenzenden Bereichen wie der Internetwerbung abgegrenzt.

In Verbindung mit den Fragestellungen zum E-Commerce gilt es zu unterscheiden zwi-schen dem Vertrieb über das Internet von klassisch nicht internetgebundenen Dienstleis-tungen und jenen Dienstleistungen, für deren Erstellung das Internet die zentrale Vo-raussetzung ist. Bei Letzteren handelt es sich um so genannte Electronic Services bzw. Internet-Erlösmodelle (z. B. Business-Netzwerke wie Xing.com). Streng genommen sind Electronic Services Bestandteil der Leistungspolitik von Dienstleistungsanbietern (vgl. Abschnitt 1.23). Die Grenzen zwischen den Bereichen des E-Commerce und den Electro-nic Services gehen jedoch häufig fließend ineinander über.

Als Instrument im Rahmen der Vertriebspolitik fungiert das Internet sowohl der Anbah-nung und Abwicklung von Transaktionen als auch als logistischer Absatzweg (bei digitali-sierbaren Produkten wie Informationen oder Software). Ein aus der Marketingperspektive interessantes Phänomen ist hierbei in der Veränderung von klassischen Wertschöpfungs-strukturen (z. B. Beziehung zwischen Zulieferer, Hersteller, Handel und Endkunden) zu sehen. In der Literatur wird dieses Phänomen als **Disintermediation** bezeichnet (Gerth 1999, S. 151; Tomczak/Schögel/Birkhofer 1999, S. 109). Das Prinzip der Disinterme-diation bedeutet die Umgehung von Absatzmittlern und damit den Aufbau eines eigen-ständigen Direktvertriebs über das Internet. Darüber hinaus entstehen aber auch neue Zwischenstufen im Absatzkanal (**neue Intermediäre**). Die Entstehung von neuen Inter-mediären ist vor allem auf die Unabhängigkeit des Mediums Internet von Raum und Zeit und die geringen Transaktionskosten sowie die damit einhergehenden Möglichkeiten zur Erzielung von Arbitragegewinnen zurückzuführen.

Beispiel: Die Investmentgesellschaft DWS konkurriert auf Basis vergleichbarer Konditionen durch das Angebot ihrer Finanzdienstleistungen über die eigene Internet-Vertriebstocher DWS Direkt mit den Banken und Sparkassen als klassische Absatzmittler (Disintermediation). Als weitere Absatzmittler für Finanzanlagen (neuer Indermediär) haben sich die so genannten Fondsvermittlungsgesellschaften etabliert, die wiederum über das Internet unter Verzicht einer persönlichen Beratung Anlageprodukte von DWS zu deutlich günstigeren Konditionen vertreiben und somit in direkte Konkurrenz zu deren eigenen Online-Vertrieb und dem klassischen Bankvertrieb treten.

Die Besonderheit des Online-Vertriebs von Dienstleistungen ist darin zu sehen, dass dem Internet als virtuelles Medium der für den Verkauf i.d.R. wichtige persönliche Kontakt zwischen Mitarbeitenden und Kunde fehlt (Langer 2002). Die dennoch häufige Nutzung des Online-Vertriebs ist auf die damit verbundenen sowohl nachfrager- als auch anbieterseitigen Vorteile zurückzuführen (vgl. Abbildung 6-4-5):

Abbildung 6-4-5:   **Vorteile des E-Commerce aus Nachfrager- und Anbietersicht**

Nachfragersicht	Informationsphase	Vereinbarungsphase	Abwicklungsphase
Funktionalität	Erhöhte Markttransparenz	Übersicht über frühere Einkäufe	Zusatzinformationen für Installation und Gebrauch
Transaktionskosten	Geringerer Such- und Vergleichsaufwand	Einfacher Bestellvorgang	Schnelle Kommunikation; teilw. elektr. Lieferung
Convenience	Zeitersparnis	Einfache Such- und Selektionssoftware	Transparenz über Status der Auftragsbearbeitung

Anbietersicht			
Funktionalität	Leistungsbündelung für eine homogene Zielgruppe	Speicherung von Kundendaten	Automatisierte Auftragserfassung
Transaktionskosten	Geringere Akquisitions- und Werbekosten	Nutzung gespeicherter Kreditkarteninformationen	Automatisierung des Zahlungsverkehrs
Convenience	Schnelle und einfache Angebotsänderung	einfache E-Mail-Kommunikation bei Nachfragen/ Bestätigungen	Einfachere Kundenbindung

GABLER GRAFIK

Quelle: Loos 1998, S. 123

Aus **Nachfragersicht** ergeben sich Vorteile durch den Wegfall räumlicher und zeitlicher Grenzen. Durch Suchfunktionen und detaillierte Produktinformationen erhöht sich die Markttransparenz, wodurch der Suchaufwand bzw. die Suchkosten vergleichsweise gering ausfallen. Insbesondere zeigt sich, dass mit der Senkung der Suchkosten auch die so genannten Anpassungskosten zurückgehen. Dies bedeutet, dass der Nachfrager letztlich so für ihn besser geeignete Dienstleistungen erhält und er einen insgesamt durch das Internet höheren Nutzen erfährt (Rust/Chung 2006, S. 568f.).

Aus **Anbietersicht** ergeben sich durch den E-Commerce vor allem Vorteile durch die Automatisierung von Teilprozessen bzw. die Integration des Kunden in die Auftragserfassung, sodass Medienbrüche (z. B. durch die elektronische Übernahme der Kundendaten von einem Brief) vermieden und sich damit Kosten einsparen lassen. Beispielhaft sind in Abbildung 6-4-6 die Kostensenkungspotenziale durch den Vertrieb über das Internet im Vergleich zur Abwicklung über traditionelle Absatzkanäle aufgeführt.

Abbildung 6-4-6:   **Kostensenkungspotenziale im Internetvertrieb**

	Distributionskosten bei der traditionellen Abwicklung	Distributionskosten im Internet	Einsparung
Flugtickets	8 USD	1 USD	87 %
Banktransaktionen	1,08 USD	0,13 USD	89 %
Rechnungsabwicklung	2,22 USD	0,65 USD	71 %
Lebensversicherung	400–700 USD	200–300 USD	50 %
Softwaredistribution	15 USD	0,2–0,5 USD	97–99 %

GABLER GRAFIK

Quelle: OECD 1998, S. 32

Der Einsatz des Internet als Absatzkanal bietet neben den genannten Effizienz- auch **Effektivitätsvorteile:** E-Commerce führt zu Umsatzsteigerungen durch die Ansprache bisher nicht erreichter Zielgruppen. Ebenso wie es das Internet Nachfragern zu besseren Kaufentscheidungen verhilft, ermöglicht es Anbietern den Bedürfnissen ihrer Kunden besser zu entsprechen. Durch Möglichkeiten der direkten Kommunikation mit dem Endkunden sowie durch den Einsatz von Protokollierungsfunktionen gewinnt der Anbieter Einblick in die individuellen Informations- und Kaufpräferenzen, um so durch den gezielten Einsatz von Marketingmaßnahmen im Sinne eines „Segment-of-One-Marketing" die Kundenbindung und den Kundenwert zu steigern. Es befähigt den Anbieter zudem zur Kundeninteraktion (z. B. über Chat), zu einer kundenspezifischen und situationsabhängigen Personalisierung sowie zur Durchführung von Anpassungen in Echtzeit (Rust/Chung 2006, S. 569).

Durch die Nutzung des Internet als Vertriebskanal steigt der Kenntnisstand der Anbieter über die Kundenpräferenzen erheblich. Auf diese Weise ermöglicht es der Internetvertrieb den Dienstleistungsunternehmen, kundenindividuelle Dienstleistungen anzubieten (Customization).

Beispiel: Das Potenzial kundenindividueller Dienstleistungen im Internet zeigt sich bei Anbietern von maßgeschneiderten Hemden (z. B. www.muellermasshemden.de). Dabei sind vom
Kunden die Körpermaße einzugeben und Stoff sowie Schnitt des Hemdes zu wählen. Der Kunde
erhält nur wenige Tage später sein Hemd per Post. An diesem Beispiel zeigt sich der Kunden-
vorteil einer ausgeprägten Convenience-Orientierung der Transaktionsabwicklung, wodurch die
zeitliche Dauer der Integration des externen Faktors minimiert wird.

In enger Verbindung dazu – wie an diesem Beispiel deutlich wird – steht der Vorteil durch
das Internet, den Kunden als externen Faktor stärker im Sinne eines Co-Produzenten in
den Dienstleistungserstellungsprozess einzubinden, woraus sich Effizienzgewinne im
Hinblick auf das Kundenmanagement realisieren lassen (Rust/Chung 2006, S. 569).

In verschiedenen **Dienstleistungsbranchen** ist der Online-Vertrieb bereits zu einem
festen Bestandteil der Vertriebspolitik geworden (MGM Mediagruppe München 1996,
S. 53ff.). Ein hoher Durchdringungsgrad des Internetvertriebs findet sich vor allem auf
den Gebieten der Finanz-, Verkehrs-, Reise-, Informations-, Unterhaltungs- sowie Bil-
dungsdienstleistungen.

Zur genaueren Spezifikation „onlinefähiger" Dienstleistungen sind zwei zentrale Faktoren
heranzuziehen (vgl. Abbildung 6-4-7). Zum einen entscheidet das vorhandene **Transaktionskostensenkungspotenzial** über die grundsätzliche Eignung von Leistungen zum
E-Commerce. Je mehr sich Transaktionskosten beispielsweise durch die Umgehung von
Absatzmittlern oder durch die digitale Lieferung (z. B. bei Software) einsparen lassen,

Abbildung 6-4-7:   **Eignung von Gütern zum E-Commerce**

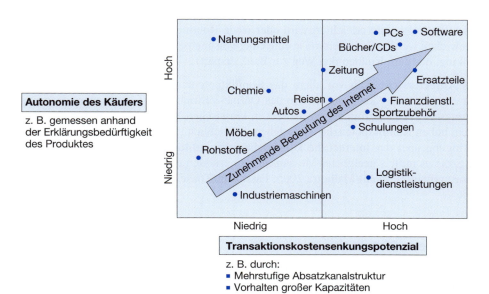

Quelle: In Anlehnung an Berryman et al. 1998, S. 156

desto geeigneter sind Leistungen für den Online-Vertrieb. Zum anderen ist von entscheidender Bedeutung, ob ein Kunde die Leistungen relativ autonom in Anspruch nimmt („**Autonomie des Käufers**"). So eignen sich beispielsweise Leistungen, die über einen hohen Anteil an Vertrauenseigenschaften verfügen oder sehr komplex und damit erklärungsbedürftig sind (insgesamt geringe Autonomie des Käufers), in der Regel weniger für den Vertrieb über das Internet.

Die besondere **Eignung von Dienstleistungen** für den Vertrieb über das Internet ist vor allem deshalb gegeben, da in vielen Fällen Anrechte auf eine bestimmte Leistung gehandelt werden und nicht die eigentliche Leistung selbst, wie es bei materiellen Gütern der Fall ist. Beispielsweise stellt der Kauf einer Eintrittskarte für ein Musikkonzert aus Konsumentensicht den Erwerb eines Anrechtes auf den Besuch der Veranstaltung dar. Informations- (z. B. exklusive Wirtschaftsnachrichten) und Programmierleistungen (Software) verfügen über größte Eignung für E-Commerce. Da solche Leistungen digitalisierbar sind, fungiert das Internet nicht nur als Medium zur Anbahnung einer Transaktion, sondern auch als zentrales Transportmedium. Entsprechend ist von einem hohen Transaktionskostensenkungspotenzial bei Informations- und Programmierleistungen auszugehen.

Als zentrales Problem des Online-Vertriebs erweist sich, dass dem E-Commerce, trotz der Etablierung von Vertrauenswürdigkeits-Prüfsiegeln durch neutrale Organisationen wie dem TÜV SÜD s@fer-website-Prüfsiegel (TÜV Süd 2007) nach wie vor Vorbehalte aus Nachfragersicht in Bezug auf die Vertraulichkeit und die Datensicherheit von übermittelten persönlichen Daten wie Zahlungsinformationen entgegen gebracht werden. Eine weitere Diffusionsbarriere des Internetvertriebs besteht in der Notwendigkeit eines aus **Kundensicht** echten Zusatznutzens bei der Nutzung des Internet. Ein Zusatznutzen liegt für den Kunden beispielsweise dann vor, wenn im Internet Informationsmehrwerte durch Anbieter-, Produkt- und Preisvergleiche geschaffen werden und damit dem Käufer die Wahl für ein Produkt erleichtert wird oder wenn Routinevorgänge wesentlich effizienter abgewickelt werden (beispielsweise eine Überweisung per Internet im Rahmen des Home Banking, das dem Kunden den Weg zur Bank erspart).

Aus **Anbietersicht** stellt vor allem das Konfliktpotenzial mit verbundenen Absatzmittlern eine zentrale Akzeptanzbarriere des Online-Vertriebs dar. Gerade wenn Kannibalisierungseffekte zu vermindertem Absatz in klassischen Vertriebskanälen führen, ist von einem hohen Konfliktpotenzial auszugehen. Schließlich gilt auch für die Dienstleistungserbringung über das Internet die **Dienstleistungsqualität** als zentrale Erfolgsvoraussetzung, die es mittels geeigneter Messansätze zu erfassen und entsprechend zu steuern gilt (Parasuraman/Zeithaml/Malhotra 2005; Fassnacht/Koese 2006).

4.214 Kombinierte Distribution

Bei vielen Dienstleistungen bietet es sich nicht an, lediglich einen der beiden alternativen Absatzwege zu wählen. Vielmehr ist in der Praxis häufig der kombinierte Einsatz der beiden Arten von Absatzwegen im Sinne einer Mehrkanal- bzw. Multi-Channel-Strategie zu beobachten. Eine **Kombination von direktem und indirektem Vertrieb** wird beispielsweise von der Deutschen Bahn und verschiedenen Luftfahrtgesellschaften genutzt, die eigene Verkaufsstellen unterhalten, über ihre Internetseite Online-Fahrscheine vertreiben und zudem ihre Leistungen auf indirektem Weg über dritte Reisebüros anbieten.

Mit dem Aufbau von Mehrkanalsystemen sind, losgelöst von der konkreten Markt- und Wettbewerbssituation, spezifische **Chancen und Risiken** für die Unternehmen verbunden. So ermöglicht eine Distribution über verschiedene Absatzwege im Vergleich zum singulären Vertrieb in vielen Fällen eine erhöhte Marktabdeckung. Darüber hinaus lassen sich Kunden entsprechend ihrer unterschiedlichen Bedürfnisse und Anforderungen an die Distribution ansprechen, wodurch eine Steigerung des Kundennutzens und eine Differenzierung im Wettbewerb ermöglicht werden.

Besonders über das Internet lässt sich eine individuelle Anpassung im Rahmen eines **Category Management** realisieren. So ist es z. B. möglich, die Zusammenstellung von zusammenhängenden Leistungsangeboten an spezielle Kundensegmente (z. B. Reiseangebote für Studenten, Kulturinteressierte, Senioren) anzupassen (Ahlert/Hesse 2003, S. 18). Darüber hinaus werden einzelne Distributionskanäle für Dienste genutzt, die einem speziellen Kundenbedürfnis entgegenkommen. Das Internet z. B. dient vor allem bei Leistungen mit einem hohen Anteil an Vertrauens- und Glaubenseigenschaften vielfach als reine Informationsquelle. Durch Mehrkanalsysteme werden des Weiteren Abhängigkeiten von einzelnen Intermediären verringert.

> **Beispiel:** In der Bankbranche lassen sich verschiedene Entwicklungstendenzen im Dienstleistungsvertrieb erkennen. So nutzen Banken zunehmend den mobilen Vertrieb und ermöglichen die Durchführung von Bankgeschäften direkt beim Kunden. Beispielsweise beschäftigt die Deutsche Bank bereits 1.500 mobile Berater. Ein weiterer Trend des Dienstleistungsvertriebs stellt die Flexibilisierung des klassischen Filialkonzepts dar. So setzen Banken zunehmend das so genannte Agenturkonzept um. Vergleichbar mit der Integration von Postagenturen in McPaper-Filialen, lassen sich demnach die wichtigsten Bankgeschäfte z. B. in Schreibwarengeschäften abwickeln. Eine weitere Tendenz zeigt sich an der Entwicklung von Dienstleistungszentren, bei denen mehrere Dienstleistungen wie z. B. Bank- und Postgeschäfte sowie öffentliche Dienstleistungen unter einem gemeinsamen Dach angeboten werden. Auch auf dem Gebiet des Online-Vertriebs werden neue Wege der Dienstleistungsdistribution von Banken bestritten. Zu nennen sind hier exemplarisch die Kooperation der Commerzbank mit dem Auktionshaus Ebay oder die Online-Repräsentanz der Zukunftsfiliale Q110 der Deutschen Bank in der Computersimulation Second Life. Über das Abbild der realen Geschäftsräume werden Erkenntnisse für zukünftige Online-Banking-Auftritte gesammelt (Fahlbusch/Bayer 2007, S. 21).

Neben diesen Chancen lassen sich aber auch Risiken identifizieren, die insbesondere auf eine mangelnde Koordination und Abstimmung der Absatzalternativen zurückzuführen sind. Ein zentrales Risiko besteht in potenziellen Konflikten im vertikalen Marketing. Intermediäre sehen sich aufgrund des in vielen Fällen wahrgenommenen horizontalen Wettbewerbs oftmals in ihrer Marktstellung bedroht. Eingespielte kooperative Aktionsmuster mit etablierten Absatzmittlern werden dadurch gefährdet, dass unter Umständen ein Mehrkanalvertrieb kontraproduktiv im Hinblick auf die Unternehmensziele wirkt. Ein weiteres Problem besteht auch darin, dass von Seiten der Absatzmittler differenzierte Anforderungen an das Dienstleistungsunternehmen herangetragen werden. Gefahrenpotenzial besteht hier insbesondere, wenn Unternehmen versuchen, eine einheitliche Ausrichtung der Unternehmensaktivitäten losgelöst von den spezifischen Merkmalen der Intermediäre umzusetzen. Diese Nichtbeachtung führt zur Beeinträchtigung der Effektivität der Mehrkanalstrategie.

Zur **Beurteilung** verschiedener Alternativen von Absatzkanalsystemen für eine Dienstleistung lassen sich verschiedene Kriterien heranziehen, die in die folgenden Kriteriengruppen einteilbar sind (vgl. z. B. Bieberstein 2006, S. 279f.; Bruhn 2008a, S. 261f.):

- **Dienstleistungsbezogene Faktoren:** Erklärungsbedürftigkeit (U-Bahnfahrt versus Reise ins Ausland), Bedarfshäufigkeit (Postdienste versus Unternehmensberatung), räumliche Flexibilität des Dienstleistungserstellungsprozesses (Kinobesuch, Krankenhausbehandlung, Besuch eines Freizeitparks versus Partyservice, Steuerberatung usw.).

- **Konsumentenbezogene Faktoren:** Anzahl der potenziellen Konsumenten (Bank versus Friseur), geographische Verteilung der Konsumenten (Fast-Food-Ketten versus Touristeninformation), Kaufgewohnheiten.

- **Unternehmensbezogene Faktoren:** Marktstellung des Anbieters (z. B. Lufthansa versus Gesellschaft für kurzfristig zu buchende Geschäftsflüge), Vertriebskomponenten/Erfahrungen mit Vertriebswegen, Marketingkonzeption und Anspruchsniveau der Vertriebsziele.

- **Absatzkanalsystembezogene Faktoren:** Flexibilität des Vertriebskanals, Kosten des Absatzkanalsystems, vertragliche Bindung zu Absatzmittlern, Beeinflussbarkeit und Kontrolle der Absatzmittler.

- **Konkurrenzbezogene Faktoren:** Vertriebskanäle der Hauptkonkurrenten, Marktstellung der Konkurrenten in den Vertriebskanälen, Möglichkeiten der Wettbewerbsprofilierung durch neue Vertriebskanäle.

- **Umfeldbezogene Faktoren:** Einfluss neuer Technologien auf die Vertriebskanäle, Wirkung der Gesetzgebung auf die Tätigkeit von Vertriebssystemen, Einfluss soziokultureller Veränderungen auf das Einkaufsverhalten.

Nach der Festlegung eines adäquaten Absatzkanals für die Dienstleistung gilt es in einem nächsten Schritt, Entscheidungen hinsichtlich des logistischen Systems zu treffen.

4.22 Gestaltung des logistischen Systems

> Das **logistische System** befasst sich mit der physischen Bewegung der Leistungen zwischen Hersteller und Endkäufer. Aufgabe der Marketinglogistik ist es, dafür zu sorgen, dass das richtige Produkt zur gewünschten Zeit in der richtigen Menge an den gewünschten Ort gelangt (Ihde 1978; Pfohl 2000).

Gilt diese Aufgabenbeschreibung unbeschränkt für materielle Güter, so ist sie angesichts der Immaterialität von Dienstleistungen für diesen Leistungstyp zu modifizieren. Anders als im Industriegüterbereich wird die Standortentscheidung von Dienstleistern maßgeblich durch die Transaktionskosten der Kunden bestimmt. Der Vermarktungserfolg einer Dienstleistung hängt häufig davon ab, inwieweit es gelingt, die Kosten der Inanspruchnahme zu senken (vgl. Woratschek 2001c, S. 420).

Im Dienstleistungsbereich beziehen sich die logistischen Aufgaben insbesondere auf die **Erfüllung des raumzeitlichen Präsenzkriteriums** und auf das **Tätigwerden des Dienstleistungspotenzials**. Der Anbieter von Dienstleistungen hat somit Planungs- und Vorbereitungsverrichtungen zu vollziehen, um die raumzeitliche Bereitschaft des Dienstleistungspotenzials sicherzustellen (Scheuch 2002). Bezüglich der Gestaltung des logistischen Systems ist die Bearbeitung folgender Entscheidungsfelder von Bedeutung:

1. Ort der Leistungserstellung,

2. Lagerhaltung materieller Leistungselemente und Faktoren,

3. Transport materieller Leistungselemente und Faktoren.

Standortentscheidungen gehören zu den konstitutiven Investitionsentscheidungen eines Dienstleistungsunternehmens und somit kommt diesen eine herausragende Bedeutung zu (vgl. Woratschek 2001c, S. 419).

1. Ort der Leistungserstellung

Unter dem Ort der Leistungserstellung ist der geographische Ort zu verstehen, an dem der Dienstleister seine Leistungspotenziale bereithält, um die Leistung zu erstellen. Aufgrund der Integration des externen Faktors in den Leistungserstellungsprozess besteht eine wesentliche Aufgabe der Distributionspolitik darin, Angebot und Nachfrage der Leistung zusammenzubringen. Dabei besteht beim Vertrieb von Dienstleistungen die Notwendigkeit, Anbieter und Nachfrager nicht nur bei Kaufabschluss und Übergabe zusammen zu bringen, sondern auch während eines Großteils des Erstellungsprozesses. Ein hoher Integrationsgrad einer Dienstleistung macht es zumeist unumgänglich, Geschäftsstätten in der Nähe des Kunden anzusiedeln. Es sind aber im Allgemeinen drei verschiedene **Grundkonstellationen** denkbar, auf denen sich logistische Ausgestaltungsoptionen aufbauen lassen:

▌ Die Dienstleistungserstellung findet beim **Nachfrager** statt (z. B. handwerkliche Dienstleistungen, ärztliche Hausbesuche).

▌ Die Dienstleistungserstellung findet beim **Anbieter** statt (z. B. Autoreparatur).

▌ Die Dienstleistungserstellung findet an einem **„dritten Ort"** statt (z. B. Konzertveranstaltung, Auto-Pannendienst).

Je nach Konstellation sind unterschiedliche Standortfaktoren von Bedeutung. Eine Übersicht über die Relevanz der oben beschriebenen Standortfaktoren gibt Abbildung 6-4-8.

Abbildung 6-4-8: **Relevanz ausgewählter Standortfaktoren für Dienstleistungsunternehmen in Abhängigkeit vom Ort der Leistungserstellung**

Leistungserstellung beim Nachfrager	Leistungserstellung beim Anbieter	Leistungserstellung an einem dritten Ort
■ Größe des Einzugsgebiets ■ Lage des Standortes ■ Raumkosten ■ Örtliche Konzentration der Kunden ■ Kosten zur Bewältigung der Distanz zum Kunden ■ Bevölkerungsstruktur ■ Mobilität der Konkurrenz	■ Größe des Einzugsgebiets ■ Lage des Standortes ■ Qualität des Umfeldes ■ Nähe zu zentralen Einrichtungen ■ Anwesenheit der Konkurrenz ■ Erreichbarkeit ■ Raumqualität	■ Größe des Einzugsgebiets ■ Lage des Standortes ■ Erreichbarkeit ■ Raumkosten ■ Kosten zur Bewältigung der Distanz zum Kunden ■ Verkehrsanbindung ■ Bevölkerungsdichte

GABLER
GRAFIK

Im Folgenden wird anhand ausgewählter **Beispiele** die Bedeutung unterschiedlicher logistischer Anforderungen erläutert.

Ein typisches Beispiel für die Dienstleistungserstellung beim **Nachfrager** sind ärztliche Hausbesuche. Zum einen ist hier die permanente Erreichbarkeit der Dienstleistungszentrale zu gewährleisten. Zur effizienten Steuerung der Hausbesuche sind darüber hinaus zeitminimale Wegepläne zu erarbeiten. Um situativen Anforderungen zu genügen, ist eine jederzeitige Erreichbarkeit des Arztes zu gewährleisten. Weiterhin sind Ausweichpläne erforderlich, die bei Notfällen greifen und eine entsprechende Behandlung des Patienten bzw. den Transport in ein nahegelegenes Krankenhaus sicherstellen.

Autoreparaturen in einer Vertragswerkstatt sind ein typisches Beispiel für beim **Anbieter** erbrachte Dienstleistungen. Zum einen ist hier die Lage des Betriebes so zu wählen, dass eine aus Konsumentensicht zumindest akzeptable Erreichbarkeit gewährleistet ist. Die logistischen Überlegungen betreffen weiterhin ein Wegeleitsystem auf dem Firmengelände sowie die Organisation der Annahmeprozedur. Gegenwärtig versuchen sich beispielsweise viele Automobilhändler durch innovative Direktannahmekonzepte zu profilieren. Die Bereitstellung und insbesondere Koordination der Dienstleistungskapazität zur Gewährleistung einer zeitminimalen Durchführung des Dienstleistungsprozesses ist eine weitere logistische Aufgabe, die sich beispielsweise durch ein EDV-gestütztes Zeitmanagementsystem lösen lässt.

Falls die Dienstleistungen an einem **dritten Ort** stattfinden, lassen sich am Beispiel eines Pop-Konzertes zahlreiche logistische Aufgaben ableiten. So ist z. B. für die Auswahl des Standorts entscheidend, ob die Halle bzw. das Areal groß genug ist, um die erwarteten Zuschauer aufzunehmen. Die Erreichbarkeit mit öffentlichen Verkehrsmitteln und PKW und ein genügend hohes Marktpotenzial für die Veranstaltung (im realistisch geschätzten Einzugsbereich) sind erforderlich. Weiterhin ist für ärztliche Notbetreuung und sanitäre Anlagen zu sorgen.

Die Wahl eines Standortes ist eine langfristige Investitionsentscheidung, da die Standortwahl die wahrgenommene Dienstleistungsqualität mitbestimmt. Sie lässt sich in der Regel nur unter Inkaufnahme massiver Abschreibungen wieder rückgängig machen. Hinsichtlich der **Wahl des Standortes** lassen sich verschiedene Kriterien zur Bewertung unterschiedlicher Standorte und zur Kontrolle bisheriger Standorte heranziehen (vgl. z. B. Bieberstein 2006, S. 294ff.). Unter Standortfaktoren werden dabei jene Eigenschaften des Standortes verstanden, die die Zielerreichung eines Unternehmens beeinflussen (Müller-Hagedorn 1993, S. 114). Diese Faktoren lassen sich in struktur-, umfeld- und raumbezogene Faktoren unterteilen:

(a) Strukturbezogene Faktoren

▌ Die **Größe des Einzugsgebietes** ist ein wichtiger Standortfaktor für Leistungen des täglichen Bedarfs.

▌ Die **Lage des Standortes** ist ein bedeutendes Kriterium für Leistungen des täglichen Bedarfs, um einen hohen Umschlag zu erzeugen (z. B. die zentrale Lage einer Bank oder eines Schnellrestaurants). Die Erreichbarkeit ist ein zentraler Faktor der wahrgenommenen Dienstleistungsqualität. Dementsprechend kommt der Standortwahl von Dienstleistungsbetrieben wie z. B. Sportclubs oder Fitness-Studios die Rolle eines strategischen Erfolgsfaktors zu (vgl. Woratschek 2001c, S. 422).

Die Standortplanung lässt sich allgemein in vier Phasen gliedern: (1) die Suche nach einem geeigneten Standort, (2) die Bewertung von Standorten, (3) die Auswahl von Standorten sowie (4) die Inbetriebnahme eines Standortes (vgl. Woratschek 2001c, S. 423).

Um eine Standortentscheidung zu treffen, sind zunächst die relevanten Faktoren zu bestimmen und die Ausprägungen dieser Faktoren an den verschiedenen Standortalternativen zu ermitteln. Die Auswahl wird dann z. B. systematisch anhand eines **Punktbewertungsverfahrens** vorgenommen. Dabei sind alle relevanten Eigenschaften im Hinblick auf ihren Beitrag zur Zielerreichung zu gewichten und von erfahrenen Standortplanern zu bewerten. Es ist im Rahmen dieser Vorgehensweise darauf zu achten, dass bestimmte Ausschlusskriterien nicht durch die Erfüllung anderer – weniger wichtiger Kriterien – kompensiert werden. Dies kann dann zu gravierenden Fehlentscheidungen führen. Insgesamt liefert dieses Verfahren nur qualitative Hinweise über die Vorteilhaftigkeit eines Standortes gegenüber einem anderen. Beispielsweise gibt es keinen Aufschluss über das Renditepotenzial oder zu erwartende Umsätze eines Standortes.

Weiterhin lässt sich eine Beurteilung neuer Standorte in **Analogie** zu bereits bestehenden durchführen. Dazu sind sowohl interne Unternehmens- als auch externe Standortfaktoren zu bestimmen. Die Bewertung erfolgt dann durch Hochrechnung statistischer Kennzahlen auf den neuen Standort (z. B. Umsätze pro Käufer). Allerdings ist dieser Analogieschluss das zentrale Problem dieser Methode. In der Praxis dürfte es nur schwierig möglich sein, zwei Standorte zu finden, die vergleichbare Bedingungen aufweisen. Diese Methode ermöglicht allerdings quantitative Aussagen zur Prognose der Umsätze. Dies geht über die pauschale Aussage der Vorteilhaftigkeit eines Standortes hinaus.

So genannte **Gravitationsmodelle**, die insbesondere zur Planung von Handelsstandorten angewendet werden, stellen eine weitere Kategorie von Methoden dar. Diese finden ihren Ursprung in der Physik und versuchen zu erklären, welche Anziehungskraft bestimmte Standorte auf Konsumenten ausüben. Die relevanten Faktoren sind dabei insbesondere die Bevölkerungszahlen im Einzugsgebiet sowie die Distanzen zu den Standorten, die sich räumlich oder zeitlich interpretieren lassen. Aufgrund der Anziehungskraft lässt sich dann eine Umsatzprognose erstellen (vgl. Woratschek 2001c, S. 429ff.).

(b) Umfeldbezogene Faktoren

■ Die **Qualität des Umfeldes** ist wichtig für Leistungen mit Exklusivcharakter (z. B. Unternehmensberatung in repräsentativer Gegend).

■ Die **Nähe zu zentrenfördernden Einrichtungen** ist ein entscheidender Faktor für Leistungen des täglichen Bedarfs (z. B. Lotto-Annahmestelle in der Nähe einer U-Bahn-Station).

■ Die **Anwesenheit von Konkurrenz** fördert zum einen die Ansiedlung von Leistungsanbietern (z. B. mehrere Fachärzte in einem Gebäude). Zum andern verhindert sie die Ansiedlung weiterer Anbieter einer bestimmten Leistung (z. B. Apotheken).

■ Die **Erreichbarkeit** des Standortes ist entscheidend für Leistungen des täglichen Bedarfs (z. B. Parkplatzsituation und Anbindung an öffentliche Verkehrsmittel).

(c) Raumbezogene Faktoren

■ Die **Raumkosten** werden insbesondere solche Leistungsanbieter gering zu halten versuchen, die außerhalb der Räumlichkeiten des Unternehmens in Kontakt mit dem Kunden treten (z. B. Notarzt, Fensterreinigungsunternehmen) und infolgedessen lediglich Räume für die Administration benötigen.

■ Eine große Rolle spielt die **Raumqualität** bei Dienstleistungen, bei denen der externe Faktor zum Anbieter kommt. Der Standort des Dienstleisters hat dementsprechend eine Repräsentanzfunktion (z. B. Unternehmensberatung, Fitness-Studio). Die Raumqualität hängt stark mit den Raumkosten zusammen.

■ Die **Raumkapazitäten** sind vor allem bei solchen Dienstleistungen ein entscheidendes Kriterium, bei deren Erstellung mehrere externe Faktoren gleichzeitig anwesend sind (z. B. Restaurants, Diskotheken, Messegelände).

2. Lagerhaltung

Aufgrund der Immaterialität von Dienstleistungen sind Entscheidungen hinsichtlich der Lagerhaltung im Dienstleistungsbereich weniger wichtig als bei anderen Gütern. Dennoch besteht die Notwendigkeit, einzelne Elemente der jeweiligen Dienstleistung zwischenzulagern. Je mehr materielle Bestandteile eine Leistung enthält bzw. je eher materielle Faktoren zur Leistungserstellung notwendig sind, desto bedeutender sind lagertechnische Entscheidungen im Rahmen der Vertriebspolitik des Dienstleisters. Dabei handelt es sich bei den zu lagernden Gegenständen um interne oder um externe **Faktoren**. Demnach werden hinsichtlich des Lagerbedarfs vor, während und nach dem Leistungserstellungsprozess drei Typen von Leistungen unterschieden:

- Leistungen ohne Lagernotwendigkeit (z. B. Nachhilfeunterricht, Unternehmensberatung),

- Leistungen mit der Notwendigkeit der Lagerung externer Faktoren (z. B. Autowerkstatt, Friseur),

- Leistungen mit der Notwendigkeit der Lagerung interner materieller Leistungsmerkmale oder Faktoren (z. B. Vergnügungspark, Fluggesellschaft).

3. Transport

Aus der Immaterialität folgt für viele Dienstleistungen die Nichttransportfähigkeit. Auch hier ist es jedoch je nach Art der Leistung erforderlich, entweder **externe** (z. B. im Fall einer Autoreparatur) oder **interne Faktoren** (z. B. bei einem Hausbesuch des Arztes) zu transportieren. Einen beispielhaften Überblick über Dienstleistungen mit der Notwendigkeit des Transportes gibt Abbildung 6-4-9.

Abbildung 6-4-9:   **Beispiele für Dienstleistungen mit Transportbedarf**

Transportierte Faktoren Ort der Erstellung	Interne Faktoren	Externe Faktoren
Beim Nachfrager	■ Hausbesuch eines Arztes ■ Unternehmensberater ■ Mobiler Bankberater	■ Maschinenwartung ■ IT-Installationen ■ Gebäudereinigung
Beim Anbieter	■ z. B. Einsatz eines Branchenexperten im Rahmen eines Unternehmensberatungsprojektes	■ Autoreparatur ■ Arztbesuch ■ Restaurantbesuch
Dritter Ort	■ Notarzt ■ ADAC-Notdienst ■ Sicherheitsdienst	■ Open-Air-Konzert ■ Zirkusvorstellung ■ Taxifahrt

GABLER
GRAFIK

Im Rahmen der Bewältigung des jeweiligen Transportproblems sind verschiedene Aspekte zu berücksichtigen:

- **Transportmittel** (z. B. Unterhalt eines Fuhrparks, Reiseveranstalter, Schleppwagen für Autowerkstatt, Rettungshelikopter),

- **Transportzeit** (z. B. hohe Relevanz bei Notärzten; geringere Relevanz bei Außendienstmitarbeitenden einer Versicherung),

■ **Transportsicherheit** (z. B. hohe Relevanz bei Banken, Krankenhäusern; geringere Relevanz bei Pizza-Services),

■ **Transportkosten** (z. B. hohe Relevanz bei Logistikunternehmen; geringe Relevanz bei elektronischen Dienstleistungen).

Zusammenfassend ist festzustellen, dass die Immaterialität der Dienstleistungen besondere Anforderungen an das logistische System für diesen Leistungstyp stellt und es folglich einer für das Dienstleistungsmarketing speziellen Aufgabenbeschreibung der Dienstleistungslogistik bedarf. Für die Sicherstellung der raumzeitlichen Bereitschaft des Dienstleistungspotenzials sind vor allem Aufgaben in den drei genannten Bereichen **Ort der Leistungserstellung**, **Lagerhaltung** und **Transport** zu erfüllen. In Abhängigkeit von der jeweiligen Dienstleistung sowie deren Materialitätsgrad bieten sich für den Anbieter bei der Erfüllung dieser Aufgaben die oben aufgeführten Gestaltungsmöglichkeiten an.

5. Personalpolitik

In der Dienstleistungsliteratur wird diskutiert, die vier Felder des operativen Marketing, d. h. die 4 Ps: Leistungs-, Kommunikations-, Preis- und Distributionspolitik, um den Bereich der Personalpolitik als einem internen Instrument zu ergänzen (Cowell 1993, S. 69; Payne 1993, S. 123; Illeris 2002; Bieberstein 2006, S. 374f.; vgl. auch die einführenden Bemerkungen zu Kapitel 6).

5.1 Besonderheiten der Personalpolitik von Dienstleistungsunternehmen

Dem Dienstleistungspersonal wird im Rahmen des Dienstleistungsmarketing eine zentrale Stellung zugesprochen. Das Leistungspotenzial eines Dienstleistungsunternehmen ist im Wesentlichen durch die Fähigkeiten seiner Mitarbeitenden bedingt, da die meisten Dienstleistungen häufig untrennbar von den Mitarbeitenden sind, die sie erbringen (Berry/Parasuraman 1992b, S. 25; 1999, S. 71).

Die Relevanz dieses Sachverhalts verdeutlicht sich bei genaueren Betrachtung der Mitarbeiterrolle im **„Service Encounter"**, also jener Zeitspanne, während der ein Kunde in direkter Interaktion mit einer Dienstleistung im Allgemeinen (Shostack 1985) oder im Speziellen mit den Dienstleistungsmitarbeitenden steht (Bitner/Booms/Tetreault 1990, S. 72). Aus Kundensicht steht der Service Encounter häufig stellvertretend für die Wahrnehmung der gesamten Dienstleistung mit den entsprechenden Konsequenzen, die Dienstleistungsmitarbeitenden durch ihr Verhalten auf die Dienstleistungsqualität und die Kundenzufriedenheit haben (Bitner/Booms/Tetreault 1990). So zeigen die Ergebnisse einer Studie, dass nicht nur der Service Encounter im Allgemeinen einen wichtigen Einfluss auf die Kundenzufriedenheit ausübt, sondern dass im Speziellen auch das konkrete Mitarbeiterverhalten während des Service Encounters die vom Kunden wahrgenommenen Anstrengungen und Fähigkeiten des Mitarbeitenden bestimmen und direkte Determinanten der Kundenzufriedenheit darstellen (Specht/Fichtel/Meyer 2007, S. 548).

Es zeigt sich die Notwendigkeit einer systematischen Betrachtung der Personalpolitik im Dienstleistungsbereich, die aufgrund der Notwendigkeit der Bereitstellung der Leistungsfähigkeit, der Integration des externen Faktors sowie der Immaterialität der Leistungen einige Besonderheiten – insbesondere bei Dienstleistungen mit einem hohen Interaktionsgrad zwischen Mitarbeitenden und Kunde – aufweist und die es im Rahmen einer dienstleistungsspezifischen Personalpolitik zu berücksichtigen gilt (vgl. Abbildung 6-5-1).

Abbildung 6-5-1:   **Besonderheiten der Personalpolitik von Dienstleistungsunternehmen**

Besonderheiten von Dienstleistungen	Implikationen für die Personalpolitik
Leistungsfähigkeit des Dienstleistungsanbieters	■ Qualifizierung der Mitarbeiter ■ Einstellung von Mitarbeitern mit entsprechenden Fähigkeiten zur Dokumentation des Leistungspotenzials
Integration des externen Faktors	■ Schaffung einer Mitarbeiter-Kunden-Partnerschaft ■ Information der Mitarbeiter über mögliche Probleme im Leistungserstellungsprozess ■ Externe Kundenorientierung über interne Kundenorientierung ■ Zusammenhang zwischen Mitarbeiter- und Kundenzufriedenheit
Immaterialität (Nichtlagerfähigkeit, Nichttransportfähigkeit)	■ Mitarbeiter als Qualitätsindikator ■ Maßnahmen der Standardisierung des internen Faktors Personal ■ Personenbezogenes Unternehmensimage ■ Unterstützung der kurzfristigen Nachfragesteuerung

GABLER GRAFIK

Aus der Notwendigkeit der permanenten **Bereitstellung des Dienstleistungspotenzials** ergeben sich die folgenden Implikationen für die Personalpolitik:

■ Insbesondere bei Dienstleistungen mit engen Mitarbeiter-Kunden-Beziehungen rücken eine umfassende **Qualifikation und die Persönlichkeit der Mitarbeitenden** in den Vordergrund. Dabei sind nicht nur die technischen und fachlichen Fähigkeiten von Bedeutung (z. B. Technik des Haareschneidens einer Friseurin), sondern auch soziale Kompetenzen wie z. B. Kommunikationsfähigkeit und Einfühlungsvermögen (vielen

Friseurkunden ist z. B. an einem Gespräch mit der Friseurin während des Haarschnitts gelegen) (Hennig-Thurau 2004).

■ Ferner bedarf es der **Dokumentation des Leistungspotenzials** eines Dienstleisters. Daher ist es notwendig, dass die Mitarbeitenden in der Lage sind, dieses Potenzial zu kommunizieren (z. B. Hinweis auf Autorückgabemöglichkeit an einem anderen Ort durch Angestellte einer Autovermietung).

Aus der **Integration des externen Faktors** in den Leistungserstellungsprozess lassen sich ebenfalls Schlussfolgerungen ziehen:

■ Durch die Integration des externen Faktors folgt die Heterogenität des Leistungserstellungsprozesses. Zur Erreichung einer teilweisen **Homogenisierung der Leistungserstellung** ist die Kontinuität der Mitarbeiter-Kunden-Beziehungen und damit eine Partnerschaftsbildung zwischen Unternehmen bzw. Mitarbeitende und Kunde anzustreben (Stauss/Neuhaus 1995, S. 581).

■ Bei möglichen **Problemen der Leistungserstellung** ist es häufig die Aufgabe der Kundenkontaktmitarbeitenden, diese den Kunden zu kommunizieren. Dabei ist es unerlässlich, diese Mitarbeitenden zunächst mittels geeigneter Kommunikationsinstrumente wie der **Mitarbeiterkommunikation** aufmerksam zu machen bzw. ihnen mögliche Aktivitäten zur Behebung der Probleme aufzuzeigen.

■ Zur Förderung der Verinnerlichung einer externen Kundenorientierung ist die **Internalisierung einer internen Kundenorientierung** durch geeignete personalpolitische Maßnahmen wie Workshops hilfreich.

■ Schließlich wird aufgrund der Integration des externen Faktors und des direkten Mitarbeiter-Kunden-Kontaktes angenommen, dass ein positiver **Zusammenhang zwischen Mitarbeiter- und Kundenzufriedenheit** besteht (Homburg/Stock 2001b, S. 377; Malhotra/Mukherjee 2004, S. 170; Wangenheim/Evanschitzky/Wunderlich 2007, S. 691f.). Daraus ergibt sich die Notwendigkeit der Erreichung einer möglichst hohen Mitarbeiterzufriedenheit.

Aus der **Immaterialität der Leistungen** lässt sich folgern:

■ Da die Immaterialität dazu führt, dass die Qualitätsbeurteilung von Dienstleistungen durch den Kunden anhand der wenigen tangiblen Elemente vorgenommen wird, rücken die **Mitarbeitenden als Qualitätsindikator** insbesondere bei Dienstleistungen, die durch einen hohen Anteil an Glaubenseigenschaften charakterisiert sind, in den Vordergrund (Woodruff 1995, S. 178). Daher ist es eine wesentliche Aufgabe der Personalpolitik, ein konsistentes Bild der Mitarbeitenden zu erzeugen, das zum einen Kompetenz signalisiert und dementsprechend Vertrauen generiert, und zum anderen das Erreichen eines hohen tatsächlichen Kompetenz- und Qualitätsniveaus der Mitarbeitenden sicherstellt.

■ Aufgrund der hohen Bedeutung der Mitarbeiter im Dienstleistungsbereich sind **Maßnahmen der Standardisierung** des internen Faktors Personal zu ergreifen. Die Standardisierungsbemühungen sind vorrangig auf das äußere Erscheinungsbild im Einklang zur Marken- und Kommunikationspolitik und auf ein einheitliches Kundenverhalten (z. B. einheitliche Begrüßungsformeln usw.) auszurichten. Dadurch gelingt es, zumindest einzelne Elemente der Leistung zu standardisieren, was zum einen Gedächtniswirkungen und zum anderen ein Gefühl der Vertrautheit beim Kunden zur Folge hat.

▌ Die Immaterialität von Dienstleistungen führt weiterhin dazu, dass dem Image des Unternehmens im Rahmen der Leistungsbeurteilung eine besondere Bedeutung zukommt. Insbesondere bei personalintensiven Dienstleistungen mit engem Mitarbeiter-Kunden-Kontakt wird in erster Linie ein **personenbezogenes Unternehmensimage** aufgebaut, das positiv mit der Einstellung des Mitarbeitenden zum Unternehmen und zum Kunden korreliert.

▌ Aus dem Merkmal der Immaterialität bzw. der Nichtlager- bzw. Nichttransportfähigkeit resultiert das Ziel von Dienstleistungsunternehmen einer gleichmäßigen Kapazitätsauslastung zur Vermeidung von Leerkosten. Aufgrund des direkten Mitarbeiter-Kunden-Kontaktes haben die Mitarbeitenden eines Dienstleisters die Möglichkeit, die **kurzfristige Nachfragesteuerung** gezielt zu unterstützen, indem sie Kunden alternative Möglichkeiten vorschlagen. Dazu gilt es, im Rahmen der Personalpolitik die Voraussetzungen dafür zu schaffen, dass Mitarbeitende im Kundenkontakt jederzeit über die Auslastung der Dienstleistungskapazitäten Bescheid wissen und in der Lage sind, Auskunft zu geben.

▌5.2 Internes Marketing als personalpolitisches Rahmenkonzept

Aufgrund des hohen Interaktionsgrades im so genannten „magischen Dreieck" Dienstleister – Mitarbeitende – Kunde, wird von der traditionellen Sichtweise Abstand genommen, dass die Personalpolitik ein isoliert zu betrachtender Teil der Unternehmensführung sei. Vielmehr wird ein ganzheitlicher Ansatz gewählt, dessen Grundlage das Konzept des **Internen Marketing** darstellt (vgl. z. B. George 1977; Grönroos 1981; Berry 1983; Stauss/Schulze 1990; Bruhn 1998b; Bruhn 1999; Stauss 2000b; Gleitsmann 2007). Eine Gemeinsamkeit der verschiedenen Ansätze zum Internen Marketing ist der Versuch, die Personal- und Marketingsichtweise im Sinne einer ganzheitlichen Kundenorientierung zu integrieren:

> **Internes Marketing** ist die systematische Optimierung unternehmensinterner Prozesse mit Instrumenten des Marketing- und Personalmanagements, um durch eine konsequente Kunden- und Mitarbeiterorientierung das Marketing als interne Denkhaltung durchzusetzen, damit die marktgerichteten Unternehmensziele effizienter erreicht werden (Bruhn 1999, S. 20).

Wesentliches Merkmal dieser Definition ist die Forderung einer **parallelen Kunden- und Mitarbeiterorientierung**. Dies impliziert gleichzeitig die Betrachtung des Mitarbeitenden als internen Kunden sowie der Mitarbeiterzufriedenheit als Unternehmensziel (Thomson/Whitwell 1993, S. 7; Nerdinger/Rosenstiel 1999, S. 117; Whitener 2001, S. 530). Dadurch entstehen die in Abbildung 6-5-2 dargestellten Interdependenzen (Bruhn 1999, S. 21):

▌ Die **Unternehmen-Kunden-Beziehung** setzt eine Kundenorientierung voraus, die durch das externe Marketinginstrumentarium sicherzustellen ist.

▌ Die **Unternehmen-Mitarbeiter-Beziehung** verlangt eine interne Kunden- und Mitarbeiterorientierung (integrierte Kundenorientierung), die durch das Interne Marketing umgesetzt wird.

▌ Die **Mitarbeiter-Kunden-Beziehung** fordert eine individuelle Kundenorientierung bei der Leistungserstellung.

▌ **Abbildung 6-5-2:**   **Kunden- und Mitarbeiterorientierung als zentrale Maximen des Internen Marketing**

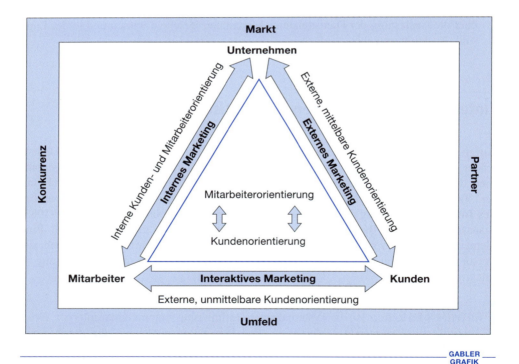

Quelle: Bruhn 1999, S. 21

Im Sinne der durch die Unternehmen-Mitarbeiter-Beziehung verlangten integrierten Kundenorientierung lässt sich das Verständnis des Internen Marketing auch als **personalorientiertes internes Marketingkonzept** charakterisieren, dessen Kern die innerbetriebliche Implementierung einer im Hinblick auf externe Märkte konzipierte Marketingstrategie ist (Stauss 2000b, S. 201).

Im Rahmen eines personalorientierten Marketing tritt das **Oberziel** der Gewinnung, Entwicklung und Erhaltung kundenorientierter und motivierter Mitarbeitenden, also Mitarbeitende, die dazu in der Lage sind, die externen Marketingziele effizient umzusetzen, neben das Ziel der Erreichung einer hohen Kundenzufriedenheit. Dies ist im Wesentlichen auf die Bedeutung der Mitarbeitenden bei der Realisierung – insbesondere in Kundenkontaktsituationen – einer hohen Dienstleistungsqualität zurückzuführen (Grönroos 1980a, S. 16f.; Bruhn 1999, S. 26; Stauss 2000b, S. 210). Daraus abgeleitet ergeben sich im Wesentlichen folgende **Unterziele** eines personalorientierten Internen Marketing im Sinne einer internen Steuerung zu absatzmarktorientierten Zwecken (Grönroos 1981; Compton 1987, S. 17; Stauss 2000b, S. 210):

▮ Mitarbeiterauswahl und -einsatz nicht nur nach fachspezifischen Kriterien, sondern auch nach interaktionsspezifischen Fähigkeiten bzw. Fähigkeitspotenzialen.

▮ Zielgerichtete Information der Mitarbeitenden über absatzmarktrelevante Aspekte wie z. B. die Unternehmensmission, die Marketingstrategie, die Relevanz der Kundenkontaktprozesse sowie die Struktur und Entstehung der wahrgenommenen Dienstleistungsqualität.

▮ Erzeugung von Akzeptanz bei den Mitarbeitenden hinsichtlich einer konsequenten kundenorientierten Verhaltensausrichtung.

▮ Vermittlung von speziellen zur Bewältigung von Kundenkontaktsituationen benötigten Fertigkeiten und Fähigkeiten.

Zur Zielerreichung steht ein umfangreiches Instrumentarium des personalorientierten Internen Marketing zur Verfügung, deren Instrumente und Maßnahmen sich den in Abbildung 6-5-3 dargestellten drei Instrumentegruppen zuordnen lassen (Stauss 2000b, S. 211ff.).

Beim **marktorientierten Einsatz personalpolitischer Instrumente** (Abschnitt 5.3) geht es um den Einsatz personalpolitischer Bereiche im Hinblick auf absatzmarktspezifische Erfordernisse. Unter dem **marktorientierten Einsatz interner Kommunikationsinstrumente** (Abschnitt 5.4) wird der Einsatz interner Kommunikationsinstrumente zur Erreichung absatzmarktorientierter Ziele verstanden. Der **personalorientierte Einsatz externer Marketinginstrumente** (Abschnitt 5.5) schließlich adressiert vor dem Hintergrund des Internen Marketing neben der primären Zielgruppe der externen Kunden gleichzeitig auch die Mitarbeitenden im Sinne einer erweiterten Zielgruppe bzw. einer „Second Audience".

Abbildung 6-5-3:   **Instrumentarium des personalorientierten Internen Marketing**

Marktorientierter Einsatz personalpolitischer Instrumente

- Personalbeschaffung
- Personaleinsatz
- Personalentwicklung
- Kundenorientierte Vergütungssysteme

Marktorientierter Einsatz interner Kommunikationsinstrumente

- Kontinuierliche persönliche Mitarbeiterkommunikation
- Kontinuierliche mediale Mitarbeiterkommunikation
- Sporadische persönliche Mitarbeiterkommunikation
- Sporadische mediale Mitarbeiterkommunikation

Marktorientierter Einsatz externer Kommunikationsinstrumente

- Werbung
- Public Relations
- Garantiepolitik

GABLER
GRAFIK

Quelle: In Anlehnung an Stauss 2000b, S. 211

5.3 Marktorientierter Einsatz personalpolitischer Instrumente

Im Rahmen der marktorientierten Ausrichtung der Personalpolitik gilt es, die Instrumente der klassischen personalpolitischen Bereiche Personalbeschaffung, Personaleinsatz sowie Entgeltpoltik konsequent im Hinblick auf die Erreichung externer Marketingziele auszurichten und einzusetzen.

5.31 Personalbeschaffung

Der Prozess der Personalbeschaffung lässt sich in die Phasen der Personalakquisition und -auswahl unterteilen, denen sich jeweils bestimmte Instrumente zuordnen lassen. Primäres absatzorientiertes Ziel der Personalbeschaffung ist die Werbung und Auswahl serviceorientierter bzw. -geeigneter Mitarbeitender, die in der Lage sind, den komplexen Verhaltensanforderungen – insbesondere im direkten Umgang mit Kunden – gerecht zu werden (Stauss 2000b, S. 211). Der Personalbeschaffung gilt es zudem, eine sorgfältige **Personalbedarfsplanung** voranzustellen. Insbesondere bei Dienstleistungsunternehmen, deren Nachfrage in der Regel zeitabhängigen Schwankungen unterliegt, ist es aufgrund der Nichtlagerfähigkeit von Dienstleistungen notwendig, den jeweiligen quantitativen

Personalbestand an den zeitabhängigen Personalbedarf anzupassen und im Rahmen der Personalbeschaffung zu berücksichtigen.

1. Instrumente der Personalakquisition

Der Personalakquisition bzw. -werbung zur Gewinnung neuer, motivierter und qualifizierter Mitarbeitender für ein Dienstleistungsunternehmen im Sinne des Internen Marketing ist ein der Werbung für das eigentliche Dienstleistungsangebot vergleichbarer Stellenwert beizumessen. Dazu empfiehlt es sich, auch zum Zwecke der Personalwerbung Instrumente der Werbung heranzuziehen, und diese ebenfalls zielgruppenspezifisch auszugestalten und zu platzieren (Stauss 2000b, S. 211).

> **Personalakquisition** ist die Summe der Maßnahmen, durch die im Rahmen der Personalbeschaffung mit potenziellen Mitarbeitenden Kontakt aufgenommen wird (Weber/Mayrhofer/Nienhüser 1993, S. 197).

Die Vielfalt der **Instrumente der Personalakquisition** lässt sich in direkte und indirekte Instrumente einteilen. Anders als bei indirekten Instrumenten wirbt das Unternehmen durch den Einsatz direkter Instrumente potenzielle Mitarbeitende ohne Zwischenschaltung anderer Institutionen an. Zudem werden die direkten Instrumente dahingehend unterschieden, ob spezifisch bestimmte Gruppen potenzieller Mitarbeitender (z. B. Hochschulabsolventen) oder unspezifisch der gesamte Bewerbermarkt adressiert wird (Fröhlich/Langecker 1989, S. 154ff.).

Bei den **unspezifischen direkten Instrumenten** sind zu nennen:

■ **Personalimagewerbung**
Die Personalimagewerbung dient der Schaffung eines Images als attraktiver und mitarbeiterorientierter Arbeitgeber. Diese Wirkung wird durch die Ansprache potenzieller Mitarbeitender mittels Instrumenten der externen Kommunikation (z. B. Werbung, Öffentlichkeitsarbeit, Sponsoring) erreicht (Fröhlich/Sitzenstock 1989, S. 134ff.). Bei Dienstleistungen nimmt die Bedeutung der Mitarbeitenden als Potenzialfaktoren bei der Leistungserstellung eine zentrale Stellung ein. Dies ist nicht nur in der Kommunikation der Arbeitsanforderungen zu erörtern, sondern bietet eine Möglichkeit, spezifische Persönlichkeitsmerkmale und die Möglichkeit zur persönlichen Entfaltung besonders herauszustellen.

■ **Stellenanzeigen in Printmedien**
Mit Hilfe von Stellenanzeigen in großen überregionalen Zeitungen ist ein relativ großer Teil potenzieller Mitarbeitender erreichbar. Der Erfolg einer Stellenanzeige hängt dabei davon ab, inwiefern mit ihr kognitive Wirkungen (z. B. Wecken von Aufmerksamkeit aufgrund der Anzeige), affektive Wirkungen (z. B. positive Hinstimmung zu der angebotenen Stelle) und konative Wirkungen (z. B. Anfertigen einer Bewerbung) erzielt werden.

■ **Stellenanzeigen im Internet**

Zunehmend setzt sich auch die Online-Bewerbung über Karriereseiten auf der Unternehmenshomepage oder über sogenannte Job Portale externer Anbieter als Standard durch, die für Unternehmen Vorteile effizienterer Verarbeitungsprozesse wie z. B. bessere Archivierung und effizientere Vergleiche unter den Bewerbern und somit unter anderem eine kürzere Bearbeitungszeit bietet. Dadurch ergeben sich Einsparpotenziale von bis zu 50 Prozent der Einstellungskosten (Kupitz 2006). Dabei gilt zu beachten, dass sowohl die Gestaltung der Stellenanzeige als auch der gesamte Internetauftritt zum Aufbau eines Images und der Positionierung auf dem Arbeitgebermarkt dienen.

■ **Direktansprache**

Schließlich besteht die Alternative, potenzielle Mitarbeitende direkt und persönlich anzusprechen. Dies ist durch das Abwerben von Mitarbeitenden der Konkurrenz (z. B. auf Messen), von Mitarbeitern von Zulieferbetrieben (z. B. Abwerben eines Unternehmensberaters durch eine Bank) sowie durch das Anwerben von Kunden (z. B. Anwerben einer Diskothekbesucherin als Bedienung) gegeben.

Beim Einsatz von **indirekten Instrumenten** der Personalakquisition verläuft die Kundenansprache über eine vermittelnde Institution. Hierbei sind die folgenden Alternativen möglich:

■ **Personalberatung**

Der Einsatz von Personalberatungen dient der gezielten nach einem vom Dienstleistungsunternehmen vorgegebenen Anforderungsprofil in Bezug auf die relevanten fachlichen und persönlichen Merkmale an den potenziellen Stellenbewerber. Vorteile des Einsatzes einer Personalberatung sind der gute Überblick über den Arbeitsmarkt sowie die Zeitersparnis für die eigenen Mitarbeitenden. Allerdings ist darauf zu achten, dass der Personalberater die Prozesse der Leistungserstellung bei dem jeweiligen Dienstleistungsunternehmen kennt bzw. umfangreich über die Anforderungen an die Stelle informiert wird.

■ **Führungskräftevermittlung/Arbeitsagenturen**

Diese Alternativen haben mit den Personalberatungen einen großen Überblick über den Arbeitsmarkt gemein, meist bieten sie jedoch im Gegensatz zu den Personalberatungen keine qualifizierte Selektion von Bewerbern an.

■ **Nutzung von Mitarbeitenden in Zeitarbeit**

Im Rahmen der Zeitarbeit wird temporär die Arbeitskraft von Mitarbeitenden in Anspruch genommen, die von Personalleasinggesellschaften vermittelt werden. Neben der Nutzung der Zeitarbeit im Rahmen des Interimsmanagements (z. B. bei Schwangerschaften, Ausscheiden von Führungskräften) bietet sie sich insbesondere bei Dienstleistungen mit zeitabhängigen, vorhersehbaren Nachfrageschwankungen an (z. B. Gastronomie, Tourismus). Nachteilig ist, dass sich aufgrund des häufig kurzen Anstellungszeitraums der Einsatz von Personalentwicklungsmaßnahmen nicht lohnt. Daher ist es insbesondere bei Teilzeitkräften mit direktem Kundenkontakt notwendig, ein Verständnis des Einflusses ihres Verhaltens gegenüber dem Kunden auf dessen Qualitätswahrnehmung der Leistungen und sein Image vom Unternehmen zu verdeutlichen.

2. Instrumente der Personalauswahl

Der Einsatz von **Maßnahmen der Personalauswahl** ist notwendig, wenn für eine Stelle mehrere Bewerbungen vorliegen (Scholz 1991, S. 165). Die an die Mitarbeitenden gestellten Einstellungs- bzw. Anforderungskriterien zur Erfüllung der Unternehmensziele sind aus den jeweils definierten Servicestandards des Dienstleistungsunternehmens abzuleiten und entsprechend arbeitsplatzspezifisch festzulegen (Stauss 2000b, S. 212). Auf diese Weise wird ermöglicht, die intendierte externe Kundenorientierung bereits durch die Festlegung relevanter service- bzw. kundenorientierter Einstellungskriterien im Rahmen der Personalauswahl zu erreichen.

Bei der Bewerberauswahl sind neben formalen Kriterien (z. B. Alter, Ausbildung) vor allem **stellenspezifische Anforderungskriterien** zu berücksichtigen (vgl. für eine Übersicht zu den allgemeinen und speziellen Anforderungen an das Kundenkontaktpersonal von Dienstleistungsunternehmen Becker/Wellins 1990, S. 49; Schneider/Schechter 1991, S. 223). Die Überprüfung der Erfüllung der gewünschten Ausprägungen dieser Kriterien erfolgt mit Hilfe klassischer **Personalauswahlmethoden** wie z. B. der schriftlichen Bewerbung, psychologischen Testverfahren oder Assessment Center.

5.32 Personaleinsatz

Im Zusammenhang mit dem Personaleinsatz gilt es in Abhängigkeit des Interaktionsgrades im Kundenkontakt zu unterscheiden zwischen eher „aufgabenorientierteren" und „beziehungsorientierteren" Aufgaben. Die Dienstleistungsmitarbeitenden sind demzufolge entsprechend ihrer interaktionsbezogenen Neigungen und Fähigkeiten den jeweiligen Aufgabenbereichen zuzuordnen (Stauss 2000b, S. 212).

> Dem **Personaleinsatz** im weiteren Sinne werden sämtliche Maßnahmen subsumiert, die mit der Festlegung und Gestaltung der Arbeitsorganisation, des Arbeitsplatzes sowie der Arbeitszeit in Verbindung stehen.

Ausgehend von der Definition des Personaleinsatzes lassen sich die folgenden Kategorien von Instrumenten unterscheiden:

1. Arbeitsplatzbezogene Instrumente,

2. Arbeitszeitbezogene Instrumente,

3. Arbeitsorganisationsbezogene Instrumente,

4. Tätigkeitsunabhängige Maßnahmen.

1. Arbeitsplatzbezogene Instrumente

Die arbeitsplatzbezogenen Instrumente des Personaleinsatzes betreffen Maßnahmen, die mit dem Arbeitsplatz des einzelnen Mitarbeitenden direkt in Verbindung stehen. Für die Leistungsqualität der Mitarbeitenden bedeutsam ist daher die Weite des ihnen zugestandenen **Handlungsspielraums**. Dabei werden unterschieden (Bokranz 1989, S. 429):

Eine **Aufgabenerweiterung** bedeutet die Ausdehnung des Tätigkeitsspielraums (Job Enlargement) – z. B., wenn ein Kofferträger im Hotel zusätzlich für den Zimmerservice oder die Erfüllung spezieller Wünsche von Gästen zuständig ist – sowie durch eine Aufgabenrotation (Job Rotation), das systematische Wechseln des Arbeitsplatzes in festgelegten Zeitabständen (Thommen/Achleitner 2006, S. 704). Neben dem daraus häufig resultierenden Motivationsanstieg wird der Mitarbeitende darüber hinaus für unterschiedliche Prozesse der Leistungserstellung während des Kundenkontakts sensibilisiert und in die Lage versetzt, den Leistungserstellungsprozess ganzheitlich kennen zu lernen und für den Kunden kritische Prozessschritte besonders zu beachten.

Eine **Aufgabenbereicherung** (Job Enrichment) bedeutet die Vergrößerung des Entscheidungsspielraums im Rahmen seiner Aufgabenausübung. Im Zusammenhang dazu steht das Konzept des „Empowerment" (Bowen/Lawler III 1995; vgl. auch Kapitel 7, Abschnitt 2.1). Die zentrale Aussage beinhaltet, den Mitarbeitenden mehr Handlungsspielräume zu gewähren, um Kundenwünsche zu erfüllen und auf Beschwerden einzugehen. Dadurch lässt sich in der Regel zum einen die Mitarbeitermotivation und -zufriedenheit und zum anderen die Kundenzufriedenheit erhöhen.

Eine **Aufgabenbegrenzung** bedeutet die Verringerung des Tätigkeits- und/oder des Endscheidungsspielraums. Diese Maßnahmen stellen zum einen eine Form der „Bestrafung" für die Erstellung schwacher Leistungsqualität dar. Zum anderen sind solche Maßnahmen auch denkbar, um Kundenorientierung des Mitarbeitenden durch Spezialisierung zu bewirken.

2. Arbeitszeitbezogene Instrumente

Zur Betrachtung der arbeitszeitbezogenen Instrumente ist zunächst eine Kategorisierung von Dienstleistungen hinsichtlich der **Leistungserstellungszeiten** erforderlich. Dabei sind folgende Dimensionen bedeutsam:

▌ **Zeitdauer des Kunden-Mitarbeiter-Kontaktes:** Bei Dienstleistungen, die einen hohen Integrationsgrad des externen Faktors aufweisen, ist die Zeitdauer relativ lang. Dieser Tatbestand ist dem jeweiligen Mitarbeitenden bewusst zu machen, damit er die Kundenkontaktzeit nicht als verschwendete Zeit ansieht.

▌ **Zeitflexibilität:** Einige Dienstleistungen sind aus Kundensicht zwingend mit einem bestimmten Zeitpunkt – z. B. aufgrund von typischen Nachfrageverhalten (Abendessen in einem Restaurant) oder von kundenbezogenen Zeitzwängen (Fahrgast möchte nicht zwei Stunden auf einen Bus warten) – der Erstellung verbunden. Je eher eine Leistung aus diesem Grunde zeitflexibel zu erstellen ist, desto eher ergeben sich Besonderheiten für die Gestaltung der Arbeitszeit beispielsweise in Form von Schichtarbeit oder dem Einsatz von Aushilfskräften.

3. Arbeitsorganisationsbezogene Instrumente

Ein zentrales arbeitsorganisationsbezogenes Instrument stellt die **Teamarbeit** dar. Unter der Voraussetzung, dass die Teammitglieder gewillt sind, gut miteinander auszukommen, lässt es sich durch den Einsatz von Teams erreichen, den Mitarbeitenden ein positiveres Arbeitsumfeld zu bieten sowie die Leistungserstellungsabläufe effizienter zu gestalten und somit die Leistungsbereitschaft und die Motivation der Mitarbeitenden zu erhöhen (Berry/Zeithaml/Parasuraman 1990, S. 33).

So zeigen Studien von Berry und Parasuraman, dass Kundenkontaktmitarbeitende, die nach Aussagen von Kollegen und Vorgesetzten die Leistungsstandards nicht erfüllen, im Rahmen von Befragungen Statements zu einer positiven Wahrnehmung von Teamorientierung des Arbeitsumfelds (z. B. „Ich fühle mich als Mitglied eines Teams in meiner Abteilung") verneinten (Berry/Parasuraman 1999, S. 99).

Diese Erkenntnisse machen die Notwendigkeit der Sicherstellung eines **teamorientierten Arbeitsklimas** deutlich. Dabei sind Führungskräfte in besonderem Maße für das Klima und die Motivation der Mitarbeitenden verantwortlich. Schließlich beeinflusst die Mitarbeiterzufriedenheit beim Kundenkontaktpersonal, d. h. meist auf den unteren Hierarchiestufen, zu einem hohen Grad die Kundenzufriedenheit. Zur Realisierung erfolgreicher Teamarbeit lassen sich die folgenden Anforderungen anführen:

- Dauerhafte Mitgliedschaft im Team,

- Regelmäßige Kontakte im Team,

- Teamorientierte Personalführung,

- Gemeinsame Ziele,

- Teambezogene Leistungsmessungen und -belohnungen.

Ein weiteres Instrument der arbeitsorganisationsbezogenen Instrumente des Personaleinsatzes ist die **Art der Mitarbeiterführung**. Je partizipativer der Führungsstil ist, desto eher fühlt sich der Mitarbeitende in Entscheidungsprozesse des Unternehmens eingebunden und desto eher wird er gegenüber dem Kunden als verantwortungsbewusster Dienstleister auftreten.

4. Tätigkeitsunabhängige Maßnahmen

Aufbauend auf der Erkenntnis, dass zufriedene Mitarbeitende sich auch eher kundenorientiert verhalten und sich die **Mitarbeiterzufriedenheit** auch direkt auf die Kundenzufriedenheit auswirkt (Homburg/Stock 2001b; Malhotra/Mukherjee 2004; vgl. Ausführungen zum Organizational Citizenship Behavior z. B. Schmitz 2004), bieten immer mehr Unternehmen ihren Mitarbeitern besondere Leistungen an, die nicht im Zusammenhang mit der Tätigkeit im Unternehmen stehen (z. B. Angebot eines firmeninternen Fitnessstudios).

Es konnte durch Studien belegt werden, dass der Mitarbeiterzufriedenheit nicht nur für die Qualität der Dienstleistungserstellung eine hohe Bedeutung zukommt, sondern dass darüber hinaus krankheitsbedingte Fehlzeiten, die durch Stressbelastung am Arbeitsplatz hervorgerufen wurde, signifikant abnehmen. Da Fehlzeiten dieser Art einen Anteil von bis zu 50 Prozent der gesamten Arbeitsausfälle ausmachen, lässt sich durch eine höhere Mitarbeiterzufriedenheit auch eine Senkung der Personalkosten erreichen. Zusätzlich ist anzunehmen, dass die Mitarbeiterbindung an das Unternehmen zunimmt (Lee/Bruvold 2003). Eine niedrigere Fluktuationsrate führt ebenfalls zu niedrigeren Kosten für die Einarbeitung neuer Mitarbeitenden, sodass auch von diesem Gesichtspunkt her die Steigerung der Mitarbeiterzufriedenheit sinnvoll erscheint.

5.33 Personalentwicklung

> Die **Personalentwicklung** umfasst sämtliche Maßnahmen, die der Veränderung von kognitiven (z. B. Kenntnisse, Fähigkeiten), affektiven (z. B. Einstellungen, Motivation) und konativen (z. B. kundenorientiertes Verhalten) Persönlichkeitsmerkmalen der Mitarbeitenden dienen, um eine effizientere Erreichung der Unternehmensziele zu gewährleisten (Kitzmann/Zimmer 1982, S. 11).

Das zentrale **Ziel der Personalentwicklung** in Dienstleistungsunternehmen ist es, die Mitarbeitenden zur effektiven und effizienten Erreichung der Unternehmensziele unter beziehungs- und aufgabenorientierten Aspekten zu befähigen (vgl. für Ziele der Personalentwicklung Becker 1999, S. 275).

Beispiel: Eine Unternehmensberatung stellte in einer Studie unter 123 Unternehmen fest, dass für die Akquisition neuer Mitarbeitender fünfmal mehr Geld ausgegeben wird als für die Förderung kritischer Mitarbeiter der bestehenden Belegschaft. Allerdings geben 75 Prozent der befragten Unternehmen an, ihre Investitionen in Mentoring, Coaching, im E-Learning-Bereich und Präsenzschulungen erhöhen zu wollen (o.V. 2005b).

Im Dienstleistungsbereich kommen der Personalentwicklung folgende Besonderheiten zu:

▎ Von Kundekontaktmitarbeitenden wird bei Ausübung ihrer Tätigkeit häufig verlangt, so genannte **Gefühlsarbeit** bzw. Emotional Work zu leisten (vgl. z. B. Strauss et al. 1980; Hochschild 1990; Nerdinger 2001). Der Einsatz von Gefühlsarbeit wird notwendig, wenn in einer bestimmten sozialen Situation seitens der Kunden bestimmte verbale und nonverbale Gefühle vom Mitarbeitenden erwartet werden (z. B. Freundlichkeit bei Flugbegleitern). Stellen sich die erwarteten Gefühle nicht unwillkürlich ein, hat der Mitarbeitende Gefühlsarbeit zu leisten (vgl. Hochschild 1990, S. 73ff.). Im Falle von emotionaler Dissonanz, also wenn der Mitarbeitende einen Widerspruch zwischen der beruflich geforderten Gefühlsdarstellung und den tatsächlich erfahrenen Gefühlen erlebt (Hochschild 1990, S. 100), besteht das Risiko, dass die Gefühlsarbeit negative Auswirkungen wie Burn-Out-Effekte – einer Form emotionaler Erschöpfung – hervorruft (vgl. Homburg/Stock 2001a). Diesem Sachverhalt gilt es im Rahmen der Entwicklung geeigneter Kompetenzen wie der Sozial- und Emotionalkompetenz Rechnung zu tragen.

- Eine weitere Besonderheit der Personalentwicklung im Dienstleistungsbereich ist es, den Mitarbeitenden ihre **Rolle als Marktforscher** zu verdeutlichen (Thomson/ Whitwell 1993, S. 75; Schmitz 2004, S. 15). Aufgrund der Integration des externen Faktors in den Leistungserstellungsprozess sind die Kundenkontaktmitarbeitenden in ständigem Kontakt mit dem Kunden. Dies versetzt sie in die Lage, Informationen hinsichtlich der Bedürfnisse und des Kaufverhaltens des Kunden aus erster Hand zu erhalten, die Grundlage für die Erhöhung der Dienstleistungsqualität und zur Verbesserung des Leistungsangebots sind.

Unter Verwendung des Kompetenzbegriffes ist die Aufgabe der Personalentwicklung in Veränderungen der Handlungskompetenz von Mitarbeitenden zu sehen (Becker 1999, S. 275; Agarwala 2003, S. 191f.). Dabei lassen sich vier **Typen der Handlungskompetenz** unterscheiden:

- **Fach-** bzw. **Sachkompetenz:** Fachspezifische Kenntnisse für die jeweilige Stelle, z. B. Kenntnisse des Versicherungsmarktes für einen Versicherungsmakler.

- **Methoden-** bzw. **Konzeptkompetenz:** Fähigkeit, unterschiedliche Lösungsmethoden auf ein Problem anzuwenden, Selektions- sowie Lernfähigkeit, z. B. Behandlung spezifischer Kundenprobleme.

- **Sozial- und Emotionalkompetenz:** Teamfähigkeit, Verantwortungsbewusstsein, Kommunikationsfähigkeit, Kundenorientierung, Empathie, Selbstwahrnehmung und -kontrolle.

- **Psychologische Kompetenz:** Motivation, Einstellungen, Einsatzwillen, z. B. Fähigkeit, eine kundenorientierte Unternehmenskultur zu verwirklichen.

Durch die Veränderung dieser Kompetenzen werden die Mitarbeitenden auf zukünftige Aufgaben vorbereitet bzw. qualifiziert. Je nach **Qualifizierungsrichtung** lassen sich diese zudem differenzieren nach **Erweiterungsqualifizierung** (Vergrößerung des Ausmaßes der Handlungskompetenz, ohne dass ein Stellenwechsel angestrebt wird), **Anpassungsqualifizierung** (Anpassung der Qualifikation des Mitarbeitenden an unternehmensexterne oder -interne Entwicklungen) sowie nach **Aufstiegsqualifizierung** (Vorbereitung eines Mitarbeitenden auf eine neue Stelle) (Becker 1999, S. 276; Oechsler 2006, S. 520).

Die Vielzahl der **Instrumente der Personalentwicklung** lassen sich nach dem Tätigkeitsbezug der Maßnahme und der Kontinuität ihres Einsatzes klassifizieren in (vgl. z. B. Becker 1999, S. 288; Klimecki/Gmür 2005, S. 207ff.; Oechsler 2006, S. 523ff.):

- **Stellengebundene Personalentwicklung (On-the-Job)**
  Hierbei findet eine kontinuierliche Qualifizierung am Arbeitsplatz statt. Im Dienstleistungssektor kommt insbesondere bei Stellen, die eine Interaktion mit dem Kunden beinhalten, dieser Form der Personalentwicklung eine besondere Bedeutung zu. Es gilt zu beachten, dass in „sensiblen" Dienstleistungsbereichen (z. B. bei Banken) On-the-Job-Weiterbildungsmaßnahmen möglicherweise zu Irritationen der Kunden führen.

- **Stellenübergreifende Personalentwicklung (Near-the-Job)**
  Hierbei handelt es sich um Maßnahmen, die in enger räumlicher, zeitlicher und inhaltlicher Nähe zum Arbeitsplatz stattfinden, z. B. Qualitätszirkel, Projektgruppenarbeit.

Derartige stellenübergreifende Gruppen bieten sich insbesondere an, um die interne Kundenorientierung im Unternehmen zu verankern, d. h., die Bedürfnisse der internen Kunden kennen zu lernen und deren Bedeutung für die externen Kunden zu realisieren.

■ **Stellenungebundene Personalentwicklung (Off-the-Job)**
Solche Maßnahmen werden losgelöst vom Tätigkeitsfeld des Mitarbeitenden außerhalb des Arbeitsplatzes durchgeführt, z. B. Vortrag, Tagung, Kurse. Diese Art der Ausbildung bietet sich unter anderem für die Vorbereitung auf den Umgang mit solchen Kunden und Kundensegmenten an, bei denen deutliche Unterschiede im Vergleich zum bekannten Umfeld bestehen.

Im Hinblick auf die Ziele der Personalentwicklung ruft jedes der Instrumente in Abhängigkeit der Persönlichkeit des Mitarbeitenden unterschiedliche Wirkungen hervor. Daher ist es empfehlenswert, die Instrumente nicht isoliert einzusetzen, sondern aufeinander abzustimmen. Ferner wird insbesondere von der amerikanischen Dienstleistungsliteratur **Kreativität** bei der Auswahl und Durchführung von Personalentwicklungsmaßnahmen gefordert (Berry/Parasuraman 1992a, S. 97). Zu solchen Maßnahmen zählen beispielsweise Rollenspiele, bei denen am Beispiel eines Musterkunden der Dienstleistungserstellungsprozess simuliert wird (Bieberstein 2006, S. 344).

Beispiel: Eine amerikanische Bank verlangte von Mitarbeitenden, denen mit Vaseline verschmierte Brillen aufgesetzt wurden, Überweisungsscheine auszufüllen und mit drei zusammengebundenen Fingern Geld zu zählen. Diese Maßnahme hatte zum Ziel, den Mitarbeitenden zu verdeutlichen, welche Probleme ältere und behinderte Kunden eventuell im Leistungserstellungsprozess haben.

5.34 Kundenorientierte Vergütungssysteme

Im Mittelpunkt einer am personalorientierten Internen Marketing angelehnten Entgelt- bzw. Anreizpolitik steht die Implementierung eines kundenorientierten Vergütungssystems, das die Entlohnung der Mitarbeitenden bzw. weitere materielle und immaterielle Belohnungen an die Erreichung von Qualitäts- und Kundenzufriedenheitsziele knüpft (Stauss 2000b, S. 212; Tuzovic 2004).

Ein Beispiel für die **materielle Belohnungen** bzw. Incentives für besonders kundenorientiertes Verhalten ist eine Bonuszahlung, die eine Bedienung einer amerikanischen Restaurantkette erhält, wenn sie die Namen von 100 Stammkunden kennt (Bowers/Martin/Luker 1990, S. 60). Als kundenorientierte **immaterielle Belohnung** ist die Verleihung von Urkunden, z. B. für die Ernennung eines „Mitarbeiters des Monats", zu nennen.

Jedoch ist insbesondere die Höhe des Gehalts ein wesentlicher Motivationsfaktor für die Mitarbeitenden (vgl. Kohli/Jaworski 1990; Ruekert 1992; Widmier 2002), die gleichzeitig die Erwartungshaltung des Arbeitgebers an die Arbeitsleistung ausdrückt. Daher ist es erforderlich, ein wesentliches Augenmerk auf das **Vergütungssystem** des Unternehmens zu legen. Dabei sind ganzheitliche kundenorientierte Vergütungssysteme als verhaltenssteuerndes Instrument denkbar, um das kundenorientierte Verhalten der Mitarbeitenden zu fördern und kontinuierlich aufrecht zu erhalten.

> Ein **kundenorientiertes Vergütungssystem** ist ein strategisch-orientiertes und durch den Einsatz finanzieller Incentives charakterisiertes Führungsteilsystem, deren Ausschüttung an die individuelle und/oder kollektive Mitarbeiterleistung geknüpft ist und sich anhand kundenorientierter Erfolgsgrößen bemisst (Tuzovic 2004, S. 38).

Ein kundenorientiertes Vergütungssystem beinhaltet, einen variablen Bestandteil des Gehaltes nicht nach unmittelbar ökonomischen Maßstäben zu vergeben, sondern den Kunden als Träger der Leistungsbeurteilung einzusetzen (Tuzovic 2004, S. 178). Es sind dabei zahlreiche Varianten nicht nur hinsichtlich ihrer anteiligen und maximalen Höhe, sondern auch in Bezug auf die zur Festlegung heranzuziehenden Parameter denkbar. Zunächst ist zwischen direkten und indirekten Vergütungsmodellen zu unterscheiden.

Bei einem **direkten Vergütungssystem** hat der Kunde unmittelbaren Einfluss auf die variable Vergütung. So verteilt etwa die Fluggesellschaft Northwest Airlines Schecks über 50 USD an besonders freundliche Flugbegleiter. Die direkte Festlegung der kundenorientierten Vergütung erscheint aufgrund von arbeits- und tarifrechtlichen Restriktionen, aber auch aufgrund von kulturellen Unterschieden in der individuellen Beurteilung der Kundenorientierung problematisch. Zudem erscheinen solche Vergütungssysteme vor dem Hintergrund situativer Faktoren (z. B. Wetter, Verspätungen, andere Fluggäste als weitere Einflüsse bei einem Flug), die keine einheitliche Budgetierung und Zuteilung innerhalb des Vergütungssystems erlauben, problembehaftet.

Ein **indirektes Vergütungssystem** beinhaltet einen umfassenderen Einbezug der Kunden und bietet bessere Möglichkeiten für die Festlegung der variablen Vergütung. Für die Höhe der Vergütung ist zunächst ein Standard zu definieren, der als „Normalleistung" anzuerkennen ist. Ferner sind eine Obergrenze und eine Untergrenze zu setzen, die eine Spannbreite für den variablen Anteil der Vergütung vorgibt. Die Basis für die Höhe der Vergütung bildet bei kundenorientierten Vergütungssystemen häufig die Kundenzufriedenheit, die als Maßstab für kundenorientiertes Verhalten der Mitarbeitenden gilt und für deren Erhebung unterschiedliche Möglichkeiten existieren. Da die Kundenzufriedenheit einer subjektiven Beurteilung unterliegt, ist eine Methode zu verwenden, die trotz der unvermeidbaren Subjektivität stets die gleichen Maßstäbe ansetzt, um ein gerechtes Vergütungssystem zu gewährleisten.

Unter den für die Erhebung der Kundenzufriedenheit zu verwendenden Methoden, ist besonders die **multiattributive Kundenzufriedenheitsmessung** zu erwähnen (vgl. für einen Überblick zur Kundenzufriedenheitsmessung Beutin 2006). Auf Basis der bei der Messung erhobenen einzelnen Merkmale lässt sich ein Gesamtindex der Zufriedenheit individuell für Abteilungen und ebenso abteilungsübergreifend für das ganze Unternehmen errechnen. Durch wiederholte Messungen lassen sich Vergütungshöhen einzelner Bereiche auch auf Basis der Veränderungen verschiedener Kennzahlen wie z. B. dem absoluten Gesamtzufriedenheitsniveau gegenüber dem Vorjahr festlegen.

Bei der **Konzeption** eines kundenorientierten Vergütungssystems ist eine Differenzierung hinsichtlich der Behandlung von Unternehmensbereichen in Abhängigkeit ihres Umfangs an direkter Kundeninteraktion notwendig (Back-Office- versus Front-Office-Bereiche). Studien zeigen, dass die Kundenzufriedenheit für interne Leistungen grundsätzlich schlechter ausfällt als für externe Leistungen. Die Maßstäbe für die „Normalleistung" sind daher individuell, d. h. auf die jeweilige Abteilung bezogen, festzulegen. Bei Abteilungen, die hauptsächlich in externem Kundenkontakt stehen (Verkaufspersonal), werden traditionelle Kundenzufriedenheitsmessungen durchgeführt. Bei Abteilungen, die ausschließlich intern tätig sind (z. B. Controllingpersonal), bieten sich dafür **Interne Servicebarometer** an (vgl. 5. Kapitel, Abschnitt 5.4; Bruhn 2004b, S. 292).

Hinsichtlich der **Umsetzung** einer Kundenzufriedenheitsmessung als Bezugsgröße für ein kundenorientiertes Vergütungssystem ist vor allem die Gefahr fehlender Objektivität, insbesondere bei nicht repräsentativen Messungen, zu beachten. Dem daraus möglicherweise resultierenden Vorwurf mangelnder Vergleichbarkeit zwischen einzelnen Messungen lässt sich bei externen Kunden z. B. dadurch begegnen, indem Silent Shopper bzw. Testkäufer eingesetzt werden, die idealerweise konstante Bewertungsmaßstäbe gewährleisten (Tuzovic 2004, S. 178). Weiterhin ist es bei internen Kunden möglich, die relevanten Merkmale der Zufriedenheit entweder durch die jeweilige Abteilung oder die Kunden selbst festlegen zu lassen, um so faire Bewertungsmaßstäbe zu gewährleisten. Bei der Implementierung eines kundenorientierten Vergütungssystems ist folglich insbesondere die gerechte und transparente **Allokation** von Incentives und erfolgsabhängigen Boni sicherzustellen (Barber/Simmering 2002, S. 26).

Zusammengefasst stellen kundenorientierte Vergütungssysteme ein wirksames Instrument zur langfristigen Verankerung der Kundenorientierung im Unternehmen dar, zu der jedoch die Einbindung aller Mitarbeitenden in das System erforderlich ist. Dies ist deshalb grundlegend für die Erfolgswirksamkeit des Systems, weil sich nur so verdeutlichen lässt, dass interne Prozesse die externe Leistungsbeurteilung bzw. die Kundenzufriedenheit entscheidend beeinflussen (vgl. Zeithaml/Bitner 2003, S. 306f.) und kundenorientierte Vergütungssysteme folglich auch Bereiche ohne Kundenkontakt einzubeziehen haben.

5.4 Marktorientierter Einsatz interner Kommunikationsinstrumente

Im Sinne eines personalorientierten Internen Marketing ist der Einsatz interner Kommunikationsinstrumente zur Erreichung marktorientierter Zielsetzungen erforderlich. Im Zentrum der internen Kommunikation steht folglich die Notwendigkeit, eine Kommunikationskultur zwischen den Unternehmensangehörigen zu etablieren, die dem vom Management gestellten Anforderungen an die externe kundenorientierte Kommunikation entspricht (Stauss 2000b, S. 215). Der Mitarbeitende steht demzufolge im Mittelpunkt interner Kommunikationsinstrumente. Dabei gilt es, an die Qualität der internen Kommunikation vergleichbare Maßstäbe und Ansprüche wie an die externe Kommunikation zu legen.

> Die **Mitarbeiterkommunikation** umfasst sämtliche Informations- und Kommunikationsabläufe in einem Unternehmen, die der Steuerung von Meinungen, Einstellungen und Verhalten der Mitarbeitenden und Führungskräfte dienen (Bruhn 2005c, S. 1203; 2007, S. 355).

Die **Aufgaben der Mitarbeiterkommunikation** umfassen:

▌ Kommunikation aller Maßnahmen, Programme und Instrumente der Personalpolitik (z. B. Aufzeigen der Karrieremöglichkeiten, Vorstellung von Weiterbildungsangeboten),

▌ Unterstützung der Führungskräfte aller Ebenen bei ihren Kommunikationsaufgaben,

▌ Information von Mitarbeitenden und Führungskräften bei Veränderungsprojekten,

▌ Aufzeigen unternehmensstrategischer Zusammenhänge und die Rolle der Mitarbeitenden zur Erreichung unternehmens- und marktorientierter Zielsetzungen des Dienstleistungsunternehmens.

Da Dienstleistungen überwiegend von Menschen erstellt werden, erfordern sämtliche Maßnahmen, die mit einer **Veränderung** der Tätigkeiten von Mitarbeitenden im Kundenkontakt einhergehen, bei der Mitarbeiterkommunikation eine besondere Aufmerksamkeit. Der Erfolg der Einführung einer neuen Dienstleistung (z. B. Angebot neuer Anlageprodukte bei einer Bank) hängt in hohem Maße von der Leistungsfähigkeit der Mitarbeitenden ab. Gleiches gilt für Modifikationen der internen Prozesse (z. B. Umstellung des Bestellsystems eines Versandhandels) für das Kundenkontaktpersonal, die für den Kunden nicht direkt sichtbar sind, bei Komplikationen aber möglicherweise Unzufriedenheit hervorrufen.

Unabhängig von der Art der Veränderung ist weiterhin deren **Zeitpunkt** kritisch zu betrachten. Die dienstleistungsspezifischen Merkmale wie die Nichtlagerfähigkeit und die Kundenbeteiligung führen mit hoher Wahrscheinlichkeit dazu, dass sich nicht alle denkbaren Mängel und möglichen Fehler bei der Erstellung in einer Testphase eliminieren lassen. Der Erfahrung des Kundenkontaktpersonals und dessen Rolle als Marktforscher kommt hierbei eine hohe Bedeutung zu. Daraus folgt, dass sich besonders durch eine umfassende Aufwärtskommunikation das Risiko von Diskrepanzen in der Dienstleistungsgestaltung auf strategischer und der Umsetzung auf operativer Ebene reduzieren lassen, sofern alle wichtigen Erkenntnisse über Mängel der Leistung sowie bislang unbekannte oder veränderte Kundenbedürfnisse den Führungskräften und der Unternehmensleitung mitgeteilt und notwendige Maßnahmen schnell eingeleitet werden. Ausgehend von diesen Aufgaben lassen sich drei grundsätzliche **Arten der Mitarbeiterkommunikation** unterscheiden:

▌ Kommunikation der Unternehmens-/Personalleitung mit Führungskräften,

▌ Kommunikation der Unternehmens-/Personalleitung mit Mitarbeitenden,

▌ Kommunikation der Führungskräfte mit Mitarbeitenden.

Die Gesamtheit der **Maßnahmen der Mitarbeiterkommunikation** lässt sich nach zwei Dimensionen gliedern:

▊ Medium der Ansprache in persönliche und mediale Mitarbeiterkommunikation,

▊ Kontinuität des Einsatzes in kontinuierliche und sporadische Mitarbeiterkommunikation.

Bei der Bildung einer Vier-Felder-Matrix aus diesen beiden Dimensionen lassen sich vier **Instrumentegruppen der Mitarbeiterkommunikation** bilden, die in Abbildung 6-5-4 dargestellt sind.

Abbildung 6-5-4:   **Instrumente der Mitarbeiterkommunikation**

Ansprache Kontinuität des Einsatzes	Persönlich	Medial
Kontinuierlich	Kontinuierliche persönliche Mitarbeiterkommunikation Beispiele: ■ Mitarbeiterbesprechung ■ Qualitätsgruppen ■ Projektsitzungen	Kontinuierliche mediale Mitarbeiterkommunikation Beispiele: ■ Führungskräfteinformation ■ Mitarbeiterzeitschrift ■ Internes Stellenmagazin
Sporadisch	Sporadische persönliche Mitarbeiterkommunikation Beispiele: ■ Managementtagung ■ Workshops ■ Unternehmensversammlung	Sporadische mediale Mitarbeiterkommunikation Beispiele: ■ Mitarbeiterkommunikation ■ Aushänge ■ Datenbanken

GABLER
GRAFIK

Vielfach erfolgt die Information von Führungskräften und Mitarbeitenden erst, nachdem Entscheidungen bereits getroffen sind. Um den Mitarbeitenden das Gefühl zu geben, mitverantwortlich für den Unternehmenserfolg und nicht nur Empfänger von Weisungen zu sein, gilt es, bereits im Prozess der Entscheidungsfindung permanent die neuesten Informationen zur Verfügung zu stellen. Diese Art der kontinuierlichen Information wird in der Literatur **Prozesskommunikation** genannt (Dotzler 1999, S. 673). Solch eine offene Informationspolitik der Unternehmensleitung hat die Steigerungen von Motivation und Einsatzwillen seitens der Mitarbeitenden zur Folge. Hierbei lässt sich beispielsweise speziell der Erfolg und die Honorierung von Vorschlägen des Betrieblichen Vorschlagswesens aufnehmen. Gerade im Dienstleistungsbereich ist es aufgrund des ständigen Kundenkontaktes wichtig, Mitarbeitenden insbesondere über den Kunden betreffende Entwicklungen in den Bereichen Markt, Unternehmen, Konkurrenz, Umfeld zu informieren. So wird es ihnen ermöglicht, diese Informationen bei Kundenberatungen mit einzubeziehen und dem Kunden gegenüber als kompetenter und gut informierter Dienstleister aufzutreten.

5.5 Personalorientierter Einsatz externer Marketinginstrumente

Die dritte Instrumentegruppe eines personalorientierten Internen Marketing stellen klassische, an den externen Kunden ausgerichte Marketinginstrumente dar, die sich gleichzeitig an den Mitarbeitenden im Sinne einer zweiten Zielgruppe („Second Audience", vgl. z. B. Berry 1981; George/Berry 1984) richten. Dazu gehören vor allem Instrumente wie die **Werbung** und **Public Relations** sowie die **Garantiepolitik**. Mit den unter einer Personalperspektive eingesetzten externen Marketinginstrumenten werden vor allem folgende Zielsetzungen verfolgt (vgl. auch im Folgenden Stauss 2000b, S. 215ff.):

- Positive Beeinflussung von Stolz und Moral der Mitarbeitenden,

- Vereinheitlichung von Einstellungen der Mitarbeitenden durch Information von Aspekten der Unternehmenskultur und der gesamtunternehmerischen Situation,

- Darstellung von Chancen und Karrieremöglichkeiten zur Erleichterung der Personalbeschaffung,

- Verdeutlichung der kundenseitig erwarteten und mitarbeiterseitig – insbesondere im Dienstleistungskontakt – zu realisierenden Qualitätsstandards und Leistungsanforderungen.

Der letztgenannte Aspekt nimmt eine besondere Bedeutung im Zusammenhang mit der qualitätsbezogenen **externen Kommunikation** ein. Häufig werden konkrete Leistungsversprechen bzw. Qualitätsstandards im Rahmen externer Werbekampagnen getätigt. Diese haben beispielsweise Standards bzw. Versprechen in Bezug auf Preis und Konditionen, die Nichtüberschreitung von Wartezeiten, die Dauer der Leistungserstellung, mitarbeiterverhaltensbezogenen Größen wie Freundlichkeit und Hilfsbereitschaft, die Mitarbeiterqualifikation u.a.m. zum Inhalt.

Derartige Werbemaßnahmen belegen zum einen neben einem konkreten Leistungsversprechen die besonderen Bemühungen um die Dienstleistungsqualität. Zum anderen werden dem Mitarbeitenden die unternehmerischen Leistungsansprüche verdeutlicht und auf den Kunden als Qualitätskontrollinstanz hingewiesen. Zusammengefasst wirken die kundengerichteten Leistungsversprechen als mitarbeiterbezogene Leistungsverpflichtung. Es gilt darauf zu achten, dass die Leistungsversprechen für die Mitarbeitenden auf der einen Seite anspornend und vor allem motivierend, auf der anderen Seite aber auch leistbar sind, um der Gefahr eines Glaubwürdigkeitsverlusts des Dienstleistungsanbieters entgegenzuwirken.

Eine Variante der personalorientierten externen Kommunikation stellen diejenigen Werbemaßnahmen dar, die die **Mitarbeitenden in den Mittelpunkt** stellen und diese im

Rahmen der Kampagne namentlich erwähnen. Auf diese Weise lassen sich zum einen nach extern kundenorientierte Zielgrößen wie Kundennähe kommunizieren, zum anderen bezwecken derartige Kommunikationsvarianten Bestärkung, Anerkennung und Motivation der Mitarbeitenden.

> **Beispiel:** Eine Werbekampagne, die reale Mitarbeitende in den Mittelpunkt stellt, ist die „Sie & …"-Kampagne der Schweizer Großbank UBS auf dem Schweizer Markt zur Vermittlung von Kundennähe als zentrales Markenversprechen. Auf ganzseitigen Inseraten und in TV-Spots werden jeweils einzelne Mitarbeitende in einer privaten Situation (z. B. bei der Ausübung einer Freizeitaktivität wie z. B. Schach) sowie ihre Funktion bei der Bank (z. B. Anlageberatung) vorgestellt und aufgezeigt, inwiefern Erfahrungen aus der Ausübung der privaten Aktivität des Mitarbeitenden bzw. persönliche Eigenschaften des Mitarbeitenden zum Vorteil der Kunden wirken (z. B. Einschätzung der Risikobereitschaft seines Gegenübers) (UBS 2007).

Die **Garantiepolitik** stellt ein weiteres Instrument des personalorientierten Einsatzes externer Marketinginstrumente dar, die vergleichbar mit der personalorientierten externen Kommunikation eine mitarbeitergerichtete Leistungsverpflichtung bewirkt. Im Mittelpunkt steht die durch Servicegarantien kommunizierte Bereitschaft, bei Nichteinhaltung konkreter Leistungsversprechen (z. B. maximale Lieferzeiten eines Paketzustellers usw.) den Kunden materiell oder monetär zu entschädigen. Die Bedeutung von Garantien liegt darin, dass diese den Dienstleister zwingen, eindeutige und kundenorientierte Qualitätsstandards zu entwickeln und einzuhalten. So lassen sich gegenüber dem Kunden Wettbewerbsvorteile verdeutlichen und sich das wahrgenommene Kaufrisiko von Dienstleistungen reduzieren. Wichtig ist in diesem Zusammenhang vor allem aus Glaubwürdigkeitsgründen, dass die dem Kunden artikulierten Garantieversprechen seitens des Unternehmens und den Mitarbeitenden als Leistungsverpflichtung akzeptiert und erfüllt werden.

Die Ausführungen dieses Abschnitts haben die Bedeutung einer **systematischen Personalpolitik** für Dienstleistungsunternehmen aufgezeigt. Hervorgehoben wird, dass insbesondere bei Dienstleistungen mit intensivem Mitarbeiter-Kunden-Kontakt die Mitarbeitenden durch ihr Verhalten das gesamte Dienstleistungsunternehmen repräsentieren und dieses Verhalten demnach gemäß den Marketingzielen (z. B. Kundenorientierung) zu steuern ist. Aufgrund des Zusammenwirkens der verschiedenen Marketinginstrumente (z. B. sind die Leistungen in der durch die Werbung versprochenen Weise zu erbringen) ist eine unternehmensweite Planung der Personalpolitik und ihre Integration in die klassischen 4 Ps notwendig. Das Konzept des personalorientierten Internen Marketing erweist sich als geeignetes Rahmenkonzept einer dienstleistungsorientierten Personalpolitik, bei dem der Schwerpunkt – vor dem Hintergrund der Absatzerfordernisse – auf dem koordinierten Einsatz personalwirksamer Instrumente des externen Marketingmix liegt (Stauss 2000b, S. 217).

Fragen zum 6. Kapitel: Qualitätsmanagement im Dienstleistungsbereich

Abschnitt 1:

- Welche Besonderheiten existieren im Rahmen der Leistungspolitik von Dienstleistungsunternehmen?
- Welche Maßnahmen sind zur Realisierung der leistungspolitischen Ziele geeignet?
- Welche Ansatzpunkte existieren für die Variation von Dienstleistungen? Welche Entscheidungen in diesem Planungsprozess berücksichtigen die Besonderheiten von Dienstleistungen?
- Bei welchen Dienstleistungen und Wettbewerbssituationen sollte ein Unternehmen seine Marketingstrategien auf Kernleistungen und bei welchen auf Zusatzleistungen ausrichten?
- Wann ist eine Externalisierung von Dienstleistungsprozessen sinnvoll? Worin bestehen Risiken bei der Externalisierung?
- Auf welche Zeitstrategie könnte die Einführung einer neuen Premium-Klasse bei Fluggesellschaften abzielen?
- Durch welche Anreize und Maßnahmen kann in Dienstleistungsunternehmen ein „Innovationsklima" geschaffen werden?
- Wodurch entstehen Risiken bei der Einführung von Innovationen im Dienstleistungsbereich?
- Welche Herausforderungen stellen sich bei der Markierung von Dienstleistungen?
- Wann ist die Einführung einer Dachmarke als Marketingstrategie geeignet?
- Welche Probleme bei der Dienstleistungserstellung können durch E-Services reduziert oder eliminiert werden?
- Welche Geschäftsmodelle stehen beim Einsatz von E-Services zur Verfügung? Welche Besonderheiten weisen diese auf und welche Vor- und Nachteile sind zu nennen?

Abschnitt 2:

- Warum ist die Umsetzung einer Integrierten Kommunikation im Dienstleistungsmarketing notwendig?
- Anhand welcher Systematisierung lassen sich die Kommunikationsinstrumente im Dienstleistungmarketing unterteilen? Welche Funktionen weisen die einzelnen Kategorien auf und welche Ziele verfolgen sie?
- Welche Kommunikationsform ist für Dienstleistungen besonders hervorzuheben?
- Worin besteht bei einer Kommunikationsstrategie für Dienstleistungsunternehmen die Bedeutung tangibler Elemente?
- Warum spielen kundengerichtete konative Ziele eine wichtige Rolle bei Dienstleistungen?

- Welche Optionen stehen für die Mediakommunikation von Dienstleistungsverspre-chen zur Verfügung?
- Was sind Ziele der Persönlichen Kommunikation vor und während der Dienstleis-tungserstellung?
- Welche Dienstleistungsbereiche sind besonders für ein Database-Marketing geeig-net?
- Warum ist Sponsoring als Kommunikationsinstrument für Dienstleistungsunter-nehmen sinnvoll?
- Welche Chancen und welche Risiken stehen sich beim Interneteinsatz für die Kom-munikation gegenüber?

Abschnitt 3:

- Wie ist die Preispolitik mit der Kapazitätsplanung von Dienstleistungen in Über-einstimmung zu bringen?
- Welche kundenbezogenen Ziele können mit Hilfe der Preispolitik erreicht wer-den?
- Worin unterscheiden sich die Methoden der kosten- von den der marktorientierten Preisfestlegung?
- Welche Preisdifferenzierung oder Kombination von Preisdifferenzierungsarten ist für einen IT-Dienstleister geeignet?
- Für welche Dienstleistungen bietet sich eine möglichst einfache und transparente Preisfestlegung an?
- Was wird unter Yield Management verstanden und für welche Unternehmen und Dienstleistungen ist ein Yield Management sinnvoll?
- Wann lohnt sich für einen Reiseveranstalter eine gemischte Preisbündelung?
- Vor welchen Herausforderungen sehen sich Dienstleistungsunternehmen hinsicht-lich ihrer Preispolitik im Internet?

Abschnitt 4:

- Auf der Basis welcher Kriterien wird über die Distributionswege für eine Dienst-leistung entschieden?
- Wann ist Franchising als Form einer Marktexpansion für Dienstleistungsunterneh-men empfehlenswert?
- Warum kann es sinnvoll sein, Absatzmittler für die Distribution von Dienstleis-tungen einzusetzen?
- Worin bestehen Risiken beim Einsatz von Absatzmittlern?
- Was bedeutet Desintermediation?
- Welche Chancen und Risiken ergeben sich aus dem Vertrieb von Dienstleistungen über das Internet?
- Was ist hinsichtlich der konkret angebotenen Dienstleistung bei der Standortwahl zur Distribution einer Dienstleistung zu berücksichtigen?

Abschnitt 5:

▎ Weshalb ist die Personalpolitik im Dienstleistungsmarketing von besonderer Relevanz?

▎ Was sind die Ziele der Personalpolitik, die hinsichtlich der Dienstleistungsbesonderheiten herausgestellt werden können?

▎ Worin liegt der Kerngedanke des personalorientierten Internen Marketing und welche Instrumentegruppen lassen sich unterscheiden?

▎ Worauf ist bei der Personalakquisition zur Darstellung des eigenen Unternehmens zu achten?

▎ Welche arbeitsplatzbezogenen Instrumente der Personalpolitik bieten sich bei einer Fluggesellschaft an?

▎ Welche Herausforderungen weisen Dienstleistungen in Bezug auf die Personalentwicklung auf und wie lässt sich diesen begegnen?

▎ Wie kann die Kundenorientierung des Personals gemessen werden und welche Bedingungen sind dabei zu beachten?

▎ Was wird unter dem personalorientierten Einsatz externer Marketinginstrumente verstanden?

▎ Inwiefern bewirken Servicegarantien eine interne Leistungsverpflichtung von Dienstleistungsmitarbeitern?

1. Grundlagen der Strategieimplementierung

1.1 Begriff und Inhalt der Strategieimplementierung

Seit Beginn der 1960er Jahre werden Schwierigkeiten, die mit der **Umsetzung der Marketingkonzeption** verbunden sind, in der betriebswirtschaftlichen Forschung und Praxis thematisiert (ein umfassender Überblick zu dieser Problematik findet sich u. a. bei Tarlatt 2001). Obgleich noch kein allgemein akzeptiertes Implementierungsmodell existiert, besteht doch Einigkeit darüber, dass sich die konkrete Umsetzung des Marketingkonzeptes weitaus häufiger als problematisch erweist als dessen Planung und daher einen zentralen Erfolgsfaktor darstellt. Diese Aussage gewinnt insbesondere durch empirische Studien an Bedeutung, die den positiven Zusammenhang der Marktorientierung einer Unternehmung, verstanden als Umsetzung des Marketingkonzeptes, auf den Unternehmenserfolg nachweisen (Dobni/Luffman 2000; Esteban et al. 2002; Homburg/Krohmer/Workman 2004; Kara/Spillan/DeShields 2005).

Neben der Marktorientierung rückt seit einigen Jahren die **Kundenorientierung** verstärkt in den Fokus der Unternehmensführung (vgl. z. B. Bruhn 2002b; Hennig-Thurau 2004, S. 460ff.). Wachsende Konkurrenz im Dienstleistungssektor und ein verändertes Konsumentenverhalten führen dazu, dass das umfassende Management von Kundenbeziehungen – im Sinne eines Customer Relationship Management (CRM) – an Bedeutung gewinnt. In diesem Zusammenhang bezweckt die kundenorientierte Unternehmensführung, dass sich die Ausrichtung aller Unternehmensaktivitäten an den Kundenbedürfnissen orientiert. Die Zusammenhänge zwischen der kundenorientierten Unternehmensführung und dem unternehmerischen Erfolg sind dabei in zahlreichen Studien behandelt worden. In den meisten Fällen konnte ein signifikant positiver Einfluss auf das untersuchte Erfolgsmaß ermittelt werden (für eine Übersicht vgl. Homburg/Becker 2000, S. 20; Homburg/Bucerius 2001, S. 107ff.).

Die erfolgreiche Umsetzung einer neuen Marketing- bzw. Unternehmensstrategie ist allerdings mit Schwierigkeiten behaftet. Insbesondere drei Problembereiche können ein Scheitern der Strategie zur Folge haben. Im Einzelnen sind dies die folgenden Defizite:

- Analyselücke,
- Planungslücke,
- Implementierungslücke.

Die so genannte **Analyselücke** bezieht sich auf eine Diskrepanz zwischen der Unternehmens- und Kundeneinschätzung in Bezug auf die (erforderliche) Kompetenz und Leistungsfähigkeit des Dienstleistungsanbieters. Dieses Defizit lässt darauf schließen, dass die eigenen Stärken und Schwächen nicht gründlich genug analysiert worden sind. Die formulierte Strategie deckt sich nicht mit den eigenen Kompetenzen und Ressourcen.

Die **Planungslücke** bezieht sich darauf, dass keine längerfristige und koordinierte Strategieplanung vorgenommen wurde. Das Unternehmen konzentriert sich dementsprechend stark auf das operative Tagesgeschäft. Die Ressourcenplanung und -entwicklung wird nicht unter längerfristigen Gesichtspunkten vorgenommen, sodass keine zielkonformen Maßnahmen eingeleitet werden (z. B. Personalentwicklung, Investitionen in Technologien usw.).

Die **Implementierungslücke** beschreibt den Zustand, dass zwar strategische Ziele formuliert und eine Strategie zur Zielerreichung vorliegt, diese jedoch nur mangelhaft umgesetzt wird. Dieses Umsetzungsdefizit wird auf mehrere Ursachen zurückgeführt. So ist z. B. eine fehlende Unterstützung der Strategie durch das Topmanagement sowie eine mangelhafte interne Kommunikation nicht selten Ursache für ein Umsetzungsdefizit.

Der **Begriff der Strategieimplementierung** wird (in Anlehnung an Kotler/Bliemel 2006, S. 1266) wie folgt definiert:

> Eine **Implementierung** ist ein Prozess, durch den die Marketingpläne in fassbare Einzelaufgaben umgewandelt werden und durch den sichergestellt wird, dass diese Aufgaben so durchgeführt werden, dass sie zur Erreichung der Unternehmensziele beitragen. Übertragen auf das Dienstleistungsmarketing bezeichnet die Implementierung einen Prozess, durch den das Konzept des Dienstleistungsmarketing in aktionsfähige Aufgaben mit dem Ziel umgesetzt werden, profitable Kundenbeziehungen zu initiieren, aufzubauen und zu intensivieren.

Bezugsobjekt der Implementierung ist die konkrete Marketingstrategie als langfristiger, bedingter Verhaltensplan. Auf einer höheren Aggregationsebene stellt darüber hinaus die Umsetzung des Marketingkonzeptes in Form einer unternehmensweiten, markt- und kundenorientierten Denkhaltung das Bezugsobjekt der Implementierung dar (Kühn 1991).

Die Aufgabe dieses **„Make the Strategy Work"** bzw. **„Make the Concept Work"** wird in drei wesentliche Teilaufgaben untergliedert (Meffert/Burmann/Koers 2002):

■ Spezifizierung der globalen Strategievorhaben,

■ Schaffung von Akzeptanz für die Strategie bei den betroffenen Mitarbeitenden,

■ Anpassung von Unternehmensstrukturen, -systemen und -kultur.

Hinsichtlich des instrumentellen Vorgehens bei ihrer Realisation lassen sich diese drei Teilaufgaben leicht modifiziert als **Implementierungsebenen** darstellen (Abbildung 7-1-1).

■ Auf der **konzeptionellen Implementierungsebene** ist die Spezifizierung der Implementierungsinhalte und -maßnahmen Aufgabe der strategischen und operativen Marketingplanung. Sie bildet den Ausgangspunkt der Implementierung und bedient sich der in Kapitel 4 vorgestellten Planungsinstrumente.

Abbildung 7-1-1:   **Ebenen der Implementierung**

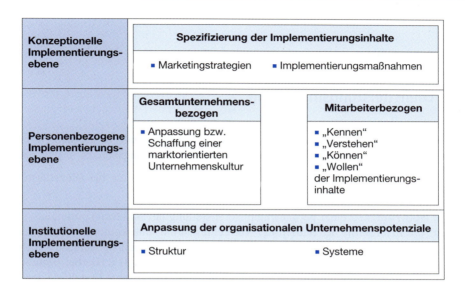

GABLER
GRAFIK

❚ Auf der **personellen Implementierungsebene** ist zunächst kurz- bis mittelfristig die Akzeptanz der einzelnen Mitarbeitenden für die zu implementierenden Marketingstrategien zu schaffen. Dies umfasst neben der Änderungsbereitschaft in Form des „Wollens" eine Änderungsfähigkeit, d. h. das „Kennen", „Verstehen" und „Können" der Implementierungsinhalte (Kolks 1990, S. 110ff.). Mittel- bis langfristig ist darüber hinaus eine markt- und kundenorientierte Unternehmenskultur durch alle Mitarbeitende des Unternehmens zu entwickeln und zu leben. Beiden Teilaufgaben dienen Informations-, Qualifikations- und Motivationsinstrumente, auf die im Rahmen des Internen Marketing eingegangen wird (Grimmeisen 1998, S. 16ff., vgl. Kapitel 6, Abschnitt 5.2).

❚ Im Rahmen der Marketingimplementierung werden darüber hinaus auch Anpassungen hinsichtlich der Strukturen (Aufbau- und Ablauforganisation) sowie Systeme (z. B. Controlling- und Informationssysteme) einer Unternehmung notwendig. Dies geschieht insbesondere mit Techniken aus dem Führungs- und Organisationsbereich innerhalb der **institutionellen Implementierungsebene**.

Innerhalb und zwischen diesen Betrachtungsebenen bestehen vielfältige **Interdependenzen**. So ist in der Praxis insbesondere eine Trennung zwischen der individuellen Durchsetzung der Strategie und der auf dem kollektiven Bewusstsein aller Unternehmensmitglieder basierenden Unternehmenskultur kaum möglich, da sich faktisch jede Maßnahme, die auf den einzelnen Mitarbeitenden abzielt, mittel- bis langfristig auch auf die

Unternehmenskultur auswirkt. Gleiches gilt für Anpassungen der Struktur und Systeme, die sich ebenfalls auf die personelle Ebene oder die gegenseitigen Einflüsse von konzeptioneller und personeller Ebene auswirken.

1.2 Besonderheiten bei der Implementierung des Dienstleistungsmarketing

Auf Basis der diskutierten dienstleistungsspezifischen Merkmale lassen sich Besonderheiten bei der Implementierung des Marketing im Dienstleistungsbereich ausmachen.

Eine herausragende Bedeutung für die Marketingimplementierung bei Dienstleistungen kommt der **personellen Ebene der Implementierung** zu:

▮ Die Notwendigkeit einer permanenten Bereitstellung des **Leistungspotenzials** impliziert die Erfordernis der Schaffung, Aufrechterhaltung und kontinuierlichen Verbesserung des Fähigkeitenpotenzials der Mitarbeitenden in Dienstleistungsunternehmen (Engelhardt/Kleinaltenkamp/Reckenfelderbäumer 1992, S. 51). Hierbei bezieht sich das Fähigkeitenpotenzial zum einen auf die fachlich kompetente Erstellung der Leistung an sich, zum anderen auf den sozial kompetenten Umgang mit den Leistungsnachfragern.

▮ Aufgrund der **Integration des externen Faktors** stehen Kunden und Mitarbeitende des Dienstleisters vielfach in direktem, persönlichen Kontakt. Dadurch haben personalorientierte Implementierungsinstrumente einen direkten Einfluss auf das Verhalten des (externen) Kunden und damit auf den Unternehmenserfolg.

▮ Durch die **Immaterialität** von Dienstleistungen werden die Mitarbeitenden des Dienstleisters häufig als Surrogat der eigentlichen Leistung angesehen (Engelhardt/Kleinaltenkamp/Reckenfelderbäumer 1992, S. 48). Entsprechend ist ihr Auftreten und ihre Erscheinung für die Kaufentscheidung und Leistungsbeurteilung der Kunden ein zentrales Kriterium.

Die **Materialisierung des Fähigkeitenpotenzials** wird neben dem eingesetzten Personal des Weiteren durch die Gestaltung der physischen Ausstattung realisiert, z. B. in Form von Gebäuden, Räumen oder (Dienst-) Bekleidung. Diesen Aspekten gilt es als Teil der nach außen wirkenden Unternehmenskultur bei deren Gestaltung besonders Rechnung zu tragen, da für Kunden von Dienstleistungsunternehmen diese Potenzialfaktoren in der Regel sichtbar sind.

Die Ausgestaltung der **Unternehmenskultur und -struktur** hat besondere Anforderungen hinsichtlich der Flexibilität der Abstimmungsprozesse zu gewährleisten: Die Nichtlagerfähigkeit von Dienstleistungen bei gleichzeitiger Nichttransportfähigkeit bedingt eine intensive Koordination zwischen Dienstleistungsproduktion und -nachfrage, insbesondere bei einer hohen Distributionsdichte.

Die hohe Bedeutung des Faktors Mensch für die Implementierung des Dienstleistungsmarketing ist auch bei der **Ausgestaltung der Managementsysteme** zu berücksichtigen: Im Vergleich zum Sachgüterbereich gewinnen personenbezogene, d. h. mitarbeiter- und kundenspezifische Informationsgewinnungs-, Steuerungs- und Kontrollsysteme gegenüber den klassischen Controllinginstrumenten auf Basis des kostenorientierten Rechnungswesens an Bedeutung. Dies zeigt sich nicht zuletzt daran, dass viele Dienstleistungsunternehmen in den letzten Jahren verstärkt in CRM-Systeme investiert haben, die eine individualisierte Steuerung und Kontrolle von Kundenbeziehungen ermöglichen.

Die Besonderheiten der Strategiewahl und -ausgestaltung wurden bereits in Kapitel 4 ausführlich diskutiert. Auf die Akzeptanzschaffung wurde in den Ausführungen zum Konzept des Internen Marketing in Kapitel 6, Abschnitt 6.5 (Personalpolitik) eingegangen. Auf die Darstellung dieser beiden Teilaufgaben der Implementierung wird daher nachfolgend verzichtet. Für die weitere Argumentation ist die Unterteilung in **Strukturen, Systeme** und **Kultur** gewählt.

Um die geplanten Marketingstrategien im Unternehmen erfolgreich um- und durchzusetzen, sind verschiedene Anpassungen innerhalb des Dienstleistungsunternehmens vorzunehmen, die sich aus der Notwendigkeit eines **Fits** zwischen der Strategie und den Unternehmenspotenzialen ergeben.

Zunächst ist es für eine erfolgreiche Implementierung erforderlich, dass ein Fit zwischen der Strategie und den Unternehmensstrukturen besteht. Beispielsweise ist es ein Indikator für einen mangelnden **Strategie-Struktur-Fit**, wenn nur wenige Mitarbeitende eines Unternehmens im Kundenkontakt stehen, d. h. die Kundensituation und deren Bedürfnisse kennen. Dies erschwert den Aufbau und die Intensivierung profitabler Geschäftsbeziehungen erheblich.

Weiterhin wird eine Implementierung häufig durch einen mangelnden Fit zwischen Strategie und Managementsystemen des Unternehmens (z. B. Informationssysteme) behindert. Ein nicht vorhandener **Strategie-System-Fit** liegt beispielsweise vor, wenn die Informationssysteme des Unternehmens nicht in der Lage sind, kundenindividuelle Informationen zu generieren, zu speichern, zu verarbeiten und weiterzugeben. Ist dies der Fall, sind eine Steuerung und damit ein Aufbau sowie eine Intensivierung der einzelnen Kundenbeziehung mit Problemen verbunden.

> **Beispiel:** Als Grundlage für eine individuelle Gestaltung ihrer Kundenbeziehungen haben die Beratungsunternehmen McKinsey und Bain & Company eine Datenbank entwickelt, in der Erfahrungen sämtlicher Aufträge inklusive der Teilnehmernamen und Kundenreaktionen detailliert erfasst werden. Die hierin gespeicherten Daten dienen sämtlichen Mitarbeitenden zur individualisierten Kundenansprache (TeamSuccess 2005).

Schließlich treten Implementierungsprobleme auf, wenn es nicht gelingt, einen Fit zwischen Strategie und Unternehmenskultur herzustellen. Ein **Strategie-Kultur-Fit** ist beispielsweise nicht gegeben, wenn die Mitarbeitenden ein stark technik- und produktorientiertes Denken an den Tag legen, das im Widerspruch zur Kundenorientierung des Marketingkonzeptes steht. Wenn die Kultur eines Unternehmens eine Kundenorientierung nicht mitträgt, werden die Ausrichtung der Unternehmensaktivitäten an einzelnen Kundenbeziehungen und somit der Aufbau und die Intensivierung profitabler Kundenbeziehungen mit Schwierigkeiten behaftet sein.

1.3 Implementierungsbarrieren des Dienstleistungsmarketing

In Verbindung mit Fragestellungen und Untersuchungen zur Implementierung kundenorientierter Marketingstrategien lassen sich Implementierungshürden identifizieren, die sich primär den Aspekten der Struktur; Systeme und Kultur zuordnen lassen (vgl. Plinke 1996, S. 42; Reinecke/Sipötz/Wiemann 1998, S. 278; Witte 2000; Shah et al. 2006). Die Herausforderung besteht nun darin, die mit diesen Hauptbarrieren verbundenen Einzelaspekte zu steuern und zu kontrollieren.

Die **strukturbezogenen Barrieren** betreffen die organisatorische Verankerung des Marketing im Unternehmen sowie die Existenz bestehender Unternehmensstrukturen bzw. -hierarchien. Mögliche Barrieren bei der Umsetzung des Dienstleistungsmarketing liegen beispielsweise darin, dass das Marketing nicht auf der Führungsebene des Dienstleistungsunternehmens verankert ist oder darin, dass Abteilungen für Kundenprobleme wie z. B. ein Beschwerdemanagement oder ein Customer Care Center fehlen. Eine mangelnde Flexibilität bezüglich der Kundenbedürfnisse durch zu viele Hierarchieebenen im Unternehmen ist eine weitere häufig genannte Barriere, die vor allem bei großen Unternehmen anzutreffen ist.

Zu den **systembezogenen Barrieren** gehören Defizite im Einsatz von Informations- und Kontrollsystemen. Hierzu zählen beispielsweise fehlende Datenbanken oder fehlende kundenbezogene Controllingsysteme zur Messung der Erfolgsgrößen des Dienstleistungsmarketing. Damit gehen häufig auch Probleme der monetären Bewertung von Prozessoptimierungen einher.

Die Probleme im **kulturellen Bereich** liegen z. B. in der Gleichgültigkeit und Unsensibilität der Mitarbeitenden im Kundenkontakt oder in der Wahrnehmung der Mitarbeitenden, dass Kundenorientierung kein durch das Topmanagement getragener Wert des Unternehmens ist. Hierzu zählen auch Probleme der Zusammenarbeit der einzelnen Partner in der Wertschöpfungskette oder auch innerhalb des Unternehmens. Abstimmungsprobleme, Angst vor Machtverlusten, Bereichsegoismen, subjektive Vorbehalte usw. behindern hier die Implementierung des Dienstleistungsmarketing.

> **Beispiel:** Die Zürcher Kantonalbank (ZKB) ist die drittgrößte schweizerische Bank. Bei der Einführung der integrierten „Beratung und Betreuung mit System" – ein Programm zur Erhöhung der Kundenorientierung – stieß die Bank auf starke kulturelle Barrieren, die zu überwinden waren. Beispielsweise galt es, die festgefahrenen Verhaltens- und Denkmuster der Mitarbeitenden wie das reaktive Verhalten in Bezug auf Telefongespräche oder die geringe Flexibilität bei der Kundenbetreuung zu überwinden. Mit gezielten Schulungsmaßnahmen wurde versucht, diese kulturellen Barrieren zu minimieren (Rudolf-Sipötz/Arnet 2005).

Neben den genannten Implementierungsbarrieren lassen sich **Erfolgsvoraussetzungen** der Implementierung des Dienstleistungsmarketing identifizieren. Folglich kann deren

Nichterfüllung einer erfolgreichen Implementierung entgegenstehen und wie Implementierungsbarrieren wirken. Folgende Erfolgsvoraussetzungen für die Implementierung einer auf dem Grundkonzept des Relationship Marketing (vgl. Kapitel 2, Abschnitt 1) basierenden Marketingstrategie für Dienstleistungen lassen sich unterscheiden (Pressey/Mathews 2000):

- ▮ **Kommunikation:** Je höher der Umfang an persönlicher Kommunikation bei einer Dienstleistung ausfällt, desto größer ist das Potenzial für die erfolgreiche Implementierung des Dienstleistungsmarketing.

- ▮ **Ausgeglichenes Machtverhältnis:** Dienstleistungsmarketing lässt sich am besten realisieren, wenn keine Partei die Beziehung dominiert.

- ▮ **Professionalität:** Dienstleistungsanbieter, die effizient mit Beschwerden umgehen, Vertrauen erzeugen und generell eine hohe Professionalität aufweisen, schaffen gute Voraussetzungen für die Implementierung des Dienstleistungsmarketing.

- ▮ **Kundenkontakt:** Dienstleistungen mit einem hohen Maß an Kundenkontakt und -beteiligung sind prädestiniert für ein Erfolg versprechendes Dienstleistungsmarketing.

Das Augenmerk ist angesichts der zahlreichen Problempotenziale einer erfolgreichen Implementierung des Dienstleistungsmarketing – wie sich im weiteren Verlauf des Kapitels zeigen wird – besonders auf den Aufbau kundenorientierter Organisationsstrukturen, Managementsysteme sowie einer dazu passenden Unternehmenskultur zu richten.

▌2. Betrachtungsebenen bei der Implementierung des Dienstleistungsmarketing

▌2.1 Gestaltung der Unternehmensstruktur

Im Rahmen der Implementierung von Dienstleistungsstrategien gilt es, bestehende Strukturen im Unternehmen den geänderten Anforderungen am Markt anzupassen. In diesem Zusammenhang sind insbesondere Aspekte der **Organisation und Führung** von Dienstleistungsunternehmen zu analysieren und ggf. entsprechend zu verändern. Seitdem Chandler (1962) seine These „Structure Follows Strategy" in die Diskussion einbrachte, werden die Vor- und Nachteile unterschiedlicher Organisationsformen wie z. B. Produkt-, Sparten- oder Matrixorganisation im Hinblick auf die Strategieimplementierung intensiv und kontrovers diskutiert. Einigkeit besteht darin, dass den Vorteilen der traditionellen Organisationsformen, wie etwa klare Kompetenzverteilung und geringer Koordinationsbedarf, erhebliche Nachteile in Bezug auf Flexibilität und Reaktionsvermögen gegenüberstehen.

Grundsätzlich ist zu beachten, dass bei Dienstleistungsunternehmen der Kundenkontakt vor allem durch Mitarbeitende aus dem „unteren" Bereich der Unternehmenshierarchie erfolgt. Durch das Uno-Actu-Prinzip, d. h. die Simultaneität von Produktion und Konsumtion einer Leistung, haben diese „dienstleistungsproduzierenden" Mitarbeitende zwingend direkten Kontakt mit den Kunden des Unternehmens (z. B. Bedienungen in einem Restaurant, Kassenpersonal bei einem Supermarkt usw.). Sie bedürfen daher neben des im Rahmen des Internen Marketing vermittelten marketingrelevanten Wissens und Knowhows einer spezifischen **organisatorischen Einbindung**, die es ihnen erst ermöglicht, auf die verschiedenen Bedürfnisse der Kunden umfassend und flexibel zu reagieren.

Insbesondere für individuelle und interaktiv erbrachte Dienstleistungen wird daher zunehmend die Forderung nach einem neuen **Leitbild** der Organisation und Führung erhoben (Reichheld/Sasser 1991, S. 108ff.; Schlesinger/Heskett 1991, S. 72; Drucker 1992, S. 64ff.; Kuprenas 2003, S. 51ff.). Wie in Abbildung 7-2-1 deutlich wird, gilt es, Kunden und Mitarbeitende stets in den Mittelpunkt der Überlegungen zur Führung des Unternehmens zu stellen und das Geschäftssystem dann um diese Personengruppen herum zu ordnen (Bleicher 1990, S. 152). Gleichzeitig wird ein Höchstmaß an Flexibilität nach innen und außen angestrebt (Grönroos 1989, S. 512). Geleitet von der Erkenntnis, dass die starke Vertikalisierung traditioneller Strukturen diesen Anforderungen nicht gerecht wird, gewinnen Maßnahmen an Bedeutung, die eine Entbürokratisierung der Organisation und eine stärker **horizontale Ausrichtung** ermöglichen (Peters 1995).

Der Aspekt der kundenorientierten Unternehmensstruktur hat sich mittlerweile auch unter dem Begriff **Customer Centricity** in der Marketingliteratur etabliert. Darunter wird die Abkehr von der klassischen produktzentrierten Unternehmenssicht hin zu einer auf den Kunden ausgerichteten Integration und Ausrichtung aller Unternehmensfunktionen im Sinne einer idealen kundenzentrierten Unternehmensorganisation verstanden. Customer Centricity ist eine Philosophie, die die Bedürfnisbefriedigung des Kunden in den Mittelpunkt aller unternehmerischen Entscheidungen und Strukturen rückt. Das Customer-Centricity-Paradigma geht nicht der Frage nach, wie sich Produkte oder Dienstleistungen verkaufen lassen, sondern vielmehr, wie sich durch die Gesamtheit der unternehmerischen Aktivitäten Kundennutzen und damit einhergehend Unternehmenswert generieren lassen (Shah et al. 2006, S. 115f.; Wolter/Deuser 2008, S. 38ff.).

Eine Form der **unternehmensorganisatorischen Umsetzung** des Customer-Centricity-Ansatzes stellen beispielsweise so genannte Kundensegmentcenter mit speziellen Kundensegment- bzw. Kundenbeziehungsmanagern dar. Diese integrieren in einer Person alle wesentlichen Unternehmensfunktionen (z. B. Marketing, Vertrieb, Service und Controlling), die zur Erfüllung der nach Kundensegment differenzierten Kundenbedürfnisse notwendig sind. Durch die Fokussierung von Kundenbeziehungen wird zugleich der Forderung nach einem Kundenbeziehungscontrolling besser Rechnung getragen (vgl. Kapitel 8, Abschnitt 2.3). Eine weitere Form einer kundenzentrierten Organisationsstruktur zeigt sich in der Schaffung von kundengerichteten Spezialfunktionen. Ein Beispiel hierfür auf Ebene des Topmanagements stellt die Schaffung eines eigenen Kundenvorstandbereichs (Chief Customer Officer) dar, wie er bei mehreren US-amerikanischen Konzernen (z. B. Coca-Cola und Intel) bereits eingeführt wurde (Shah et al. 2006, S. 116f.).

Abbildung 7-2-1:   Optimierung von Strukturen im Dienstleistungsbereich

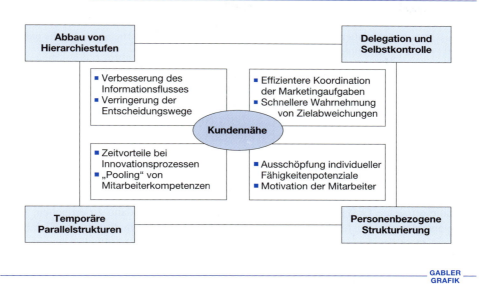

GABLER
GRAFIK

Zur Umsetzung der Vorgaben zur Optimierung von Strukturen im Dienstleistungsbereich dienen folgende, auch in Abbildung 7-2-1 ersichtliche, **organisatorische Maßnahmen** (Bruhn 2002b, S. 41ff.):

▌ Abbau der Hierarchiestufen im Unternehmen,

▌ Größtmögliche Delegation und Selbstkontrolle seitens der Mitarbeitenden,

▌ Einführung temporärer Parallelstrukturen,

▌ Personenbezogene Strukturierung des gesamten Unternehmens.

Durch den **Abbau von Hierarchiestufen** wird insbesondere ein besserer Informationsfluss, wie er für eine effektive Koordination unabdingbar ist, sichergestellt. Gleichzeitig verringert eine wenig ausgeprägte Hierarchiestruktur die Entscheidungswege und trägt somit zu mehr Kundennähe bei. Zudem lässt sich durch die Abflachung der Hierarchie eine nachhaltige, strukturorientierte Motivationssteigerung beim Kontaktpersonal und damit die Unterstützung des personalorientierten Internen Marketing (vgl. Kapitel 6, Abschnitt 5.2) realisieren. Der Abbau von Stellen im mittleren Management führt in diesem Zusammenhang zu Mittelfreisetzungen, die beispielsweise für Gehaltserhöhungen beim Kontaktpersonal sowie intensivere Schulungs- und Trainingsmaßnahmen nutzbar oder dabei behilflich sind, in konjunkturell schwierigen Zeiten zu überleben (Schlesinger/Heskett 1991, S. 77ff.).

Beispiel: Der Abbau von Hierarchien bei Dienstleistern – nicht zuletzt aus Kostengründen und Gründen der Geschäftsprozessoptimierung – ist inzwischen weit vorangeschritten. So lag bereits 2001 der Umsatzanteil der unternehmensnahen Dienstleister mit flachen Hierarchien bei mehr als 32 Prozent. Noch deutlicher fällt dieser Effekt bei Unternehmen der Werbebranche aus. Dort erwirtschafteten in 2001 Unternehmen mit einer flachen Hierarchie bereits mehr als 60 Prozent (Creditreform 2002).

Diese strukturellen Maßnahmen werden idealtypisch von einer **Anpassung des Führungssystems** flankiert. Nicht Leitungs- und Kontrollfunktionen sind schwerpunktmäßig von den Vorgesetzten wahrzunehmen, sondern vielmehr Coaching- und Unterstützungsfunktionen (Schlesinger/Heskett 1991, S. 77ff.; Niehoff et al. 2001, S. 93ff.; Lovelock/Wirtz 2007, S. 461f.). Die Funktionsverschiebung ist verbunden mit einer größtmöglichen **Delegation** von Aufgaben und Kompetenzen an die unteren Hierarchiestufen. Hohe Delegationsgrade verfügen aus Sicht von Dienstleistungsunternehmen über zwei wesentliche Vorteile. Sie ermöglichen eine effiziente, weil auf der Ebene der Bedarfsentstehung stattfindende Koordination der Aufgaben sowie eine größtmögliche Markt- und Kundennähe. Eine effiziente Gestaltung der Aktivitäten ist insbesondere dann zu erreichen, wenn die planenden und ausführenden Einheiten im Rahmen der **Selbstkontrolle** Zielabweichungen identifizieren und revolvierend in ihren Planungsprozess einfließen lassen.

Seit Ende der 1980er Jahre wird in Wissenschaft und Praxis zunehmend gefordert, dem Kundenkontaktpersonal mehr Selbstständigkeit und Entscheidungsfreiheit im Umgang – insbesondere zur Zufriedenstellung - mit den Kunden zuzugestehen. Das unter der Bezeichnung **Empowerment** diskutierte Konzept (Zeithaml/Parasuraman/Berry 1990; Swartz/Bowen/Brown 1995; Bowen/Lawler III 1998; Hill/Huq 2004; Seibert/Silver/Randolph 2004) beinhaltet demnach die Gesamtheit aller Maßnahmen, die zum einen den Kundenkontaktmitarbeitern eine weitgehende Entscheidungsfreiheit sowohl im Kundenkontaktmoment als auch in Bezug auf ihre Arbeitsplatzgestaltung verleihen, und die zum anderen dazu bestimmt sind, dem Mitarbeitenden zu einem Gefühl der Selbstbestimmtheit und der Kontrolle über seine Arbeit zu verhelfen sowie ihn zu selbstständigem Handeln zu bewegen. Zu berücksichtigen ist jedoch, dass ein sehr starkes Empowerment und extrem flache Hierarchien nicht wünschenswert sind, wenn daraus die Gefahr der Überforderung und -lastung von Mitarbeitenden resultiert.

Aufgrund der konstitutiven Merkmale von Dienstleistungen empfiehlt sich eine **organisatorische Implementierung** der Marketingabteilung in Dienstleistungsunternehmen, die von einer Zentralisierung der Marketingaufgaben absieht (Grönroos 1990; Bednarczuk/Friedrich 1992): Zum einen werden in Dienstleistungsunternehmen wichtige Marketingentscheidungen oft direkt im Rahmen des Interaktionsprozesses mit den Kunden während der Leistungserstellung getroffen (z. B. Reaktion auf spontan geäußerte Kundenwünsche oder Beschwerden), zum anderen ist an diesen operativen Prozessen die grundsätzlich mit Marketingaufgaben betraute organisatorische Einheit in der Regel nicht beteiligt. Insbesondere spezielle Innovationsprozesse im Unternehmen und die damit verbundene Planung der Mitarbeiter-Kunde-Interaktion werden somit durch die Dezentralisierung der Marktingaufgaben durch den Wegfall zeitintensiver Rückkoppelungsprozesse zwischen zentraler Marketingabteilung mit dem ausführenden Personal erleichtert.

Die in Dienstleistungsunternehmen so bedeutende **horizontale Koordination** bei dezentraler Übernahme von Marketingaufgaben gilt es durch eine flexible Aufgabenverteilung an Projektteams zu unterstützen (Wohlgemuth 1989, S. 341f.; Servatius 1991, S. 178; Kraus/Westermann 2004, S. 103ff.). Diese übernehmen die Lösung komplexer Problemstellungen wie etwa die Entwicklung neuer Verbundkonzepte die häufig eine intensive funktions- und geschäftsbereichsübergreifende Zusammenarbeit erfordern. Derartige temporäre Parallelstrukturen ermöglichen insbesondere bei Innovationsprozessen Zeitvorteile sowie ein größtmögliches „Pooling" von Mitarbeiterkompetenzen.

Angesichts der vielen Freiheitsgrade und der hohen individuellen Verantwortung, die eine derartige Organisationsstruktur mit sich bringt, kommt den **Fähigkeiten** und der **Motivation der Mitarbeitenden** eine überaus hohe Bedeutung zu. Um eine optimale Ausschöpfung individueller Fähigkeitspotenziale im Unternehmen zu gewährleisten ist es oftmals sinnvoll, eine relativ stark **personenbezogene Strukturierung** mit entsprechender Berücksichtigung der jeweiligen Stärken-Schwächen-Profile der Mitarbeitenden zu wählen (Wohlgemuth 1989, S. 341f.).

▌*2.2* **Gestaltung der Unternehmenssysteme**

Für die erfolgreiche Implementierung von Dienstleistungsstrategien bedarf es neben der Überzeugung und Befähigung der Mitarbeitenden auch einer Anpassung der **Systeme** von Dienstleistungsanbietern (Bruhn 2002b, S. 89ff.). Im Mittelpunkt steht dabei die Forderung nach mitarbeiter- und kundenbezogenen Informations- und Kontrollsystemen.

Im Folgenden werden diejenigen Unternehmenssysteme genauer untersucht, die bei der Implementierung von Marketingkonzepten in Dienstleistungsunternehmen von besonderer Bedeutung sind und hierbei folgende grundsätzliche **Funktionen** erfüllen:

▌ **Informationsversorgungsfunktionen**, d. h. die Erfassung und Lieferung sämtlicher planungs-, entscheidungs- und kontrollrelevanter Informationen,

▌ **Planungsfunktionen**, d. h. die Managementunterstützung auf sämtlichen Ebenen des Planungsprozesses,

▌ **Kontrollfunktionen**, d. h. die Prüfung und Beurteilung der Ziele, Strategien, Organisation, Marketingaktivitäten sowie deren Ergebnisse u. Ä.

Grundsätzlich wird zwischen **innen- und außengerichteten Systemen** unterschieden. Die innengerichteten Systeme beschäftigen sich mit der Erfassung und Kontrolle innerbetrieblicher Größen (z. B. Mitarbeiterzufriedenheit, Mitarbeiterbindung, Prozesseffizienz usw.), während außengerichtete Systeme vornehmlich auf kundenbezogene Informationen (z. B. Kundenwert, Kundenzufriedenheit, Qualitätswahrnehmung) abzielen.

Zu den innengerichteten Systemen zählt das **Human Resources Controlling**. Zwei Aufgabenkomplexe lassen sich für ein derartiges personalorientiertes Controlling identifizieren. Diese sind zum einen Erfolgskontrollen im Personalwesen, zum anderen die Personalinformationswirtschaft (Welge 1988, S. 139ff.):

Bei Dienstleistungsunternehmen wird im Rahmen von Erfolgskontrollen der Mitarbeitende im Kundenkontakt zum Teil an den konkreten Leistungsergebnissen (z. B. Verkäufe pro Woche) gemessen. Diese so genannten **Ergebniskontrollsysteme** basieren dann oftmals auf schriftlichen Geschäftsvorgängen (z. B. Vertragsabschlüsse), die allerdings bestimmte, nicht unmittelbar quantifizierbare Leistungen der Mitarbeitenden bei der Erstellung der Dienstleistungsqualität wie beispielsweise Kompetenz, Höflichkeit oder Freundlichkeit bei der Bedienung am Schalter nicht erfassen (Ouchi 1981; Zeithaml/Berry/Parasuraman 1988). Demgegenüber beabsichtigen so genannte **Verhaltenskontrollsysteme**, mit Hilfe von Beobachtungen, Testkäufen („Mystery Shopping") oder anderen Verfahren, die Arbeitsweise und das kundenrelevante Verhalten der Mitarbeitenden im Kundenkontakt zu überwachen (Ouchi 1981; Zeithaml/Berry/Parasuraman 1988).

Im Zentrum des Aufgabenbereichs der Personalinformationswirtschaft steht vor allem die Funktion der Implementierung umfangreicher **Personalinformationssysteme**. Während Erfolgskontrollen schwerpunktmäßig zur Erhöhung der Effizienz des Personalmanagements beitragen, kommt Personalinformationssystemen (vgl. z. B. Mülder 2000, S. 98ff.; Strohmeier 2000, S. 90ff.) eine wesentliche Bedeutung bei der Verfolgung von Motivations- und Personalbindungszielen zu. Sie erleichtern damit die notwendige Anpassung der Führungssysteme und unterstützen kulturorientierte Koordinationskonzepte. Häufig wird mittels Personalinformationssystemen auch die individuelle Weiterbildung der Mitarbeitenden geplant oder deren Lohnentwicklung aufgezeichnet und gesteuert.

Die **außengerichteten Systeme** in Form kundenbezogener Informations- und Kontrollsysteme verfügen über eine wesentliche Unterstützungsfunktion bei der Planung und Durchführung effizienter Kundengewinnungs- und -betreuungsaktivitäten. Ein zentraler Aufgabenbereich solcher Systeme besteht darin, Informationen über den Lebenszeitwert eines Kunden bzw. über seinen **Kundenwert** bereitzustellen (Hart/Heskett/Sasser 1990, S. 148ff.; Cornelsen 1996; Gelbrich 2001; Tewes 2003; Krafft 2007 sowie die Ausführungen in Kapitel 8). Dieser erfasst den Barwert aller durch einen Kunden direkt oder indirekt generierten Umsätze und stellt eine zentrale Steuerungsgröße im Rahmen individualisierter Marktbearbeitungsstrategien, im Extremfall so genannter „Segment-of-One"-Strategien, dar.

Zu den kundenbezogenen außengerichteten Informations- und Kontrollsystemen zählen:

▌ Regelmäßige Erfassungen der Kundenzufriedenheit und Kundenloyalität zur Überprüfung des Erfolgs der umgesetzten Marketingstrategie,

▌ Laufende Erfassungen der Kundenaktivitäten (z. B. Käufe, Reaktionen auf Werbemaßnahmen usw.) und gezielte Beeinflussung des Kunden im Rahmen eines Database Marketing,

▌ Gestaltung von Beschwerdemanagementsystemen (Stauss/Seidel 2007).

Im Zusammenhang mit kundenbezogenen Informations- und Kontrollsystemen stehen vor allem die so genannten **CRM-Systeme** (Customer Relationship Management). Häufig wird mit dem CRM-Begriff eine aufwändige und komplexe IT-Infrastruktur von Anbietern wie SAP oder Oracle assoziiert. Im Kern handelt es sich beim CRM unter Einsatz moderner Informations- und Kommunikationstechnologien um einen gesamthaften Managementprozess zur Anbahnung und Aufrechterhaltung von Kundenbeziehungen. CRM ist dabei als Befähiger zur Implementierung einer Kundenbeziehungsmanagementstrategie zu sehen (Lovelock/Wirtz 2007, S. 381).

CRM-Systeme als technologische Implementierungskomponente einer CRM-Strategie ermöglichen – technisch gesehen – die ganzheitliche Erfassung und Ausgabe von Kundeninformationen an allen Kundenkontaktpunkten eines Unternehmens wie z. B. Händler, Selbstbedienungsautomaten, Call-Center-Mitarbeitende oder Internet-Seiten. Aus Kundensicht bieten CRM-Systeme eine einheitliche Kundenschnittstelle, die Möglichkeiten zur Personalisierung und Customizing des Dienstleistungsangebots liefern. Aus Unternehmenssicht führen CRM-Systeme idealerweise zu einem verbesserten Verständnis und Segmentierung der Kundenbasis eines Dienstleisters, wodurch der Einsatz von z. B. zielgerichteten Werbe- und Cross-Selling-Maßnahmen, aber auch die Einrichtung von Warnsystemen zur Identifikation abwanderungsgefährdeter Kunden ermöglicht wird (Lovelock/Wirtz 2007, S. 381).

Der Einsatz dieser Systeme hängt erkennbar von dem jeweiligen Dienstleistungstyp bzw. der Dienstleistungsbranche sowie der Größe und Professionalität des Dienstleisters ab. Sämtliche Kundeninformationssysteme versuchen allerdings, den relevanten Anspruchsgruppen Informationen über Reaktionen der Kunden auf die erbrachten Dienstleistungen in verdichteter Form zur Verfügung zu stellen, um so den Implementierungserfolg laufend zu ermitteln. Zielabweichungen sind dann daraufhin zu überprüfen, ob sie auf unzureichende Marketingstrategien oder auf Mängel bei der Implementierung selbst zurückzuführen sind. Gleichzeitig sind bei Zielabweichungen entsprechende Maßnahmen zu planen und umzusetzen, um zukünftig eine bessere Zielerreichung zu gewährleisten.

2.3 Gestaltung der Unternehmenskultur

Trotz der Bedeutung der Unternehmenskultur sowie einer intensiven Auseinandersetzung mit diesem Thema in Wissenschaft und Praxis existiert kein einheitliches Begriffsverständnis (Meffert/Burmann/Koers 2002). Folgt man der Definition von Heinen und Dill, so lässt sich **Unternehmenskultur** als Grundgesamtheit gemeinsamer Werte- und Normenvorstellungen sowie geteilter Denk- und Verhaltensmuster beschreiben, die Entscheidungen, Handlungen und Aktivitäten der Organisationsmitglieder prägen (Heinen/Dill 1990, S. 17).

Diese größtenteils unsichtbaren Elemente der Unternehmenskultur spiegeln sich in den nach außen wirkenden **aktiven Ausdrucksformen** im Verhalten der Unternehmensmitglieder und in der externen Kommunikation sowie als **passive Ausdrucksformen** in der Gestaltung der materiellen Attribute eines Unternehmens wider (Meffert/Burmann/Koers 2002). Diese drei Teilbereiche der Unternehmenskultur haben einen entscheidenden Einfluss auf das Image des Unternehmens im Wahrnehmungsraum externer Anspruchsgruppen und damit für die erfolgreiche Positionierung des Dienstleisters (Abbildung 7-2-2).

Abbildung 7-2-2:   **Ebenen der Unternehmenskultur**

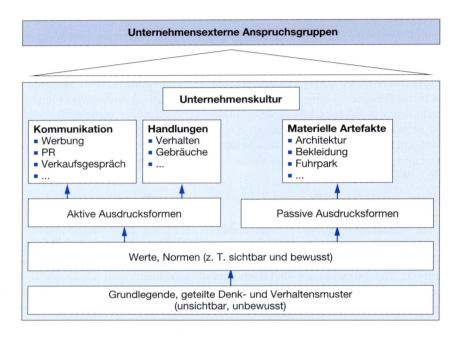

Quelle: nach Schein 1995, S. 30

Werte drücken verhaltensbestimmende Präferenzen und Orientierungsmaßstäbe für Ziele und Zustände aus und gelten eher als globale Handlungsorientierungen für Individuen.

> **Beispiel:** Im Rahmen der Restrukturierung der ehemaligen Bundesanstalt für Arbeit zu einem anspruchsgruppenorientierten Dienstleistungsbetrieb – der Bundesagentur für Arbeit – wurden sämtliche Mitarbeitende im Hinblick auf eine stärkere Serviceorientierung geschult, mit dem Ziel, eine effektivere Vermittlung von Arbeitssuchenden durchzuführen und das Image des Arbeitsamtes zu verbessern. Es galt also, die Anspruchsgruppenorientierung als zentralen Wert bei den Mitarbeitenden zu verankern.

Demgegenüber sind **Normen** konkreter gefasst im Sinne von spezifischen Regeln und Verhaltensvorschriften, beispielsweise im Umgang mit Mitarbeitenden und Kunden (Heinen/Dill 1990).

Beispiel: Die Ritz-Carlton Hotel Company fixiert die Verhaltensgrundsätze auf der Internet-Seite und auf einem kleinen Faltblatt, das jeder Mitarbeitende zusammengeklappt mit sich führen kann. Ritz-Carlton legt dabei hohen Wert darauf, dass die Mitarbeiter über ihre Dienstleistungsfunktion hinaus eine eigene Persönlichkeit entwickeln und nach dem Grundsatz „We are Ladies and Gentlemen serving Ladies and Gentlemen" handeln (Ritz-Carlton 2007).

Grundlegende **Denk- und Verhaltensmuster** lassen sich als unbewusste kognitive Schemata verstehen, die sich bei der Lösung von internen und externen Aufgaben bewährt haben und von den Unternehmensmitgliedern als richtig angesehen werden. Sie werden nicht mehr hinterfragt oder diskutiert, sondern sind selbstverständlich geworden. Diese Ebene der Unternehmenskultur ist aufgrund ihrer unbewussten Natur weder direkt zu erheben noch zu verändern (Gabele 1993, S. 121f.; Schein 1995, S. 24ff.; Pflesser 1999, S. 80ff.).

Allgemein wird die Unternehmenskultur als ein **Schlüsselfaktor zur Unternehmenssteuerung** für das strategische Management angesehen, da durch das Grundraster von Werten sowie Verhaltensmustern Normen mit impliziter Kontroll- und Koordinationsfunktion geschaffen werden (Wilkins/Ouchi 1983; Webster 1993; Edvardsson/Enquist 2002; Sackmann 2004). Die Bedeutung der Unternehmenskultur im Rahmen der Marketingimplementierung ergibt sich aus der Definition des Marketingkonzeptes als funktionsübergreifendes, integratives Führungskonzept, das ein markt- und kundenorientiertes Verhalten sämtlicher Unternehmensmitglieder impliziert. Die Umsetzung des so verstandenen Marketingkonzeptes bedingt demnach die langfristige Entwicklung einer marktorientierten Unternehmenskultur.

Besondere Bedeutung kommt bei Dienstleistungsunternehmen der Gestaltung der materiellen Elemente der Unternehmenskultur bzw. den **„Physical Facilities"** (Magrath 1986) zu, da diese unmittelbar vom Kunden wahrgenommen werden und das Unternehmensimage beeinflussen. Beispielsweise wird die Organisationskultur der Deutschen Post stark durch Handlungsmuster bestimmt wie die Hilfsbereitschaft der Mitarbeitenden sowie materielle Artefakte wie gelbe Fahrzeuge und die Kleidung der Angestellten.

Als Ausgangspunkt für Kulturveränderungen ist zunächst eine genaue Bestimmung der unternehmenseigenen **Kulturposition** notwendig. Diese Analyse der Ist-Unternehmenskultur erfolgt anhand von grundsätzlichen Eckpfeilern der Dienstleistungsunternehmung wie Kunden- und Mitarbeiterorientierung, Qualitäts- oder Technologieorientierung. Hierbei sind insbesondere divergierende Subkulturen im Unternehmen zu identifizieren.

Anschließend gilt es, die Beziehungen zwischen **Unternehmenskultur und Marketingstrategie** zu ermitteln. Es ist zu prüfen, ob die kulturellen Werte und Normen im Unternehmen den Anforderungen zur Umsetzung geplanter Dienstleistungsmarketingkonzepte genügen oder eine Anpassung erforderlich ist. Bei erkennbar fehlender Übereinstimmung zwischen historisch gewachsenem Kulturkern im Unternehmen und den gestellten Ansprüchen an das Dienstleistungsmarketing ist jedoch zu beachten, dass sich die bestehende Unternehmenskultur möglicherweise nur zum Teil an veränderte Bedingungen und Aufgaben anpassen wird und somit die postulierte Marketingstrategie grundsätzlich in Frage stellt. Dies ist häufig der Fall bei Anbietern von Nonprofit-Leistungen wie z. B. Hilfsorganisationen oder Kirchen, da die Mitarbeitenden in Nonprofit-Organisationen oftmals grundsätzliche Vorbehalte gegenüber Marketing als Denkhaltung haben und häufig einen Widerspruch zwischen den ideellen Zielen der Nonprofit-Organisation und klassischen Marketingzielen sehen (Bruhn 2005b, S. 420ff.). Allerdings ist auch in kommerziellen Dienstleistungsunternehmen teilweise eine starke Diskrepanz zwischen angestrebter Marketingstrategie und Unternehmenskultur zu beobachten.

> **Beispiel:** Im Rahmen einer Studie wurden exemplarisch am Beispiel des schwedischen Einrichtungshauses IKEA die Beziehung zwischen Dienstleistungskultur und Dienstleistungsmarketingstrategie und die Frage nach der strategischen Rolle beider Aspekte in Verbindung mit der langfristigen Geschäftsentwicklung von Unternehmen untersucht. Die zentrale Erkenntnis der Studie beweist, dass eine wertebasierte Dienstleistungskultur nach innen und außen eine treibende Kraft der Dienstleistungsmarketingstrategie darstellt. Des Weiteren wurde festgestellt, dass eine wichtige Voraussetzung für die Erfolgswirkung der Dienstleistungskultur jedoch auch eine klare Wirtschaftlichkeitsorientierung der Strategieumsetzung mit dem Fokus auf Qualität, Zeit und Kosten ist (Edvardsson/Enquist 2002, S. 182).

Je nach Dienstleistungsanbieter sind unterschiedliche Anforderungskriterien in Bezug auf die Unternehmenskultur von Bedeutung, wenn strategische Konzepte implementiert werden. Webster (1993) hat in einer empirischen Untersuchung sechs dienstleistungsspezifische **Kulturdimensionen** ermittelt, hinter denen sich 34 einzelne Items verbergen (vgl. Abbildung 7-2-3). Mit Hilfe dieser Checkliste von Einzelaussagen werden bei einer Mitarbeiterbefragung zum einen die gegenwärtigen Ausprägungen der Unternehmenskultur des Dienstleisters erfasst, zum anderen stellen die aufgeführten Größen differenzierte Ansatzpunkte zur Beeinflussung und Veränderung der bestehenden Unternehmenskultur hin zu einer zieloptimalen Soll-Unternehmenskultur dar.

Ist ein **Wandel der Unternehmenskultur** notwendig, gestaltet sich dieser als langfristiger und schwieriger Prozess (Lovelock/Wirtz 2007, S. 466). Zum einen verhalten sich die Mitarbeitenden häufig ablehnend gegenüber solchen Veränderungen, die im Widerspruch zu dem über Jahre gewachsenen und fest verankerten Werte- und Normengefüge stehen. Zum anderen ist es im Gegensatz zur Neustrukturierung von Organisationen oder der Einführung von Systemen nicht bzw. nur sehr eingeschränkt möglich, grundlegende Kulturveränderungen ausschließlich durch formale Anordnungen durchzusetzen. Es bedarf zunächst der Überzeugung und der Motivation jedes einzelnen Mitarbeitenden für einen Kulturwandel. Ein integrativer Ansatz, der explizit der Veränderung einer Unternehmenskultur dient (Stauss/Schulze 1990, S. 154) und sich insbesondere im Bereich des Dienstleistungsmarketing entwickelt hat, ist das in Kapitel 6, Abschnitt 5.1 (Personalpolitik) diskutierte Konzept des Internen Marketing.

Zusammenfassend lässt sich als Ergebnis eines integrierten Zusammenspiels struktur-, system- und kulturorientierter Maßnahmen das Dienstleistungsmarketing erfolgreich implementieren und damit die in Abbildung 7-2-4 dargestellte Wirkungskette realisieren. Die Umsetzung des Marketingkonzeptes darf dabei nicht als einmaliges, diskontinuierliches Projekt betrachtet werden. Es bedarf einer kontinuierlichen, den situativen Bedingungen angepassten Weiterentwicklung des Dienstleistungsmarketing im Sinne einer lernenden Organisation (Hilker 2001).

Abbildung 7-2-3: **Dimensionen der Unternehmenskultur**

Dimensionen der Dienstleistungskultur	Subsumierte Items	
Dienstleistungsqualität	▪ Explizite Definitionen der Dienstleistungsstandards ▪ Commitment des Topmanagements zur Bereitstellung von qualitativ hochwertigen Dienstleistungen ▪ Systematische Erfassung von Mitarbeiterleistungen ▪ Grad, zu dem Mitarbeiter den Konsumbedürfnissen Rechnung tragen ▪ Überzeugung der Mitarbeiter, dass ihr Verhalten das Unternehmensimage beeinflusst	▪ Übereinstimmung der Mitarbeiter-Performance mit den Firmenerwartungen ▪ Bedeutung der kommunikativen Fähigkeiten der Mitarbeiter in der Zielhierarchie der Unternehmung ▪ Aufmerksamkeit der Mitarbeiter hinsichtlich einzelner Details ihres Aufgabenkreises
Interpersonale Beziehungen	▪ Bedeutungszumessung hinsichtlich der Empfindungen der Mitarbeiter durch das Unternehmen (soziale Kompetenz) ▪ Grad, zu dem jeder einzelne Mitarbeiter als wichtiger Teil der Gesamtunternehmung anerkannt wird	▪ Möglichkeit von Mitarbeitern, ihre Meinung höhergestellten Hierarchiestufen vorzutragen („Open Door Policy" des Managements) ▪ Interaktion von Managern und Mitarbeitern mit Kundenkontakt
Verkaufsaufgaben	▪ Gewichtung der Personalbeschaffung ▪ Ausbildung der Mitarbeiter im Kundenkontakt ▪ Anerkennung außergewöhnlicher Leistungen im Verkauf ▪ Begeisterung der Mitarbeiter bei der Suche nach neuen Kundenpotenzialen	▪ Unterstützung kreativer Ansätze im Verkauf ▪ Vergabe von Incentives zur Forcierung des Verkaufs (im Vergleich zur Konkurrenz) ▪ Starke Zielorientierung der Mitarbeiter bei der Anbahnung neuer Geschäfte
Organisation	▪ Jeder Mitarbeiter hat seine Arbeit deutlich strukturiert ▪ Sorgfältige Planungen sind charakteristisch für tägliche Arbeitsabläufe der Mitarbeiter ▪ Mitarbeiter räumen ihrer Arbeit Priorität ein	▪ Die Arbeitsbereiche der Mitarbeiter sind gut „organisiert" ▪ Jeder Mitarbeiter verfügt über ein gutes Zeitmanagement ▪ Das Management lässt die Mitarbeiter auch an finanziellen Informationen partizipieren
Interne Kommuni-kationsprozesse	▪ Das Unternehmen verfügt über ein bewährtes Set von Verfahren und Abläufen, das jedem Mitarbeiter zugänglich ist ▪ Vorgesetzte stellen ihre Anforderungen an die Mitarbeiter klar heraus ▪ Jeder Mitarbeiter versteht die „Business Mission" und die zentralen Leitlinien der Unternehmung	▪ Aufforderung an Mitarbeiter im Kundenkontakt, an der Formulierung von Standards mitzuwirken ▪ Bemühung um Weiterbildung und Motivation der Mitarbeiter
Innovationen	▪ Empfänglichkeit der Mitarbeiter für innovative Ideen ▪ Bereitschaft zum Wandel	▪ Unternehmen hält mit den technischen Verbesserungen Schritt

GABLER
GRAFIK

Quelle: Webster 1993, S. 121

Abbildung 7-2-4:   **Wirkungskette einer erfolgreichen Marketingimplementierung im Dienstleistungsbereich**

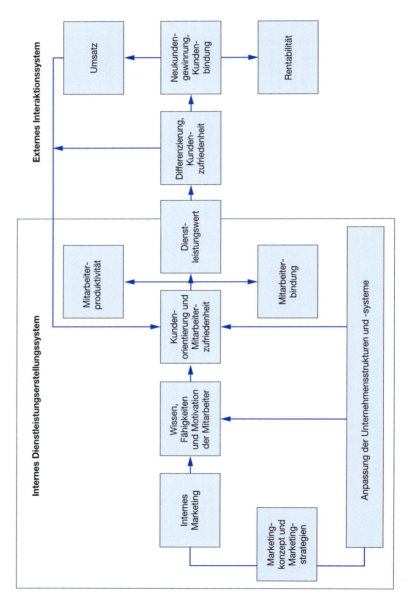

Fragen zum 7. Kapitel: Implementierung des Dienstleistungsmarketing

Abschnitt 1:

▪ Was wird unter dem Begriff „Implementierung" verstanden? Welche Inhalte sind mit der Implementierung des Marketing bei Dienstleistern verbunden?

▪ Welche zentralen Problembereiche sind häufig für ein Scheitern der Marketingstrategie in der Praxis verantwortlich?

▪ Wie sehen die wesentlichen Teilaufgaben einer Strategieimplementierung aus?

▪ Welche Besonderheiten sind bei der Implementierung von Strategien im Dienstleistungsbereich zu berücksichtigen und welche Konsequenzen ergeben sich daraus für Dienstleistungsunternehmen?

▪ Wie lässt sich ein mangelnder Strategie-Struktur-Fit identifizieren?

▪ Was sind typische struktur-, system- und kulturbezogene Barrieren der Kundenorientierung?

▪ Welches sind die zentralen Erfolgsvoraussetzungen der Implementierung im Dienstleistungsmarketing?

Abschnitt 2:

▪ Was spricht für bzw. gegen die von Chandler formulierte These „Structure Follows Strategy"?

▪ Was wird unter dem Begriff Customer Centricity verstanden?

▪ Welche organisatorischen Maßnahmen kann ein Dienstleistungsunternehmen ergreifen, um marktorientierte Strategien besser umzusetzen?

▪ Was wird unter dem Konzept Empowerment verstanden?

▪ Welche Unternehmenssysteme sind bei der Implementierung von Marketingstrategien von besonderer Relevanz?

▪ Im Zusammenhang mit der Erfolgskontrolle im Personalbereich wird zwischen Verhaltenskontrollsystemen und Ergebniskontrollsystemen unterschieden. Welche Vor- und Nachteile haben Verhaltenskontrollsysteme im Vergleich zu Ergebniskontrollsystemen?

▪ Welches für die Implementierung relevante Hauptziel wird mit dem Einsatz von Kundeninformationssystemen bezweckt?

▪ Welche Ebenen der Unternehmenskultur können unterschieden werden?

▪ Warum hat die Gestaltung der materiellen Elemente der Unternehmenskultur im Dienstleistungsbereich eine vergleichsweise hohe Bedeutung?

▪ Welche dienstleistungsbezogenen Kulturdimensionen lassen sich unterscheiden?

▪ Wie sieht die Wirkungskette einer erfolgreichen Marketingimplementierung im Dienstleistungsbereich aus?

Controlling
im Dienstleistungsmarketing

1. Grundlagen des Controlling im Dienstleistungsmarketing

1.1 Begriff des Dienstleistungsmarketingcontrolling

Die idealtypisch letzte Phase im Marketingmanagementprozess ist das Controlling des Dienstleistungsmarketing. Der Begriff Controlling wird häufig fälschlicherweise mit der ausschließlichen Kontrolle von Unternehmensaktivitäten gleichgesetzt (Horváth 2006, S. 295ff.). Die einschlägige Literatur des Controlling ist heterogen und durch eine Vielzahl sehr unterschiedlicher Definitionsansätze gekennzeichnet (vgl. für eine Übersicht Weber/Schäffer 2001). Ein jüngerer Ansatz der Entwicklungsgeschichte des Controlling versteht **Controlling** als spezifische Funktion zur Sicherstellung einer rationalen Unternehmensführung (Weber/Schäffer 2006; Wall 2000, S. 295f.; Pietsch/Scherm 2001a, S. 81ff.; 2001b, S. 206ff.)

Aufgrund der Besonderheiten von Dienstleistungen, die die Gestaltung der Steuerungsfunktion eines Controlling bei Dienstleistungsunternehmen erschweren, besteht die Notwendigkeit der speziellen Betrachtung des Controlling im Dienstleistungsbereich (Bruhn/ Stauss 2006a, S. 5). Unter Berücksichtigung dieser dienstleistungsspezifischen Besonderheiten sowie der Rationalitätssicherungssicht des Controlling, lässt sich das **Dienstleistungscontrolling** als spezifische Funktion der Sicherstellung eines rationalen Dienstleistungsmanagements beschreiben, die den dienstleistungsspezifischen Merkmalen der Kundenbeteiligung und der Immaterialität Rechnung trägt (Schäffer/Weber 2002, S. 6; Reckenfelderbäumer 2006, S. 36). Der Kern eines entsprechenden Controllingverständnisses deckt sich auch mit der Bedeutung des zugrunde liegenden englischen Verbs „to control", das mit steuern, lenken oder regeln übersetzbar ist (Homburg/Krohmer 2006, S. 1204).

In einem eigenen Zusammenhang zu den hier zugrunde gelegten Definitionen zum Controlling im Allgemeinen und zum Dienstleistungscontrolling im Speziellen steht das Begriffspaar Marketingcontrolling und Dienstleistungsmarketingcontrolling.

Marketingcontrolling ist ein klassisches Schnittstellenthema der beiden betriebswirtschaftlichen Schlüsseldisziplinen Marketing und Controlling (Auerbach 2003, S. 334; Reinecke/Janz 2007, S. 28). Das Marketingcontrolling konzentriert sich allgemein auf die – im Marketing lange Zeit vernachlässigte – Frage nach dem Wirkungszusammenhang zwischen Marketinginput bzw. Instrumenteinsatz und Marketingoutput (Reinecke/ Janz 2007, S. 25). Zusammengefasst lässt sich **Marktingcontrolling** als das Sicherstellen der Effektivität (Wirksamkeit) und Effizienz (Wirtschaftlichkeit) einer marktorientierten Unternehmensführung definieren (Reinecke/Janz 2007, S. 38f.).

Dienstleistungsmarketingcontrolling versteht sich folglich als Schnittstellenfunktion der beiden Funktionen Dienstleistungsmarketing und Dienstleistungscontrolling. Dabei gilt es, sowohl den dienstleistungsspezifischen Besonderheiten als auch der Existenz der drei Dienstleistungsdimensionen (Potenzial, Prozess und Ergebnis) in einem dienstleistungsorientierten Marketingcontrolling und beim effektiven und effizienten Einsatz entsprechender Controllinginstrumente Rechnung zu tragen (vgl. Auerbach 2003, S. 338ff.; Bruhn/Stauss 2006a, S. 5f.).

1.2 Aufgaben des Dienstleistungsmarketingcontrolling

Ausgehend von den rationalitätssicherungsorientierten Definitionsansätzen im vorangegangenen Abschnitt stellt die Steigerung der Effektivität und Effizienz des Dienstleistungsmarketing das Oberziel des Controlling im Dienstleistungsmarketing dar. Während unter der **Effektivität** die Leistungserstellung gemäß der Kundenanforderungen zu verstehen ist, betrifft die **Effizienz** die wirtschaftliche Umsetzung entsprechender Unternehmensaktivitäten (Bruhn 1998d, S. 64). So sind beispielsweise die Steigerung der Kundenzufriedenheit oder der Kundenorientierung der Mitarbeitenden zu den Zielen des Dienstleistungsmarketing zu rechnen. Dahingegen dient das Controlling des Dienstleistungsmarketing der effektiven und effizienten Realisierung dieser Ziele.

Um die Sicherstellung der Effektivität und Effizienz des Dienstleistungsmarketing zu gewährleisten, hat das Dienstleistungsmarketingcontrolling vier **Funktionen** zu erfüllen (Bruhn 1998d, S. 71ff.; Reinecke/Janz 2007, S. 51f.):

1. Koordinationsfunktion,
2. Informationsversorgungsfunktion,
3. Planungsfunktion,
4. Kontrollfunktion.

1. Koordinationsfunktion

Die Koordinationsfunktion betrifft die zentrale Aufgabe des Controlling im Dienstleistungsmarketing, die verschiedenen kundenbezogenen Aktivitäten des Unternehmens aufeinander abzustimmen (Horváth/Urban 1990, S. 12; Tomys 1995, S. 90). Dabei lassen sich zwei **Richtungen der kundenbezogenen Koordination** unterscheiden (Bruhn 1998d, S. 73f.):

▌ Die **horizontale Koordination** dient der Abstimmung der Maßnahmen zwischen den verschiedenen Unternehmensbereichen (z. B. zwischen der Produktion und dem Marketing oder zwischen verschiedenen Sparten).

▌ Durch die **vertikale Koordination** werden die kundenbezogenen Aktivitäten unterschiedlicher Hierarchiestufen aufeinander abgestimmt (z. B. zwischen Management und Mitarbeitenden im Kundenkontakt).

Bei der Koordinationsfunktion des Marketingcontrolling von Dienstleistungsunternehmen ist zu beachten, dass es sich nicht um sämtliche Koordinationsaufgaben einer marktorientierten Unternehmensführung handelt. Dies würde zu zahlreichen Überschneidungen mit anderen Aufgabenbereichen führen. Vielmehr stehen eher führungsübergreifende projektorientierte Koordinationsaufgaben im Vordergrund, die sich abseits des Marketingroutinegeschäfts ergeben (Reinecke/Janz 2007, S. 55f.).

2. Informationsversorgungsfunktion

Im Rahmen des Dienstleistungsmarketing eines Unternehmens werden zahlreiche kundenrelevante Informationen generiert, sodass dem Controlling im Rahmen der Informationsversorgungsfunktion im Wesentlichen die Aufgabe der Sicherstellung eines entscheidungsadäquaten Informationsstands zukommt, der zum einen effektive und effiziente Handlungen ermöglicht und zum anderen die spezifischen Problemsichten der bei der Ausübung marktorientierter Aufgaben involvierter Organisationseinheiten eingeht (Reinecke/Janz 2007, S. 51f.). Im Einzelnen handelt es sich dabei um folgende Aufgaben (Bruhn 1998d, S. 74ff.):

- Verknüpfung der im Rahmen des Dienstleistungsmarketing generierten Informationen mit weiteren relevanten Informationen (z. B. aus dem Rechnungswesen) (Horváth/Urban 1990, S. 54f.),

- Verdichtung und Kombination sämtlicher im Unternehmen vorhandener kundenbezogener Informationen,

- Beschaffung nicht vorhandener kundenbezogener Informationen (z. B. Resultate nationaler Kundenbarometer zum Wettbewerbsvergleich oder Bonitätsprüfung potenzieller Kunden).

3. Planungsfunktion

Die Unterstützung der strategischen und operativen Dienstleistungsmarketingplanung durch das Marketingcontrolling ist die zentrale Aufgabe im Hinblick auf die Planungsfunktion. In diesem Zusammenhang sind Methoden bereitzustellen, mit denen die Planungsaktivitäten des Dienstleistungsmarketing gemäß einer unternehmensweiten Systematik erfolgen können, indem erfolgsrelevante Zielgrößen (insbesondere finanzielle, personalbezogene und kundenbezogene Kennziffern) kontinuierlich erhoben und gegebenenfalls neu definiert werden. Auf diese Weise liefert das Dienstleistungsmarketingcontrolling Unterstützung zur Überwindung des in der Praxis häufig anzutreffenden Rationalitätsengpasses vieler Marketingkonzepte (Reinecke/Janz 2007, S. 53).

4. Kontrollfunktion

Schließlich betrifft das Controlling im Dienstleistungsmarketing auch die Kontrolle kundenbezogener Aktivitäten. Zu diesem Zweck sind ebenfalls entsprechende Methoden bereitzustellen. Insbesondere ist es erfolgsrelevant, die Wechselwirkungen zwischen Planung und Kontrolle zu berücksichtigen, die keine voneinander isolierten Aufgaben darstellen (Bruhn 1998d, S. 77). Im Rahmen des Controlling gilt es demnach, mögliche

Zielabweichungen zu realisieren (Kontrolle) und diese – nach eingehender Analyse der Abweichungsursachen – als Basis für eine eventuell notwendige Neudefinition der Ziele zugrunde zu legen (Planung).

2. Instrumente des Controlling im Dienstleistungsmarketing

2.1 Erfolgskette als Ausgangspunkt des Controlling

Abbildung 8-2-1:   Controlling-Ansätze im Dienstleistungsmarketing

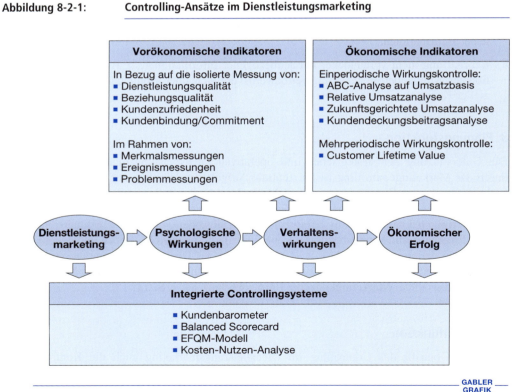

Quelle: Bruhn 2001c, S. 200

Ein zentraler Aufgabenbereich des Controlling im Dienstleistungsmarketing stellt das Controlling der Wirkungen der im Rahmen des Dienstleistungsmarketing eingesetzten Instrumente dar. Entsprechend der Einteilung der Wirkungen des Dienstleistungsmarketing lässt sich das Controlling von **vorökonomischen** und **ökonomischen Wirkungen** unterscheiden (Abbildung 8-2-1), die sich den psychologischen Wirkungsgrößen und den Verhaltensgrößen des Kaufverhaltens im Dienstleistungsbereich zuordnen lassen (vgl. Kapitel 3). Insbesondere dem Controlling vorökonomischer Indikatoren kommt aufgrund der Determinierung des ökonomischen Erfolgs und der direkteren Beeinflussbarkeit dieser Größen durch Marketingmaßnahmen eine großen Bedeutung zu. Darüber hinaus bestehen Ansätze eines integrierten Ursache-Wirkungs-Controlling, bei denen vorökonomische und ökonomische Wirkungen gemeinsam und interdependent untersucht werden. Ferner werden beim integrierten Ursache-Wirkungs-Controlling teilweise Zusammenhänge zwischen Maßnahmen (z. B. Verbesserung der Leistungsqualität) und Auswirkungen (z. B. Erhöhung der Kundenzufriedenheit) berücksichtigt.

2.2 Controlling von vorökonomischen Indikatoren

In Bezug auf vorökonomische Indikatoren werden die Ausprägungen einzelner Zielgrößen der Wirkungskette durch ausgewählte Indikatoren gemessen. Es handelt sich dabei um eine isolierte Messung von relevanten Konstrukten, wie z. B. die wahrgenommene Dienstleistungsqualität, die Kundenzufriedenheit, die Beziehungsqualität, das Commitment, die Kundenbindung usw.

Methodisch sind grundsätzlich merkmals-, ereignis- und problemorientierte **Messansätze** zu unterscheiden, die sowohl einzeln aber auch miteinander kombiniert zur Messung vorökonomischer Größen zum Einsatz gelangen.

Im Rahmen der **merkmalsorientierten Messung** wird die Beurteilung einzelner Leistungsmerkmale durch den Kunden in standardisierter Form (z. B. auf Basis eines Fragebogens) erhoben. Zur Messung der einzelnen Kettenglieder haben sich mittlerweile verschiedene merkmalsorientierte Messverfahren herausgebildet. Zur Messung der **Dienstleistungsqualität** (vgl. dazu ausführlich Kapitel 5) wird häufig der branchenübergreifend einsetzbare SERVQUAL-Ansatz herangezogen (Zeithaml/Parasuraman/Berry 1992; kritisch hierzu Sureshchandar/Chandrasekharan/Kamalanabhan 2001). Die **Kundenzufriedenheit** wird in zahlreichen unternehmensinternen sowie -übergreifenden Studien durch die Frage nach der Globalzufriedenheit mit dem Unternehmen sowie nach verschiedenen Teilzufriedenheiten erhoben (Oliver 1996; Krafft 2007, S. 22ff.; zur unternehmensübergreifenden Messung von Kundenzufriedenheit vgl. auch Service Barometer AG 2007b und ACSI 2008). Zur Messung der **Kundenbindung** hat sich im Rahmen der Merkmalsmessung die Verwendung der Indikatoren Wiederkaufabsicht, Weiterempfehlungsabsicht sowie Cross-Selling-Absicht durchgesetzt (Homburg/Giering/Hentschel 1999, S. 88f. ; Krafft 2007, S. 32f.; Homburg/Bruhn 2008, S. 4ff.).

Die Verfahren der **ereignisorientierten** und **problemorientierten Messung** werden vorwiegend zur Messung der **Dienstleistungsqualität** eingesetzt (vgl. Kapitel 5, Abschnitt 3.222 und 3.223). Die ereignisorientierte Messung dient der Erfassung relevanter Begebenheiten im Rahmen des Leistungserstellungsprozesses aus Kundensicht. Der Untersuchungsgegenstand der **problemorientierten Messung** sind die aus Kundensicht relevanten Problemfelder im Hinblick auf die Leistungserstellung eines Dienstleisters (Stauss/Hentschel 1990).

> **Beispiel:** Eine im April 2002 publizierte Studie der Unternehmensberatung Loyalty Hamburg GmbH zur Kundenbindung im Hotelgewerbe hat ergeben, dass in Deutschland eine systematische Dokumentation und Analyse von Kundenproblemen bisher kaum erfolgt. So sind Beschwerden und Kundenvorschläge nur für ca. die Hälfte der befragten Hotels Anlass für Leistungsverbesserungen. Ähnliches gilt für die Auswertung der Kundenzufriedenheitsbefragungen: Zwar liegen in den meisten Hotels Fragebögen aus (bei ca. 80 Prozent der befragten Hotels ist dies der Fall), die Ergebnisse werden jedoch nur in Ausnahmefällen als Anstoß für Leistungsoptimierungen genutzt (Quelle: Loyalty Hamburg 2002).

2.3   Controlling von ökonomischen Indikatoren

Eine Steuerung der vorökonomischen Größen innerhalb der Erfolgskette des Dienstleistungsmarketing dient letztlich einer Optimierung der ökonomischen Zielgrößen. Im Rahmen des Controlling von ökonomischen Größen des Dienstleistungsmarketing gilt es, die Realisierung dieser Zielgrößen zu überprüfen. Vor dem Hintergrund einer zunehmend akzeptierten prozessorientierten Grundkonzeption der Betriebswirtschaft im Allgemeinen und des Marketing im Speziellen wird dem **Controlling von Kundenbeziehungen** steigende Bedeutung zugesprochen (Köhler 2007). Die Prozessorientierung impliziert für das Controlling von Kundenbeziehungen die Herausforderung, die Leistungsabläufe für und mit dem Kunden zu kennzeichnen und einer Wirtschaftlichkeitsprüfung zu unterziehen, wobei Aspekte der Kundenintegration und Beziehungspflege im Vordergrund stehen (Köhler 2007, S. 511). Demnach ist das Controlling im Dienstleistungsmarketing konsequent – wie nachfolgend aufgezeigt – an einer beziehungsorientierten Sichtweise auszurichten. Wie der Kundenbeziehungslebenszyklus unterstellt, weisen Kundenbeziehungen einen dynamischen Charakter auf, sodass sich zwei **Formen des ökonomischen Controlling** unterscheiden lassen:

1. Einperiodisches Controlling von Kundenbeziehungen,

2. Mehrperiodisches Controlling von Kundenbeziehungen.

2.31 Einperiodisches Controlling von Kundenbeziehungen

Eine einperiodische ökonomische Kontrolle von Kundenbeziehungen kann vor allem durch **Kundenumsatz- und -deckungsbeitragsanalysen** vorgenommen werden. Diese lassen sich jeweils differenzieren in (Homburg/Schnurr 1998):

▪ Analysen auf Basis tatsächlicher versus potenzieller Werte,

▪ Absolute versus relative Analysen.

Bei der **Kundenumsatzanalyse** werden die Umsätze mit einem einzelnen Kunden betrachtet. Als Untersuchungsgrößen können hierbei neben dem aktuellen Umsatz (tatsächlicher Wert) der für die Zukunft erwartete Umsatz sowie der Maximalumsatz, d. h. das Umsatzpotenzial mit einem Kunden (potenzielle Werte) herangezogen werden (Rieker 1995; Krafft 1998, S. 167).

Die absoluten Umsatzzahlen sagen jedoch häufig wenig über eine Kundenbeziehung aus. Daher ist es sinnvoll, eine **relative Kundenumsatzanalyse** durchzuführen, in deren Rahmen folgende Kennzahlen eingesetzt werden (Cornelsen 1996, 2000; Homburg/Schnurr 1998):

▪ Zunächst gibt der **Umsatzanteil** eines Kunden am Gesamtumsatz des Unternehmens die Bedeutung des jeweiligen Kunden für das Unternehmen an.

▪ Die **Kundendurchdringungsrate** basiert auf der Definition des absoluten Marktanteils und setzt den Umsatz mit einem Kunden ins Verhältnis zum Gesamtbedarf des Kunden an der betrachteten Leistung ("Share of Customer", "Share of Wallet").

   Beispiel: Die besondere Relevanz dieser Kennziffer zeigen die Ergebnisse einer von der Unternehmensberatung Capgemini im Jahre 2005 durchgeführten Studie aus dem Bankenbereich. Demnach werden sich in den nächsten drei Jahren viele Banken auf die Anhebung des Share of Wallet konzentrieren und sich dazu intensiv mit der Implementierung von Relationship-Marketing-Strategien beschäftigen. Die Untersuchung basiert auf der Befragung von 40 hochrangigen Managern aus 27 verschiedenen Banken (Capgemini 2005).

▪ Die **relative Lieferantenposition** ist an den relativen Marktanteil angelehnt und bezeichnet das Verhältnis aus dem Umsatz des betrachteten Anbieters mit einem Kunden und dem Umsatz des größten Konkurrenten mit diesem Kunden.

Ein Vergleich von Umsatzkennzahlen zwischen verschiedenen Kunden ist mit der so genannten **ABC-Analyse** möglich (Homburg/Schnurr 1998;Krafft 2007, S. 77f.; Reinecke/ Janz 2007, S. 118f.; Köhler 2008, S. 473f.). Bei der ABC-Analyse werden die Kunden gemäß des Umsatzes, den der Anbieter durch sie erzielt, in eine Reihenfolge gebracht. In einem zweidimensionalen Diagramm mit den Achsen "kumulierter Anteil am Kundenbestand" und "kumulierter Umsatzanteil" werden auf der ersten Achse die jeweiligen Kunden abgetragen. Dabei wird auf der linken Seite der Achse mit den umsatzstärksten Kunden begonnen. Auf der zweiten Achse wird jeweils der zusätzliche Umsatzbeitrag des betrachteten Kunden abgetragen. Häufig wird hierbei ersichtlich, dass ein relativ kleiner Kundenanteil einen relativ großen Umsatzanteil ausmacht. Vereinfacht wird in diesem

Zusammenhang von der 20:80-Regel gesprochen (auch Pareto-Regel genannt), die besagt, dass häufig 20 Prozent der Kunden 80 Prozent des Umsatzes generieren. Anhand der resultierenden Kurve lassen sich die Kunden in A-, B- und C-Kunden einteilen, von denen die A-Kunden die umsatzstärksten Kunden darstellen, in die folglich am ehesten zu investieren ist (Abbildung 8-2-2). Einen entsprechenden Ansatz der Kundenbewertung wird beispielsweise bei dem Express-Kurier-Unternehmen Federal Express angewendet, das seine Kunden plakativ in „the good, the bad, and the ugly" unterteilen (Rust/Zeithaml/Lemon 2000, S. 187).

Abbildung 8-2-2:   **ABC-Analyse auf Basis des Kundenumsatzes**

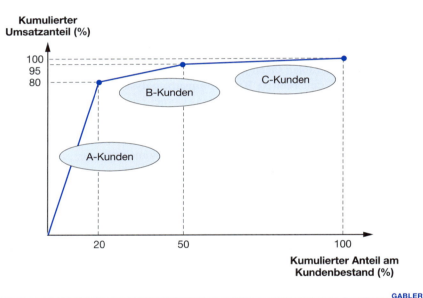

Insgesamt gilt es jedoch zu berücksichtigen, dass die ABC-Analyse ein eher pragmatisches und einfaches Verfahren zur Kundenbewertung darstellt, worin der zentrale Vorteil der ABC-Analyse begründet ist (Reinecke/Janz 2007, S. 118). Kritisch hingegen ist anzumerken, dass jene Kunden, die den höchsten Jahresumsatz generieren, keineswegs auch zwangsläufig den größten Beitrag zum Gewinn erbringen (Barth/Wille 2000). Entsprechend ist es oftmals fragwürdig, gegenüber einem B-Kunden weniger Marketingbemühungen vorzusehen als gegenüber einem A-Kunden. Darüber hinaus ist es denkbar, dass sich die Klassenzugehörigkeit einzelner Kunden im Zeitablauf verändert (Köhler 2008, S. 475). Dies bestätigen auch Berichte über einen Haushaltsgerätehersteller, beim dem gerade B-Kunden eine vergleichsweise hohe Profitabilität aufwiesen (Krafft 2007, S. 78).

Bei einer zukunftsgerichteten Kundenumsatzanalyse wird auch das **Cross-Selling-Potenzial** eines Kunden in die Untersuchung einbezogen (Homburg/Schnurr 1998; Homburg/

Schäfer 2000; 2001; 2002). Dieses gibt an, ob ein Kunde Bedarf an bisher nicht genutzten Leistungen hat, die das Unternehmen auch anbietet. Im Bankenbereich stellen das mittlerweile häufig kostenfrei Angebot von Girokonten typische Einstiegsleistungen zur Erschließung von Cross-Selling-Potenzialen wie Vermögensanlagen, Versicherungs- sowie Kreditdienstleistungen dar. Aus Sicht des Anbieters ist das Cross Selling immer dann vorteilhaft, wenn der dadurch erzielten Umsatzsteigerung keine entsprechende Steigerung bei den Kosten der Kundenbearbeitung gegenüberstehen (Homburg/Krohmer 2006, S. 961).

> **Beispiel:** Der deutsche Energieversorger RWE verfolgt im Rahmen einer so genannten „Multi-Utility-Strategie" seit einiger Zeit das Ziel, Kunden enger an das Unternehmen zu binden. Hierzu wird versucht, vorhandene Cross-Selling-Potenziale auszunutzen, indem z. B. Stromkunden auch auf Gas- und Wasserprodukte der RWE aufmerksam gemacht werden (o.V. 2005c).

Im Zusammenhang mit der Kundenumsatzanalyse ist festzuhalten, dass die Bestimmung des Einzelkundenumsatzes vor allem bei kontaktarmen Branchen oder bei Standardleistungen (z. B. Fast-Food-Anbieter) ohne engeren Anbieter-Kunden-Kontakt mit Schwierigkeiten behaftet ist. Eine Möglichkeit zur Lösung dieses Problems stellt die Ausgabe von Kundenkarten mit Rabattfunktion dar, die zur Rabattgewährung detaillierte Informationen zu den Kundenumsätzen erfassen.

Aufgrund der Tatsache, dass zwischen dem Gesamtumsatz und der Profitabilität einer Kundenbeziehung nicht unbedingt eine lineare Beziehung besteht (Krafft 2007, S. 78), stellt die **Kundendeckungsbeitragsanalyse**, bei der neben dem Umsatz auch die Kosten berücksichtigt werden, die in einer Kundenbeziehung entstehen (Reinecke/Janz 2007, S. 84ff.; Krafft 2007, S. 321ff.; Köhler 2008, S. 475f.), eine sinnvolle Erweiterung der Kundenumsatzanalyse dar. Die Kostenermittlung auf Kundenebene ist dabei teilweise mit Problemen verbunden. Zur Ermittlung des Kundendeckungsbeitrages ist zu eruieren, welche Kosten aufgrund der Beziehung zu einem bestimmten Kunden anfallen und folglich entfallen, wenn die Beziehung zu dem jeweiligen Kunden nicht mehr besteht (Haag 1992). Der Kundendeckungsbeitrag lässt sich beispielsweise wie folgt berechnen (Köhler 2008, S. 476):

	Kunden-Bruttoerlöse pro Periode
−	Erlösschmälerungen
=	Kunden-Nettoerlöse pro Periode
−	Kosten der vom Kunden bezogenen Leistungen (variable Kosten pro Leistungseinheit, multipliziert mit den Kaufeinheiten)
=	Kundendeckungsbeitrag I
−	Eindeutig kundenbedingte Auftragskosten (z. B. variable Reservationskosten)
=	Kundendeckungsbeitrag II
−	Eindeutig kundenbedingte Besuchskosten (z. B. Kosten der Anreise zum Kunden)
−	Sonstige relative Einzelkosten des Kunden pro Periode (z. B. Gehalt eines speziell zuständigen Kundenbetreuers; Mailing-Kosten; Zinsen auf Forderungs-Außenstände)
=	Kundendeckungsbeitrag III

Die Ergebnisse der Kundendeckungsbeitragsrechnung sind jedoch oftmals nur bedingt aussagekräftig, da es im Umsatz mit dem Kunden A nicht berücksichtigt ist, wenn beim Kunden B erzielte Erlöse auf eine Weiterempfehlung durch A zurückgehen. Der Erlösausweis erfolgt hier ausschließlich bei B. Ebenso wenig werden Opportunitätskosten, die wegen der Inanspruchnahme einer Engpasskapazität durch Kunde A entstehen, in der auf A bezogenen Deckungsbeitragsrechnung berücksichtigt (Köhler 2008, S. 477). Als weitere Schwäche ist anzusehen, dass die Kundendeckungsbeitragsrechnung nur ex post über die historische Ergiebigkeit der Geschäftsbeziehung informiert und somit zur Beurteilung zukünftiger Kundenprofitabilität eine nur geringe Eignung aufweist (Krafft 2007, S. 323). Dennoch lässt sich der Kundendeckungsbeitrag besser als der Kundenumsatz zur Kundensegmentierung einsetzen, beispielsweise im Rahmen einer ABC-Analyse (Krafft 2007, S. 78).

Bei einer **kritischen Würdigung** der einperiodischen ökonomischen Kontrolle anhand von **ergebnisbezogenen Kriterien** weisen die entsprechenden Verfahren eine geringe Entscheidungsorientierung auf. Die Ursachen und möglichen Ansatzpunkte der Steuerung von Umsätzen und Deckungsbeiträgen können mit diesen Verfahren nicht identifiziert werden. Eine hohe Reliabilität und Validität der Ergebnisse ist gegeben. Die Aktualität hängt von der zugrunde gelegten Rechnungsperiodizität ab. Eine vollständige Messung der Zielgrößen ist möglich. Hinsichtlich des Disaggregationsniveaus ist die Umsatz- und Deckungsbeitragsrechnung – wie die Verhaltensmessung auch – in bestimmten Branchen (z. B. Finanzdienstleistungsbereich, Telekommunikationsbereich) einfacher auf der Einzelkundenebene durchzuführen.

Auch im Hinblick auf **durchführungsbezogene Kriterien** ergeben sich branchenspezifische Unterschiede. Je enger der Kontakt zwischen Anbieter und Nachfrager ist und über je mehr Informationen der Anbieter über den Kunden verfügt, desto weniger aufwändig und kostenintensiv ist die Durchführung der Umsatz- und Deckungsbeitragsrechnung auf Einzelkundenebene.

Aufgrund ihrer Einfachheit erfreuen sich diese Ansätze einer großen Beliebtheit in der Praxis. Einer entsprechenden Studie zufolge (Tomczak/Rudolf-Sipötz 2003, S. 155) wird die umsatzabhängige bzw. kundendeckungsbeitragsbezogene Einteilung der Kunden in A-, B- oder C-Kunden bei circa 65 Prozent bzw. 40 Prozent der erfassten Unternehmen regelmäßig durchgeführt; weit häufiger als alle anderen Analyseinstrumente. Allerdings darf bei Anwendung dieser Verfahren nicht übersehen werden, dass sich damit nur Tendenzaussagen hinsichtlich der Profitabilität einer Kundenbeziehung ableiten lassen. Eine fundiertere Analyse der Beziehungsprofitabilität kann mit der mehrperiodischen Kontrolle erfolgen.

2.32 Mehrperiodisches Controlling von Kundenbeziehungen

Im Rahmen einer mehrperiodischen Kontrolle von Kundenbeziehungen werden Analysen des **Kundenwertes** bzw. des **Customer Lifetime Value** (CLV) durchgeführt (vgl. dazu ausführlich z. B. Günter/Helm 2006; Krafft 2007, S. 67ff.; Reinecke/Janz 2007, S. 423ff.). Bei der Konzeptionalisierung des Customer Lifetime Value lassen sich drei **Stufen der Kundenbewertung** differenzieren (Bruhn et al. 2000):

1. Kundenbewertung auf Basis von Ein- und Auszahlungen,
2. Einbeziehung einer Kundenbindungswahrscheinlichkeit,
3. Einbeziehung eines Referenzwertes.

Die Kundenbewertung auf Basis von Ein- und Auszahlungen stellt die klassische investitionstheoretische Customer Valuation dar, die durch die Einbeziehung einer Kundenbindungswahrscheinlichkeit und eines Referenzwertes weiter spezifiziert werden kann. Damit wird durch die erste Variante eine Basis für eine systematische Analyse der Beziehungsprofitabilität geschaffen. Allerdings ist zur umfassenden Betrachtung der Beziehungsprofitabilität aufgrund der hohen Bedeutung der Kundenbindung im Dienstleistungsmarketing eine Erweiterung in Form der zweiten und/oder dritten Variante sinnvoll.

1. Kundenbewertung auf Basis von Ein- und Auszahlungen

Der Customer-Lifetime-Value-Ansatz im allgemeinen Sinne ist ein Berechnungsverfahren, das Prinzipien der dynamischen Investitionsrechnung auf Kundenbeziehungen überträgt. Dabei wird die Kundenbeziehung als eine Investition betrachtet, und die Qualität dieser Investition mittels der dynamischen Investitionsrechnung bewertet (Plinke 1989). Der CLV wird zumeist als **Present CLV** definiert, d. h. durch die Abzinsung und Aufsummierung der Zahlungsströme (Differenz aus Einnahmen und Ausgaben) auf den aktuellen Zeitpunkt ermittelt. Diese Vorgehensweise beruht auf dem Sachverhalt, dass zukünftige Einzahlungen weniger wert sind als gegenwärtige (Homburg/Daum 1997). Der Customer Value entspricht somit dem Kapitalwert der Geschäftsbeziehung mit einem Kunden. Der Gegenwartswert eines Kunden ist insofern von Interesse, als die gesamten strategischen Entscheidungen nur auf Grundlage des aktuellen (prognostizierten) Wertes getroffen werden können.

Ein **Berechnungsbeispiel** für den CLV ist in den Abbildungen 8-2-3 und 8-2-4 dargestellt. In der Bewertung der Kundenbeziehung wird eine durchschnittliche Kundenbeziehungsdauer von acht Jahren angenommen und ein interner Zinssatz von 10 Prozent verwendet. Die kundenspezifischen Akquisitionskosten (Investitionskosten) in Höhe von 50 Geldeinheiten werden in der ersten Periode in Abzug gebracht. Ein positiver Wert des CLV spricht hierbei für eine positive wirtschaftliche Bewertung der Geschäftsbeziehung.

Abbildung 8-2-3:   **Formeln zur Berechnung eines investitionstheoretischen Customer Lifetime Value**

Customer Lifetime Value (Present Value)	$CLV = -I_0 + \sum\limits_{t=0}^{T} \dfrac{x_t \cdot (p - k) - M_t}{(1 + r)^t} = 320{,}55\ GE$
Customer Lifetime Value (Present Value mit Kundenbindungs-wahrscheinlichkeit)	$CLV = -I_0 + \sum\limits_{t=0}^{T} (x_t \cdot (p - k) - M_t) \cdot \dfrac{R^t}{(1 + r)^t} = 63{,}21\ GE$

t = Jahr
T = voraussichtliche Zahl der Jahre, in denen der Umworbene Kunde bleibt
x_t = Abnahmeprognose für Jahr t
p = (kundenindivdueller) Produktpreis
k = Stückkosten
M_t = kundenspezifische Marketingaufwendungen im Jahr t
r = Kalkulationszinsfuß
R = Retention Rate
I_0 = Akquisitionskosten im Zeitpunkt t = 0

GABLER
GRAFIK

Quelle: In Anlehnung an Link/Hildebrand 1997, S. 165

2. Einbeziehung einer Kundenbindungswahrscheinlichkeit

Die Berücksichtigung einer **Kundenbindungswahrscheinlichkeit** basiert auf der Überlegung, dass bei der Ermittlung des Kundenwertes das Risiko einer Beziehung zu berücksichtigen ist, um die Unsicherheit der Beziehungserhaltung in die Berechnung des CLV
zu integrieren. Ausgehend von der Unterscheidung von Märkten anhand des so genannten
Always-a-Share-Modells auf der einen Seite und des so genannten Lost-for-Good-Mo-
dells auf der anderen Seite (Jackson 1985) kann diese Unsicherheit in einem Migration-
Modell und einem Retention-Modell konzeptionalisiert werden (Dwyer 1997).

Das **Migration-Modell** basiert auf dem Always-a-Share-Modell und geht von der An-
nahme aus, dass die Wahrscheinlichkeit der erneuten Berücksichtigung eines Unterneh-
mens durch den Kunden umso geringer ist, je länger der vorherige Kauf zurückliegt.
Darauf aufbauend wird ein Wahrscheinlichkeitsbaum aufgestellt, mit dessen Hilfe der
Kundenwert in Form eines Erwartungswertes ermittelt wird. Aufgrund der sehr hohen
Beziehungsunsicherheit – speziell im Transaktionsmarketing – ist dieser Wert jedoch mit
Vorbehalten zu verwenden.

Der Berechnung des CLV im Lost-for-Good-Modell dient das **Retention-Modell**. Ausgehend von der Annahme, dass die Beziehung zum Kunden langfristig sein wird, werden
die Ein- und Auszahlungsströme um die Wahrscheinlichkeit, dass die Kundenbeziehung
für die nächste Periode bestehen bleibt, mittels einer Kundenbindungswahrscheinlichkeit korrigiert. Diese kann einen Wert zwischen Null (Beziehungsbeendigung) und Eins
(sichere Beziehungsweiterführung) annehmen.

Abbildung 8-2-4: Beispielrechnung für einen investitionstheoretischen Customer Lifetime Value

	t = 0	t = 1	t = 2	t = 3	t = 4	t = 5	t = 6	t = 7	
Abnahme-prognose	4	6	10	16	20	20	20	20	
Produktpreis	10	10	10	10	10	10	10	10	
Stückkosten	3	3	3	3	3	3	3	3	
Marketing-aufwendungen	20	30	40	40	30	30	20	20	
Akquisitions-kosten	50	–	–	–	–	–	–	–	
Erlös	–42,00	12,00	30,00	72,00	110,00	110,00	120,00	120,00	
Abzinsungs-faktor (r = 0,1)	1,00	1,10	1,21	1,33	1,46	1,61	1,77	1,95	**Present CLV**
Erlös (diskontiert)	–42,00	10,91	24,79	54,09	75,13	68,30	67,74	61,58	Σ = 320,55 GE
Kundenbin-dungswahr-scheinlichkeit (R = 0,75) und Abzinsung (r = 0,1)	1,00	0,68	0,46	0,32	0,22	0,15	0,10	0,07	**Present CLV mit Kunden-bindungs-wahrschein-lichkeit**
Erlös (diskontiert und mit Re-tention Rate)	–42,00	8,18	13,95	22,82	23,77	16,21	12,06	8,22	Σ = 63,21 GE

GABLER GRAFIK

Quelle: Bruhn et al. 2000, S. 172

Im Idealfall wird für jeden Kunden (oder zumindest jedes Kundensegment) eine Kundenbindungswahrscheinlichkeit ermittelt, die seine Wiederkaufabsicht der nächsten Jahre angibt. Im **Beispiel** (Abbildung 8-2-4) wird eine Kundenbindungswahrscheinlichkeit in Höhe von 0,75 angenommen, die besagt, dass der Kunde mit einer Wahrscheinlichkeit von 75 Prozent beim nächsten Kauf (in der nächsten Periode) wieder Kunde des Unternehmens sein wird. Dies vermindert den CLV wiederum zugunsten einer zusätzlichen Berücksichtigung des kundenspezifischen Risikos.

Teilweise wird vorgeschlagen, aus **Kundenabwanderungsmodellen**, beispielsweise mit Hilfe des Markovketten-Ansatzes, Anhaltspunkte für die Prognose der Kundenbindungsdauer zu gewinnen (Schulz 1995; Krüger-Strohmayer 2000). Dies setzt allerdings das Vorhandensein einer entsprechend ausgebauten Datenbasis über Kundenabwanderungsprozesse der Vergangenheit sowie gleichbleibende Abwanderungsmuster voraus. Letzteres ist problematisch, da durch Kundenbindungsmaßnahmen ja gerade versucht wird, eine Veränderung der Kundenfluktuation zu erreichen (Köhler 2008).

Die Kundenbindungswahrscheinlichkeit ist ein grundlegender Faktor der CLV-Berechnung, denn nur diese kann die Beziehung zwischen Kunde und Unternehmen sowie die darin beinhalteten Chancen und Risiken im erweiterten investitionstheoretischen Ansatz bewerten. Es bestehen darum Bestrebungen, diese Wahrscheinlichkeit genauer und spezifischer für den einzelnen Kunden zu analysieren. **Grundbedingung** dieser Analyse ist das Verständnis, warum ein Kunde sich veranlasst sieht, erneut das Angebot eines Unternehmens zu nutzen. Geht man von der Annahme aus, dass die Kundenbindung primär durch die Beziehung des Kunden zum Unternehmen beeinflusst wird, ist die Wahrscheinlichkeit des Wiederkaufs bzw. der Beziehungsweiterführung abhängig vom Grad der Bindung.

Abbildung 8-2-5: **Einflussfaktoren der Kundenbindung**

Ökonomische Determinanten	Kaufbezogen	▪ Auftragsfrequenz ▪ Umsatzvolumen ▪ Cross-Selling-Rate ▪ Kundendauer
	Vertraglich	▪ Verträge ▪ Club ▪ Kundenkarte
	Situativ	▪ Konkurrenz ▪ Wechselbarrieren
	Technisch-funktional	▪ Technische Abhängigkeit
Vorökonomische Determinanten	Affektiv	▪ Zufriedenheit ▪ Akzeptanz ▪ Vertrauen ▪ Loyalität ▪ Anbieterimage
	Kognitiv	▪ Risikobereitschaft ▪ Bekanntheitsgrad ▪ Qualitätsbewusstsein ▪ Preissensibilität
	Konativ	▪ Cross-Buying-Absicht ▪ Wiederkaufabsicht ▪ Akquisitions-/Kommunikationsverhalten – Meinungsführerschaft – Weiterempfehlungsverhalten ▪ Informationsverhalten ▪ Beschwerdeverhalten

GABLER
GRAFIK

Quelle: Bruhn et al. 2000, S. 178

Die **Einflussfaktoren** der Bindung umfassen eine große Anzahl möglicher Indikatoren (Abbildung 8-2-5). Aufgabe des Unternehmens ist die Identifikation der relevanten Faktoren, die ausschlaggebend für die Berechnung eines Kundenwertes sind (Bruhn et al. 2000).

Die Berechnung einer **kundenbindungsspezifischen Wahrscheinlichkeit** lässt sich anhand eines Scoring-Modells, in dem die verschiedenen Faktoren gewichtet werden, ermitteln. Scoring-Modelle haben den Vorzug, dass sie eine Kombination von Rechnungswesendaten mit qualitativen Informationen und damit die Berücksichtigung aller relevanten Determinanten der Kundenbindung ermöglichen (Köhler 2008, S. 481). Weiterführend ist die Identifikation der Kundenwertfaktoren dank des Einsatzes von Faktor- oder Kausalanalysen möglich (Backhaus et al. 2006). Eine weitere Möglichkeit, die Beziehung zum

---

Abbildung 8-2-6:   **CLV-Verfahren von Hoekstra/Huizingh**

$$LTV_j = \sum_{t=0}^{p} CQ_{ji} \cdot (1 + r)^{p-t} + \sum_{t=p+1}^{n} (CS_{jt} \cdot CP_{jt}) \cdot (1 + r)^{p-t}$$

LTV_j = Lebenswert des Kunden j, berechnet zum Zeitpunkt t = p
CQ_{jt} = Kundenqualität = f(Verkäufe pro Periode, Gewinnbeitrag, Anzahl verschiedener Produkte, ...)
CS_{jt} = Kundenanteil = f(SQ_{jt}, SP_{jt})
SQ_{jt} = Anbieterqualität = f(Kundenzufriedenheit, Commitment, Vertrauen, ...)
SP_{jt} = Anbieterpotenzial = f(Kaufintention, vorgesehener Kundenanteil, Budget Produktlinie, ...)
CP_{jt} = Kundenpotenzial = f(Prognose des Verkaufsvolumens, Prognose des Gewinns, ...)
r = Abzinsungsfaktor
p = Anzahl der Perioden seit erster Transaktion (Gegenwart)

	Kundenqualität	**Anbieterqualität**
Vergangenheit	■ Kundendauer ■ Anzahl verkaufter Produkte pro Periode ■ Anzahl verschiedener verkaufter Produkte ■ Verkäufe pro Periode ■ Gesamtzahl verkaufter Produkte seit erster Transaktion ■ Gesamtverkäufe seit erster Transaktion ■ Gewinnbeitrag pro Periode ■ Gewinnbeitrag seit erster Transaktion	■ Kundenzufriedenheit mit produktspez. Services ■ Kundenzufriedenheit mit gekauften Produkten des letzten Jahres ■ Höhe des Kundenbudgets ■ Weiterempfehlung durch Kunden ■ Anteil des verwendeten Kundenbudgets im Unternehmen ■ Wechselkosten (durch Kunden wahrgenommen)
	Kundenpotenzial	**Anbieterpotenzial**
Zukunft	■ Verkaufsprognose ■ Prognostizierte Kundendauer ■ Trend in den Verkäufen ■ Prognose der Gewinne	■ Wiederkaufsabsicht ■ Weiterempfehlungsabsicht ■ Änderungen im verwendeten Kundenbudget ■ Änderungen im gesamten Kundenbudget

GABLER GRAFIK

Quelle: Hoekstra/Huizingh 1999, S. 268, 270

Kunden in die Berechnung des CLV einzubeziehen, ist die Bildung von nachfrager- und anbieterspezifischen Qualitäts- und Potenzialwerten mittels verschiedener beziehungsspezifischer Determinanten (Hoekstra/Huizingh 1999; Abbildung 8-2-6). Der erste Summand ermittelt auf Basis der Nachfragerqualität den schon in der Vergangenheit erbrachten Wert eines Kunden. Dieser wird durch das zukünftige Wertpotenzial (Anbieterqualität, Anbieter- und Kundenpotenzial) des Kunden ergänzt.

In diesem Zusammenhang stellt Krafft (2007, S. 85ff.) fest, dass die herkömmlichen Ansätze zur Messung der Kundenbindung lediglich auf stark aggregierte bzw. grobe Maße wie die in Abbildung 8-2-5 dargestellten Einflussfaktoren zurückgreifen, die nur unzureichend zwischen verschiedenen Kundengruppen und innerhalb einzelner Kundengruppen nicht hinsichtlich unterschiedlicher Bindungsintensitäten (z. B. Erstkauf, Folgekauf, Mehrfachkauf und Stammkunde) unterscheiden. Als Ergebnis wird ein **alternativer Ansatz** vorgeschlagen, die Bindungsneigung bzw. -intensität über Merkmale und Präferenzen der Kunden zu erklären. Hierzu werden neben soziodemographischen (z. B. Alter, Geschlecht, Bildung usw.) auch psychographische Variablen (Einstellung und Präferenzen) herangezogen. Auf diese Weise lassen sich schließlich bessere Schlussfolgerungen als bei einer undifferenzierten Ermittlung von Bindungswertkennziffern ableiten, da nicht nur das Maß der Kundenbindung, sondern auch die Determinanten der Kundenbindung ermittelt und quantifiziert werden (Krafft 2007, S. 112).

3. Einbeziehung eines Referenzwertes

Eine Berücksichtigung der Weiterempfehlungen eines Kunden als Bestandteil des Kundenwertes wird im so genannten **Referenzwert-Modell** vorgenommen (Cornelsen 1998; 2000). Berechnet wird der Wert eines Kunden, der durch interpersonelle Kommunikation zwischen einem Kunden und Dritten über den Anbieter und seine Dienstleistungen entsteht (z. B. positive Mund-zu-Mund-Kommunikation). Grundannahme des Referenzwertmodells ist es, dass in der Vorkaufphase, wie auch in der Nachkaufphase, eine Kommunikation (Rat, Erfahrungsaustausch usw.) zwischen Kunden entsteht, in der positive oder negative Informationen (Referenzen) aufgenommen oder weitergegeben werden.

> **Beispiel:** Welche Relevanz Weiterempfehlungen haben lässt sich am Beispiel der PSD-Banken (vormals Post-Spar- und Darlehnsvereine) aufzeigen. Im Sinne der neuen Werbekampagne „psd … weitersagen" setzen die PSD-Banken auf Weiterempfehlung. Bei der PSD Bank Köln eG geht dieses Konzept auf: Sie gewann in den vergangenen Jahren jeden vierten Neukunden durch eine Empfehlung anderer Kunden (PSD-Bank 2005).

Der Referenzwert setzt sich aus der branchenspezifischen Referenzrate, der Rolle als Kommunikator (z. B. Meinungsführer), der Größe des sozialen Netzes und der Zufriedenheit zusammen. Die einzelnen Faktoren werden durch empirische Analysen ermittelt und durch einen Verrechnungsalgorithmus zu einem monetären Kunden-Referenzwert verrechnet (Cornelsen 1998, S. 29):

$$RW_k = \left[\sum_{i=1}^{I} (P_i \cdot G_i) \right]_k \cdot MF_k \cdot KZ_k \cdot RR_b$$

RW_k = Periodenbezogener Referenzwert des Kunden k

P_i = Anzahl der Personen im Personenkreis i

G_i = Gewichtungsindex der Gesprächsintensität bzgl. des Personenkreises i

MF_k = Meinungsführerindex des Kunden k

KZ_k = Kundenzufriedenheitsindex des Kunden k

RR_b = Durchschnittliche branchenspezifische Referenzrate in Branche b

Allerdings gibt es Kriterien, die gegen diese Operationalisierung des Referenzwertes sprechen (Gelbrich 2001, S. 64). So ist die Differenzierung zwischen Meinungsführer und Größe des sozialen Netzes kritisch, da die beiden Faktoren miteinander in Zusammenhang stehen. Meinungsführer kann nur sein, wer über ein großes soziales Netzwerk verfügt. Dementsprechend führt eine multiplikative Verknüpfung der beiden Größen zu einer Überbewertung des Meinungsführereffektes. Darüber hinaus ist es zur Berechnung des Referenzwertes erforderlich, die Kundenzufriedenheit des Käufers zu kennen. Da die Kundenzufriedenheit aber erst mit bzw. nach der Leistungsinanspruchnahme entsteht, lässt sich der Kundenwert nur für den bereits bestehenden Kundenstamm berechnen. Eine Schätzung des Werts von potenziellen Kunden ist somit nicht möglich. Weiterhin ist die Kundenzufriedenheit – durch Qualitäts- oder Erwartungsmanagement – direkt durch den Anbieter steuerbar und somit keine dem Kunden inhärente Größe.

Für eine ganzheitliche Bewertung der Kunden sind die erläuterten Kriterien der Kundenwertberechnung nicht hinreichend. Neben der Kundenbindungswahrscheinlichkeit und dem Referenzwert existieren einige weitere Einflussfaktoren, die bei einer ökonomischen Gesamtbetrachtung des Kunden zu berücksichtigen sind. Dabei ist zum einen der direkte Beitrag des Kunden zum Unternehmenserfolg durch dessen Geschäftstätigkeit (Marktpotenzial) zu berücksichtigen, zum anderen dessen Ressourcenpotenzial. Wie Abbildung 8-2-7 zu entnehmen ist, setzt sich das **Ressourcenpotenzial eines Kunden** dabei über den Referenzwert hinaus aus den folgenden drei Größen zusammen (Tomczak/Rudolf-Sipötz 2003, S. 138ff.):

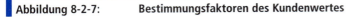

Abbildung 8-2-7:   **Bestimmungsfaktoren des Kundenwertes**

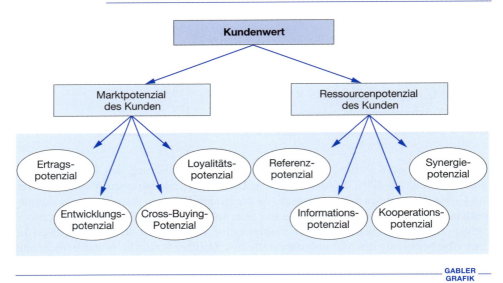

Quelle: Tomczak/Rudolf-Sipötz 2003, S. 138

▌ Das **Informationspotenzial** eines Kunden bezieht sich auf die vom Kunden z. B. durch Beschwerden gelieferten Informationen, die das Unternehmen beispielsweise im Rahmen der Produktentwicklung oder -verbesserung nutzen kann. Als mögliche Kriterien für die Bewertung des Informationspotenzials sind die Bereitschaft des Kunden zur Teilnahme an Befragungen, dessen generelle Feedbackbereitschaft sowie die Qualität der gelieferten Informationen heranzuziehen.

▌ Unter dem **Kooperationspotenzial** wird die Bereitschaft und die Fähigkeit des Kunden verstanden, vor, während und nach dem Leistungserstellungsprozess durch kooperatives Verhalten zum ökonomischen Erfolg des Dienstleistungsanbieters beizutragen. Dem Kooperationspotenzial sind hierbei sämtliche Wertsteigerungspotenziale zuzurechnen, die durch eine verstärkte Zusammenarbeit von Anbieter und Nachfrager wie z. B. die Bereitschaft, als Referenzkunde zur Verfügung zu stehen, in einem bestimmten Zeitraum realisierbar sind.

▌ Werden durch Kunden positive Verbund- bzw. Wechselwirkungen ausgelöst, so ist dies ein Indikator für vorhandenes **Synergiepotenzial**. Verbundwirkungen treten beispielsweise dann auf, wenn ein Kunde gleichzeitig bei einem Tochterunternehmen als bedeutender Abnehmer auftritt.

Nicht nur im Rahmen des so genannten Ressourcenpotenzials (Tomczak/Rudolf-Sipötz 2003) lassen sich einige über die klassischen Determinanten des Kundenwertes hinausgehende Größen diskutieren, sondern auch bei der Bestimmung des Marktpotenzials. Neben herkömmlichen Faktoren, wie dem Ertrags- und dem Entwicklungspotenzial, werden das

Cross-Buying-Potenzial und das Loyalitätspotenzial explizit als eigenständige Determinanten des Kundenwertes hervorgehoben.

Beispiel: In der Unternehmenspraxis finden sich in der Zwischenzeit einige Beispiele für die multidimensionale Ermittlung des Kundenwertes. So wird etwa bei der Deutschen Telekom der Kundenwert von mittelständischen Geschäftskunden im Telekommunikationsmarkt auf der Basis eines dreidimensionalen Ansatzes berechnet. Die Kriteriengruppen zur Positionierung der Kunden sind der Wert des Kunden für Telekommunikation (im engeren Sinne), die Bedürfnisse nach Telekommunikationsleistungen und das Risiko eines Umsatzrückgangs bei den Kunden. Während der Wert (im engeren Sinne) auf Basis ökonomischer Kriterien, wie z. B. Umsatz und Umsatzwachstum sowie externer Marktdaten bestimmt wird, erfolgt die Ermittlung der zukünftigen Kundenbedürfnisse mittels Leading Edge-, Innovation Step- und Gap-Analysen. Dabei lassen sich auf Basis dieser Analysen Kunden identifizieren, die in Relation zu anderen Kunden ein hohes Potenzial zur individuellen Weiterentwicklung oder als Referenzkunde aufweisen. Als Grundlage für derartige Analysen dient primär die relative Produktnutzung sowie die Reaktion auf die kommunikative Ansprache. Die dritte von der Telekom herangezogene Dimension zur Kundenwertermittlung, das Gefährdungspotenzial, lässt sich u. a. durch Beschwerdeanalysen oder bisheriges Wechselverhalten bestimmen (Rieker/Strippel 2003, S. 745).

Der CLV-Ansatz weist insbesondere bei Berechnung einer Kundenbindungswahrscheinlichkeit eine hohe Entscheidungsorientierung auf. Mit zunehmender Berücksichtigung vorökonomischer Faktoren nimmt die Reliabilität und Validität der Ergebnisse allerdings ab und die Komplexität der Definition des Kundenwerts zu. Die Qualität der Ergebnisse hängt vor allem von der Aktualität und Vollständigkeit kundenbezogener Informationen des Rechnungswesens ab, wobei ein enger Kontakt zwischen Kunde und Unternehmen der kundenwertbasierten Einzelkundenanalyse zuträglich ist. Durch die Komplexität ist eine Anwendung des CLV-Ansatzes mit einem hohen organisatorischen und finanziellen Aufwand verbunden. Zudem steht bei der Konzeptionalisierung von Größen, wie Referenzpotenzial oder Kooperationspotenzial, eine umsetzungsfähige Operationalisierung nach wie vor aus. Dies führt letztlich dazu, dass Kommentare aus der Unternehmenspraxis die Messung und das Management des Kundenwertes als wichtige Themen ansehen, jedoch häufig Bedenken geäußert werden, dass die bisherigen Modelle und Ansätze aus der Marketingwissenschaft an der Umsetzungsfähigkeit mangeln.

Neben Problemen der Datenqualität (Bruhn et al. 2000) und des Datenschutzes bzw. der häufig kundenseitigen Datenverweigerung aus Angst vor Datenmissbrauch und des Mangels implementierungsfähiger Ansätze und Modelle scheitert eine umfassende Ermittlung des Kundenwertes teilweise auch daran, dass eine wirtschaftliche Erfassung bestimmter Kundeninformationen kaum möglich ist. Dies gilt insbesondere bei Dienstleistungstypen, die nur eine geringe Interaktion mit den Kunden erfordern (z. B. Fast-Food-Restaurants). Im Hinblick auf seine **Bedeutung im Dienstleistungsmarketing** ist hinsichtlich des Customer Lifetime Value hervorzuheben, dass durch seine Verwendung der Dynamik und Langfristigkeit von Kundenbeziehungen Rechnung getragen wird. Es werden nicht nur aktuelle Erfolgskomponenten hinsichtlich eines Kunden berücksichtigt, sondern vielmehr auch Erfolgspotenziale, die das Unternehmen im Rahmen der betrachteten Kundenbeziehung realisieren kann. Aus diesem Grunde wird der Customer Lifetime Value häufig zur Konkretisierung des Kundenbeziehungslebenszyklus herangezogen (Stauss 2000a). Daher ist der Customer Lifetime Value als die zentrale ökonomische Kontrollgröße des

Dienstleistungsmarketing und damit als Zielgröße mit herausragender Bedeutung für Dienstleistungsunternehmen anzusehen und in ein umfassendes Kundenwertmanagement zu integrieren.

Ein **Kundenwertmanagement** umfasst neben der Analyse des Kundenwertes eine darauf aufbauende Segmentierung. Im Unterschied zur klassischen Marktsegmentierung werden dabei Daten eingesetzt, die direkt bei den aktuellen Kunden erhoben werden (z. B. über Transaktionsdatenbanken oder Kundenbefragungen). Anders als im Rahmen der generellen Kundenwertanalyse werden hier segmentspezifische Zielsetzungen festgelegt (z. B. Ertragssteigerung in einem bestimmten Segment, Kostenreduzierung in einem anderen Segment). Basierend auf der Kundensegmentierung oder direkt auf der Kundenanalyse werden kundenwertorientierte Strategien mit dem Ziel entwickelt, individuelle, segmentbezogene Kundenwerte oder den Gesamtkundenwert zu verbessern (Payne/Holt/Frow 2001). Beispielsweise werden für unterschiedliche Segmente Strategien im Sinne von Portfoliostrategien festgelegt. In Abhängigkeit von den gewählten Strategien entwickeln Unternehmen konkrete Maßnahmen, die den Kundenwert als Selektionskriterium verwenden und das Ziel haben, durch einen spezifischen Instrumenteeinsatz den Kundenwert zu erhöhen. Schließlich wird sowohl das Kundenportfolio selbst als auch die Strategien und Maßnahmen dahingehend kontrolliert, ob die gesetzten Ziele erreicht wurden (vgl. zum Kundenwertmanagement auch Bruhn/Georgi 2004 sowie Bruhn/Hadwich/Georgi 2005).

> **Beispiel:** Die Deutsche Bank hat im Bereich der Private and Business Clients ein CRM-System mit der Bezeichnung KUNST (Kundenanalyse- und Steuerungssystem) aufgebaut, mit dessen Hilfe attraktive Kundengruppen identifiziert und analysiert werden können sowie gleichzeitig ein Kundenwertmanagement umsetzbar ist. Auf Basis dieses Systems werden die Kunden zum einen wertbasiert, zum anderen bedürfnisorientiert unterteilt. Die wertbasierte Analyse der Kunden führte zu sechs Kundengruppen (von Entwicklungskunden mit geringem Deckungsbeitrag bis hin zu Topkunden mit Potenzial). Bei der bedürfnisorientierten Segmentierung wurden drei Kundensegmente identifiziert: Moderne Privatkunden, Private Investoren und Geschäftskunden. Zudem konnten klar definierte Zielgruppen und Teilzielgruppen mit vergleichbaren Bedürfnissen gebildet werden. Darauf aufbauend war es möglich, Kundengruppen zu identifizieren, die mit hoher Wahrscheinlichkeit in höherwertige Segmente überführt werden können und die Interesse an bestimmten Cross-Selling-Leistungen haben. Darüber hinaus kann bestimmt werden, welche Kampagnen welchen Erfolg bei einzelnen Kundensegmenten haben, sodass die Segmentzuordnung Grundlage für die Steuerung der Kundenbeziehungen bilden (Lamberti 2003, S. 658f.).

2.4   Integriertes Controlling mit Kundenbarometern

Ein auf vorökonomische Größen ausgerichtetes Controlling von Kundenbeziehungen misst die Ausprägungen vorökonomischer Zielgrößen des Dienstleistungsmarketing, während beim Controlling ökonomischer Größen die finanziellen Wirkungen innerhalb einer Kundenbeziehung Gegenstand der Untersuchung darstellen. Zur systematischen Ableitung von Steuerungsmaßnahmen im Rahmen des Dienstleistungsmarketing ist es erforderlich, eine Verknüpfung von vorökonomischer und ökonomischer Ebene vorzunehmen. Nur auf diese Weise können die vorökonomischen Stellhebel für ökonomischen Erfolg innerhalb einer Beziehung identifiziert werden. Die vorökonomischen Stellhebel wiederum bieten Ansatzpunkte für die Ableitung von Steuerungsmaßnahmen.

Diese Verknüpfung ist Gegenstand von **integrierten Controllingsystemen** des Dienstleistungsmarketing, auf deren Basis eine möglichst umfassende Kontrolle der vorökonomischen und ökonomischen Zielgrößen des Dienstleistungsmarketing sowie ihrer Interdependenzen realisiert werden. Die Notwendigkeit von Interdependenzanalysen liegt in der Tatsache begründet, dass einzelne Größen, wie z. B. die Qualitätswahrnehmung oder die Kundenzufriedenheit, für sich genommen keine isolierte Bedeutung für ein Unternehmen aufweisen. Vielmehr sind die Interdependenzen innerhalb der Erfolgskette für das Dienstleistungsmarketing relevant. Ein Beispiel für diese Interdependenzen ist der indirekte Einfluss der Kundenzufriedenheit auf den ökonomischen Erfolg, der zum einen über eine Beeinflussung der Kundenloyalität und zum anderen über eine Beeinflussung des Weiterempfehlungsverhaltens zustande kommen kann. Bei Kundenbarometern handelt es sich um solch ein Verfahren, bei dem diese Interdependenzen der Zielgrößen umfassend in die Betrachtung einfließen.

Im Rahmen von **Kundenbarometern** werden verschiedene Wirkungen des Dienstleistungsmarketing gemäß der Erfolgskette gemeinsam gemessen. Hierbei werden sowohl die Zusammenhänge zwischen den entsprechenden Größen sowie die absoluten Konstruktausprägungen kontrolliert (vgl. Kapitel 5). Aus methodischer Sicht wird hierzu häufig auf die Kausalanalyse zurückgegriffen.

Eine **Nutzung der Ergebnisse** der Kausalanalyse für die integrierte Wirkungskontrolle kann folgendermaßen erfolgen (Bruhn/Hadwich 2004):

- Zusammenhangsanalyse,
- Simulation,
- Indexbildung,
- Indexvergleich.

Zunächst wird eine **Zusammenhangsanalyse** zwischen den Größen der Erfolgskette durchgeführt. Auf diese Weise wird ersichtlich, in welchem Ausmaß die vorökonomischen Zielgrößen (z. B. Kundenzufriedenheit, Kundenbindung) zur Realisierung der ökonomischen Zielgrößen beitragen. Aber auch die Zusammenhänge zwischen den vorökonomischen Größen lassen sich schätzen. Dabei werden sowohl direkte als auch indirekte Effekte untersucht (z. B. die indirekte Wirkung der Leistungsqualität eines Dienstleistungsangebotes – über Kundenbindung oder Weiterempfehlungen – auf die ökonomischen Ergebnisse des Dienstleisters).

Auf Basis der Ergebnisse der Zusammenhangsanalyse lässt sich eine **Simulation** von Auswirkungen der Veränderungen bei einzelnen Variablen vornehmen. Abbildung 8-2-8 zeigt eine derartige Simulation. Gelingt es dem entsprechenden Dienstleistungsanbieter, seine Reaktionsfähigkeit auf einer 7er-Skala von 6 auf 6,5 zu erhöhen, können entsprechende Verbesserungen beim Qualitäts-, Zufriedenheits- und Kundenbindungsindex erreicht werden.

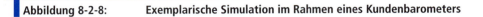

Abbildung 8-2-8:   **Exemplarische Simulation im Rahmen eines Kundenbarometers**

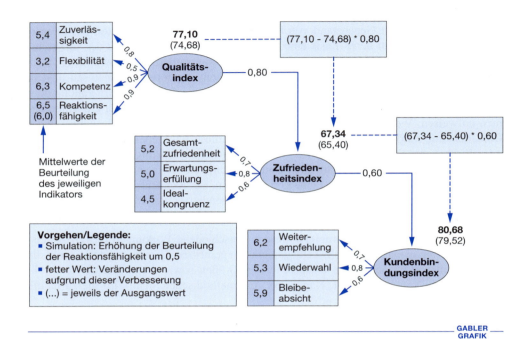

Weiterhin kann eine **Bildung von Indizes** (z. B. Zufriedenheitsindex, Kundenbindungsindex) vorgenommen werden, indem die Mittelwerte einer Strukturvariablen über eine Gewichtung mit Hilfe der Messparameter aggregiert werden. Die Gewichtungsfaktoren werden dabei durch die Schätzung des Gesamtmodells ermittelt. Dabei werden nicht nur die Zusammenhänge zwischen zwei Konstrukten (z. B. Kundenzufriedenheit und Kundenbindung), sondern auch zwischen einem Konstrukt und seinen Einzelmerkmalen bzw. Indikatoren (z. B. Zuverlässigkeit als Einzelmerkmal der Leistungsqualität) ermittelt. Diese Werte können als Bedeutungsgewichte bei der Indexermittlung genutzt werden.

Durch die Indexbildung wird eine Vergleichbarkeit der entsprechenden Konstrukte im Hinblick auf verschiedene Vergleichsobjekte möglich. Beispielsweise lässt sich die Kundenzufriedenheit im Zeitablauf analysieren oder im Sinne eines Benchmarking zwischen verschiedenen Anbietern vergleichen. Ein solcher **Indexvergleich** ist auf folgende Arten durchführbar:

- Zeitvergleich,

- Filialvergleich,

- Regionenvergleich,

- Unternehmensvergleich (bei Nutzung der Ergebnisse nationaler Kundenbarometer).

Durch Kundenbarometer lässt sich somit ein kontinuierliches Controlling der Zielgrößen des Dienstleistungsmarketing und ihrer Interdependenzen in Form so genannter **Trackings** durchführen.

Bei einer **kritischen Würdigung** von Kundenbarometern sind zunächst die ergebnisbezogenen Anforderungen zu betrachten. Dabei weist der Ansatz eine hohe Entscheidungsorientierung auf, da er der Erfassung der Zusammenhänge zwischen sämtlichen Wirkungen des Dienstleistungsmarketing dient. Da zahlreiche Größen in die jeweiligen Analysen einbezogen werden, hängt die Reliabilität und Validität der Ansätze von den zur Messung der Einzelgrößen genutzten Verfahren ab. Dies gilt ebenso für die Aktualität der Ansätze. Aufgrund der breiten Konzeptionalisierung können sie als vollständig angesehen werden. Hinsichtlich des Disaggregationsniveaus ist eine Einzelkundenbetrachtung bei der Umsetzung von Kundenbarometern nicht angestrebt. Vielmehr werden grundsätzliche Wirkungen des Dienstleistungsmarketing aufgezeigt. Hinsichtlich der durchführungsbezogenen Kriterien sind die Kundenbarometer mit hohem Aufwand und hoher Komplexität sowie in der Folge mit hohen Kosten verbunden.

Fragen zum 8. Kapitel:
Controlling im Dienstleistungsmarketing

Abschnitt 1:

▪ Was wird unter dem Begriff „Controlling" im weiteren Sinne verstanden?

▪ Welche Funktionen hat das Dienstleistungsmarketingcontrolling zu erfüllen, um die Effektivität und Effizienz des Dienstleistungsmarketing sicherzustellen?

Abschnitt 2:

▪ Worin liegt der Unterschied zwischen vorökonomischen und ökonomischen Erfolgsgrößen des Dienstleistungsmarketing? Weshalb ist dem Controlling vorökonomischer Größen eine besondere Bedeutung beizumessen?

▪ Welche grundlegenden Verfahren zum Controlling von vorökonomischen Indikatoren existieren?

▪ Was wird unter dem Begriff „Share of Customer" bzw. „Share of Wallet" verstanden?

▪ Welche Ziele werden mit einer ABC-Analyse verfolgt?

▪ Worin liegen die Schwächen der ABC-Analyse und wie lässt sich diesen entgegenwirken?

▪ Wie berechnet sich der Kundendeckungsbeitrag und welche Probleme sind mit der Kundendeckungsbeitragsanalyse verbunden?

▪ Im Rahmen des mehrperiodischen Controlling von Kundenbeziehungen wird das Konzept des Customer Lifetime Value diskutiert. Welche Stufen der Kundenbewertung lassen sich differenzieren?

▪ Wie wird zur Ermittlung des so genannten Present CLV vorgegangen?

▪ Im Zusammenhang mit der Berücksichtigung der Kundenbindungswahrscheinlichkeit bei der Kundenwertermittlung wird zwischen dem so genannten Migration-Modell und dem Retention-Modell unterschieden. Welche Ausgangsüberlegungen stehen hinter dem jeweiligen Modell?

▪ Welches sind die Einflussfaktoren der Kundenbindung und welche Möglichkeiten zur Berechnung einer kundenbindungsspezifischen Wahrscheinlichkeit im Rahmen der Ermittlung des Kundenwertes gibt es?

▪ Welche Faktoren beeinflussen den Referenzwert eines Kunden?

▪ Welche – über den Referenzwert hinausgehenden – Determinanten sind bei einer umfassenden Ermittlung des Kundenwertes zu berücksichtigen?

▪ Warum ist die Ermittlung eines Kundenwertes in der Unternehmenspraxis oftmals schwierig?

▪ Worin liegt der Grundgedanke von integrierten Controllingsystemen?

▪ Ein Ansatz zur integrierten Kontrolle von vorökonomischen und ökonomischen Wirkungen des Dienstleistungsmarketing stellen Kundenbarometer dar. Welche controllingrelevanten Informationen lassen sich mithilfe von Kundenbarometern gewinnen?

▪ Wie lassen sich die Ergebnisse von Kundenbarometern nutzen?

1. Grundlagen des internationalen Dienstleistungsmarketing

1.1 Bedeutung internationaler Dienstleistungen

Seit den 1980er Jahren ist eine zunehmende Dynamik im internationalen Wettbewerb zu beobachten. Diese Globalisierung des Wettbewerbs zeichnet sich durch die integrierte Planung und Abstimmung von Unternehmensaktivitäten auf weltweiter Ebene aus, mit dem Ziel, sich gegenüber anderen globalen Wettbewerbern zu profilieren (Toyne/Walters 1993; Lee/Carter 2005).

Im Mittelpunkt der wissenschaftlichen Diskussion dieses Internationalisierungsprozesses steht primär die internationale Vermarktung von Konsum- und Gebrauchsgütern, während das internationale Marketing von Dienstleistungen zunächst nur rudimentär behandelt wurde (Kothari 1988, S. 209; Cowell 1993, S. 257; Mößlang 1995, S. 1; o.V. 1997, S. 26). Erst in letzter Zeit ist eine Intensivierung der wissenschaftlichen Diskussion über ausgewählte Aspekte des **internationalen Dienstleistungsmarketing** festzustellen (Nicoulaud 1989; Dahringer 1991; Lethinen 1991; Erramilli/Rao 1993; Stauss 1995; Clark/Rajaratnam 1999; Knight 1999; Laird/Kirsch/Evans 2003; Gardini/Dahlhoff 2004; Bruhn/Stauss 2005; La/Patterson/Styles 2005; Alexander/Rhodes/Myers 2007; Sanchez-Peinado/Pla-Barber/Hébert 2007). Die relative Nichtbeachtung dieses Themengebietes steht in auffallendem Missverhältnis zu der in sämtlichen hoch entwickelten Volkswirtschaften festzustellenden Bedeutungszunahme des Dienstleistungssektors im Welthandel. Insbesondere produktorientierte Dienstleistungen als Inputfaktoren gewinnen hinsichtlich einer grenzüberschreitenden Vermarktung zunehmend an Bedeutung, wenngleich das gesamte Handelsvolumen mit Dienstleistungen lediglich ein Fünftel des Volumens im Sachgüterhandel erreicht (Behofsics 1998, S. 36; World Trade Organization 2007, S. 175f.).

Als **Gründe für eine zunehmende internationale Ausrichtung von Dienstleistungsanbietern** lassen sich erwähnen (Porter 1991, S. 274ff.; 1999, S. 274ff; Hermanns/Wißmeier 2001, S. 527f.; Javalgi/White 2002, S. 565; Javalgi/Griffith/White 2003; Swoboda/Foscht 2005, S. 43ff.):

■ Liberalisierung des Dienstleistungshandels (Javalgi/White 2002, S. 565; Peters/Weiermair 2005, S. 347),

■ Effizienzvorteile wie Economies of Scale bzw. Scope,

■ Zunahme des internationalen Dienstleistungshandels durch verstärkten internationalen Warenhandel aufgrund der komplementären Beziehung zwischen Sachgütern und Dienstleistungen (Behofsics 1998, S. 37) ("Follow-the-Customer"),

■ Größere Mobilität der Mitarbeitenden (z. B. durch Personenfreizügigkeitsabkommen innerhalb der EU-Mitgliedsstaaten),

■ Vereinfachte Informationsflüsse und verbesserte Transportmöglichkeiten durch Technologiefortschritte („Global Sourcing"),

■ Verbesserte Kommunikationsmöglichkeiten mit entfernten Kunden durch neue Kommunikationstechnologien,

■ Steigerung der Nachfrage nach international verfügbaren Dienstleistungen durch zunehmende Ähnlichkeit der Dienstleistungsbedürfnisse,

■ Stärkere Handelsströme durch Kosten- und Qualitätsunterschiede der in den einzelnen Ländern erbrachten Dienstleistungen,

■ Streuung des Unternehmensrisikos durch Diversifikation,

■ Demographische Veränderungen in einer Vielzahl von Volkswirtschaften.

Aus der Vielzahl von Gründen zur internationalen Ausrichtung sind hauptsächlich betriebswirtschaftlich relevante Motive und Zielsetzungen bei der Markterweiterung von Dienstleistungsangeboten ausschlaggebend (Meffert/Wolter 2000, S. 18f.; Dolski/Hermanns 2004, S. 88f.). Die Nutzung des unternehmensspezifischen Wettbewerbsvorteils auf internationaler Ebene in Form einer Multiplikation erfolgreicher Dienstleistungskonzepte in Auslandsmärkten (vgl. Bruhn/Hadwich 2005) ist häufig die zentrale Intention im unternehmensinternen Bereich (Blümelhuber/Kantsperger 2005, S. 127).

Eine zunehmende internationale Ausrichtung des Dienstleistungsmarketing manifestiert sich im wertmäßigen **Wachstum des Welthandels mit Dienstleistungen**, dargestellt in Abbildung 9-1-1. Seit den 1990er Jahren zeigt sich eine kontinuierliche Zunahme des grenzüberschreitenden Handels mit Dienstleistungen. Im Jahr 2006 wurde eine weltweite Steigerung um circa 13 Prozent gemessen, sodass der internationale Dienstleistungshandel einen wachstumsstarken Bereich des Welthandels darstellt (World Trade Organization 2007, S. 234).

Abbildung 9-1-1: Wertmäßiges Wachstum des Welthandels mit Dienstleistungen

| Länderregionen | Wert* 2006 | | Jährliche prozentuale Veränderung | | | | | |
| | | | 2005 | | 2006 | | 2000–2006 | |
	Exporte	Importe	Exporte	Importe	Exporte	Importe	Exporte	Importe
Welt	2.755	2.650	11	10	12	12	11	10
Nordamerika	463	402	10	9	9	10	6	7
Lateinamerika	51	61	18	21	13	14	8	7
Europa	1.362	1.219	9	8	11	9	12	10
Afrika	42	59	12	21	11	13	13	14
Asien	203	234	15	12	17	14	12	10

* Gemessen in Mrd. USD

GABLER
GRAFIK

Quelle: In Anlehnung an World Trade Organization 2007, S. 117, 234

Der **Export an Dienstleistungen durch deutsche Unternehmen** betrug im Jahre 2006 ca. 170 Mrd. USD. Dies bedeutet ein Wachstum von 12 Prozent gegenüber dem Jahre 2005 und entspricht einem Anteil von 6,1 Prozent am weltweiten Export von Dienstleistungen. Dagegen belief sich der **Import** im Jahre 2006 auf ca. 220 Mrd. USD. Dies bedeutet einen Anteil von 8,3 Prozent am weltweiten Import (World Trade Organization 2007, S. 14).

Allerdings weist Deutschland im internationalen Vergleich eine „Dienstleistungslücke" auf. Bei der wertmäßigen Gegenüberstellung der Aus- und Einfuhren von Dienstleistungen zeichnet sich Deutschland traditionell durch ein hohes Defizit (2006: 50 Mrd. USD) und somit Nachholbedarf bezüglich der Exporttätigkeiten aus. Im Vergleich dazu erwirtschaftet die USA durch ihre Exporttätigkeiten einen Überschuss von 80 Mrd. USD (World Trade Organization 2007, S. 14).

1.2   Begriff des internationalen Dienstleistungsmarketing

In der Literatur existiert keine einheitliche Definition des internationalen Dienstleistungsmarketing. Jedoch lässt sich in Anlehnung an verschiedene Autoren internationales Dienstleistungsmarketing wie folgt definieren (Terpstra/Sarathy 1994, S. 597ff.; Hermanns 1995, S. 25f.; Stauss 1995, S. 457; Wißmeier 1995, S. 49; Clark/Rajaratnam/Smith 1996, S. 15; Clark/Rajaratnam 1999, S. 299ff.; Dahringer/Mühlbacher 1999, S. 401ff.; Backhaus/Büschken/Voeth 2003, S. 44ff.):

> **Internationales Dienstleistungsmarketing** ist die Analyse, Planung, Koordination und Kontrolle aller auf die aktuellen und potenziellen internationalen Absatzmärkte ausgerichteten Unternehmensaktivitäten eines Dienstleistungsunternehmens.

Konkrete Handlungsempfehlungen für das internationale Dienstleistungsmarketing werden aus dem klassischen (nationalen) Dienstleistungsmarketing und dem klassischen internationalen Industriegüter- bzw. Konsumgütermarketing entnommen. Die **Prinzipien des Marketingmanagements** gelten international wie national. Grundlage des internationalen Dienstleistungsmarketing ist ebenfalls der Planungsprozess der strategischen Unternehmens- und Marketingplanung. Auf der Basis einer Unternehmens- und Umfeldanalyse werden dementsprechend Unternehmensziele für länderbezogene oder länderübergreifende Segmente abgeleitet, um in einem weiteren Schritt Marktwahlentscheidungen zu treffen sowie das Ausmaß der möglichen Standardisierung und Markteintrittsstrategien festzulegen. Darauf aufbauend wird die Ausgestaltung der operativen Marketinginstrumente festgelegt, d. h. der internationale Marketingmix. Der wissenschaftliche Teilbereich des **internationalen Marketing** liefert Erkenntnisse, inwiefern und in welchem Maße den unterschiedlichen sozialen, politischen, rechtlichen, ökonomischen und kulturellen Rahmenbedingungen im Hinblick auf internationale Marketingaktivitäten Rechnung zu tragen ist. Insbesondere bei Strategieentwicklung und Marketingmixeinsatz sind diese internationalen Besonderheiten zu berücksichtigen (Dülfer 2001; Javalgi/Martin/ Young 2006).

Hinsichtlich des **internationalen Dienstleistungsmarketing** stellen sich zwei grundsätzliche Fragen (Hermanns/Wißmeier 2001, S. 525ff.):

■ Unterscheidet sich internationales Dienstleistungsmarketing gravierend von nationalem Dienstleistungsmarketing?

■ Unterscheidet sich internationales Dienstleistungsmarketing gravierend von internationalem Produktmarketing?

Unterschiede zwischen internationalem Dienstleistungsmarketing und internationalem Produktmarketing ergeben sich aus den konstitutiven Merkmalen von Dienstleistungen. Trotz technologischer Entwicklungen wie z. B. dem Internet, die Unterschiede zwischen internationalem Dienstleistungsmarketing und Produktmarketing verringern, und trotz zu konstatierender umfänglicher Affinitäten zwischen internationalem Produkt- und Dienstleistungsmarketing bzw. zwischen nationalem und internationalem Dienstleistungsmarketing sind Besonderheiten des strategischen und operativen internationalen Dienstleistungsmarketing zu beachten (Hübner 1996, S. 54; Hermanns/Wißmeier 2001; Ahlert/ Evanschitzky/Woisetschläger 2005, S. 232ff.; Dolski/Hermanns 2005, S. 205ff.).

Ähnlich wie beim klassischen Dienstleistungsmarketing bilden aufgrund der Heterogenität von Dienstleistungen Typologien internationaler Dienstleistungen den Ausgangspunkt für ein systematisches internationales Dienstleistungsmarketing.

▌*1.3*   Typologisierung internationaler Dienstleistungen

Zur Typologisierung internationaler Dienstleistungen ist die Anwendung einer **Vielzahl von Strukturierungsansätzen** möglich, aus denen sich relevante Implikationen ableiten lassen.

Vor dem Hintergrund der Anwendbarkeit für die Ableitung von Implikationen für den strategischen Planungsprozess beschränken sich die Ausführungen im Folgenden auf die **Typologisierung nachfragerstandortbasierter Dienstleistungen auf Basis konstitutiver Dienstleistungsmerkmale**, da die strategischen Folgerungen in Abschnitt 3 weitgehend auf dieser Typologisierung basieren. Für eine Typologisierung anhand weiterer möglicher Strukturierungsansätze wird auf die entsprechende Literatur verwiesen (z. B. für die Typologisierung auf Basis von Markt-Ressourcen-Kombinationen vgl. Berger 1999; für die Typologisierung auf Basis kultureller Besonderheiten vgl. Bradley 1995; für die Typologisierung auf Basis von Mobilitätsüberlegungen vgl. Sampson/Snape 1985).

Die Typologisierung nachfragerstandortbasierter Dienstleistungen auf Basis konstitutiver Dienstleistungsmerkmale verknüpft die konstitutiven Merkmale von Dienstleistungen mit internationalen Aspekten. Als entsprechende Unterscheidungskriterien lassen sich die Interaktionsintensität, der Intangibilitätsgrad und die kulturelle Spezifität des Faktoreinsatzes heranziehen (Stauss 1994c; 1995, S. 456).

Die dem Begriff **Interaktionsintensität** subsumierten Dimensionen determinieren die internationalen Dienstleistungsaktivitäten des Anbieters. Eine hohe Interaktionsintensität ist bei einem hohen Anteil des zeitlichen Kontakts an der Gesamtzeit der Leistungserstellung, bei häufigem Kundenkontakt und einem großen Umfang persönlicher Kommunikation, bei einem hohen Maß an intellektueller oder körperlicher Mitwirkung des Nachfragers und bei einer kundenindividuellen Anpassung des Leistungsangebots gegeben (Stauss 1994c, S. 11; 1995, S. 456).

Neben der Interaktionsintensität bestimmt der **Intangibilitätsgrad** maßgeblich die Marketingkonzeption eines internationalen Dienstleistungsanbieters, da das Internationalisierungspotenzial von Dienstleistungen mit steigendem Anteil tangibler Elemente wächst.

Des Weiteren bestimmt die **kulturelle Spezifität des Faktoreinsatzes** die Anforderungen an das internationale Dienstleistungsmarketing. Darunter ist das Ausmaß zu verstehen, in dem kulturspezifisches bzw. länderbezogenes Know-how und Expertenwissen für die Dienstleistungserstellung von Relevanz ist. Mit Zunahme der kulturellen Spezifität werden die permanente Präsenz am Erstellungsort, der Einsatz einheimischer Mitarbeiter und die Vornahme länderspezifischer Anpassungen notwendig.

Neben den konstitutiven Dienstleistungsmerkmalen zieht diese Typologie die **Mobilität bzw. Ortsgebundenheit der Nachfrager** auf der einen Seite und der **Produktionsfaktoren des Anbieters** auf der anderen Seite ins Kalkül. Bei nachfragerstandortbasierten Dienstleistungen sind die Produktionsfaktoren des Anbieters im Gegensatz zum Dienstleistungsnachfrager mobil, sodass die Dienstleistungserstellung beim Kunden erfolgt. Dies macht die Ausweitung der Unternehmensaktivität außerhalb des Herkunftslandes notwendig.

Da sich die Marketingaufgabe in Abhängigkeit der Ausprägungen der zeitlichen, funktionalen und sozialen Dimension der Kundenbeteiligung unterscheidet, erleichtert die weitergehende Differenzierung anhand der konstitutiven Dienstleistungsmerkmale die Ableitung von Implikationen für das internationale Dienstleistungsmarketing und führt zur Unterscheidung von zwei Typen internationaler Dienstleistungen (Stauss 1995, S. 457; Abbildung 9-1-2):

■ **Typ B-1: „Consulting"**

Dieser Dienstleistungstyp ist durch eine hohe Ausprägung der Interaktionsintensität, des Intangibilitätsgrades und der kulturellen Spezifität des Faktoreinsatzes gekennzeichnet, der tendenziell die Präsenz am Erstellungsort erfordert. Beispiele für Consulting-Leistungen stellen in der Regel „Professional Services" wie Dienstleistungen von Unternehmensberatungen, Rechtsberatungen oder Weiterbildungsveranstaltern dar.

■ **Typ B-2: „Fast Food"**

Im Gegensatz zum Typ B-1 zeichnet sich Typ B-2 durch einen mittleren bis niedrigen Grad an Interaktionsintensität, Intangibilität und Spezifität des Faktoreinsatzes aus. Beispiele sind die Systemgastronomie, Hotels, Fluggesellschaften oder Autovermietungen.

Abbildung 9-1-2: Typologisierung nachfragerstandortbasierter Dienstleistungen auf Basis konstitutiver Dienstleistungsmerkmale

Typ Merkmal	Typ B-1 „Consulting"	Typ B-2 „Fast Food"
Interaktionsintensität	hoch	mittel/gering
Intangibilitätsgrad	hoch	mittel/gering
Spezifität des Faktoreinsatzes	hoch	mittel/gering

GABLER GRAFIK

Quelle: In Anlehnung an Stauss 1995, S. 458

Der vorgestellte Typologisierungsansatz stellt ein mögliches Hilfsmittel zur Strukturierung der unterschiedlichen international erbrachten Dienstleistungen dar. Daneben berücksichtigen die weiteren angesprochenen Ansätze andere spezifische Merkmale von Dienstleistungen. Vergleichbar mit klassischen Dienstleistungstypologien ist bei international ausgerichteten Typologien zu beachten, dass aufgrund der Heterogenität von Dienstleistungen eine vollständige und eindeutige Typologisierung nicht möglich ist. Vielmehr wählen Dienstleistungsanbieter diejenigen Typologien als Ausgangspunkt, die für ihre Situation zweckmäßig sind (ein Überblick über weitere Typologien findet sich u. a. bei Peters/Weiermair 2005, S. 350ff.).

Im Folgenden wird auf die Besonderheiten der strategischen und operativen Gestaltung des Dienstleistungsmarketing eingegangen.

2. Strategisches internationales Dienstleistungsmarketing

Entsprechend der zu Grunde gelegten Definition umfasst der Managementprozess des internationalen Dienstleistungsmarketing die Analyse-, Planungs-, Durchführungs- und Kontrollphase. Im Rahmen der Strategiefestlegung sind für internationale Dienstleistungen die im Folgenden näher betrachteten **Entscheidungsfelder** der internationalen Marktwahl-, Markteintritts- und Marktbearbeitungsstrategie mit den jeweiligen Fragestellungen von zentraler Bedeutung. Die internationale Situationsanalyse wird der Strategiefestlegung dabei als Ausgangsbasis vorangestellt (Stauss 1995, S. 459; Hermanns/Wißmeier 2001, S. 525ff.; Berndt/Fantapié Altobelli/Sander 2005, S. 91ff.).

2.1 Internationale Situationsanalyse

Maßgebliche Grundlage für den strategischen Planungsprozess ist die **Analyse der externen und internen Umwelt**. Die Analyse relevanter Faktoren erfordert besondere Aufmerksamkeit (Meissner 1995, S. 27ff.), da hinsichtlich Aktualität und Vergleichbarkeit der Informationen Probleme denkbar sind und durch die in der Regel geringere Vertrautheit mit den Verhältnissen auf den Auslandsmärkten eine Vielzahl von entscheidungsrelevanten Daten erst zu erheben ist (Berndt/Fantapié Altobelli/Sander 2005, S. 14).

Um die Informationsgrundlagen der internationalen Unternehmensplanung systematisch zu erfassen, lassen sich die Faktoren der Situationsanalyse in die Bereiche globale Rahmenbedingungen, Branche und Wettbewerb sowie unternehmensspezifische Einflussfaktoren untergliedern (Berndt/Fantapié Altobelli/Sander 2005, S. 14ff.; Abbildung 9-2-1).

Die Situationsanalyse eines Dienstleistungsunternehmens im internationalen Kontext ist kein a priori festgelegtes fixes Raster, sondern ist an die individuellen Unternehmensziele anzupassen. Als Ergebnis einer solchen Situationsanalyse werden Chancen und Risiken des Auslandsengagements sowie auslandsspezifische Stärken und Schwächen des Unternehmens identifiziert und damit die Informationsgrundlage für die Entscheidungsfindung geschaffen.

Abbildung 9-2-1:   **Faktoren der Situationsanalyse für das internationale Dienstleistungsmarketing**

	Faktoren	Beispiele	
Globale Rahmenbedingungen	Ökonomische Faktoren	■ Marktgröße ■ Bruttosozialprodukt ■ Pro-Kopf-Einkommen ■ Kaufkraft ■ Zinsentwicklung ■ Wechselkursentwicklung ■ Lohnkosten	
	Politisch-rechtliche Faktoren	■ Heimat- und Gastlandrecht ■ Internationales Recht ■ Politische Stabilität ■ Arbeitskämpfe ■ Wirtschaftsabkommen ■ Tarifäre und nichttarifäre Handelshemmnisse	
	Soziokulturelle Faktoren	■ Sprache und Religion ■ Werte und Normen ■ Gepflogenheiten ■ Bildungsstand ■ Soziale Institutionen und soziales Verhalten	
	Geographische Faktoren	■ Klima ■ Topographie	■ Ressourcen ■ Infrastruktur
Branche und Wettbewerb	Branchenkultur	■ Marktform ■ Eintrittsbarrieren ■ Kapitalintensität der Branche ■ Wertschöpfung innerhalb der Branche ■ Technologischer Wandel innerhalb der Branche	
	Wettbewerber	■ Art, Anzahl und Größe der Konkurrenten ■ Wettbewerbsintensität ■ Leistungsprogramm der Konkurrenten ■ Marktanteile	
	Abnehmer	Endverbraucher ■ Nachfrageverhalten ■ Bedürfnisstruktur ■ Beschaffenheit und Größe der Marktsegmente ■ Preisbereitschaft ■ Phase im Lebenszyklus	Vertriebspartner ■ Nachfragemacht der Partner ■ Einkaufsvolumen der Partner ■ Konzentrationsrate der Partner ■ Distributionsstrukturen
Unternehmensspezifische Faktoren	Unternehmensziele	■ Oberste Unternehmensziele/Unternehmensphilosophie ■ Länderspezifische Marketingziele	
	Finanzkraft	■ Kapitalstruktur ■ Liquidität ■ Kreditwürdigkeit	
	Leistungsmerkmale	■ Standardisierbarkeit ■ Servicequalität ■ Nebenleistung	
	Personal	■ Qualifikation ■ Auslandserfahrungen	
	Dienstleistungs-kapazität	■ Vorhandene Kapazität ■ Kapazitätsauslastung	

Quelle: In Anlehnung an Berndt/Fantapié Altobelli/Sander 2005, S. 15

GABLER GRAFIK

2.2 Internationale Marktwahlstrategie

Für Dienstleistungsunternehmen ist im Rahmen einer Internationalisierung zu entscheiden, welche Länder vornehmlich bearbeitet werden. Bei der **internationalen Marktabdeckung** sind Entscheidungskriterien wie das Marktpotenzial des betreffenden Landes, die erzielbaren Preise für die anzubietende Leistung, Umfeldfaktoren und allgemeine Rahmenbedingungen (z. B. Infrastruktur, Ressourcenverfügbarkeit), rechtliche Faktoren sowie kulturelle Besonderheiten heranzuziehen (Hermanns/Wißmeier 2001, S. 525ff.; Backhaus/Büschken/Voeth 2003, S. 124ff.; Raff/Billen 2005, S. 154ff.). Dabei ist die Gesamtheit der potenziellen Länder durch Anwendung von Ausschlusskriterien auf eine überschaubare Anzahl relevanter Märkte einzugrenzen. Darauf aufbauend sind – beispielsweise mittels Scoringtabellen – diejenigen Länder herauszufiltern, die besonders Erfolg versprechend erscheinen (Berndt/Fantapié Altobelli/Sander 2005, S. 102ff.).

Bei der **Marktwahl** galt vormals die Beschränkung für Diensleistungsunternehmen, zunächst in geographisch nah gelegene Länder zu expandieren. Neue Informations- und Kommunikationstechnologien sowie die wachsende Faktormobilität, z. B. mobile Mitarbeitende, heben diese Beschränkung weitgehend auf. Dies gilt insbesondere für Dienstleistungskonzepte, die auf dem Einsatz des Internets basieren (z. B. Online-Handel, Online-Broker) (Bruhn 2005a, S. 17; Eberl/Franke 2005).

Die Auswahl von Ländermärkten ist wesentlich durch die von Unternehmen angestrebte **Internationalisierungsstrategie** beeinflusst (Backhaus/Büschken/Voeth 2003), die als Grundorientierung bzw. als Leitlinie des Managements bei der Gestaltung der grenzüberschreitenden Unternehmenstätigkeit zu verstehen ist.

Eine **Strukturierung von Internationalisierungsstrategien** ist anhand der Dimensionen „Integrationsvorteile" und „Differenzierungsvorteile" möglich. Durch ein hohes Maß an **Integrationsvorteilen** lassen sich Globalisierungsvorteile realisieren. Ein hoher Weltmarktanteil eröffnet z. B. deutliche Kosteneffekte. **Differenzierungsvorteile** werden durch eine länderspezifische Anpassung (z. B. heterogene Bedürfnisse, Normen, gesetzliche Regelungen) erzielt. Dieses Vorgehen ist durch eine geringe Integration internationaler Aktivitäten gekennzeichnet, wobei Lokalisierungsvorteile angestrebt werden. Indikatoren für Lokalisierungsvorteile sind länderspezifische Marktanteile, Marktausschöpfungsgrade oder Umsatzvolumina (Meffert/Bolz 2001, S. 26).

Anhand der Realisierung von Integrations- und Differenzierungsvorteilen lassen sich vier **Typen von Internationalisierungsstrategien** unterscheiden (Perlmutter 1969; Kreutzer 1989, S. 12ff.; Meffert/Bolz 2001, S. 25ff.; Cateora/Graham 2007, S. 22ff.; Abbildung 9-2-2):

1. Internationale Strategie (ethnozentrische Orientierung),

2. Multinationale Strategie (polyzentrische Orientierung),

3. Globale Strategie (geozentrische Orientierung),

4. Transnationale Strategie.

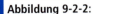

Abbildung 9-2-2:   **Typen von Internationalisierungsstrategien**

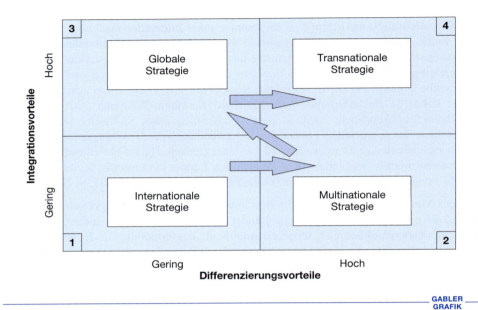

Quelle: Meffert/Bolz 2001, S. 27

Diese vier Strategietypen zeichnen sich durch die in Abbildung 9-2-3 dargestellten **Merkmale** aus.

Vereinfacht lassen sich diese Strategien auch als **Entwicklungsprozess der internationalen Geschäftstätigkeit** von (Dienstleistungs-)Unternehmen interpretieren. Dabei sind das multinationale und das globale Marketing als gegensätzliche Pole im Spannungsfeld zwischen globalem Wettbewerbsdruck und nationalen Bedürfnissen anzusehen (Meffert/Bolz 2001, S. 26).

Die **zunehmende Bedeutung einer transnationalen Marketingstrategie** in einigen Branchen, d. h. die gleichzeitige Ausrichtung des Auslandsengagements an den Erfordernissen von globaler Integration und lokaler Anpassungsfähigkeit, ist auf die Herausforderung des Managements zurückzuführen, die konfligierenden Interessen zwischen der Wahrnehmung globaler Kostenvorteile, nationaler bzw. regionaler Anpassung und weltweitem Lernen auszubalancieren bzw. miteinander zu verbinden. In der Praxis hat dementsprechend auf Grundlage weltweit konzipierter Rahmenstrategien eine nationale bzw. lokale Anpassung der gewählten Strategien zu erfolgen (Meffert/Bolz 2001, S. 28f.). Die strategischen Kompetenzen eines transnationalen Unternehmens sind insbesondere in der globalen Wettbewerbsfähigkeit, multinationalen Flexibilität und weltweiten Lernfähigkeit zu sehen (Bartlett/Ghoshal 1990; Lovelock 1999, S. 279ff.; Bergmann 2000, S. 83ff.).

Abbildung 9-2-3:   **Merkmale von Internationalisierungsstrategien**

Strategie Merkmal	Internationale Strategie	Multinationale Strategie	Globale Strategie	Transnationale Strategie
Philosophie	Ausrichtung am Heimmarkt und Export	Ausrichtung an den jeweiligen nationalen Märkten	Ausrichtung am Weltmarkt	Ausrichtung am Weltmarkt und an den nationalen Märkten
Bearbeitung	Wenige Länder und Segmente	Viele Länder und Segmente; differenziert	Viele Länder; standardisiert	Viele Länder; differenziert
Internationalisie-rungsform	Direkter Export, Vertriebsgesell-schaften	Internationale Filialen, Tochter-gesellschaften	Internationale Filialen, Tochter-gesellschaften, Franchising	Internationale Filialen, Tochter-gesellschaften, Netzwerke/Partnerschaften
Wettbewerbs-orientierung	Orientierung am Wettbewerb im Heimatmarkt	Orientierung am national stärksten Wettbewerber	Orientierung am weltweit stärksten Wettbewerber	Orientierung am weltweit stärksten Wettbewerber sowie an den national stärksten Wettbewerbern
Organisation	Auslands-abteilung	Gebiets-organisation	Produkt-organisation	Matrix-/Netzwerk-organisation
Beispiele	■ Export von Musik ■ Software ■ Online-Dienste	■ Beratungen ■ Banken ■ Versicherungen	■ Fast-Food-Ketten ■ Baumärkte ■ Hotels	■ Werbeagenturen ■ Marktforschungs-institute ■ Projekt-entwicklung

GABLER GRAFIK

Quelle: In Anlehnung an Meffert/Bolz 2001, S. 25ff.

Im Dienstleistungsbereich sind transnationale Strategien insbesondere in Branchen anzu-treffen, in denen ein hohes spezifisches Know-how erforderlich ist (z. B. Werbeagenturen, Marktforschungsunternehmen). Durch ein transnationales Marketing wird in diesen Be-reichen die **Bündelung bestimmter strategischer Kompetenzen** umgesetzt.

2.3   Internationale Markteintrittsstrategie

Nach der Marktwahl ist über die Form des Markteintritts zu entscheiden. In der Literatur existieren unterschiedliche **Kriterien zur Systematisierung** der verschiedenen Formen des Markteintritts (Kutschker 1992, S. 500ff.; Meissner 1995, S. 52f.; Kutschker/Schmid 2006):

■ Managementleistungen und Kapitaleinsatz im In- und Ausland,

■ Kontrollmöglichkeiten der Auslandsaktivitäten,

■ Kooperationsabhängigkeit,

■ Institutionelle Ansiedelung der Aktivitäten.

Die Unterscheidung in Managementleistungen sowie Kapitaleinsatz im Stamm- und Gastland bietet sich aufgrund ihrer Einfachheit und Stringenz an (Abbildung 9-2-4). Dabei
weist der Export auf der einen Seite den größten Anteil an Kapital- und Managementleistungen im Stammland auf, die Tochtergesellschaft als das andere Extrem den größten
Anteil an Kapital- und Managementleistungen im Gastland. Die Chancen, Risiken und
Kosten einer Markteintrittsstrategie steigen mit zunehmenden Leistungen im Gastland.

Welche **Form des Markteintritts** das Dienstleistungsunternehmen schließlich wählt,
hängt insbesondere von der Ausprägung der dienstleistungstypischen Charakteristika ab.

Abbildung 9-2-4:   **Formen internationaler Markteintrittsstrategien**

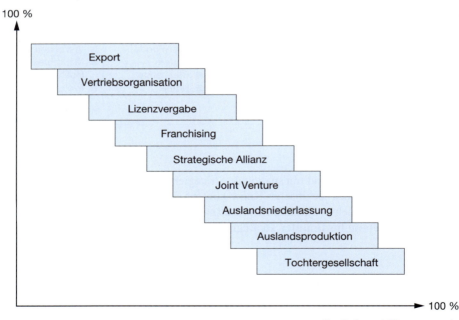

Quelle: Meissner/Gerber 1980, S. 224

Erste Anhaltspunkte zur Wahl einer geeigneten Internationalisierungsform liefert beispielsweise eine Typologisierung internationaler Dienstleistungen auf Basis konstitutiver Merkmale von Vandermerwe/Chadwick (1989, S. 84; Abbildung 9-2-5). Grundsätzlich wird hinsichtlich der einzelnen Markteintrittstrategien zwischen dem Export und einer ständigen Präsenz im Ausland unterschieden (Köhler 1995, S. 174ff.; Stauss 1995, S. 461).

Abbildung 9-2-5: **Typologisierung internationaler Dienstleistungen auf Basis konstitutiver Dienstleistungsmerkmale**

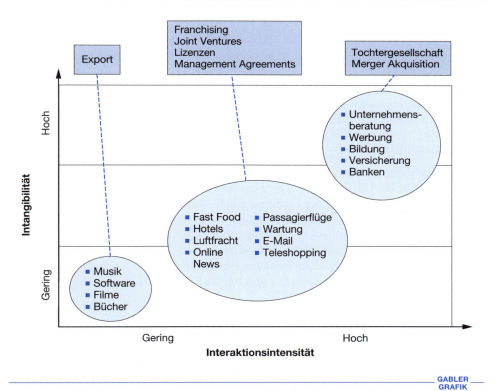

Quelle: Vandermerwe/Chadwick 1989, S. 84

Wie in Abbildung 9-2-5 ersichtlich wird, bietet sich der **Export** von Dienstleistungen hauptsächlich für veredelte (vgl. Kapitel 1, Abschnitt 2.3) oder digitalisierbare Dienstleistungen an.

Bei folgenden Merkmalen einer Dienstleistung ist dagegen die **ständige Präsenz im Ausland** anzuraten (Köhler 1995, S. 175f.):

- Intensive und dauerhafte Kundenbeziehungen,

- Hohe Anzahl an Kunden,

- Intensiver Kontakt zu lokalen (Beschaffungs-) Märkten,

- Hohe Priorität des Kontaktes zu staatlichen Stellen,

- Starke Präsenz der Wettbewerber im Auslandsmarkt,

- Notwendigkeit zu unmittelbaren Kundenkontakten.

Präsenz im Ausland lässt sich für Dienstleistungsunternehmen daneben durch Lizenz-vergabe, Franchisesysteme, Joint Ventures, eigene Tochtergesellschaften sowie Akquisitionen im Ausland erreichen, wobei auch eine Mischung aus den genannten Strategien denkbar ist.

Der wesentliche Vorteil einer Internationalisierung durch **Lizenznahme** liegt im schnellen und problemlosen Einstieg in den ausländischen Markt, der keine sozialen, rechtlichen und politischen Risiken beinhaltet. Dementsprechend leicht ist ein Rückzug möglich, falls die Nachfrage im Auslandsmarkt zurückgeht. Nicht nur für kapitalschwache Unternehmen ist ein Markteintritt durch Lizenzvergabe ein gangbarer und vergleichsweise risikoloser Weg (Behofsics 1998, S. 54; Berndt/Fantapié Altobelli/Sander 2005, S. 144ff.; Cateora/Graham 2007).

Beim **Franchising** ist die Expansion mit begrenztem Kapitaleinsatz möglich, da der Franchisenehmer für die Überlassung eines gesamten Geschäftskonzeptes seinen Betrieb und sein Marketing in den Dienst des Franchisegebers stellt. Er verpflichtet sich zur Einhaltung der vorgegebenen Qualitätsanforderungen, profitiert auf diese Weise aber von der Reputation des Franchisegebers (Behofsics 1998, S. 56f.; Woratschek/Pastowski/Roth 2005, S. 171ff.; Berndt/Fantapié Altobelli/Sander 2005, S. 146f.). Als klassische Beispiele für die erfolgreiche Auslandsexpansion durch Franchising lassen sich die amerikanischen Fast-Food-Ketten wie z. B. McDonald's und Burger King anführen.

Ein **Joint Venture** ist eine dauerhafte Kooperation zweier oder mehrerer Partnerunternehmen, die durch eine Kapitalbeteiligung aller Partnerunternehmen gekennzeichnet ist. Bei internationalen Joint Ventures ist mindestens einer der Partner im Ausland niedergelassen (Ochel 2002; Berndt/Fantapié Altobelli/Sander 2005, S. 147f.; Kutschker/Schmid 2006). Vorteil eines Joint Ventures gegenüber einer gänzlich im Eigentum befindlichen Tochter ist die geringere Kapitalbeteiligung, die ein vermindertes Risiko bedeutet. Das Partnerunternehmen erhofft sich in erster Linie die Nutzung der besseren Marktkenntnisse des lokalen Partnerunternehmens (Behofsics 1998, S. 67). Die Internationalisierung durch die Bildung eines Joint Ventures eignet sich vor allem für Märkte, die aufgrund kultureller Differenzen oder spezifischer Handelshemmnisse als „schwierig" gelten (z. B. China). Ein wesentlicher Nachteil eines Joint Ventures stellt jedoch die fehlende Managementkontrolle dar, die in Konfliktsituationen die Durchsetzung von Unternehmensstandards wie z. B. ein bestimmtes Qualitätsniveau problematisch macht (Cateora/Graham 2007).

Bei **Akquisitionen** stellen insbesondere die hohen einmaligen Kosten für viele Unternehmen eine Hürde dar. Die Vorteile einer Akquisitionsstrategie liegen in der Sicherung der

Managementkontrolle des jeweiligen Unternehmens und der schnelleren Internationalisierung im Vergleich zum Eigenaufbau (Berndt/Fantapié Altobelli/Sander 2005, S. 148).

Für Unternehmen, die Dienstleistungen mit geringer Ausprägung der Interaktionsintensität, des Intangibilitätsgrades und der Spezifität des Faktoreinsatzes anbieten, ist insbesondere die Überwachung und Kontrolle des Managementkonzeptes, die Qualitätssicherung und die Realisierung von Größeneffekten wichtig. Insofern bieten sich **vertragliche Regelungen** und **Joint Ventures** als Markteintrittsstrategien an (z. B. bei Hotels und Autovermietungen) (Kutschker/Schmid 2006).

Bei Dienstleistungen mit hoher Interaktionsintensität, hohem Intangibilitätsgrad und hoher Spezifität des Faktoreinsatzes integrieren sich die Unternehmen i.d.R. stärker in das politisch-gesellschaftliche Umfeld des Auslands. Weiterhin kommt dem Verhalten des Personals eine entscheidende Bedeutung zu. Dies impliziert die Notwendigkeit einer ständigen Präsenz im Ausland und einen hohen Bedarf an auslandserfahrenen bzw. interkulturell kompetenten Mitarbeitenden. Daher sind Direktinvestitionen, die eine maximale Präsenz und ein hohes Maß an Kontrolle ermöglichen, insbesondere durch **Akquisitionen mit Mehrheitsbeteiligungen**, aber auch **Joint Ventures** und **Neugründungen** anzuraten (Erramilli/Rao 1993). Diese Markteintrittsformen werden vornehmlich gewählt, wenn kein geeignetes Personal vorhanden ist, eine große soziokulturelle Distanz existiert, das Marktwissen gering oder das Länderrisiko hoch ist (Hübner 1996, S. 227ff.).

2.4 Internationale Marktbearbeitungsstrategie

Im Rahmen der wissenschaftlichen und praktischen Diskussion der Chancen und Risiken eines weltweiten Engagements steht die Frage im Mittelpunkt, ob und unter welchen Voraussetzungen international übergreifend eine Vereinheitlichung des gesamten Einsatzes von Marketinginstrumenten sinnvoll ist, da es sich im internationalen Marketing nicht um eine länderspezifisch isolierte, sondern um eine Gesamtbetrachtung handelt (Meffert/Bolz 2001, S. 155f.). Im Zentrum dieser Diskussion steht die Frage der **Standardisierung** oder **Differenzierung** von Instrumenten im Rahmen der internationalen Marktbearbeitung (vgl. z. B. Jenner 1994, S. 15ff.; Meffert/Bolz 2001, S. 155ff.; Köhler 2002, S. 23ff.; Berndt/Fantapié Altobelli/Sander 2005, S. 170ff.). Dabei ist auf international unterschiedliche Gegebenheiten einzugehen. Die Notwendigkeit zur lokalen Anpassung hängt stark von der Art der angebotenen Dienstleistungen, den Internationalisierungsmotiven, den betrachteten Tätigkeiten und der kulturellen Distanz zum Gastland ab (Perlitz 2004).

Als **Vorteile einer Standardisierung** gegenüber einer Differenzierung, sowohl der Marketinginhalte als auch der Marketingprozesse, werden folgende Aspekte angesehen (Meffert 1989b, S. 447; Hünerberg 1994, S. 415; Berndt/Fantapié Altobelli/Sander 2005, S. 174f.; Lemmens/Croux/Dekimpe 2007):

■ Realisierung eines international harmonischen Marktauftritts im Sinne einer Corporate Identity (z. B. in sämtlichen Ländern gleiches tangibles Umfeld von McDonald's),

▌ Steigerung der globalen Wettbewerbsfähigkeit durch Ausschöpfung von Kostensen-
   kungs- und Synergiepotenzialen, insbesondere durch das Ausnutzen von Volumen-,
   Spezialisierungs- und Lerneffekten (z. B. Erhöhung der Kapazitätsauslastung durch
   internationale Kooperationen von Fluggesellschaften),

▌ Effizienzsteigerung der Planung und Kontrolle (z. B. Nutzung von internationalen
   Umfeldanalysen in mehreren Ländern),

▌ Erleichterung des Transfers von Personal und Know-how aus der Muttergesellschaft
   (z. B. internationale Einsatzfähigkeit der Mitarbeitenden von Unternehmensberatungen aufgrund standardisierter Beratungstools),

▌ Nutzbarmachung der Ausstrahlungseffekte des Firmenimages (z. B. American Express).

▌ Erhöhung des Kundennutzens durch die Etablierung einheitlicher Standards (z. B. bei
   Serviceanbietern aus dem EDV-Bereich).

Durch die Übertragung vereinheitlichter Leistungen und Prozesse auf mehrere Länder-
märkte ergeben sich für bestimmte Dienstleistungsunternehmen Wettbewerbsvorteile.
Jedoch stehen den Vorteilen auch **Nachteile der Standardisierung** im Vergleich zur Differenzierung gegenüber:

▌ Mangelnde Berücksichtigung länderspezifischer Konsumentenbedürfnisse,

▌ Unzureichende Zielgruppenansprache,

▌ Mangelnde Flexibilität aufgrund der mit einer Standardisierung verbundenen Entschei-
   dungszentralisation (z. B. ist bei einem hohen Standardisierungsgrad ein schnelles
   Reagieren auf neue, landesspezifische Trends nicht möglich),

▌ Hemmung innovativer Prozesse,

▌ Mangelnde Akzeptanz der standardisierten Konzepte bei vergleichsweise unabhängig
   operierenden Tochtergesellschaften und damit Probleme bei der Strategiedurchset-
   zung.

Die grundsätzliche **Standardisierbarkeit der Kernleistung** hängt insbesondere von der
Ausprägung der Interaktionsintensität, der Intangibilität der Leistung sowie der kulturellen Spezifität der Leistung ab (Stauss 1995, S. 457ff.; vgl. Abschnitt 1.3). Je höher
diese Merkmale ausgeprägt sind, desto geringer ist das Standardisierungspotenzial. Eine
zentrale Aufgabe des Managements ist deshalb die **Bestimmung des optimalen Standar-
disierungsgrades** (Stauss 1995, S. 459).

Da zwischen den extremen Formen der Standardisierung und Differenzierung ein **Kontinuum** besteht, ist für den Dienstleistungsanbieter die Auswahl einer Strategie möglich,
die Aspekte beider Strategien enthält. Bei einer modularen Vorgehensweise wird im Allgemeinen die Basisleistung weitgehend standardisiert und mit einer Adaption des übrigen
Marketinginstrumentariums bzw. mit Zusatzleistungen verknüpft. Sie versucht, die Vor-
züge der Standardisierung und Differenzierung zu verbinden. Welche Leistungselemente
zu standardisieren sind, hängt stark von der angebotenen Leistung ab.

In vielen Märkten hat sich das Gewicht von Einflussfaktoren, die eine Standardisierung begünstigen, in jüngerer Zeit vergrößert. Vor allem die länderübergreifende Angleichung von **Kundenbedürfnissen** und der zunehmende internationale Informationsaustausch sind Gründe dafür, dass sich in immer mehr Märkten die Notwendigkeit und Chance ergibt, aus ehemals differenzierten Dienstleistungen im internationalen Bereich standardisierte Dienstleistungen zu entwickeln (Voeth/Wagemann 2004). Allerdings gilt dies nicht für alle Arten von Dienstleistungen und Länder. Vielmehr gibt es eine Reihe von Faktoren, die den idealen Grad der Marketingstandardisierung von Dienstleistungen beeinflussen. Dies sind zum einen Faktoren der Makroumwelt (z. B. Einfluss des kulturellen, ökonomischen oder politischen Umfelds); zum anderen Faktoren der Mikroumwelt (z. B. Einfluss der Wettbewerber, Nachfrager, Intermediäre) (Dolski/Hermanns 2005, S. 211ff.).

3. Operatives internationales Dienstleistungsmarketing

Im Hinblick auf das operative internationale Dienstleistungsmarketing ergeben sich Aufgaben und entsprechende **Handlungsempfehlungen auf Basis der konstitutiven Dienstleistungsmerkmale**, d. h. die Notwendigkeit der Leistungsfähigkeit des Anbieters, Integration des externen Faktors und Immaterialität des Ergebnisses. Die jeweiligen Hauptaufgaben, die in Abbildung 9-3-1 zusammenfassend dargestellt sind, betreffen die fünf Marketingmixbereiche Leistungs-, Kommunikations-, Preis-, Distributions- und Personalpolitik in unterschiedlichem Ausmaß.

Abbildung 9-3-1: Implikationen für das operative internationale Dienstleistungsmarketing auf Basis der konstitutiven Dienstleistungsmerkmale

Besonderheiten von Dienstleistungen	Implikationen für das internationale Dienstleistungsmarketing
Leistungsfähigkeit des Dienstleistungsanbieters	■ Sicherstellung der internationalen Leistungsfähigkeit (länderspezifisch/länderübergreifend) ■ Dokumentation der internationalen Leistungsfähigkeit (länderspezifisch/länderübergreifend)
Integration des externen Faktors	■ Steuerung mitarbeiterbezogener Qualitätsdimensionen ■ Vermeidung von Qualitätsschwankungen
Immaterialität (Nichtlagerfähigkeit, Nichttransportfähigkeit)	■ Berücksichtigung von Interpretationsunterschieden bezüglich Qualitätsindikatoren ■ Berücksichtigung des Länderimages ■ Überwindung der (internationalen) Nichttransportfähigkeit

GABLER
GRAFIK

3.1 Implikationen aus der Notwendigkeit der Leistungsfähigkeit des Anbieters

Aus der Notwendigkeit der Leistungsfähigkeit des Dienstleistungsanbieters resultiert die Aufgabe der **Sicherstellung der internationalen Leistungsfähigkeit**. Die Sicherstellung einer **länderspezifischen** Leistungsfähigkeit ist erforderlich, um eine Ausrichtung an den jeweiligen Besonderheiten der Ländersegmente zu ermöglichen. Dafür bieten sich Kooperationen mit einheimischen Anbietern an, um indirekt länderspezifische Dienstleistungskompetenzen zu erwerben. Weiterhin kommt Franchisingsystemen eine besondere Bedeutung zu (z. B. McDonald's, Benetton, OBI), da sie einen weltweit einheitlichen, länderübergreifenden Marktauftritt sinnvoll mit den länderspezifischen Besonderheiten kombinieren. Im Rahmen der internationalen Personalpolitik helfen Maßnahmen der Personalauswahl (z. B. Einstellung von einheimischem Personal) und der Personalentwicklung (z. B. Schulungen von Mitarbeitenden aus dem Herkunftsland), länderspezifische Kompetenzen der Kundenkontaktmitarbeiter aufzubauen.

Bei der Sicherstellung der **länderübergreifenden** Leistungsfähigkeit, die das Leistungs- und Qualitätsniveau unabhängig von Länderbesonderheiten anstrebt, kommt der leistungs- und personalpolitischen Nutzung internationaler Synergien eine besondere Bedeutung zu. Hier werden die spezifischen Erfahrungen sämtlicher Länder verknüpft, wobei eine weltweite interne Kommunikation den Austausch hinsichtlich leistungsrelevanter Aspekte – vor allem durch die Nutzung neuer Technologien wie z. B. durch das Intranet – unterstützt.

Neben der Sicherstellung ist die **Dokumentation der länderspezifischen und länderübergreifenden Leistungsfähigkeit** die zweite Hauptaufgabe des internationalen Dienstleistungsmarketing, die aus der Notwendigkeit der Leistungsfähigkeit des Anbieters resultiert. Dafür eignen sich Maßnahmen der Kommunikationspolitik. Die Dokumentation dient länderspezifisch dazu, bei den Kunden im Gastland Vertrauen gegenüber dem Dienstleistungsanbieter zu schaffen. Länderübergreifend vermittelt es Wettbewerbsvorteile gegenüber der einheimischen und der internationalen Konkurrenz.

3.2 Implikationen aus der Integration des externen Faktors

Aus der Integration des externen Faktors leitet sich für das internationale Dienstleistungsmarketing die Aufgabe der **Steuerung mitarbeiterbezogener Qualitätsdimensionen** ab. Da das Mitarbeiterverhalten einen Großteil der Qualitätswahrnehmung der Kunden bestimmt (Belz/Schmitz/Brexendorf 2005, S. 288), ist eine Berücksichtigung der Besonderheiten des Gastlandes notwendig (Malhotra et al. 1994). Zur Sicherstellung dieser Anpassungsprozesse sind Maßnahmen der Personalpolitik geeignet. Im Rahmen der Personalakquisition sind entweder einheimische Mitarbeitende einzustellen und/oder die sprachlichen sowie sozialen Fähigkeiten von Mitarbeitenden des Herkunftslandes zu überprüfen. Schließlich lassen sich diese Fähigkeiten durch Maßnahmen der Personalentwicklung verbessern. Die interne Kommunikation unterstützt den weltweiten Austausch von länderspezifischen Besonderheiten.

Des Weiteren erfordert die Integration des externen Faktors die **Vermeidung von Schwankungen der Dienstleistungsqualität**, die sowohl auf den Kunden als auch auf den Mitarbeitenden zurückführbar sind. Diese Problematik hat aufgrund der kulturellen und geographischen Distanz im internationalen Kontext ein noch schwereres Gewicht (Stauss 1995, S. 465; Hünerberg/Mann 1996; Benkenstein/Zielke 2005). Eine Sensibilisierung für die länderspezifischen Besonderheiten durch Maßnahmen der Personalpolitik trägt zur Stabilisierung der Leistungsqualität bei. Daneben lassen sich Schwankungen durch eine Leistungsstandardisierung im Rahmen der Leistungspolitik vermeiden. In diesem Zusammenhang ist zu beachten, dass eine Standardisierung nur bei länderübergreifend vergleichbaren Leistungselementen sinnvoll ist.

3.3 Implikationen aus der Immaterialität des Ergebnisses

Aus der Immaterialität resultiert die Berücksichtigung von **Interpretationsunterschieden bezüglich der Qualitätsindikatoren**. Bei der internationalen Leistungspolitik spielen Unterschiede bezüglich des tangiblen Umfeldes und des Markenimages, z. B. hinsichtlich der Bedeutung von Formen, Farben und Materialien eine Rolle (Stauss 1995, S. 464). Im Rahmen der internationalen Kommunikationspolitik sind bei der Gestaltung der Massenkommunikation ebenfalls kulturelle Aspekte bezüglich der Interpretation von Musik, Personen oder Farben von Bedeutung (Bruhn 1992). Auch im Rahmen der Preis- und Distributionspolitik sind Interpretationsunterschiede zu berücksichtigen. Länderübergreifend unterschiedliche Preis-Leistungs-Einschätzungen (Stauss 1995, S. 464) lassen sich durch die Definition von Preislagen für bestimmte Regionen oder Ländergruppen begegnen (Bolton/Myers 2003; Berndt/Fantapié Altobelli/Sander 2005, S. 216). Ebenso ist es möglich, die Preisdifferenzierung im Zusammenhang mit einer Leistungsdifferenzierung durchzuführen, um die unterschiedlichen Preisniveaus den verschiedenen Ländermärkten anzupassen.

Weiterhin leitet sich aus der Immaterialität des Ergebnisses die Notwendigkeit der **Berücksichtigung des Länderimages** ab. Das Qualitätsimage des Herkunftslandes, das vom Unternehmen alleine nicht steuerbar ist, stellt – im Zuge des so genannten „Country-of-Origin"-Effektes – einen im Zeitablauf stabilen Umfeldparameter mit einer hohen Relevanz für Kaufentscheidungen dar (Bilkey/Nes 1982; Han/Terpstra 1988; Kühn/Weiss 1998, S. 56; Wächter et al. 2004). Dabei lässt sich das Länderimage im Rahmen der internationalen Kommunikationspolitik in die kommunikativen Botschaften des Anbieters integrieren bzw. im Rahmen der internationalen Preispolitik die Durchsetzung höherer Preise im Vergleich zu inländischen Anbietern oder Anbietern aus anderen Ländern realisieren (Stauss 1995, S. 464; Dahringer/Mühlbacher 1999, S. 421).

Die Immaterialität von Dienstleistungen begründet schließlich die Aufgabe der **Überwindung der (internationalen) Nichttransportfähigkeit**. Diese Problematik des Dienstleistungsmarketing wird im internationalen Kontext aufgrund der größeren geographischen Entfernung verstärkt. Neben Entscheidungen bezüglich der internationalen Markteintrittsstrategie (vgl. Abschnitt 2.3) trägt der Einsatz neuer Technologien zur Überwindung dieses Problems bei. Entweder sind einzelne Distributionsprozesse (z. B. Recherche und Bestellung von Büchern im Internet mit anschließender physischer Lieferung der Bücher) oder die gesamte Distribution (z. B. reine Internet-Distribution von Börseninformationen, Software, Zeitungsartikeln) mit Hilfe neuer Technologien durchführbar. Des Weiteren ist auch die Schaffung neuer Dienstleistungen auf Basis der neuen Technologien (z. B. E-Services Kapitel 6, Abschnitt 1.2.3) denkbar (Wymbs 2000; Bruhn 2002a; Zillur 2004).

Ähnlich wie beim klassischen (nationalen) Dienstleistungsmarketing bestehen im Hinblick auf das internationale Dienstleistungsmarketing noch zahlreiche offene Fragestellungen. Aufgrund der wachsenden Tertiärisierung der hochentwickelten Gesellschaften auf der einen Seite und der zunehmenden Globalisierung der Märkte auf der anderen Seite ist eine intensive Auseinandersetzung mit diesem Thema weiterhin notwendig.

Fragen zum 9. Kapitel:
Internationales Dienstleistungsmarketing

Abschnitt 1:

▮ Was sind die Gründe für eine zunehmende internationale Ausrichtung von Dienstleistungsunternehmen?

▮ Welche Chancen und Risiken sind mit einer Internationalisierung für ein Dienstleistungsunternehmen verbunden?

▮ Welches Ziel wird mit der Typologisierung internationaler Dienstleistungen verfolgt?

Abschnitt 2:

▮ Welche Faktoren sind für die Auswahl von Ländermärkten besonders relevant?

▮ Welche unterschiedlichen Typen von Internationalisierungsstrategien existieren? Welche Strategien eignen sich besonders für wissensintensive Dienstleistungen?

▮ Worin bestehen die Vor- und Nachteile einer transnationalen im Vergleich zu einer globalen Strategie?

▮ Welche Kriterien determinieren die Form des internationalen Markteintritts (z. B. Export vs. Joint Venture)?

▮ Unter welchen Voraussetzungen ist im Rahmen der internationalen Marktbearbeitung eine Standardisierung im Vergleich zu einer Differenzierung vorzuziehen?

Abschnitt 3:

▮ Warum ist es im Rahmen der internationalen Personalpolitik oftmals von entscheidender Relevanz, einheimisches Personal einzusetzen? Für welche Art von Dienstleistungen gilt dies besonders?

▮ Welche Maßnahmen könnte ein Dienstleistungsunternehmen umsetzen, um ein international konstant hohes Qualitätsniveau zu gewährleisten?

▮ Wie lässt sich ein positiver Country-of-Origin-Effekt im Rahmen des operativen Dienstleistungsmarketing nutzen? Welche Risiken ergeben sich hierbei?

Vor dem Hintergrund eines stetigen Bedeutungszuwachses des Dienstleistungssektors bei der volkswirtschaftlichen Betrachtung, verbunden mit einer zunehmenden Vernetzung von Sach- und Dienstleistungsunternehmen durch das Angebot von Value Added Services, werden Dienstleistungsunternehmen in Zukunft mit einer Vielzahl neuartiger Herausforderungen konfrontiert, für die die betriebswirtschaftliche Forschung derzeit nur zum Teil Lösungen bereithält.

Im Folgenden werden einige zusammenfassende **Thesen** formuliert, die Perspektiven für die erfolgreiche Führung von Dienstleistungsunternehmen in der Zukunft aufzeigen (Meffert 2001; Grove/Fisk/John 2003, S. 107ff.). Im Anschluss an jede These werden konkrete Implikationen für die wissenschaftliche Forschung abgeleitet.

1. Entwicklung zur Dienstleistungsgesellschaft:

Der Weg in die Dienstleistungsgesellschaft wird sich mit unvermittelter Geschwindigkeit fortsetzen.

Die Gründe für die Entwicklung einer Dienstleistungsgesellschaft sind vielfältig. Gesellschaftliche Veränderungen wie der gestiegene Anteil erwerbstätiger Frauen, flexiblere Arbeitszeiten sowie die Entlokalisierung von geschäftlichen und privaten Kontakten tragen hierzu ebenso bei wie demographische Veränderungen durch eine steigende Lebenserwartung, die eine erhöhte Nachfrage nach Pflege- und Freizeitdienstleistungen zur Folge haben werden. Auch Veränderungen in Konsum- und Industriegüterunternehmen verstärken den Trend hin zur Dienstleistungsgesellschaft. Hervorzuheben ist in diesem Zusammenhang insbesondere die wachsende Bedeutung der Value Added Services, die Differenzierungsvorteile durch Zusatzleistungen bieten. Schließlich ist auf das veränderte Konsumentenverhalten hinzuweisen. Der Trend zu Bequemlichkeit und die damit einhergehenden steigenden Ansprüche an die Dienstleistungsangebote stellen eine weitere Ursache für die wachsende Nachfrage nach Dienstleistungen dar.

Die Wissenschaft ist daher aufgefordert, Ursache-Wirkungs-Zusammenhänge der veränderten gesellschaftlichen Rahmenbedingungen im Hinblick auf die wachsende Nachfrage nach Dienstleistungen genauer zu untersuchen.

2. Internationalisierung als bedeutender Wachstumsfaktor:

Das Wachstum von Dienstleistungsunternehmen vollzieht sich zukünftig verstärkt über die Internationalisierung.

Angesichts der zunehmenden Deregulierung und Liberalisierung nationaler Dienstleistungsmärkte sowie der damit verbundenen strategischen Bedeutung des Faktors „Zeit" werden Wachstumsstrategien von Dienstleistungsunternehmen in Zukunft stärker durch die Multiplikation erfolgreicher Dienstleistungskonzepte in Auslandsmärkten gekennzeichnet sein. Insbesondere auf dem Gebiet der Internationalisierung wird der Einfluss neuer Online-Dienstleistungen (E-Services) vielfältige Auswirkungen auf die bestehenden Anbieter haben (Wymbs 2000; Zillur 2004).

Die Marketingwissenschaft bzw. die betriebswirtschaftliche Forschung hat sich, anders als die Volkswirtschaftslehre, mit der Internationalisierung von Dienstleistungen bislang nur wenig auseinandergesetzt. Forschungsbedarf besteht vor allem im Hinblick auf die Fragestellung, welche Dienstleistungskonzepte besonders für eine Multiplikation geeignet sind und in welchen Branchen aufgrund gesellschaftlich-kultureller, rechtlicher oder wirtschaftlicher Rahmenbedingungen eine entsprechende Anpassung an die Erfordernisse des jeweiligen Ländermarktes notwendig ist.

3. Kundenbindung als zentrale Zielgröße von Dienstleistungsunternehmen:

Das strategische Ziel, Kunden langfristig an das Unternehmen zu binden, wird in Zukunft für Dienstleistungsunternehmen an Relevanz gewinnen.

Vor dem Hintergrund einer steigenden Wettbewerbsintensität in vielen Dienstleistungsbranchen wird die Fokussierung auf den bestehenden Kundenstamm weiter an Bedeutung gewinnen. Die Akquisition von Neukunden ist in der Regel mit hohen Kosten verbunden, sodass die Deckungsbeiträge bei Geschäften mit Neukunden weitaus geringer ausfallen als bei Dienstleistungen, die für bereits bestehende Kunden erstellt werden. Neben höheren Erfolgsbeiträgen aufgrund geringerer Betriebskosten führt ein proaktives Kundenbindungsmanagement zudem zu einer erhöhten Kauffrequenz sowie zu Erfolgsbeiträgen durch Weiterempfehlungen zufriedener Kunden. Ferner weisen einzelne Dienstleistungsnachfrager aufgrund des reduzierten wahrgenommenen Kaufrisikos möglicherweise eine geringere Preiselastizität auf.

Der Marketingwissenschaft stellt sich in diesem Zusammenhang verstärkt die Frage nach der Erfolgswirkung verschiedener Kundenbindungsinstrumente in unterschiedlichen Branchenkontexten. Forschungsbedarf besteht zudem hinsichtlich der Fragestellung, welche Kundengruppen für ein Dienstleistungsunternehmen im Rahmen des Kundenbindungsmanagements besonders relevant sind.

4. Profitabilitätsorientierung als erfolgsrelevante strategische Ausrichtung von Dienstleistungsunternehmen:

Die strategische profitabilitätsorientierte Ausrichtung von Dienstleistungsunternehmen wird in Zukunft für den Fortbestand eines Unternehmens und für den Unternehmenserfolg unabdingbar sein.

Aus der Sicht von Dienstleistungsunternehmen ergeben sich aus den Besonderheiten einer Dienstleistung (Notwendigkeit der Leistungsfähigkeit des Dienstleistungsanbieters, Integration des externen Faktors in den Dienstleistungserstellungsprozess, Immaterialität des Leistungsergebnisses) Probleme bei der Bewertung von Dienstleistungen im Sinne der Kosten für die Leistungsbereitschaft, die in Verbindung mit Erlösdaten zu einem optimalen Einsatz des Leistungspotenzials beitragen. Zugleich impliziert der oftmals hohe Anteil der Fixkosten an den Gesamtkosten von Dienstleistungsanbietern eine Zurechnungsproblematik. Daneben tragen die vielschichtigen Prozesse der Dienstleistungserstellung und

-vermarktung zur Entstehung eines zusätzlichen Kostenfaktors, den Komplexitätskosten, bei.

Vor dem Hintergrund der Entwicklung zur Dienstleistungsgesellschaft und der damit verbundenen notwendigen Profilierung im zunehmenden Wettbewerb ist es Aufgabe der Marketingwissenschaft, eine Profitabilitätsorientierung als strategisches Konzept im Dienstleistungsmarketing zu etablieren. In diesem Zusammenhang ist die Entwicklung geeigneter operativer Maßnahmen zur Umsetzung dieser Strategie erforderlich.

5. Leitidee des „Total Quality Management":

Marketing von Dienstleistungen steht in der Zukunft unter der Leitidee des „Total Quality Management". Daher ist eine Ausrichtung des Qualitätsmanagements auf allen Stufen des Wertschöpfungsprozesses notwendig.

Bei Dienstleistungen, die durch eine intensive Integration des externen Faktors in den Leistungserstellungsprozess gekennzeichnet sind, weist das Qualitätsmanagement einen hohen Komplexitätsgrad auf. Nahezu jede Wertaktivität bietet Ansatzpunkte zur Beeinflussung relevanter Dimensionen der Qualitätswahrnehmung. Qualitätsmanagement von Dienstleistungsunternehmen ist daher in besonderem Maße ein Schnittstellenmanagement.

Die Marketingwissenschaft ist aufgefordert, die Problematik des Schnittstellenmanagements zu erfassen und detailliert zu untersuchen. Eine funktionsübergreifende Integration von Wertaktivitäten ist im Dienstleistungsbereich nicht nur zwischen Unternehmensbereichen oder Abteilungen, sondern – auf disaggregierter Ebene – auch zwischen einzelnen Stelleninhabern oder sogar bei differenzierten Rollenerwartungen an ein und denselben Mitarbeitenden notwendig, um Kunden langfristig an das Unternehmen zu binden.

6. Standardisierung vs. Individualisierung von Dienstleistungen:

Das Dienstleistungsmarketing bewegt sich im Spannungsfeld von Standardisierung und Automatisierung einerseits sowie Individualisierung andererseits.

Aufgrund des verstärkten Wettbewerbs zwischen Dienstleistungsunternehmen und dem damit einhergehenden stärkeren Preiswettbewerb ist es für die Unternehmen erfolgsrelevant, ihre Dienstleistungen zunehmend kostengünstiger zu produzieren, um eine angemessene Rentabilität sicherzustellen. Hieraus resultiert der Trend zu einer zunehmenden Standardisierung und Automatisierung innerhalb der Dienstleistungsunternehmen. Die Erreichung der erwünschten Kosten- und Zeitvorteile impliziert einen zunehmenden Verlust persönlicher Kundenkontakte. Um dennoch beim Konsumenten eine hohe Akzeptanz sicherzustellen und im Wettbewerb Profilierungsvorteile zu erlangen, bieten Dienstleistungsunternehmen vermehrt modulartig aufgebaute, kundenindividuell zusammengestellte Leistungspakete an. So wird dem Konsumenten trotz in sich standardisierter Module eine auf die speziellen Kundenbedürfnisse maßgeschneiderte Dienstleistung angeboten.

Vor diesem Hintergrund ist die Wissenschaft aufgefordert zu untersuchen, welche Dienstleistungen sich besonders für die Standardisierung eignen und wie sich die verschiedenen Module erfolgreich miteinander kombinieren lassen. Auch die Auswirkungen der Automatisierung von Dienstleistungen auf die Zufriedenheit der Kunden und den Grad der Kundenbindung bedürfen weitergehender Untersuchungen.

7. Integration des Nachfragers über neue Technologien:

Die Entwicklung neuer Technologien wird in Zukunft zur Entstehung neuer Integrationsmöglichkeiten und Dienstleistungsformen beitragen.

Die Entwicklung neuer Kommunikations- und Informationstechnologien gewährleistet das Angebot neuer Integrationsmöglichkeiten und Dienstleistungsformen, z. B. über das Internet als neuen Vertriebsweg (z. B. Home Banking). Die Interaktion mit dem Nachfrager im Rahmen derartiger E-Services vollzieht sich entweder unter der völligen Substitution des Kontaktpersonals durch IT-Systeme oder unter einer technologiegestützten persönlichen Interaktion.

Es ist in Zukunft verstärkt zu untersuchen, welchen Einfluss das Fehlen einer „echten" persönlichen Interaktion auf den Verlauf und das Ergebnis von Dienstleistungsprozessen hat. In einem weiteren Schritt sind Typen von E-Services zu identifizieren, bei denen dieser Einfluss besonders bemerkbar ist, um daraus spezifische Marketingimplikationen abzuleiten.

8. Markenführung zum Aufbau von Vertrauen beim Kunden:

Die Herausforderung, Dienstleistungen als Vertrauensgut darzustellen, ist zukünftig verstärkt durch gezielte Markenführung realisierbar.

Die Markenführung von Dienstleistungsunternehmen weist besondere Probleme auf. Zum einen ist aufgrund des bei Dienstleistungen meist hohen wahrgenommenen Risikos für Kunden die Markierung als Kompetenznachweis von zentraler Bedeutung, zum anderen erweist sich aber die Identifikation von Markenträgern wie beispielsweise das Gesamtunternehmen, bestimmte Leistungsbündel oder Einzelleistungen und die damit verbundene Festlegung einer geeigneten Markenstrategie bei Dienstleistungen oftmals als schwierig.

Aus diesen Problemen leitet sich die Aufgabe der Marketingwissenschaft ab, insbesondere bei komplexen, zahlreiche Einzelleistungen umfassenden Dienstleistungen geeignete Markenträger zu bestimmen. Ziel dieser Bemühungen ist, ein System situativ gültiger Erfolgsfaktoren von Markenstrategien im Dienstleistungsbereich abzuleiten.

9. Implementierung von Strategien durch ein systematisches Internes Marketing:

Der Einsatz des „Internen Marketing" ist elementarer Bestandteil eines erfolgreichen Dienstleistungsmarketing, wobei die Unternehmenskultur ein zentrales Koordinationsinstrument darstellt.

Bei Dienstleistungen, die durch einen hohen Interaktionsgrad zwischen Anbieter und Nachfrager bei der Leistungserstellung gekennzeichnet sind, kommt dem Kundenkontaktpersonal des Dienstleistungsanbieters zentrale Bedeutung für die Qualitätswahrnehmung des Nachfragers zu (Belz/Schmitz/Brexendorf 2005, S. 275ff.). Gleichzeitig erweist sich die Suche nach qualifizierten, d. h. fachlich und sozial kompetenten, aber auch motivierten Mitarbeitenden in vielen Dienstleistungsbranchen als schwierig. Die Schaffung einer „Dienstleistungskultur" ist daher ein Schlüsselproblem der Unternehmensführung.

Mehr als bisher hat die Forschung angesichts dieser Entwicklung nach geeigneten Modellen der Führung und Organisation von Dienstleistungsunternehmen zu suchen. Hierbei sind konkrete Handlungsempfehlungen für die Herausbildung einer Dienstleistungskultur zu erarbeiten, die ein hohes Maß an Identifikation und Motivation, insbesondere der kundennah tätigen Mitarbeitenden, sichern hilft.

10. Entwicklung leistungsfähiger Ansätze des Dienstleistungscontrolling:

Leistungsfähigeren Ansätzen des Dienstleistungscontrolling kommt in der Zukunft entscheidende Bedeutung zu.

Die ökonomischen Erfolgsbeiträge von Kundenzufriedenheit und Kundenbindung wurden als Begründungszusammenhang vielfach thematisiert; erste Ansätze einer Wirtschaftlichkeitsrechnung für das Qualitätsmanagement liegen mittlerweile vor (Anderson/Fornell/Lehmann 1993; Bruhn 1998d; Fischer 2000; Hansen/Kamiske 2001; Bruhn/Stauss 2006b). Eine überzeugende Gesamtkonzeption, die sich auch für die Unternehmenssteuerung aus entscheidungsorientierter Sicht anbietet, wurde bislang jedoch noch nicht entwickelt. Folglich ist ein entscheidendes Forschungsfeld der Zukunft die Ökonomisierung der Kundenzufriedenheit, die auch Managementanforderungen gerecht zu werden vermag. Dabei ist die Verknüpfung psychologischer und ökonomischer Konstrukte, wie sie beispielsweise bei den Ansätzen der Balanced Scorecard oder den Kundenbarometern vorgenommen wird, mit dem Ziel der Entwicklung leistungsfähiger Dienstleistungscontrollingsysteme voranzutreiben.

Hier wird die Frage nach leistungsfähigen Kostenrechnungsansätzen im Dienstleistungsbereich deutlich (Reckenfelderbäumer 1995; 1998), die in Kombination mit produktionstheoretischen Ansätzen gemeinsam einen Erkenntnisfortschritt zur betriebswirtschaftlichen Bewertung von Kundenbindung auf individueller Ebene zu leisten vermögen. Dabei ist die Wissenschaft angehalten, vor allem zur Lösung der Probleme der Bewertung von Dienstleistungen, der Schlüsselung des oftmals hohen Fixkostenanteils und der Berücksichtigung der Komplexitätskosten des Dienstleistungsunternehmens beizutragen.

Literaturverzeichnis

Abell, D. F. (1980): Defining the Business. The Starting Point of Strategic Planning, Englewood Cliffs.

ACSI (2008): http://www.theacsi.org/index.php?option=com_content&task=view&id=49&Itemid=28 (Zugriff am 24.01.2008).

Adams, J. (1965): Inequity in Social Exchange, in: Berkowitz, L. (Hrsg.): Advances in Experimental Social Psychology, S. 267–299.

Adams, J./Jacobsen, P. (1964): Effects of Wage Inequities on Work Quality, in: Journal of Abnormal Social Psychology, Vol. 69, No. 1, S. 19–25.

Adams, J./Rosenbaum, W. (1962): The Relationship of Worker Productivity to Cognitive Dissonance About Wage Inequities, in: Journal of Applied Psychology, Vol. 46, No. 3, S. 161–164.

Adams, W. J./Yellen, J. L. (1976): Commodity Bundling and the Burden of Monopoly, in: Quarterly Journal of Economics, Vol. 90, No. 3, S. 475–498.

Adler, J. (1994): Informationsökonomische Fundierung von Austauschprozessen im Marketing, Arbeitspapier zur Marketingtheorie Nr. 3, Trier.

Aga, M./Safakli, O. V. (2007): An Empirical Investigation of Service Quality and Customer Satisfaction in Professional Accounting Firms: Evidence from North Cyprus, in: Problems & Perspectives in Management, Vol. 5, No. 3, S. 84–98.

Agarwala, T. (2003): Innovative Human Resource Practices and Organizational Commitment: An Empirical Investigation, in: International Journal of Human Resource Management, Vol. 14, No. 2, S. 175–197.

Ahlert, D. (2001): Distributionspolitik, 4. Aufl., Stuttgart/New York.

Ahlert, D./Backhaus, K./Meffert, H. (2001): Neue Geschäftsmodelle im E-Business, Düsseldorf.

Ahlert, D./Evanschitzky, H./Woisetschläger, D. (2005): Markenmanagement in internationalen Dienstleistungsmärkten, in: Bruhn, M./Stauss, B. (Hrsg.): Internationalisierung von Dienstleistungen. Forum Dienstleistungsmanagement, Wiesbaden, S. 229–252.

Ahlert, D./Hesse, J. (2003): Das Multikanalphänomen – viele Wege führen zum Kunden, in: Ahlert, D./Hesse, J./Jullens, J./Smend, P. (Hrsg.): Multikanalstrategien – Konzepte, Methoden und Erfahrungen, Wiesbaden, S. 3–32.

Akerlof, G. A. (1970): The Market for „Lemons": Quality Uncertainty and the Market Mechanism, in: Quarterly Journal of Economics, Vol. 84, No. 3, S. 488–500.

Albach, H. (1989): Dienstleistungsunternehmen in Deutschland, in: Zeitschrift für Betriebswirtschaft, 59. Jg., Nr. 4, S. 397–421.

Albrecht, K./Zemke, R. (1987): Service-Strategien, New York u. a.

Alchian, A. A./Woodward, S. (1988): The Firm is Dead: Long Live the Firm. A Review of Oliver E. Williamson's The Economic Institutions of Capitalism, in: Journal of Economic Literature, Vol. 26, No. 1, S. 65–79.

Aldrich, H./Pfeffer, J. (1976): Environments of Organizations, in: Inkeles, A./Coleman, J./Smelser, N. (Hrsg.): Annual Review of Sociology, Palo Alto.

Aleff, H. J. (2002): Die Dimension Zeit im Dienstleistungsmarketing, Wiesbaden.

Alexander, N./Rhodes, M./Myers, H. (2007): International Market Selection: Measuring Actions Instead of Intentions, in: Journal of Services Marketing, Vol. 21, No. 6, S. 424–434.

Algedri, J. (1998): Integriertes Qualitätsmanagement-Konzept für die kontinuierliche Qualitätsverbesserung, Kassel.

Allen, N. J./Meyer, J. P. (1990): The Measurement and Antecedents of Affective, Continuance and Normative Commitment to the Organization, in: Journal of Occupational Psychology, Vol. 63, No. 1, S. 1–18.

Altenburger, O. A. (1980): Ansätze zu einer Produktions- und Kostentheorie der Dienstleistungen, Berlin.

Anderson, E. W./Fornell, C./Lehmann, D. R. (1993): Economic Consequences of Providing Quality and Customer Satisfaction, in: Working Paper 93-112 of the Marketing Science Institute, Cambridge.

Anderson, E. W./Fornell, C./Lehmann, D. R. (1994): Customer Satisfaction, Market Share, and Profitability: Findings From Sweden, in: Journal of Marketing, Vol. 58, No. 3, S. 53–66.

Anderson, E. W./Mittal, V. (2000): Strengthening the Satisfaction-Profit Chain, in: Journal of Service Research, Vol. 3, No. 2, S. 107–120.

Andreassen, T. W./Lindestad, B. (1998): Customer Loyalty and Complex Services. The Significance of Corporate Image on Quality, Customer Satisfaction and Loyalty for Customer with Varying Degrees of Service Expertise, in: International Journal of Service Industry Management, Vol. 9, No. 1, S. 7–23.

Anitsal, I./Schumann, D. W. (2007): Toward a Conceptualization of Customer Productivity: The Customer's Perspective on Transforming Customer Labor into Customer Outcomes Using Technology-Based Self-Service Options, in: Journal of Marketing Theory & Practice, Vol. 15, No. 4, S. 349–363.

Ansoff, H. I. (1966): Management Strategies, München.

Ansoff, H. I. (1976): Managing Surprise and Discontinuity. Strategic Response to Weak Signals, in: Zeitschrift für betriebswirtschaftliche Forschung, 28. Jg., Nr. 2, S. 129–152.

Apple (2007): http://www.apple.com/de/pr/pr-infos2007/september/iphone.html (Zugriff am 24.10.2007).

AQS Ausschuss Qualitätssicherung und angewandte Statistik im Deutschen Institut für Normung e.V. (1992): Qualitätsmanagement und Qualitätssicherung. Begriffe, DIN ISO 8402, Berlin.

Arrow, K. J. (1985): The Economics of Agency, in: Pratt, J. W./Zeckhauser, R. J. (Hrsg.): Principals and Agents: The Structure of Business, Boston, S. 37–51.

Atkinson, H./Hamburg, J./Ittner, C. (1994): Linking Quality to Profits. Quality-Based Cost Management, Milwaukee/Wisconsin.

Auerbach, H. (2003): Marketing-Controlling von Dienstleistungen, in: Pepels, W. (Hrsg.): Betriebswirtschaft der Dienstleistungen, Herne/Berlin, S. 334–357

Avionitis, G. J./Indounas, K. A. (2006): Pricing Practices of Service Organizations, in: Journal of Services Marketing, Vol. 20, No. 5, S. 346–356.

Avionitis, G. J./Indounas, K. A. (2005): Pricing Objectives and Pricing Methods in the Services Sector, in: Journal of Services Marketing, Vol. 19, No. 1, S. 47–57.

Backhaus, K./Büschken, J./Voeth, M. (2003): Internationales Marketing, 5. Aufl., Stuttgart.

Backhaus, K./Erichson, B./Plinke, W./Weiber, R. (2006): Multivariate Analysemethoden. Eine anwendungsorientierte Einführung, 11. Aufl., Berlin/Heidelberg.

Backhaus, K./Voeth, M. (2007): Industriegütermarketing, 8. Aufl., München.

Bacon, F. R./Butler, T. W. (1998): Achieving Planned Innovation: A Proven System for Creating Successful New Products and Services, New York.

Bagozzi, R. P. (1975): Marketing as Exchange, in: Journal of Marketing, Vol. 39, No. 4, S. 32–39.

Bagozzi, R. P. (1979): Towards a Theory of the Middle Range, in: der markt, 18. Jg., Nr. 14, S. 177–182.

Baker, M. J./Buttery, E. A. (1998): Relationship Marketing in Three Dimensions, in: Journal of Interactive Marketing, Vol. 12, No. 4, S. 47–62.

Balmer, J./Greyser, S. (2006): Integrating Corporate Identity, Corporate Branding, Corporate Communications, Corporate Image and Corporate Reputation, in: European Journal of Marketing, Vol. 40, No. 7/8, S. 730–741.

Bansal, H./Voyer, P. (2000): Word-of-Mouth Processes Within a Services Purchase Decision, in: Journal of Service Research, Vol. 3, No. 2, S. 214–230.

Barber, A. E./Simmering, M. J. (2002): Understanding Pay Plan Acceptance: The Role of Distributive Justice Theory, in: Human Resource Management Review, Vol. 12, No. 1, S. 25–42.

Barnard, C. (1970): Die Führung großer Organisationen, Essen.

Barney, J. B. (1986): Strategic Factor Markets: Expectations, Luck and Business Strategy, in: Management Science, Vol. 32, No. 10, S. 1231–1241.

Barney, J. B. (1991): Firm Resources and Sustained Competitive Advantage, in: Journal of Management, Vol. 17, No. 1, S. 99–120.

Baron, S./Harris, K. (1995): Services Marketing. Text and Cases, Houndsmill.

Barth, K./Wille, K. (2000): Customer Equity – Ein prozeßorientierter Ansatz zur Kundenbewertung, Diskussionsbeiträge des Fachbereichs Wirtschaftswissenschaft der Gerhard-Mercator-Universität Duisburg, Nr. 276, Duisburg.

Bartlett, C. A./Ghoshal, S. (1990): Internationale Unternehmensführung: Innovation, globale Effizienz, differenziertes Marketing, Frankfurt am Main.

Basdeo, D./Smith, K./Grimm, C./Rindova, V./Derfus, P. (2006): The Impact of Market Actions on Firm Reputation, in: Strategic Management Journal, Vol. 27, No. 12, S. 1205–1219.

Bateson, J. E. G. (1998): Perceived Control and the Service Encounter, in: Bateson, J. E. G. (Hrsg.): Managing Services Marketing, 4. Aufl., Fort Worth, S. 123–132.

Bauer, H. H./Bayón, T. (1995): Zur Relevanz prinzipal-agenten-theoretischer Aussagen für das Kontraktgütermarketing. Design, Ergebnisse und Implikationen einer empirischen Studie zur Beschaffung von Fertigungs-Sondermaschinen, in: Zeitschrift für betriebswirtschaftliche Forschung, 47. Jg., Nr. 35 Sonderheft, S. 79–99.

Bauer, R. (1960): Consumer Behavior as Risk-Taking, in: Hancock, R. (Hrsg.): Proceedings of the 43th Conference of the American Marketing Association, Chicago.

Beaven, M. H./Scotti, D. J. (1990): Service-Oriented Thinking and Its Implications for the Marketing Mix, in: Journal of Services Marketing, Vol. 4, No. 4, S. 5–19.

Beck, A. (2004): Geeignete Software liefert Gutachten, Analysen und Konzepte schnell und bedarfsgerecht – Potenziale der Vermögensberatung nutzen, in: Die Sparkassen Zeitung, 12.11.2004, Nr. 46, S. B12.

Becker, F. G. (1999): Marketingorientierte Ausrichtung der Personalentwicklung in Dienstleistungsunternehmen – am Beispiel von Finanzdienstleistern, in: Bruhn, M. (Hrsg.): Internes Marketing. Integration der Kunden- und Mitarbeiterorientierung. Grundlagen, Implementierung, Praxisbeispiele, 2. Aufl., Wiesbaden, S. 271–292.

Becker, F. G./Günther, S. (2001): Personalentwicklung als Führungsaufgabe in Dienstleistungsunternehmen, in: Bruhn, M./Meffert, H. (Hrsg.): Handbuch Dienstleistungsmanagement. Von der strategischen Konzeption zur praktischen Umsetzung, 2. Aufl., Wiesbaden, S. 751–780.

Becker, J. (2006): Marketing-Konzeption, 8. Aufl., München.

Becker, S. (2005): Rechnen als Waffe, in: Touristik Report, Nr. 4, S. 8–11.

Becker, W. S./Wellins, R. S. (1990): Customer-Service Perceptions and Reality, in: Training & Development Journal, Vol. 44, No. 3, S. 49–51.

Bednarczuk, P./Friedrich, J. (1992): Kundenorientierung ohne Marketing. Eine Lösung für Dienstleistungsunternehmen, in: Absatzwirtschaft, 35. Jg., Nr. 9, S. 90–97.

Beger, R./Gärtner, H.-D./Mathes, R. (1989): Unternehmenskommunikation. Grundlagen, Strategien, Instrumente, Wiesbaden.

Behofsics, J. (1998): Globalisierungstendenzen intermediärer Dienstleistungen, Wiesbaden.

Belz, C./Schmitz, C./Brexendorf, T. O. (2005): Internationales Internes Marketing – Konsequenz einer internationalen kundenorientierten Unternehmensführung, in: Bruhn, M./Stauss, B. (Hrsg.): Internationalisierung von Dienstleistungen. Forum Dienstleistungsmanagement, Wiesbaden, S. 274–294.

Bem, D. J. (1974): Meinungen, Einstellungen, Vorurteile, Zürich u. a.

Benkenstein, M. (1993): Dienstleistungsqualität. Ansätze zur Messung und Implikationen für die Steuerung, in: Zeitschrift für Betriebswirtschaft, 63. Jg., Nr. 11, S. 1095–1116.

Benkenstein, M. (1998): Ansätze zur Steuerung der Dienstleistungsqualität, in: Meyer, A. (Hrsg.): Handbuch Dienstleistungs-Marketing, Band 1, Stuttgart, S. 444–454.

Benkenstein, M. (2001): Besonderheiten des Innovationsmanagements in Dienstleistungsunternehmen, in: Bruhn, M./Meffert, H. (Hrsg.): Handbuch Dienstleistungsmanagement: Von der strategischen Konzeption zur praktischen Umsetzung, 2. Aufl., Wiesbaden, S. 687–702.

Benkenstein, M. (2002): Strategisches Marketing. Ein wettbewerbsorientierter Ansatz, 2. Aufl., Stuttgart.

Benkenstein, M./Güthoff, J. (1996): Typologisierung von Dienstleistungen. Ein Ansatz auf der Grundlage system- und käuferverhaltenstheoretischer Überlegungen, in: Zeitschrift für Betriebswirtschaft, 66. Jg., Nr. 12, S. 1493–1510.

Benkenstein, M./Stuhldreier, U./Uhrich, S. (2006): Customer Lifetime Value durch Beziehungsmarketing im Privatkundengeschäft von Universalbanken, in: Günter, B./Helm, S. (Hrsg.): Kundenwert. Grundlagen, Innovative Konzepte, Praktische Umsetzung, 3. Aufl., Wiesbaden, S. 709–730.

Benkenstein, M./Uhrich, S. (2008): Konzeption und Determinanten des Markencommitment in Dienstleistungsbeziehungen, in: Bruhn, M./Stauss, B. (Hrsg.): Dienstleistungsmarken. Forum Dienstleistungsmanagement, Wiesbaden, S. 37–55.

Benkenstein, M./Zielke, K. (2005): Qualitätsmessung und Qualitätsmanagement international tätiger Dienstleistungsunternehmen – dargestellt am Beispiel touristischer Dienstleistungen, in: Gardini, M. A./Dahlhoff, H. D. (Hrsg.): Management internationaler Dienstleistungen, Wiesbaden, S. 241–262.

Berekoven, L. (1974): Der Dienstleistungsbetrieb. Wesen, Struktur, Bedeutung, Wiesbaden.

Berekoven, L. (1983): Der Dienstleistungsmarkt in der BRD, Göttingen.

Berekoven, L. (1997): Der Dienstleistungsmarkt in der Bundesrepublik Deutschland, Göttingen.

Berekoven, L./Bruchmann, K. (1992): Verlagstypologien, in: Diller, H. (Hrsg.): Vahlens Großes Marketinglexikon, München, S. 1233.

Bergen, M./Dutta, S./Walker Jr., O. C. (1992): Agency Relationships in Marketing: A Review of the Implications and Applications of Agency and Related Theories, in: Journal of Marketing, Vol. 56, No. 3, S. 1–24.

Berger, R. (1999): Die Dienstleistungsgesellschaft als Herausforderung und Chance, in: Beisheim, O. (Hrsg.): Distribution im Aufbruch. Bestandsaufnahme und Perspektiven, München.

Bergmann, R. (2000): Interkulturelles Lernen als organisationale Fähigkeit international tätiger Unternehmen, Dresden.

Berman, B. (2005): Applying Yield Management Pricing to Your Service Business, in: Business Horizons, Vol. 48, No. 2, S. 169–179.

Berndt, R./Fantapié Altobelli, C./Sander, M. (2005): Internationales Marketingmanagement, 3. Aufl., Berlin/Heidelberg.

Berry, L. L. (1981): The Employee as Customer, in: Journal of Retail Banking, Vol. 3, No. 1, S. 33–40.

Berry, L. L. (1983): Relationship Marketing, in: Berry, L. L./Shostack, G. L./Upah, G. D. (Hrsg.): Emerging Perspectives on Services Marketing, Chicago, S. 25–28.

Berry, L. L. (1986): Big Ideas in Services Marketing, in: Venkatesan, M./Schamelensee, D. H./Marshall, C. E. (Hrsg.): Creativity in Services Marketing, Proceedings Series, Chicago u. a., S. 6–8.

Berry, L. L./Parasuraman, A. (1992a): Service-Marketing. Wettbewerbsvorsprung durch erstklassige Qualität, Frankfurt.

Berry, L. L./Parasuraman, A. (1992b): Services Marketing Starts From Within, in: Marketing Management, Vol. 1, No. 1, S. 24–34.

Berry, L. L./Parasuraman, A. (1999): Dienstleistungsmarketing fängt beim Mitarbeiter an, in: Bruhn, M. (Hrsg.): Internes Marketing. Integration der Kunden- und Mitarbeiterorientierung. Grundlagen, Implementierung, Praxisbeispiele, 2. Aufl., Wiesbaden, S. 69–92.

Berry, L. L./Shankar, V./Turner Parish, J./Cadwallader, S./Dotzel, T. (2006): Creating New Markets Trough Service Innovations, in: MIT Sloan Management Review, Vol. 47, No. 2, S. 56–63.

Berry, L. L./Yadav, M. S. (1997): Oft falsch berechnet und verwirrend – die Preise für Dienstleistungen, in: Harvard Business Manager, 19. Jg., Nr. 1, S. 57–67.

Berry, L. L./Zeithaml, V. A./Parasuraman, A. (1990): Five Imperatives for Improving Service Quality, in: MIT Sloan Management Review, Vol. 31, No. 4, S. 29–38.

Berryman, K./Harrington, L./Layton-Rodin, D./Rerolle, V. (1998): Electronic Commerce: Three Emerging Strategies, in: McKinsey Quarterly, No. 1, S. 152–159.

Beutin, N. (2006): Verfahren zur Messung der Kundenzufriedenheit im Überblick, in: Homburg, C. (Hrsg.): Kundenzufriedenheit. Konzepte – Methoden – Erfahrungen, 6. Aufl., Wiesbaden, S. 121–170.

Bieberstein, I. (2006): Dienstleistungs-Marketing, 4. Aufl., Ludwigshafen.

Bilkey, W. J./Nes, E. (1982): Country-of-Origin Effects on Product Evaluations, in: Journal of International Business Studies, Vol. 13, No. 1, S. 89–99.

Birkelbach, R. (1988): Strategische Geschäftsfeldplanung im Versicherungssektor, in: Marketing ZFP, 10. Jg., Nr. 8, S. 231–239.

Birkelbach, R. (1993): Qualitätsmanagement in Dienstleistungs-Centern. Konzeption und typenspezifische Ausgestaltung unter besonderer Berücksichtigung von Verkehrsflughäfen, Frankfurt am Main.

Bitner, M. J. (1991): The Evolution of the Services Marketing Mix and Its Relationship to Service Quality, in: Brown, S./Gumesson, E./Edvardson, B./Gustavsson, B. (Hrsg.): Service Quality Multidisciplinary and Multinational Perspectives, New York, S. 23–37.

Bitner, M. J. (1995): Building Service Relationships: It's All About Promises, in: Journal of the Academy of Marketing Science, Vol. 23, No. 4, S. 246–251.

Bitner, M. J./Booms, B. H./Tetreault, M. S. (1990): The Service Encounter. Diagnosing Favorable and Unfavorable Incidents, in: Journal of Marketing, Vol. 54, No. 1, S. 71–84.

Bitner, M. J./Ostrom, A. L./Meuter, M. L. (2002): Implementing Successful Self-Service Technologies, in: Academy of Management Executive, Vol. 16, No. 4, S. 96–109.

Blau, P. M. (1964): Exchange and Power in Social Life, New York.

Bleicher, K. (1990): Zukunftsperspektiven organisatorischer Entwicklung. Von strukturellen zu human-zentrierten Ansätzen, in: Zeitschrift Führung und Organisation, 59. Jg., Nr. 3, S. 152–161.

Bliemel, F. W./Eggert, A. (1998): Kundenbindung. Die neue Sollstrategie?, in: Marketing ZFP, 20. Jg., Nr. 1, S. 37–46.

Blodgett, J./Hill, D./Tax, S. (1997): The Effects of Distributive, Procedural and Interactional Justice on Postcomplaint Behavior, in: Journal of Retailing, Vol. 73, No. 2, S. 185–210.

Bloemer, J. M. M./Kasper, H. D. P. (1995): The Complex Relationship Between Consumer Satisfaction and Brand Loyalty, in: Journal of Economic Psychology, Vol. 16, No. 2, S. 311–329.

Blümelhuber, C./Kantsperger, R. (2005): Multiplikation und Multiplizierbarkeit von Leistungserstellungssystemen als Basis der Internationalisierung von Dienstleistungen, in: Bruhn, M./Stauss, B. (Hrsg.): Internationalisierung von Dienstleistungen. Forum Dienstleistungsmanagement, Wiesbaden, S. 125–148.

BMW Group (2006): http://www.bmwgroup.com/via/ (Zugriff am 5.12.2007).

Böhler, H. (2004): Marktforschung, 3. Aufl., Stuttgart.

Böhler, H./Hempe, S. (2001): Marktforschung für das Dienstleistungsmanagement, in: Bruhn, M./ Meffert, H. (Hrsg.): Handbuch Dienstleistungsmanagement. Von der strategischen Konzeption zur praktischen Umsetzung, 2. Aufl., Wiesbaden, S. 263–276.

Bokranz, R. (1989): Arbeitsgestaltung, in: Strutz, H. (Hrsg.): Handbuch Personalmarketing, Wiesbaden, S. 503–518.

Bolton, R. N./Drew, J. H. (1991): A Longitudinal Analysis of the Impact of Service Changes on Customer Attitudes, in: Journal of Marketing, Vol. 55, No. 1, S. 1–9.

Bolton, R. N./Lemon, K. N. (1999): A Dynamic Model of Customers' Usage of Services: Usage as an Antecedent and Consequence of Satisfaction, in: Journal of Marketing Research, Vol. 36, No. 2, S. 171–186.

Bolton, R. N./Myers, M. B. (2003): Price-Based Global Market Segmentation for Services, in: Journal of Marketing, Vol. 67, No. 3, S. 108–128.

Booms, B. H./Bitner, M. J. (1981): Marketing Strategies and Organization Structures for Service Firms, in: Donnelly, J. H./George, W. R. (Hrsg.): Marketing of Services, Chicago, S. 47–51.

Boulding, W./Kalra, A./Staelin, R./Zeithaml, V. A. (1993): A Dynamic Process Model of Service Quality: From Expectations to Behavioral Intentions, in: Journal of Marketing Research, Vol. 30, No. 1, S. 7–27.

Boutellier, R./Masing, W. (1998): Qualitätsmanagement an der Schwelle zum 21. Jahrhundert. Festschrift für Hans Dieter Seghezzi zum 65. Geburtstag, München.

Bouwman, H./Haaker, T./de Vos, H. (2007): Mobile Service Bundles: The Example of Navigation Services, in: Electronic Markets, Vol. 17, No. 1, S. 20–28.

Bovermann, A. (1997): Dienstleistungsqualität durch Total Quality Management, Wiesbaden.

Bowen, D. E./Lawler III, E. E. (1995): Empowering Service Employees, in: MIT Sloan Management Review, Vol. 36, No. 4, S. 73–84.

Bowen, D. E./Lawler III, E. E. (1998): Empowerment im Dienstleistungsbereich, in: Meyer, A. (Hrsg.): Handbuch Dienstleistungs-Marketing, Band 1, Stuttgart, S. 1031–1044.

Bower, G./Hilgard, E. (1984): Theories of Learning, 3. Aufl., Englewood Cliffs.

Bowers, M. R./Martin, C. L./Luker, A. (1990): Trading Places: Employees as Customer, Customers as Employees, in: Journal of Services Marketing, Vol. 4, No. 2, S. 55–69.

Bowman, D./Narayandas, D. (2004): Linking Customer Management Effort to Customer Profitability in Business Markets, in: Journal of Marketing Research, Vol. 41, No. 4, S. 433–447.

Boyd, D. E./Bhat, S. (1998): The Role of Dual Entitlement and Equity Theories in Consumer's Formation of Fair Price Judgements, in: Journal of Professional Service Marketing, Vol. 17, No. 1, S. 1–14.

Bradley, F. (1995): The Service Firm in International Marketing, in: Glynn, W./Barnes, I. (Hrsg.): Understanding Services Management, Dublin, S. 420–448.

Brandt, D. R. (1987): A Procedure for Identifying Value-Enhancing Service Components Using Customer Satisfaction Survey Data, in: Surprenant, C. F. (Hrsg.): Add Value to Your Service, Chicago, S. 61–65.

Brandt, D. R. (1988): How Service Marketers Can Identify Value-Enhancing Service Elements, in: Journal of Services Marketing, Vol. 2, No. 3, S. 35–41.

Brockhoff, K. (1999): Produktpolitik, 4. Aufl., Stuttgart.

Brodie, R. J./Coviello, N. E./Brookes, R. W./Little, V. (1997): Towards a Paradigm Shift in Marketing? An Examination of Current Marketing Practices, in: Journal of Marketing Management, Vol. 13, No. 5, S. 383–406.

Brogini, M. (1998): Das Modell der Segmentintensität. Ein Ansatz zur kundengruppenorientierten Analyse der Marktstruktur, Bern.

Brown, S. W./Haynes, R. M./Saunders, D. L. (1993): Revitalizing Service Innovation, in: International Journal of Service Industry Management, Vol. 4, No. 1, S. 65–77.

Bruhn, M. (1982): Konsumentenzufriedenheit und Beschwerden. Erklärungsansätze und Ergebnisse einer empirischen Untersuchung in ausgewählten Konsumbereichen, Frankfurt am Main/Bern.

Bruhn, M. (1987): Der Informationswert von Beschwerden für Marketingentscheidungen, in: Hansen, U./Schoenheit, I. (Hrsg.): Verbraucherzufriedenheit und Beschwerdeverhalten, Frankfurt am Main, S. 123–140.

Bruhn, M. (1992): Werbung und Kommunikation für internationale Märkte, in: Kumar, B. N./Haussmann, H. (Hrsg.): Handbuch der Internationalen Unternehmenstätigkeit. Erfolgs- und Risikofaktoren, Märkte, Export-, Kooperations- und Niederlassungsmanagement, München, S. 703–734.

Bruhn, M. (1998a): Interne Kommunikation, in: Meyer, A. (Hrsg.): Handbuch Dienstleistungs-Marketing, Band 1, Stuttgart, S. 1045–1064.

Bruhn, M. (1998b): Internes Marketing als Schnittstelle zwischen Marketing- und Personalmanagement, in: Bruhn, M./Meffert, H. (Hrsg.): Handbuch Dienstleistungsmanagement, Wiesbaden, S. 707–732.

Bruhn, M. (1998c): Schweizer Kundenbarometer. SWICS – Swiss Index of Customer Satisfaction, Basel.

Bruhn, M. (1998d): Wirtschaftlichkeit des Qualitätsmanagements. Qualitätscontrolling für Dienstleistungen, Berlin/Heidelberg.

Bruhn, M. (1999): Internes Marketing als Forschungsgebiet der Marketingwissenschaft, in: Bruhn, M. (Hrsg.): Internes Marketing. Integration der Kunden- und Mitarbeiterorientierung, 2. Aufl., Wiesbaden, S. 15–44.

Bruhn, M. (2000): Servicecontrolling, in: Kostenrechnungspraxis, Sonderdruck 1 „Qualitätscontrolling", S. 19–28.

Bruhn, M. (2001a): Die zunehmende Bedeutung von Dienstleistungsmarken, in: Köhler, R./Majer, W./Wiezorek, H. (Hrsg.): Erfolgsfaktor Marke. Neue Strategien des Markenmanagements, München, S. 213–225.

Bruhn, M. (2001b): Kommunikationspolitik von Dienstleistungsunternehmen, in: Bruhn, M./Meffert, H. (Hrsg.): Handbuch Dienstleistungsmanagement. Von der strategischen Konzeption zur praktischen Umsetzung, 2. Aufl., Wiesbaden, S. 573–605.

Bruhn, M. (2001c): Relationship Marketing. Das Management von Kundenbeziehungen, München.

Bruhn, M. (2002a): Electronic Services. Eine Einführung in die theoretischen und praktischen Probleme, in: Bruhn, M./Stauss, B. (Hrsg.): Electronic Services. Jahrbuch Dienstleistungsmanagement Wiesbaden, S. 3–49.

Bruhn, M. (2002b): Integrierte Kundenorientierung. Implementierung einer kundenorientierten Unternehmensführung, Wiesbaden.

Bruhn, M. (2002c): Messung der Anforderungen an die Dienstleistungsqualität, in: Hansen, W./Kamiske, G. F. (Hrsg.): Qualitätsmanagement im Dienstleistungsbereich. Assessment, Sicherung, Entwicklung, Düsseldorf, S. 7–43.

Bruhn, M. (2003a): Integrierte Unternehmens- und Markenkommunikation. Ansatzpunkte für eine strategische und operative Umsetzung integrierter Kommunikationsarbeit, 3. Aufl., Stuttgart.

Bruhn, M. (2003b): Sponsoring. Systematische Planung und integrativer Einsatz, 4. Aufl., Wiesbaden.

Bruhn, M. (2004a): Begriffsabgrenzungen und Erscheinungsformen von Marken, in: Bruhn, M. (Hrsg.): Handbuch Markenführung, Band 1, Wiesbaden, S. 3–49.

Bruhn, M. (2004b): Interne Servicebarometer als Instrument interner Kundenorientierung. Messung und Steuerung der Qualität und Zufriedenheit interner Dienstleistungen, in: Marketing ZFP, 26. Jg., Nr. 4, S. 282–294.

Bruhn, M. (2005a): Internationalisierung von Dienstleistungen. Eine Einführung in den Sammelband, in: Bruhn, M./Stauss, B. (Hrsg.): Internationalisierung von Dienstleistungen. Forum Dienstleistungsmanagement, Wiesbaden, S. 3–42.

Bruhn, M. (2005b): Marketing für Nonprofit-Organisationen. Grundlagen – Konzepte – Instrumente, München.

Bruhn, M. (2005c): Unternehmens- und Marketingkommunikation. Handbuch für ein integriertes Kommunikationsmanagement, München.

Bruhn, M. (2007): Kommunikationspolitik. Systematischer Einsatz der Kommunikation für Unternehmen, 4. Aufl., München.

Bruhn, M. (2008a): Marketing. Grundlagen für Studium und Praxis, 9. Aufl., Wiesbaden.

Bruhn, M. (2008b): Qualitätsmanagement für Dienstleistungen. Grundlagen, Konzepte, Methoden, 7. Aufl., Berlin u. a.

Bruhn, M./Brunow, B./Specht, D. (2002): Kundenorientierung durch Mitarbeiterorientierung im Schindlerhof, in: Bruhn, M./Meffert, H. (Hrsg.): Exzellenz im Dienstleistungsmarketing. Fallstudien zur Kundenorientierung, Wiesbaden, S. 125–176.

Bruhn, M./Eichen, F. (2007): Marken-Konsumenten-Beziehungen: Bestandsaufnahme, kritische Würdigung und Forschungsfragen aus Sicht des Relationship Marketing, in: Florack, A./Scarabis, M./Primosch, E. (Hrsg.): Psychologie der Markenführung, München, S. 221–256.

Bruhn, M./Georgi, D. (1998): Kundenbezogene Wirtschaftlichkeitsanalyse des Qualitätsmanagements für Dienstleistungen. Konzept, Modellrechnung und Fallbeispiel, in: Marketing ZFP, 20. Jg., Nr. 2, S. 98–108.

Bruhn, M./Georgi, D. (2004): Kundenwertmanagement im Dienstleistungsbereich. Ergebnisse einer explorativen Studie, in: Wirtz, B. W./Göttgens, O. (Hrsg.): Integriertes Marken- und Kundenwertmanagement. Strategien, Konzepte und Best Practices, Wiesbaden, S. 371–393.

Bruhn, M./Georgi, D. (2006): Services Marketing. Managing The Service Value Chain, Harlow u. a.

Bruhn, M./Georgi, D./Hadwich, K. (2006): Vertrauen und Vertrautheit als Dimensionen der Beziehungsqualität. Konzeptionalisierung, Determinanten und Wirkungen, in: Bauer, H. H./Neumann, M. M./Schüle, A. (Hrsg.): Konsumentenvertrauen. Konzepte und Anwendungen für ein nachhaltiges Kundenbindungsmanagement, München, S. 311–324.

Bruhn, M./Georgi, D./Treyer, M./Leumann, S. (2000): Wertorientiertes Relationship Marketing: Vom Kundenwert zum Customer Lifetime Value, in: Die Unternehmung, 54. Jg., Nr. 3, S. 167–187.

Bruhn, M./Hadwich, K. (2004): Einsatz eines Kundenbarometers in der IT-Dienstleistungsbranche – ein Längsschnittsvergleich, in: Hippner, H./Wilde, K. D. (Hrsg.): Management von CRM-Projekten. Handlungsempfehlungen und Branchenkonzepte, Wiesbaden, S. 479–503.

Bruhn, M./Hadwich, K. (2005): Internationalisierung von Dienstleistungskonzepten, in: Bruhn, M./Stauss, B. (Hrsg.): Internationalisierung von Dienstleistungen. Forum Dienstleistungsmanagement, Wiesbaden, S. 103–124.

Bruhn, M./Hadwich, K. (2006): Produkt- und Servicemanagement. Konzepte, Methoden, Prozesse, München.

Bruhn, M./Hadwich, K./Georgi, D. (2005): Kundenwert als Steuerungsgröße des Kundenbindungsmanagements, in: Bruhn, M./Homburg, C. (Hrsg.): Handbuch Kundenbindungsmanagement. Strategien und Instrumente für ein erfolgreiches CRM, 5. Aufl., Wiesbaden, S. 655–676.

Bruhn, M./Hennig, K. (1993): Selektion und Strukturierung von Qualitätsmerkmalen. Auf dem Weg zu einem umfassenden Qualitätsmanagement für Kreditinstitute. Teil 1, in: Jahrbuch der Absatz- und Verbrauchsforschung, 39. Jg., Nr. 3, S. 214–238.

Bruhn, M./Homburg, C. (2004): Gabler Marketing Lexikon, 2. Aufl., Wiesbaden.

Bruhn, M./Meffert, H. (2001): Handbuch Dienstleistungsmanagement. Von der strategischen Konzeption zur praktischen Umsetzung, 2. Aufl., Wiesbaden.

Bruhn, M./Murmann, B. (1998): Nationale Kundenbarometer. Messung von Qualität und Zufriedenheit. Methodenvergleich und Entwurf eines Schweizer Kundenbarometers, Wiesbaden.

Bruhn, M./Stauss, B. (2000): Dienstleistungsqualität. Konzepte, Methoden, Erfahrungen, 3. Aufl., Wiesbaden.

Bruhn, M./Stauss, B. (2005): Internationalisierung von Dienstleistungen. Forum Dienstleistungsmanagement, Wiesbaden.

Bruhn, M./Stauss, B. (2006a): Dienstleistungscontrolling – Einführung in die theoretischen und praktischen Problemstellungen, in: Bruhn, M./Stauss, B. (Hrsg.): Dienstleistungscontrolling. Forum Dienstleistungsmanagement, Wiesbaden, S. 4–29.

Bruhn, M./Stauss, B. (2006b): Dienstleistungscontrolling. Forum Dienstleistungsmanagement, Wiesbaden.

Büker, B. (1991): Qualitätsbeurteilung investiver Dienstleistungen, Frankfurt am Main.

Bullinger, H. J./Fähnrich, K. P./Meiren, T. (2003): Service Engineering – Methodical Development of New Service Products, in: International Journal of Production Economics, Vol. 85, No. 3, S. 275–287.

Bullinger, H. J./Scheer, A. W. (2003): Service Engineering – Entwicklung und Gestaltung innovativer Dienstleistungen, in: Bullinger, H. J./Scheer, A. W. (Hrsg.): Service Engineering - Entwicklung und Gestaltung innovativer Dienstleistungen, Wiesbaden, S. 3–18.

Bürlimann, M. (2004): Web Promotion. Professionelle Werbung im Internet, St. Gallen, Zürich.

Burmann, C. (1991): Konsumentenzufriedenheit als Determinante der Marken- und Händlerloyalität, in: Marketing ZFP, 13. Jg., Nr. 4, S. 249–258.

Butcher, K./Sparks, B./O'Callaghan, F. (2003): Beyond Core Service, in: Psychology & Marketing, Vol. 20, No. 3, S. 187–208.

Büttgen, M. (2000): Einsatz von Mass Customization zur Erlangung hybrider Wettbewerbsvorteile im Tourismusbereich, in: Tourismus Journal, 4. Jg., Nr. 1, S. 27–49.

Buzzell, R. D./Gale, B. T. (1989): Das PIMS-Programm. Strategien und Unternehmenserfolg, Wiesbaden.

Campanella, J. (2000): Principles of Quality Costs. Principles, Implementation and Use, 3. Aufl., Milwaukee.

Cannon, H. M./Morgan, F. W. (1990): A Strategic Pricing Framework, in: Journal of Services Marketing, Vol. 4, No. 2, S. 19–31.

Cannon, J. P./Achrol, R. S./Gundlach, G. T. (2000): Contracts, Norms and Plural Form Governance, in: Journal of the Academy of Marketing Science, Vol. 28, No. 2, S. 180–194.

Capgemini (2005): World Retail Banking Report 2005, www.capgemini.com/news/2005/World RetailBankingReport2005.pdf (Zugriff am 12.08.2008).

Carlzon, J. (1990): Alles für den Kunden, 4. Aufl., Frankfurt am Main/New York.

Carman, J. M. (1990): Consumer Perceptions of Service Quality: An Assessment of the SERVQUAL Dimensions, in: Journal of Retailing, Vol. 66, No. 1, S. 33–57.

Carr, L. P. (1992): Applying Cost of Quality to a Service Business, in: MIT Sloan Management Review, Vol. 33, No. 4, S. 72–77.

Cateora, P. R./Graham, R. J. (2007): International Marketing, 13. Aufl., Boston.

Chandler, A. D. (1962): Strategy and Structure, Cambridge/Massachussetts.

Chandrashekaran, M./Rotte, K./Tax, S./Grewal, R. (2007): Satisfaction Strength and Customer Loyalty, in: Journal of Marketing Research, Vol. 44, No. 1, S. 153–163.

Chih-Hon, C./Chia-Yu, T. (2005): Exploring Store Image, Customer Satisfaction and Customer Loyalty Relationship: Evidence from Taiwanese Hypermarket Industry, in: Journal of American Academy of Business, Cambridge, Vol. 7, No. 2, S. 197–202.

Chuang, P. (2007): Combining Service Blueprint and FMEA for Service Design, in: The Service Industries Journal, Vol. 27, No. 1/2, S. 91–104.

Clark, T./Rajaratnam, D. (1999): International Services: Perspectives at Century's End, in: Journal of Services Marketing, Vol. 13, No. 4/5, S. 298–309.

Clark, T./Rajaratnam, D./Smith, T. (1996): Toward a Theory of International Services: Marketing Intangibles In a World of Nations, in: Journal of International Marketing, Vol. 4, No. 2, S. 9–28.

Clement, M./Peters, K./Preiß, J. (1998): Electronic Commerce, in: Albers, S./Clement, M./Peters, K. (Hrsg.): Marketing mit interaktiven Medien: Strategien zum Markterfolg, Frankfurt am Main, S. 49–64.

Coase, R. H. (1937): The Nature of the Firm, in: Economica, Vol. 4, No. 4, S. 386–405.

Compton, F. F. (1987): Internal Marketing of Marketing, in: Czepiel, J. A./Congram, C. A./Shanahan, J. B. (Hrsg.): The Services Challenge. Integrating for Competitive Advantage, Chicago, S. 17–20.

Congram, C. A./Czepiel, J. A./Shanahan, J. B. (1987): Achieving Internal Integration in Service Organizations. Five Propositions, in: Czepiel, J. A./Congram, C. A./Shanahan, J. B. (Hrsg.): The Services Challenge. Integrating for Competitive Advantage, Chicago, S. 5–6.

Cornelsen, J. (1996): Kundenwert – Begriff und Bestimmungsfaktoren, Arbeitspapier Nr. 43 des Lehrstuhls für Marketing, Universität Erlangen-Nürnberg, Nürnberg.

Cornelsen, J. (1998): Kundenbewertung mit Referenzwerten. Theorie und Ergebnisse des Kooperationsprojektes „Kundenwert" in Zusammenarbeit mit der GfK AG, Arbeitspapier Nr. 64, Betriebswirtschaftliches Institut, Universität Erlangen-Nürnberg, Nürnberg.

Cornelsen, J. (2000): Kundenwertanalysen im Beziehungsmarketing. Theoretische Grundlegung und Ergebnisse einer empirischen Studie im Automobilbereich, Nürnberg.

Corsten, H. (1985): Zur ökonomischen Bedeutung von Dienstleistungen. Möglichkeiten und Grenzen der Erfassung, in: Jahrbuch der Absatz- und Verbrauchsforschung, 31. Jg., Nr. 3, S. 230–251.

Corsten, H. (1987): Vergleichende Gegenüberstellung des Quality-Circle-Ansatzes mit anderen mitarbeiterorientierten Qualitätsförderungskonzepten (I), in: Das Wirtschaftsstudium (WISU), 16. Jg., Nr. 4, S. 196–200.

Corsten, H. (1989): Dienstleistungsmarketing. Elemente und Strategien, in: Jahrbuch der Absatz- und Verbrauchsforschung, 35. Jg., Nr. 1, S. 23–40.

Corsten, H. (1998): Ansatzpunkte für ein Rationalisierungsmanagement von Dienstleistungs-Anbietern, in: Meyer, A. (Hrsg.): Handbuch Dienstleistungs-Marketing, Band 1, München, S. 607–624.

Corsten, H. (2000): Der Integrationsgrad des externen Faktors als Gestaltungsparameter in Dienstleistungsunternehmen. Voraussetzungen und Möglichkeiten der Externalisierung und Internalisierung, in: Bruhn, M./Stauss, B. (Hrsg.): Dienstleistungsqualität. Konzepte, Methoden, Erfahrungen, 3. Aufl., Wiesbaden, S. 145–168.

Corsten, H. (2007): Produktionswirtschaft. Einführung in das industrielle Produktionsmanagement, 11. Aufl., München/Wien.

Corsten, H./Gössinger, R. (2007): Dienstleistungsmanagement, 5. Aufl., München/Wien.

Cowell, D. (1993): The Marketing of Services, Oxford.

Crawford, C. M. (1999): New Products Management, 6. Aufl., Homewood.

Creditreform (2002): Dienstleister setzen auf optimierte Geschäftsabläufe, in: Creditreform, News vom 18.02.2002, www.creditreform.de/presse/00032.php (Zugriff am 18.05.2005).

Cristofolini, M. (2005): Wissenstransfer im Marketing: Lern- und Austauschprozesse des kundenbezogenen Wissens von Kundenkontaktmitarbeitern, St. Gallen.

Cronin, J./Taylor, S. (1992): Measuring Service Quality. A Reexamination and Extention, in: Journal of Marketing, Vol. 56, No. 3, S. 55–68.

Crosby, L. A./Evans, K. R./Cowles, D. (1990): Relationship Quality in Services Selling. An Interpersonal Influence Perspective, in: Journal of Marketing, Vol. 54, No. 3, S. 68–81.

Crosby, P. B. (1986): Qualität bringt Gewinn, Hamburg.

Cross, J. C./Walker, B. J. (1987): Service Marketing and Franchising. A Practical Business Marriage, in: Business Horizons, Vol. 30, No. 6, S. 50–58.

Dabholkar, P. A. (1995): A Contingency Framework for Predicting Causality Between Customer Satisfaction and Service Quality, in: Kardes, F. R./Sajan, M. (Hrsg.): Advances in Consumer Research, Vol. 22, Provo, S. 101–108.

Dahringer, L. D. (1991): Marketing Services Internationally. Barriers and Management Strategies, in: Journal of Services Marketing, Vol. 5, No. 3, S. 5–17.

Dahringer, L. D./Mühlbacher, H. (1999): International Marketing. A Global Perspective, 2. Aufl., Reading u. a.

Dale, B. G./Lascelles, D. M./Plunkett, J. J. (1990): The Process of Total Quality Management, in: Dale, B. G./Plunkett, J. J. (Hrsg.): Managing Quality, New York, S. 3–18.

Dale, B. G./Plunkett, J. J. (1993): Quality Costing, 3. Aufl., London.

Dallmer, H. (2002): Das System des Direct Marketing – Entwicklung und Zukunftsperspektiven, in: Dallmer, H. (Hrsg.): Das Handbuch Direct Marketing & More, 8. Aufl., Wiesbaden, S. 3–32.

Dalrymple, D. J./Parsons, L. J. (1999): Marketing Management: Text and Cases (Marketing Management), 7. Aufl., New York.

Daudel, S./Vialle, G. (1989): Le Yield Management, Paris.

Daudel, S./Vialle, G. (1994): Yield Management. Applications to Air Transport and Other Service Industries, Frankfurt am Main.

de Chernatony, L./Dall'Olmo Riley, F. (1999): Experts' View About Defining Services Brands and the Principles of Services Branding, in: Journal of Business Research, Vol. 46, No. 2, S. 181–192.

de Chernatony, L./McDonald, M. (2000): Creating Powerful Brands in Consumer, Service and Industrial Markets, Oxford.

Dekker, H. C. (2003): Value Chain Analysis in Interfirm Relationships: A Field Study, in: Management Accounting Research, Vol. 14, No. 1, S. 1–23.

Desiraju, R./Shugan, S. M. (1999): Strategic Service Pricing and Yield Management, in: Journal of Marketing, Vol. 63, No. 1, S. 44–56.

Deutsch, M. (1958): Trust and Suspicion, in: The Journal of Conflict Resolution, Vol. 2, No. 4, S. 265–279.

Deutsch, M. (1985): Distributive Justice, New Heaven.

Deutsche Gesellschaft für Qualität e.V. (1995): Begriffe zum Qualitätsmanagement, DGQ-Schrift, Nr. 11-04, 6. Aufl., Frankfurt am Main.

Deutsche Gesellschaft für Qualität e.V. (1996): Qualitätszirkel, 3. Aufl., Berlin.

Deutscher Direktmarketing Verband (1995): Wirtschaftsfaktor Direktmarketing 1995, Wiesbaden.

Deutsches Patent- und Markenamt (2006): Jahresbericht 2006, http://www.dpma.de/veroeffentli chungen/jahresbericht06/dpma_jb_2006.pdf (Zugriff am 18.12.2007).

DGQ-Lenkungsausschuss Gemeinschaftsarbeit (LAG) der Deutschen Gesellschaft für Qualität e.V. (1993): Begriffe zum Qualitätsmanagement, Berlin.

DHL (2004): Lufthansa Cargo und Deutsche Post intensivieren Zusammenarbeit, Pressemitteilung vom 12.10.2004.

Dick, A. S./Basu, K. (1994): Customer Loyalty: Toward an Integrated Conceptual Framework, in: Journal of the Academy of Marketing Science, Vol. 22, No. 2, S. 99–113.

Diller, H. (1993): Preisbaukästen als preispolitische Option, in: Wirtschaftswissenschaftliches Studium, 22. Jg., Nr. 6, S. 270–275.

Diller, H. (1997): Preis-Management im Zeichen des Beziehungsmarketing, in: Die Betriebswirtschaft, 57. Jg., Nr. 6, S. 749–763.

Diller, H. (1999): Entwicklungslinien in Preistheorie und -Management, Arbeitspapier Nr. 76 des Lehrstuhls für Marketing, Universität Erlangen-Nürnberg.

Diller, H. (2000): Preiszufriedenheit bei Dienstleistungen. Konzeptionalisierung und explorative empirische Befunde, in: Die Betriebswirtschaft, 60. Jg., Nr. 5, S. 570–587.

Diller, H. (2008): Preispolitik, 4. Aufl., Stuttgart.

Diller, H./Haas, A./Ivens, B. S. (2005): Verkauf und Kundenmanagement, Stuttgart.

DIN EN ISO 8402:1992 (1992): Qualitätsmanagement und Qualitätssicherung, Begriffe, Berlin.

DIN EN ISO 9000:2005 (2005): Qualitätsmanagementsysteme. Grundlagen und Begriffe, Berlin.

Dixon, A. L./Spiro, R. L./Jamil, M. (2001): Successful and Unsuccessful Sales Calls: Measuring Salesperson Attributions and Behavioral Intentions, in: Journal of Marketing, Vol. 65, No. 3, S. 64–78.

Dobni, C. B./Luffman, G. (2000): Implementing Marketing Strategy Through a Market Orientation, in: Journal of Marketing Management, Vol. 16, No. 8, S. 859–916.

Docters, R./Reopel, M./Jeanne-Mey, S./Tanny, S. (2004): Capturing the Unique Value of Services: Why Pricing of Services is Different, in: Journal of Business Strategy, Vol. 25, No. 2, S. 23–28.

Dolski, J./Hermanns, A. (2004): Internationalisierungsstrategien von Dienstleistungsunternehmen, in: Gardini, M. A./Dahlhoff, H. D. (Hrsg.): Management internationaler Dienstleistungen. Kontext – Konzepte – Erfahrungen, Wiesbaden, S. 86–110.

Dolski, J./Hermanns, A. (2005): Internationale Marketingstandardisierung für Dienstleistungen, in: Bruhn, M./Stauss, B. (Hrsg.): Internationalisierung von Dienstleistungen. Forum Dienstleistungsmanagement Wiesbaden, S. 204–228.

Domizlaff, H. (1992): Die Gewinnung des öffentlichen Vertrauens: Ein Lehrbuch der Markentechnik, Hamburg.

Donabedian, A. (1980): The Definition of Quality and Approaches to its Assessment. Explorations in Quality, Assessment and Monitoring, Vol. I, Ann Arbor.

Donelly, J. H./Berry, L. L./Thompson, T. W. (1985): Marketing Financial Services. A Strategic Vision, Homewood.

Doney, P. M./Cannon, J. P. (1997): An Examination of the Nature of Trust in Buyer-Seller Relationships, in: Journal of Marketing, Vol. 62, No. 2, S. 1–13.

Dotzler, H.-J. (1999): Gestaltung der internen Kommunikationspolitik als Grundlage marktorientierter Veränderungsprozesse – am Beispiel der HYPO-BANK, in: Bruhn, M. (Hrsg.): Internes Marketing. Integration der Kunden- und Mitarbeiterorientierung, 2. Aufl., Wiesbaden, S. 665–681.

Dotzler, H.-J./Schick, S. (1995): Systematische Mitarbeiterkommunikation als Instrument der Qualitätssicherung, in: Bruhn, M./Stauss, B. (Hrsg.): Dienstleistungsqualität. Konzepte, Methoden, Erfahrungen, 2. Aufl., Wiesbaden, S. 277–294.

Drejer, I. (2004): Identifying Innovation in Surveys of Services: A Schumpeterian Perspective, in: Research Policy, Vol. 33, No. 3, S. 551.

Drösser, C. (2008): Ein Volk von Testern, in: DIE ZEIT, 27.03.2008, Nr. 14, S. 37f.

Drucker, P. F. (1992): Dienstleister müssen produktiver werden, in: Harvard Manager, 14. Jg., Nr. 2, S. 64–72.

Dülfer, E. (2001): Internationales Management in unterschiedlichen Kulturbereichen, 6. Aufl., München.

Dwyer, F. R. (1997): Customer Lifetime Valuation to Support Marketing Decision Making, in: Journal of Direct Marketing, Vol. 11, No. 4, S. 6–13.

Dyckhoff, B. (1993): Diversifikation von Handelsunternehmen in den Finanzdienstleistungsbereich. Dargestellt am Beispiel des Automobilhandels, Frankfurt am Main u. a.

Easton, G. (1988): Competition and Marketing Strategy, in: European Journal of Marketing, Vol. 22, No. 2, S. 31–49.

Eberl, P./Franke, B. (2005): Internationalisierung via Internet – Was kann man von Ebay lernen?, in: Bruhn, M./Stauss, B. (Hrsg.): Internationalisierung von Dienstleistungen. Forum Dienstleistungsmanagement, Wiesbaden, S. 415–431.

Edvardsson, B./Enquist, B. (2002): ‚The IKEA Saga': How Service Culture Drives Service Strategy, in: Service Industries Journal, Vol. 22, No. 4, S. 153–186.

Edvardsson, B./Gustavsson, B. (1991): Quality in Services and Quality in Services Organisations, in: Brown, S. W. (Hrsg.): Service Quality. Multidisciplinary and Multinational Perspectives, Lexington, S. 319–340.

Eggert, A. (2001): Konzeptionelle Grundlagen des elektronischen Kundenbeziehungsmanagement, in: Eggert, A./Fassott, G. (Hrsg.): eCRM – Electronic Customer Relationship Management, Stuttgart, S. 1–10.

Eisenächer, H. W. (2005): Fallstudie Lufthansa: „Profitable Kundenbeziehungen durch Kundenbindung", in: Bruhn, M./Homburg, C. (Hrsg.): Handbuch Kundenbindungsmanagement, 4. Aufl., Wiesbaden, S. 743–764.

Engel, J. F./Blackwell, R. D./Miniard, P. W. (2006): Consumer Behavior, 10. Aufl., Fort Worth.

Engelhardt, W./Freiling, J. (1995): Die integrative Gestaltung von Leistungspotenzialen, in: Zeitschrift für betriebswirtschaftliche Forschung, 47. Jg., Nr. 2, S. 899–918.

Engelhardt, W. H. (1990): Dienstleistungsorientiertes Marketing. Antwort auf die Herausforderung durch neue Technologien, in: Adam, D. (Hrsg.): Integration und Flexibilität. Eine Herausforderung für die Allgemeine Betriebswirtschaftslehre. 51. Wissenschaftliche Jahrestagung des Verbandes der Hochschullehrer für Betriebswirtschaftlehre e.V. 1989 in Münster, Wiesbaden, S. 269–288.

Engelhardt, W. H. (1991): Total Quality Management, in: Das Wirtschaftsstudium, 20. Jg., Nr. 8, S. 394–399.

Engelhardt, W. H./Kleinaltenkamp, M./Reckenfelderbäumer, M. (1992): Dienstleistungen als Absatzobjekt, Arbeitsbericht Nr. 52 des Instituts für Unternehmensführung und Unternehmensforschung an der Ruhr-Universität Bochum, Bochum.

Engelhardt, W. H./Kleinaltenkamp, M./Reckenfelderbäumer, M. (1993): Leistungsbündel als Absatzobjekte, in: Zeitschrift für betriebswirtschaftliche Forschung, 45. Jg., Nr. 5, S. 395–426.

Engelhardt, W. H./Kleinaltenkamp, M./Reckenfelderbäumer, M. (1995): Leistungstypologien als Basis des Marketing. Ein erneutes Plädoyer für die Aufhebung der Dichotomie von Sachleistungen und Dienstleistungen, in: Die Betriebswirtschaft, 55. Jg., Nr. 5, S. 673–678.

Entgelter, K. A. (1979): Das Rationalisierungspotential im Dienstleistungsbereich. Zu den Möglichkeiten der Substitution persönlicher Leistungsträger durch realtechnische Systeme im Bereich der Produktion immaterieller Güter, Frankfurt am Main.

Enzweiler, T. (1990): Wo die Preise Laufen lernen, in: manager magazin, 21. Jg., Nr. 3, S. 246–253.

EPSI Rating (2007): Customer Satisfaction 2006. Pan European Benchmark, http://www.epsi-rating.com/images/stories/files/Pan%20European%20Benchmark%202006.pdf (Zugriff am 16.07.2007).

Erlei, M. (2007): Neue Institutionenökonomik, 2. Aufl., Stuttgart.

Erramilli, M. K./Rao, C. P. (1993): Service Firms International Entry-Mode Choice. A Modified Transaction-Cost Analysis Approach, in: Journal of Marketing, Vol. 57, No. 3, S. 19–38.

Esch, F.-R. (2007): Strategie und Technik der Markenführung, 4. Aufl., München.

Esteban, A./Millan, A./Molina, A./Martin-Consuegra, D. (2002): Market Orientation in Service: A Review and Analysis, in: European Journal of Marketing, Vol. 36, No. 9, S. 1003–1022.

Fahlbusch, F./Bayer, T. (2007): Dem Kunden auf der Spur. Banken entdecken den mobilen Vertrieb – Dienstleistungszentren statt Filialen, in: Financial Times Deutschland, 23.11.2007, Nr. 228/47, S. 21.

Falk, B. H. (1980): Dienstleistungsmarketing, Landsberg am Lech.

Fantapié Altobelli, C. (2007): Marktforschung. Methoden, Anwendungen, Praxisbeispiele, Stuttgart.

Fantapié Altobelli, C./Bouncken, R. (1998): Wertkettenanalyse von Dienstleistungs-Anbietern, in: Meyer, A. (Hrsg.): Handbuch Dienstleistungs-Marketing, Band 1, Stuttgart, S. 282–296.

Farny, D. (1969): Grundlagen einer theoretischen Versicherungsbetriebslehre, in: Farny, D. (Hrsg.): Wirtschaft und Recht der Versicherung, Festschrift für P. Braess, Karlsruhe, S. 27–72.

Fassnacht, M. (1996): Preisdifferenzierung bei Dienstleistungen. Implementationsformen und Determinanten, Wiesbaden.

Fassnacht, M. (1998): Preisdifferenzierungsintensität bei Dienstleistern. Ein ökonomischer Erklärungsansatz, in: Zeitschrift für Betriebswirtschaft, 68. Jg., Nr. 7, S. 719–743.

Fassnacht, M. (2004): Markenführung für Dienstleistungen, in: Bruhn, M. (Hrsg.): Handbuch Markenführung. Kompendium zum erfolgreichen Markenmanagement. Strategien – Instrumente – Erfahrungen, 2. Aufl., Wiesbaden, S. 2163–2181.

Fassnacht, M./Homburg, C. (1997): Preisdifferenzierung als Instrument des Kapazitätsmanagement, in: Corsten, H./Stuhlmann, S. (Hrsg.): Kapazitätsmanagement in Dienstleistungsunternehmen. Grundlagen und Gestaltungsmöglichkeiten, Wiesbaden, S. 137–152.

Fassnacht, M./Homburg, C. (2001): Deutschsprachige Dienstleistungsforschung im internationalen Vergleich, in: Die Unternehmung, 55. Jg., Nr. 4/5, S. 279–293.

Fassnacht, M./Koese, I. (2006): Quality of Electronic Services, in: Journal of Service Research, Vol. 9, No. 1, S. 19–37.

Festinger, L. (1957): A Theory of Cognitive Dissonance, Stanford.

Fischer, M./Herrmann, A./Huber, F. (2001): Return on Customer Satisfaction. Wie rentabel sind Maßnahmen zur Steigerung der Zufriedenheit?, in: Zeitschrift für Betriebswirtschaft, 71. Jg., Nr. 10, S. 1161–1190.

Fischer, M./Hüser, A./Mühlenkamp, C./Schott, E. (1993): Marketing und neuere ökonomische Theorie: Ansätze zu einer Systematisierung, in: Betriebswirtschaftliche Forschung und Praxis, 45. Jg., Nr. 4, S. 444–470.

Fischer, R. (2000): Dienstleistungscontrolling. Grundlagen und Anwendungen, Wiesbaden.

Fishbein, M. A. (1967): A Behavior Theory Approach to the Relations between Beliefs about an Object and the Attitude towards the Object, in: Fishbein, M. A. (Hrsg.): Readings in Attitude Theory and Measurement, New York u. a., S. 389–400.

Fisk, R. P./Brown, S. W./Bitner, M. J. (1995): Services Management Literature Overview: A Rationale for Interdisciplinary Study, in: Glynn, W. J./Barnes, J. G. (Hrsg.): Understanding Services Management, S. 1–32.

Flavián, C./Torres, E./Guinal, M. (2004): Corporate Image Measurement. A Further Problem for the Tangibilization of Internet Banking Services, in: International Journal of Bank Marketing, Vol. 22, No. 5, S. 366–383.

Fliess, S. (2004): Qualitätsmanagement bei Vertrauensgütern, in: Marketing ZFP, 26. Jg., Spezialausgabe „Dienstleistungsmarketing", S. 33–44.

Forberger, D. (2000): Emotionale Determinanten der Dienstleistungsqualität. Entwicklung und Überprüfung eines Messkonzeptes, Wiesbaden.

Fornell, C. (1992): A National Customer Satisfaction Barometer: The Swedish Experience, in: Journal of Marketing, Vol. 56, No. 1, S. 6–21.

Fornell, C./Everitt Bryant, B. (1998): Der Amerikanische Kundenzufriedenheitsindex ACSI (American Customer Satisfaction Index), in: Simon, H./Homburg, C. (Hrsg.): Kundenzufriedenheit, 3. Aufl., Wiesbaden, S. 165–178.

Fornell, C./Johnson, M. D./Anderson, E. W./Jaesung, C./Bryant, B. E. (1996): The American Customer Satisfaction Index: Nature, Purpose and Findings, in: Journal of Marketing, Vol. 60, No. 4, S. 7–18.

Fornell, C./Wernerfelt, B. (1987): Defensive Marketing Strategy by Customer Complaint Management: A Theoretical Analysis, in: Journal of Marketing Research, Vol. 24, No. 4, S. 337–346.

Foscht, T./Swoboda, B. (2007): Käuferverhalten: Grundlagen – Perspektiven – Anwendungen, 3. Aufl., Wiesbaden.

Fourastié, J. (1954): Die große Hoffnung des zwanzigsten Jahrhunderts, Köln-Deutz.

Freeman, R. E. (1984): Strategic Management. A Stakeholder Approach, Marshfield.

Frehr, H.-U. (1994): Total Quality Management. Unternehmensweite Qualitätsverbesserung, 2. Aufl., München.

Freiling, J. (2004): A Competence-Based Theory of the Firm, in: Management Review, Vol. 15, No. 1, S. 27–52.

Freiling, J. (2006): Kundenwert aus ressourcenorientierter Sicht, in: Günter, B./Helm, S. (Hrsg.): Kundenwert. Grundlagen – Innovative Konzepte – Praktische Umsetzungen, Wiesbaden, S. 83–102.

Freter, H. (1983): Marktsegmentierung, Stuttgart.

Freter, H. (2001a): Marktsegmentierung im Dienstleistungsbereich, in: Bruhn, M./Meffert, H. (Hrsg.): Handbuch Dienstleistungsmanagement. Von der strategischen Konzeption zur praktischen Umsetzung, Wiesbaden, S. 279–314.

Freter, H. (2001b): Marktsegmentierungsmerkmale, in: Diller, H. (Hrsg.): Vahlens Großes Marketinglexikon, 2. Aufl., München, S. 1074–1076.

Friedman, M. L./Smith, L. J. (1993): Consumer Evaluation Processes in a Service Setting, in: Journal of Services Marketing, Vol. 7, No. 2, S. 47–61.

Friege, C. (1995): Preispolitik für Leistungsverbünde im Business-to-Business-Marketing, Wiesbaden.

Friege, C. (1996): Yield Management, in: Wirtschaftswissenschaftliches Studium, 25. Jg., Nr. 12, S. 616–622.

Friege, C. (1997): Preispolitik für Dienstleistungen, in: Thexis, 14. Jg., Nr. 2, S. 9–14.

Frietzsche, U. (2001): Externe Faktoren in der Dienstleistungsproduktion. Ansätze zur Lösung von Erfassungs- und Bewertungsproblemen, Wiesbaden.

Fritz, W. (2004): Internet-Marketing und Electronic Commerce, Grundlagen. Rahmenbedingungen. Instrumente, 3. Aufl., Wiesbaden.

Fröhlich, W./Langecker, F. (1989): Hochschulkontakte, in: Strutz, H. (Hrsg.): Handbuch Personalmarketing, Wiesbaden, S. 152–157.

Fröhlich, W./Sitzenstock, K. (1989): Personalimage-Werbung, in: Strutz, H. (Hrsg.): Handbuch Personalmarketing, Wiesbaden, S. 134–142.

Frost, F. A./Kumar, M. (2000): INTSERVQUAL. An Internal Adaptation of the GAP Model in a Large Service Organisation, in: Journal of Services Marketing, Vol. 14, No. 4/5, S. 358–376.

Furubotn, E. G./Pejovich, S. (1972): Property Rights and Economic Theory: A Survey of Recent Literature, in: Journal of Economic Literature, Vol. 10, No. 4, S. 1137–1162.

Furubotn, E. G./Pejovich, S. (1974): The New Property Rights and Economic Theory, in: Furubotn, E. G./Pejovich, S. (Hrsg.): The Economics of Property Rights, Cambridge, S. 1–9.

Gabele, E. (1993): Unternehmenskultur, in: Hauschildt, J./Grün, O. (Hrsg.): Ergebnisse empirischer betriebswirtschaftlicher Forschung: Zu einer Realtheorie der Unternehmung, Stuttgart, S. 115–134.

Gardini, M. A./Dahlhoff, H. D. (2004): Management internationaler Dienstleistungen, Kontext – Konzepte – Erfahrungen, Wiesbaden.

Gelbrich, K. (2001): Kundenwert. Wertorientierte Akquisition von Kunden im Automobilbereich, München.

George, S. (1992): The Baldrige Quality System. The Do-it-Yourself Way to Transform Your Business, New York u. a.

George, W. R. (1977): The Retailing of Services – A Challenging Future, in: Journal of Retailing, Vol. 53, No. 3, S. 85–98.

George, W. R./Berry, L. L. (1984): Guidelines for the Advertising of Services, in: Lovelock, C. H. (Hrsg.): Services Marketing, Englewood Cliffs, S. 407–412.

George, W. R./Marshall, C. E. (1984): Developing New Services, Chicago.

Georgi, D. (2000): Entwicklung von Kundenbeziehungen. Theoretische und empirische Analysen unter dynamischen Aspekten, Wiesbaden.

Gerhardt, J. (1987): Dienstleistungsproduktion. Eine produktionstheoretische Analyse der Dienstleistungsprozesse, Bergisch Gladbach/Köln.

Gerpott, T. (2000): Kundenbindung: Konzepteinordnung und Bestandaufnahme der neueren empirischen Forschung, in: Die Unternehmung, 54. Jg., Nr. 1, S. 23–42.

Gersch, M./Freiling, J./Goeke, C. (2005): Grundlagen einer ‚Competence-based Theory of the Firm‘. Die Chance zur Schließung einer ‚Realisierungslücke‘ innerhalb der Marktprozesstheorie. Arbeitsbericht Nr. 100, Institut für Unternehmensführung, Ruhr-Universität Bochum, Bochum.

Gerth, N. (1999): Online Absatz: Eine Analyse des Einsatzes von Online-Medien als Absatzkanal, Ettlingen.

Gierl, H. (1999): Vertrauen im Beratungsgeschäft, in: Jahrbuch der Absatz- und Verbrauchsforschung, 45. Jg., Nr. 2, S. 195–213.

Gillies, C. (2006): Wenn der Kunde zum Erfinder wird, in: Handelszeitung, 27.09.2006, Nr. 39, S. 21.

Gleitsmann, B. M. (2007): Internes Marketing, Unternehmenskultur und marktorientiertes Verhalten. Direkte, indirekte und moderierende Effekte, Wiesbaden.

Göbel, E. (2002): Neue Institutionenökonomik. Konzeption und betriebswirtschaftliche Anwendungen, Stuttgart.

Gössinger, R. (2005): Dienstleistungen als Problemlösungen. Eine produktionstheoretische Analyse auf der Grundlage von Eigenschaften, Wiesbaden.

Gounaris, S. P. (2005): Trust and Commitment Influences on Customer Retention: Insights from Business-to-Business Services, in: Journal of Business Research, Vol. 58, No. 2, S. 126–140.

Graham, R. J. (1981): The Role of Perception of Time in Consumer Research, in: Journal of Consumer Research, Vol. 7, No. 4, S. 335–342.

Graumann, J. (1983): Die Dienstleistungsmarke – Charakterisierung und Bewertung eines neuen Markentypus aus absatzwirtschaftlicher Sicht, München.

Gremler, D. D./Bitner, M. J./Evans, K. R. (1994): The Internal Service Encounter, in: International Journal of Service Industry Management, Vol. 5, No. 2, S. 34–65.

Grimmeisen, M. (1998): Implementierungscontrolling: Wirtschaftliche Umsetzung von Change-Programmen, Wiesbaden.

Grönroos, C. (1980a): An Applied Service Marketing Theory, Arbeitspapier Nr. 57, Swedish School of Economics and Business Administration, Helsinki.

Grönroos, C. (1980b): Designing a Long Range Marketing Strategy for Services, in: Long Range Planning, Vol. 13, No. 2, S. 36–42.

Grönroos, C. (1981): Internal Marketing. An Integral Part of Marketing Theory, in: Donnelly, J. H./George, W. R. (Hrsg.): Marketing of Services, Chicago, S. 236–238.

Grönroos, C. (1984): A Service Quality Model and Its Marketing Implications, in: European Journal of Marketing, Vol. 18, No. 4, S. 36–44.

Grönroos, C. (1989): Innovative Marketing Strategies and Organization Structures for Service Firms, in: Bateson, J. E. G. (Hrsg.): Managing Services Marketing. Text and Readings, Chicago u. a., S. 506–521.

Grönroos, C. (1990): Relationship Approach to Marketing in Service Contexts: The Marketing and Organizational Behavior Interface, in: Journal of Business Research, Vol. 20, No. 1, S. 3–11.

Grönroos, C. (2000): Service Management and Marketing. A Customer Relationship Management Approach, 2. Aufl., New York.

Gröppel-Klein, A. (1998): Wettbewerbsstrategien im Einzelhandel. Chancen und Risiken von Preisführerschaft und Differenzierung, Wiesbaden.

Gröppel-Klein, A. (2004a): Dissonanztheorie, in: Bruhn, M./Homburg, C. (Hrsg.): Gabler Marketing Lexikon, 2. Aufl., Wiesbaden, S. 184–185.

Gröppel-Klein, A. (2004b): Lernen, in: Bruhn, M./Homburg, C. (Hrsg.): Gabler Marketing Lexikon, 2. Aufl., Wiesbaden, S. 461–462.

Grove, S. J./Fisk, R. P./John, J. (2003): The Future of Services Marketing: Forecasts From Ten Services Experts, in: Journal of Services Marketing, Vol. 17, No. 2, S. 107–121.

Grum, S./Schneider, S./Frohmüller, K. P. (2003): Warum werden Synergien im Transaction-Banking überbewertet?, in: Geldinstitute, Nr. 3, S. 24–28.

Grund, M. A. (1998): Interaktionsbeziehungen im Dienstleistungsmarketing, Wiesbaden.

Guiltinan, J. P. (1987): The Price Bundling of Services: A Normative Framework, in: Journal of Marketing, Vol. 51, No. 2, S. 74–85.

Gummesson, E. (2002): Total Relationship Marketing. Rethinking Marketing Management: From 4Ps to 30Rs, 2. Aufl., Oxford.

Günter, B./Helm, S. (2006): Kundenwert. Grundlagen, Innovative Konzepte, Praktische Umsetzung, 3. Aufl., Wiesbaden.

Haag, J. (1992): Kundendeckungsbeitragsrechnungen. Ein Prüfstein des Key-Account-Managements, in: Die Betriebswirtschaft, 52. Jg., Nr. 1, S. 25–39.

Haak, W. (1982): Produktion in Banken, Frankfurt am Main/Bern.

Haas, H. (1998): Dienstleistungsqualität aus Kundensicht. Eine empirische und theoretische Untersuchung über den Nutzen von Zertifikaten nach DIN EN ISO 9000 ff. für Verbraucher, Berlin.

Haase, K./Salewski, F./Skiera, B. (1998): Preisdifferenzierung bei Dienstleistungen am Beispiel von „Call-by-Call"-Tarifen, in: Zeitschrift für betriebswirtschaftliche Forschung, 68. Jg., Nr. 10, S. 1053–1072.

Hadwich, K. (2003): Die Rolle der Beziehungsqualität im Relationship Marketing, Wiesbaden.

Hagen, P. (2003): Wertpapierabwicklung: Eigenregie oder Outsourcing, in: bank und markt, 01.05.2003, Nr. 5, S. 33.

Haist, F./Fromm, H. (1991): Qualität im Unternehmen. Prinzipien, Methoden, Techniken, 2. Aufl., München/Wien.

Håkansson, H./Snehota, I. (1993): The Content and Functions of Business Relationships, Paper bei der 9. IMP Conference, Bath.

Haley, R. I. (1968): Benefit Segmentation: A Decision-Oriented Research Tool, in: Journal of Marketing, Vol. 32, No. 3, S. 30–35.

Haller, S. (1993): Methoden zur Beurteilung der Dienstleistungsqualität. Überblick zum State of the Art, in: Zeitschrift für betriebswirtschaftliche Forschung, 45. Jg., Nr. 1, S. 19–38.

Haller, S. (2005): Dienstleistungsmanagement. Grundlagen, Konzepte, Instrumente, 3. Aufl., Wiesbaden.

Hammer, C./Wieder, G. (2003): Internet-Geschäftsmodelle mit Rendite, http://www.fbi.fh-koeln.de/institut/personen/volpers/Material/Geschaeftsmodelle.pdf (Zugriff am 19.12.2007).

Han, C. M./Terpstra, V. (1988): Country-of-Origin Effects for Uni-National and Bi-National Products, in: Journal of International Business Studies, Vol. 19, No. 2, S. 235–256.

Handelsblatt-Online (2005): Vodafone kauft in Osteuropa zu, in: Handelsblatt, www.handelsblatt.com/pshb?fn=tt&sfn=go&id=1006857 (Zugriff am 22.10.2007).

Hansen, U./Korpiun, M./Henning-Thurau, T. (1998): Nationale Zufriedenheitsindizes als Informationsgrundlage des Dienstleistungsmanagements – Eine kritische Bestandsaufnahme, in: Bruhn, M./Meffert, H. (Hrsg.): Handbuch Dienstleistungsmanagement. Von der strategischen Konzeption zur praktischen Umsetzung, Wiesbaden, S. 307–342.

Hansen, W./Kamiske, G. F. (2001): Qualitätsmanagement in der Praxis. Erfahrungsberichte aus den Unternehmen, Düsseldorf.

Hanson, W./Martin, R. K. (1990): Optimal Bundle Pricing, in: Management Science, Vol. 36, No. 2, S. 155–174.

Harris, K./Baron, S. (2004): Consumer-to-Consumer Conversations in Service Settings, in: Journal of Service Research, Vol. 6, No. 3, S. 287–303.

Hart, C. W. L. (1989): Auch Dienstleister nutzen Garantien, in: Harvard Manager, 11. Jg., Nr. 1, S. 114–121.

Hart, C. W. L./Heskett, J. L./Sasser, W. E. (1990): The Profitable Art of Service Recovery, in: Harvard Business Review, Vol. 68, No. 4, S. 148–156.

Hartley, B./Pickton, D. (1999): Integrated Marketing Communications Require a New Way of Thinking, in: Journal of Marketing Communications, Vol. 5, No. 2, S. 97–106.

Hawley, A. (1950): Human Ecology: A Theory of Community Structure, New York.

Haynes, P. J. (1990): Hating the Wait: Managing the Final Service Encounter, in: The Journal of Services Marketing, Vol. 4, No. 4, S. 20–26.

Heider, F. (1958): The Psychology of Interpersonal Relationships, New York.

Heinen, E./Dietel, B. (1991): Industriebetriebslehre. Entscheidungen im Industriebetrieb, 9. Aufl., Wiesbaden.

Heinen, E./Dill, P. (1990): Unternehmenskultur aus betriebswirtschaftlicher Sicht, in: Simon, H. (Hrsg.): Herausforderung Unternehmenskultur, Stuttgart, S. 12–24.

Helm, S. (2008): Kundenbindung und Kundenempfehlung, in: Bruhn, M./Homburg, C. (Hrsg.): Handbuch Kundenbindungsmanagement: Strategien und Instrumente für ein erfolgreiches CRM, Wiesbaden, S. 135–153.

Helson, H. (1964): Adaption Level Theory, New York.

Hennig-Thurau, T. (2000): Die Qualität von Geschäftsbeziehungen auf Dienstleistungsmärkten. Konzeptionalisierung, empirische Messung, Gestaltungshinweise, in: Bruhn, M./Stauss, B. (Hrsg.): Kundenbeziehungen im Dienstleistungsbereich. Jahrbuch Dienstleistungsmanagement 2000, Wiesbaden, S. 133–157.

Hennig-Thurau, T. (2004): Customer Orientation of Service Employees: Its Impact on Customer Satisfaction, Commitment, and Retention, in: International Journal of Service Industry Management, Vol. 15, No. 5, S. 460–478.

Hennig-Thurau, T./Klee, A./Langer, M. F. (1999): Das Relationship Quality-Modell zur Erklärung von Kundenbindung. Einordnung und empirische Überprüfung, in: Zeitschrift für Betriebswirtschaft, 69. Jg., Nr. 2 (Ergänzungsheft), S. 111–132.

Hentschel, B. (1990a): Die Messung wahrgenommener Dienstleistungsqualität mit SERVQUAL. Eine kritische Auseinandersetzung, in: Marketing ZFP, 12. Jg., Nr. 4, S. 230–240.

Hentschel, B. (1990b): Die Messung wahrgenommener Dienstleistungsqualität mit SERVQUAL. Eine kritische Auseinandersetzung, Diskussionsbeiträge der Wirtschaftswissenschaftlichen Fakultät Ingolstadt, Nr. 3, Ingolstadt.

Hentschel, B. (1991): Beziehungsmarketing, in: Das Wirtschaftsstudium, 20. Jg., Nr. 1, S. 25–28.

Hentschel, B. (1992): Dienstleistungsqualität aus Kundensicht. Vom merkmals- zum ereignisorientierten Ansatz, Wiesbaden.

Hentschel, B. (2000): Multiattributive Messung von Dienstleistungsqualität, in: Bruhn, M./Stauss, B. (Hrsg.): Dienstleistungsqualität. Konzepte, Methoden, Erfahrungen, 3. Aufl., Wiesbaden, S. 289–320.

Hentze, J./Lindert, K. (1998): Motivations- und Anreizsysteme in Dienstleistungsunternehmen, in: Meyer, A. (Hrsg.): Handbuch Dienstleistungs-Marketing, Band 1, Stuttgart, S. 1010–1030.

Hermanns, A. (1995): Aufgaben des internationalen Marketing-Managements, in: Hermanns, A./ Wißmeier, U. K. (Hrsg.): Internationales Marketing-Management. Grundlagen, Strategien, Instrumente, Kontrolle und Organisation, München, S. 24–68.

Hermanns, A./Wißmeier, U. K. (2001): Internationalisierung von Dienstleistungen, in: Bruhn, M./ Meffert, H. (Hrsg.): Handbuch Dienstleistungsmanagement. Von der strategischen Konzeption zur praktischen Umsetzung, Wiesbaden, S. 525–545.

Herrmann, A. (1998): Preisbeurteilung bei mehrdimensionaler Preisstellung, in: Jahrbuch der Absatz- und Verbrauchsforschung, 44. Jg., Nr. 1, S. 47–64.

Herrmann, A./Huber, F. (1999): Nutzenorientierte Gestaltung der Distributionslogistik, in: Beisheim, O. (Hrsg.): Distribution im Aufbruch. Bestandsaufnahme und Perspektiven, München, S. 861–871.

Herrmann, A./Johnson, M. D. (1999): Die Kundenzufriedenheit als Bestimmungsfaktor der Kundenbindung, in: Zeitschrift für betriebswirtschaftliche Forschung, 51. Jg., Nr. 6, S. 579–598.

Herrmann, A./Wricke, M./Huber, F. (2000): Kundenzufriedenheit durch Preisfairness, in: Marketing ZFP, 22. Jg., Nr. 2, S. 131–143.

Herzig, N./Watrin, C. (1995): Obligatorische Rotation des Wirtschaftsprüfers – ein Weg zur Verbesserung der externen Unternehmenskontrolle, in: Zeitschrift für betriebswirtschaftliche Forschung, 47. Jg., Nr. 9, S. 775–804.

Heskett, J. L. (1986): Managing in the Service Economy, 5. Aufl., Boston.

Heskett, J. L. (1988): Management von Dienstleistungsunternehmen. Erfolgreiche Strategien in einem Wachstumsmarkt, Wiesbaden.

Heskett, J. L./Jones, T. O./Loveman, G. W./Sasser, W. E./Schlesinger, L. A. (1994): Putting the Service-Profit Chain to Work, in: Harvard Business Review, Vol. 72, No. 2, S. 164–170.

Heskett, J. L./Sasser, W. E./Hart, C. W. L. (1990): Service Breakthroughs Changing the Rules of the Game, New York.

Heskett, J. L./Sasser, W. E./Schlesinger, L. A. (1997): The Service Profit Chain: How Leading Companies Link Profit and Growth to Loyalty, Satisfaction, and Value, New York.

Hilke, W. (1984): Dienstleistungsmarketing aus Sicht der Wissenschaft, Diskussionsbeiträge des Betriebswirtschaftlichen Seminars der Universität Freiburg, Freiburg.

Hilke, W. (1989a): Dienstleistungsmarketing, Wiesbaden.

Hilke, W. (1989b): Grundprobleme und Entwicklungstendenzen des Dienstleistungs-Marketing, in: Hilke, W. (Hrsg.): Dienstleistungs-Marketing, Wiesbaden, S. 5–44.

Hilke, W. (1993): Kennzeichnung und Instrumente des Direkt-Marketing, in: Hilke, W. (Hrsg.): Direkt-Marketing, Wiesbaden.

Hilker, J. (2001): Marketingimplementierung. Grundlagen und Umsetzung für das Dienstleistungsmanagement, in: Meffert, H./Bruhn, M. (Hrsg.): Handbuch Dienstleistungsmanagement. Von der strategischen Konzeption zur praktischen Umsetzung, 2. Aufl., Wiesbaden, S. 827–850.

Hill, F./Huq, R. (2004): Employee Empowerment: Conceptualizations, Aims and Outcomes, in: Total Quality Management & Business Excellence, Vol. 15, No. 8, S. 1025–1041.

Hinterhuber, H. H./Matzler, K. (Hrsg.) (2006): Kundenorientierte Unternehmensführung, 5. Aufl., Wiesbaden.

Hippner, H. (2004): IT-Systeme im CRM. Aufbau und Potenziale, Wiesbaden.

Hirschman, A. O. (1974): Abwanderung und Widerspruch, Tübingen.

Hochschild, A. R. (1990): Das gekaufte Herz, Frankfurt u. a.

Hoekstra, J. C./Huizingh, E. K. (1999): The Lifetime Value Concept in Customer-Based Marketing, in: Journal of Market Focused Management, Vol. 3, No. 3/4, S. 257–274.

Hofmann, H. R./Meiren, T. (1998): Service Engineering in der Investitionsgüterindustrie, in: Information Management & Consulting, 13. Jg., Sonderausgabe, S. 79–84.

Holland, H. (2004): Direktmarketing, 2. Aufl., München.

Homans, G. C. (1961): Social Behavior: Its Elementary Forms, London.

Homans, G. C. (1968): Elementarformen sozialen Verhaltens, Köln Opladen.

Homburg, C. (1998): Optimierung der Kundenzufriedenheit durch Total Quality Management, in: Simon, H./Homburg, C. (Hrsg.): Kundenzufriedenheit, 3. Aufl., Wiesbaden, S. 249–260.

Homburg, C. (2003): Kundenzufriedenheit. Konzepte – Methoden – Erfahrungen, 5. Aufl., Wiesbaden.

Homburg, C./Becker, A./Hentschel, F. (2008): Der Zusammenhang zwischen Kundenzufriedenheit und Kundenbindung, in: Bruhn, M./Homburg, C. (Hrsg.): Handbuch Kundenbindungsmanagement: Strategien und Instrumente für ein erfolgreiches CRM, Wiesbaden, S. 103–134.

Homburg, C./Becker, J. (2000): Marktorientierte Unternehmensführung und ihre Erfolgsauswirkungen – Eine empirische Untersuchung, Arbeitspapier Nr. W 38, Institut für Marktorientierte Unternehmensführung, Universität Mannheim, Mannheim.

Homburg, C./Bruhn, M. (2008): Kundenbindungsmanagement. Eine Einführung in die theoretischen und praktischen Problemstellungen, in: Bruhn, M./Homburg, C. (Hrsg.): Handbuch Kundenbindungsmanagement. Strategien und Instrumente für ein erfolgreiches CRM, 6. Aufl., Wiesbaden, S. 3–37.

Homburg, C./Bucerius, M. (2001): Kundenorientierung: Bestandsaufnahme, Managementinstrumente, Entwicklungslinien, in: Pfohl, C. (Hrsg.): Jahrhundert der Logistik - Unternehmensführung und Logistik, S. 107–139.

Homburg, C./Bucerius, M. (2006): Kundenzufriedenheit als Managementherausforderung, in: Homburg, C. (Hrsg.): Kundenzufriedenheit. Konzepte – Methoden – Erfahrungen, 6. Aufl., Wiesbaden, S. 53–89.

Homburg, C./Daum, D. (1997): Marktorientiertes Kostenmanagement, Frankfurt am Main.

Homburg, C./Fassnacht, M. (1998): Kundennähe, Kundenzufriedenheit und Kundenbindung bei Dienstleistungsunternehmen, in: Bruhn, M./Meffert, H. (Hrsg.): Handbuch Dienstleistungsmanagement. Von der strategischen Konzeption zur praktischen Umsetzung, 3. Aufl., Wiesbaden, S. 405–428.

Homburg, C./Garbe, B. (1996): Industrielle Dienstleistungen. Bestandsaufnahme und Entwicklungsrichtungen, in: Zeitschrift für Betriebswirtschaft, 66. Jg., Nr. 3, S. 253–282.

Homburg, C./Giering, A./Hentschel, F. (1999): Der Zusammenhang zwischen Kundenzufriedenheit und Kundenbindung, in: Die Betriebswirtschaft, 59. Jg., Nr. 2, S. 174–195.

Homburg, C./Krohmer, H. (2006): Marketingmanagement. Strategie – Instrumente – Umsetzung – Unternehmensführung, 2. Aufl., Wiesbaden.

Homburg, C./Krohmer, H. (2008): Der Prozess der Marktforschung: Festlegung der Datenerhebungsmethode, Stichprobenbildung und Fragebogengestaltung, in: Herrmann, A./Homburg, C./Klarmann, M. (Hrsg.): Handbuch Marktforschung: Methoden – Anwendungen – Praxisbeispiele, Wiesbaden, S. 21–51.

Homburg, C./Krohmer, H./Workman, J. P. (2004): A Strategy Implementation Perspective of Market Orientation, in: Journal of Business Research, Vol. 57, No. 12, S. 1331–1340.

Homburg, C./Rudolph, B. (1998): Theoretische Perspektiven zur Kundenzufriedenheit, in: Simon, H./Homburg, C. (Hrsg.): Kundenzufriedenheit, 3. Aufl., Wiesbaden, S. 33–55.

Homburg, C./Schäfer, H. (2000): Cross-Selling – Aus der Kundenbeziehung mehr herausholen, in: Harvard Business Manager, 22. Jg., Nr. 6, S. 35–44.

Homburg, C./Schäfer, H. (2001): Profitabilität durch Cross-Selling: Kundenpotentiale professionell erschließen, Arbeitspapier Nr. 60, Institut für Marktorientierte Unternehmensführung, Mannheim.

Homburg, C./Schäfer, H. (2002): Die Erschließung von Kundenpotenzialen durch Cross-Selling: Konzeptionelle Grundlagen und empirische Forschung, in: Marketing ZFP, 24. Jg., Nr. 1, S. 7–26.

Homburg, C./Schnurr, P. (1998): Kundenwert als Instrument der Wertorientierten Unternehmensführung, in: Bruhn, M./Lusti, M./Müller, W. R./Schierenbeck, H./Studer, M. (Hrsg.): Wertorientierte Unternehmensführung. Perspektiven und Handlungsfelder für die Wertsteigerung, Wiesbaden, S. 169–189.

Homburg, C./Sieben, F./Stock, R. (2004): Einflussgrößen des Kundenrückgewinnungserfolgs – Theoretische Betrachtung und empirische Befunde im Dienstleistungsbereich, in: Marketing ZFP, 26. Jg., Nr. 1, S. 25–41.

Homburg, C./Stock, R. (2001a): Bournout von Mitarbeitern im Dienstleistungsbereich – Ansatzpunkte zur Vermeidung durch persönliches Ressourcen-Management, in: Bruhn, M./Stauss, B. (Hrsg.): Jahrbuch Dienstleistungsmanagement 2001, Wiesbaden, S. 482–500.

Homburg, C./Stock, R. (2001b): Der Zusammenhang zwischen Mitarbeiter- und Kundenzufriedenheit, in: Die Unternehmung, 55. Jg., Nr. 6, S. 377–400.

Horváth, P. (2006): Controlling, 10. Aufl., München.

Horváth, P./Urban, G. (1990): Qualitätscontrolling, Stuttgart.

Houston, F. S./Gassenheimer, J. B. (1987): Marketing and Exchange, in: Journal of Marketing, Vol. 51, No. 4, S. 3–18.

Hruschka, H. (1996): Marketing-Entscheidungen, München.

Hübner, C. C. (1993): Multiplikation, in: Meyer, P. W./Mattmüller, R. (Hrsg.): Strategische Marketingoptionen, Stuttgart u. a., S. 186–222.

Hübner, C. C. (1996): Internationalisierung von Dienstleistungsangeboten. Probleme und Lösungsansätze, München.

Hünerberg, R. (1994): Internationales Marketing, Landsberg/Lech.

Hünerberg, R./Mann, A. (1996): Internationales Servicemarketing. Die neue Dimension im industriellen Wettbewerb, in: der markt, 35. Jg., Nr. 137, S. 95–106.

Hünerberg, R./Mann, A. (1999): Online-Service, in: Bliemel, F./Fassot, G./Theobald, A. (Hrsg.): Electronic Commerce: Herausforderungen, Anwendungen, Perspektiven, Wiesbaden, S. 279–297.

Hung, Y. H./Huang, M. L./Chen, K. S. (2004): Service Quality Evaluation by Service Quality Performance Matrix, in: Total Quality Management & Business Excellence, Vol. 14, No. 1, S. 79–89.

Hunt, H. K. (1977): CS/D-Overview and Future Research Directions, in: Huni, H. K. (Hrsg.): Conceptualisation and Measurement of Consumer Satisfaction and Dissatisfaction, Cambridge, S. 455–488.

Huppertz, J./Arenson, S./Evans, R. (1978): An Application of Equity Theory to Buyer-Seller Exchange Situations, in: Journal of Marketing Research, Vol. 15, No. 2, S. 250–260.

Hurley, R. (1998): Customer Service Behavior in Retail Settings: A Study of the Effect of Service Provider Personality, in: Journal of the Academy of Marketing Science, Vol. 26, No. 2, S. 115–127.

Iacobucci, D. (1998): Services: What Do We Know and Where Shall We Go?, in: Swartz, T. A./Bowen, D. E./Brown, S. W. (Hrsg.): Advances in Services Marketing and Management: Research and Practice, 7. Aufl., Greenwich, S. 1–96.

IAT der Universität Stuttgart (2002): Standards für Dienstleistungen. Potenziale und Handlungsbedarf, http://www.dienstleistungs-standards.de/aktuelles/auswertung_gesamt.pdf. (Zugriff am 13.08.2008)

Ihde, G. B. (1978): Distributionslogistik, Stuttgart/New York.

Illeris, S. (2002): Are Service Jobs as Bad as Theory Says? Some Empirical Findings from Denmark, in: The Service Industries Journal, Vol. 22, No. 4, S. 1–18.

Im, S./Workman Jr., J. P. (2004): Market Orientation, Creativity, and New Product Performance in High-Technology Firms, in: Journal of Marketing, Vol. 68, No. 2, S. 114–132.

InnoCentive (2007): Innocentive Open Innovation Marketplace, http://www.innocentive.com/servlets/project/ProjectInfo.po (Zugriff am 5.12.2007).

Interbrand (2007): All Brands are not Created Equal. Best Global Brands 2007, http://www.interbrand.ch/e/press/press_e.asp (Zugriff am 26.03.2008).

Internetworldstats (2007): European Union Internet Usage, http://www.internetworldstats.com/europa.htm#de (Zugriff am 7.12.2007).

Ivens, B. S. (2002): Beziehungsstile im Business-to-Business-Geschäft, Nürnberg.

Ivens, B. S. (2005): Flexibility in Industrial Service Relationships: The Construct, Antecendents and Performance Outcomes, in: Industrial Marketing Management, Vol. 34, No. 6, S. 566–576.

Jackson, B. B. (1985): Build Customer Relationships That Last, in: Harvard Business Review, Vol. 63, No. 6, S. 120–128.

Javalgi, R. G./Griffith, D. A./White, D. S. (2003): An Empirical Examination of Factors Influencing the Internationalization of Service Firms, in: Journal of Services Marketing, Vol. 17, No. 2, S. 185–201.

Javalgi, R. G./Martin, C. L./Young, R. B. (2006): Marketing Research, Market Orientation and Customer Relationship Management: A Framework and Implications for Service Providers, in: Journal of Service Marketing, Vol. 20, No. 1, S. 12–23.

Javalgi, R. G./White, D. S. (2002): Strategic Challenges for the Marketing of Services Internationally, in: International Marketing Review, Vol. 19, No. 6, S. 563–581.

Jenner, T. (1994): Internationale Marktbearbeitung. Erfolgreiche Strategien für Konsumgüterhersteller, Wiesbaden.

Jiang, J. J./Klein, G./Carr, C. L. (2002): Measuring Information System Service Quality: Servqual From the Other Side, in: MIS Quarterly, Vol. 26, No. 2, S. 145–166.

Jinhong, X./Gerstner, E. (2007): Service Escape: Profiting from Customer Cancellations, in: Marketing Science, Vol. 26, No. 1, S. 18–30.

Johnson, E. M./Scheuing, E. E./Gaida, K. A. (1986): Profitable Service Marketing, Homewood.

Johnson, M. D./Nilsson, L. (2003): The Importance of Reliability and Customization from Goods to Services, in: Quality Management Journal, Vol. 10, No. 1, S. 8–19.

Johnston, W. J./Lewin, J. E. (1996): Organizational Buying Behavior. Toward an Integrative Framework, in: Journal of Business Research, Vol. 35, No. 1, S. 1–15.

Jugel, S./Zerr, K. (1989): Dienstleistungen als strategisches Element eines Technologie-Marketing, in: Marketing ZFP, 11. Jg., Nr. 3, S. 162–172.

Kaas, K. P. (1973): Diffusion und Marketing des Konsumentenverhaltens bei der Einführung neuer Produkte, Stuttgart.

Kaas, K. P. (1990): Marketing als Bewältigung von Informations- und Unsicherheitsproblemen im Markt, in: Die Betriebswirtschaft, 50. Jg., Nr. 4, S. 539–548.

Kaas, K. P. (1991a): Kontraktmarketing als Kooperation von Prinzipalen und Agenten, in: Arbeitspapier der Forschungsgruppe Konsum und Verhalten Nr. 12.

Kaas, K. P. (1991b): Marktinformationen: Screening und Signaling unter Partnern und Rivalen, in: Die Betriebswirtschaft, 61. Jg., Nr. 3, S. 357–370.

Kaas, K. P. (1995a): Marketing und Neue Institutionenökonomik, in: Zeitschrift für betriebswirtschaftliche Forschung, 47. Jg., Nr. 35 Sonderheft, S. 1–18.

Kaas, K. P. (1995b): Marketing zwischen Markt und Hierarchie, in: Zeitschrift für betriebswirtschaftliche Forschung, 47. Jg., Nr. 35 Sonderheft, S. 19–42.

Kabst, R. (2004): Transaktionskostentheorie: Einführung, kritische Diskussion und Ansätze zur Weiterentwicklung, in: Festing, M. (Hrsg.): Personaltheorie als Beitrag zur Theorie der Unternehmung, München, S. 43–70.

Kalyanaram, G./Winer, R. S. (1995): Empirical Generalizations from Reference Price Research, in: Marketing Science, Vol. 14, No. 3, S. 161–169.

Kamakura, W. A./Mittal, V./De Rosa, F./Mazzon, J. A. (2002): Assessing the Service-Profit Chain, in: Marketing Science, Vol. 21, No. 3, S. 294–317.

Kamiske, G. F./Brauer, J.-P. (2006): Qualitätsmanagement von A bis Z. Erläuterungen moderner Begriffe des Qualitätsmanagements, 5. Aufl., München.

Kapferer, J. N. (1992): Die Marke – Kapital des Unternehmens, Landsberg/Lech.

Kara, A./Spillan, J. E./DeShields, O. W. (2005): The Effect of a Market Orientation on Business Performance: A Study of Small-Sized Service Retailers Using MARKOR Scale, in: Journal of Small Business Management, Vol. 43, No. 2, S. 105–118.

Kaub, E. (1990): Erfolg in der Gastronomie, 2. Aufl., Saarbrücken.

Kawasaki, G./Moreno, M. (2000): Rules for Revolutionaries: The Capitalist Manifesto for Creating New Products and Services, New York.

Kelley, H. H. (1967): Attribution Theory in Social Psychology, in: Levine, D. (Hrsg.): Nebraska Symposium on Motivation, Current Theory and Research in Motivation, S. 192–238.

Kelley, H. H. (1973): The Process of Causal Attribution, in: American Psychologist, Vol. 28, No. 2, S. 107–128.

Kelley, S. W./Davis, M. A. (1994): Antecedents to Customer Expectations for Service Recovery, in: Journal of Marketing Science, Vol. 22, No. 1, S. 52–61.

Kepper, G. (2008): Methoden der qualitativen Marktforschung, in: Herrmann, A./Homburg, C./Klarmann, M. (Hrsg.): Handbuch Marktforschung. Methoden – Anwendungen – Praxisbeispiele, Wiesbaden, S. 175–212.

Kinberg, Y./Sudit, E. F. (1979): Country/Service Bundling in International Tourism. Criteria for the Selection of an Efficient Bundle Mix and Allocation of Joint Revenues, in: Journal of International Business Studies, Vol. 10, No. 2, S. 51–63.

Kirchgeorg, M. (2003): Funktionen und Erscheinungsformen von Messen, in: Kirchgeorg, M./Dornscheidt, W. M./Giese, W./Stoeck, N. (Hrsg.): Handbuch Messemangement – Planung, Durchführung und Kontrolle von Messen, Kongressen und Events, Wiesbaden, S. 51–71.

Kirstges, T. (1996): Expansionsstrategien im Tourismus, 2. Aufl., Wiesbaden.

Kitzmann, A./Zimmer, D. (1982): Grundlagen der Personalentwicklung. Die Antwort auf die technologische, wirtschaftliche und soziale Herausforderung, Weil der Stadt.

Klee, A. (2000): Strategisches Beziehungsmanagement: Ein integrativer Ansatz zur strategischen Planung und Implementierung des Beziehungsmanagement, Aachen.

Klein, B./Leffler, K. (1981): The Role of Market Forces in Assuring Contractual Performance, in: Journal of Political Economy, Vol. 89, No. 4, S. 615–641.

Klein, S./Zickhardt, J. (1997): Auktionen auf dem World Wide Web: Bezugsrahmen, Fallbeispiele und annotierte Linksammlung, Arbeitsbericht Nr. 7 des Instituts für Wirtschaftsinformatik, Universität Koblenz, Koblenz.

Kleinaltenkamp, M. (1995): Dienstleistungsmarketing. Konzeptionen und Anwendungen, Wiesbaden.

Klimecki, R. G./Gmür, M. (2005): Personalmanagement, Stuttgart.

Knight, G. (1999): International Services Marketing: Review of Research, 1980–1998, in: Journal of Services Marketing, Vol. 13, No. 4/5, S. 347–360.

Knoblich, H./Oppermann, R. (1996): Dienstleistung – ein Produkttyp, in: der markt, 35. Jg., Nr. 136, S. 13–22.

Koderisch, M./Wuebker, G./Baumgarten, J./Baillie, J. (2007): Bundling in Banking – A Powerful Strategy to Increase Profits, in: Journal of Financial Services Marketing, Vol. 11, No. 3, S. 268–276.

Köhler, L. (1995): Die Internationalisierung produzentenorientierter Dienstleistungsunternehmen, 2. Aufl., Hamburg.

Köhler, R. (2002): Organisationsprobleme des internationalen Marketing-Managements, in: Auer-Rizzi, W./Szabo, E./Innreiter-Moser, C. (Hrsg.): Management in einer Welt der Globalisierung und Diversität. Europäische und nordamerikanische Sichtweisen, Stuttgart, S. 14–35.

Köhler, R. (2007): Kundenbeziehungen als Gegenstand des Controlling, in: Gouthier, M./Coenen, C./Schulze, H./Wegmann, C. (Hrsg.): Service Excellence als Impulsgeber. Strategien, Management, Innovationen, Branchen, Wiesbaden, S. 504–525.

Köhler, R. (2008): Kundenorientiertes Rechnungswesen als Voraussetzung des Kundenbindungsmanagements, in: Bruhn, M./Homburg, C. (Hrsg.): Handbuch Kundenbindungsmanagement, 6. Aufl., Wiesbaden, S. 467–500.

Köhler, T./Schaffranietz, A. (2005): Public Relations – Perspektiven und Potenziale im 21. Jahrhundert, Wiesbaden.

Kohli, A. K./Jaworski, B. J. (1990): Market Orientation: The Construct, Research Propositions, and Managerial Implications, in: Journal of Marketing, Vol. 54, No. 2, S. 1–18.

Kolks, U. (1990): Strategieimplementierung. Ein anwendungsorientiertes Konzept, Wiesbaden.

Koschate, N. (2002): Kundenzufriedenheit und Preisverhalten: Theoretische und empirisch experimentelle Analysen, Wiesbaden.

Kothari, V. (1988): Strategic Dimensions of Global Marketing of Services, in: Journal of Professional Service Marketing, Vol. 3, No. 3, S. 209–229.

Kotler, P. (2002): Social Marketing: Improving the Quality of Life, 2. Aufl., Thousand Oaks.

Kotler, P./Armstrong, G./Saunders, J. A./Wong, V./Walther, W. (2007): Grundlagen des Marketing, 4. Aufl., München.

Kotler, P./Bliemel, F. (2006): Marketing-Management. Analyse, Planung und Verwirklichung, 10. Aufl., Stuttgart.

Kotler, P./Bloom, P. N. (1984): Marketing Professional Services, Englewood Cliffs.

Kotler, P./Keller, K. L. (2006): Marketing Management, 12. Aufl., Upper Saddle River.

Krafft, M. (1998): Kundenwert und Kundenbindung, in: Albers, S./Clement, M./Peters, K. (Hrsg.): Marketing mit Interaktiven Medien, Frankfurt am Main, S. 165–178.

Krafft, M. (2007): Kundenbindung und Kundenwert, 2. Aufl., Heidelberg.

Kraus, G./Westermann, R. (2004): Projektmanagement mit System. Organisation, Methoden, Steuerung, 4. Aufl., Wiesbaden.

Kreilkamp, E. (1987): Strategisches Management und Marketing. Markt- und Werbeanalyse, strategische Frühaufklärung, Portfolio-Management, Berlin/New York.

Kreutzer, R. (1989): Global Marketing – Konzeption eines länderübergreifenden Marketing. Erfolgsbedingungen, Analysekonzepte, Gestaltungs- und Implementierungsansätze, Wiesbaden.

Kroeber-Riel, W./Weinberg, P. (2003): Konsumentenverhalten, 8. Aufl., München.

Krombacher Brauerei (2008): Pressemitteilung: Das Krombacher Regenwald-Projekt 2008 am Start, http://www.krombacher.de/presseservice/presse_artikel.php?id=176 (Zugriff am 13.08.2008)

Krüger-Strohmayer, S. M. (2000): Profitabilitätsorientierte Kundenbindung durch Zufriedenheitsmanagement. Kundenzufriedenheit und Kundenwert als Steuerungsgröße für die Kundenbindung in marktorientierten Dienstleistungsunternehmen, 2. Aufl., München.

Krüger, L. (1990): Yield Management. Dynamische Gewinnsteuerung im Rahmen integrierter Informationstechnologie, in: Controlling, 2. Jg., Nr. 5, S. 240–251.

Krüger, S. M. (1997): Profitabilitätsorientierte Kundenbindung durch Zufriedenheitsmanagement. Kundenzufriedenheit und Kundenwert als Steuerungsgröße für die Kundenbindung in marktorientierten Dienstleistungsunternehmen, München.

Kuhlmann, E. (2001): Besonderheiten des Nachfragerverhaltens bei Dienstleistungen, in: Bruhn, M./Meffert, H. (Hrsg.): Handbuch Dienstleistungsmanagement. Von der strategischen Konzeption zur praktischen Umsetzung, 2. Aufl., Wiesbaden, S. 213–242.

Kühn, R. (1991): Methodische Überlegungen zum Umgang mit der Kundenorientierung im Marketing, in: Marketing ZFP, 13. Jg., Nr. 2, S. 97–107.

Kühn, R./Weiss, M. (1998): Das „Made-in"-Image der Schweiz im internationalen Vergleich, in: Die Unternehmung, Vol. 52, No. 1, S. 49–60.

Kumar, N./Scheer, L. K./Steinaltenkamp, J.-B. (1995): The Effects of Supplier Fairness on Vulnerable Resellers, in: Journal of Marketing Research, Vol. 32, No. 1, S. 54–65.

Kupitz, G. (2006): Die besten Unternehmens-Webseiten, in: Financial Times Deutschland, http://www.ftd.de/karriere_management/management/46502.html?eid=24262 (Zugriff am 12.12.2007).

Kuprenas, J. A. (2003): Implementation and Performance of a Matrix Organization Structure, in: International Journal of Project Management, Vol. 21, No. 1, S. 51–63.

Kurtz, D. L./Clow, K. E. (1998): Services Marketing, New York u. a.

Kusterer, A./Diller, H. (1992): Kaufrisiko, in: Diller, H. (Hrsg.): Vahlens Großes Marketinglexikon, München, S. 523–524.

Kutschker, M. (1992): Die Wahl der Eigentumsstrategie der Auslandsniederlassung in kleineren und mittleren Unternehmen, in: Kumar, B. N./Hausmann, H. (Hrsg.): Handbuch der internationalen Unternehmenstätigkeit, München.

Kutschker, M./Schmid, S. (2006): Internationales Management, 5. Aufl., München.

Kuß, A. (2007): Marktforschung: Grundlagen der Datenerhebung und Datenanalyse, 2. Aufl., Wiesbaden.

La, V. Q./Patterson, P. G./Styles, C. W. (2005): Determinants of Export Performance Across Service Types: A Conceptual Model, in: Journal of Services Marketing, Vol. 19, No. 6, S. 379–391.

Laakmann, K. (1994): Innovationsmarketing, in: Meffert, H. (Hrsg.): Lexikon der aktuellen Marketingbegriffe, Wien, S. 93–98.

Laakmann, K. (1995): Value-Added Services als Profilierungsinstrument im Wettbewerb. Analyse, Generierung und Bewertung, Frankfurt am Main u. a.

Lacey, R. (2007): Relationship Drivers of Customer Commitment, in: Journal of Marketing Theory and Practice, Vol. 15, No. 4, S. 315–333.

Laird, K. R./Kirsch, R. J./Evans, T. G. (2003): A Marketing Resource-Based Model of International Market Entry and Expansion for Professional Services Firms: The Case for Accounting Services, in: Services Marketing Quarterly, Vol. 24, No. 4, S. 1–16.

Lamberti, H.-J. (2003): Customer Relationship Management – Die richtigen Kunden richtig bedienen, in: Hungenberg, H./Meffert, J. (Hrsg.): Handbuch Strategisches Management, Wiesbaden, S. 649–644.

Lambin, J. J. (1987): Grundlagen und Methoden strategischen Marketings, Hamburg/New York.

Lancaster, G./Massingham, L./Ashford, R. (2002): Essentials of Marketing, 4. Aufl., London.

Langer, S. (2002): Dienstleistungen im Internet – Wie man das Unsichtbare verkauft, in: marke-X Internet Marketing, Nr. 16, http://www.marke-x.de/deutsch/webmarketing/archiv/ausgabe_16_04_02.htm (Zugriff am 14.11.2007).

Laroche, M./Bergeron, J./Goutaland, C. (2003): How Intangibility Affects Perceived Risk: The Moderating Role of Knowledge and Involvement, in: Journal of Services Marketing, Vol. 17, No. 2, S. 122–140.

Laudenbach, P. (2007): Unternehmer ohne Freiheit, in: brand eins, 9. Jg., Nr. 9, S. 100–107.

Lay, G. (1998): Dienstleistungen in der Investitionsgüterindustrie – Der weite Weg vom Sachgutersteller zum Problemlöser, in: Mitteilungen aus der Produktionsinnovationserhebung, Nr. 9, hrsg. v. Fraunhofer Institut Systemtechnik und Innovationsforschung, Karlsruhe, S. 1–13.

Lay, G./Jung-Erceg, P. (2002): Elemente einer Strategieentwicklung für produktbegleitende Dienstleistungen in der Industrie, in: Lay, G./Jung-Erceg, P. (Hrsg.): Produktbegleitende Dienstleistungen – Konzepte und Beispiele erfolgreicher Strategieentwicklung, Berlin, S. 5–68.

Lee, C. H./Bruvold, N. T. (2003): Creating Value for Employees: Investment in Employee Development, in: International Journal of Human Resource Management, Vol. 14, No. 6, S. 981–1000.

Lee, K./Carter, S. (2005): Global Marketing Management: Changes, Challenges and New Strategies, Oxford.

Lehmann, A. (1998): Qualität und Produktivität im Dienstleistungsmanagement. Strategien konkretisiert im Versicherungs- und Finanzdienstleistungswettbewerb, Wiesbaden.

Lehmann, A. P. (1995): Dienstleistungsmanagement. Strategien und Ansatzpunkte zur Schaffung von Servicequalität, 2. Aufl., Stuttgart u. a.

Lemmens, A./Croux, C./Dekimpe, M. G. (2007): Consumer Confidence in Europe: United In Diversity?, in: International Journal of Research in Marketing, Vol. 24, No. 2, S. 113–127.

Lethinen, J. R. (1991): Service Quality. Multidisciplinary and Multinational Perspectives. An Experimental Study of Service Production Processes in Different Cultures, in: Brown, S. W./

Gummesson, E./Edvardsson, B./Gustavsson, B. (Hrsg.): Service Quality. Multidisciplinary and Multinational Perspectives, Lexington, S. 135–142.

Levitt, T. (1972): Production-line Approach to Service, in: Harvard Business Review, Vol. 50, No. 5, S. 41–52.

Levitt, T. (1981): Marketing Intangible Products and Product Intangibles, in: Harvard Business Review, Vol. 59, No. 3, S. 94–102.

Licht, G./Hipp, C./Kukuk, M./Münt, G. (1997): Innovationen im Dienstleistungssektor: Empirischer Befund und wirtschaftspolitische Konsequenzen, Baden-Baden.

Lienemann, C./Reis, T. (1996): Der ressourcenorientierte Ansatz. Struktur und Implikationen für das Dienstleistungsmarketing, in: Wirtschaftswissenschaftliches Studium, 25. Jg., Nr. 5, S. 257–260.

Liljander, V./Strandvik, T. (1993): Different Comparison Standards as Determinants of Service Quality, in: Journal of Consumer Satisfaction, Dissatisfaction and Complaining Behavior, Vol. 6, No. 2, S. 118–132.

Liljander, V./Strandvik, T. (1995): The Nature of Customer Relationships in Services, in: Swartz, T. A./Bowen, D. E./Brown, S. W. (Hrsg.): Advances in Services Marketing and Management. Research and Practice, 4. Aufl., Greenwich/London, S. 141–167.

Link, J. (2001): Customer Relationship Management: Erfolgreiche Kundenbeziehungen durch Integrierte Informationssysteme, Berlin u. a.

Link, J./Hildebrand, V. G. (1997): Ausgewählte Konzepte der Kundenbewertung im Rahmen des Database Marketing, in: Link, J./Brändli, D./Schleuning, C./Kehl, R. E. (Hrsg.): Handbuch Database Marketing, Ettlingen, S. 158–172.

Lloréns Montes, F. J./Verdú Jover, A. J. V. (2004): Total Quality Management, Institutional Isomorphism and Performance: The Case of Financial Services, in: The Service Industries Journal, Vol. 24, No. 5, S. 103–119.

Loos, C. (1998): Online-Vertrieb von Konsumgütern, Wiesbaden.

Loose, A./Sydow, J. (1994): Vertrauen und Ökonomie in Netzwerkbeziehungen. Strukturationstheoretische Betrachtungen, in: Sydow, J./Windeler, A. (Hrsg.): Management interorganisationaler Beziehungen. Vertrauen, Kontrolle und Informationstechnik, Opladen, S. 160–193.

Lorenz-Meyer, L. (2004): Management industrieller Dienstleistungen, Wiesbaden.

Lovelock, C. (1999): Developing Marketing Strategies for Transnational Service Operations, in: Journal of Services Marketing, Vol. 13, No. 4/5, S. 278–290.

Lovelock, C. H./Wirtz, J. (2007): Services Marketing. People, Technology, Strategy, 6. Aufl., Upper Saddle River.

Loyalty Hamburg (2002): Kundenbindung im Hotelgewerbe, Hamburg.

Luhmann, N. (1989): Vertrauen. Ein Mechanismus der Reduktion sozialer Komplexität, 3. Aufl., Stuttgart.

Luo, X./Homburg, C. (2007): Neglected Outcomes of Customer Satisfaction, in: Journal of Marketing, Vol. 71, No. 2, S. 133–149.

Macneil, I. R. (1974): The Many Futures of Contracts, in: Southern California Law Review, Vol. 48, No. 3, S. 691–816.

Macneil, I. R. (1978): Contracts: Adjustment of Long-Term Economic Relations Under Classical, Neoclassical and Relational Contract Law, in: Northwestern University Law Review, Vol. 72, No. 6, S. 854–905.

Magrath, A. J. (1986): When Marketing Services' 4 Ps are not Enough, in: Business Horizons, Vol. 29, May/June, S. 44–50.

Maister, D. H./Lovelock, C. H. (1988): Managing Faciliator Services, in: Lovelock, C. H. (Hrsg.): Managing Services. Marketing Operations and Human Resources, Englewood Cliffs, S. 58–70.

Maleri, R. (1997): Grundlagen der Dienstleistungsproduktion, 4. Aufl., Berlin/Heidelberg.

Malhotra, N./Mukherjee, N. (2004): The Relative Influence of Organisational Commitment and Job Satisfaction on Service Quality of Customer Contact Employees in Banking Call Centres, in: Journal of Services Marketing, Vol. 18, No. 3, S. 162–174.

Malhotra, N. K./Ulgado, F. M./Agarwal, J./Baalbaki, I. B. (1994): A Comparative Evaluation of the Dimensions of Service Quality Between Developed and Developing Countries, in: International Services Marketing, Vol. 11, No. 2, S. 5–15.

Malthus, T. (1836): Principles of Political Economy, London.

Mann, A. (1998): Erfolgsfaktor Service. Strategisches Servicemanagement im nationalen und internationalen Marketing, Wiesbaden.

Mann, A. (2000): Die marketingstrategische Bedeutung industrieller Servicepolitik. Konzeptionelle Überlegungen und empirische Befunde, in: Wirtschaftswissenschaftliches Studium, 29. Jg., Nr. 7, S. 375–380.

Mann, A. (2004): Dialogmarketing – Konzeption und empirische Befunde, Wiesbaden.

Männel, W. (1998): Prozesskostenrechnung, Wiesbaden.

March, J./Simon, H. (1958): Organisation und Individuum: Menschliches Verhalten in Organisationen, Wiesbaden.

March, J./Simon, H. (1993): Organisations, 2. Aufl., Cambridge.

Martins, M./Monroe, K. B. (1994): Perceived Price Fairness: A New Look at an Old Construct, in: Advances in Consumer Research, Vol. 21, No. 1, S. 75–78.

Masing, W. (1995): Planung und Durchsetzung der Qualitätspolitik im Unternehmen. Zentrale Prinzipien und Problembereiche, in: Bruhn, M./Stauss, B. (Hrsg.): Dienstleistungsqualität. Konzepte, Methoden, Erfahrungen, 2. Aufl., Wiesbaden, S. 239–253.

Mattson, B. E. (1985): Spotting a Market Gap for a New Product, in: Long Range Planning, Vol. 18, No. 1, S. 173–181.

Matusik, S. F. (2002): An Empirical Investigation of Firm Public and Private Knowledge, in: Strategic Management Journal, Vol. 23, No. 5, S. 457–467.

Matzler, K./Pechlaner, H./Kohl, H. (2000): Formulierung von Servicestandards für touristische Dienstleistungen und Überprüfung durch den Einsatz von „Mystery Guests", in: Tourismus Journal, Vol. 4, No. 2, S. 157–175.

McDonald, M. H. B./de Chernatony, L./Harris, F. (2001): Corporate Marketing and Service Brands – Moving Beyond the Fast-Moving Consumer Goods Model, in: European Journal of Marketing, Vol. 35, No. 3/4, S. 335–352.

McMahon-Beattie, U./Donaghy, K. (2001): Yield Management Practices, in: Ingold, A./McMahon-Beattie, U./Yeoman, I. (Hrsg.): Yield Management: Strategies for the Service Industries, London, S. 233–255.

Meffert, H. (1986): Marketing, 7. Aufl., Wiesbaden.

Meffert, H. (1987): Kundendienstpolitik. Eine Bestandsaufnahme zu einem komplexen Kundendienstinstrument, in: Marketing ZFP, 9. Jg., Nr. 2, S. 93–102.

Meffert, H. (1989a): Die Wertkette als Instrument der Unternehmensplanung, in: Delfmann, W. (Hrsg.): Der Integrationsgedanke in der Betriebswirtschaftslehre, Wiesbaden, S. 257–278.

Meffert, H. (1989b): Globalisierungsstrategien und ihre Umsetzung im internationalen Wettbewerb, in: Die Betriebswirtschaft, 49. Jg., Nr. 4, S. 445–463.

Meffert, H. (1992): Strategien zur Profilierung von Marken, in: Dichtl, E./Eggers, W. (Hrsg.): Marke und Markenartikel, München, S. 129–156.

Meffert, H. (1993): Marktorientierte Führung von Dienstleistungsunternehmen. Neuere Entwicklungen in Theorie und Praxis, Arbeitspapier Nr. 78 der Wissenschaftlichen Gesellschaft für Marketing und Unternehmensführung e.V., Münster.

Meffert, H. (1994): Marktorientierte Führung von Dienstleistungsunternehmen. Neuere Entwicklungen in Theorie und Praxis, in: Die Betriebswirtschaft, 54. Jg., Nr. 4, S. 519–541.

Meffert, H. (1998): Dienstleistungsphilosophie und -kultur, in: Meyer, A. (Hrsg.): Handbuch Dienstleistungs-Marketing, Band 1, Stuttgart, S. 121–138.

Meffert, H. (2001): Zukünftige Forschungsfelder im Dienstleistungsmarketing, in: Die Unternehmung, 55. Jg., Nr. 4/5, S. 327–339.

Meffert, H./Birkelbach, R. (1992): Customized Marketing, in: Thexis, 9. Jg., Nr. 1, S. 18–19.

Meffert, H./Bolz, J. (2001): Internationales Marketing-Management, 4. Aufl., Stuttgart.

Meffert, H./Bruhn, M. (1978): Marketingtheorie – Quo Vadis?, in: Bratschitsch, R./Heinen, E. (Hrsg.): Absatzwirtschaft – Marketing. Betriebswirtschaftliche Probleme und gesellschaftlicher Bezug, Wien, S. 1–24.

Meffert, H./Burmann, C. (1996): Identitätsorientierte Markenführung – Grundlagen für das Management von Markenportfolios, Arbeitspapier Nr. 100 der Wissenschaftlichen Gesellschaft für Marketing und Unternehmensführung e.V., Münster.

Meffert, H./Burmann, C. (2005): Managementkonzept der identitätsorientierten Markenführung, in: Meffert, H./Burmann, C./Koers, M. (Hrsg.): Markenmanagement: Grundfragen der identitätsorientierten Markenführung, 2. Aufl., Wiesbaden, S. 73–112.

Meffert, H./Burmann, C./Kirchgeorg, M. (2008): Marketing. Grundlagen marktorientierter Unternehmensführung. Konzepte, Instrumente, Praxisbeispiele, 10. Aufl., Wiesbaden.

Meffert, H./Burmann, C./Koers, M. (2002): Markenmanagement. Grundfragen der identitätsorientierten Markenführung, Wiesbaden.

Meffert, H./Heinemann, G. (1990): Operationalisierung des Imagetransfers. Begrenzung des Transferrisikos durch Ähnlichkeitsmessungen, in: Marketing ZFP, 12. Jg., Nr. 1, S. 5–10.

Meffert, H./Perrey, J. (2005): Mehrmarkenstrategie – Ansätze für das Management von Markenportfolios, in: Esch, F.-R. (Hrsg.): Moderne Markenführung: Grundlagen – Innovative Ansätze – Praktische Umsetzungen, Wiesbaden, S. 811–838.

Meffert, H./Wolter, F. (2000): Internationalisierungskonzepte im Dienstleistungsbereich – Bestandsaufnahme und Perspektiven, Arbeitspapier Nr. 136 der Wissenschaftlichen Gesellschaft für Marketing und Unternehmensführung, Münster.

Mei-Pochtler, A. (1998): Markenmanagement für Dienstleistungs-Anbieter, in: Meyer, A. (Hrsg.): Handbuch Dienstleistungs-Marketing, Band 1, Stuttgart, S. 665–678.

Meissner, H. G. (1995): Strategisches internationales Marketing, 2. Aufl., München/Wien.

Meissner, H. G./Gerber, S. (1980): Die Auslandsinvestitionen als Entscheidungsproblem, in: Betriebswirtschaftliche Forschung und Praxis, 32. Jg., Nr. 3, S. 223–245.

Melewar, T. C./Karaosmanoglu, E./Paterson, D. (2005): Corporate Identity: Concept, Components and Contribution, in: Journal of General Management, Vol. 31, No. 1, S. 59–81.

Mellerowicz, K. (1964): Markenartikel. Die ökonomischen Gesetze ihrer Preisbildung und Preisbindung, 2. Aufl., München/Berlin.

Mercer Management Consulting GmbH (2003): Mercer-Studie zur Zukunft der europäischen Touristik-Industrie, Pressemeldung vom 07.07.2003, http://www.mercermc.de (Zugriff am 25.10.2007).

Meyer, A. (1987): Die Automatisierung und Veredelung von Dienstleistungen. Auswege aus der dienstleistungsinhärenten Produktivitätsschwäche, in: Jahrbuch der Absatz- und Verbrauchsforschung, 33. Jg., Nr. 1, S. 25–46.

Meyer, A. (1994): Dienstleistungs-Marketing. Erkenntnisse und praktische Beispiele, 6. Aufl., München.

Meyer, A. (1998a): Dienstleistungs-Marketing, Erkenntnisse und praktische Beispiele, 8. Aufl., München.

Meyer, A. (1998b): Handbuch Dienstleistungs-Marketing, Stuttgart.

Meyer, A. (2004): Dienstleistungsmarketing: Impulse für Forschung und Management, Wiesbaden.

Meyer, A./Blümelhuber, C. (1998a): Dienstleistungs-Innovation, in: Meyer, A. (Hrsg.): Handbuch Dienstleistungs-Marketing, Band 1, Stuttgart, S. 807–826.

Meyer, A./Blümelhuber, C. (1998b): Leistungsziele, Orientierungsgröße, Effektivitäts- und Effizienzmaßstab für Management und Mitarbeiter, in: Meyer, A. (Hrsg.): Handbuch Dienstleistungs-Marketing, Band 1, Stuttgart, S. 174–199.

Meyer, A./Blümelhuber, C./Pfeiffer, M. (2000): Der Kunde als Co-Produzent und Co-Designer – oder: Die Bedeutung der Kundenintegration für die Qualitätspolitik von Dienstleistungsanbietern, in: Bruhn, M./Stauss, B. (Hrsg.): Dienstleistungsqualität: Konzepte – Methoden – Erfahrungen, Wiesbaden, S. 49–70.

Meyer, A./Dornach, F. (1995): Nationale Barometer zur Messung der Qualität und Kundenzufriedenheit bei Dienstleistungen, in: Bruhn, M./Stauss, B. (Hrsg.): Dienstleistungsqualität. Grundlagen, Konzepte, Methoden, 2. Aufl., Wiesbaden, S. 429–453.

Meyer, A./Dornach, F. (1998): Nutzungspotentiale des Deutschen Kundenbarometers für das Dienstleistungsmanagement, in: Bruhn, M./Meffert, H. (Hrsg.): Handbuch Dienstleistungsmanagement, Wiesbaden, S. 287–306.

Meyer, A./Dullinger, F. (1998): Leistungsprogramm von Dienstleistungs-Anbietern, in: Meyer, A. (Hrsg.): Handbuch Dienstleistungs-Marketing, Band 1, Stuttgart, S. 711–735.

Meyer, A./Ertl, R. (1998): Marktforschung von Dienstleistungs-Anbietern, in: Meyer, A. (Hrsg.): Handbuch Dienstleistungs-Marketing, Band 1, Stuttgart, S. 203–246.

Meyer, A./Mattmüller, R. (1987): Qualität von Dienstleistungen. Entwicklung eines praxisorientierten Qualitätsmodells, in: Marketing ZFP, 9. Jg., Nr. 3, S. 187–195.

Meyer, A./Oevermann, D. (1995): Kundenbindung, in: Tietz, B./Köhler, R./Zentes, J. (Hrsg.): Handwörterbuch des Marketing, 2. Aufl., Stuttgart, S. 1340–1351.

MGM Mediagruppe München (1996): Werbung im Internet, München.

Michalski, S. (2002): Kundenabwanderungs- und Kundenrückgewinnungsprozesse. Eine theoretische und empirische Untersuchung am Beispiel von Banken, Wiesbaden.

Michel, S. (1996): Prosuming-Marketing. Konzeption und Anwendung, Bern u. a.

Miller, D./Friesen, D. H. (1982): Innovation in Conservative and Entrepreneurial Firms. Two Models of Strategic Momentum, in: Strategic Management Journal, Vol. 3, No. 1, S. 1–25.

Mischler, P. (1898): Dienstleistungen (persönliche), in: Elster, L. (Hrsg.): Wörterbuch der Volkswirtschaft in zwei Bänden, Bd. 1, Jena, S. 548.

Mittal, B./Lassar, W. M. (1998): Why do Customers Switch? The Dynamics of Satisfaction versus Loyalty, in: Journal of Services Marketing, Vol. 12, No. 2/3, S. 177–194.

Mittal, V./Kamakura, W. A. (2001): Satisfaction, Repurchase Intent and Repurchase Behavior: Investigating the Moderating Effect of Customer Characteristics, in: Journal of Marketing Research, Vol. 38, No. 1, S. 131–142.

Moldaschl, M. (2005): Kapitalarten, Verwertungsstrategien, Nachhaltigkeit, in: Moldaschl, M. (Hrsg.): Immaterielle Ressourcen, München/Mering, S. 47–68.

Moorman, C./Zaltman, G./Deshpandé, R. (1992): Relationships Between Providers and Users of Market Research. The Dynamics of Trust Within and Between Organizations, in: Journal of Marketing Research, Vol. 29, No. 3, S. 314–329.

Morgan, R. M./Hunt, S. D. (1994): The Commitment-Trust Theory of Relationship Marketing, in: Journal of Marketing, Vol. 58, No. 3, S. 20–38.

Mößlang, A. M. (1995): Internationalisierung von Dienstleistungsunternehmen. Empirische Relevanz, Systematisierung, Gestaltung, Wiesbaden.

Mudie, P./Cottam, A. (1997): The Management and Marketing of Services, 2. Aufl., Oxford.

Mühlbacher, H./Botschen, G. (1990): Benefit-Segmentierung von Dienstleistungsmärkten, in: Marketing ZFP, 12. Jg., Nr. 3, S. 159–168.

Mülder, W. (2000): Personalinformationssysteme – Entwicklungsstand, Funktionalität und Trends, in: Wirtschaftsinformatik, Sonderheft, 42. Jg., S. 98–106.

Müller-Hagedorn, L. (1993): Handelsmarketing, 2. Aufl., Stuttgart.

Müller-Merbach, H. (1985): Ansätze zu einer informationsorientierten Betriebswirtschaftslehre, in: Ballwieser, W./Berger, K. H. (Hrsg.): Information und Wirtschaftlichkeit, Wiesbaden, S. 117–144.

Müller-Stewens, G./Lechner, C. (2005): Strategisches Management. Wie strategische Initiativen zum Wandel führen, 3. Aufl., Stuttgart.

Müller, W. (1996): Grundzüge des Preisbeurteilungsverhaltens von Dienstleistungsnachfragern, in: der markt, 35. Jg., Nr. 1, S. 23–48.

Müller, W./Klein, S. (1993): Grundzüge einer verhaltensorientierten Preistheorie im Dienstleistungsmarketing, WHU-Forschungspapier Nr. 16, Wissenschaftliche Hochschule für Unternehmensführung, Koblenz.

Murray, J. A. (1984): A Concept of Entrepreneurial Strategy, in: Strategic Management Journal, Vol. 5, No. 1, S. 1–13.

Murray, K. B. (1991): A Test of Services Marketing Theory. Consumer Information Acquisition Activities, in: Journal of Marketing, Vol. 55, No. 1, S. 10–25.

Naundorf, S. (1993): Charakterisierung und Arten der Public Relations, in: Berndt, R./Hermanns, A. (Hrsg.): Handbuch Marketing-Kommunikation, Wiesbaden, S. 595–616.

Nerdinger, F./Rosenstiel, L. (1999): Die Umgestaltung der Führungsstrukturen im Rahmen der Implementierung des Internen Marketing, in: Bruhn, M. (Hrsg.): Internes Marketing. Integration der Kunden- und Mitarbeiterorientierung. Grundlagen, Implementierung, Praxisbeispiele, 2. Aufl., Wiesbaden, S. 175–190.

Nerdinger, F. W. (2001): Gefühlsarbeit in Dienstleistungsunternehmen, in: Bruhn, M./Stauss, B. (Hrsg.): Jahrbuch Dienstleistungsmanagement 2001, Wiesbaden, S. 501–519.

Neumann, E./Hennig, A. (1999): Outsourcing im Dienstleistungsbereich, Stuttgart.

Nicoulaud, B. (1989): Problems and Strategies in the International Marketing of Services, in: European Journal of Marketing, Vol. 23, No. 6, S. 55–66.

Niehoff, B./Moorman, R./Blakely, G./Fuller, J. (2001): The Influence of Empowerment and Job Enrichment on Employee Loyalty in a Downsizing Environment, in: Group & Organization Management, Vol. 26, No. 1, S. 93–114.

North, D. C. (1984): Transaction Costs, Institutions and Economic History, in: Zeitschrift für die gesamte Staatswissenschaft, 140. Jg., Nr. 1, S. 7–17.

Obermiller, C. (1985): Varieties of Mere Exposure: The Effects of Processing Style and Repetition on Affective Response, in: Journal of Customer Research, Vol. 12, No. 1, S. 17–31.

Ochel, W. (2002): The International Competitiveness of Business Service Firms: The Case of Germany, in: The Service Industries Journal, Vol. 22, No. 2, S. 1–16.

OECD (1998): Electronic Commerce in Europa, in: Frankfurter Allgemeine Zeitung, 16.11.1998, S. 32.

Oechsler, W. A. (2006): Personal und Arbeit, 8. Aufl., Oldenburg.

Oess, A. (1993): Total Quality Management. Die ganzheitliche Qualitätsstrategie, 3. Aufl., Wiesbaden.

Oke, A. (2004): Barriers to Innovation. Management in Service Companies, in: Journal of Change Management, Vol. 4, No. 1, S. 31–44.

Okumus, F. (2004): Implementation of Yield Management Practices in Service Organisations: Empirical Findings from a Major Hotel Group, in: Service Industries Journal, Vol. 26, No. 6, S. 65–89.

Olbrich, R./Battenfeld, D. (2007): Preispolitik, Berlin u. a.

Oliver, R./Swan, J. (1989): Consumer Perceptions of Interpersonal Equity and Satisfaction in Transactions: A Field Survey Approach, in: Journal of Marketing, Vol. 53, No. 2, S. 21–35.

Oliver, R. L. (1996): Satisfaction. A Behavioral Perspective on the Consumer, New York.

Oliver, R. L. (1999): Whence Consumer Loyalty?, in: Journal of Marketing, Vol. 63, No. 4, S. 33–44.

Oliver, R. L. (2000): Customer Satisfaction with Service, in: Schwartz, T. A./Iacobucci, D. (Hrsg.): Handbook of Service Marketing and Management, Thousand Oaks, S. 247–254.

O'Malley, L./Tynan, C. (1997): A Reappraisal of the Relationship Marketing Constructs of Commitment and Trust, in: Association, A. M. (Hrsg.): New and Evolving Paradigms. The Emerging Future of Marketing, Dublin, S. 486–503.

O'Neill, R./Lambert, D. (2001): The Emotional Side of Price, in: Psychology & Marketing, Vol. 18, No. 3, S. 217–237.

Ostrom, A./Iacobucci, D. (1995): Consumer Trade-Offs and the Evaluation of Services, in: Journal of Marketing, Vol. 59, No. 1, S. 17–28.

Otto, A./Reckenfelderbäumer, M. (1993): Zeit als strategischer Erfolgsfaktor im „Dienstleistungsmarketing", in: Engelhardt, W./Hamman, P. (Hrsg.): Arbeitspapier zum Marketing, Nr. 27, Bochum.

Ouchi, W. G. (1981): Theory Z. How American Business Can Meet the Japanese Challenge, Reading.

o.V. (1993): Jeder Mitarbeiter sollte Qualitätsmanager sein. TQM – ein nötiger Weg, in: Hessische Wirtschaft, Nr. 12, S. 8–9.

o.V. (1997): Das große Weltdorf. Der Zwang zur Internationalisierung, in: Frankfurter Allgemeine Zeitung, 06.10.1997, S. 26.

o.V. (1998): An der Dienstleistungslücke entzweit sich die Wirtschaftsforschung, in: Frankfurter Allgemeine Zeitung, 15.01.1998, S. 13.

o.V. (2003): Bankautomaten werden an das Internet angeschlossen, in: Frankfurter Allgemeine Zeitung, 04.08.2003, S. 16.

o.V. (2005a): Gericht untersagt Werbung von Ryanair, in: Handelsblatt, 01.02.2005, Nr. 22, S. 14.

o.V. (2005b): Mehr Geld für Coaching, in: wirtschaft & weiterbildung, Nr. 5, S. 23.

o.V. (2005c): Versorger Entdecken neue Vertriebswege, in: vwd Energy Daily, 17.05.2005.

o.V. (2007): Ärger ums iPhone. Vodafone schlägt zurück, http://www.n-tv.de/881876.html (Zugriff am 29.11.2007).

Palay, T. M. (1984): Comparative Institutional Economics: The Governance of Rail Fright Contracting, in: The Journal of Legal Studies, Vol. 13, No. 6, S. 265–287.

Palmer, A. (2004): The Principles of Services Marketing, 4. Aufl., London u. a.

Palmer, A./Cole, C. (1995): Services Marketing. Principles and Practice, Englewood Cliffs.

Parasuraman, A./Zeithaml, V. A./Berry, L. L. (1985): A Conceptual Model of Service Quality and its Implications for Future Research, in: Journal of Marketing, Vol. 49, No. 1, S. 4–50.

Parasuraman, A./Zeithaml, V. A./Berry, L. L. (1988): SERVQUAL. A Multiple-Item Scale for Measuring Consumer Perceptions of Service Quality, in: Journal of Retailing, Vol. 64, No. 1, S. 12–40.

Parasuraman, A./Zeithaml, V. A./Malhotra, A. (2005): E-S-QUAL. A Multiple-Item Scale for Assessing Electronic Service Quality, in: Journal of Service Research, Vol. 7, No. 3, S. 213–233.

Payne, A. (1993): The Essence of Services Marketing, New York u. a.

Payne, A./Holt, S./Frow, P. (2001): Relationship Value Management: Exploring the Integration of Employee, Customer and Shareholder Value and Enterprise Performance Models, in: Journal of Marketing Management, Vol. 17, No. 7/8, S. 785–818.

Perlitz, M. (2004): Internationales Management, 5. Aufl., Stuttgart.

Perlmutter, H. V. (1969): The Tortous Evolution of the Multinational Corporation, in: Columbia Journal of World Business, Vol. 4, No. 1, S. 9–18.

Peters, M. (1995): Besonderheiten des Dienstleistungsmarketing. Planung und Durchsetzung der Qualitätspolitik im Markt, in: Bruhn, M./Stauss, B. (Hrsg.): Dienstleistungsqualität. Konzepte, Methoden, Erfahrungen, 2. Aufl., Wiesbaden, S. 47–64.

Peters, M./Weiermair, K. (2005): Strategie- und Implementierungsprobleme bei der Internationalisierung von touristischen Dienstleistungen, in: Bruhn, M./Stauss, B. (Hrsg.): Internationalisierung von Dienstleistungen. Forum Dienstleistungsmanagement, Wiesbaden, S. 345–365.

Pfahler, T./Böhnlein, P. (2004): Transaktionskosten im Verlauf des Marktzyklus, in: Wirtschaftswissenschaftliches Studium, 33. Jg., Nr. 8, S. 476–482.

Pfeffer, J. (1972): Merger as a Response to Organizational Interdependence, in: Administrative Science Quarterly, Vol. 17, No. 3, S. 382–394.

Pfeffer, J. (1982): Organizations and Organization Theory, Cambridge.

Pfeffer, J./Salancik, G. (1978): The External Control of Organizations. A Resource Dependence Perspective, New York.

Pfeifer, T. (2001): Qualitätsmanagement. Strategien, Methoden, Techniken, 3. Aufl., München/Wien.

Pflesser, C. (1999): Marktorientierte Unternehmenskultur. Konzeption und Untersuchung eines Mehrebenenmodells, Wiesbaden.

Pfohl, H. C. (2000): Logistiksysteme. Betriebswirtschaftliche Grundlagen (Logistik in Industrie, Handel und Dienstleistungen), 6. Aufl., Berlin u. a.

Piercy, N. F./Morgan, N. A. (1990): Strategic Internal Marketing. Managerial Frameworks and Empirical Evidence, in: Enhancing Knowledge Development in Marketing, AMA Educators' Proceedings, Chicago, Vol. 1, S. 308–313.

Pietsch, G./Scherm, E. (2001a): Controlling. Rationalitätssicherung versus Führungs- und Führungsunterstützungsfunktion, in: Die Unternehmung, 55. Jg., Nr. 1, S. 81–84.

Pietsch, G./Scherm, E. (2001b): Neue Controlling-Konzeptionen, in: Das Wirtschaftsstudium, 30. Jg., Nr. 2, S. 206–213.

Piller, F. T. (2006): Mass Customization. Ein wettbewerbsstrategisches Konzept im Informationszeitalter, Wiesbaden.

Piller, F. T./Reichwald, R. (2006): Interaktive Wertschöpfung, Wiesbaden.

Platzek, T. (1998): Selektion von Informationen über Kundenzufriedenheit, Wiesbaden.

Plinke, W. (1989): Die Geschäftsbeziehung als Investition, in: Specht, G./Silberer, G./Engelhardt, W. H. (Hrsg.): Marketing-Schnittstellen. Herausforderungen an das Management, Stuttgart, S. 305–325.

Plinke, W. (1996): Kundenorientierung als Voraussetzung der Customer Integration, in: Kleinaltenkamp, M./Fließ, S./Jacob, F. (Hrsg.): Customer Integration. Von der Kundenorientierung zur Kundenintegration, Wiesbaden, S. 41–56.

Pohl, A./Kluge, B. (2001): Pricing im Internet: Gewinnoptimale Preisgestaltung ist kein Zufall, in: Working Paper Simon-Kucher & Partners, http://www.competence-site.de/marketing.nsf/C2BE 4AEF80288853C1256A1F00430266/$File/pricing%20im%20internet.pdf (Zugriff am 08.11.2007).

Porter, M. E. (1991): Nationale Wettbewerbsvorteile. Erfolgreich konkurrieren auf dem Weltmarkt, München.

Porter, M. E. (1999): Wettbewerbsvorteile, 5. Aufl., Frankfurt am Main.

Porter, M. E./Fuller, M. B. (1989): Koalitionen und globale Strategien, in: Porter, M. E. (Hrsg.): Globaler Wettbewerb, Wiesbaden, S. 363–399.

Pressey, A. D./Mathews, B. P. (2000): Barriers to Relationship Marketing in Consumer Retailing, in: Journal of Services Marketing, Vol. 14, No. 2/3, S. 272–286.

Raff, T./Billen, P. (2005): Länderauswahlentscheidung im Hinblick auf eine Internationalisierung von Dienstleistungsunternehmen, in: Bruhn, M./Stauss, B. (Hrsg.): Internationalisierung von Dienstleistungen. Forum Dienstleistungsmanagement, Wiesbaden, S. 149–170.

Rapold, I. (1988): Qualitätsunsicherheit als Ursache von Marktversagen: Anpassungsmechanismen und Regulierungsbedarf, München.

Reckenfelderbäumer, M. (1995): Marketing-Accounting im Dienstleistungsbereich: Konzeption eines prozesskostengestützten Instrumentariums, Wiesbaden.

Reckenfelderbäumer, M. (1998): Marktorientiertes Kosten-Management von Dienstleistungs-Unternehmen, in: Meyer, A. (Hrsg.): Handbuch Dienstleistungs-Marketing. Band 1, Stuttgart, S. 394–418.

Reckenfelderbäumer, M. (2006): Konzeptionelle Grundlagen des Dienstleistungscontrolling. Kritische Bestandsaufnahme und Perspektiven der Weiterentwicklung zu einem Controlling der Kundenintegration, in: Bruhn, M./Stauss, B. (Hrsg.): Dienstleistungscontrolling. Forum Dienstleistungsmanagement, Wiesbaden, S. 31–51.

Reckenfelderbäumer, M./Busse, D. (2003): Kundenmitwirkung bei der Entwicklung von industriellen Dienstleistungen – eine phasenbezogene Analyse, in: Bullinger, H. J./Scheer, A. W. (Hrsg.): Service Engineering – Entwicklung und Gestaltung innovativer Dienstleistungen, Wiesbaden, S. 3–18.

Reichheld, F. F./Sasser, W. E. (1991): Zero-Migration: Dienstleister im Sog der Qualitätsrevolution, in: Harvard Manager, Nr. 4, S. 108–116.

Reichheld, F. F./Teal, T. (2001): The Loyalty Effect: The Hidden Force Behind Growth, Profits, and Lasting Value, 2. Aufl., Boston.

Reilly, W. J. (1931): The Law of Retail Gravitation, New York.

Reinecke, S./Janz, S. (2007): Marketingcontrolling. Sicherstellen von Marketingeffektivität und -effizienz, Stuttgart.

Reinecke, S./Sipötz, E./Wiemann, E.-M. (1998): Total Customer Care. Kundenorientierung auf dem Prüfstand, Wien.

Reiss, M. (1992): Mit Blut, Schweiß und Tränen zur schlanken Organisation, in: Harvard Manager, 13. Jg., Nr. 2, S. 57–62.

Remmerbach, K.-U. (1988): Markteintrittsentscheidungen, Wiesbaden.

Rennert, C. (1993): Dienstleistungen als Elemente innovativer Betreibungskonzepte im Automobilhandel, Ottobrunn.

Reynoso, J./Moores, B. (1995): Towards the Measurement of Internal Service Quality, in: International Journal of Service Industry Management, Vol. 6, No. 3, S. 64.

Richter, R./Furubotn, E. G. (2003): Neue Institutionenökonomik – eine Einführung und kritische Würdigung, 3. Aufl., Tübingen.

Rieker, S. A. (1995): Bedeutende Kunden. Analyse und Gestaltung von langfristigen Anbieter-Nachfrager-Beziehungen auf industriellen Märkten, Wiesbaden.

Rieker, S. A./Strippel, L. (2003): Mit Customer Relationship Management zur Unternehmenswertsteigerung. Kundenwertermittlung und differenzierte Marktbearbeitung bei Geschäftskunden im Telekommunikationsmarkt, in: Günter, B./Helm, S. (Hrsg.): Kundenwert. Grundlagen, Innovative Konzepte, Praktische Umsetzung, 2. Aufl., Wiesbaden, S. 743–759.

Rindfleisch, A./Heide, J. B. (1997): Transaction Cost Analysis. Past, Present, and Future Applications, in: Journal of Marketing, Vol. 61, No. 4, S. 30–54.

Ringlstetter, M./Kaiser, S./Bürger, B. (2004): Strategien und Management für Professional Service Firms, Weinheim.

Ritz-Carlton, T. (2007): http://corporate.ritzcarlton.com/en/About/GoldStandards.htm (Zugriff am 11.12.2007).

Rosada, M. (1990): Kundendienststrategien im Automobilsektor, Berlin.

von Rosenstiel, L./Ewald, G. (1979): Marktpsychologie, Konsumverhalten und Kaufentscheidung, Band 1, Stuttgart.

von Rosenstiel, L./Neumann, P. (2002): Marktpsychologie, Darmstadt.

Rößl, D. (1991): Demarketing bei verrichtungssimultanen Diensten, in: Zeitschrift für betriebswirtschaftliche Forschung, 43. Jg., Nr. 5, S. 435–449.

Roth, S. (2001): Interaktionen im Dienstleistungsmanagement – Eine informationsökonomische Analyse, in: Bruhn, M./Stauss, B. (Hrsg.): Jahrbuch Dienstleistungsmanagement 2001, Wiesbaden, S. 35–66.

Rotter, J. B. (1966): Generalized Expectancies for Internal versus External Control of Reinforcement, in: Psychological Monographs, Vol. 80, No. 1, S. 1–28.

Rucci, A./Kirn, S. P./Quinn, R. T. (1998): The Employee-Customer-Profit Chain at Sears, in: Harvard Business Review, Vol. 76, No. 1, S. 83–97.

Rudolf-Sipötz, E./Arnet, R. (2005): „Beratung und Betreuung mit System" – Umfassende Kundenberatung bei der Zürcher Kantonalbank, http://www.verkauf-aktuell.de/fb0119.htm (Zugriff am 08.07.2002).

Ruekert, R. W. (1992): Developing a Market Orientation: An Organizational Strategy Perspective, in: International Journal of Research in Marketing, Vol. 9, No. 3, S. 225–245.

Rust, R. T./Chung, T. S. (2006): Marketing Models of Service and Relationships, in: Marketing Science, Vol. 25, No. 6, S. 560–580.

Rust, R. T./Oliver, R. L. (1994): Service Quality. New Directions in Theory and Practice, Thousand Oaks.

Rust, R. T./Zahorik, A. J./Keiningham, T. L. (1998): Determining the Return on Quality (ROQ), in: Bruhn, M./Meffert, H. (Hrsg.): Handbuch Dienstleistungsmanagement. Von der strategischen Konzeption zur praktischen Umsetzung, Wiesbaden, S. 865–890.

Rust, R. T./Zeithaml, V. A./Lemon, K. N. (2000): Driving Customer Equity, New York u. a.

Sachdev, S. B./Verma, H. V. (2002): Customer Expectations and Service Quality Dimensions Consistency, in: Journal of Management Research, Vol. 2, No. 1, S. 43–52.

Sackmann, S. A. (2004): Erfolgsfaktor Unternehmenskultur, Wiesbaden.

Sahlins, M. D. (1972): Stone Age Economics, New York.

Sakao, T./Shimomura, Y. (2007): Service Engineering: A Novel Engineering Discipline for Producers to Increase Value Combining Service and Product, in: Journal of Cleaner Production, Vol. 15, S. 590–604.

Salvador, C./Rebolloso, E./Fernández-Ramírez, B./del Pilar Cantón, M. (2007): Service Price Components and Their Relationship With Customer Satisfaction, in: Journal of Revenue & Pricing Management, Vol. 6, No. 1, S. 40–50.

Sampson, G. P./Snape, R. H. (1985): Identifying the Issues in Trade and Services, in: The World Economy, Vol. 8, No. 8, S. 24–31.

Sanchez-Peinado, E./Pla-Barber, J./Hébert, L. (2007): Strategic Variables That Influence Entry Mode Choice in Service Firms, in: Journal of International Marketing, Vol. 15, No. 1, S. 67–91.

Sanchez, R./Heene, A./Thomas, H. (1996): Towards the Theory and Practice of Competence-Based Competition, in: Heene, A./Sanchez, R./Thomas, H. (Hrsg.): Dynamics of Competence-Based Competition, Oxford, S. 1–35.

Say, J. B. (1830): Ausführliche Darstellung der Nationalökonomie oder der Staatswissenschaft, 1. Buch, 3. Aufl., Heidelberg.

Schäffer, U./Weber, J. (2002): Herausforderungen für das Dienstleistungs-Controlling, in: Weber, W./Männel, W. (Hrsg.): Dienstleistungscontrolling, krp Kostenrechnungspraxis – Zeitschrift für Controlling, Accounting & Systemanwendungen, 46. Jg., Sonderausgabe 2/2002, S. 5–13.

Schein, E. H. (1995): Unternehmenskultur. Ein Handbuch für Führungskräfte, Frankfurt am Main.

Schellberg, K. (2007): Betriebswirtschaftslehre für Sozialunternehmen, 2. Aufl., Augsburg.

Scheuch, F. (2002): Dienstleistungsmarketing, 2. Aufl., München.

Scheuing, E. E./Johnson, E. M. (1989): A Proposed Model for New Service Development, in: Journal of Services Marketing, Vol. 3, No. 2, S. 25–34.

Schlesinger, L. A./Heskett, J. L. (1991): The Service-Driven Service Company, in: Harvard Business Review, Vol. 69, No. 5, S. 71–81.

Schmalensee, R. (1984): Gaussian Demand and Commodity Bundling, in: Journal of Business, Vol. 57, No. 1, S. 211–230.

Schmidt, G./Tautenhahn, F. (1996): Qualitätsmanagement. Eine projektorientierte Einführung, 2. Aufl., Braunschweig.

Schmitz, G. (1996): Qualitätsmanagement im Privatkundengeschäft von Banken. Konzeption und aufbauorganisatorische Verankerung, Wiesbaden.

Schmitz, G. (1997): Marketing für professionelle Dienstleistungen: Bedeutung und Dynamik der Geschäftsbeziehungen, dargestellt am Beispiel Wirtschaftsprüfung, Wiesbaden.

Schmitz, G. (2004): Organizational Citizenship Behavior Intention des Kundenkontaktpersonals in Dienstleistungsunternehmen, in: Marketing ZFP, 26. Jg., Spezialausgabe „Dienstleistungsmarketing", S. 15–32.

Schnaars, S. P. (1986): When Entering Growth Markets, Are Pioneers Better than Poachers?, in: Business Horizons, Vol. 29, No. 2, S. 27–36.

Schnaars, S. P. (1994): Managing Imitation Strategy: How Later Entrants Seize Markets from Pioneers, New York.

Schneider, B./Bowen, D. (1985): Employee and Customer Perceptions of Service in Banks: Replication and Extension, in: Journal of Applied Psychology, Vol. 70, No. 3, S. 423–433.

Schneider, B./Schechter, D. (1991): Development of a Personnel Selection System for Services Jobs, in: Brown, S./Gummesson, E./Edvardsson, B./Gustavsson, B. (Hrsg.): Service Quality, Lexington, S. 601–618.

Schneider, H. (1999): Preisbeurteilung als Determinante der Verkehrsmittelwahl. Ein Beitrag zum Preismanagement im Verkehrsdienstleistungsbereich, Wiesbaden.

Scholz, C. (1991): Personalmarketing als Herausforderung, Arbeitspapier Nr. 16, Lehrstuhl für Betriebswirtschaftslehre, insbesondere Organisation, Personal- und Informationsmanagement, Universität des Saarlandes, Saarbrücken.

Schüller, A. (1967): Dienstleistungsmärkte in der Bundesrepublik Deutschland. Sichere Domänen selbstständiger mittelständischer Unternehmen?, Köln u. a.

Schulz, B. (1995): Kundenpotentialanalyse im Kundenstamm von Unternehmen, Frankfurt am Main.

Schulze, G./Vieler, G. (1997): Struktur und Einsatz einer Kundendatenbank bei Best Western Hotels Deutschland, in: Link, J./Brändli, D./Schleuning, C./Kehl, R. E. (Hrsg.): Handbuch Database Marketing, Ettlingen, S. 797–806.

Schumann, J./Meyer, U./Ströbele, W. (2007): Grundzüge der mikroökonomischen Theorie, 8. Aufl., Berlin.

Schürmann, U. (1993): Erfolgsfaktoren der Werbung im Produktlebenszyklus, Bern.

Schütze, R. (1992): Kundenzufriedenheit. After-Sales Marketing auf industriellen Märkten, Wiesbaden.

Sebastian, K.-H./Kolvenbach, C. (2000): Wie Sie mit intelligenten Konzepten der Preishölle entkommen, in: Absatzwirtschaft, 43. Jg., Nr. 5, S. 64.

Seibert, S. S./Silver, S. R./Randolph, W. A. (2004): Taking Empowerment to the Next Level: A Multiple-Level Modell of Empowerment, and Satisfaction, in: Academy of Management Journal, Vol. 47, No. 3, S. 332–350.

Servatius, H. G. (1991): Vom strategischen Management zur evolutionären Führung. Auf dem Weg zu einem ganzheitlichen Denken und Handeln, Stuttgart.

Service Barometer AG (2007a): Branchenvergleich Kundenzufriedenheit in Deutschland 2007, http://www.servicebarometer.com/artikel/download/Branchenvergleich_Kundenzufriedenheit_2007.pdf (Zugriff am 30.10.2007).

Service Barometer AG (2007b): Service Barometer, http://www.servicebarometer.com (Zugriff am 30.10.2007).

Shah, D./Rust, R. T./Parasuraman, A./Staelin, R./Day, G. S. (2006): The Path to Customer Centricity, in: Journal of Service Research, Vol. 9, No. 2, S. 113–124.

Shapiro, C. (1983): Premiums for High Quality Products as Returns to Reputations, in: Quarterly Journal of Economics, Vol. 98, No. 4, S. 659–679.

Shostack, G. L. (1984): Planung effizienter Dienstleistungen, in: Harvard Manager, 6. Jg., Nr. 3, S. 93–99.

Shostack, G. L. (1985): Planning the Service Encounter, in: Czepiel, J. A./Solomon, M. R./Suprenant, C. F. (Hrsg.): The Service Encounter. Managing Employee/Customer in Service Businesses, Lexington, S. 243–253.

Shostack, G. L. (1987): Service Positioning through Structural Change, in: Journal of Marketing, Vol. 51, No. 1, S. 34–43.

Siebert, H. (2007): Einführung in die Volkswirtschaftlehre, 15. Aufl., Stuttgart.

Siefke, A. (1997): Zufriedenheit mit Dienstleistungen: ein phasenorientierter Ansatz zur Operationalisierung und Erklärung der Kundenzufriedenheit im Verkehrsbereich auf empirischer Basis, Frankfurt am Main.

Siems, F. (2003): Preiswahrnehmung von Dienstleistungen. Konzeptualisierung eines theoretischen Konstrukts und Integration in das Relationship Marketing, Wiesbaden.

Simon, H. (1988): Management strategischer Wettbewerbsvorteile, in: Simon, H. (Hrsg.): Wettbewerbsvorteile und Wettbewerbsfähigkeit, Stuttgart, S. 1–17.

Simon, H. (1992a): Preisbündelung, in: Zeitschrift für Betriebswirtschaft, 62. Jg., Nr. 11, S. 1213–1235.

Simon, H. (1992b): Preismanagement. Analyse, Strategie, Umsetzung, 2. Aufl., Wiesbaden.

Simon, H. (1993): Industrielle Dienstleistungen, Stuttgart.

Simon, H. (1997a): Administrative Behavior, 4. Aufl., New York.

Simon, H. (1997b): Zu niedrige Preise gehen zu Lasten der Wertschätzung durch Kunden, in: Frankfurter Allgemeine Zeitung, 30.10.97, S. 3.

Simon, H./Tacke, G./Buchwald, G. (2000): Kundenbindung durch Preispolitik, in: Bruhn, M./Homburg, C. (Hrsg.): Handbuch Kundenbindungsmanagement. Grundlagen, Konzepte, Erfahrungen, 5. Aufl., Wiesbaden, S. 343–359.

Smith, A. (1789): Wealth of Nations, London.

Smith, B. C./Leimkuhler, J. F./Darrow, R. M. (1992): Yield Management at American Airlines, in: Interfaces, Vol. 23, No. 1, S. 8–31.

Smith, J. B. (1998): Buyer-Seller Relationships. Similarity, Relationship Management and Quality, in: Psychology & Marketing, Vol. 15, No. 1, S. 3–21.

Sommerlatte, T./Layng, B. J./Oene, F. v. (1986): Innovationsmanagement. Schaffen einer innovativen Unternehmenskultur, in: Little, A. D. (Hrsg.): Management der Geschäfte von morgen, Wiesbaden, S. 35–75.

Specht, N./Fichtel, S./Meyer, A. (2007): Perception and Attribution of Employees' Effort and Abilities, in: International Journal of Service Industry Management, Vol. 18, No. 5, S. 534–554.

Spence, M. (1976): Information Aspects of Market Structure, in: Quarterly Journal of Economics, Vol. 90, No. 4, S. 591–597.

Spremann, K. (1990): Asymmetrische Information, in: Zeitschrift für Betriebswirtschaft, 60. Jg., Nr. 5/6, S. 561–586.

Staehle, W. (1999): Management. Eine verhaltenswissenschaftliche Perspektive, 7. Aufl., München.

Statistisches Bundesamt (2006): Bevölkerung Deutschlands bis 2050, http://www.destatis.de/jetspeed/portal/cms/Sites/destatis/Internet/DE/Presse/pk/2006/Bevoelkerungsentwicklung/Varianten,property=file.pdf (Zugriff am 10.12.2007).

Statistisches Bundesamt (2007a): Bruttowertschöpfung nach Wirtschaftsbereichen, http://www. destatis.de/jetspeed/portal/cms/Sites/destatis/Internet/DE/Content/Statistiken/Zeitreihen/Lange Reihen/VolkswirtschaftlicheGesamtrechnungen/Content100/lrvgr01a,templateId=renderPrint. psml (Zugriff am 17.12.2007).

Statistisches Bundesamt (2007b): Inlandsprodukt: Erwerbstätige im Inland nach Wirtschaftsbereichen, http://www.destatis.de/jetspeed/portal/cms/Sites/destatis/Internet/DE/Content/Statistiken/ Zeitreihen/WirtschaftAktuell/VolkswirtschaftlicheGesamtrechnungen/Content100/vgr010a, templateId=renderPrint.psml (Zugriff am 10.12.2007).

Statistisches Bundesamt (2008): Gliederung der Klassifikation der Wirtschaftzweige, http://www. destatis.de/jetspeed/portal/cms/Sites/destatis/Internet/DE/Content/Klassifikationen/GueterWirt schaftklassifikationen/klassifikationenwz2008,property=file.pdf (Zugriff am 10.12.2007).

Stauss, B. (1989): Beschwerdepolitik als Instrument des Dienstleistungsmarketing, in: Jahrbuch der Absatz- und Verbrauchsforschung, 35. Jg., Nr. 1, S. 41–62.

Stauss, B. (1991): Dienstleister und die vierte Dimension, in: Harvard Manager, 13. Jg., Nr. 2, S. 81–89.

Stauss, B. (1993): TQM im industriellen Service, in: Absatzwirtschaft, 36. Jg., Nr. 9, S. 112–119.

Stauss, B. (1994a): Dienstleistungsmarken, in: Bruhn, M. (Hrsg.): Handbuch Markenartikel, Band 1, Stuttgart, S. 79–103.

Stauss, B. (1994b): Internes Marketing, in: Diller, H. (Hrsg.): Vahlens Großes Marketinglexikon, München.

Stauss, B. (1994c): Markteintrittsstrategien im internationalen Dienstleistungsmarketing, in: Thexis, 11. Jg., Nr. 3, S. 10–16.

Stauss, B. (1994d): Qualitätsmanagement und Zertifizierung als unternehmerische Herausforderung. Eine Einführung in den Sammelband, in: Stauss, B. (Hrsg.): Qualitätsmanagement und Zertifizierung von DIN ISO 9000 zum Total Quality Management, Wiesbaden, S. 11–23.

Stauss, B. (1995): Internationales Dienstleistungsmarketing, in: Hermanns, A./Wißmeier, U. K. (Hrsg.): Internationales Marketingmanagement. Grundlagen, Strategien, Instrumente, Kontrolle und Organisation, München, S. 437–474.

Stauss, B. (1999): Kundenzufriedenheit, in: Marketing ZFP, 21. Jg., Nr. 1, S. 5–24.

Stauss, B. (2000a): „Augenblicke der Wahrheit" in der Dienstleistungserstellung – Ihre Relevanz und ihre Messung mit Hilfe der Kontaktpunkt-Analyse, in: Bruhn, M./Stauss, B. (Hrsg.): Dienstleistungsqualität: Konzepte - Methoden - Erfahrungen, Wiesbaden, S. 321–340.

Stauss, B. (2000b): Internes Marketing als personalorientierte Qualitätspolitik, in: Bruhn, M./ Stauss, B. (Hrsg.): Dienstleistungsqualität. Konzepte, Methoden, Erfahrungen, 3. Aufl., Wiesbaden, S. 203–222.

Stauss, B. (2000c): Perspektivenwandel. Vom Produkt-Lebenszyklus zum Kundenbeziehungs-Lebenszyklus, in: Thexis, 17. Jg., Nr. 2, S. 15–18.

Stauss, B. (2001a): Die Bedeutung von Qualitätspreisen für Dienstleistungsunternehmen, in: Bruhn, M./Meffert, H. (Hrsg.): Handbuch Dienstleistungsmanagement, 2. Aufl., Wiesbaden, S. 499–524.

Stauss, B. (2001b): Markierungspolitik bei Dienstleistungen – „Die Dienstleistungsmarke", in: Bruhn, M./Meffert, H. (Hrsg.): Handbuch Dienstleistungsmanagement. Von der strategischen Konzeption zur praktischen Umsetzung, 2. Aufl., Wiesbaden, S. 549–570.

Stauss, B. (2002): Professionelles Dienstleistungsmarketing, in: Frankfurter Allgemeine Zeitung, FAZ, 07.01.2002, Nr. 5, S. 21.

Stauss, B. (2004): Dienstleistungsmarken, in: Bruhn, M. (Hrsg.): Handbuch Markenführung. Kompendium zum erfolgreichen Markenmanagement. Strategien – Instrumente – Erfahrungen, Band 1, 2. Aufl., Wiesbaden, S. 95–118.

Stauss, B. (2005): Dienstleistungsmarketing als Innovator des Marketingverständnisses? Eine kritische Auseinandersetzung mit dem Ansatz von Vargo/Lusch, in: Haas, A./Ivens, B. S.

(Hrsg.): Innovatives Marketing. Entscheidungsfelder-Management-Instrumente, Wiesbaden, S. 479–499.

Stauss, B./Bruhn, M. (2004): Dienstleistungsinnovation – Eine Einführung in den Sammelband, in: Bruhn, M./Stauss, B. (Hrsg.): Dienstleistungsinnovation. Forum Dienstleistungsmanagement, Wiesbaden, S. 3–25.

Stauss, B./Bruhn, M. (2008): Dienstleistungsmarken - Eine Einführung in den Sammelband, in: Bruhn, M./Stauss, B. (Hrsg.): Forum Dienstleistungsmanagement: Dienstleistungsmarken, Wiesbaden, S. 3–33.

Stauss, B./Hentschel, B. (1990): Verfahren der Problementdeckung und -analyse im Qualitätsmanagement von Dienstleistungsunternehmen, in: Jahrbuch der Absatz- und Verbrauchsforschung, 36. Jg., Nr. 6, S. 232–259.

Stauss, B./Hentschel, B. (1991): Dienstleistungsqualität, in: Wirtschaftswissenschaftliches Studium, 20. Jg., Nr. 5, S. 238–244.

Stauss, B./Neuhaus, P. (1995): Das Qualitative Zufriedenheitsmodell, Diskussionsbeiträge Nr. 66, Wirtschaftswissenschaftliche Fakultät Ingolstadt, Ingolstadt.

Stauss, B./Neuhaus, P. (1997): The Dissatisfaction Potential of Satisfied Customers – The Qualitative Satisfaction Model, in: Mühlbacher, H./Flipo, J.-P. (Hrsg.): Advances in Services Marketing, Wiesbaden, S. 111–131.

Stauss, B./Scheuing, E. E. (1994): Der Malcolm Baldrige National Quality Award und seine Bedeutung als Managementkonzept, in: Stauss, B. (Hrsg.): Qualitätsmanagement und Zertifizierung. Von DIN ISO 9000 zum Total Quality Management, Wiesbaden, S. 303–332.

Stauss, B./Schulze, H. S. (1990): Internes Marketing, in: Marketing ZFP, 12. Jg., Nr. 3, S. 149–158.

Stauss, B./Seidel, W. (2007): Beschwerdemanagement. Unzufriedene Kunden als profitable Zielgruppe, 4. Aufl., München.

Stebbing, L. (1990): Quality Management in the Service Industry, Chichester.

Steenkamp, J.-B. E. M./Hoffmann, D. L. (1994): Price and Advertising as Market Signals for Service Quality, in: Rust, R. T./Oliver, R. L. (Hrsg.): Service Quality. New Directions in Theory and Practice, Thousand Oaks, S. 95–107.

Steffenhagen, H. (2000): Wirkungen der Werbung. Konzepte, Erklärungen, Befunde, Aachen.

Steffenhagen, H. (2008): Marketing, 6. Aufl., Stuttgart.

Steinbach, W. (1999): Qualitätskosten, in: Masing, W. (Hrsg.): Handbuch Qualitätsmanagement, 4. Aufl., München/Wien, S. 65–88.

Stieger, H. (1980): Zur Ökonomie der Hochschule, Gießen.

Stiglitz, J. E. (2003): Information and Change in the Paradigm in Economics, in: Arnott, R./Greenwald, B./Kanbur, R./Nalebuff, B. (Hrsg.): Economics for an Imperfect World, Cambridge.

Stille, F. (2003): Produktbegleitende Dienstleistungen gewinnen weiter an Bedeutung, in: Wochenbericht des DIW Berlin, o. Jg., Nr. 21, S. 336–342.

Stille, F./Preißl, B./Schupp, J. (2003): Zur Dienstleistungslücke: Dienstleistungsmuster im internationalen Vergleich, Berlin.

Stock, R. (2005): Can Customer Satisfaction Decrease Price Sensitivity in Business-to-Business Markets?, in: Journal of Business-to-Business Marketing, Vol. 12, No. 3, S. 59–87.

Storbacka, K./Strandvik, T./Grönroos, C. (1994): Managing Customer Relationships for Profit. The Dynamics of Relationship Quality, in: International Journal of Service Industry Management, Vol. 5, No. 5, S. 21–38.

Storbeck, O. (2006): Industrie behält die Schlüsselrolle, in: Handelsblatt, 21.06.2006, Nr. 117, S. 16.

Strauss, A./Fagerhaugh, H./Suczekk, B./Wiener, C. (1980): Gefühlsarbeit – ein Beitrag zur Arbeits- und Berufssoziologie, in: Kölner Zeitschrift für Soziologie und Sozialpsychologie, 32. Jg., Nr. 4, S. 629–651.

Strohmeier, S. (2000): Informatisierung der Personalwirtschaft: Eine kritische Bestandsaufnahme gegenwärtiger Forschung, in: Wirtschaftsinformatik, Sonderheft IT & Personal, 42. Jg., S. 90–96.

Strothmann, K.-H./Roloff, E. (1993): Charakterisierung und Arten von Messen, in: Berndt, R./Hermanns, A. (Hrsg.): Handbuch Messemarketing, Wiesbaden, S. 707–723.

Sureshchandar, G. S./Chandrasekharan, R./Kamalanabhan, T. J. (2001): Customer Perceptions of Service Quality: A Critique, in: Total Quality Management, Vol. 12, No. 1, S. 111–125.

Sureshchandar, G. S./Rajendran, C./Anantharaman, R. N. (2001a): A Conceptual Model for Total Quality Management in Service Organizations, in: Total Quality Management, Vol. 12, No. 3, S. 343–363.

Sureshchandar, G. S./Rajendran, C./Anantharaman, R. N. (2001b): A Holistic Model for Total Quality Service, in: International Journal of Service Industry Management, Vol. 12, No. 4, S. 378–412.

Swartz, T. A./Bowen, D. E./Brown, S. W. (1995): Advances in Services Marketing and Management, Vol. 4, Greenwich/London.

Swoboda, B./Foscht, T. (2005): Internationalisierungsprozesse von Dienstleistungsunternehmen – Erklärungsperspektiven traditioneller und neuerer Prozessansätze bzw. -modelle, in: Bruhn, M./Stauss, B. (Hrsg.): Internationalisierung von Dienstleistungen. Forum Dienstleistungsmanagement, Wiesbaden, S. 43–71.

Szymanski, D. M./Henard, D. (2001): Customer Satisfaction: A Meta-Analysis of the Empirical Evidence, in: Journal of the Academy of Marketing Science, Vol. 29, No. 1, S. 16–35.

Taher, A./El Basha, H. (2006): Heterogeneity of Consumer Demand: Opportunities for Pricing of Services, in: Journal of Product & Brand Management, Vol. 15, No. 4/5, S. 331–340.

Tarlatt, A. (2001): Implementierung von Strategien im Unternehmen, Wiesbaden.

Taylor, D./Moghaddam, F. (1994): Theories of Intergroup Relations: International Social Psychological Perspectives, 2. Aufl., Westport.

Taylor, S. A./Baker, T. L. (1994): An Assessment of the Relationship Between Service Quality and Customer Satisfaction, in: Journal of Retailing, Vol. 70, No. 2, S. 163–178.

TeamSuccess (2005): http://www.team-success.de/ord-neu/simulat/cel-know.htm (Zugriff am 06.04.2005).

Teas, R. K. (1993): Consumer Expectations and the Measurement of Perceived Service Quality, in: Journal of Professional Services Marketing, Vol. 8, No. 2, S. 33–53.

Teece, D. J./Pisano, G./Shuen, A. (1997): Dynamic Capabilities and Strategic Management, in: Strategic Management Journal, Vol. 18, No. 7, S. 509–533.

Terpstra, V./Sarathy, R. (1994): Die Wettbewerbsfähigkeit der deutschen Telekommunikationsindustrie, in: Wissenschaftliches Institut für Kommunikationsdienste, Diskussionsbeitrag Nr. 136.

Tesler, L. G. (1979): A Theory of Monopoly of Complementary Goods, in: Journal of Business, Vol. 52, No. 2, S. 211–230.

Tewes, M. (2003): Der Kundenwert im Marketing. Theoretische Hintergründe und Umsetzungsmöglichkeiten einer wert- und marktorientierten Unternehmensführung, Wiesbaden.

Theobald, A./Dreyer, M./Starsetzki, T. (2003): Online-Marktforschung. Theoretische Grundlagen und praktische Erfahrungen, 2. Aufl., Wiesbaden.

Thibaut, J. W./Kelley, H. N. (1986): The Social Psychology of Groups, New Brunswick.

Thiesing, E.-O. (1986): Strategische Marketingplanung in filialisierten Universalbanken: Integrierte Filial- und Kundengruppenstrategien auf der Grundlage erfolgsbeeinflussender Schlüsselfaktoren, Frankfurt am Main/Bern.

Thommen, J.-P./Achleitner, A.-K. (2006): Allgemeine Betriebswirtschaftslehre. Umfassende Einführung aus managementorientierter Sicht, 5. Aufl., Wiesbaden.

Thomson, K./Whitwell, K. (1993): Managing Your Internal Customers. The Key to Getting Better Results, London.

Tietz, B. (1991): Handbuch Franchising. Zukunftsstrategien für die Marktbearbeitung, Landsberg am Lech.

Tlach, H. (1993): FMEA. Ein strategisches Element des Qualitätsmanagementsystems, in: Qualität und Zuverlässigkeit, 38. Jg., Nr. 5, S. 278–280.

Tomaczak, T./Brockhoff, B. (2000): Bedeutung und Besonderheiten des Markenmanagements für Dienstleistungen, in: Belz, C./Bieger, T. (Hrsg.): Dienstleistungskompetenz und innovative Geschäftsmodelle, St. Gallen, S. 486–502.

Tomczak, T./Rudolf-Sipötz, E. (2003): Bestimmungsfaktoren des Kundenwertes: Ergebnisse einer branchenübergreifenden Studie, in: Günter, B./Helm, S. (Hrsg.): Kundenwert. Grundlagen – Innovative Konzepte – Praktische Umsetzungen, 2. Aufl., Wiesbaden, S. 133–161.

Tomczak, T./Schögel, M./Birkhofer, B. (1999): Online-Distribution als innovativer Absatzkanal, in: Bliemel, F. F., G./Theobald, A. (Hrsg.): Electronic Commerce: Herausforderungen, Anwendungen, Perspektiven, Wiesbaden, S. 105–122.

Tomys, A.-K. (1995): Kostenorientiertes Qualitätsmanagement. Qualitätscontrolling zur ständigen Verbesserung der Unternehmensprozesse, München.

Töpfer, A. (1998): Qualitätscontrolling und -management von Dienstleistungsanbietern, in: Meyer, A. (Hrsg.): Handbuch Dienstleistungs-Marketing, Band 1, Stuttgart, S. 419–443.

Toyne, B./Walters, P. G. P. (1993): Global Marketing Management: A Strategic Perspective, 2. Aufl., Boston.

Treis, B./Oppermann, R. (1998): Bereiche und Mittel der Dienstleistungsgestaltung, in: Meyer, A. (Hrsg.): Handbuch Dienstleistungs-Marketing, Band 1, Stuttgart, S. 784–806.

Trigema GmbH & Co. KG (2008): Philosophie, http://www.trigema.de/shop/page/philosophy_page/detail.jsf (Zugriff am 15.04.2008).

Trommsdorff, V. (2004): Konsumentenverhalten, 6. Aufl., Stuttgart.

Trommsdorff, V. (2007): Produktpositionierung, in: Albers, S./Herrmann, A. (Hrsg.): Handbuch Produktmanagement, Wiesbaden, S. 341–362.

Turley, L. W./Moore, P. A. (1995): Brand Name Strategies in the Service Sector, in: Journal of Consumer Marketing, Vol. 12, No. 4, S. 42–50.

TÜV Süd (2007): https://www.safer-shopping.de/info.html (Zugriff am 15.11.2007).

Tuzovic, S. (2004): Kundenorientierte Vergütungssysteme zur Steuerung der Erfolgsgrößen im Relationship Marketing. Anforderungen, Konzeptualisierung, Institutionalisierung, Wiesbaden.

Tzokas, N./Hart, S./Argouslidis, P./Saren, M. (2000): Strategic Pricing in Export Markets: Empirical Evidence From the UK, in: International Business Review, Vol. 9, No. 1, S. 95–117.

UBS (2007): http://www.ubs.com/1/g/ubs_ch/campaign.html (Zugriff am 26.11.2008).

Uhl, K. P./Upah, G. D. (1979): The Marketing of Services. Why and How is it Different?, Faculty Working Papers, College of Commerce and Business Administration, University of Illinois at Urbana-Champaign, Nr. 584, Urbana-Champaign.

Van de Ven, A. (1976): On the Nature, Formation and Maintenance of Relations Among Organizations, in: Academy of Management Review, Vol. 4, S. 24–36.

Vandermerwe, S./Chadwick, M. (1989): Internationalization of Services, in: The Service Industries Journal, Vol. 9, No. 1, S. 79–94.

Vargo, S. L. (2008): Service Dominant Logic: Prologue, Progress and Prospects, 38. Jahrestagung der Kommission Marketing, Berlin, 18. Januar 2008, http://www.sdlogic.net/presentations.html (Zugriff am 16.03.2008).

Vargo, S. L./Lusch, R. F. (2004): Evolving to a New Dominant Logic for Marketing, in: Journal of Marketing, Vol. 68, No. 1, S. 1–17.

Varian, H. R. (2007): Grundzüge der Mikroökonomik, 7. Aufl., München.

Varki, S./Colgate, M. (2001): The Role of Price Perceptions in an Integrated Model of Behavioral Intentions, in: Journal of Service Research, Vol. 3, No. 3, S. 232–240.

Venkatesan, M./Kumar, V./Bohling, T. (2007): Optimal Customer Relationship Management Using Bayesian Decision Theory: An Application for Customer Selection, in: Journal of Marketing Research, Vol. 44, S. 579–594.

Voeth, M./Wagemann, D. (2004): Internationale Markenpolitik, in: Bruhn, M. (Hrsg.): Handbuch Markenführung. Kompendium zum erfolgreichen Markenmanagement. Strategien, Instrumente, Erfahrungen, Wiesbaden, S. 1071–1089.

Wächter, H./Peters, R./Tempel, A./Müller-Camen, M. (2004): The „Country of Origin Effect" in the Crossnational Management of Human Resources, Mering.

Wall, F. (2000): Koordinationsfunktion des Controlling und Organisation. Überlegungen zur Eigenständigkeit eines koordinationsorientierten Controlling, in: Kostenrechnungspraxis, 44. Jg., Nr. 1, S. 295–304.

Wangenheim, F. v./Evanschitzky, H./Wunderlich, M. (2007): Does the Employee-customer Satisfaction Link Hold for All Employee Groups?, in: Journal of Business Research, Vol. 60, No. 7, S. 690–697.

Weber, J./Schäffer, U. (2001): Controlling in Dienstleistungsunternehmen, in: Bruhn, M./Meffert, H. (Hrsg.): Handbuch Dienstleistungsmanagement. Von der strategischen Konzeption zur praktischen Umsetzung, 2. Aufl., Wiesbaden, S. 899–913.

Weber, J./Schäffer, U. (2006): Einführung in das Controlling, 11. Aufl., Stuttgart.

Weber, M. R. (1989): Erfolgreiches Service Management. Gewinnbringende Vermarktung von Dienstleistungen, Landsberg am Lech.

Weber, W./Mayrhofer, W./Nienhüser, W. (1993): Grundbegriffe der Personalwirtschaft, Stuttgart.

Webster, C. (1993): Refinement of the Marketing Culture Scale and the Relationship Between Marketing Culture and Profitability of a Service Firm, in: Journal of Business Research, Vol. 26, S. 111–131.

Weiber, R./Adler, J. (1995): Informationsökonomisch begründete Typologisierung von Kaufprozessen, in: Zeitschrift für betriebswirtschaftliche Forschung, 47. Jg., Nr. 1, S. 43–65.

Weiber, R./Billen, P. (2005): Informationsökonomische Fundierung des Dienstleistungsmarketing, in: Corsten, H./Gössinger, R. (Hrsg.): Dienstleistungsökonomie: Beiträge zu einer theoretischen Fundierung, Berlin, S. 85–128.

Weidner, W. (1992): Kosten der Qualitätssicherung, in: Männel, W. (Hrsg.): Handbuch der Kostenrechnung, Wiesbaden, S. 898–906.

Welge, M. K. (1988): Unternehmensführung, Bd. 3: Controlling, Stuttgart.

Welge, M. K./Al-Laham, A. (2006): Strategisches Management. Grundlagen, Prozess, Implementierung, 5. Aufl., Wiesbaden.

van Well, B. (2001): Standardisierung und Individualisierung von Dienstleistungen, Wiesbaden.

Werner, H. (1998): Merkmalsorientierte Verfahren zur Messung der Kundenzufriedenheit, in: Simon, H./Homburg, C. (Hrsg.): Kundenzufriedenheit, 3. Aufl., Wiesbaden, S. 145–164.

Werner, M. (2002): Produktbezogene Dienstleistungen im Maschinen- und Anlagenbau – Ergebnisse der Tendenzbefragung 2001, hrsg. v. VDMA, Frankfurt am Main.

Werner, M. (2003): Marketing-Instrument Internet. Strategie – Werkzeuge – Umsetzung, 3. Aufl., Heidelberg.

Wernerfelt, B. (1984): A Resource-Based View of the Firm, in: Strategic Management Journal, Vol. 5, No. 2, S. 171–180.

Whitener, E. M. (2001): Do "High Commitment" Human Resource Practices Affect Employee Commitment? A Cross-Level Analysis Using Hierarchical Linear Modeling, in: Journal of Management, Vol. 27, No. 5, S. 515–535.

Whitford, W. C. (1985): Ian Macneil's Contribution to Contracts Scholarship, in: Wisconsin Law Review, S. 545–560.

Widmier, S. (2002): The Effects of Incentives and Personality on Salesperson's Customer Orientation, in: Industrial Marketing Management, Vol. 31, No. 7, S. 609–615.

Wilde, K. D. (1989): Database Marketing, in: Werbeforschung und Praxis, 34. Jg., Nr. 1, S. 1–10.

Wildemann, H. (1992): Kosten- und Leistungsbeurteilung von Qualitätssicherungssystemen, in: Zeitschrift für Betriebswirtschaft, 62. Jg., Nr. 7, S. 761–782.

Wilkie, W. L. (1994): Consumer Behavior, 3. Aufl., Canada.

Wilkins, A. L./Ouchi, W. G. (1983): Efficient Cultures. Exploring the Relationship Between Culture and Organizational Performance, in: Administrative Science Quarterly, Vol. 28, No. 3, S. 468–481.

Williams, M./Attaway, S. (1996): Exploring Salespersons' Customer Orientation as a Mediator of Organizational Culture's Influence on Buyer-Seller Relationships, in: Journal of Personal Selling & Sales Management, Vol. 16, No. 4, S. 33–52.

Williamson, O. E. (1975): Markets and Hierarchies. Analysis and Antitrust Implications, New York/London.

Williamson, O. E. (1985): The Economic Institutions of Capitalism, New York.

Wilson, A. M. (1998): The Use of Mystery Shopping in the Measurement of Service Delivery, in: Service Industries Journal, Vol. 18, No. 3, S. 148–163.

Wilson, L. O./Weiss, A. M./John, G. (1990): Unbundling of Industrial Systems, in: Journal of Marketing Research, Vol. 27, No. 2, S. 123–128.

Winer, R. S. (1988): Behavioral Perspective on Pricing: Buyers' Subjective Perceptions of Price Revisited, in: Devinney, T. M. (Hrsg.): Issues in Pricing: Theory and Research, Toronto, S. 35–57.

Wirtz, J./Kum, D. (2001): Designing Service Guarantees – Is Full Satisfaction the Best You Can Guarantee?, in: Journal of Services Marketing, Vol. 15, No. 4, S. 282–299.

Wirtz, J./Mattila, A. S. (2001): Exploring the Role of Alternative Perceived Performance Measures and Needs-Congruency in the Consumer Satisfaction Process, in: Journal of Consumer Psychology, Vol. 11, No. 3, S. 181–192.

Wirtz, J./Mattila, A. S. (2003): The Effects of Consumer Expertise on Evoked Set Size and Service Loyalty, in: Journal of Services Marketing, Vol. 17, No. 7, S. 649–665.

Wißmeier, U. K. (1995): Internationales Marketing, Wiesbaden.

Witte, E. H. (2000): Kundenorientierung. Eine Managementaufgabe mit psychologischem Feingefühl, in: Hamburger Forschungsberichte, Nr. 25, Hamburg.

Wohlgemuth, A. C. (1989): Führung im Dienstleistungsbereich. Interaktionsintensität und Produktionsstandardisierung als Basis einer neuen Typologie, in: Zeitschrift Führung und Organisation, 58. Jg., Nr. 5, S. 339–345.

Wolter, S./Deuser, T. (2008): Customer Centricity – Der Pfad zu wahrer Kundenorientierung, in: Stadelmann, M./Wolter, S./Troesch, M. (Hrsg.): Customer Relationship Management. Neue CRM-Best-Practice-Fallstudien und -Konzepte zu Prozessen, Organisation, Mitarbeiterführung und Technologie, Zürich, S. 37–50.

Woodruff, H. (1995): Services Marketing, London.

Woratschek, H. (1996): Die Typologie von Dienstleistungen aus informationsökonomischer Sicht, in: der markt, 35. Jg., Nr. 136, S. 59–71.

Woratschek, H. (1998a): Positionierung. Analysemethoden, Entscheidungen, Umsetzung, in: Meyer, A. (Hrsg.): Handbuch Dienstleistungs-Marketing, Band 1, Stuttgart, S. 693–710.

Woratschek, H. (1998b): Preisbestimmung von Dienstleistungen, Frankfurt am Main.

Woratschek, H. (2001a): E-Commerce im Business-to-Consumer-Marketing – die Effizienz unterschiedlicher Geschäftsmodelle, in: Festschrift für Prof. Dr. Köhler, hrsg. v. Böhler, H., S. 572–591.

Woratschek, H. (2001b): Preisbildung im Dienstleistungsbereich auf der Basis von Marktinformationen, in: Bruhn, M./Meffert, H. (Hrsg.): Handbuch Dienstleistungsmanagement. Von der strategischen Konzeption zur praktischen Umsetzung, 2. Aufl., Wiesbaden, S. 607–625.

Woratschek, H. (2001c): Standortentscheidungen von Dienstleistungsunternehmen, in: Bruhn, M./Meffert, H. (Hrsg.): Handbuch Dienstleistungsmanagement. Von der strategischen Konzeption zur praktischen Umsetzung, 2. Aufl., Wiesbaden, S. 417–438.

Woratschek, H. (2001d): Zum Stand einer „Theorie des Dienstleistungsmarketing", in: Die Unternehmung, 55. Jg., Nr. 4/5, S. 261–278.

Woratschek, H./Pastowski, S./Roth, S. (2005): Franchising als Internationalisierungsstrategie: Standortplanung für Dienstleistungsunternehmen, in: Bruhn, M./Stauss, B. (Hrsg.): Internationalisierung von Dienstleistungen. Forum Dienstleistungsmanagement, Wiesbaden, S. 171–200.

Woratschek, H./Roth, S. (2004): Informationsökonomischer Erklärungsansatz der Markenführung, in: Bruhn, M. (Hrsg.): Handbuch Markenführung. Kompendium zum erfolgreichen Markenmanagement. Strategien, Instrumente, Erfahrungen, Band 1, 2. Aufl., Wiesbaden, S. 347–370.

Woratschek, H./Roth, S./Pastowski, S. (2002): Geschäftsmodelle und Wertschöpfungskonfigurationen im Internet, in: Marketing ZFP, 24. Jg., Spezialausgabe „E-Marketing", S. 57–71.

World Trade Organization (2007): International Trade Statistics 2007, http://www.wto.org/english/res_e/statis_e/statis_e.htm (Zugriff am 10.01.2008).

Wübker, G. (1998): Preisbündelung: Formen, Theorie, Messung und Umsetzung, Wiesbaden.

Wübker, G. (2001): Yield Management, in: Diller, H. (Hrsg.): Vahlens Großes Marketinglexikon, 2. Aufl., München, S. 1921–1923.

Wyckhoff, D. (1988): New Tools for Achieving Service Quality, in: Lovelock, C. H. (Hrsg.): Managing Services, London u. a., S. 226–239.

Wymbs, C. (2000): How E-Commerce is Transforming and Internationalizing Service Industries, in: Journal of Services Marketing, Vol. 14, No. 6, S. 463–478.

Yip, G. S. (1982): Barriers to Entry, Toronto.

ZAW (2007): Werbung in Deutschland 2007, Berlin.

Zeithaml, V. A. (1981): How Consumer Evaluation Processes Differ between Goods and Services, in: Donelly, J. H./George, W. R. (Hrsg.): Marketing of Services, Proceeding Series, American Marketing Association, Chicago, S. 186–190.

Zeithaml, V. A. (1991): How Consumer Evaluation Processes Differ between Goods and Services, in: Lovelock, C. H. (Hrsg.): Services Marketing, 2. Aufl., Englewood Cliffs, S. 39–47.

Zeithaml, V. A./Berry, L. L./Parasuraman, A. (1988): Communication and Control Processes in the Delivery of Service Quality, in: Journal of Marketing, Vol. 52, No. 4, S. 35–48.

Zeithaml, V. A./Berry, L. L./Parasuraman, A. (1996): The Behavioral Consequences of Service Quality, in: Journal of Marketing, Vol. 60, No. 2, S. 31–46.

Zeithaml, V. A./Bitner, M. J. (2003): Services Marketing. Integrating Customer Focus Across the Firm, 3. Aufl., London.

Zeithaml, V. A./Bitner, M. J./Gremler, D. D. (2006): Services Marketing: Integrating Customer Focus Across the Firm, 4. Aufl., Burr Ridge.

Zeithaml, V. A./Parasuraman, A./Berry, L. L. (1985): Problems and Strategies in Services Marketing, in: Journal of Marketing, Vol. 49, No. 2, S. 33–46.

Zeithaml, V. A./Parasuraman, A./Berry, L. L. (1990): Delivering Quality Service, New York.

Zeithaml, V. A./Parasuraman, A./Berry, L. L. (1992): Qualitätsservice. Was Ihre Kunden erwarten – was Sie leisten müssen, Frankfurt am Main/New York.

Zillur, R. (2004): A Model for the Sales and Distribution of E-Services, in: Services Marketing Quarterly, Vol. 26, No. 1, S. 71–88.

Zineldin, M./Philipson, S. (2007): Kotler and Borden are not Dead: Myth of Relationship Marketing and Truth of the 4Ps, in: Journal of Consumer Marketing, Vol. 24, No. 4, S. 229–241.

Zollondz, H.-D. (2006): Grundlagen Qualitätsmanagement. Einführung in Geschichte, Begriffe, Systeme und Konzepte, 2. Aufl., München.

Zuba, R. (1998): Messung und Modellierung von Kundenzufriedenheit. Replikation und Erweiterung des Modells des American Customer Satisfaction Index im österreichischen Lebensmitteleinzelhandel, Wien.

Stichwortverzeichnis

MEFFERT Marketing Edition

Heribert Meffert
Marketing
Grundlagen marktorientierter Unternehmensführung.
Konzepte – Instrumente – Praxisbeispiele.
10., vollst. überarb. u. erw. Auflage 2008.
XX, 915 S., Geb., EUR 39,90
ISBN 978-3-409-69018-8

Heribert Meffert | Manfred Bruhn
Dienstleistungsmarketing
Grundlagen – Konzepte – Methoden.
6., vollst. neu bearb. Aufl. 2009.
XVIII, 517 S. Geb. EUR 49,90
ISBN 978-3-8349-1012-7

Manfred Bruhn | Heribert Meffert
Exzellenz im Dienstleistungsmarketing
Fallstudien zur Kundenorientierung
2002. X, 394 S. Geb. EUR 49,90
ISBN 978-3-409-11923-8

Heribert Meffert | Christoph Burmann | Martin Koers (Hrsg.)
Markenmanagement
Identitätsorientierte Markenführung – Praktische Umsetzung – Erfolgsbeispiele
Mit Best Practice – Fallstudien
2., vollst. überarb. u. erw. Aufl. 2005.
XXVIII, 890 S. Geb. EUR 49,00
ISBN 978-3-409-21821-4

Heribert Meffert | Christoph Burmann |
Manfred Kirchgeorg
Marketing Arbeitsbuch
Aufgaben – Fallstudien – Lösungen
10., vollst. überarb. u. erw. Aufl. 2009.
XIV, 468 S. Br. EUR 29,90
ISBN 978-3-8349-1015-8

Änderungen vorbehalten Stand: Oktober 2008.
Erhältlich im Buchhandel oder beim Verlag.
Gabler Verlag . Abraham-Lincoln-Str. 46 . 65189 Wiesbaden . www.gabler.de